Das Prinzip des Seins

Ursache und Funktion des Universums?

von

Harald Maurer

Bearbeitete, erweiterte und aktualisierte Auflage
2003

Copyright 1987, 2003 bei Edition MAHAG, Graz
ISBN 3-900800-01-4

Herstellung:
Books on Demand, Norderstedt

Inhalt

	Einleitung	7
1	T.A.O.	19
2	Störung	25
3	Begegnungen	31
4	Proton	37
5	Masse	43
6	Kraft	49
7	Elektron	60
8	Spiele	67
9	Wasserstoff	81
10	Licht	88
11	Helium	97
12	Vereinigung	105
13	Kristalle	113
14	Trägheit	126
15	Schwere	137
16	Himmelskörper	151
17	Planeten	176
18	Kommunikation	187
19	Asymmetrie	198
20	Galaxien	211
21	Entropie	221
22	Urmoleküle	228
23	Organellen	237
24	Information	251
25	Bakterien	265
26	Chromosom	274
27	Plan	283
28	Sex	293
29	Idee	299
30	Soma	305
31	Gefühl	317
32	Bewusstsein	331
33	Relativität	346
34	Planetenevolution	389
35	Zweck	417
36	Geist	422
37	Vollkommenheit	435
38	Ewigkeit	443
39	Zukunft	454
40	Anmerkungen	460

Die Natur ist viel unkomplizierter als es scheint. Nichts macht mich zuversichtlicher, dass unsere Generation den Schlüssel zum Universum wirklich schon in der Hand hat - dass wir vielleicht noch zu unseren Lebzeiten in der Lage sein werden, zu sagen, warum alles, was wir in diesem ungeheuren Universum der Sternsysteme und Partikeln sehen, logisch unumgänglich ist!

Stephen Weinberg

Um alles aus nichts abzuleiten, genügt ein einziges Prinzip!

Gottfried Wilhelm von Leibniz

Einleitung

Es gibt verschiedene Methoden, die Welt zu erklären. Das mechanistische, naturwissenschaftliche Weltbild samt Urknall und Evolution kämpft mit der Schwierigkeit, in der endlosen Folge naturgesetzlicher Kausalitäten Beginn, Sinn und Ende zu erkennen. Es beschreibt die Natur mit den Wirkungen, deren man ansichtig wird. Die Ursachen dieser Wirkungen und Phänomene bleiben letztlich verborgen; sie werden durch mathematische Modelle und Formeln ersetzt. Der Leser, der schließlich über die Welt die Wahrheit erfahren möchte, sieht sich Dogmen, Prämissen und Axiomen ausgeliefert und stellt mit Verwunderung fest, dass alle Physik und Chemie - deren Trennung allein schon befremdlich wirkt - von ungeklärten metaphysischen Begriffen ausgeht, wie etwa Schwerkraft, Materie, Zeit, Masse und Energie. So erfährt er zwar, wie die Welt funktioniert, aber niemals warum. Das Warum ist aber gerade die Frage, derenthalben der Leser oft zum Sachbuch greift oder diesen oder jenen Philosophen konsultiert. Wo immer er aber auch forscht, stets bleibt ihm der unbefriedigende Eindruck, nur halbe Wahrheiten erfahren zu haben, die kein sinnvolles Ganzes ergeben.

Philosophische Ideen sind durchwegs esoterisch oder religiös begründet und ihnen fehlt zumeist der wissenschaftliche Anstrich der Glaubwürdigkeit. Auch stehen philosophische Antworten nur zu oft im Widerspruch mit den Ergebnissen der Forschung und sind in der Regel aus einäugigen Betrachtungen erwachsen. So erklärte uns Jaques Monod die Welt des Lebens als Ereignis zwischen Zufall und Notwendigkeit, doch keinesfalls begründet sich seine Ansicht universell, denn sie verschweigt, weshalb die Welt nach Einsteins Allgemeiner Relativitätstheorie konstruiert zu sein scheint, während diese wiederum das Phänomen des Lebens nicht erklären kann.

Eine Flut wissenschaftlicher Sachbücher hat sich in den letzten Jahrzehnten über uns ergossen. Ihnen allen ist eines gemeinsam: ihre schier unerschöpfliche Zitiermanie, die den Eindruck erweckt, als schrieben die Autoren alle voneinander ab. Und dennoch bewegen sich die Erkenntnisse der Wissenschaft auf lahmem Fuß; bis sich neues Wissen publizistisch breit macht, vergeht ein Jahrzehnt; bis es in die Schulbücher kommt, ein Vierteljahrhundert. Immer noch wird in den Schulen gelehrt, die Welt bestünde aus einer kleinen

Weltbildungsmaschine, dem Atom, und Leben begründe sich auf einer kleinen Lebensbildungsmaschine, der Desoxyribonukleinsäure (DNA). Beides ist falsch. Längst hat sich herausgestellt, dass Atom und DNA selbst nur Informationsereignisse darstellen, die der Materie und dem Leben zwar untergeordnet sind, aber einer eigenen Ursache bedürfen. Es ist leider immer noch unvermeidlich, zu betonen, dass die Vorstellung vom Atom als winziges Miniaturplanetensystem, in dem Elektronen einen Kern umkreisen, als überholt gelten muss. Wie immer auch das Atom funktionieren mag, gewiss nicht auf jene Art, wie Rutherford, Thompson und Bohr es sich einst vorstellten... Das haben Teilchen- und Hochenergiephysik längst deutlich in Frage gestellt, mit dem Erfolg, dass man nun erst recht nicht weiß, wie das materielle Geschehen dieser Welt zu Stande kommt.

Im Bestreben, alles Naturgesetzliche der Welt auf die Wirkung einer einzigen Kraft zu reduzieren, stieß man sogar auf neue Kräfte, die sich den alten nicht unterordnen wollten. So sind die Gravitation und die Wechselwirkungen der Teilchen bis heute eigentlich ungeklärt geblieben. Einsteins gab der Gravitation zwar mit der Allgemeinen Relativitätstheorie ein neues Bild; er entlarvte sie als Scheinkraft und gab der Materie die Eigenschaft, den Raum um sich zu krümmen. Stand man zuvor der Frage gegenüber, weshalb Materie Schwerkraft ausüben sollte - was sich kausal aus ihrer bloßen Existenz nicht ergab -, so lautete die Frage nun, weshalb sie den Raum krümmen sollte, denn auch diese Eigenschaft wirkte irgendwie angedichtet. Einstein selbst wusste um diese Schwächen, was seine Epigonen allerdings nicht davon abhielt, Schwarze Löcher zu konstruieren, als wären Einsteins Formeln wirklich der Weisheit letzter Schluss.

Die Fülle der Theorien, die Weltenherkunft und Weltensinn begründen sollen oder die Entwicklung des Lebens beschreiben, haben die Gemeinsamkeit, dass sie keinesfalls so fugenlos und widerspruchsfrei sind, wie dies dem Laien erscheinen mag. Die Evolution des Lebens - wenngleich vom Prinzip her logisch beschrieben - hat Lücken, die unübersehbar sind. Das Dogma der Unantastbarkeit des genetischen Programms zieht eine womöglich willkürliche Grenze, ebenso wie das Dogma von der Unüberschreitbarkeit der Lichtgeschwindigkeit eine Grenze setzt, deren Existenz mystisch anmuten muss, weil es als Postulat unbegründet und metaphysisch bleibt. Denn Einstein hat uns zwar weisgemacht, dass es sich so verhält - wir aber möchten wissen, warum es sich so verhält und haben den Verdacht, dass eine einzige letzte Ursache hinter allen Erscheinungen steckt; hinter der absoluten Lichtgeschwindigkeit ebenso wie hinter der Gravitation oder der DNA... Kann diese Ursache gefunden werden? Gibt es ein einziges Prinzip hinter dieser Welt, oder besser gesagt in ihr, welches sie aus sich selbst heraus erklärbar macht?

Die Gelehrten dieser Welt würden nicht forschen, wenn sie diese Erwartung nicht hätten. Sie alle haben dieses eine Ziel: die gemeinsame Ursache aller Erscheinungsformen zu finden - und zwar auf die Weise, dass sowohl die Frage nach dem Wesen der Materie als auch die nach dem Geist befriedigend beantwortet werden kann.

Soll man solche Fragen überhaupt stellen? Erbringt nicht eine letzte Antwort die Einstellung dieser Fragen, und könnte man sie nicht sofort einstellen? Man könnte, wenn es nicht immer wieder diese Propheten gäbe, die uns ihre selbst gezimmerten Antworten feilbieten, um davon gut zu leben! Und wenn sie nicht so täten, als wären ihre glattpolierten, fertigen Antworten die Wahrheit. So wie früher - und auch heute noch - der Inhalt der Religionen als bare Münze genommen wurde, so glaubt man gegenwärtig in gleicher Weise an Relativitätstheorie und Urknall - als wäre die erste Ursache dieser Welt Mathematik oder Sprengtechnik gewesen. Sie kann aber beides nicht sein! Und sie kann nur auf einem Weg gefunden werden, welcher quer durch alle Wissensgebiete dieser Erde führt. Denn die Wege der Wissenschaften haben sich getrennt: Naturwissenschaften und Geisteswissenschaften haben verschiedene Ziele, als gäbe es zumindest zwei Ursachen dieses Universums...

Sind die Fragen überhaupt richtig gestellt? Bedarf diese Welt überhaupt einer Ursache? Haben wir womöglich immer noch nicht erkannt, dass die Logik unseres Denkens aus einer Gehirnfunktion erwachsen ist, die den Kausalitäten des Sichtbaren entstammt und uns daher auf falsche Fährten führt, wenn wir das Unsichtbare überdenken? Oder reicht Menschenverstand bereits tatsächlich dazu aus, auch diese Hürde zu überspringen? Kann man sich lösen von der Subjektivität, die unser Bewusstsein ausmacht?

Dass es nicht unmöglich ist, versucht dieses Buch zu zeigen. Es gibt für jedes Rätsel zumindest zwei Lösungen: eine komplizierte und eine einfache. Beide Versionen haben ihre Anhänger. Die einen - meist unzureichend informiert und die Gesamtheit nicht überblickend - meinen, es liege nicht alles so einfach; der Drang zur Einfachheit sei eine Manie wie jede andere; letztlich erweisen sich die Dinge immer komplizierter als der Theoretiker sie formuliert. Die anderen - meist Wissenschaftler selbst wie Heisenberg - argwöhnen dagegen, dass die Lösung des Welträtsels so einfach sein müsse, dass auch die einfachste Theorie, die sich denken lässt, die Wahrheit noch zu kompliziert beschreibt.

Nun bestand bisher die Vereinfachung der Welt wunderlicherweise in der Entdeckung vieler Kräfte und Teilchen und Teilchen der Teilchen (Quarks), und von einer befriedigenden Antwort kann keine Rede sein. Denn eine Menge neuer Fragen tauchten auf. Sie werden mit einer Reihe von Theorien beantwortet, jede die Grenzfälle der vorhergehenden behandelnd, und jede letztlich mit jeder in Widerspruch... Kann es so weitergehen? Es kann, aber es muss nicht. Denn es muss eine einfache Lösung geben. Auch wer Gott nicht leugnen möchte, muss eingestehen, dass diese Welt so genial beschaffen sein muss, dass sie gewissermaßen von selbst funktioniert. Immer aber waren geniale Lösungen einfach!

So einfach die Lösung, die in diesem Buch vorgeschlagen wird, auch erscheint, so paradox wirkt sie auf den ersten Blick. Aber das ist Eigenschaft und Schicksal jeder neuen Idee. Jede stellt sich zuerst gegen überlieferte Anschauung, und jede wird zuerst vehement bekämpft, um schließlich erst dann akzeptiert zu werden, wenn die Bewahrer und Hüter der alten Theorien weggestorben sind.

Wir können auf dem Weg, den wir begehen werden, die Ergebnisse der Forschung nicht negieren, wohl aber ihre Interpretationen. Unbezweifelbar ist die Tatsache, dass Körper zur Erde fallen, aber ob diesem Vorgang wirklich die so genannte Schwerkraft zu Grunde liegt, bleibt unbewiesen und wo diese herkommt, erst recht!

Der Mensch neigt dazu, die Weltbilder zu teilen und ihre Hälften aufeinander prallen zu lassen. Wohin er mit dieser Methode gekommen ist, sieht man. Sollte der richtige Weg nicht sein, die Hälften wieder zu vereinen zu einer Wissenschaft, die alles umfasst? In dieser Vereinigung fallen die Grenzen zwischen Physik und Chemie, Biologie und Philosophie usw. - und deshalb werden wir uns um diese Grenzen in diesem Buch recht wenig kümmern. Aus welchen Gebieten wir auch immer Daten und Erkenntnisse brauchen, wir werden sie hemmungslos zu einer eigenen Theorie vermischen.

Der rote Faden dieses Buches beginnt in der Physik. Nun ist die Physik an und für sich nicht dafür vorgesehen, Antworten zur Ursache zu geben, denn sie ist die Lehre des Messens, der mathematischen Handhabung von Phänomenen, die grundlegend durchaus ungeklärt bleiben. Man beschreibt sie mit metaphysischen Begriffen wie Energie oder Arbeit, das aber sind Messgrößen, die unbeantwortet lassen, wer oder was hier eigentlich arbeitet, um solch rätselhafte Wirkungen wie die Gravitation oder die starke Kernkraft hervorzurufen. Doch Physiker sind nicht phantasielos. Sie erfinden immer wieder handfeste Arbeiter, wie etwa die „Teilchen", deren Austausch die Wirkungen hervorruft. Wer mit solchen Antworten zufrieden ist, mag dieses Buch beiseite legen. Denn dieses Buch versucht zu erklären, warum die Physiker ihre Theorien entdecken mussten und was wirklich hinter den Phänomenen steckt.

Werden wir Zündstoff liefern für Auseinandersetzungen und Diskussionen? Sicher nicht sofort. Wer sich gegen die gültigen Paradigmen wendet, ist in den Augen der Wissenschaftler ein Crackpot, ein Crank oder ein Troll und ein Eiferer. Man pflegt in der Regel Verrückte solcher Art zu ignorieren. Vielleicht wird man sich herablassen, im Buch nach Fehlern zu suchen und man wird sie finden, aber diese „Fehler" sind im Grunde belanglos. Man wird uns mit anderen Theorien konfrontieren, die von ihren Anhängern verteidigt werden wie die Glaubensinhalte einer Religion. Und man wird uns übel nehmen, dass wir die heiligen Tempel der Physik, Einsteins Relativitätstheorien, zu erschüttern versuchen und die Spezielle Relativitätstheorie überhaupt anzweifeln. Das mag so manchen Gelehrten mit Misstrauen erfüllen. Aber auch als Einstein die Tempel Newtons antastete, fand er zuerst wenig Ohr - und hätte sich Max Planck nicht für seine totgeschwiegene Theorie interessiert, wäre die Welt womöglich davor verschont geblieben.

Wir werden in diesem Buch aber aufzeigen, warum Einstein seine Theorien entdecken musste, und weshalb sich die Welt tatsächlich so verhält, als wäre sie nach der Allgemeinen Relativitätstheorie konstruiert, obwohl diese Theorie eine ebenso wagemutige wie unrealistische Lösung des Problems darstellt. Die Mehrzahl der Physiker werden schon jetzt einwenden, dass die Relativitätstheorien mannigfach bewiesen seien. Abgesehen davon, dass Theorien generell nicht beweisbar sind, kann man ihnen entgegnen, dass diese Beweise nichts anderes als die behandelten Phänomene selbst sind und man diese allesamt auch auf andere Ursachen zurückführen kann. So beweisen die Pyramiden Ägyptens zweifellos, dass sie auf irgendeine Art erbaut wurden, aber die Frage bleibt, auf welche! Jede beliebige Theorie darüber lässt sich mit der Existenz der Pyramiden beweisen und so beweisen auch die Periheldrehung der Merkurbahn oder die Ablenkung des Lichts im Feld der Sonne jede Theorie, die sie mit guter Näherung begründen kann.

Die Hypothese in diesem Buch hat zweifellos einen nicht zu leugnenden philosophischen Aspekt. Man sollte für diese Art von Betrachtungsweise womöglich einen neuen Ausdruck erfinden. So zum Spaß vielleicht: „Philophysik". Denn sie bringt eine Verschmelzung mehrerer Methoden, wie sie bislang noch ziemlich tabu war. Sie vereinigt Ontologie und Epistemologie zu einem Ganzen und macht vor der Vereinigung von Geist und Materie nicht Halt, indem sie das Geistige der Welt kausal aus dem Materiellen erklärt, aber erkennen muss, dass Materie selbst kein stoffliches Produkt ist, sondern aus einem Geschehen erwächst, dem jedes Wort gerecht wird - eben auch „Geist". Dieser Umstand zeigt auch die Unzulänglichkeiten unserer Sprache auf. Dass wir trotz dieses Mangels die Welt vollkommen verstehen können, soll hier umfassend demonstriert werden. Das Buch wurde mit großer Unbefangenheit geschrieben. Keine Einordnung in irgendeine Richtung ging ihm voraus, kein einziger Gedanke wurde daran verschwendet, ob die Aussage dieses Buches positivistisch oder nihilistisch, materialistisch oder sonst wie wäre. Philosophen würden ihr das Etikett „exzessiver Reduktionismus" aufkleben, aber wo sie letztlich einzuordnen ist, mag der Leser selbst entscheiden.

Das Buch wurde deshalb verfasst, weil in den Sach- und Fachbüchern dieser Erde keine echten Antworten wurzeln und mit den fiktiven Welten der Philosophie, den Weltgeistern, den diversen Vorsehungen oder dem Zufall als Verursacher nichts anzufangen ist. Das werden auch viele andere Leser gespürt haben, denen die Frage nach dem Woher und Wohin im Herzen lag und die Antwort an falschen Orten suchten.

Das Buch schließt mit dem Leser eine Gemeinschaft. Daher so oft das Wörtchen „wir", weil gehofft wird, dass der Leser die Entdeckungen, die es zu machen gilt, mitmacht und ein wenig mitdenkt. Es ist kein Buch, das man zur Unterhaltung lesen könnte. Es verlangt vom Leser ein hohes Maß an Vorstellungskraft und Phantasie. Sinnlos wäre es, nach Nichtverstandenem einfach weiter zu lesen; der Faden wäre verloren, der Zusammenhang zerstört. Dieser Zusammenhang tanzt ja zwischen den einst zu Unrecht zersplitterten Wissensgebieten umher. So umfasst er auch symbolisch den Tanz einer Welt, um deren Verständnis wir ringen. Physik wechselt sich ab mit Astrophysik und diese vermengt sich mit Biologie, Astronomie und Psychologie, eben wie es sich gerade ergibt. Das ist sicher gut so; es verhindert Monotonie und macht dieses sicher nicht ganz leicht lesbare Buch hoffentlich spannend genug, um es bis zum Ende durchzustehen.

Viele Leser werden sich noch daran erinnern, wie sie zur Schule gingen und Physik auswendig lernten in Form von Merksätzen wie: Gleichnamige Ladungen stoßen einander ab. Niemand erfuhr eigentlich, wieso es sich so verhielt. Es war eben so. Jedes tiefere Verständnis fehlte. Es wird eine merkwürdige Erfahrung für den Leser sein, all die Dinge, die er damals als gegeben hinnehmen musste, nun plötzlich zu verstehen und zu wissen, warum man Ladungen erfand und ihr Verhalten postulierte. Zweifellos wird manches besonders am Beginn des Buches auf Unverständnis stoßen; allzu sehr wurde uns allen allgemein gebräuchliches Schulwissen eingetrichtert, allzu sehr glauben wir an die tatsächliche Existenz von Ladungen oder Materieteilchen, um sofort bereit zu sein, all dies zu vergessen. Aber wir sollten dazu bereit sein! Für viele mag der Fernsehapparat zuhause der Beweis für die Existenz von Elektronen darstellen - aber diese Leute sollten gleich an unser vorhin erwähntes Pyramidengleichnis denken...

Das Buch soll nur ein Denk-Anstoß sein. Viele Ideen können aus Platzgründen nur beispielhaft angerissen werden, und der Leser ist dazu aufgefordert, den Prozess fortzusetzen, um das Prinzip, das wir entdecken werden, in den alten Schulbüchern wiederzufinden, und noch einmal das, was er schon zu wissen glaubte, einer kritischen Überprüfung zu unterziehen - dies hoffentlich mit der erstaunlichen Feststellung, dass er nun plötzlich zur Gänze versteht, weshalb etwa alle Körper gleich schnell zur Erde fallen, oder weshalb Körper über die Lichtgeschwindigkeit hinaus nicht beschleunigt werden können. Ja, er versteht mit einemmal so mysteriöse Axiome wie jene Galileis oder Newtons, denn dass ein geradlinig gleichförmig bewegter Körper „aus sich selbst heraus immer weiter geht" (so die Ausdrucksweise Galileis), versteht sich keinesfalls von selbst. Auch ein so scheinbar trivialer Vorgang muss eine konkrete Ursache haben, die Galilei und Newton allerdings gar nicht entdeckten. Auch

Einstein konnte sie nicht aufzeigen. Dass ein Verständnis um verborgene Ursachen solcher Art ganz ohne Mathematik erarbeitet werden kann, ist durchaus wünschenswert. Mathematik ist eine Abstraktion unserer hypothetischen Wirklichkeit. Wir aber wollen uns mit jener Wirklichkeit befassen, die unserer subjektiven Realität ebenso wie jener der Mathematik zu Grunde liegt.

Unser Gehirn ist kein selbstständiger Apparat, der nach irgendwelchen Zufallskriterien in unserem Kopf ein Bild der Welt erzeugt, welches womöglich keine echten Beziehungen zur absoluten Realität hätte (manche Philosophen argwöhnen dergleichen). Wie wir sehen werden, ist unser Denkapparat ein echtes Produkt dieser Wirklichkeit, eine Reaktion auf die Umwelt, die es zu erkennen gilt - und daher ist er in der Tat in der Lage, diese ihn selbst verursachende Wirklichkeit zu erfassen. Unsere physische Sinneswelt ist zwar nur hypothetisch real, aber niemand wird heute noch bestreiten wollen, dass unser Wissen über das Sichtbare weit hinausreichen kann...

Selbstverständlich zeigt das Buch auch einige phantastische Spekulationen auf. Oft ist die Frage nach dem Warum sogar leichter zu beantworten als jene nach dem Wie. Eine vollkommen neue Hypothese der Planetenentstehung wird entwickelt, um zu demonstrieren, dass noch immer nicht alle Möglichkeiten diskutiert wurden, zumindest aber die bisherigen Theorien nicht haltbar sind. Aus dem erkannten Prinzip ergibt sich erstmals eine plausible Begründung für die Abstände der Planeten von der Sonne, deren Gesetzmäßigkeit bis heute ein Rätsel war und die mangels einer Erklärbarkeit alle aufgestellten Theorien falsifizierten. Außerdem ist das Drehimpulsparadoxon endlich erklärbar. Das mag ein wenig reißerisch klingen, aber es ergibt sich ganz zwanglos, dass mit dem erkannten Prinzip sowohl Phänomene der Astrophysik als auch der Teilchenphysik ursächlich verstanden werden können.

Vielleicht müssen einmal einige Kapitel der bisherigen Naturgeschichte umgeschrieben werden; besonders im Hinblick auf die Theorien über Sternentwicklung, Sternenalter und Schwarze Löcher ist dies zu erwarten. Denn Schwarze Löcher können nicht existieren, und einen Urknall gab es genau so wenig wie in der Evolution des Lebens jemals so genannte „missing links" existiert haben ... Und man sucht nach solchen ebenso vergeblich wie nach den Schwarzen Löchern, den Quarks als Urstoff der Materie oder dem Higgs-Boson als Verursacher der Masse...

Endgültig den Garaus wird man wohl den Märchen von fremden Raumfahrern machen müssen, die von entlegenen Sternensystemen auf unsere Erde gekommen sein sollen - oder uns womöglich immer noch in fliegenden Untertassen heimliche Besuche abstatten. Dänikens unterhaltsame Ideen erhalten dennoch neue Nahrung, denn wir werden entdecken, dass eine Evolution des Lebens über mehrere Planeten hinweg nicht auszuschließen ist. War der Mars jemals bewohnt? Glich er einst unserer heutigen Erde? Trug er wie sie einmal Ozeane? Es weist vieles darauf hin und dieses Buch wird Antworten geben ... auf diese Frage und auf viele andere. Es weicht auch schwierigen Themen wie Bewusstsein oder Tod nicht aus und kommt zu überraschenden Ergebnissen, die mitunter fatal erscheinen mögen, es aber nicht wirklich sind. Es ist vielleicht fatal, unseren Körper als Zweckinstrument einer eigensinnigen Keimzelle zu betrachten und ebenso fatal, den Tod als echtes Ende unseres Ichs zu erkennen, aber zugleich erobern wir die große Freiheit, die wir innerhalb der Kausalitätsketten immer noch haben: die Freiheit, dem Leben einen Sinn zu verleihen, welcher dem Leben selbst voll zugewandt sein darf. Denn was einzig und allein sinnlos wäre, ist, seinen Blick auf ein Jenseits zu richten, das es nicht geben kann.

Die Erdgeschichte ist eine Folge von Katastrophen, wie man an den Narben unseres gepeinigten Planeten erkennen kann. Eiszeiten und globale Erdbewegungen, Kontinentaldriften und riesige Einschlagskrater kennt man, aber die Ursachen liegen weitgehend im Dunkeln. Wir werden dieses Dunkel erhellen; möge der Leser entscheiden, wieweit ihm die vorgebrachten Lösungen gefallen.

Das Warum in diesem Buch ist keine Sinnfrage. Es ist die Frage nach der Ursache. Die Sinnfrage, das Wozu, entfällt durch die gefundenen Antworten. Es gibt sicherlich keinen Zweck, der vom Kosmos irgendwie zu erfüllen wäre. Es gibt auch keinen Plan, keinen Planer und kein Ziel. Ein einziges Prinzip beherrscht dieses Universum; nur eine einzige Kraft als Auswirkung dieses Prinzips formt und gestaltet unaufhörlich die Welt. Wie sie das macht, nur aus der Tatsache ihrer Existenz heraus, wie Kosmos aus sich heraus Kosmos wird und immer während bleibt, wollen wir in den folgenden Kapiteln aufzeigen. So knapp wie möglich, ohne viel esoterisches Beiwerk und ohne Rücksicht auf vorherrschende Meinungen verwirklichen wir unser Ziel: die Welt als Selbstverständlichkeit zu erkennen, um zu begreifen, dass sie so sein muss, wie sie ist!

Viele Gedanken dieses Buches wurden - wenngleich in ganz anderen Zusammenhängen und Auslegungen - schon oft ausgesprochen. Dass die Natur aus keinem Urstoff besteht, sondern ein Produkt einfacher Aktionen sei, meinte schon Schelling 1799. Die Ausbreitung der Sphäre eines Atoms über die Sphären anderer Atome hinweg und ihre gegenseitige Beeinflussung finden wir schon bei Teilhard de Chardin. Immanuel Kant vertrat schon 1755 die Meinung, dass alle Materie, in ihren elementaren Grundstoff aufgelöst, den ganzen Raum des Weltgebäudes erfüllt habe... Kant setzte - als erster? - auch bereits voraus, dass Materie auch abstoßende Kräfte ausübe. Alan W. Watts zeigte bereits mit verblüffender Dialektik, dass ein absolutes Nichts gar nicht existieren könne und das Dasein einer Welt logisch zwingend sei. Auf die Werke dieses 1973 verstorbenen Philosophen sei in diesem Zusammenhang besonders hingewiesen. Newton schon und später der Physiker Ernst Mach[1] argwöhnten, dass Gravitation und Trägheit auch irgendwie mit den umliegenden Massen zusammenhängen könnten. Ein Verdacht, der auch von anderen Physikern, sogar von Einstein, oft ausgesprochen wurde.

Von all den Gedanken über diese Welt finden wir einen Teil in diesem Buch wieder; allerdings in eine Einheit gebracht, wie sie in dieser umfassenden Komplexität wahrscheinlich noch nicht vorlag.

Etwas wagemutig wird unsere Auffassung von der DNA als dynamische Struktur wirken, verletzt sie doch ein Dogma der Genetiker. Aber Mutation und Auslese reichen für das Fortschreiten der Evolution keinesfalls aus. Es musste und muss die Möglichkeit existieren, Umwelteinflüsse unmittelbar auf die DNA niederzuschreiben. Greifen wir ein wenig vor: Wie hätte zum Beispiel aufgrund einer Zufallsmutation die schwarze Menschenrasse entstehen sollen? Wir müssen ja sicherlich davon ausgehen, dass alle Urformen des Menschen ursprünglich stark behaart waren. Unter diesem Fell von vornherein Eigenschaften zum besseren Ertragen des Klimas (stärkere Pigmentierung, vermehrte Schweißdrüsenanzahl, andere Verteilung der Temperaturrezeptoren usw.) zu verbergen, hätte für die Natur, die stets nur das Notwendigste schuf, wohl wenig Sinn gehabt. Die Schwarzen wurden also sicherlich erst schwarz, nachdem sie gewissermaßen ihr Fell weggezüchtet hatten. Vielleicht hatte der Verlust des Haarkleids auch erotische Gründe, aber der gleichzeitig einsetzende Einfluss des Klimas ist auch nicht zu übersehen. Sollte man wirklich glauben, unter allen Urmenschen brachte eine Mutation, die gleich mehrere Anlagen und Merkmale gezielt hätte treffen müssen, um einen Sinn zu ergeben, plötzlich einen nackten und dunkelhäutigen Menschen hervor, und ausgerechnet dieser wäre auf einmal so attraktiv gewesen, dass nur noch sein Stamm zur Fortpflanzung gekommen wäre? Oder hat der Zufall wirklich bereits zu Beginn des neuen Phänotyps mehrfach zweckmäßig zugeschlagen?

Wenn man Schmetterlingspuppen Temperaturreizen aussetzt, so erhalten die geschlüpften Schmetterlinge plötzlich andersfarbige Flügel, die sich an die Nachkommen vererben. Gelbgefleckte Feuersalamander verwandeln sich bei Kälte und Wasserentzug in den schwarzen Alpensalamander und ihre Nachkommen bleiben es. In diesen und vielen ähnlichen Fällen zeigt es sich, dass eine Rückbildung zur alten Form niemals stattfindet. Es sieht also so aus, als würde ein vorhandener Informationsvorrat allmählich verbraucht und nicht mehr ergänzt. Diese Tatsache findet im Gesetz von der Nichtumkehrbarkeit der Evolution ihren Ausdruck. Die Ursache für dieses Prinzip war allerdings bislang unbekannt...

Es gibt heute wenig Zweifel daran, dass erworbene Eigenschaften - sowohl phänotypische Erscheinungsformen als auch Verhaltensmuster - vererbbar sind. Aber wie geschieht das? Darauf wissen die Biologen keine gute Antwort. Für sie ist die DNA zur starren Maschine geworden. Dass sie es nicht sein kann, entdecken wir in diesem Buch, welches auch über die Entstehung der DNA selbst etwas auszusagen versucht. Denn auch dies ist eine der ältesten Fragen der Welt: Was war früher da, die Henne oder das Ei? Es gibt darauf eine eindeutige Antwort: das Ei! Aber nichts in ihm trägt die Merkmale der zukünftigen Hennen selbst; nicht fertige Anlagen sind in ihm programmiert, sondern nur zelluläre Eigenschaften, die in sich die Möglichkeiten tragen, auf Umwelt richtig zu reagieren.

Jeder Bodybuilder weiß, wie sehr Lebens- und Ernährungsgewohnheiten den Körper verändern können. Wo aber steckt auf der DNA das Programm für dickere Muskeln? Oder für eine sonnengebräunte Haut? Hier zeigt sich der Einfluss der Umwelt besonders deutlich. Die Möglichkeit hiezu bieten offene Programme der DNA, also variable Anpassungsmechanismen, die ein starres Abklappern der genetischen Information ausschließen. Umwelt fordert heraus und formt. Nach diesem Prinzip entwickeln sich alle Organe und Organismen; sie alle wachsen ohne Ausnahme in erforderliche Funktionen hinein und bilden auch zueinander fordernde, drängende, ja zwingende Umwelt.

Wir werden entdecken, dass die geläufige Annahme, alle Lebewesen stammen von einer Urzellenart ab, äußerst unglaubwürdig ist. Es muss viele verschiedene Urzellen gegeben haben und infolgedessen eine Polyphylie, eine Formenbildung aus unzähligen Urformen. Auch dieser Gedanke ist nicht gerade neu, der Arzt Max Westenhöfer sprach ihn bereits aus. Für uns wird auch selbstverständlich sein, dass Gehirne sich nicht formten, um die Umwelt zu erkennen, sondern dass alle Gehirne von der Umwelt geformt wurden - als Reaktion auf die Aktionen in ihr...

Es ist sicher eine großartige Sache, wenn Materie über sich selbst nachdenken kann - ein Wunder ist es aber nicht. Auch das ganze Universum ist kein Wunder. Es gab für das Prinzip gar keine andere Möglichkeit, als die Welt geradeso zu verursachen, wie sie ist.

Ein weiser indischer Guru wurde einmal gefragt, was er von der Relativitätstheorie halte. Seine Antwort lautete: „Auch du kannst eine Theorie erfinden!"

Tatsächlich, die Wege sind noch immer frei! So sei auch der Leser dazu aufgefordert, sich auf die in diesem Buch entwickelte Hypothese seinen eigenen Reim zu machen. Der Platz hier ist viel zu knapp, um alle Phänomene dieser Welt zu besprechen - und ein Buch mit 1000 Seiten würde den Leser allzu sehr erschrecken...

Was immer aber auch der Leser - nachdem er dieses Buch hinter sich gebracht hat - betrachten und analysieren wird, er wird das Prinzip des Seins darin entdecken.

1 T.A.O.

Warum existiert das Universum? Weshalb befindet sich an seiner Stelle nicht einfach ein Nichts?

Um diese Frage zu beantworten, müssen wir den Begriff „Nichts" etwas näher betrachten. Wir selbst haben ihn aufgrund unserer Erfahrung geschaffen. Diese Erfahrung geht darauf zurück, dass Dinge in einem gegebenen Raum vorhanden sind und auch entfernt werden können. Aber wenn wir aus einem Zimmer beispielsweise alle Gegenstände entfernen, bleibt deshalb noch kein Nichts zurück, weil wir für das Verbliebene eine Definition haben: die Luft. Entfernen wir auch die Luft, so sprechen wir merkwürdigerweise nicht vom Nichts, sondern kennzeichnen den neuen Zustand mit einem Wort, das speziell das Fehlen der Luft zum Ausdruck bringt: dem Vakuum. Nun können wir natürlich auch das ganze Zimmer entfernen, samt seinem Vakuum; wir können darüber hinaus mit der Entfernung der Erde, der Sonne, der Galaxien und des Kosmos versuchen, uns ein Nichts vorzustellen. Dann sehen wir vielleicht einen leeren Raum vor uns, aber nach wie vor befinden wir uns selbst in diesem Raum und quälen uns mit der schwierigen, gedanklichen Vorstellung des Nichts... Wir sollten uns wohl auch selbst entfernen - wer aber würde dann das Nichts als solches definieren?

Ein Nichts ist daher nicht nur unvorstellbar, sondern ohne ein begrenzendes Etwas gar nicht möglich - ebenso wenig ist ein Loch ohne Umgebung denkbar. Wir können mit dem Ausdruck Nichts nur das Fehlen definierter Dinge verknüpfen; fehlen aber können Dinge nur, wenn sie irgendwo, in irgendeiner Weise existieren.

Wir kennen und verwenden also offenbar etwas leichtfertig ein Wort für einen Zustand, den es gar nicht geben kann, und stellen mit ihm eine vollkommen überflüssige Frage. Wenn es ein absolutes Nichts gar nicht geben kann, zwingt uns das automatisch zur Annahme des Gegenteils: dem Sein. Es ist also durchaus verständlich, dass „Etwas" existiert - aber freilich versteht es sich nicht von selbst, dass dieses Etwas ausgerechnet die Gestalt unseres Universums haben muss.

Immerhin nimmt uns diese erste kleine Erkenntnis, dass zumindest irgendetwas da sein muss, die Frage, woher dieses Etwas kommt. Wir können den Kosmos nicht einfach wegräumen, denn wohin bloß sollten wir ihn tun? Ist dem aber so, dann wurde er auch niemals an seinen Platz gebracht, denn wo wäre er dann vorher gewesen?

Etwas muss einfach logisch da sein... Bleibt allerdings noch die Kleinigkeit zu beantworten, wie es dieses Etwas anstellt, zum Universum zu werden, so wie wir es kennen...

Unser einfacher Gedankengang zwingt uns sofort zur Folgerung, dass dieses Etwas als undefiniertes, formloses Sein an und für sich zeitlos, also ewig vorhanden ist. Es kann ja „zuvor" genauso wenig wie „nachher" ein Nichts existieren.

Für dieses formlose, bildlose Sein schlechthin hatten die Chinesen ein Äquivalent, das sie Tao nannten. Tao ist die Einheit, die Ursache hinter den Dingen, die wir wahrnehmen. Buddhisten verglichen dieses Tao oft mit einem völlig ruhigen See, dessen glatte Oberfläche nichts darstellt. Das ist ein guter Vergleich, den wir ebenfalls gebrauchen wollen. Wir werden unsere Grundstruktur, die Matrix, bezeichnen mit „The Absolute Organization", also die Abkürzung T.A.O. benutzen, um mit ihm das gestaltlose Sein auszudrücken. Diese Gestaltlosigkeit ist relativ; auch wenn das T.A.O nicht einfach ein Ding ist, muss es irgendwie beschaffen sein. Von dieser Beschaffenheit müssen wir uns ein plastisches Bild machen, um in ihm die Ursache für alle scheinbaren Naturgesetze aufspüren zu können. Das ist - wenngleich ein hohes Ziel - gar nicht so schwer zu verwirklichen. Glaubwürdig werden wir aber nur sein, wenn wir bereit sind, die durch die Erkenntnisse der Wissenschaft gesicherten Phänomene als Tatsachen zu akzeptieren.

Wir werden T.A.O., das Undefinierbare, zu beschreiben versuchen und damit natürlich eine Fiktion setzen. Aber diese einzig zulässige Fiktion dient nur dazu, die Funktion des T.A.O. als Energievermittler und Informationsträger besser zu verstehen. Jede weitere Fiktion ist uns verboten.

Alle in der Folge geschilderten Phänomene sind längst von den Wissenschaften behandelt und geschildert worden - allerdings ohne deren Herkunft und Ursache zu erkennen.

Nun sieht T.A.O., das formlose Sein, nicht irgendwie aus, denn es gibt kein Auge, das es erkennen kann. Dennoch muss das T.A.O. eine bestimmbare Struktur haben, um sich vom Nichts zu unterscheiden. Wenn wir nach dieser Struktur forschen, so müssen wir nach dem einfachsten suchen, das denkbar ist. Es muss gerade ein wenig mehr sein als ein Nichts, um uns zu genügen.

So wie der glatte Spiegel eines Sees eine Struktur hat, nämlich die Ausbreitung von Wassermolekülen, die noch nichts widerspiegeln, muss auch das T.A.O. eine Struktur zumindest in Form einer Unterteilung in irgendwelche Punkte haben, wobei es keine besondere Rolle spielt, ob die Nichtunterteilbarkeit dieser Punkte feststeht oder nicht. Sagen wir einfach, diese simple Struktur besteht zumindest aus neben- und aufeinander liegenden Punkten, so als wäre der Raum mit unendlich vielen winzigen Kugeln erfüllt, die wie die Atome eines Kristalls eine regelmäßige Ordnung einhalten. Denken wir einfach an das Innere des Sees und seine Moleküle, so haben wir ein ähnliches Bild.

Natürlich hat auch diese Struktur eine Ursache, die wir später ganz von selbst verstehen werden. Vorläufig wollen wir mit dieser Definition des T.A.O. als Anordnung ziemlich wesen- und ausdrucksloser Punkte zufrieden sein. Wir könnten statt „T.A.O." auch einen anderen Begriff verwenden, zum Beispiel „Matrix" oder einfach „Raum".

Der Physiker Mach hatte bereits die Idee, dass der scheinbar leere Raum eigentlich irgendwie gekörnt sein müsse; auch der pakistanische Physiker Abdul Salam sprach einen ähnlichen Gedanken in neuerer Zeit aus. Wir befinden uns also in bester Gesellschaft. Auch wenn sich unsere Matrix von den „veralteten" Äthertheorien unterscheiden wird, ist der Grundgedanke ein durchaus vergleichbarer.

Wenn wir gedanklich diese Struktur gewaltig vergrößern, so erhalten wir ungefähr ein Bild, wie es uns die Abbildung 1 zeigt.

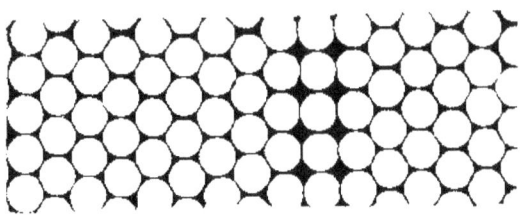

Abb.1

Eine einfache, ruhige Struktur von Punkten oder kleinen Körnern, die so eng wie möglich aneinander gepresst sind. Sie setzt sich dreidimensional nach allen Richtungen fort (Abb. 3a). Sie hat keine Größe, solange es in ihr keinen Maßstab gibt. Sie hat auch keinen

Beginn und kein Ende, denn sie ist gezwungenermaßen ewig vorhanden. Es gibt auch keine Zeit in üblichem Sinne, weil es keine Ereignisse oder Uhren gibt, eine solche festzustellen. Das Wesen des T.A.O. ist daher grenzenlos, zeitlos, ereignislos, ohne Größe, ohne Maßstab - und dennoch von gekörnter Struktur, die sich angenommener weise vorerst in Ruhe befindet - wobei dahingestellt bleiben soll, ob dieser Zustand überhaupt denkbar ist.

Eines wollen wir jedenfalls aus dem bisher gesagten folgern: der Raum, in dem sich das Universum ereignet, ist und war niemals leer!

Nun ist die eben geschilderte Struktur des T.A.O. keinesfalls eine reine Erfindung. Etwas existiert, und dieses Etwas ist zumindest ein energetischer Zustand; genaugenommen eine Anhäufung derartiger Zustände. Wir könnten sagen: Neben jedem Etwas existiert ein weiteres Etwas, und so weiter... Die natürliche Tendenz zu Strukturen dieser einfachen Art können wir feststellen und nachvollziehen, wenn wir mit gewissermaßen fließenden Energien experimentieren, zum Beispiel mit Wärme. Eine von unten erhitzte Flüssigkeit bildet Konvektionszellen. Die Abbildung 2 zeigt einen derartigen Vorgang, und wir sehen sofort die prinzipielle Ähnlichkeit mit der Abbildung 1:

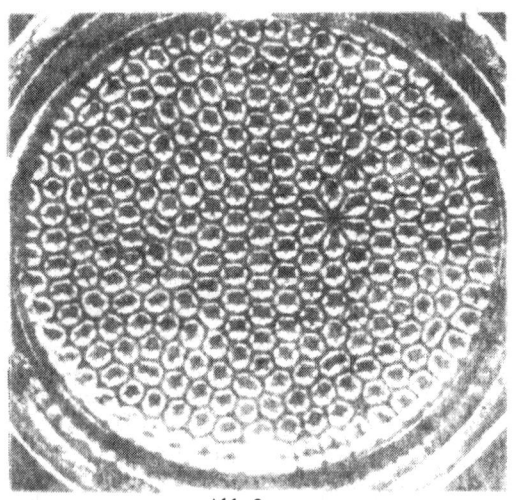

Abb. 2

Noch deutlicher wird die Angelegenheit, wenn wir mit einer von Dennis Milner und Edward Smart entwickelten Elektro-

Impulsfotografie Wärmestrukturen sichtbar machen. Auf einer fotografischen Platte, die zwischen zwei Metallelektroden einem elektrischen Impuls ausgesetzt wird, zeigen sich schimmernde Wärmekugeln. Sie demonstrieren, dass Energie nicht einfach fließt oder verströmt, sondern sich strukturiert zu gewissen Ordnungen. Man spricht von dissipativen Strukturen, und wir werden später noch darauf zurückkommen. Doch sehen wir uns jetzt die Wärmekugeln auf der Fotoplatte an (Abb.3):

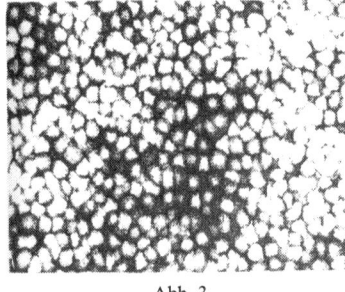 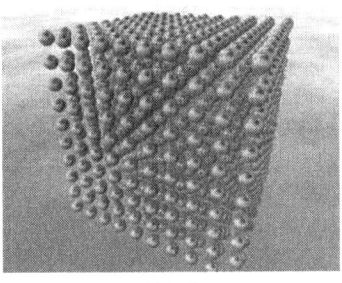

Abb. 3   Abb. 3a

Auch hier erblicken wir nichts anderes als eine gigantische Vergrößerung der Struktur des T.A.O.. Nun können wir dem T.A.O. selbst gar keine Größe beimessen, aber die darüber liegenden Ereignisse geben uns ungefähr eine Ahnung davon, in welchen Dimensionen wir uns soeben gedanklich befinden. Atomare Erscheinungsformen spielen sich in Maßstäben ab, für die wir die Einheit Angström erfunden haben. Ein Angström ist unvorstellbar klein, es ist 1/10 000 000 mm. Dehnen wir einen Millimeter so weit, dass er die Entfernung von einem Pol der Erde bis zum Äquator umfasst, das sind etwa 10 000 km, so würde ein Angström gerade einen Meter lang geworden sein. Nun misst ein Glucosemolekül bereits ungefähr fünf Angström, und zwischen seinen Atomen besteht etwa ein Angström Abstand. Moleküle und Atome sind aber im Vergleich zur Struktur des T.A.O. bereits riesenhafte Gebilde. Wir können daher in diese Bereiche nur noch gedanklich eindringen; es gäbe kein Mittel, diese Dimensionen irgendwie zu messen.

Korrekterweise müssen wir einräumen, dass dieses strukturierte T.A.O. weder ein Sein noch ein Nichts repräsentiert. Es ist die Grundlage für beide Begriffe. Etwas ist vorhanden und doch nicht existent, solange es nicht wahrgenommen wird. Das Nichts und das Sein, beide bedeuten durchaus dasselbe. Das Bild dieser Welt ist ein

Prozess des Schauens. Es existiert ohne Auge nicht. T.A.O. ist weder dunkel noch hell, weder heiß noch kalt... Was immer wir suchen, wir finden nur Struktur und Substruktur. Würden alle diese Strukturen in sich ruhen, so gäbe es kein Universum. Kein Universum ... das bedeutet jedoch keinesfalls das Nichts. Denn die Struktur ist ja vorhanden.

Von den unzähligen auf Äther-Basis stehenden Theorien ist das Gittermodell von Walter Russell und John Worrell Keely („Der Raum ist von einem ruhenden elastischen Gitter durchdrungen!") unserer Vorstellung am ähnlichsten. Doch das Gittermodell ist nicht logisch und selbstverständlich, sondern eine erzwungene Konstruktion. Woher sollte das Gitter kommen? Die Grundstruktur des Universums muss eine unumgängliche, zwanglose Erscheinung sein, eine Grundordnung, die selbst neutral ist und dennoch die absolute Eigenschaft hat, die Voraussetzungen und Prozesse zu tragen, aus denen die uns bekannten Phänomene und Größen wie Ladungen, Quanten, Licht, Masse oder Trägheit sich selbstständig entfalten können, ja müssen! Wir werden sehen, dass die Matrix des T.A.O. dieser Erwartung am ehesten entspricht.

Natürlich dürfen wir dieses T.A.O. nicht als Urstoff bezeichnen. Es ist keine materielle Substanz, es „besteht" nicht aus Etwas, sondern es ereignet sich, es wirkt sich aus... Wir haben für etwas, das sich auswirkt, ein Wort in unserer Sprache: Energie. Was wir daher bislang gefunden haben, ist Raum - strukturierter Raum – in dem sich Energie auswirken kann. Nichts weiter sonst. Was immer auch dieser Auswirkung zu Grunde liegt, wird stets nur mit einem beliebigen Wort zu bezeichnen sein. Wir nennen es eben T.A.O.. Es ist ein einfaches, kurzes Wort und beinhaltet eine gewisse Schönheit. Schon die Chinesen haben es aus diesem Grund gewählt.

2 Störung

Wenn wir die glatte Fläche eines Sees stören, indem wir Energie in Gestalt unseres eingetauchten Fingers zuführen - und wir können den Finger sofort wieder herausziehen -, so wirft die Fläche erwartungsgemäß Wellen auf, die sich fortpflanzen. Wir haben dem See nichts wirklich hinzugefügt, ihm gewissermaßen den Finger nur geliehen, und dennoch zeigt der See nun ein neues Bild. Vergleichen wir einmal unsere T.A.O.-Struktur mit einem dreidimensionalen See. In der Abbildung 1 haben wir eine Reihe der Strukturpunkte verschoben, um zu sehen, dass sie in diesem Fall augenblicklich mehr Platz verbrauchen als zuvor. Alle Körner stehen einander im Weg. Deshalb teilt sich jede Störung dieser Struktur allmählich allen anderen Körnern mit. Es ereignet sich nun etwas innerhalb dieses Sees, und es ist nur ein informatives Ereignis, denn nach wie vor besteht der See aus demselben Etwas. Denken wir daran, wie vielfältig das Wellenspiel auf einem See sein kann und wie viele Muster und neue Strukturen dabei entstehen können.

Wenn wir das T.A.O. stören oder es irgendwie gestört wird, spielt sich zwar Ähnliches wie auf einer Wasseroberfläche ab, jedoch nach allen Richtungen des Raums zugleich, also dreidimensional. Störung kann also das T.A.O. verändern, mit Information bereichern. Aber nicht jede beliebige Form von Störung ist möglich, sondern sicher nur jene, die sich zwanglos aus der Struktur des T.A.O. ergibt. Die einfachste Art von Störung besteht aus einem Impuls, der durch das T.A.O. zieht. Wir werden für diesen Impuls auch das Wort Stoß oder Vibration verwenden. Mit der Form dieses Impulses befasst sich die Abbildung 4 etwas näher:

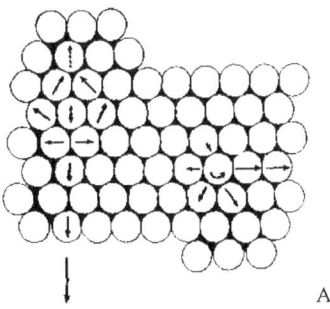

Abb. 4

Im linken Bereich der Abbildung erkennen wir, wie eine Vibration - der Impuls bewegt sich von oben nach unten – auf sich selbst zurückwirkt, d.h. sie überträgt sich durch die Verschiebung der Körner auch auf die Gegenrichtung. Das führt dazu, dass es hinter dem Stoß wieder ruhig wird. Es zieht durch diese Matrix demnach keine Schwingung, sondern eine Erschütterung. Wir werden später noch genauer belegen, wieso es innerhalb des T.A.O. gar keine Schwingungen geben kann.

Jedes Korn teilt die Störung dem nächsten mit, aber nicht augenblicklich, sondern bis das nächste Korn den Impuls mitbekommt, vergeht bereits ein wenig Zeit. Es gibt keine Instantankausalitäten; immer wird zwischen Ursache und Wirkung etwas Zeit verstreichen. Zeit ist daher bereits ein Produkt in dieser Struktur, in erster Linie stets das Intervall zwischen Ursache und Wirkung. So entdecken wir auf einfache Weise die Zeit innerhalb des T.A.O.; und was wir vom T.A.O. sagten, gilt auch für sie: Solange niemand wahrnimmt und misst und vor allem ein Intervall zwischen Vergangenheit und Zukunft interpretiert, existiert sie nicht im geläufigen Sinne. Dennoch wirkt sie sich aus... Nachdem wir schon von der Energie sprachen, finden wir mit der Zeit einen zweiten wesentlichen Faktor für das Sein des Universums.

Im rechten Teil der Abbildung sehen wir einen Impuls auf uns zukommen, gewissermaßen von vorn. Jede Erschütterung eines Korns teilt sich natürlich auch allen senkrecht zur Impulsbewegung angeordneten Körnern mit. Ist die Erschütterung eine Oszillation, kann diese Weitergabe nicht gleichzeitig erfolgen, sondern nur in der Weise, dass der Impuls in seiner Bewegungsrichtung von neuerlichen Störungen gewissermaßen umrundet wird. Wir können die Form dieses Impulses genauer definieren, indem wir einfach sagen: Eine Störung schraubt sich durch die Struktur des T.A.O.. Sie erfasst von jedem Punkt aus alle anderen Punkte des T.A.O. und hat deshalb eine erkennbare Bewegungsrichtung, da die vom Hauptstoß verursachten Nebenstöße zeitlich dahinter liegen. Da die einzelnen Körner stets nur um ihren eigenen Bereich oszillieren oder vibrieren, findet im T.A.O. keine echte Bewegung[2] statt. Der übermittelte Impuls ist nur eine weitergereichte Information. Der Inhalt dieser Information - nämlich Form und Ausmaß der Störung - heißt für einen eventuellen Empfänger, der wie wir eine Sprache benutzt, vielleicht „Energie" – und eigentlich könnte er schon „Licht" dazu sagen... Doch alles der Reihe nach!

Da sich jede Störung rückwirkend selbst egalisiert - die Körner pressen sich wieder in ihr dichtes Gefüge -, gibt es immer nur eine einzige Erschütterung oder Oszillation, welche durch die Struktur saust, während es hinter ihr wieder glatt und ruhig wird. Und wir bemerken einen beachtlichen Unterschied zum Gleichnis mit dem See: Ein Impuls verursacht keine echte Welle! Um es zu noch einmal zu betonen: Vor dem Impuls und hinter ihm herrscht Ruhe.

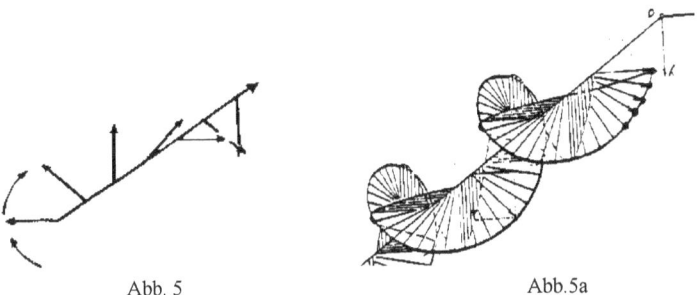

Abb. 5   Abb.5a

Tauchen wir unseren Finger einmal kurz in einen See, so erzeugen wir eine Reihe von Wellen, die sich kreisförmig ausbreiten. Tauchen wir sehr bildlich gesprochen unseren Finger einmal kurz in das T.A.O., ist das Resultat ein einziger Stoß (und nur ein „Kreis"), welcher sich durch das T.A.O. schraubt. Er hat zwei Bewegungskomponenten: die Vorwärtsbewegung und die senkrecht dazu stehende Ausstrahlung weiterer Stöße. Beide Komponenten haben wir in der Abbildung 5 dargestellt. Diese Impulsweitergabe ergibt sich ganz von selbst aus der Beschaffenheit der Struktur. Maßgeblich ist auch die Form des eingebrachten Impulses. Versetzen wir ein Korn in Oszillation, so werden die rundum ausgestrahlten Stöße alle gleich stark sein; geben wir dem Korn nur eine senkrechte oder waagrechte Bewegung, so wird der Impuls der nicht in dieser Richtung liegenden Körner schwächer ausfallen. Wir haben damit den Impuls sozusagen polarisiert.

Das alles war bis jetzt hoffentlich nicht schwer zu verstehen. Trotz ihrer Einfachheit ist diese Funktion des T.A.O. bereits so etwas wie der Schlüssel zum Universum!

Wir könnten die Impulsform auch dadurch symbolisieren, indem wir eine Spirale zeichnen (Abbildung 6). In ihr sind ja beide

Bewegungsrichtungen enthalten! Die symbolische Bedeutung der Spirale[3] wurde von den Menschen seit jeher intuitiv erkannt. Speziell in den östlichen Religionen spielt sie eine große Rolle. Wie wir sehen, nicht ganz ohne Grund. Es gibt im T.A.O. aber nur Spiralbahnen – keine feststehenden Spiralen.

Wenn wir das T.A.O. einmal stören - Abb.6a, a) - und danach ein zweites Mal, so folgt ein zweiter Stoß dem ersten, ohne mit ihm in direkten Zusammenhang zu stehen. Und auch ein dritter hätte mit den vorausgegangenen nichts zu tun – Abb. 6a, b) - . Eine Folge mehrerer Impulse in derselben Richtung innerhalb einer bestimmten Zeit nennen wir Frequenz. Die Abstände von Stoß zu Stoß bezeichnen wir als Wellenlänge, ohne dass damit eine echte Welle gemeint sein darf. Aus sprachlichen Gründen werden wir aber den Ausdruck Welle weiterhin benutzen, weil wir uns nun des kleinen, aber wichtigen Unterschieds bewusst sind.

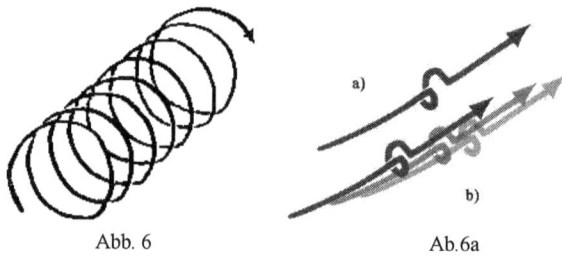

Abb. 6 Ab.6a

Würden wir eine Richtungsebene des Impulses als die „elektrische" bezeichnen und die senkrecht dazu stehende als „magnetische", so ergäbe sich ein guter Ausdruck für die Aufeinanderfolge mehrerer Impulse: „elektromagnetische Welle". Nun, dieser Terminus wird bereits verwendet, und der Vorgang im T.A.O., so wie wir ihn soeben geschildert haben, ist natürlich prinzipiell nichts anderes als eine elektromagnetische Welle, wie sie die Abbildung 5a symbolisch darstellt. Aber noch haben die Bezeichnungen „elektrisch" und „magnetisch" für uns keine besondere Bedeutung.

Wollten wir ein Modell des T.A.O. bauen, so müssten wir einigermaßen elastische Kügelchen aufeinanderschlichten und die Reibung ausschalten. Es gibt im T.A.O. keine Reibung. Der Physiker würde sagen, dass es sich hierbei um elastische Stoßvorgänge handelt, die keine Energie verzehren. Er spricht deshalb in solchen Fällen von der Erhaltung des Impulses. Wir dürfen uns aber die Taokörner nur um sich selbst schwingend vorstellen, so als wären sie mit Federn verbunden (Abb.6 b).

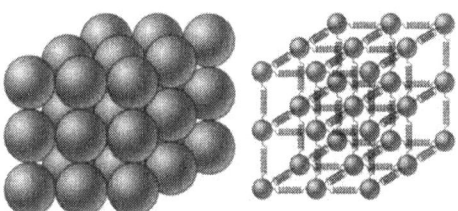

Abb. 6b

Fassen wir zusammen: Die Struktur des T.A.O. kann gestört werden durch einen Impuls, der auf zwei Richtungsebenen weiterläuft. Die Aufeinanderfolge mehrerer solcher Stöße ist keine Welle, wie sie sich zum Beispiel in materiellen Medien ausbreitet (Schall- oder Schwerewellen), weil die Impulse zueinander in keinem Zusammenhang stehen. Jede ernstgemeinte Analogie mit Schwingungen oder Wellen wäre falsch. Wir werden später sehen, dass viele Physiker aufgrund dieser unrichtigen Analogie eine Reihe falscher Schlüsse gezogen haben...

Zu dem dahineilenden Einzelstoß könnten wir auch „Energiequant" sagen, wenn er als Botschaft Energie transportiert. Diesem Umstand wird die Quantentheorie der Physik gerecht, in der bereits erkannt ist, dass alle Energien in Form kleiner Portionen, eben Quanten übermittelt werden. Dass dies keine Laune der Natur darstellt, sondern gar nicht anders möglich ist, haben wir soeben festgestellt.

Abb.7

Wir könnten in unserem Denkmodell natürlich auch ein Korn gleich in der Mitte des T.A.O. anschwingen, anstoßen oder andrehen (was auch die richtigere Betrachtungsweise ist). Die Folge wäre, dass ein Impuls nach rechts und einer nach links davon eilen würde. Und wir erkennen auch, dass vom Erzeugungspunkt aus betrachtet eine Stoßschraube nach rechts beginnt und die andere nach links (Abbildung 7).

Es gibt demnach zwei verschieden räumlich orientierte Spiralbahnen. Mit dieser trivialen Erkenntnis sind wir bereits in der Lage, das materielle Geschehen in diesem Universum zur Gänze zu beschreiben, so seltsam das an dieser Stelle auch klingen mag. Aber alle Entdeckungen, die es in der Folge zu machen gilt, sind eine unmittelbare Folge dieser räumlich unterschiedlichen Orientierung der Impulse. Mit der räumlichen Beschaffenheit stoßen wir noch einmal auf den dritten wesentlichen Faktor jener wenigen elementaren Grundbegriffe, die für das Dasein der Welt verantwortlich sind: den Raum. Die anderen beiden sind: die Energie und die Zeit. Alle drei Begriffe bedingen einander, Raum und Zeit sind untrennbar verknüpft, denn gäbe es keine Intervalle zwischen Ursache und Wirkung, wäre auch eine räumlich definierte Ordnung nicht denkbar.

Wir sollten jetzt ein wenig über das bisher gezeigte nachdenken, um den Zusammenhang von Energie, Raum und Zeit intuitiv zu verstehen. Allen Begriffen liegt das T.A.O. zu Grunde – weil das T.A.O. ist, wie wir feststellten, der Träger von Energie, Raum und Zeit. Alle drei Begriffe sind Wirkungen und wie wir später erkennen werden, existieren sie nur durch Wahrnehmung oder „Messung", wie der Physiker präzisieren würde.

Mit diesen drei elementaren Wirkungen haben wir tatsächlich bereits alles gefunden, was es in diesem Kosmos zu finden gibt!

3 Begegnungen

Die beiden Wirkungsebenen eines Impulses, die zueinander senkrecht stehen, könnten wir auch gut durch ein Kreuz symbolisieren. Und wieder kommt es nicht von ungefähr, dass auch das Kreuz als Symbol in dieser Welt eine besondere Rolle spielt (Abbildung 8).

Diese gekreuzte Verflechtung der Wirkung kommt erst in der Beziehung zwischen Verursacher und Wahrnehmer zum Ausdruck. Jede Störung wird erst als solche existent, wenn tatsächlich etwas oder jemand gestört wird. Obwohl sich die Stöße des Impulses rundum fortpflanzen, wird für einen Beobachter immer nur jener Stoß existieren, der auf ihn zukommt. In der Sprache der Quantenphysiker heißt das, jedes Quant existiert nur in dem Moment, in dem es gemessen wird.

Nehmen wir einmal an, irgendwo im Stockdunkeln steht ein Boxfanatiker, der im wahrsten Sinn des Wortes Schattenboxen betreibt. Er teilt, während er sich dreht, rings um sich nach allen Richtungen Fauststöße aus. Wir können diese Stöße nicht sehen, aber fühlen, wenn wir uns nahe genug an den Boxer heran begeben. Von Zeit zu Zeit werden wir einen Schlag erhalten. Von all den anderen Schlägen werden wir nichts erfahren - sie gehen ins Leere. Der Wahrnehmer spürt daher immer nur jene Wirkung, die zum Körper des Boxers gleichermaßen wie zum Körper des Wahrnehmers senkrecht steht. Das gilt auch für jede Energiewirkung eines T.A.O.-Impulses. Jedes Messinstrument - auch jedes unserer Sinnesorgane - erfährt deshalb nur einen Bruchteil der Wahrheit. Jede Energie, die wahrgenommen wird, ist nur ein kleiner Betrag der gesamten Energie eines Impulses. Wenn Physiker in dieser Welt von Energie sprachen, so meinten sie lange Zeit immer nur jenen kleinen spürbaren Betrag der Energie - eben den beobachtbaren oder messbaren Bruchteil. Von diesem Bruchteil aus zogen sie ihre Schlüsse. Erst in neuerer Zeit stellten sie fest, dass viele dieser Schlüsse falsch sein müssen. Wir werden später noch davon sprechen.

Wir definierten bereits die räumliche Orientierung der Stoßspiralen mit „links" und „rechts". Der Deutlichkeit halber legen wir nun fest: Unter einer Rechtsspirale verstehen wir eine Stoßausbreitung im Uhrzeigersinn; eine Linksspirale bewegt sich gegen den Uhrzeigersinn. Die Drehrichtung eines Impulses wollen wir generell „Spin"[4] nennen, ein Ausdruck, der bereits in der Teilchenphysik in ganz ähnlichem Sinn verwendet wird. Wir schilderten auch bereits die Entstehung zweier Spiralstöße zugleich und nehmen nun an, dass viele Störungen des T.A.O. auch viele verschiedene Spiralstöße verursachen, welche die Struktur nach allen Richtungen durchströmen. Ebenso ist jede andere Art von Vibration und geradem Stoß denkbar. Aber uns interessieren vorläufig nur jene Energie-Fortpflanzungen, die einen Spin aufweisen.

Was geschieht nun, wenn sich zwei solcher Spiralen begegnen? Es gibt für diese Begegnung zwei besonders deutlich unterschiedliche Möglichkeiten (Abbildung 8a).

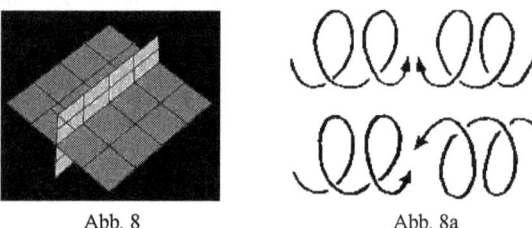

Abb. 8   Abb. 8a

Entweder begegnen sich zwei Spiralen mit entgegengesetztem Spin. Sie werden am Begegnungspunkt bewegungsgleich sein. Oder sie weisen denselben Spin auf, dann prallen sie am Begegnungspunkt diametral aufeinander. Das hat natürlich unterschiedliche Folgen. Doch bevor wir diese Konsequenzen näher betrachten, müssen wir noch einige weitere Unterschiede herausfinden und dabei ein wenig lehrbuchartig vorgehen, weil es nicht schaden kann, wenn wir die verschiedenen Begegnungsformen gut verstehen.

Wir setzen vorläufig einfach voraus, dass jede Störung, jeder Impuls die gleiche Energiegröße hat, also der Radius der Spiralbahnen gleiche Ausmaße annimmt. Allerdings wissen wir, dass jeder Rundumstoß eigentlich grenzenlos weiterzieht und sich auf immer größere Raumgebiete aufteilt. Seine Energie nimmt daher im Quadrat der Entfernung ab. Wir können aber aus diesem Bereich einen bestimmten Abschnitt wählen, innerhalb dessen die Störung noch besonders wirksam bleibt.

Es gibt nun für die Begegnung zweier Impulse folgende Varianten:

1) BEWEGUNGSGLEICHHEIT. Das heißt, beide Spiralen bewegen sich im Augenblick ihres Aufeinandertreffens nach rechts oder nach links. Begegnen müssen sich daher in diesem Fall eine Spirale mit Rechtsspin und eine Spirale mit Linksspin.

2) BEWEGUNGSGEGENSATZ. Die Spiralen bewegen sich im Moment ihrer Begegnung entgegengesetzt, es stoßen also zwei Spiralen mit gleichem Spin aufeinander.

3) ZEITGLEICHHEIT. Das bedeutet, der Stoß befindet sich bei beiden Impulsen am Begegnungsort.

4) ZEITGEGENSATZ. Beide Stöße befinden sich bei ihrer Begegnung an verschiedenen Stellen; im Extremfall genau gegenüberliegend.

Die folgenden Abbildungen zeigen nun die Möglichkeiten, die sich aus diesen vier Varianten ergeben, symbolisiert durch einfache Pfeile und Fotos von Pfeifenputzern. Sehen wir uns diese Möglichkeiten einmal genauer an.

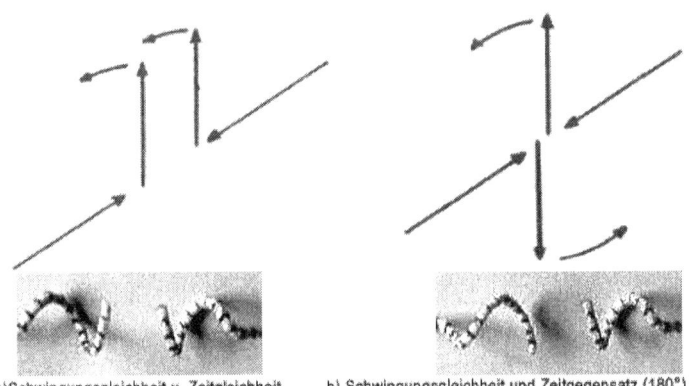

a) Schwingungsgleichheit u. Zeitgleichheit   b) Schwingungsgleichheit und Zeitgegensatz (180°)

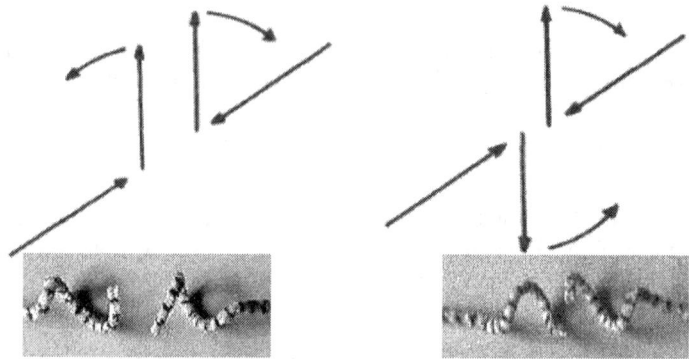

c) Schwingungsgegensatz und Zeitgleichheit d) Schwingungsgegensatz und Zeitgegensatz

e) Schwingungsgegensatz u. Zeitgegensatz f) Schwingungsgleichheit und Zeitgegensatz (90°)

Den Zeitgegensatz von 90° (e und f) bezeichnen wir in der Folge einfach als Zeitverschiebung. Nun sollten wir die Abbildungen genau betrachten, versuchen, die Begegnungen deutlich vor uns zu sehen und ein wenig darüber nachzudenken. Wir kommen dabei zu verschiedenen Resultaten und wir werden diesen Resultaten wohlklingende Namen geben, damit wir auch später noch wissen, wovon wir reden. Wenngleich nicht korrekt, werden wir die Bewegung auch als Schwingung bezeichnen.

zu a: DURCHDRINGUNG

Jeder der Impulse findet Schwingungs- und Zeitgleichheit und daher Fortsetzungsmöglichkeiten. Sie werden einander durchdringen und weiterziehen, als wäre nichts geschehen.

zu b: INTERFERENZ

Zwei genau entgegengesetzte Stöße, die sich in die gleiche Richtung drehen, heben je nach Phasenlage einander auf oder summieren sich. Beide Impulse verschwinden scheinbar spurlos oder ziehen verstärkt weiter. Wir nennen diese Vorgänge destruktive oder konstruktive Interferenz.

zu c: VERÄNDERUNG

Zwei gleichgerichtete Stöße verstärken einander, finden aber keine Fortsetzung in den bisherigen Richtungen. Es entsteht ein neuer Stoß, der senkrecht zur ursprünglichen Richtung davon strebt. Energiegrößen und Richtungen haben sich verändert.

zu d: WIDERSTAND

In diesem Zusammenprall passt überhaupt nichts zusammen. Beide Impulse werden einander Widerstand bieten, ohne sich aufzuheben. Sie werden voneinander abprallen. Wir nennen diesen Vorgang auch Reflexion.

zu e: DISHARMONIE

Zeitverschiebung um 90° und Schwingungsgegensatz. Die Impulse können sich nicht fortsetzen, sie heben einander aber auch nicht auf und verstärken sich nicht. Daher bleiben sie an Ort und Stelle und bilden ein schwingendes Feld, das aufgrund der entgegengesetzten Schwingungen nur kurze Zeit existiert und sich in neue, rundum verteilte Impulse auflöst. Wir nennen dieses Ereignis instabiles Feld. Der Physiker bezeichnet ein Ereignis, dem derselbe Vorgang zu Grunde liegt, als instabiles Teilchen! Wir beginnen zu ahnen, wohin uns unsere Betrachtung führt: Der Vorgang e) verursacht die erste „materielle" Erscheinung!

zu f: HARMONIE

Zeitverschiebung um 90° und Schwingungsgleichheit. Dieses Ereignis ähnelt dem vorhergehenden. Aber die Impulse beggnen sich nicht direkt, finden jedoch auch keine Fortsetzungsmöglichkeit in der ursprünglichen Richtung. Sie kippen gewissermaßen übereinander und bilden ein Feld an Ort und Stelle, das aufgrund der

Schwingungsgleichheit beständig bleibt, weil die Impulse stets hintereinander her laufen. Es bildet sich ein harmonisch schwingender Kugelkörper aus Impulsen, wie er von der Abbildung 10 verdeutlicht wird.

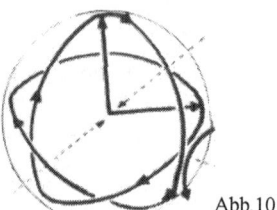

Abb.10

Wir haben damit nichts Geringeres als ein beständiges Teilchen entdeckt. Es ist keine substanzielle Partikel, sondern ein Feld, in welchem sich zwei Impulse äußerst schnell verfolgen. Wir wollen dieses Feld Proton nennen, weil es mit dem hypothetischen Proton unserer Atomphysiker identisch ist.

Nun, das war jetzt ein bisschen Schulbuchstil, aber es war nicht zu vermeiden. Wer mit dem genauen Verstehen dieser Begegnungsabläufe im T.A.O. Probleme hat, muss deshalb nicht traurig sein. Es genügt, wenn er begreift, dass verschiedene Begegnungsformen von Impulsen eben verschiedene Ergebnisse bringen und sich dabei auch oszillierende Felder bilden können, gleichsam Impulse, die an Ort und Stelle bleiben. Von diesen Begegnungen sind natürlich alle Zwischenvariationen denkbar – das T.A.O. ist sicher von unzähligen Fluktuationen und Vibrationen erfüllt, die – so wie die Schläge des Boxers – in die Leere gehen. Diese Fülle an virtuellen, weil unwirksamen Stößen im leeren Raum haben die Physiker längst entdeckt und als „Vakuumfluktuation" oder „Quantenschaum" bezeichnet.

Für das bisschen Gehirnakrobatik werden wir nun mit der Erkenntnis belohnt, dass es „Teilchen" im Sinn des Wortes gar nicht gibt, sondern dass sich die Materie offenbar aus Impulsen zusammensetzt, die aufgrund ihrer Begegnungen in imaginären Kugeln rundum sausen. Materie besteht deshalb offenbar nicht aus einer Art Urstoff, sondern ist ein Produkt aus Energie, Raum und Zeit! Sicher fällt es uns aber jetzt noch schwer, das wirklich zu glauben.

4 Proton

Ziehen wir nun ein kurzes Resümee: Als einzige Grundvoraussetzung haben wir angenommen, dass das T.A.O. aus logischen Gründen existieren muss und die denkbar einfachste Struktur aufweist. Genauer kann es nicht definiert werden. Es besitzt auch keine weiteren Eigenheiten. Wie immer wir es bezeichnen, es wird für das zu Grunde liegende T.A.O. schlechthin nur irgendein Wort stehen. Das erinnert uns vielleicht an den ersten Vers des Johannes Evangeliums: Im Anfang war das Wort...

Das Wort, in unserem Fall das Wort T.A.O., haben wir als zwingend vorhanden erkannt - es ist logisch unumgänglich. Wir könnten jedes andere Wort dafür wählen: Gott, Geist oder Kraft... Bezeichnenderweise beginnt jede Schöpfungsgeschichte auf dieser Erde mit einem Wort dieser Art. Wir haben das T.A.O. gleichgesetzt mit Raum, weil der Raum erst durch Vorhandensein von T.A.O. zu einem solchen wird. Seine Struktur ist eine Körnung, die gerade ein wenig mehr als das Nichts repräsentiert - aber diese Struktur ist bereits in der Lage, Energieinformationen in der Form von Impulsen weiterzugeben, die entfernte Ähnlichkeit mit Wellen aufweisen. Im weitesten Sinne können wir diese Impulsfolgen als Licht bezeichnen.

Licht von der Art sehr harter Gammastrahlung (also mit sehr hoher Impulsfrequenz) musste vor jeder Form von Materie vorhanden gewesen sein. Es gab sicher auch jede andere denkbare Art von Impulsform, und die Idee liegt nahe, für jede dieser Energiequanten einen eigenen Teilchennamen zu erfinden - wenn das die Physiker nicht schon längst getan hätten (ohne genau zu wissen, wovon sie sprechen).

Durch das Zusammentreffen räumlicher und zeitlicher Bedingungen entstanden Bausteine der Materie, die selbst lediglich Energie repräsentieren, ohne materielle Substanz oder Masse zu besitzen. Es sind energetische Ereignisse, und das erste dieser Ereignisse, das wir entdeckten, nannten wir Proton. Aus Protonen dieser Art besteht das Weltall zu rund 99 Prozent. Sprechen wir von diesem Proton als ein Element dieser Welt, so nennen wir es Wasserstoff. Dies ist das einfachste Element, das wir kennen.

Hätten wir nur ein einziges Proton innerhalb des T.A.O., so wäre dieses Proton praktisch so groß wie das T.A.O. - also prinzipiell unendlich wie der Kosmos selbst. Denn alle Vibrationen eines Impulsfeldes laufen genaugenommen bis ins Grenzenlose. Ein erstes und einziges Proton wäre praktisch der Mittelpunkt des T.A.O., um welchen sich die Impulse strahlenförmig ausbreiten würden. Wenn es jemals so ein erstes Proton gegeben hat, so bestimmte es inmitten der Unendlichkeit den Ort, an welchem sich das Universum entfaltete. Es verlieh dem Raum überdies eine neue, sphärische Geometrie.

Ob nun viele Protonen spontan und zugleich entstanden, oder sie sich allmählich in großen Zeitabständen bildeten, ist gleichgültig. Die Frage ist, wieso blieb das T.A.O. nicht einfach ruhig wie ein Riesenkristall stehen – als großes leeres unbegreifbares Nichts? Mit der Ruhe verhält es sich offenbar ebenso wie mit dem Nichts. Ohne das Gegenteil ist sie nicht denkbar und für sich allein niemals existent. Deshalb konnte es ein ruhiges T.A.O. niemals geben. Worauf sollte sich Ruhe denn beziehen, solange sich im T.A.O. nichts ereignete? Und konnte sich jemals „nichts" ereignen? Das ist eine einfache, aber bedeutsame Überlegung, denn sie zwingt uns zur Feststellung, dass es einen echten Beginn des Kosmos nie gegeben haben konnte! Ebenso wie es sinnlos war, zu fragen, weshalb anstelle des Universums kein Nichts existiere, ist es, sich den Kopf darüber zu zerbrechen, weshalb das T.A.O. - wenn schon zumindest unumgänglich vorhanden - nicht einfach ruhig blieb!

Wir müssen uns auch klar darüber sein, dass alle Begriffe, auch Nichts oder Ruhe erst mit den Ereignissen im T.A.O. entstehen konnten! Irgendwann entwickelte sich daraus das heutige Bild des Kosmos, denn bis zu dem Augenblick, in dem sich die Impulse derart begegneten, dass Protonen entstehen konnten, herrschte nichts weiter als ein Chaos aus ungeordneten Impulsen.

Zwei Protonen würden sich gewissermaßen das T.A.O. aufteilen. Weil sie rundum Stöße verbreiten, sind sie sich augenblicklich im Weg, denn durch die Oszillationen verbrauchen die Körner des T.A.O. zweifellos mehr Platz, mehr Raum als zuvor - wie wir dies schon in der Abbildung 1 demonstrierten. Je mehr Protonen entstanden, desto mehr Platz verbrauchten sie. Sie kämpften vibrierend und oszillierend um den Raum, verdrängten einander und setzten einander erste Grenzen. So entstanden Energiezentren im T.A.O. als sphärische Felder, die einander behinderten oder so weit ineinander eindrangen, wie es ihre

Energien (Stöße) zuließen. Jetzt erst bekamen Protonen das atomare Bild, das wir uns von ihnen machen. Durch die gegenseitige Beeinflussung und Verdrängung kristallisierte das T.A.O. förmlich aus zu einer Unzahl von Protonen, die sich gegenseitig sozusagen klein quetschten zu einer Struktur winzigster Kügelchen ... nicht unähnlich ihrer zu Grunde liegenden Substruktur, dem T.A.O.!

Versuchen wir nun, ein solches Protonen-Feld vereinfacht darzustellen (Abbildung 11). Der Kreis ist eine allerdings imaginäre Grenze, die niemals vom Feld allein, sondern auch von angrenzenden Feldern bestimmt wird. Zeichnen wir jene Spiralbahn, die sich aus der Rundumbewegung zweier Impulse (s.a. Abbildung 10) ergibt, in diesen Kreis ein, so erhalten wir prompt das Bild, das sich die Physiker De Broglie und Schrödinger einstmals vom Atom gemacht haben.

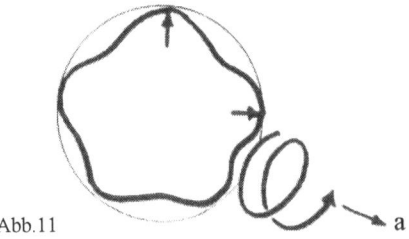

Abb.11   a

Die eingezeichnete harmonische Schwingung stellt nichts anderes dar als eine Elektronenwelle. Das Elektron, oft als ein Baustein der Materie bezeichnet, ist eigentlich gar kein Baustein und kein fliegendes Teilchen. Es ist eine Welle genau in dem Sinn, wie wir das Wort Welle verstanden haben. Sie entsteht durch die beiden hintereinander her laufenden Impulse; das Ergebnis ist eine wellenartige Schwingung, die das Feld räumlich umrundet und auch andere Formen annehmen kann. Sie unterscheidet sich vom Licht vor allem durch die stets gekrümmte Bahn und durch den Energiegehalt, da sie ja ursprünglich aus zwei Impulsen resultiert. Damit sind auch Unterschiede beim Spin und der Massenwirkung zu erwarten. Würden wir zu dieser umsausenden Energie Teilchen sagen, wäre das nicht ganz korrekt - dennoch aber glaubt die Welt vorwiegend daran, das Elektron wäre ein Ding. Aber es ist natürlich genauso wenig ein Ding wie das Proton selbst.

Wenn wir uns die Elektronenimpulse vorstellen, wie sie über die allerdings imaginäre Oberfläche des Feldes schwingen, wird uns bald klar, dass es dabei wiederum zu Stößen kommt. Schon die Abbildung 10 verrät uns, dass die Folge zweier räumlich verschoben liegender Impulse jedes Korn, das sie treffen, in eine Oszillation versetzen muss. Wir haben in der Abbildung 11 das Ergebnis eingezeichnet: eine neuerliche Spiralbahnbildung (a). Jedes schwingende Proton sendet somit rundum neue Störungen aus, die prinzipiell dasselbe sind wie Licht, aber ihre Energie ist viel geringer. Dennoch sind es ähnliche Spiralstöße und logischerweise haben alle diese wegströmenden Spiralen dieselbe Drehrichtung, also denselben Spin. Damit erhält der Raum um das Proton eine neue Ordnung. Nennen wir ihn einfach „polarisiert". Und die Kraft, die durch die Stöße nach außen strömt und die das Proton wie eine Hülle zu umgeben scheint, bezeichnen wir als Elektrisches Feld, weil ja schließlich die Elektronenwellen an seiner Entstehung schuld sind.

Wenn sich zwei Protonen begegnen, so sind sie von vornherein nicht sehr freundlich zueinander, weil sie sich einfach im Weg sind. Es entsteht also a priori ein Abstoßungseffekt, der nicht zuletzt zur Grenzbildung der Protonen beigetragen hat. Nun geraten aber auch die Schwingungen des elektrischen Feldes zueinander. Handelt es sich um zwei gleiche Protonen, so begegnen sich auch gleiche Spiralen, wie dies die Abbildung 12 (A) aufzeigt.

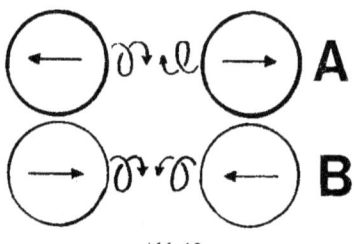

Abb.12

Damit tritt der Begegnungsfall d) ein. Dieser Fall heißt Widerstand oder Reflexion. Das heißt, beide Protonen bieten einander zusätzlich zur vorhandenen Abneigung Widerstand; ihre Abneigung verstärkt sich. Damit offenbart sich eine scheinbar neue Kraft. Wollten wir uns die Erklärung dieser Kraft leicht machen, wie es die Physiker bislang taten, so könnten wir sagen, die Ursache dieser Kraft sei eine „Ladung" und einfach festsetzen, das Proton sei „positiv geladen". Das bringt uns zum Postulat:

„Positive (also gleichnamige) Ladungen stoßen einander ab."

Wir wissen aber jetzt, dass dem Proton gar nichts aufgeladen wurde, daher von Ladung keine Rede sein dürfte. Und ebenso unsinnig muss uns der Ausdruck „positiv" erscheinen! Wir können uns aber auch vorstellen, dass es ein Proton geben könnte, das nach der anderen Seite schwingt. Dann würden eine Rechtsspin-Spirale und eine Linksspin-Spirale zusammenkommen (Abbildung 12, B!) und damit tritt der Fall a) ein. Wir haben ihn Durchdringung genannt - was nicht mehr oder weniger zu bedeuten hat, als dass die Impulse voneinander keine Notiz nehmen!

Würden wir nun - den Ereignissen ein wenig vorgreifend - eine Kraft postulieren, die von vornherein die Tendenz hat, beide Protonen zusammen zu drücken, so hätte sie ein leichtes Spiel im Gegensatz zu vorhin. Und wir würden in Unkenntnis des wahren Sachverhalts prompt sagen: Eines dieser beiden Protonen muss „negativ" geladen sein! Dies getreu nach dem Merksatz, den wir in der Schule lernten:

„Ungleichnamige Ladungen ziehen einander an."

Damit aber fabulierten wir (und die Physiker bis heute) ziemlich unsinnig an der Wahrheit vorbei, denn auch dem zweiten Proton wurde ja nichts aufgeladen! Abgesehen von der entgegengesetzten räumlichen Polarisation ist es dem ersten vollkommen gleichwertig. Wir erkennen daher: positiv und negativ sind eigentlich räumliche Begriffe. Genau so gut, bzw. sogar besser könnten wir stattdessen links und rechts sagen!

Später werden wir entdecken, dass alle Atome in charakteristischer Weise den Raum um sich entweder „links" oder „rechts" polarisieren und nahezu das gesamte Verhalten der Materie durch diesen Umstand bedingt und gesteuert wird.

Offenbar schwingen alle Protonen unseres Universums nach derselben Richtung. Würde ein entgegengesetzt schwingendes auftauchen, so wäre dies ein sozusagen negatives Proton, also ein Antiproton. Stoßen wir so ein Antiproton in ein Proton, so heben sich die entgegengesetzten Impulse im Augenblick des gemeinsamen Mittelpunktes auf: beide Protonen zerstrahlen in wilde, ungeordnete Stöße. Damit haben wir auf einfache Art entdeckt, dass es tatsächlich Antimaterie geben kann und dass sich hinter diesem Begriff nichts Mysteriöses verbirgt.

Es versteht sich von selbst, weshalb heute offensichtlich alle Protonen von gleicher Art sind und Antiprotonen bestenfalls im

Teilchenbeschleuniger entstehen. Wenn es jemals verschiedene Protonen gegeben hat, so standen sie sofort in munterer gegenseitiger Vernichtung. Die heutigen Protonen sind die Sieger! Ihre zurückgebliebene Übereinstimmung erklärt so manches Rätsel der Natur, wie die Verletzung der Parität (das ist die theoretisch erwartete Symmetrie innerhalb der Elementarteilchen) oder die merkwürdige Tatsache, dass lebende Organismen nur linksdrehende Molekülspiralen verwenden. Darüber werden wir später noch ausführlich sprechen müssen.

An dieser Stelle wollen wir noch folgendes festhalten: Wir haben schon die Vermutung ausgesprochen, dass Protonen - und mit ihnen prinzipiell das bekannte Universum - aus einer Art Chaos aus Gamma- oder Röntgenstrahlung entstanden sind. Aber wo steht geschrieben, dass das Universum schon fertig ist? Könnte es nicht geradeso sein, dass rings um das Universum, welches sich an irgendeiner Stelle des T.A.O. auszubreiten begann, immer noch das Chaos herrscht? Dann müsste ja diese Röntgen- und Gammastrahlung irgendwie zu bemerken sein - als eine Strahlung zum Beispiel, die aus allen Richtungen auf uns einströmt und eine starke Doppler'sche Verschiebung zeigt. Wir würden sie vielleicht bestenfalls als Wärme identifizieren. Nun gibt es diese Strahlung tatsächlich. Es ist die kosmische Hintergrundstrahlung mit Wellenlängen von $3*10^{-3}$ bis 30 Metern, und sie beweist zumindest eines mit Sicherheit nicht: den Urknall...

Und könnte nicht sein, dass rund um das Universum der Krieg zwischen Protonen und Antiprotonen noch immer stattfindet, und wir deshalb aus diesen Bereichen stammende rätselhaft große Energieäußerungen feststellen müssten, die nur aus der gegenseitigen Vernichtung von Materie und Antimaterie erklärbar wären? Auch diese Botschaften aus den fernsten Bereichen des Kosmos gibt es: Gammablitze oder quasistellare Objekte, deren Energieabstrahlung im krassen Missverhältnis zu ihrer (allerdings ziemlich unbekannten) Größe steht. Allgemein kennt man sie als Quasare. Für dieses Rätsel der Astronomie werden wir aber noch eine andere Erklärung vorlegen. Vorher werden wir uns Gedanken darüber machen, weshalb uns so ein ätherisches Gebilde wie ein Proton so massiv erscheint, dass wir es als Materie bezeichnen.

5 Masse

Wir fanden bisher keinen Urstoff, sondern nur Energieimpulse innerhalb einer substanzlosen Struktur, Quanten, die sich erst durch den Wahrnehmer oder das Messgerät manifestieren. Weshalb kommt uns die Welt dennoch so kompakt, so substanziell vor, dass die Physiker den Begriff der Masse erfinden mussten? Woraus besteht das Sichtbare und Greifbare des Kosmos?

Abb. 13

Denken wir an ein Ventilatorrad. Wenn wir dessen Flügel in Drehung versetzen und sie beschleunigen, so erscheinen sie uns bald optisch als Scheibe (Abbildung 13). Je schneller die Flügel ihre Umdrehungen ausführen, umso kompakter wird das Scheibenbild. Wir könnten bald auch nicht mehr hineingreifen. Sind die Flügel des Ventilators nun so schnell, dass sie fast überall zugleich sind, so haben wir ein Rad vor uns, das ziemlichen Widerstand bietet, ein Rad, das es in Wahrheit gar nicht gibt. Aber mit einem anderen Rad gleicher Art würde es sich schlecht vertragen.

Wollten wir einen Gegenstand durch diese kompakte Scheibe werfen, so müsste er sehr schnell und sehr klein sein. Wäre die Zerschmetterung dieses Rads unsere Absicht, so müssten wir einen großen und langsamen Gegenstand wählen. Die Beschleunigung der Flügel verringert ihre Umlaufzeit. Zum Widerstand, den sie uns durch ihre Drehung bieten, könnten wir „Scheinbare Masse" sagen, denn es ist logischerweise nur die Bewegungs-Energie der Flügel, die unser Eindringen verwehrt. Setzen wir nun diese Energie mit der beobachteten Wirkung, der Masse, gleich, so erkennen wir, dass es die Rotationsgeschwindigkeit des Ventilators ist, die sein Erscheinungsbild verändern kann. Der Unterschied zwischen Energie und Masse ergibt sich also offenbar durch einen

Geschwindigkeitsfaktor. Das mag so manchen sofort an Einsteins berühmte Formel erinnern:

$$E=mc^2$$

Auch in ihr ist eine Geschwindigkeit, nämlich jene des Lichts, maßgeblich dafür, ob uns ein Ereignis als Energie oder als Masse erscheint. Aber mit dieser Formel werden wir uns später beschäftigen.

Wenn wir nun alle Ventilatorflügel bis auf einen entfernen und dieses während der Rotation fast unsichtbare Fragment als „Wirkungsquantum" bezeichnen (ein von Physikern beliebter Trick), so finden wir im ganzen Modell nach wie vor keine „Masse", die der Beobachtung entspricht. Mit einem derart imaginären Massen-Begriff wollen wir deshalb gar nicht argumentieren. Wir haben ja bislang nur drei Begriffe entdeckt, die offenbar für das Bild des Kosmos verantwortlich sind: Raum, Zeit und Energie.

Die Suche nach der Weltformel ist ein von den Gelehrten seit eh und je angestrebtes Ziel. Natürlich ist das Universum nicht nach einer Formel konstruiert – und eine derartige Suche ziemlich müßig. Das wäre ja so, als könnte ein Bäcker alle seine Backwaren nach nur einem einzigen Rezept herstellen! Aber gäbe es eine derart universelle Formel, so könnte sie sich nur auf jene drei Begriffe beschränken, die wir entdeckten, und sie müsste in irgendeiner Weise tatsächlich allen Berechnungen unserer so genannten Wirklichkeit immanent sein oder zu Grunde liegen. Sollen wir versuchen, mit den 3 Begriffen eine Weltformel zu schaffen? Wäre es möglich, die Zusammenhänge dieser drei abstrakten Größen mathematisch darzustellen?

Wenn wir genau darauf achten, wie in unserem Ventilatorrad jene drei Begriffe zueinander in Beziehung stehen, ergibt sich folgende merkwürdige Gleichung:

$$Energie = \frac{Raum}{Zeit^2}$$

Das soll alles sein? Kann man mit dieser seltsamen Formel etwas anfangen? Wir sollten das sofort mit ein bisschen Mathematik überprüfen:

Nehmen wir an, der Ventilatorflügel unseres Gedankenexperimentes ist etwa 32 cm lang. Sein Umlaufweg beträgt demnach ca. 2 Meter. Nun setzen wir den Flügel in Bewegung und geben ihm eine Geschwindigkeit von einer Umdrehung in der Sekunde - also 2m/sec. Da wir an „echte Masse" nicht glauben, erfinden wir den Begriff Scheinmasse[5], um damit eine Massenwirkung des beschleunigten Flügels zu umschreiben (auch wenn Berufsphysiker jetzt ebenso wie Ventilatoren zu rotieren beginnen!). Gleichzeitig postulieren wir: Das Wirkungsquantum des unbewegten Ventilatorflügels sei gleich 1 „Flügel" - und es spielt keinerlei Rolle, was wir darunter verstehen wollen, denn alle Maße und Einheiten dieser Welt sind willkürlich gewählt. Mit dem „Planck'schem Wirkungsquantum" rechnen auch die Physiker auf ganz ähnliche Weise herum. Und 1 Flügel ist eben unser empirisch ermitteltes Wirkungsquantum.

Wir rechnen also ganz unbekümmert:

$$Scheinmasse = \frac{v}{t} = \frac{2}{1} = 2$$

2 was? 2 Meter? Es sieht aber so aus, als habe sich das Wirkungsquantum des Flügels schon verdoppelt. Also 2 „Flügel". Muss ja auch mehr sein als der unbewegte Flügel, nicht? Aber das beeindruckt uns noch nicht besonders. Wir haben ja auch in Wahrheit aus der Geschwindigkeit nur den Weg herausgerechnet. Newton hat etwas ganz Ähnliches mit der Geschwindigkeit der Planeten getan (v^2) - und was er mit Hilfe des Bahnradius (r) herausgerechnet hatte, war eine fiktive Ursache für die Planetenbewegung, eine zentrale „Masse" in kg! Dazu brauchte er noch einen Proportionalitätsfaktor, die Gravitationskonstante, die er glatt über den Daumen peilen musste, weil Cavendish ermittelte sie erst rund 100 Jahre später.

Also wir lassen uns daher durch keinen Einwand stören und setzen fort: Wir rauben dem Flügel die Zeit, und er wird so schnell, dass er nur noch eine sechzehntel Sekunde für eine Umdrehung benötigt. Dabei wird seine Geschwindigkeit natürlich sechzehnmal höher (jetzt rotieren auch die Mathematiker mit den Physikern mit).

$$Scheinmasse = \frac{v}{t} = \frac{32}{0,0625} = 512$$

Das Ergebnis lautet 512 „Flügel". Sollte diese Zahl tatsächlich die nun vorhandene Wirkung, womöglich Massenwirkung (quantity of matter)[6] zum Ausdruck bringen? Verhält sich die erzielte Scheibe nun tatsächlich so, als hätte sie die 512-fache Wirkung des Flügels?

Und ist diese Wirkung nichts anderes als die Wirkung kinetischer Energie? Wenn dies der Fall ist, müssten wir aus dieser Scheinmasse mit Hilfe der üblichen Formel für kinetische Energie (kin.E=1/2m•v²), welche ja eine Masse beinhaltet, unser ursprünglich angenommenes Wirkungsquantum 1 „Flügel" heraus rechnen können. Wir wandeln die Formel um in:

$$\frac{1}{2}m = \frac{kin.E}{v^2}$$

und setzen unbekümmert unsere Scheinmasse an Stelle der kinetischen Energie ein:

$$m = 2(\frac{512}{32^2}) = 2(\frac{512}{1024}) = 2 \cdot 0,5 = 1$$

Wir erhalten damit tatsächlich die Wirkung 1 wieder, die wir dem Flügel zugeschrieben haben. Das erhärtet den Verdacht, dass unserer Scheinmasse dasselbe wie kinetische Energie bedeutet, und wir müssen daraus folgern, dass jeder Massenwirkung, die uns offenbar wird, eine Energie zu Grunde liegt, die durch Bewegung arbeitet.

Geschwindigkeit ist aber Weg geteilt durch Zeit; beziehen wir den Begriff Raum in unsere Formel ein, so lautet sie:

$$Scheinmasse = \frac{v}{t} = \frac{Weg(Raum)}{\frac{t}{t}} = \frac{Weg(Raum)}{t^2}$$

Indem wir den Raum durch die quadrierte Zeit dividieren, müssten wir folgerichtig den Wert jener Energie erhalten, die uns die Massenwirkung vorgaukelt. Das lässt sich leicht überprüfen, und wir wählen als Zeit die Sechzehntelsekunde, die uns den Wert 512 brachte:

$$Scheinmasse = \frac{Weg(Raum)}{t^2} = \frac{2m}{0,00390625} = 512$$

Selbstverständlich erhalten wir auch auf diese Weise die Zahl 512. Sie zeigt uns die Größe der „Menge des Geschehens" – der Masse durch Bewegung. Und in der Tat würde die Ventilatorscheibe einen entsprechenden Widerstand bieten. Außer einer Konstanten, die wir erfunden haben, um eine Wirkungseinheit zu definieren, rechneten wir mit vollkommen abstrakten Begriffen. Die Welt scheint demnach buchstäblich aus Nichts zu bestehen! Wer jetzt einwendet, dass das Ventilatorrad ja nicht seine Masse sondern seine Dichte erhöht hat, ist auf dem richtigen Weg. Denn wir werden in den Kapiteln „Schwere" und „Trägheit" feststellen, dass Massen in Wahrheit für die Gravitationswirkungen von Körpern keine Rolle spielen, sondern deren Dichten.

Haben wir mit dieser Spielerei eine Art Weltformel entdeckt? Natürlich nicht. Aber ihre Beziehungen stecken in jeder Berechnung, die sich mit Energie oder Masse beschäftigt. Eine universelle Formel für das Dasein der Welt müsste von ähnlicher Bauart sein, denn sie müsste diesem einfachen Universum gerecht werden. Die Beziehung von Raum, Zeit und Energie steht hinter allen Naturgesetzen, hinter dem freien Fall ebenso wie hinter den Energie- und Impulserhaltungssätzen, die man postuliert hat. Alle drei Begriffe sind untrennbar miteinander verknüpft. Das erinnert bereits an die Raumzeit der Allgemeinen Relativitätstheorie (bezieht sich aber nicht auf die Inertialsysteme der Speziellen Relativitätstheorie) und gilt für den gesamten Kosmos, der uns durch Expansion, Entropie und Veränderung voneinander abhängiger „Naturkonstanten" (Feinstruktur, Gravitation und Lichtgeschwindigkeit) diese Verknüpfung augenscheinlich demonstriert.

Die einzigen echten Bausteine des Universums lauten erschöpfend: Energie, Raum und Zeit. Unsere Formel verwendete zwar Messgrößen wie Sekunden und Meter – und die haben im Universum keine absolute Bedeutung - aber wir konnten damit wenigstens Zusammenhänge aufzeigen. Tatsächlich berechnen können wir damit nichts!

Die Konstante 1 „Flügel", die Wirkung, hängt bereits von unserer Wahrnehmung ab. Die Welt ist deshalb gewissermaßen kein materielles Substanzereignis, sondern eine Art „geistiges Geschehen" - so wie viele Philosophen bereits vermutet haben. Dennoch entsteht durch das Spiel von Widerstand und Harmonie und der Vielfalt der Begegnungen vor uns das Bild eines materiellen Universums, in welchem Massen aufeinander wirken.

Wir dürfen deshalb nicht annehmen, jene drei Begriffe wären reale, feststehende Dinge innerhalb einer absoluten Wirklichkeit - wissen wir doch, dass im Grunde nur das T.A.O. existiert. Raum, Zeit und Energie sind Auswirkungen des T.A.O., eigentlich nur Informationsereignisse von der Art einer Holografie, die - nur aus Licht bestehend - dennoch alles abbilden kann! Diese Auswirkungen bzw. unsere Wahrnehmungen von Energie, Raum und Zeit sind die einzigen definierbaren Bausteine, wogegen das T.A.O. für uns letztlich undefinierbar bleibt...

Jedes schwingende Proton stellt nichts anderes dar als unser Ventilatorrad. Will man der Substanzlosigkeit dieser Welt gerecht werden und dennoch eine umfassende Theorie über sie entwickeln, so führt nur eine Allgemeine Feldtheorie zum Ziel. Das wusste auch Einstein, und er arbeitete daran bis zu seinem Tod. Aber er konnte Gravitation und elektrische Kräfte nicht unter einen Hut bringen. Auch die Quantentheorie, die er eigentlich selbst mitverschuldet hat, fügte sich in seine Relativitätstheorien nicht immer zwanglos ein. Wir werden das Thema deshalb später noch genauer behandeln.

Die Physik arbeitet bereits mit vielen Feldbegriffen. Felder sind einfach Räume, die von Kräften, Impulsen oder Energie erfüllt werden. Auch das Proton ist ein derartiger Raum, und der Ausdruck Feld entspricht ihm eher als Teilchen oder gar Atom. Alle Vorstellungen, die sich mit dem Wort Atom verknüpfen, sowohl was seine Unteilbarkeit betrifft wie auch seine Eigenständigkeit als weltbildendes, angreifbares Ding, gelten ja schon lange als überholt. Wir werden in der Folge das Proton-Feld auch Kugelfeld nennen, damit wir für unser Kind einen eigenen Namen haben. Und wir werden das Universum als ein einziges unendliches Feld sehen, in dem alles enthalten ist, das sich aus Energie, Raum und Zeit entfalten kann. Eben auch die „Massen", die - wie wir soeben gesehen haben - nur eine besondere Form von Energie sind.

6 Kraft

Die Physiker haben im Laufe ihrer Forschungen mehrere fundamentale Kräfte entdeckt. Hatte man gehofft, diese verschiedenen Kräfte allmählich zu reduzieren, so erwies sich letztlich das Gegenteil: die moderne Teilchenphysik entdeckte völlig neue Wirkungen, hinter denen völlig neue Kräfte zu stecken schienen. Aber eigentlich hatte die Physik immer das Grundbestreben, alle diese Kräfte auf eine einzige Kraft zu vereinheitlichen - als alleinige Ursache aller Wirkungen. In diesem Streben wurde die Physik von einem wahren Teilchentaumel erfasst. Man gab sich mit den Bausteinen der Materie nicht zufrieden, sondern schrieb auch die Kräfte selbst dem Austausch weiterer Teilchen zu. Damit diese Teilchen nicht mit dem ehernen Gesetz von der Erhaltung der Energie in Zwietracht geraten, bezeichnete man viele einfach als virtuell und verließ sich im Weiteren auf Heisenbergs Unschärferelation, die zum Ausdruck bringt, dass Ort, Beschaffenheit und Impuls eines Teilchens ohnedies nicht auf einmal festgestellt werden könne, weil der Einfluss des Beobachters nicht auszuschalten sei.[7] Man konnte daher sogar mit „geborgten" Energien operieren und entwickelte mehr als spitzfindige Theorien, die aber im Grunde gar nichts erklärten - denn genaugenommen wurde durch den Austausch von „Bosonen" die Existenz der physikalischen Kräfte in keiner Weise erhellt...

Diesen Austausch von Kräfteteilchen charakterisierte man mit Hilfe des FEYNMAN-Diagramms (Abbildung 14). Ihm lag eine rein verabredete Definition zu Grunde. Es wirkte daher unrealistisch und ließ im Dunkeln, weshalb ein ausgetauschtes Teilchen andere dazu bringen soll, einander anzuziehen oder abzustoßen.

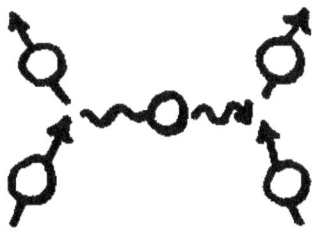

Abb.14

Die Idee der virtuellen Energie, die auf Heisenberg zurückgeht, welcher herausfand, dass für die Aktivitäten innerhalb des Mikrouniversums offensichtlich mehr Energie zur Verfügung steht als sich rein rechnerisch erwarten ließe, war nicht einmal so übel. Erkannten wir doch auch, dass tatsächlich nur ein Bruchteil der Energie als Wirkung jedem Messgerät oder jedem Beobachter bewusst werden kann. Rechnet man nur mit den wahrgenommenen Wirkungen, so ignoriert man - wenn wir unser Gleichnis in Erinnerung rufen - alle jene Schläge des Boxers, die ins Leere gingen. Aber sie gehen klarerweise nicht ins Leere, sondern verursachen ebenfalls Wirkungen, die uns verborgen bleiben.

Heute kennt man immer noch die Vielfalt von zumindest sechs kosmischen Kräften, die keine Scheinkräfte wie etwa die Fliehkraft, die Trägheitskraft oder die Corioliskraft sind. Zählen wir sie einmal der Reihe nach auf:

1) Die SCHWERKRAFT (Gravitation), die zum Beispiel die Planeten auf ihrer Bahn hält oder das Gewicht erzeugt. Ihr Teilchenäquivalent ist das Graviton.

2) Die ELEKTRIZITÄT (elektromagnetische Wechselwirkung), die auf geladene Materie wirkt, Magnetismus verursacht und Atome zu Molekülen bindet. Ihr Überträger ist angeblich das Photon.

3) Die SCHWACHE KRAFT Typ I (schwache Wechselwirkung mittels geladenen Stroms), die Elementarteilchen verändern kann, also zum Beispiel Protonen in Neutronen verzaubert. Ihr Übermittler sind so genannte W^+ und W^- Partikeln.

4) Die SCHWACHE KRAFT Typ II (schwache Wechselwirkung mittels neutralen Stroms) , die in der Natur noch nicht beobachtet wurde, aber in der Hochenergiephysik auftauchte wie ein unerwarteter Dämon. Man schreibt sie W° Partikeln zu.

5) Die STARKE KERNKRAFT (starke Wechselwirkung), welche die Atomkerne zusammenhält. Das entsprechende Teilchen heißt Meson.

6) Die FARBKRAFT (Chromodynamische Wechselwirkung), jene allerdings rein spekulative Kraft, die man dafür verantwortlich macht, dass Protonen sich nicht weiter zerlegen lassen, weil sie die Quarks, jene Teilchen, von denen man meint, dass sie das Proton aufbauen, nicht freigibt. Der lästige Klebstoff, der so beharrlich die Auffindung der Quarks durch sein Wechselspiel verhindert, besteht aus Gluonen.

Die Aufzählung der letzten Kraft entlockt uns vielleicht ein leises Lächeln, weil sie unbestreitbar komisch wirkt. Was war eigentlich geschehen? Wohin waren die Physiker plötzlich geraten und warum? Die Schuld liegt daran, das in den Akzeleratoren der Hochenergiephysik immer mehr Teilchen erzeugt wurden, die man der Reihe nach in das Atom einbauen musste. Ein ganzer Zoo von Teilchen tummelte sich bald in den Beschleunigern und man begann sie zu sortieren. Jedes von der Theorie geforderte Teilchen wurde alsbald gefunden, indem man immer wieder Tausende von Blasenkammerfotos durchforstete. Und offenbar ist den Physikern bis heute nicht klargeworden, dass sie diese Teilchen in der Tat erzeugten und keinesfalls aus dem Atom freilegten.

Nun haben wir selbst schon einen Begegnungsfall von Impulsen entdeckt, der uns ein instabiles Feld liefert (Begegnungsvorgang e!). Jede denkbare Art von Begegnung ist prinzipiell möglich. Und so produzierte man längst Teilchen, die sogar schwerer erscheinen als manche Atome, aber die Verwirrung, die sie hervorriefen, erfolgte zu Unrecht. Sie haben mit Atomen gar nichts zu schaffen.

Es ist ein seltsames Spiel, das die Physiker da treiben, und es zeigt, mit welchem Stehvermögen menschlicher Verstand immer an bestimmten Ideen hängen bleibt. Dieses Kleben am Traditionellen gehört schließlich zu den dem Menschen eigentümlichen Verhaltensweisen; die Geschichte der Wissenschaft weist unzählige Beispiele auf, wie dadurch einsichtige Lösungen neuer Probleme erfolgreich verhindert wurden.

Die Krönung wissenschaftlichen Tritts auf der gleichen Stelle ist die theoretische Erfindung der Quarks. Aber selbstverständlich lassen sich in den Beschleunigern eines Tags auch Teilchen herstellen, die alle geforderten Eigenschaften der Quarks aufweisen...

Das Ganze erinnert an die Schwierigkeit, die Astronomen einst mit den Planetenbewegungen hatten. Da sie von bestimmten Ideen besessen waren - etwa der philosophischen Forderung Aristoteles' nach vollendeten Kreisbahnen -, erfand Ptolemäus die Epizyklen; ein Einfall, der mehrere Astronomengenerationen gefangen hielt. Sogar Kopernikus selbst - der Unregelmäßigkeit der Planetenbewegung auf die Schliche kommend - musste noch zu ihnen Zuflucht nehmen. Natürlich beschrieben die Epizyklen die Planetenbahnen korrekt und auf berechenbare Weise, aber sie waren dennoch schlichtweg falsch, und erst Kepler wischte sie nach jahrelanger Denkanstrengung endlich vom Tisch. Aber wer will, kann sie immer noch entdecken, denn die Planeten betreiben durch ihre Rückläufigkeit diese Epizyklen augenscheinlich. Und ebenso augenscheinlich sind die Beweise für die vielen, vielen Teilchen der Hochenergiephysik. Sie haben nicht viel zu bedeuten, und wir werden daher auch nicht näher auf sie eingehen, denn die Welt ist in Wahrheit nicht so kompliziert, wie sie von den Physikern konstruiert wird.

Nun, abgesehen davon, dass alle Kräfte auch durch die Annahme von Partikeln unerklärt blieben, ließ sich ausgerechnet die Gravitation auch mit dieser Methode nicht veranschaulichen - mit den Gravitonen lässt sich nämlich überhaupt nichts anfangen. Dabei sollte gerade die Ursache der Schwerkraft am einfachsten zu finden sein! Vielleicht ist sie nur auf Grund eines Trugschlusses so ein großes Mysterium geblieben...

Zur Klärung dieses Geheimnisses unternehmen wir einfach eine Straßenbahnfahrt. Anfangs ist die Straßenbahn leer, aber es steigen immer mehr Leute zu, und alsbald herrscht ein großes Gedränge. Wir werden in unangenehmer Weise feststellen, dass sich immer mehr Personen an uns drücken und das mit immer stärkerer Kraft. Wüssten wir nichts vom wahren Sachverhalt, so könnten wir spitzfindiger weise eine Kraft postulieren, die uns innewohnt und die rätselhafte Eigenschaft hat, Leute anzuziehen! Und damit säßen wir prompt einem Trugschluss auf. Denn es ist der in der Straßenbahn entstehende Druck von Leuten, der diese an uns presst...

Neben vielen anderen hatte der Physiker Dr. Pages aus Perpignan bereits den Einfall, dass die Gravitation in Wahrheit ein Druck auf die Körper ist. Man hat ihn damals schallend ausgelacht, mit der Begründung, man bräuchte dann doch nur das Vorzeichen in Newtons Gleichungen ändern und es bliebe wohl alles beim Alten. Aber auch bei Newton selbst finden sich bereits ähnliche Gedanken - vielleicht war ihm diese Lösung dann doch etwas zu kompliziert erschienen. Die älteste der Druck-Gravitations-Theorien finden wir bei Georges Louis de Sage (1747/1756), die bereits den Fehler hatte, mit Gravitationsteilchen zu argumentieren, die man bis heute nicht gefunden hat. Auch die Ätherwirbel-Theorien René Descartes' (1644) und Lord Kelvins (1867) waren Druck-Theorien – aber so komplizierte, dass sie niemand begriffen hat. Quirino Majorana (1871 – 1957) hat angeblich sogar durch Experimente die Drucktheorie der Gravitation bewiesen, doch niemand nahm von seinen erstaunlichen Experimenten Notiz.

Der Physiker Mach hatte ebenfalls Ideen, die auf einen Einfluss oder Widerstand umliegender Massen hinzielten, die sogar von Einstein diskutiert wurden. Aber für Einstein waren alle diese Lösungen unannehmbar, er schaffte als erster die Schwerkraft überhaupt ab und enthüllte sie als Scheinkraft im Sinne der Trägheitskräfte. Erklärbarer wurde sie damit nicht, aber Einsteins Gleichungen haben immerhin den Vorzug, dass sie mit beliebigem Vorzeichen verwendet werden können. Tatsächlich hat Einstein mit der Annahme, die Masse krümme den Raum, gewissermaßen das Spiegelbild der Wahrheit entdeckt - allerdings ohne auf das Original des Spiegelbilds zu stoßen. Denn er ging wie alle anderen Physiker von der zentralen Masse aus (abgesehen davon, dass bei ihm die Masse eigentlich durch Energie und Impuls repräsentiert ist). Wir werden aber gleich erkennen, dass Gravitation ausnahmslos von den umliegenden Massen (Feldern) erzeugt wird:

Wir wissen, dass die Impulsausbreitung eines Protons solange in den Raum verläuft, bis sie auf Widerstand in Gestalt anderer Protonenschwingungen stößt. Es ist sicher nicht schwer, sich das einigermaßen plastisch vorzustellen. Dass diese Felder einander durchdringen und haarspalterisch betrachtet alle Felder dieses Universums ineinander verwoben sind, ist eine weitere nützliche Vorstellung. Dieses Prinzip gilt für alle Kugelfelder. Auch Himmelskörper sind natürlich Kugelfelder, da sie aus Protonen bestehen, deren Schwingungen sich zu großen Gesamtfeldern summieren. Weil sich die Materie - wie wir bereits formulierten - selbst im Weg ist, steht sie unter Druck. Sie hört ja keinesfalls dort auf, wo unsere Sinne Grenzen erkennen. Jedes Feld reicht über seine sichtbaren Bereiche weit hinaus und steht mit anderen Feldern in Kontakt. Gleich wie in der Straßenbahn entsteht eine Kraft, die wir am besten mit dem Satz definieren:

ALLE MATERIE STÖSST MATERIE AB!

Das ist nun wirklich genau das Gegenteil von dem, was man bisher annahm. Und es wirkt im ersten Moment völlig verrückt, was ein sehr gutes Zeichen ist, denn es erinnert an einen Ausspruch Bohrs, der nach einer Vorlesung Wolfgang Paulis aufstand und erklärte: „ Wir sind uns alle einig, dass Ihre Theorie verrückt ist. Uns trennt nur noch diese eine Frage: Ist sie auch verrückt genug?"

Wir werden sehen, dass diese verrückte Idee zu erstaunlichen Lösungen führt. Im Gegensatz zur Schwerkraft, die eine zusätzliche Eigenschaft der Materie war, die reichlich an den Haaren herbeigezogen wirkte, entsteht die abstoßende Kraft von selbst durch das bloße Dasein der Materie. Daher scheint sie logischer, das heißt philosophisch befriedigender zu sein. Denn wir mussten gar nichts hinzuerfinden; nach wie vor reicht uns Raum, Zeit und Energie für die Funktion des Kosmos aus.

Wir nennen dieses sich selbst begründende Prinzip das Abstoßungsprinzip. Es ist das Prinzip des Seins schlechthin. Denn es gibt nur diese eine abstoßende Kraft! Alle anderen Kräfte erklären sich aus ihr. Und hinter dieser Kraft steht, wie hinter all dem bisher entdeckten, nur das T.A.O. und sonst nichts!

Wenn wir den Kosmos als von Kugelfeldern erfüllt betrachten und eines als Beobachtungsobjekt wählen, so stehen wir vor der Frage: Wer übt auf wen mehr Druck aus - das einzelne Feld auf die umliegenden Felder oder die umliegenden auf das einzelne? Die Frage beantwortet sich von selbst: Natürlich wird das einzelne Feld rundherum tüchtig gequetscht werden! Wir bezeichnen diesen Druck, weil er vom All – oder von „allen" anderen Feldern - kommt, als den Alldruck. Diesem entgegengerichtet wirkt jeweils der Eigendruck eines Feldes. Damit erhellt sich auch, weshalb der im Kosmos bevorzugte Körper die Kugel ist. Dieser Eigendruck des Feldes enthält auch jenen Teil des Alldrucks, der durch das Feld hindurch wirkt, weil dessen Abschattung durch die Dichte des Feldes bestimmt wird - und diese Dichte bestimmt daher die Gravitationswirkung. Auch müssen wir an dieser Stelle präzisieren, dass wir zwar aus stilistischen Gründen von Druck sprechen, dies aber physikalisch nicht korrekt ist - denn wir meinen eigentlich Abstoßung. Wir entwickeln hier also keine Gravitations-Druck-Theorie sondern eine Gravitations-Abstoßungs-Theorie! Aber Alldruck klingt einfach prägnanter als Allabstoßung. Ebenso verwenden wir schlampig und unangebracht mitunter das Wort Schwingung. Denn bei der Impulsweitergabe im T.A.O. handelt es sich stets um Vibrationen und Oszillationen - nicht um Schwingungen. Aber wenn das einmal klargestellt ist, wird es nicht so schlimm sein, wenn uns das unpräzise aber schöne Wort immer wieder aus dem Mund kommt. Der Widerstand der „Massen" zueinander entsteht also niemals durch Schwingungen, sondern durch die winzigen Vibrationsstöße, die ihre Felder aufeinander ausüben. Doch das werden wir uns später noch genauer anschauen.

Eigentlich hat der Alldruck die Tendenz, alle Protonen möglichst dicht zusammenzupressen. Die Kugelfelder jedoch erzeugen zueinander eine Kraft, die mitunter stärker ist als der Alldruck. Wir kennen sie schon: die Elektrizität. Denn alle Protonen vibrieren ja gleich: der Raum um jedes Proton ist polarisiert und das verstärkt ihre abstoßende Wirkung, die ja gemäß dem Abstoßungsprinzip von vornherein vorliegt. Es wird dem Alldruck deshalb nicht so ohne weiteres gelingen, Protonen zusammen zu drücken. Die Elektrizität, zusammen mit der allgegenwärtigen Abstoßung, verhindert es erfolgreich. Sie ist die zweite Kraft unserer Aufstellung und dominiert zwischen den Feldern eindeutig. Deshalb haben die Physiker längst festgestellt, dass in der Teilchenphysik die Gravitation so gut wie keine Rolle spielt, während das Spiel der Ladungen eine Hauptrolle innehat.

Viele Weltentstehungsmodelle gehen davon aus, dass sich Wasserstoffwolken aufgrund der Gravitation zusammenballten und so die Himmelskörper bildeten. Das ist ziemlich unglaubhaft! Gasförmiger Wasserstoff - somit Protonen - wird sich stets nach allen Richtungen verflüchtigen; seine Felder sind in der Relation zum Feld des Kosmos viel zu klein. Denken wir an das Ventilatorrad, auch dort hatten die kleinen, schnellen Felder die besseren Chancen, es zu durchdringen. Das gilt für Felder im Allgemeinen, denn der Widerstand, den sie einander bieten, ist immer das Produkt beider zusammentreffender Größen.

Auch wenn wir später die Gravitation und ihre weiteren Wirkungen aufgrund des Alldrucks noch genauer behandeln, können wir jetzt schon behaupten, das große Geheimnis von der Herkunft der Gravitation mit wenigen Sätzen gelüftet zu haben. Vorher hatten wir bereits die Elektrizität entdeckt. Nun gibt es noch eine Kraft, die nicht zu unterschätzen ist und die sich dennoch ganz von selbst begründet. Stellen wir uns gedanklich eine Art Lineal vor, welches in die Zwickmühle von Alldruck und Eigendruck gerät (Abbildung 15).

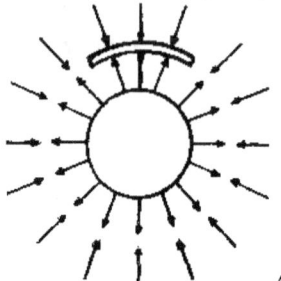

Abb.15

Wir brauchen nicht viel Phantasie dazu, uns auszumalen, dass das Lineal verformt wird. Es wird vom Raum um das Feld gebogen bzw. gekrümmt. Wüssten wir nichts von den geometrischen Verhältnissen des Raums, müssten wir wohl für diese rätselhafte Krümmung als Ursache eine neue Kraft erfinden. Wir sollten sie dann vielleicht origineller weise Krümmkraft nennen. Würde das Lineal dieser Krümmkraft willig folgen, so böge es sich einfach je nach Verformbarkeit um das Kugelfeld herum. Ist das gequälte Lineal jedoch elastisch und möchte gerne gerade bleiben, so überwiegt der an den Enden des Lineals auftreffende Alldruck den in der Mitte des Lineals entgegengerichteten Eigendruck des Kugelfeldes und das Lineal wird sich dem Feld nähern. Der ideale Ort wäre für das gequetschte Lineal wohl in der Mitte des Feldes, wo es seine Ruhe hätte und genau dorthin würde es sich auch begeben, wenn es könnte. Wir sehen auch sofort ein, dass die Krümmkraft umso stärker wird, je näher wir an das Kugelfeld herangehen. Das heißt, das Ausmaß der Krümmkraft ist der Größe der Feldkrümmung proportional.

Was entdecken wir da eigentlich? Durch die sphärische Anordnung der vibrierenden Felder ist der Raum tatsächlich „krumm"! Felder krümmen um sich den Raum. Was da wohl Einstein dazu sagen würde?

Was geschieht nun, wenn sich zwei Protonen begegnen? Normalerweise überwiegt ja ihre Abstoßung. Aber wenn wir sie etwas gewaltsam zusammenpressen, beginnt die Krümmkraft zu wirken. Das heißt, jedes Proton versucht das andere um sich zu krümmen, zu verformen. Wir müssen diese Ausdrucksweise richtig verstehen: Protonen versuchen natürlich gar nichts, wir sollten wohl sagen: Der

Alldruck biegt die Protonen umeinander... Aber da wir ja wissen, was gemeint ist, können wir uns derart geschraubte Redewendungen sparen. Für die Protonen gibt es keinen Ausweg, sie werden beide förmlich zusammen schnellen und sich zu einem neuen, gemeinsamen Feld vereinigen.

Wieder sollten wir, um das Auftauchen falscher Bilder und falscher Fragen zu verhindern, etwas präziser werden: Felder bewegen sich nicht einfach durch das T.A.O., sie pflanzen sich fort! Sie bestehen ja im Grunde nur aus elektromagnetischen Impulsen. Da diese Impulse Kraftstöße sind, erzeugen sie Widerstand oder weichen einander aus. Protonenfelder sind daher nicht einfach Schwingungszustände wie Wellenkringel auf einem See, die einander zwar überlagern aber niemals abstoßen würden! Mit einem derart falschen Bild könnten wir die Kraftentstehung zwischen Impulsfeldern nicht begründen. Aber wir können es, weil es Vibrationsfelder sind, deren Impulse auch voneinander abprallen können. Das ist der feine, aber wichtige Unterschied! Deshalb können oszillierende, vibrierende Kugelfelder, obwohl sie sich im T.A.O. nur fortpflanzen, sich auch so beeinflussen, dass es so aussieht, als wäre eine Kraft am Werk!

Diese Vereinigungskraft, die freilich nur in der Nähe der Protonenfelder wirkt und die wir Krümmkraft nannten, ist nichts anderes als die von der Teilchenphysik postulierte Starke Wechselwirkung, demnach die fünfte Kraft unserer Aufstellung. Sie ist eine logische Konsequenz des Abstoßungsprinzips und der Geometrie des Raumes. Sie würde ohne Alldruck nicht funktionieren - was bedeutet, dass die starke Wechselwirkung in der Tat ihre Ursache in der umliegenden „Masse" hat, aber so stark erscheint, dass sie mit einer dem Proton immanenten Schwerkraft natürlich niemals erklärbar war!

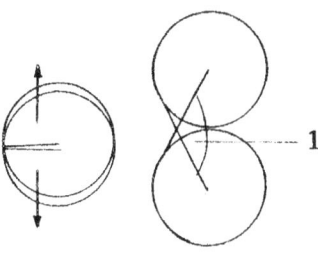

Abb.16

Der gängigen Theorie nach sind Protonen positiv geladen und müssten auseinander fliegen ... in Wahrheit sind sie nicht auseinander zu kriegen, weil sie sich durch Integration ihrer Einzelfelder zu neuen Gesamtfeldern vereinigen. Man müsste die Felder wieder voneinander trennen - das aber ist praktisch unmöglich. Protonen in einem Atomkern liegen daher nicht nebeneinander, sondern ineinander (auch davon wird später noch genauer die Rede sein). Deshalb lässt sich das Intensitätsverhältnis der Krümmkraft (starke Wechselwirkung) zur elektrischen Kraft die Wirkung des Alldrucks ohne Krümmungseinfluss), ohne sich in komplizierte Mathematik zu verlieren, auf einfache Art geometrisch darstellen (Abbildung 16).

Zieht man zwei gleich große Felder aus einem gemeinsamen Mittelpunkt bis zum Bereich der stärksten Krümmungswirkung, also bis sich ihre Ränder berühren, so verändert sich die Kraft in demselben Verhältnis, in welchem der Winkel der Projektionslinien (1) zunimmt. Im Mittelpunkt der Felder ist die Krümmkraft praktisch identisch mit der normalen Alldruck-Wirkung; setzen wir sie und somit die elektrische Kraft gleich 1, so zeigt der Winkel von etwa 130 Grad die 130-fache Steigerung der Kraftwirkung durch die Krümmung an. Tatsächlich erweist sich die starke Wechselwirkung rund 130 Mal stärker als die Elektrizität. Dagegen hätte die zentralmassenabhängige Gravitation nur eine Intensität von etwa 10^{-42}. Die schwache Wechselwirkung verändert die Elektrizität nur um einen Faktor von etwa 10.

Diese Wechselwirkung ist ebenfalls sofort zu verstehen: Wenn für die Vereinigung eines Protons und eines Neutrons etwas weniger Kraft aufgewendet werden muss, weil ja die elektrische Abstoßung schwächer ausfällt, so können wir für diese Differenz eine neue, nur in kurzer Reichweite wirksame Kraft verantwortlich machen, die uns scheinbar hilft. Diese imaginäre Kraft ist identisch mit der schwachen Wechselwirkung Typ I. Das Neutron bliebe in diesem Fall allerdings nicht neutral, da es die Vibrationen des Protons teilweise übernimmt - als wäre eine W^+ (oder W^-) Partikel übergewechselt. Betreiben wir dasselbe Spiel mit zwei Neutronen, so ergibt sich abermals eine Kräftedifferenz, und wir müssten eine weitere behilfliche Kraft entdecken: die schwache Wechselwirkung vom Typ II, die offenbar ganz neutrale $W^°$ Partikeln austauscht, weil sich an den Neutronen nichts verändert hat. Wir erkennen, dass die unterschiedlichen Kräfte nur durch die unterschiedlichen Beschaffenheiten der Felder zu Stande kommen!

Immer wenn zwei Felder sich vereinigen, spielt es eine Rolle, ob es sich um polarisierte Felder oder Neutronen handelt. Protonen- und Neutronenfelder sind sich an und für sich vollkommen ähnlich, nur ihre Raumpolarisierung ist unterschiedlich.[8] Je nach vorliegendem Fall scheinen die verschiedenen Wechselwirkungen zu agieren - aber das gesamte Spiel geht auf einen einzigen Regisseur zurück: dem Abstoßungsprinzip!

Die sechste Kraft, die so genannte Farbkraft (Chromodynamische Wechselwirkung) ist eine Hypothese, die in der Natur keine Entsprechung findet. Innerhalb des Protons gibt es keine Quarks oder Gluonen. Aber es gibt jedes nur erdenkliche Schwingungsfeld, bestehend aus unzähligen Vibrationen ... ein Meer von Teilchen, denn jede Art von Teilchen ist prinzipiell erzeugbar. Wie „ schwer „ oder „groß" es erscheint, welche „Ladung" es hat und welchen „Spin" oder wie lange es existiert, das hängt von den Begegnungs-bedingungen mit dem Umfeld und den Energiegrößen ab.

Und so werden auch weiterhin die Physiker dieser Welt versuchen, Materie zu zerschmettern und die dabei neu entstehenden Impulsfelder zu identifizieren. Quarks hat man noch nicht gefunden - das verhindert schließlich die hartnäckige Farbkraft! -, aber eines Tages wird so ein Beschleunigerprodukt in das Konzept der Physiker passen und sie werden rufen: „Heureka, wir haben das Quark entdeckt!"

Die Hypothese von der Farbkraft wird man dann allerdings wieder vergessen müssen...[9]

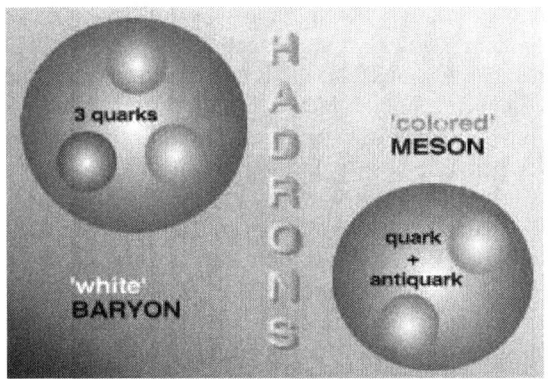

7 Elektron

Alldruck, Eigendruck und Elektrizität wirken immer in gut eingespielten Relationen zueinander; zwischen ihnen stellt sich in der Regel ein Gleichgewicht her, das die Erscheinungsform des Geschehens bestimmt. Ein gutes Gleichgewicht finden wir allerdings nur in den so genannten anorganischen Prozessen. Wir werden später sehen, dass gerade das Nichterreichen dieses Gleichgewichts für die Entstehung organischer Strukturen verantwortlich zeichnet.

In Nahbereichen entscheidet vorwiegend die Krümmkraft, was letztlich geschieht. Sie selbst ist abhängig von der Größe der Felder zueinander (wer krümmt wen?). Die elektrische Abstoßung, also die Polarisation des Raumes, ist der stärkste Gegner der Krümmkraft. Es ist daher nicht besonders verwunderlich, wenn es zwei Protonen eng zu einem Atomkern vereinigt selten gibt. Immer ist ein Neutron mitbeteiligt, weil es willig die Schwingungen der Protonen aufnimmt und mitmacht, wogegen zwei Protonen einander schon sehr exakt ähnlich sein müssten, um eine Harmonie aufrecht zu erhalten. Es existiert deshalb nur eine eher lockere Bindung von zwei Protonen, wie wir sie im Wasserstoff-Molekel vorfinden. Auch eine Dreierkombination (H_3) ist möglich.

Protonen und Neutronen werden stets nur so nahe zusammen gepresst werden, wie dies ihr Widerstand zueinander zulässt, das heißt, bis dieser Widerstand mit der Krümmkraft in ein Gleichgewicht gerät. Bevor dies geschieht, muss jene Abstoßung überwunden werden, die außerhalb des Bereichs der Krümmkraft vorhanden ist. Die dazu nötige Energie kommt meist aus der Bewegung der Felder oder aus dem Druck der Umgebung. Den Punkt, welcher überwunden werden muss, bis die Krümmkraft eingreift, werden wir Schwelle nennen. Sie ist identisch mit dem Coulomb-Wall der Physiker und existiert zwischen allen Feldern - auch zwischen Himmelskörpern gibt es dafür eine Entsprechung: die Roche'sche Grenze. Es versteht sich von selbst, dass diese Schwelle keine besondere Bedeutung für die Einzelimpulse der Felder hat. Elektronenwellen können leicht darüber hinwegspringen, weil das Feld des Protons sich nicht spontan aufbaut, sondern gewissermaßen zeitlich differenziert ist und in günstigen Zeitpunkten einer Elektronenwelle ausweicht. Physiker, die das Elektron als Teilchen sahen, waren von diesem Effekt überrascht und nannten ihn den

„Tunneleffekt". Er wird mittels komplizierter quantenmechanischer Formeln gedeutet, aber die Grundlage seiner Existenz ist sehr leicht zu verstehen. Der Tunneleffekt wird als der deutlichste Beweis für die Wellennatur der Elektronen gewertet, die meist nur außerhalb des Atoms einen Teilchencharakter vortäuschen. Analog dazu gibt es ähnliche Effekte selbstverständlich auch beim Licht, denn auch Lichtteilchen, Photonen, tun laufend Dinge, die sie nicht tun dürften, wenn man sie ernsthaft als Teilchen betrachtet.

Die Schwelle spielt im Orchester des Werdens und Vergehens der Materie die erste Geige. In allen Prozessen zwischen Kugelfeldern muss diese Schwelle überwunden werden; sie bestimmt daher stets die auftretenden Energiemengen, während die zur Verfügung stehenden Energiegrößen wiederum den Bereich und die Stärke der Schwelle zwischen den „Teilchen" bestimmen.

Jedes Teilchen oder jede Partikel unserer Materie ist in Wahrheit ein substanzloses Etwas, ein Bewegungsereignis, wie wir es mit dem Kugelfeld verdeutlichen. Der polarisierte Raum um ein Proton oder ein anderes „geladenes Teilchen" - wir nannten diesen Raum bereits „elektrisches Feld" - ist ein Mono-Pol, weil er immer nur eine bestimmte räumliche Spin-Orientierung annehmen kann, also entweder „rechts" oder „links". Materie und Antimaterie ergänzen sich niemals, sondern heben einander auf, wo immer sie sich treffen, denn zwischen ihnen existiert praktisch keine Schwelle. Die Schwelle tritt auch in allen Prozessen nicht auf, in welchen zwei entgegengesetzte Pole oder Polarisierungen zusammenkommen.

Wie sollten wir nun ein Atom aufgrund unserer Erkenntnisse beschreiben? Es hat entgegen bisherigen Anschauungen weder einen Kern noch eine Hülle. Es gibt eigentlich nur ein vibrierendes Kugelfeld - das sich nur im Idealfall wirklich sphärisch ausbreitet. Jeder Art von Kern ergibt sich aus der Methode, mit der er festgestellt werden soll. Er ist immer das Resultat des Widerstands zwischen dem messenden Feld und dem gemessenen. Ein Alphateilchen (wir lernen es noch kennen) findet in einem ganz bestimmten Bereich Widerstand, welcher vom Alphateilchen selbst mitbestimmt wird, und wird dort abgelenkt. Rutherford ermittelte auf diese Weise die Größe des Atomkerns - was er aber in Wahrheit ermittelt hat, ist lediglich ein Bereich höherer Energiedichte.[10] Auch jede Atomhülle definiert sich erst durch die Widerstandswahrnehmung eines allfälligen Messfeldes. Atome nehmen deshalb je nach Energieniveau der vorliegenden Materie verschiedene Größen an; sie bestimmen diese Größen gegenseitig, durchdringen einander jedoch so weit, bis sich Gleichgewichtszustände einstellen. Die Stärke der Impulse steuert die Abstände der Felder zueinander. Da die harmonischen Impulse in sich geschlossen bleiben, sind immer nur ganz bestimmte Abstände möglich (Wellenlängen, Frequenzen). Diese hinter einander herjagenden Impulse (wir beschrieben schon anfangs, dass es mindestens zwei Impulse sein müssen) sind nichts anderes als das, wozu die Physiker „Elektronen" oder „Elektronenwellen" sagen. Und auch wenn es eigentlich keine Wellen sind, jeder Impuls saust ja so solitär dahin wie die „Welle" eines Peitschenschlags, werden wir das Wort „Elektronenwelle" oder „Elektron" weiterhin benutzen.

Die Elektronenwelle bildet also selbst in erster Linie die Kugelfelder, sie setzt sich aber auch auf jeder anderen geeigneten Struktur fort. Da sie ein sehr kräftiges Energiequant darstellt, war die Annahme, dass es sich um ein - wenngleich sehr leichtes - Teilchen handelt, sicher sehr verlockend. Aber man erkannte auch bald, dass dieses Teilchen so gut wie keine Dimensionen aufwies, und viele Experimente sprachen eindeutig dafür, dass es sich um eine Welle handeln könnte. Man rang sich daher - ebenso wie beim Licht - zur dualistischen Auffassung durch - das Elektron müsse eben beides zugleich sein. Aber beides ist schlichtweg falsch! Es ist weder eine echte Welle noch ein Teilchen. Und selbstverständlich ist es auch nicht der Träger irgendwelcher Ladungen.[11] Aber es verursacht durch seine Raumpolarisation jene Wirkungen, die zur Annahme von Ladungen (ver)führten!

Obgleich man postulierte, dass das Elektron ein fester, an den Atomkern gebundener Baustein der Materie sei, musste es doch befremden, dass Elektronen äußerst leicht aus den Atomverbänden befreit werden können. Sie dampfen aus heißen Metallen heraus, lassen sich durch Licht herauskitzeln, durchtunneln Energieschwellen ... und jedes auftreffende Elektron setzt meist mehrere andere frei (Sekundärelektronen). Das lässt sich sicher nur durch den Tanz der Impulse erklären, wie wir ihn schildern. Da Polarisation und Elektronenwelle stets zusammen gehören, folgen Elektronenwellen willig vorgegebenen Polarisationen (Magnetfeldern). Das werden wir verstehen, wenn wir uns den Magnetismus näher ansehen.

Auch jede Elektronenwelle kann theoretisch Links- oder Rechtsspin haben. Da aber alle Protonen dieser Welt offenbar gleichartig „genormt" sind, schwingen auch alle Elektronenimpulse nach derselben Richtung. Ein entgegengesetzt schwingendes Elektron wäre ein Anti-Elektron also ein Positron. Impulsereignisse verschiedenster Art, welche Elektronenwellen erzeugen, ohne dass diese an ein Kugelfeld gebunden sind - auch das ist prinzipiell möglich - produzieren ausnahmslos gleichzeitig auch ein Positron, da ja - wie wir schon erkannten, Links- und Rechtsspiralen zugleich entstehen können. Solche Ereignisse gibt es in der Natur selten - vorwiegend in der kosmischen Strahlung -, kommen aber häufig in Teilchenbeschleunigern vor. Für Elektronenwellen gelten die gleichen, schon bekannten Begegnungsbedingungen. Gerät ein Elektron an ein Positron, so tritt je nach Zeitverschiebung der Impulse Variante e) oder c) ein. Im ersten Fall entsteht also ein instabiles Teilchen, das die Qualitäten nahezu jeder beliebigen Teilchenart annehmen kann - je nach eingesetzter Energiegröße. Ein atomähnliches Teilchen solcher Art nennt man Positronium. Diese künstlich erzeugten disharmonischen Kugelfelder erscheinen oftmals wesentlich massiver als Protonen zu sein, existieren aber nur Sekundenbruchteile lang.

Häufiger kommt es zur Begegnung nach c); sie heißt Veränderung. Dabei löschen die beiden Impulse zwar einander aus, aber ihre Energie geht nicht spurlos verloren, sondern strahlt in mehr oder weniger geraden Stößen (ohne Spin) vom Begegnungsort ab. Für Energiestöße dieser Art gibt es auch bereits einen eigenen Namen: Neutrino.[12] Immer, wenn Energie auf Schleichwegen verloren geht, nimmt sie den Weg über derartige Stöße. Sie können theoretisch zwar andere Impulse stören oder Feldern auf Umwegen Schwingung verleihen - also mit ihnen wechselwirken -, besitzen aber selbst nur geringe räumliche Ausdehnung (Durchmesser ca. 10^{-44} cm) und finden daher so gut wie an nichts Widerstand. Neutrinostöße durchströmen darum auch den Erdball, als gäbe es ihn nicht. Von rund 10^9 Neutrinos stößt ein einziges dabei an ein anderes Teilchenfeld, reagiert mit ihm und verändert oder zerstört es.

Da nahezu jedes Impulsereignis zwangsläufig auch lineare Stöße verursacht, ist das Weltall förmlich von Neutrinos erfüllt. Sie durchpulsen unseren Körper, ohne den geringsten Schaden anzurichten. Ebenso durchströmen sie jede Art von Messvorrichtung und sind daher bestenfalls indirekt nachweisbar. Aber Stöße solcher oder ähnlicher Art bauen hauptsächlich jenes die Materie umgebende Feld auf, das die Feldverdrängung und somit die Gravitationswirkung verursacht.

Gleich wie jede andere Impulsform können Neutrinos ihrerseits Elektronenwellen verursachen, weil sich die Begegnung Veränderung natürlich auch im umgekehrten Sinne abspielen kann. Solche Elektronenwellen können wesentlich energiereicher ausfallen als normale Elektronen - wir sprechen dann von schweren Elektronen (Myonen), und aus solchen Elektronen kann sich wiederum ein Atom bilden, das ein wahrer Energieriese gegenüber anderen Atomen ist. Ein Feld dieser Art nennen wir dann Myonisches Atom.

Es wäre eine undankbare Aufgabe, alle Ereignisse zu schildern, die durch Elektronen möglich sind. Praktisch sind ja alle Teilchen in der Lage, sich ineinander zu verwandeln - ein Umstand, welcher den Physikern kein geringes Kopfzerbrechen verursacht. Dabei ist dieser Umstand sehr leicht zu verstehen, wenn man den Teilchencharakter ebenso negiert wie die Welleneigenschaft - und vom Impulsfeld ausgeht, wie wir uns das vorstellen.

Neutrinostöße sind nicht immer kerzengerade Impulse, manchmal tritt auch ein Spin auf. In diesem Fall stellt das Neutrino gewissermaßen ein kleines Elektron dar, und damit wird auch ein Anti-Neutrino denkbar. Es gibt aus diesem Grund zumindest drei Arten von Neutrinos, wovon nur eines tatsächlich vollkommen neutral sein kann (bei der ersten Niederschrift des Buches war dieser Umstand noch unbekannt. Für die Entdeckung spezieller unterschiedlicher Neutrinoarten erhielt 1995 der Physiker Frederick Reines den Nobelpreis). In all diesen Teilchen auch noch nach einer Symmetrie zu suchen, wäre eine Huldigung an den Engel des Bizarren...

Neutrinos entstehen spontan bei Zerfalls- oder Fusionsprozessen. Im Atom selbst kommen sie wie so viele andere Teilchenbildungen nicht als „Baustein" vor; dort gibt es ja eigentlich ausnahmslos nur die größere Schwester Elektron, aus dem genaugenommen auch praktisch jeder Wasserstoff-Kern besteht, denn es gibt ja, wie wir noch einmal betonen wollen, zwischen Kern und Hülle keinen prinzipiellen Unterschied. Proton und Elektron sind ein einheitliches Gebilde. Ob dieses Gebilde „nackt" ist oder ein Elektron „enthält" ergibt sich nur aus der unterschiedlich möglichen Raumpolarisation, die auftreten und damit ein „Ion" erzeugen kann.

De Broglie definierte (als erster?) die Teilchen als Materiewellen und das Atom als eine Art Beugehof. Er stieß dabei auf die Schwierigkeit, die Parameter der Teilchen auch auf die Welle anzuwenden. So steht bei einer echten Welle die Phasengeschwindigkeit in fester Beziehung zur Wellengeschwindigkeit. Es ergab sich, dass Phasengeschwindigkeiten in Elektronenwellen schneller als die Lichtgeschwindigkeit zu sein schienen. Nur bei relativistischer Betrachtungsweise ergab sich eine Geschwindigkeit, die einem Teilchen entsprach. Dieses Problem entfällt in unserer Anschauung automatisch, da es in einer Reihe rein zeitlich aufeinanderfolgender Impulse keine Phasengeschwindigkeit gibt. Klar ist aber, dass auch in unserer Betrachtung nur solche Frequenzen erlaubt sind, die einander nicht stören, weil sie ansonsten einander aufheben, weginterferieren würden. Es muss also eine harmonische Abfolge aufrecht erhalten bleiben; Elektronenwellen treten daher nur in ganz bestimmten, in sich geschlossenen Bahnen auf - was den Bohr'schen Quantenbedingungen entspricht. Auch das spricht voll und ganz gegen eine Teilchentheorie, aber es wird wohl noch eine Zeit dauern, bis man die irreführende Bezeichnung ganz aus dem Bauplan der Materie streichen kann (auch wenn moderne Physiker schon betonen, sie haben niemals „Teilchen" im wörtlichen Sinne gemeint).

Nun noch ein paar Worte zum Neutron. Neutronen sind gewissermaßen ruhige Inseln inmitten des pulsierenden Universums. Sie sind Manifestationen des Nicht-Seins und das in des Wortes tödlichster Bedeutung! Einerseits vermitteln sie zwar Protonen zueinander, die durch sie ungestört ihre Schwingungen aufrecht erhalten, andererseits bringen sie den schönsten Protonverband in Disharmonie, wenn sie ihn langsam genug treffen. Da das Neutron selbst wenig schwingt, hat es ein ungeheures Eindringe- oder Durchdringungsvermögen, ist aber, weil es geringere Struktur aufrecht erhält, weniger stabil. Nur innerhalb von Atomen bleibt das Neutron streng begrenzt, weil es von Protonen praktisch zusammengehalten wird. Isoliert man ein Neutron, so nimmt es bald Schwingungen an; der Physiker sagt, es zerfällt in ein Proton und ein Elektron. Andererseits gibt es selbstverständlich keine Anti-Neutronen, womit es um die schöne Symmetrie, welche die Physiker innerhalb der Materie zu finden hofften, wohl endgültig geschehen ist...

Die Abbildung 17 versucht uns den Mikrokosmos zu veranschaulichen. Atome erscheinen als schwingende Räume, die von Elektronenwellen durchpulst sind. Fast sollte man sagen: Elektronen gibt es nicht - aber Blüten, Trichter und Trompeten... Diese verschiedenen Formen entstehen durch unterschiedliche Erregungszustände; in den nächsten Kapiteln werden wir entdecken, wie diese Schwingungsformen das Verhalten der Materie bestimmen und steuern.

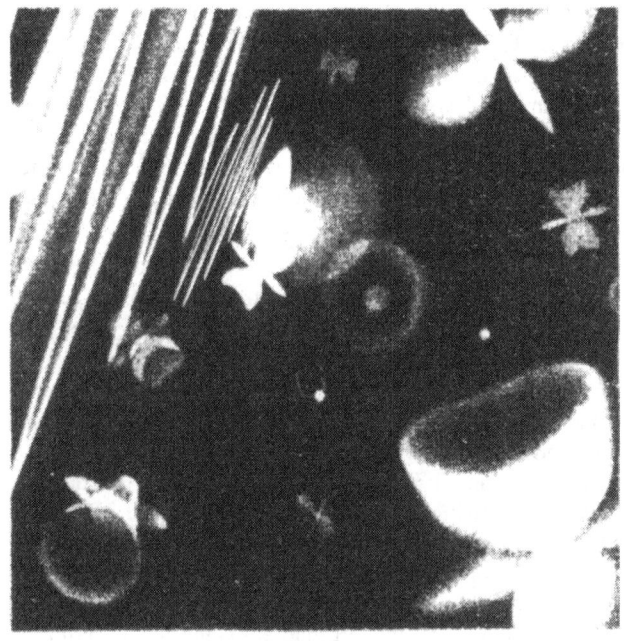

Abb.17

8 Spiele

Nun wissen wir bereits genug, um viele Phänomene dieses uns vom Spiel der Impulse vorgegaukelten Universums besser zu verstehen. Die augenfälligsten Erscheinungen, die schließlich zur heutigen Entwicklung unserer Technik geführt haben, sind Elektrizität und Magnetismus. Auch wenn es scheinbar zwei Phänomene sind, ist es eigentlich nur ein und dasselbe Spiel, das es zu entdecken gilt. Auch die Materie selbst ist ein „elektromagnetisches" Produkt.

Eine „geladene" Kugel ist ein Ort, um welchen die Elektronenwellen an der Oberfläche geradeso harmonisch und gleichgerichtet schwingen wie um ein Proton. Das Ergebnis ist, wie wir wissen, polarisierter Raum, also ein Feld, das wir korrekterweise elektrostatisches Feld nennen müssen, denn es bleibt ja an Ort und Stelle. Sehen wir uns nun so ein Feld näher an (Abbildung 18).

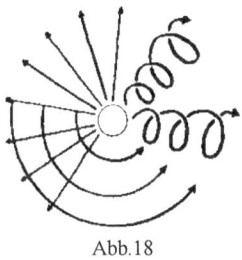

Abb.18

Wir erkennen unsere „Spiralen" wieder, die dem Raum die spezielle, polarisierte Ordnung verleihen. Diese Spiralen setzen sich aus zwei Bewegungskomponenten zusammen. Zum Einen erkennen wir die wegströmende (radiale) Richtung, die wir durch gerade Pfeile symbolisiert haben, zum Anderen die seitliche (tangentiale) Komponente, die sich durch Kreise darstellen lässt. Beide Richtungen stehen zueinander senkrecht. Wir haben diese beiden Wirkungsebenen bereits bezeichnet, als wir den Begriff „Elektromagnetische Welle" einführten. Wir wollen daher die wegströmenden Pfeile das elektrische Feld und die Kreise das magnetische Feld nennen.

Beide Felder liegen praktisch ineinander, werden aber niemals gleichzeitig wirksam, aber wir könnten dennoch sagen: wir haben ein elektromagnetisches Feld vor uns. Mit diesem Feld wollen wir ein wenig experimentieren. Versetzen wir es einfach einmal in Rotation. Damit verwischen wir die wegströmenden Pfeile des elektrischen Feldes, die Kreise jedoch - die ebenfalls von der Kugel wegströmen - zeichnen ein völlig neues Bild, wie es die Abbildung 19 zeigt.

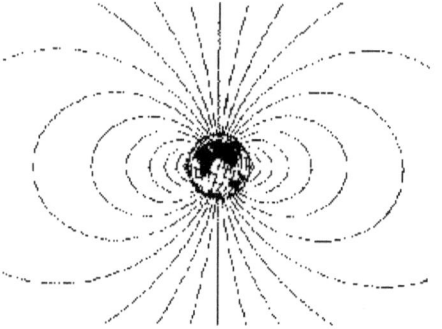

Abb.19

Dieses Bild zeigt die bekannten Kraftlinien eines Magnetfeldes. Wir haben seine Wirkungen oft beobachtet und seine Existenz auf kleine „Molekularmagnetchen" zurückgeführt. In einer höheren Schule haben wir vielleicht auch erfahren, dass dieses Feld auf die Spins der Elektronen zurückgeht; wirklich verstanden haben wir es deshalb nicht. Das soll sich jetzt ändern. Wir bauen unser Experiment ein wenig aus, indem wir die geladene Kugel kreisen lassen also mit ihr einen Kreis beschreiben. Wenn wir uns vergegenwärtigen, was nun geschieht, wird uns bald klar, dass ein ganz ähnliches Bild wie zuvor entstehen muss (Abbildung 20).

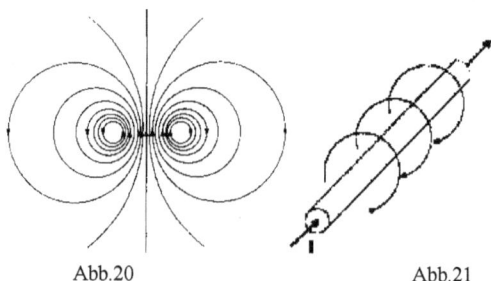

Abb.20   Abb.21

Wieder haben sich die Pfeile verwischt und wir bemerken, dass sie sich zur Gänze aufheben. Die Kreise aber heben sich nur innerhalb des Kreises auf, den wir mit der Kugel beschreiben.

Außerhalb behalten sie ihre Struktur aufrecht. Wir haben also wiederum ein Magnetfeld erzeugt - ganz dasselbe, wie wir es von jedem Dauermagneten her kennen. Wir könnten nun auch, anstelle eine Kugel zu bewegen, eine Drahtschleife nehmen und die Elektronenwellen (und damit die von ihnen verursachte Polarisation des Raumes!) diese Schleife entlang fließen lassen. Der Physiker Oersted hatte schon 1820 zuerst diesen Einfall. Er formte eine Drahtschleife und legte sie unter Gleichstrom. Mit einer Kompassnadel stellte er daraufhin ein Magnetfeld fest. Daraus schloss er, dass sich um jeden stromdurchflossenen Leiter ein Magnetfeld bildet (Abbildung 21).

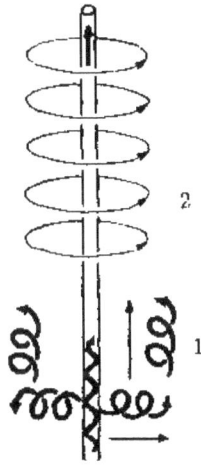

<<< Abb.21a

Wir wissen bereits, dass elektrische Ladung nichts anderes ist als polarisierter Raum, der als links oder rechts definiert werden kann. Diese Polarisation bewegt sich - wenn die Elektronenimpulse eine geordnete Richtung längs des Leiters einschlagen - mit der Ladung mit. Dadurch entsteht eine neue Polarisation, die entlang des Leiters verläuft. Selbstverständlich hat auch diese Polarisation einen Spin. Es gibt also zwei Polarisationsarten: die rein elektrische, die senkrecht vom Leiter wegstrebt und die magnetische, die dem Leiter folgt. Die senkrechte Polarisation würde bei unbewegter Ladung zwischen zwei gleichen Leitern Widerstand, also Abstoßung verursachen (getreu unserem Begegnungsmodell). Bei bewegter Ladung wird diese Struktur jedoch in eine neue Struktur aufgelöst, wie es Punkt 1 der Abbildung 21a zeigt. Sie hat rundum denselben Spin; daraus ergibt sich eine Gesamtbewegung um den Leiter, die durch Kreise (2) verdeutlicht wird.

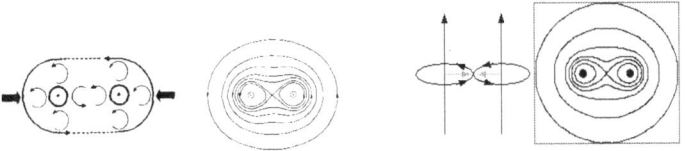

Abb.22

Zwei in gleicher Richtung durchflossene Leiter schwingen deshalb zwischen sich im gleichen Sinne (Abbildung 22).Wir betrachten diesmal die Spins praktisch frontal. Dann sehen wir, wie die Schwingungen einander ausweichen, es herrscht also Gleichschwingung; das aber bedeutet: kein Widerstand! Die Leiter werden vom Alldruck zusammengedrückt werden, also scheinbar einander anziehen! Da die gleichsinnige Schwingung beide Leiter umschwingen kann, bildet sich ein gemeinsames Magnetfeld, das beide Leiter umrundet.

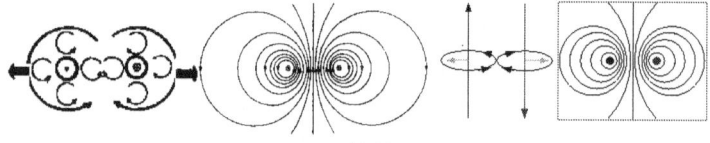

Abb.23

Anders verhält es sich bei entgegengesetzt durchflossenen Leitern (Abbildung 23). Hier weichen die dazwischenliegenden Spins einander nicht aus, sondern sie prallen aufeinander und erzeugen Widerstand. Ergebnis: die Leiter stoßen sich ab, da sich ihre a priori vorhandene Abstoßung verstärkt und den Alldruck überwindet. Abbildung 23a zeigt die zwei verschiedenen Phänomene noch einmal aus anderer Perspektive.

Die nebeneinander liegenden Leiter einer Spule ziehen sich demnach an. Sie bilden ein gemeinsames Magnetfeld, das sie umrundet - es tritt daher in einer Spule an einem Ende aus und am anderen Ende ein (Abbildung 24).

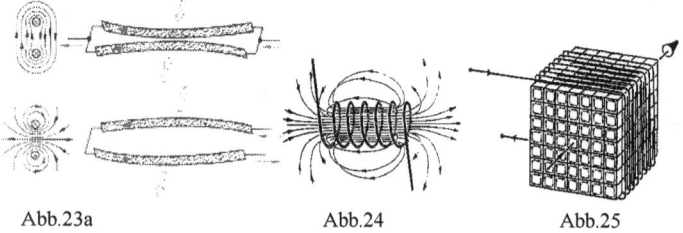

Abb.23a   Abb.24   Abb.25

Das Ergebnis ist wieder ein Magnetfeld wie das eines Stabmagneten, und deshalb wissen wir, dass auch die Magnetwirkung eines Stabmagneten auf bewegte „Ladungen" zurückgeführt werden muss. Es handelt sich hierbei um rein oberflächliche Elektronenimpulse, die den Stab in Reih und Glied geordnet umströmen und den Raum polarisieren (Abbildung 25).

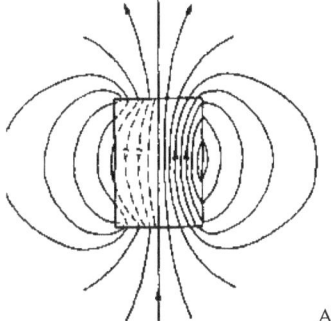

Abb.26

Die Abbildung 26 zeigt, dass auch beim Stabmagneten die Kraftlinien bei einem Ende eintreten und beim anderen Ende austreten. Schauen wir senkrecht auf den Pol, also im Sinne der Abbildung 27, so sollten wir nun vor unserem geistigen Auge deutlich die Polarisation (man erinnere sich an die Abbildung 21a) von Pol zu Pol strömen[13] sehen.

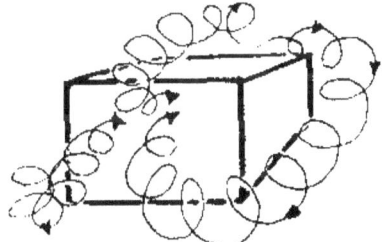

Abb. 27

Die Polarisation bildet einen geschlossenen Kreislauf. Nun verstehen wir das Verhalten der beiden Pole zueinander sofort; es sind ja keine Nord- und Südpole, sondern links- und rechtsschwingende Räume - und wieder gelten unsere bekannten Begegnungs-Bedingungen: Gleichschwingung, zu Stande gebracht durch Links- und Rechtsspin, führt zur Anziehung (Begegnungsfall Durchdringung), wir sagen: Ungleichnamige Pole ziehen einander an! Entgegengesetzte Schwingung (es begegnen sich gleiche Polarisationen) führt zu Widerstand, also zur Abstoßung nach dem Motto: Gleichnamige Pole stoßen einander ab! Als wir diese Merksätze in der Schule auswendig lernten, wussten wir allerdings in keiner Weise ihren ursächlichen Hintergrund!

Abb.28

Die Abbildung 28 zeigt, wie sich der Kreislauf zweier ungleichnamiger Pole schließen kann. Die scheinbare Anziehungskraft, die nun auftritt, kommt direkt aus dem Weltall! Drehen wir einen der Magneten um, so geraten prompt entgegengesetzte Schwingungen aneinander und die Abstoßung der Pole überwindet diese Kraft aus dem Weltall! Wir können diesen Vorgang recht plastisch vor uns sehen, und wer Lust dazu hat, möge sich zwei Magneten beschaffen und damit ein wenig experimentieren. Er wird ihre Verhaltensweise plötzlich verstehen wie niemals zuvor. Und wir beginnen zu ahnen, wo uns diese Spiele hinführen: denn wir verstärken und vermindern mit diesen Magnetfeldern eigentlich nichts anderes als Gravitation! Aber das werden wir erst in den Kapiteln „Trägheit" und „Schwere" ganz verstehen.

Was geschieht nun, wenn wir in einen magnetisch polarisierten Raum einen Leiter bringen, der nicht von einem Strom durchflossen ist? Im Leiter bewegen sich die Elektronenwellen normalerweise ganz ungeordnet kreuz und quer. Nun sind ja elektrischer Spin und magnetischer Spin eng miteinander verkoppelt (etwa so wie Zahnrad und Schnecke in der Abbildung). War der Leiter zuvor neutral, da seine Elektronenwellen keinerlei Richtung bevorzugten, so unterwerfen wir ihn nun der Ordnung der magnetischen Spins; die Elektronenwellen fügen sich dieser Polarisation gezwungenermaßen und werden gleichgerichtet. Dieser Zustand heißt aber bereits Ladung! Man braucht nun nicht viel Phantasie dazu, sich das Ergebnis vorzustellen, wenn wir den Leiter im Magnetfeld bewegen (Abbildung 29).

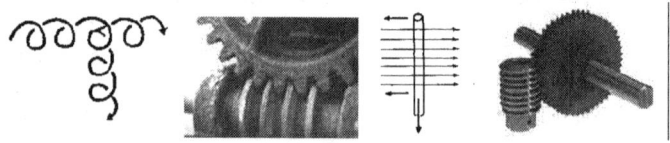

Abb.29: Verkoppelung der Spins

Wir schieben dabei den Leiter durch die Spiralen des Magnetfelds, und das bewirkt, dass die Spiralen der Elektronenwellen ebenfalls eine Bewegung längs des Leiters erhalten. Die Ladung bewegt sich, und die bewegte Ladung ist nichts anderes als elektrischer Strom! Dieser fließt nun durch den Leiter, und diesen Vorgang nennen wir Induktion.

Bewegen wir den Leiter nicht, so strömen die Spiralen des Magnetfeldes ihrerseits durch den Leiter und richten die Elektronenwellen aus. Wieder greift die Verzahnung der Polarisationen ein und schiebt die Elektronen weiter. Sie nehmen „ihre" Atome mit und so bewegt sich der Leiter in seine Längsrichtung. Diese Kraftwirkung nennen wir die Lorentz-Kraft - nach dem Physiker, der sie entdeckte. Diese Leiterbewegung können wir auch stärker hervorrufen, wenn wir durch den Leiter einen Strom schicken, der natürlich mit den Spins des Magnetfeldes in Widerstandssituationen gerät. Dies ist nichts anderes als die Umkehrung des Induktionsvorganges. Also: Bewegung verursacht Strom; Strom verursacht Bewegung...

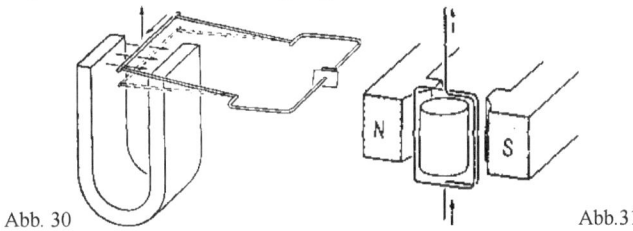

Abb. 30   Abb.31

Damit haben wir nichts Geringeres getan, als den elektrischen Motor erfunden wenn es ihn nicht schon gäbe. Die Richtung des Stroms bestimmt die Richtung der Bewegung, was die strenge Verkoppelung der Raum- und Elektronenspins zum Ausdruck bringt. Die Abbildung 30 zeigt diese Zusammenhänge auf.

Bringen wir eine Leiterschleife in ein Magnetfeld, in der die Ströme entgegengesetzt fließen, so erhält die Schleife ein Drehmoment (Abbildung 31), da einander entgegengesetzte Bewegungskräfte zu Stande kommen. Auch die Leiterschleife selbst erzeugt ja ein Magnetfeld, das die Pole des Magneten entweder abstößt oder anzieht.

Mit der Raumpolarisation durch die Spins und ihren Verkoppelungen haben wir hoffentlich ein tieferes Verständnis für das Verhalten von Materie erlangt, welches vorwiegend durch elektrische und magnetische Wirkungen bestimmt ist.

Elektronenwellen sind immer der Hintergrund; alle abstoßenden oder anziehenden Wirkungen folgen direkt aus dem Abstoßungsprinzip. Zwei Magneten, die sich anziehen, demonstrieren demnach direkt die Kraft des uns umgebenden Kosmos! Zwei Magneten, die sich abstoßen, zeigen in verstärkter Weise den allgemeinen Grundsatz: Alle Materie stößt Materie ab!

Schon jetzt zeigt sich deutlich, dass die Annahme eines Drucks - korrekter gesagt einer Abstoßung - anstelle einer „Schwerkraft" keineswegs alles beim alten belässt, sondern damit Vorgänge erklärbar werden, die zuvor nur mit der Erfindung weiterer Kräfte erklärbar waren. Wir müssen nicht mehr mit erfundenen Kräften und Begriffen wie positiv oder negativ und Nord- oder Südpol argumentieren. Alle bis jetzt beschriebenen Polarisationswirkungen entstehen zwanglos und logisch und erfolgen immer nach ein und demselben Prinzip!

Jede Art von Materie lässt sich mehr oder weniger magnetisieren. Manche Elemente, im Prinzip sogar alle, bauen unter Magneteinfluss sofort selbst ein Magnetfeld auf, wenn ihre Elektronenwellen im atomaren Bereich ausreichend geringen Widerstand finden. Der Spin dieses Eigen-Magnetfeldes ist immer dem Spin des induzierenden Magnetfeldes entgegengerichtet. Es entsteht daher immer eine Abstoßung, die von der jeweiligen Hauptwirkung überdeckt wird. Ein typischer Vertreter dieses Verhaltens, das wir Diamagnetismus nennen, ist beispielsweise Wismut. Der überwiegende Effekt - Anziehung oder Abstoßung wie erläutert - heißt dagegen Paramagnetismus. Er ist gekennzeichnet durch die exakte Koppelung elektrischer und magnetischer Spins.

Manche Elemente, wie Eisen, Nickel, Kobalt, aber auch die seltenen Erden Gadolinium, Dysprosium und Erbium, oder bestimmte Legierungsarten gehorchen dem Magnetfeld besonders umfassend und ausdauernd; sie sind ferromagnetisch. Wie schwach oder stark sich Elektronenwellen gleichrichten können, hängt begreiflicherweise vom atomaren Aufbau der Elemente ab. Jede Gleichrichtung lässt sich durch Einwirkung ungeordneter Schwingung, wie Hitze oder mechanische Erschütterung wieder zerstören. Alle ferromagnetischen Stoffe sind von kristalliner Struktur, also von vornherein von großer Ordnung beherrscht. Die Molekularmagnetchen unserer Schulweisheit allerdings sind reine Fiktionen, sie existieren nicht.

Bleibt die Gleichrichtung der Elektronenwellen in einem Element erhalten (oder zumindest teilweise), so nennen wir das Remanenz oder remanenten Magnetismus.

Es gibt noch viele andere Spielweisen des Magnetismus. Ihnen allen liegt dieselbe Ursache zu Grunde: der polarisierte Raum – bzw. das polarisierte T.A.O.. Aus dem gleichen Grunde gibt es die Phänomene der Elektrostatik, die sich besonders leicht verstehen lassen. Wir wollen uns daher auch ein wenig mit ihnen beschäftigen.

Rekapitulieren wir: Ladung ist polarisierter Raum; gleiche Ladungen führen zur Abstoßung, entgegengesetzte Polarisationen zur Anziehung. Jede Art von Energiefluss, wie etwa ein geschlossener Stromkreis wird nur dann möglich, wenn zueinander passende Schwingungen zusammenkommen. Dieses Zusammenkommen kann mitunter durch Vorgabe einer Schwingung erzwungen oder ermöglicht werden. Doch betrachten wir zunächst einmal die Abbildungen 32 und 33:

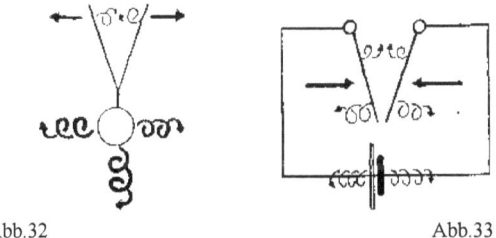

Abb.32   Abb.33

Befestigen wir auf einer polarisierenden (also „geladenen") Kugel zwei dünne Silberplättchen, so übernehmen auch diese dieselbe Polarisation. Resultat: die Plättchen stoßen einander ab! Wie die Abbildung 32 sofort erkennen lässt, aus einem uns schon sattsam bekannten Grund.

Eine Batterie liefert einander entgegengesetzte Schwingungen: plus = rechts und minus = links. Auf den Plättchen des unterbrochenen Stromkreises (Abbildung 33) liegen daher entgegengesetzte Polarisationen. Ergebnis: sie ziehen einander scheinbar an, denn jetzt werden sie vom Umfeld (Alldruck und/oder andere Felder) zusammengeschoben! Wie wir in der Folge noch sehen werden, begegnen sich auch in der Batterie selbst rechte und linke Schwingungen und stellen einen durchgehenden Stromkreis her, der sofort in Fluss gerät, wenn sich die Plättchen berühren.

Nun gibt es Elemente - also ganz spezielle Atomstrukturen - die nur gewisse Polarisationen zulassen, entweder nur „rechte" oder nur „linke". Legen wir zwei dieser Elemente aneinander, so ergibt sich eine vorbestimmte Schwingungsrichtung, die nur einen Stromfluss hindurch lässt, wenn der Spin der durchströmenden Schwingung zur vorgegebenen passt, da andernfalls Widerstand entsteht (Abbildung 34).

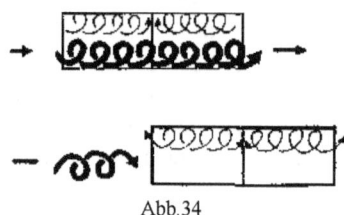

Abb.34

Das versteht sich zwar von selbst, nichtsdestoweniger haben wir damit das Prinzip der Diode beschrieben.

Ordnen wir drei Schichten nach dem Motto Rechts-Links-Rechts (oder Links-Rechts-Links) aneinander und schalten wir dazu zwei Stromkreise, wie die Abbildung 35 zeigt, so kann Stromkreis 2 nicht über den L-Sektor fließen, ehe Stromkreis 1 nicht die Linksschwingung im trennenden Element teilweise stört bzw. mit seiner stärkeren R-Schwingung überlagert.

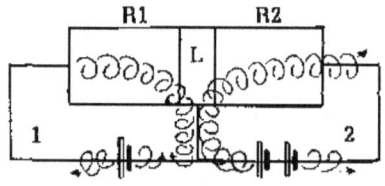

Abb.35

Diese Störungen können moduliert sein, also in ihrer Stärke wechseln. Was über die hergestellte Brücke im L-Element - das man sehr dünn wählt, um ein Überschwingen aus R1 zu ermöglichen - über R2 fließt, hält diese Modulation aufrecht (der Strom wird trägheitslos gesteuert) und, wenn man will, auch stärker als in Stromkreis 1 sein, wenn man einen höheren Stromfluss einschleust. Wir haben damit einen Verstärker entdeckt, aber es gibt ihn schon und man nennt ihn Transistor. Die verwendeten Elemente, die so hartnäckig nur eine bestimmte Richtung zulassen, heißen Halbleiter. Im Gegensatz zu Metallen, deren Elektronenwellen beliebig schwingen können, haben Halbleiter eine Struktur, welche die Schwingung nur in bestimmten Räumen (der Physiker sagt „Löcher") zulässt. Daraus definiert sich jeweils nur eine bestimmte Richtung.

Doch wir wollten von der statischen Elektrizität sprechen. Wenn wir uns die Raumpolarisation einer geladenen Kugel ansehen (Abbildung 36), so kommen wir zu dem Schluss, dass die Spins der Polarisation einander etwas behindern. Diese Behinderung wird umso geringer, je mehr Raum zum Schwingen zur Verfügung steht - wie dies auf der rechten, kleineren Kugel der Fall ist.

Abb.36   Abb.37

Tragen die zwei Kugeln der Abbildung 36 die gleiche Ladung, so ist die elektrostatische Wirkung der kleineren wesentlich größer, das heißt ihr Feld ist stärker. Ein birnenförmiger Körper (Abbildung 37) zeigt an seiner stärksten Krümmung die höchste Feldstärke. An kleinen Spitzen können daher sehr hohe Potentiale liegen. Wenn wir später dahinterkommen, dass auch im Geschehen winziger Moleküle und Atome elektrostatische Wirkungen wichtig sind, so verstehen wir jetzt schon, dass sie auf diesen winzigen „Kugeln" stärker ausfallen können, als man erwarten würde.

Will man im umgekehrten Sinn elektrostatische Ladungen aus der Atmosphäre abziehen, wird man aus den gleichen Gründen gut daran tun, einen möglichst spitzen Blitzableiter zu wählen.

Bringen wir eine ungeladene Kugel in ein elektrostatisches Feld, so übernimmt die Kugel die Polarisation derart, dass sie in die Polarisation des Feldes passt (Abbildung 38). Das heißt, die dem Feld zugewandte Seite wird Linksschwinger, wenn das Feld rechts schwingt. Das ergibt sich automatisch daraus, dass die rechte Spirale des Feldes von der Kugel aus betrachtet natürlich eine linke ist, wogegen sich auf der anderen Seite der Kugel wieder rechte Spiralen fortsetzen.

Abb. 38

Die Kugel ist also in „positive" und „negative" Ladung geteilt. Es herrscht ein verwendbares Potential auf ihr - und wir nennen diesen Vorgang Influenz. Er ist leicht zu durchschauen, denn nichts anderes könnte in diesem Fall geschehen. Nehmen wir zwei Kugeln, so können wir sie nach erfolgter Influenz trennen und aus dem Feld nehmen. Sie tragen dann tatsächlich entgegengesetzte Ladungen.

Dieser Vorgang wird dann für uns bedeutsam, wenn wir die Übernahme von Spinprogrammen durch die Moleküle des Lebens entdecken...

Eine elektrische Raumschwingung lässt sich sogar konservieren. Zwei entgegengesetzt schwingende Platten halten auch nach Entfernung der Stromquelle ihre dazwischen liegende Schwingung aufrecht, da sie nicht abfließen kann (Abbildung 39).

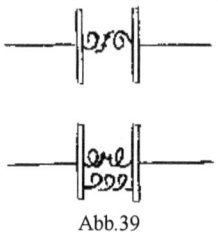

Abb.39

Das konservierte Potential wird wieder frei, wenn wir den Stromkreis schließen. Auf so einfache Weise funktioniert der Kondensator. Die Schwingung zwischen den Kondensatorplatten können wir auch gewissermaßen festhalten, wenn wir einen Isolator bestimmter Art zwischen die Platten schieben. Dieser Isolator lässt zwar die Schwingung nicht abfließen, übernimmt aber die Polarisation in seine eigene Struktur derart, dass wir sie dem Kondensator nicht mehr entnehmen können. Entfernen wir den Isolator, so lässt er die Schwingung zurück und der Kondensator ist nach wie vor geladen. Isolatoren, die dieses Spielchen gut bewerkstelligen, nennt man Dielektrika. Sie schwingen zwar an ihren Oberflächen bereitwillig mit, behalten aber ohne Kondensatorplatten die Schwingung nicht. Es ist wohl schon überflüssig zu betonen, dass gleiche Spins auf den Kondensatorplatten den Begegnungsfall Widerstand erzeugen (Abbildung 39, oben) und damit keine Aufladung erfolgen kann.

Alle Elektronenwellen lassen sich von Element zu Element verschieden mehr oder weniger gut magnetisch gleichrichten. Wie schon betont, sind alle Erscheinungsformen der Materie elektromagnetischer Natur. Aber als man diese Bezeichnung aufbrachte bzw. von anderen Begriffen ableitete, ahnte man wohl kaum ihre Tragweite. Auch Licht und Wärme beeinflussen die Ordnung von Elektronenwellen. Deshalb wird beispielsweise Selen unter Lichteinfluss leitend oder setzt sich Wärme im Thermoelement in elektrischen Strom um.

Ein Thermoelement ist ein besonders simples Ding: Zwei Metalle (ein links- und ein rechtsschwingendes) werden aneinander gelötet. Man braucht dann nur eines der beiden aus dem Schwingungsgleichgewicht (das es mit dem anderen Metall eingegangen ist) zu bringen, indem man es erwärmt - und schon fließt ein Strom über einen Stromkreis. Damit wird das verlorene Gleichgewicht wieder hergestellt oder zumindest gesucht. Auch hier finden wir das Spiel der Raumpolarisationen innerhalb der Einflusssphären der Felder (Atome) und der Begegnungssituationen...

Viele Kristalle bauen sich aus rechts- und linksschwingenden Atomen (Ionen) auf. Sie schwingen also bereits polarisiert in sich. Um diese Innenladungen freizubekommen, muss man den Kristall nur quetschen oder deformieren, dabei tritt die Innenpolarisation an die Oberfläche und kann als Stromfluss verwendet werden. Das Phänomen heißt Piezoelektrischer Effekt. Deformiert man den Kristall durch Wärme (er dehnt sich dabei unregelmäßig aus), so nennt man den Vorgang Pyroelektrizität.

Sollte man wirklich glauben, Elektronen seien ein fest gebundener Baustein der Materie? Wir sehen doch, dass man mit ihnen praktisch aufführen kann, was man will. Man kann sie sogar zentrifugieren, das heißt, man bringt sie sehr leicht aus einem Metall heraus, wenn man das Metallstück schnell bewegt. Dabei bleiben gewissermaßen die Elektronenwellen zurück (Abbildung 40).

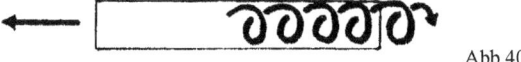

Abb.40

Auch Lichtwellen haben ähnliche Eigenschaften, aber davon wird erst in unserem Kapitel über die Relativitätstheorie die Rede sein.

Wir haben nun schon eine Menge über Elektrizität erfahren. Wir erkannten, dass alle Ursachen elektromagnetischer Kräfte im polarisierten Raum zu finden sind und die Ursachen dieses Raumes selbst wiederum in den Elektronenwellen liegen, aus welchen Atome sich aufbauen. Wir verstehen die Bedeutsamkeit elektrostatischer Kraftwirkungen im materiellen Geschehen ebenso wie das Zustandekommen magnetischer Felder.

Jede rotierende oder bewegte Ladung erzeugt magnetische Momente. So hat auch jedes rotierende Proton sein Magnetfeld. Neutronen werden meist aus Protonverbänden ausgestoßen und bringen immer etwas Schwingung mit. Ein völlig neutrales Neutron gibt es daher nur in der Theorie. Experimentelle Neutronen zeigen fast immer ein magnetisches Dipolmoment, wenn sie rotieren. Die Rotationsrichtung eines Kugelfeldes („Teilchens") bezeichnen wir übrigens ebenfalls mit dem Wort Spin.

Doch bevor wir weitergehen, um im nächsten Kapitel „Wasserstoff" mehr über die Spiele der Materie zu erfahren, denken wir vielleicht ein wenig über das bis jetzt besprochene nach und betrachten die Abbildung 41: Sie zeigt uns in etwa 1200000-facher Vergrößerung atomare Felder - das Wellenspiel im See der Materie... Die einzelnen Lichtpunkte entsprechen verschiedenen Atomen, die aus der Verdampfung einer submikroskopisch kleinen, nadelspitzen Kristallecke aus Platin stammen.

Abb.41

9 Wasserstoff

Die erste und einfachste Art eines Atoms haben wir bereits kennen gelernt: das Proton, ein Kugelfeld, welches um sich herum den Raum strukturiert bzw. polarisiert und daher eigentlich immer in der Sprache der Physik Ladung trägt. Je nach Form der Polarisation kann „negative" (linke) oder „positive" (rechte) Ladung auftreten, wir sprechen dann von negativen oder positiven Ionen. Das Atom kann auch gemischt (ungeordnet) polarisiert sein und daher den Eindruck erwecken, als wäre es „neutral". Bei Wasserstoff ist dieser Zustand jedoch eher ein Sonderfall – denn hauptsächlich tritt dieses Atom im Wechselspiel der Elemente als Ion auf.

Da Wasserstoff-Atome einander kräftig abstoßen, sind sie hauptsächlich als Gas vorhanden. Dieses Gas kann nur unter hohem Druck und gleichzeitigem Energieentzug (Kühlung) flüssig bzw. fest (kristallin) werden. Das ist möglich, weil der elektromagnetische Schwingungszustand des Atoms durch Abstrahlung oder Absorption von „Wärme" beeinflusst werden kann.

Über die universelle Bedeutung dieses Atoms kann man sich in jedem Chemie- und Physikbuch informieren, wir werden uns daher an dieser Stelle nur auf die wichtigsten Eigenschaften beschränken. Ebenso wie alle anderen Atome manipuliert Wasserstoff elektromagnetische Informationen oder Energiezustände in Form von abgestrahltem oder absorbiertem „Licht". Aufgrund seiner Einfachheit hat das Wasserstoffatom bei der Erforschung der Atomstruktur und Lichtentstehung besondere Bedeutung erlangt. Als man seine Lichtbogenemissionen untersuchte, fand man eine seltsame Gesetzmäßigkeit im Spektrum. Aufgrund dieser Gesetzmäßigkeit entwickelte Niels Bohr ein Atommodell, das sehr erfolgreich war, obwohl man bald erkennen musste, dass das Atom keinesfalls dieser Quantenschalen – bzw. Orbitaltheorie entsprechen konnte.

Bohr begründete seine Quantensprungtheorie der Lichtentstehung mittels der Betrachtung eines einzelnes Wasserstoff-Atoms. Wir fragen uns aber, ob man das Phänomen der Lichterzeugung tatsächlich den Elektronenwellen eines einzelnen, isolierten Atoms zuschreiben darf. So einsame Wasserstoff-Atome gibt es nämlich nirgendwo auf dieser Welt. Ein einziges Wasserstoff-Atom (Proton) wäre ja gar nicht denkbar; immer wird seine Existenz von anderen

Atomen bedingt und aufrecht erhalten sein - überwiegend wohl durch andere Wasserstoff-Atome...

Sehen wir uns nun das Wasserstoff-Atom noch einmal genau an (Abbildung 10). Präzise definiert ist es kein so ideales Kugelfeld, wie wir es verallgemeinert haben. Stellen wir von dem Feld eine Momentaufnahme her, so erkennen wir, dass die beiden Stöße das Feld unsymmetrisch umrunden. Sind sie auf der einen Seite, so befindet sich auf der anderen zur selben Zeit - nichts, außer der Matrix, dem T.A.O. Denken wir noch einmal an unser Ventilatorrad: Wollten wir ein zweites Rad in das erste schieben, so müssten wir nur darauf achten, dass die Flügel einander ausweichen. Die Räder müssten synchron laufen und beide könnten existieren, ohne einander zu stören (Abbildung 42).

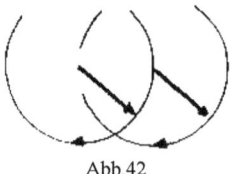

Abb.42

Wir nennen den Bereich, den sich beide Räder teilen, das Überlappungsintegral. Zwei Wasserstoff-Atome können sich aufgrund dieses Umstandes aneinander legen und ein gemeinsames Schwingungsbild aufrecht erhalten. Die Harmonie ihrer Elektronenwellen wird dadurch nicht gestört. Extreme Kühlung vergrößert das Überlappungsintegral in bestimmten Situationen so stark, dass sich mehrere Felder zu einem einzigen Feld („Riesenatom") vereinigen können (Bose-Einstein-Kondensat).

Der gemeinsame Schwingungsbereich ist bereits eine einfache Art von Bindung zwischen zwei Atomen; wir nennen sie die homöopolare Bindung. Sie führt dazu, dass sich die Elektronenwellen rund um das neue Gebilde erstrecken. Aber diese Bindung ist nicht sehr stark, sie wird hauptsächlich durch den Alldruck (Umgebungsdruck) aufrechterhalten. Es handelt sich ja um keine Totalvereinigung zweier Protonen, denn von der Krümmkraft spüren die beiden Atome gerade so viel, um sich locker miteinander zu befreunden. Wasserstoff kommt deshalb in der Regel als Pärchen vor. Wir bezeichnen so ein Pärchen als Wasserstoff-Molekel (H_2). Die Kraft seiner Bindung - stärker als eine Gravitationswirkung zentraler Massen und schwächer als die Krümmkraft - erhielt den Namen Van-der-Waals-Kraft. Sie konnte auf Grund bisher gültiger Theorien nicht mit der Gravitation begründet werden (obwohl sie dieser ähnlich erscheint), ist aber in Wahrheit natürlich ebenfalls eine Konsequenz des Alldrucks. Die richtige Betrachtungsweise ist dabei die, dass nicht eine „Bindung" zweier Felder entstanden ist, sondern sich ein neues, gemeinsames Feld gebildet hat – also von Bindungskräften gar nicht gesprochen werden dürfte.

Das gemeinsame Impulsfeld stellt die Abbildung 43 dar. So sieht demnach ungefähr ein Wasserstoff-Molekel aus (zweidimensional projiziert). Die Tiefe des Ineinander-Eindringens wird bestimmt durch den Bewegungszustand (Energie) des Schwingungsbildes. Je mehr Energie diesem System zugeführt wird, desto weiter entfernen sich die Atome voneinander.

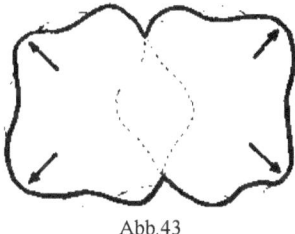

Abb.43

Denkbar wäre, dass es zu weiteren Anlagerungen von Wasserstoff-Atomen kommt; Wasserstoff also, ähnlich wie Wasser, Ketten (Clusters) bildet. Dass dies nicht passiert, liegt an der Raumnutzung, wie wir gleich erkennen werden, wenn wir an der Form des Wasserstoff-Molekels noch eine Korrektur vornehmen. Zwei sich gegenüberstehende Felder üben stets das Abstoßungsprinzip aufeinander aus. Abgesehen vom Ort ihrer Überlappung stoßen sie den Rest des anderen Feldes von sich weg. Die Felder werden daher etwas deformiert. Wir könnten sagen, beide Felder verschatten gegenseitig den Alldruck etwas und pressen sich jeweils in diese Schatten hinein. Das endgültige Aussehen eines Wasserstoff-Molekels müsste darum ungefähr so sein, wie es die Abbildung 44 klarzumachen versucht.

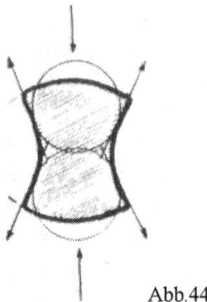

Abb.44

Der gegenseitige Druck verformt das Molekel zu einem keulenartigen oder hantelförmigen Gebilde (diese keulen- und hantelartigen Zustände könnte natürlich aus ganz gleichen Gründen ein einzelnes Wasserstoffatom annehmen). Dabei spielt auch die unmittelbare Umgebung eine Rolle, weil sich die Wasserstoff-Molekel meist unter ihresgleichen befinden und den Raum so dicht wie möglich ausfüllen. Aus dem Zusammenspiel von Eigendruck und Alldruck (Umgebungsdruck) entsteht daher in etwa ein Bild, wie es die Abbildung 45 zeigt.

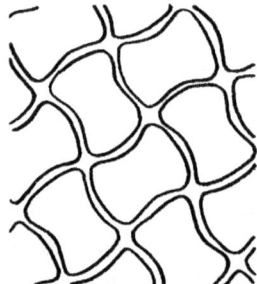

Abb.45

Wir finden ein analoges Geschehen auch in den Feldern des Himmels, etwa bei Erde und Mond. So wird der Mond deutlich zu einer Art Birne verformt und förmlich in seinem Schatten festgehalten, während derselbe Vorgang die Erde zu einer Eiform quetscht und beiderseits Gezeiten verursacht. Es ist also nicht eine „Anziehungskraft" des Mondes, die das Wasser steigen lässt, sondern der durch den Mond verminderte Alldruck lässt dies zu (Abbildung 46).

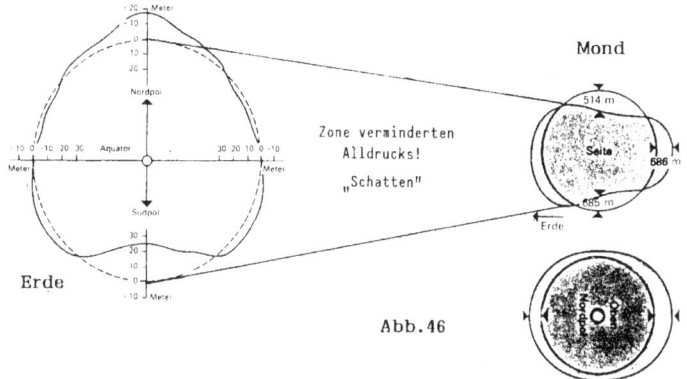

Abb. 46

Ein einzelnes Wasserstoff-Atom müsste schon sehr groß sein, um als Verursacher von Lichtwellen in Frage zu kommen.[14] Das hat einfach Dimensionsgründe, da die Lichtwellenlänge kaum in einem Atom unterzubringen wäre. Ein Wasserstoff-Molekel liefert uns aber eher jene Wellenlängen, die wir vom Wasserstoff her kennen. Wenn wir davon ausgehen, dass jede Energiezufuhr aufgrund der Quantelung der Elektronenimpulse auch nur zu gequantelten Entfernungsveränderungen der beiden Felder führen kann, so stellen wir fest, dass sich infolge des geschilderten Verschattungseffektes die Proportionen des Molekels mit entsprechender Gesetzmäßigkeit verändern. Die Oberflächenverhältnisse des hantelförmigen Doppelfeldes werden also in ganz bestimmten Ausmaßen zueinander sprunghaft verschoben.

Wir haben diese Verhältnisse in der Abbildung 47 herausprojiziert, indem wir einfach - ausgehend von gequantelten Entfernungszunahmen - den Schatten des Drucks am jeweils anderen Feld einwirken lassen. Und nun kommt das Verblüffende: Die damit erzeugten Linienverhältnisse geben genau die Linien des Wasserstoffspektrums nach Balmer an! Wir haben die Verhältnisse vergrößert und der Balmer-Serie gegenübergestellt: Es sind dieselben Abstände! Das bedeutet, dass die Wellenlängen des Wasserstoffs etwas mit den Stirnoberflächen des Wasserstoffmolekels zu tun haben. Auch wenn man argwöhnt, dass das Molekel im Lichtbogen infolge der hohen Energie aufbricht, bleibt die gegenseitige Verschattung der Atome dennoch bestehen und damit ein derartiger Wirkungsmechanismus aufrecht. Dadurch offenbart sich, dass der Elektronenimpuls um die Atome neue Impulse mit zeitlicher Aufeinanderfolge auslöst, und diese Frequenzen der räumlichen Veränderung der Stirnflächen (1 u. 2 der Abb.) entsprechen. Das können wir auf einfache geometrische Weise aufzeigen. Dass das Licht keine echte Welle ist, sondern eine zeitliche Aufeinanderfolge von Einzelimpulsen, sollten wir bei diesen Überlegungen nicht vergessen.

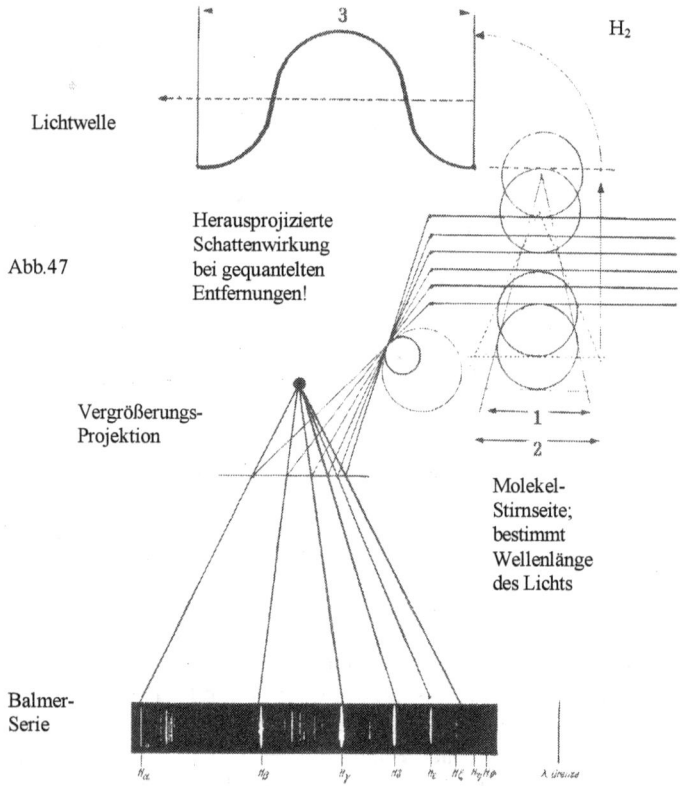

Abb.47

Es entsteht stets eine „Wellenlänge" (3), welche die Größendimension des Molekels scheinbar weit übertrifft, aber diese Erklärung ist in vieler Hinsicht befriedigender als die Elektronensprünge Bohrs von Orbit zu Orbit, die den Schönheitsfehler haben, in krassem Widerspruch zur Elektrodynamik zu stehen und vom Wissen belastet zu sein, dass es ein planetenartig um den Kern kreisendes Elektron von vornherein nicht geben kann, da es schon nach wenigen Nanosekunden in den Kern stürzen müsste. Es würde (als Teilchen betrachtet) nämlich kontinuierlich Strahlungsenergie verlieren.

Da die Atome stets sprunghaft ihre Abstände zueinander ändern - dies aufgrund des unvermeidlichen Einpendelns neuer Überlappungsintegrale -, agieren sie nur in diskreten abgegebenen oder aufgenommenen Energiebeträgen. Wir sehen, Quantenphysik ist keinesfalls nur eine Illusion!

Es ist vorauszusehen, dass Elemente, die schon wegen ihrer chemischen Eigenschaften eine ähnliche Außenstruktur wie die des Wasserstoff-Atoms vermuten lassen, auch sehr ähnliche Spektren liefern. So finden wir die Balmer-Serie wieder bei Lithium, Natrium, Kalium, Rubidium, Lanthan und Francium. Elektronentheoretisch schreibt man allen diesen Elementen ein Elektron auf der Außenhülle zu.

Das also haben wir festgestellt: Die gleichmäßigen Entfernungsveränderungen zweier (auch mehrerer) Felder zueinander führen aufgrund des Abstoßungsprinzips zu gequantelten Dimensionsveränderungen in den Feldern, die direkten Einfluss auf abgestrahlte Impulse, also deren Frequenzen und Wellenlängen nehmen. Der Zusammenhang ist unübersehbar und leicht zu verstehen. Dieser Effekt ergibt sich deshalb, weil atomare Felder entsprechend ihrer Energiedichte den Alldruck (Umgebungsdruck, Druck bzw. Schub anderer Felder) teilweise „verschatten" (abschirmen) und durch ihren eigenen Druck (Abstoßung) ersetzen.

Später wird uns dieser beim Wasserstoff entdeckte Verschattungseffekt des Alldrucks im Bereich des Makrokosmos eine überraschende Entdeckung bescheren und ein bis heute ungeklärtes Gesetz der Astronomie entschleiern.

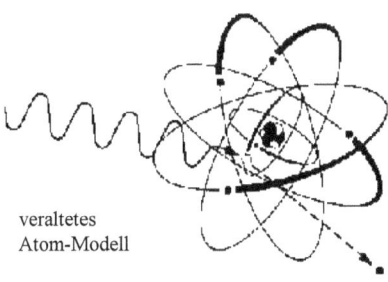

veraltetes Atom-Modell

10 Licht

Vor unserem geistigen Auge sollte sich jetzt ein im Wind wogendes, goldgelbes Getreidefeld ausbreiten... Aber was hat ein Getreidefeld in einem Kapitel über das Licht verloren? Geht hier der Begriff „Allgemeine Feldtheorie" nicht etwas zu weit? Keinesfalls, denn die nachdenkliche Betrachtung eines Getreidefeldes wird uns helfen, einige äußerst wichtige Definitionen über Feldausbreitung und Impulsfortpflanzung im Feld des T.A.O. zu treffen und zu verstehen. Das Dominosteinprinzip wird uns ja inzwischen klar sein, die Impulsweitergabe im T.A.O. erfolgt ja nach diesem Schema - und wir wissen schon, dass sich die „Dominosteine", also die „Körner" des T.A.O. selbst gar nicht von A nach B bewegen, sondern lediglich eine Energie-Weitergabe (besser gesagt eine Energie-Informations-Weitergabe) erfolgt, so dass von einer Dominostein-Geschwindigkeit keine Rede sein kann, wogegen eine Geschwindigkeit in der Ausbreitung der scheinbaren Welle vorliegt. Es bewegt sich demnach kein „Ding" - und wir haben erkannt, dass es so etwas wie „echte" Bewegung[2] von materiellen Körpern im Universum überhaupt nicht gibt. Das ist auch philosophisch vertretbar, denn das Vorhandensein echter Bewegungen wäre logisch gar nicht einfach zu begründen!

Abb.47a

Das Dominosteinprinzip können wir auf die Halme eines Getreidefeldes übertragen. Auch sie können einander anstoßen und Information übermitteln, ohne sich von der Stelle zu bewegen. Die Struktur des Getreidefeldes ähnelt der Matrix des T.A.O. und wir können uns gut ausmalen, dass wir das Feld wegziehen könnten, wenn der Wind eine Schneise oder einen Wirbel in die Halme bläst - Schneise oder Wirbel blieben an derselben Stelle. Andererseits könnte sich der Wirbel bewegen oder die Schneise weiter wandern - und das Feld ginge nicht mit! Das ist auch das für uns wichtigere

Bild, denn das universelle Feld, das T.A.O. bewegt sich ja nicht - und auch innerhalb seiner Matrix gibt es nur Informations-Bewegungen oder Energie-Übermittlungen - egal, wie man es nennen will. Impulsfelder - so wie der Wirbel im Getreidefeld - können sich komplett im T.A.O. fortpflanzen - und in diesen Impulsfeldern können wiederum Felder vibrieren - und alle diese Felder sind nur über ihre eigenen Wirkungsebenen (wie wir es mit Zahnrad und Schnecke symbolisiert haben) verknüpft. Sie können sich im T.A.O. bewegen, einander durchdringen oder „bekämpfen", interferieren, verstärken und auslöschen ... das T.A.O. bleibt dabei stationär wie ein Getreidefeld im Sturm.

Ein Proton, das - wie wir bereits wissen - ein Impulsfeld ist, bewegt sich nicht wie ein Ding durch das T.A.O., sondern es pflanzt sich fort wie ein Wirbel im Getreidefeld! Das ist eine überraschende, ganz unglaubliche Feststellung. Es bedeutet, dass ein geworfener Stein nicht einfach kompakt dahin fliegt, sondern durch die Matrix pulsiert! Sein Feld vibriert durch die „Körner" des Raums; der Stein besteht eigentlich nur aus einem Schwingungsbild von Atomanordnungen, und dieses Schwingungsbild bewegt sich durch kontinuierliche Induktion und Anreihung neuerlicher Schwingungsbilder weiter, genauso wie eine EM-Welle ihre Felder der Reihe nach weiter induziert... Man könnte fast sagen, der Stein „beamt" sich durch das Feld des Universums - und das gilt für jedes Feld![15] Auch ein Playboy am Steuer seines Ferrari „beamt" sich auf diese Weise durch die Welt. Und trotz der 220 Stundenkilometer auf der Autobahn bewegt sich nichts tatsächlich - sondern es pflanzt sich ein Informationsfeld in Gestalt eines Ferrari samt Lenker fort! Auf die gleiche Weise bewegen sich alle Dinge in diesem Universum - vom Atom bis zur Riesengalaxie. Und was sich dabei bewegt, ist nicht nur der sicht- und wahrnehmbare Bereich des Feldes, sondern alles, was das Feld ausmacht; was es um sich herum in Vibration oder Oszillation versetzt - das alles bewegt sich mit! Wir werden sehen, dass diese Erkenntnis ungeheuer wichtig ist und wir in den Kapiteln „Trägheit", „Schwere" und „Relativität" noch einmal damit konfrontiert werden.

Hier wollen wir uns nur mit dem Licht beschäftigen. Die übliche Darstellung einer EM-Welle zeigt uns zwar gut die rechtwinkelige Verknüpfung der Wirkungsebenen (E-Feld und M-Feld), führt aber auch in die Irre, weil es den Eindruck erweckt, es handle sich um eine Welle von der Art einer Schwingung. Wir kennen aber den

Unterschied und wissen, dass die einzelnen Felder durch die Aufeinanderfolge unabhängiger Impulse zu Stande kommen, was dazu führt, dass sowohl Wellen- als auch Teilchencharakter auftreten kann.

Licht ist Botschaft und Kurier in einem. Es wird praktisch von allen Feldern verursacht und auch wieder absorbiert, vorausgesetzt, es fallen Frequenzen zusammen, die zueinander passen. Jedes Atom kann deshalb nur ganz bestimmte Lichtwellen auffangen und deren Energie aufnehmen. Es sind in der Regel stets dieselben Wellenlängen, die es auch selbst erzeugen kann. Häufigster Reaktionspartner des Lichts ist das Elektron, und offenbar hat die Teilchentheorie des Elektrons zur Teilchentheorie des Lichts geführt. Aber das Photon ist eine Fiktion. Wir werden den Photoeffekt (für dessen Entdeckung Einstein den Nobelpreis erhielt) aus unserem Gesichtspunkt ganz anders verstehen. Die Begriffe Wellenlänge und Frequenz wenden wir bei Licht jedoch sinngemäß an, denn der Unterschied zur echten Welle ist bei den meisten Phänomenen eher belanglos und wird nur dort bedeutsam, wo Zusammenhänge der Phasen untereinander zu absurden Ergebnissen führen müssten. Beispielsweise würden lange Wellen schneller laufen als kurze. Demnach ergäbe sich eine Abhängigkeit der Lichtgeschwindigkeit von der Farbe, was natürlich nicht der Fall ist.

Eine Folge von Lichtimpulsen können wir uns (statt mit einer Spirale) auch gut versinnbildlichen, wenn wir eine Reihe von Bierdeckeln auf eine Schnur fädeln (Abbildung 48).

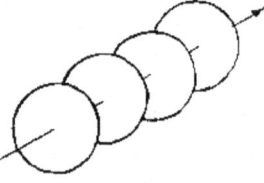

Abb.48

Die Dichte der Bierdeckel kennzeichnet das Charakteristikum des Lichts, die Farbe - oder ob es sich um eine Röntgen-, Gamma- oder Radiowelle handelt. Mit diesem simplen Bierdeckelmodell können wir sehr gut in Gedanken experimentieren. Wir sprechen ja von einem schraubenförmigen Rundstoß, der eine Reihe - sagen wir - scheibenförmiger Felder („Wellenfronten") erzeugt. Der Rundstoß saust ungeheuer schnell um die Fortbewegungsrichtung des Impulses herum. Da die Fortbewegung selbst mit Lichtgeschwindigkeit erfolgt, muss die Schraubenbewegung - freilich ebenso eine Scheinbewegung wie die erstere - sogar wesentlich über der Lichtgeschwindigkeit liegen.

Für die Impulse des Lichts gelten, wie wir schon anfangs entdeckten, uneingeschränkt unsere diversen Begegnungsbedingungen. Aus kräftigen Lichtimpulsen (Gammastrahlen) können deshalb „Teilchen" entstehen, wie wir schon im Kapitel „T.A.O." besprochen haben. Was wir mit unserem Bierdeckelmodell jetzt betrachten wollen, sind die Phänomene der Beugung und der Brechung.

Nun ist ja die Lichtgeschwindigkeit keineswegs universell genormt, sondern hängt vom Medium ab, in welchem sich der Impuls ausbreitet.[16] Im Vakuum, in welchem das T.A.O. fast ruhig bleibt, wird diese Geschwindigkeit durch nur die Eigenschaften der Matrix determiniert. Innerhalb von materiellen Medien findet der Impuls an den Vibrationen der Atome Widerstand und wird langsamer. Gerät der Impuls nur auf der einen Seite auf ein Hindernis, so wird er bloß an dieser Seite gebremst, während der außerhalb des Mediums liegende Impulsbereich seine Geschwindigkeit beibehält. Das Resultat ist eine Veränderung der Impulsrichtung, wie dies die Abbildung 49 demonstriert.

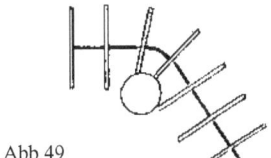

Abb.49

Licht wird demnach an Kanten oder kleinen Körpern gebeugt. Diese Beugung wird umso stärker, je dichter die Bierdeckel aneinander liegen, das heißt, je kürzer die Wellenlänge der Impulsfolge ist. Gleichzeitig treten auch Gangunterschiede auf; die Impulse überlagern einander und sie interferieren. Wir erhalten deshalb ein Interferenzbild auf einem Schirm, mit dem wir gebeugtes Licht auffangen. Die Beugeringe der Abbildung 50 zeigen sehr schön, wie die einzelnen Farben in verschiedenem Ausmaß gebeugt werden.

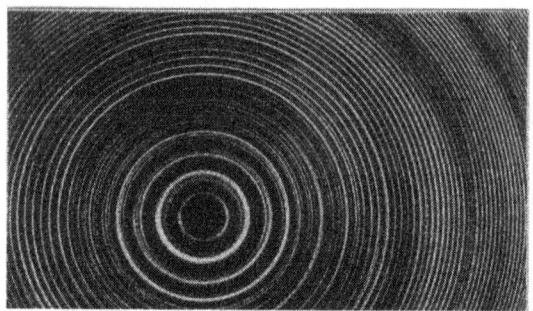

Abb.50

Genauso einfach versteht sich die Brechung des Lichts. Gerät eine Impulsfolge schräg in ein bremsendes Medium, so wird wieder nur ein Teil der Bierdeckel gebremst, während der unberührte Teil den gebremsten etwas überholt. Das Licht erfährt deshalb begreiflicherweise wieder eine Richtungsänderung (Abbildung 51). Abermals ist diese Änderung davon abhängig, wie viele Deckel innerhalb einer bestimmten Zeit gebremst werden. Je mehr Deckel dies sind, umso stärker fällt die Brechung aus. Bei rotem Licht liegen die Impulse weiter auseinander als bei violettem, es wird daher schwächer gebrochen als Letzteres. Der Grad der Brechung ist auch für jedes Medium charakteristisch. So wie beim Eintritt in das Medium wird das Licht auch beim Austritt aus demselben - aber in entgegen gesetzte Richtung - gebrochen.

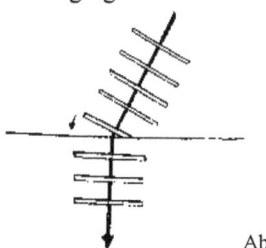

Abb.51

Weshalb Licht in einem Medium langsamer wird, ist einfach zu erklären: Die Felder der Atome schwingen oft gegen die Richtung des Lichtimpulses. Obwohl dieser nach wie vor Lichtgeschwindigkeit hat, wird er ein wenig zurückversetzt. Da kurzwelliges Licht natürlich öfter zurückversetzt wird, lässt ein Prisma die einzelnen Wellenlängen in verschiedenen Richtungen austreten. Das Bild, das wir dadurch erhalten, kennen wir als Spektrum (Abbildung 52).

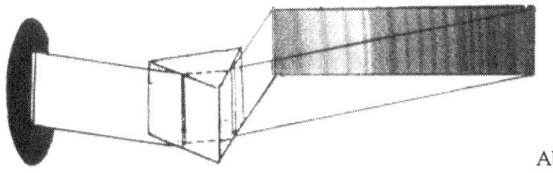

Abb. 52

Freilich ist auch der umgekehrte Prozess denkbar: Ein Atomfeld, das in dieselbe Richtung wie die Lichtbewegung schwingt, nimmt den Lichtimpuls mit und versetzt ihn ein wenig vor. Man nennt den Vorgang anormale Dispersion. Dabei wird der Brechungsindex für kurzwelliges Licht kleiner als für langwelliges. Einige wenige Substanzen haben diese Eigenschaft; ihr Mitschwingen führt meist zu erhöhter Absorption des Lichts, das einen Teil seiner Energie an die Felder abgibt. Ein typischer Vertreter dieses Verhaltens ist zum Beispiel festes Fuchsin. Ob dieses Schnellerwerden des Lichts innerhalb des Mediums der Speziellen Relativitätstheorie Einsteins widerspricht, ist eine beliebte Prüfungsfrage für Physikstudenten. Das Denkdilemma tritt allerdings nur dann auf, wenn man das Licht als echte Welle sieht, in der die Phasengeschwindigkeit von der Frequenz abhängt. Dieser Zusammenhang besteht nach unserer Anschauung aber nicht immer zwingend. Damit ist das Rätsel allerdings nicht ganz geklärt, weil ja auch der einzelne Lichtpuls scheinbar Überlichtgeschwindigkeit annimmt. In diesem Fall jedoch handelt es sich um eine Täuschung - die Nichtüberschreitbarkeit der Lichtgeschwindigkeit bleibt gesichert. Der weitergegebene Impuls ist nämlich ein Sekundärimpuls, den das absorbierende Feld abgibt.

Wenn ein Impuls auf ein Feld trifft, kann er von einem gerade in die gleiche Richtung laufenden Impuls „mitgenommen" werden. Das wirkt sich etwa wie eine „Abkürzung" aus, das heißt, der normalerweise schraubenartige Lichtpuls wird in dem Augenblick etwas nach vorn gezogen. Der Effekt ist zwar pro Atom äußerst winzig, summiert sich jedoch durch die Vielzahl der Atome in messbare Bereiche. Im Wesentlichen bezeichnet der Physiker Phänomene dieser und ähnlicher Art als Phasensprung. Da die austretenden Impulse durch die Verzerrung eigentlich nicht mehr mit den eintretenden identisch sind, ist eine allenfalls aufmodulierte Information teilweise zerstört – die ursprüngliche Form lässt sich aber noch erkennen.

Was im Fuchsin weitergegeben wird, ist demnach nicht exakt der eingetretene Impuls; was aus dem Feld des Fuchsins herauskommt, trägt jedoch einen Teil der Botschaft (Farbe!) des ursprünglichen Impulses. Es gibt also offenbar doch etwas, das eventuell schneller sein könnte als Licht: Information (wenn wir von der Zirkumpolarbewegung der Impulsstöße im T.A.O. absehen). Das heißt, wenn Licht Energietransport ohne Stofftransport bedeutet, könnte auch Informationstransport ohne Energietransport denkbar sein. Die Spezielle Relativitätstheorie würde das in keiner Weise berühren.

Auch mit dem Tunneleffekt kann man Licht scheinbar auf Überlichtgeschwindigkeit bringen, wie Professor Günter Nimtz aus Köln oder Raymond Chiao aus Berkeley demonstriert haben. Die Forscher sind allerdings nach dem Motto: „Solche Aussagen sind nicht mit dem derzeitigen physikalischen Weltbild zu vereinbaren und über so einen Unsinn sollte man eigentlich gar nicht diskutieren", heftig angegriffen worden. Das Lichtgeschwindigkeits-Tempolimit wird daher zurzeit besonders diskutiert. Aber der Begriff Überlichtgeschwindigkeit ist ohnedies unsinnig. Denn diese Geschwindigkeit hängt wie gesagt vom Medium ab und hat theoretisch einen postulierten Höchstwert nur im Vakuum – aber ein absolutes Vakuum existiert ja nirgendwo! Darüber hinaus sind auch relative Überlichtgeschwindigkeiten denkbar, wie wir bald erfahren werden...

Ist die Brechung beim Austritt des Lichts so stark, dass es in das Medium zurückgebrochen wird, so sprechen wir von Totalreflexion (Abbildung 53).

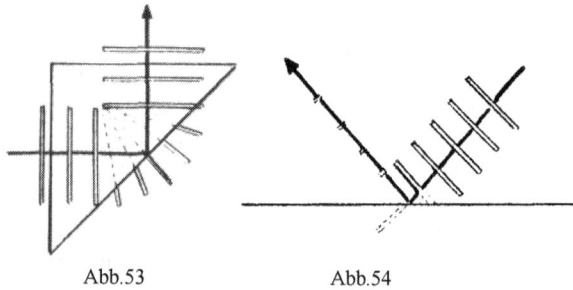

Abb.53 Abb.54

Hierbei schwingt der Impuls nur zu einem Teil aus dem Medium heraus, wird einseitig schneller und wechselt zur Richtung, in welcher sich wieder ein Bremsmedium befindet. Dieses Übertreten der totalreflektierenden Fläche ähnelt dem Tunneleffekt des

Elektrons. Prismen dieser Art finden in unseren Feldstechern Verwendung. Sie bringen sozusagen das Licht „um die Ecke". Lichtleitfasern funktionieren ganz ähnlich nach dem gleichen Prinzip.

Die schönen runden Bierdeckel unseres Modells können auch zerbrochen werden, wie dies die Abbildung 54 zeigt. Das auf eine reflektierende Fläche treffende Licht bricht zuerst eine Seite des Deckels ab, kippt dadurch um einen bestimmten Winkel und verliert nun prompt die zweite Hälfte des Rundstoßes. Ergebnis: der Impuls läuft nur noch auf einer Ebene hin und her. Wir haben einen solchen Impuls bereits als polarisiert definiert. Auch beim Durchtritt enger Kristallstrukturen kann der Impuls seine Hälften einbüßen.

Polarisiertes Licht wirkt auf Materie etwas anders ein als unpolarisiertes. Absorptions- und Reflexbedingungen verändern sich; von Metallen wird es ein wenig mehr absorbiert als normales Licht. Es wirkt deshalb auf dünne Metallstrukturen ordnungsstörend. Ein Landwirt lässt seine Sense darum niemals im Mondlicht liegen (Mondlicht ist reflektiertes und somit polarisiertes Licht). Mondlicht macht auch Rasierklingen stumpf und verändert chemische Reaktionen. Wenn also die Alchimisten des Mittelalters so manchen Versuch nur im Mondenschein durchführten, hatte das nicht nur mystische Gründe.

Es ist auch kein Märchen, dass stumpfe Rasierklingen in Pyramiden wieder scharf werden. Wir wissen doch, dass jede Materie sich im Raum – auch im polarisierten - fortsetzt und dadurch auf andere Felder Einfluss nimmt. Die pyramidenförmige Einstrahlung des Raums verändert spitze Metallstrukturen und macht sie spitzer. So hat jeder Innenraum eines bestimmten geometrischen Hohlkörpers seine ihm eigenartige Funktion (Bier wird beispielsweise in eckigen Fässern schlecht).

Mit Hilfe unseres Abstoßungsprinzips könnten wir viele von den Wissenschaften negierte Phänomene der Parapsychologie aufklären, aber das wäre bereits Stoff für ein eigenes Buch. Hier wollen wir nur zeigen, dass Licht keine mysteriösen Eigenschaften hat und sich sein Spiel gut verstehen lässt.

Auch Gamma- und Röntgenstrahlen oder Radiowellen unterliegen gleichen Regeln. Beugung und Brechung gibt es auch bei ihnen, allerdings unter jeweils anderen Bedingungen. Und selbstverständlich können auch Elektronenwellen ähnlich wie

Lichtwellen behandelt werden. Brechung, Reflexion und Beugung findet in diesem Fall zumeist in elektrischen oder magnetischen Feldern statt, da Elektronenwellen in der Regel langsamer als Lichtwellen sind. Sie sind ja praktisch „verdichtetes Licht", da sie aus Impulsen zusammengesetzt werden (man erinnere sich an die Abbildungen 10 und 11). Mit Elektronenwellen werden wir uns noch einmal beschäftigen, wenn wir den Photoeffekt näher betrachten und die Frage der Lichtgeschwindigkeit wird uns im Kapitel über die Relativitätstheorie noch einmal beschäftigen. Die Abbildung 55 zeigt uns Beugungsringe, wie sie beim Durchgang eines Elektronenbündels durch einen Kristall entstehen. Man beachte die Ähnlichkeit mit der Abbildung 50.

Jetzt aber ist es an der Zeit, dass wir erfahren, wie die Vielfalt der Materie zu Stande kommt, ohne eines Schöpfers zu bedürfen, der aus dem Irrationalen eingreift...

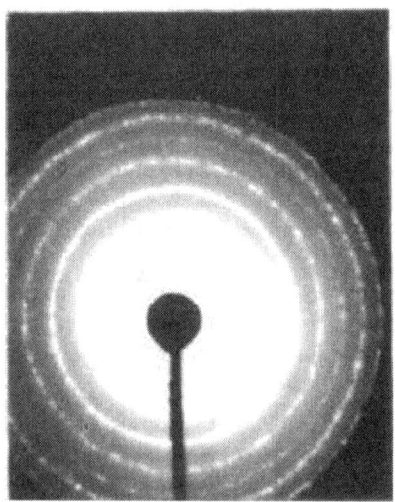

Abb.55

11 Helium

Da Alldruck und Krümmkraft von den umliegenden Feldern verursacht werden, bergen sie einen merkwürdigen Aspekt in sich: Löschte man rings um uns den Kosmos aus, so verschwänden alle scheinbaren Anziehungskräfte und wir zerfielen zurück in ein Chaos oder lösten uns in ein Vakuum auf - in welchem allerdings wieder ein neues Universum beginnen könnte. Da das Universum um uns sich zwar niemals auslöscht, sich aber infolge des Anstoßungsdrucks ausdehnt, lässt logischerweise genau dieser Druck kontinuierlich nach. Materie wird daher ganz allgemein dem Zerfall anheim fallen – und es ist zu hoffen, dass eine ausgleichende Bildung neuer Materie stattfindet (wie dies Fred Hoyle in seiner Steady-State-Theorie vom Universum postuliert) um das Erscheinungsbild des Universum aufrecht zu erhalten.

In den Teilchenbeschleunigern hat man es bei der Erzeugung von Materie aus Gammastrahlen immerhin schon bis zu Mesonen gebracht – zumindest glaubt man das. Da man nicht Hunderttausend Jahre warten will, bis einmal aus irgendeiner Strahlungskonstellation rein zufällig ein Proton entsteht, versucht man mit Einsatz höchster Energien Materie zu erzeugen. Das wird eines Tages sehr wahrscheinlich auch gelingen, falls man nicht vorher die Lust dazu verliert, die sündteuren und eigentlich sinnlosen Teilchenbeschleuniger noch länger zu finanzieren. Einige hat man schon zugesperrt und einige werden nicht mehr fertig gestellt.

Da wir die Hypothese des Urknalls für die Weltentstehung nicht benötigen, stehen uns die theoretisch geforderten hohen Temperaturen auch nicht zur Verfügung, die eine Protonenentstehung ermöglichen sollten – sie sind auch nicht generell notwendig. Wir können davon ausgehen, dass in den Atommeilern der Sonnen nicht nur Protonen fusioniert werden, sondern auch Protonen selbst entstehen – vermutlich als höchst seltenes Ereignis. Aber so alle paar Tausend Jahre ein einziges Proton reicht übrigens schon, um den expansionsbedingten Materieverlust des Universums zu ersetzen. Ja, ein einziges! Es wird daher schon eine Zeit lang gedauert haben, bis die gesamte Materie des Alls beisammen war... Aber das Universum ist ja nicht die Asche einer göttlichen Neujahrsrakete sondern ein Produkt der Ewigkeit! Und die Vereinigung von Protonen zu höheren Elementen dürfte ein noch selteneres Ereignis sein. Aber diese Prozesse setzen erst ein, wenn eine große Menge von Protonen unter bestimmten Bedingungen vorhanden sind. So können auch seltene Fusionen im Lauf der Zeit die ohnedies verhältnismäßig gering vorhandenen höheren Elemente zu Stande bringen.

Wir schilderten schon die Energieschwelle, die der Alldruck überwinden muss, um zwei Kugelfelder so eng aneinander zu bringen, damit die Krümmkraft sie zusammenschmiedet. Nach Überwindung der Abstoßung schnellen zwei Felder wie mit Federkraft ineinander. Sie bilden ein neues, gemeinsames Feld, das zwar Kugelgestalt anstrebt, dies aber nur im Rahmen möglicher Energieverteilung verwirklichen kann. Atome oder „Atomkerne" sind deshalb nur im Idealfall vollkommen rund, meist sind sie birnen- ei- oder hantelförmig, auch Felder, die aussehen wie eine Erdnuss sind möglich.[17] Das Verhältnis von Widerstand (Abstoßung) und Krümmkraft (scheinbare Anziehung) bestimmt die Größe eines Atoms; bei jedem neu gebildeten Feld stellt sich ein neues Verhältnis dieser Kräfte ein. Das Kriterium zur Beurteilung dieser wichtigen Reaktion ist die Oberfläche eines Feldes, gewissermaßen eine Art Widerstandshülle.

Zwei einzelne Protonen bergen unter ihren Oberflächen eine bestimmte Energiedichte, die bei Vereinigung zu einem neuen Feld zu doppeltem Volumen anwächst - dies aber unter einer nun plötzlich kleineren Oberfläche als die Summe der Oberflächen zuvor ausgemacht hätte. Auf dieser relativ kleiner gewordenen Oberfläche findet der Alldruck mit einemmal weniger Angriffspunkte als vorher zuvor bei den Einzelfeldern. Dagegen hämmert gegen die neue, verkleinerte Innenfläche die verdoppelte Energie. Das bedeutet: die zuvor bestandenen Gleichgewichtsverhältnisse sind zerstört, zuerst rücken die umliegenden Felder nach, dann bläht sich das neue Kugelfeld stoßartig auf, bis sich ein neues Gleichgewichtsverhältnis einstellt. Dieser Stoß ist so gewaltig, dass er eine intensive Ausbreitung von elektromagnetischer Strahlung verschiedenster Art verursacht. Dieser enorme Energiestoß bleibt der Umwelt nicht verborgen; wir nennen ihn Fusionsenergie! Damit wurde sowohl ein Teil der den Protonen innewohnenden Energie freigegeben, als auch die Kraft des Alldrucks unmittelbar zur Wirksamkeit gebracht.

Die neue Widerstandshülle des neuen Summenfeldes ist also relativ kleiner – wie es die Geometrie der Kugel eben so mit sich bringt. Damit erklärt sich auch der so genannte Massendefekt. Die Masse des neuen Feldes scheint nun kleiner als die Summe der Einzelmassen zu sein - aber das versteht sich eigentlich fast von selbst.

In diesem Zusammenhang sollten wir wissen, wie man die Massen derart kleiner Felder feststellt. Das dazu entwickelte Gerät heißt Massenspektrometer. Die zu untersuchenden Atome werden zuerst durch ein elektrisches Feld und dann durch ein magnetisches geschickt. Durch raffinierte Ablenkungsmethoden wird der Geschwindigkeitsunterschied der Atome (Kanalstrahlen) ausgeglichen. Der Grad ihrer Ablenkungen im elektromagnetischen Feld gibt dann Rückschlussmöglichkeiten auf ihre Masse, die sich ja aus der Trägheit ihres Verhaltens definiert. Damit wird sofort klar, dass sich jede Oberflächenveränderung eines fusionierten Feldes als veränderte Ladung niederschlägt. Es wird daher im Magnetfeld etwas mehr abgelenkt und zeigt damit geringere Masse an. Wir sollten ja nicht vergessen, dass Masse eine Abstraktum ist, das keine Substanz bedeutet! Ladungsarme Neutronen scheinen deshalb etwas schwerer als Protonen zu sein, da sie auf Magnetfelder kaum Reaktion zeigen. Aber Neutronen sind in Wahrheit ganz gleich „schwer" wie Protonen!

Rund ein Viertel der Feldenergie wird bei der Vereinigung zweier Felder frei, weil sich die Oberfläche des neuen Feldes etwa um diesen Betrag verkleinert. Der „Massenverlust" entspricht dieser freigewordenen Energie. Die technische Nutzung dieses Phänomens stößt auf das Hindernis, dass meist mehr Energie aufgewendet werden muss, um die Felder über die Abstoßungsschwelle zu bringen, als im Endeffekt herauskommt. Aber es gibt einen Trick, diese Schwierigkeit zu umgehen, welcher sicher in der Sonne seine Verwendung findet. Wir wissen ja, dass das Feld des Protons ein zeitlich-räumliches Produkt ist. Es gibt also an jedem Punkt des Feldes einen Augenblick, in dem das Feld sozusagen gar nicht vorhanden ist. Im Bereich der Wahrscheinlichkeit liegt es nun, dass ein zweites Feld gerade in diesem Augenblick einen Annäherungsversuch unternimmt - und womöglich gerade selbst an dieser Stelle „abwesend" ist. Dann passiert so eine Art Tunneleffekt. Das heißt, schieben wir solcherart ein Wasserstoff-Molekel zur Gänze ineinander, erhalten wir so ein Vereinigungsfeld tatsächlich. Es kommt in der Natur vor und heißt Deuteron. Ebenso wie Wasserstoff bildet es Pärchen und erhielt in dieser Form den Namen

Deuterium (D_2). Deuteron besteht demnach aus zwei Protonen, die allerdings nicht nebeneinander liegen sondern ineinander und damit ein hundertprozentiges Überlappungsintegral bilden. Unser Ventilatorrad hat plötzlich zwei Flügel!

Wenn wir dem Deuteron noch ein weiteres Feld hineinknallen bzw. es über den Tunneleffekt hineinschwindeln, erhalten wir wieder Energiegewinn und Massenverlust - aber auch ein neues Feld mit neuem Namen: Tritium. Wir können uns aber vorstellen, dass dieses neue Feld unsymmetrisch schwingt, schwer Harmonie aufrecht erhält und daher bald wieder zerfällt. Der dritte Ventilatorflügel stört, er wird rausgeworfen und verliert prompt seine Schwingung. Was aus dem Feld herauskommt, ist demnach ein Neutron. Tritium (ein Heliumisotop) ist deshalb radioaktiv. Es zerfällt wieder zu Deuterium. Aber auch Deuterium lebt nicht ewig und kann wieder zu Wasserstoff zerfallen. Bei all diesen Prozessen stellen sich wiederum neue Gleichgewichtssituationen zwischen All- und Eigendruck ein. Die getrennten Felder vergrößern sich wieder, werden aber sofort vom Alldruck komprimiert (er findet eine größere Angriffsfläche vor!), und abermals wird dabei stoßartig Energie frei!

Die Fusionsprozesse von vorhin lassen sich weiter fortsetzen. Knallen wir zwei Deuteronen ineinander oder vier Wasserstoffatome oder zwei Tritiumfelder, so kann sich mitunter ein neues Feld bilden, in dem gewissermaßen vier Protonen ineinander verschachtelt sind. Dies ist deshalb möglich, weil die Impulse nicht in den gleichen Räumen liegen - zwei liegen, sagen wir, vorne und zwei hinten. Sie können das Feld ausfüllen, indem sie einander ausweichen, ohne sich zu stören. Dieses Ventilatorrad mit vier Flügeln heißt Helium. Es ist nichts Geringeres als der Hauptbaustein der Welt!

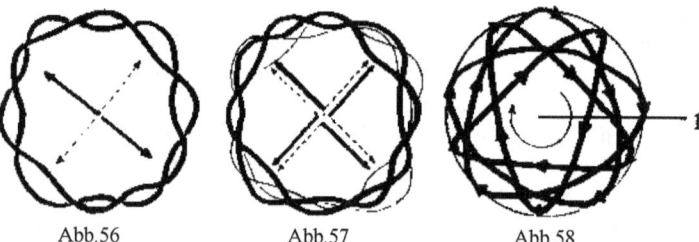

Abb.56　　　　Abb.57　　　　Abb.58

Die Abbildung 56 symbolisiert die Vereinigung zweier Protonen zu einem Deuteron. Die Verdoppelung dieses Schwingfeldes zeigt die Abbildung 57: Helium. Die Abbildungen reduzieren das

Geschehen auf die Ebene des Papiers - ein besseres Bild erhalten wir, wenn wir versuchen, der Dreidimensionalität des Feldes entsprechend die Impulsbahnen zu zeichnen. Das bringt uns ungefähr ein Bild, wie es die Abbildung 58 darstellt. Diese Abbildung lässt auch sofort erkennen, dass die Richtungen aller Impulse dieselben sind.

Das Feld wird dicht mit Impulsen erfüllt; damit ist ein Maximum der Energiedichte erreicht. Ein weiteres Eintunneln eines Impulses ist nicht mehr denkbar. Wir sehen darüber hinaus deutlich, dass die Impulse an einer (oder mehreren) Stelle(n) des Feldes eine Kreisschwingung bilden (1). Diese charakteristische Stelle des Feldes treffen wir bei allen Feldern zumindest einmal, aber auch mehrmals an. Aus dieser Schwingung resultiert die Bindefähigkeit eines Atoms, wir nennen sie Valenz. Da diese Schwingung wiederum ein raum-zeitliches Produkt ist, kann sie - unabhängig von der Gesamtpolarisation des Atoms - links oder rechts polarisiert ausfallen. Darauf werden wir später noch zurück kommen.

Immer ist die Energiedichte eines Feldes seiner Oberfläche umgekehrt proportional. Dementsprechend verändern sich die Größen - also die Abstände zueinander. Hätte ein Gramm Wasserstoffatome noch ein Volumen von 10 cm^3, so benötigt ein Gramm Helium nun nicht den vierfachen Raum, sondern nur etwa 27 cm^3. Daraus ergibt sich ein Grundsatz: Je energiereicher ein Atom wird, desto kleiner wird es. Das leuchtet uns auch sofort ein, wenn wir bedenken, dass zwei Atome einander dort begrenzen, wo gleich große Kräfte aufeinander treffen. Das gilt auch in Bezug auf den Alldruck, der jedes Feld auf den ihm gebührenden Raum verweist. Das bedeutet aber auch, dass ein Heliumatom unter Heliumatomen eine andere Größe annimmt als unter Eisenatomen...

Wie man sich vorstellen kann, hat das Heliumatom eine ungeheuer kompakte Natur. Physiker nennen dieses dichte Feld auch Alphateilchen. Teilchentheoretisch besteht es aus zwei Protonen, zwei Neutronen und zwei Elektronen. Aber begreiflicherweise ist es unmöglich, tatsächlich solche Bestandteile aus einem Heliumatom herauszubekommen, eben weil sie gar nicht in ihm vorhanden sind. Schon aus diesem Grund ist es schlechthin unmöglich, ein Heliumatom zu spalten. Beschießt man es mit anderen Teilchen, so kommt es zwar zu einer Reihe von Stoßprozessen, aber ein Alphateilchen bleibt ein Alphateilchen. Sogar hochenergetische

Gammastrahlen prallen förmlich von ihm ab... Helium ist aus diesem Grund das erste einer Reihe von besonders stolzen Atomen: den Edelgasen. So wie die anderen Vertreter dieser Gattung bildet es nur sehr ungern und in Ausnahmefällen molekulare Ehen und geht nicht einmal eine lockere Pärchenbeziehung ein, wie der Wasserstoff. Es ist nun überhaupt nicht zwingend vorgeschrieben, dass Helium nur über den Umweg Deuteron und Tritium entstehen kann. Geradeso gut sind Begegnungsprozesse mit vier Protonen denkbar. Sicher ist es äußerst selten, dass vier „Störungen" aufeinander treffen und ein harmonisches Schwingfeld bilden - unmöglich ist es jedoch nicht.

Es gibt also für die Entstehung dieses Hauptbausteines der Welt viele verschiedene Möglichkeiten, und es ist daher nicht überraschend, dass Helium das zweithäufigste Element des Kosmos ist und genaugenommen noch viel häufiger vorkommt, denn alle anderen Atome dieser Welt sind Kombinationen aus Helium, Wasserstoff, Deuterium und Neutronen. Und sie alle sind dazu verurteilt, eines Tages wieder zu diesen Grundelementen zu zerfallen. Diese Grundelemente wollen wir auch Primärfelder nennen. Ihre weitere Vereinigung zu neuen Elementen ist ein simples Puzzlespiel...

Würden zwei Heliumfelder ihre Schwelle überschreiten, bis die Krümmkraft wirkt, so könnten sie nur wenig ineinander eindringen, um ein gemeinsames Feld zu bilden. Sie würden sicher nach einigen Sekundenbruchteilen wieder auseinander fallen; das Verhältnis der Kräfte zueinander ist schlecht. Anders verhält sich die Situation sofort, wenn drei Heliumfelder zusammenkommen. Diese Dreieinigkeit bietet dem Alldruck bereits mehr Möglichkeiten, sie aneinander zu ketten; jedes der Felder liegt praktisch in einem Lagran'schen Punkt der anderen, und deshalb kommt diese innige Verbindung sehr häufig vor. Es handelt sich hierbei um das wichtigste Atom des Lebens: den Kohlenstoff.

Wir können uns gut vorstellen, wie dieses Kohlenstoffatom aussieht: drei Heliumfelder, somit drei Alphateilchen pressen sich zitronenspaltenartig aneinander (Abbildung 59). Die Hüllen signalisieren nur einen willkürlichen Energiebereich, das Atomfeld selbst ist ja unsichtbar. Ein Kohlenstoffatom ist also recht einfach aufgebaut. Es ist auch das unsymmetrischste Atom unter allen Elementen, aber gerade darauf gründet sich seine enorme Vielseitigkeit.

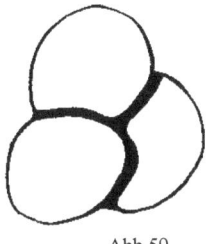 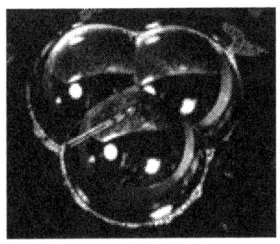

Abb.59   Abb.59a

Selbstverständlich lassen sich auch einige andere Elemente ebenso einfach aus Heliumfeldern kombinieren. Die Vereinigung von vier Alphateilchen heißt Sauerstoff, ^{16}O. Fünf Alphateilchen bilden wieder ein besonders symmetrisches Feld: Neon, ^{20}Ne. Es ist daher, wie zu erwarten, ein Edelgas. Sechs Alphateilchen ergeben Magnesium, ^{24}Mg. Sieben - Silizium, ^{28}Si. Acht - Schwefel, ^{32}S, Zehn – Kalzium, ^{40}Ca. Dreizehn – Chrom, ^{52}Cr. Und vierzehn – Eisen, ^{56}Fe!

Sollte es uns noch besonders überraschen, dass ausgerechnet die gerade aufgezählten Elemente die häufigsten Erscheinungsformen der Materie innerhalb unseres Universums sind? Offenbar ist ihre Entstehung recht unproblematisch... Elf vereinigte Heliumfelder könnten ein Scandium-Isotop sein. Zwölf ergeben Titan, ein ebenfalls sehr häufig vorkommendes Element.

Genau so wie mit den Heliumfeldern könnten wir nun mit den Deuteronen verfahren. Aber Deuteronen sind nicht so stabil; es ist sehr unwahrscheinlich, dass sie beim Aufbau der Materie eine große Rolle spielen. Überwiegend sind deshalb alle Atome aus den Primärfeldern Proton und Helium gebildet, wobei Neutronen das Zusammenleben etwas erträglicher gestalten. Wir könnten nach diesem hier angedeuteten Schema eine komplette Kristallografie der Elemente erarbeiten, aber es würde wohl ein wenig zu weit gehen, alle Kombinationen an dieser Stelle durchzuspielen.

Etwa 1500 solcher Kombinationen gibt es. Ungefähr 75 Prozent davon sind instabil; sie verwandeln sich über kurz oder lang in stabile Nuklide.

Atome mit gerader Massenzahl (^{20}Ne oder ^{32}S) müssten unserer Anschauung nach besonders häufig anzutreffen sein und besondere Stabilität aufweisen. In der Tat trifft dies auch zu: Alle derartigen

Atome sind besonders beständig und um mindestens eine Zehnerpotenz häufiger als Nuklide mit ungerader Massenzahl. Das beweist ihre Zusammensetzung aus den Primärfeldern; alle diese Elemente bestehen sozusagen aus Helium und Wasserstoff. Die gerade Massenzahl wird hauptsächlich von den Alphateilchen bestimmt (= 4 Protonen, bzw. 2 Protonen und 2 Neutronen). Dazu kommen zusätzlich angebaute Protonen und Neutronen, welche die Stabilität bereits herabsetzen. Alle Elemente mit ungerader Massenzahl sind deshalb vorwiegend unbeständig. Ausnahmen bilden nur sehr leichte Elemente wie (2 x 3=) ^{6}Li, (2 x 5=) ^{10}B und (2 x 7=) ^{14}N. Auch das Wasserstoff-Molekel ^{2}H hat eine ungerade Massenzahl (2 x 1) und kann daher getrennt werden.

162 Atomarten sind mit Sicherheit aus Helium und Wasserstoffpärchen zusammengesetzt (also nicht Deuterium!). Allzu viele Primärfelder und Neutronen stören den Zusammenhalt bereits stark; besonders schwere Atome tendieren deshalb zur Radioaktivität, die wir später noch genauer besprechen werden. Eine Molekelbildung wie beim Wasserstoff kommt besonders bei unsymmetrischen Atomen vor; ihre Anlagerungsmöglichkeiten sind besonders ausgeprägt - sie können sich deshalb auch untereinander ganz gut verbinden. Ihre Unsymmetrien sind leicht zu verstehen, denn je mehr Primärfelder zusammenkommen, desto symmetrischer muss das Gebilde ausfallen. Unsymmetrien und Molekelbildung finden wir deshalb besonders bei leichten Elementen mit ungerader Massenzahl bis zum Stickstoff, ^{14}N; aber auch Kohlenstoff ist aufgrund seiner auffallenden Unsymmetrie von großer Selbstliebe befallen, ebenso wie Sauerstoff, der mit Vorliebe ein Dreiermolekel, O_3, bildet, das den Namen Ozon führt. Prinzipiell sind bei jedem Element auch exotische Erscheinungsformen möglich, denn die Natur ist nicht universell „genormt".[18]

In allen Fällen bestimmt sich die Vorliebe der Atome, Bindungen einzugehen (also sie nicht zu verhindern), aus der räumlichen Struktur und ihren Schwingungseigenschaften (= Elektrizität). Immer gehen diese Beschaffenheiten auf die Anordnungen der Primärfelder zurück, die das „Atom" bilden.

12 Vereinigung

Nun haben wir schon eine einfache Vorstellung von der Entstehung der Materie entwickelt. Rekapitulieren wir kurz: Aus einem Chaos von Gamma- und Röntgenstrahlung („Störungsimpulse im T.A.O.") entstanden die ersten Impulsfelder, die sozusagen an Ort und Stelle blieben und verschiedenste Kugel- bzw. Primärfelder bildeten. Sie verdrängten einander und forderten zwischen sich Raum. Sie vernichteten einander und kämpften sich bis zur Bildung gewissermaßen standardisierter Primärfelder durch. Auch ohne besonderen Energieaufwand, nämlich durch Tunneleffekte, konnte es bis zur Entstehung des Heliums kommen. Sowohl Bewegungsenergien als auch der reine Zufall konnten diese Heliumfelder auch bereits zu höheren Elementen vereinigen, aber bedeutsamer musste noch ein anderer Prozess gewesen sein:

In dem durch gegenseitige Verdrängung entstehenden Druck entstanden riesige Zonen höherer Dichte, Energiezentren im Weltraum, die wir allgemein als Sterne kennen. Das war umso eher möglich, wenn sich zuvor etwas schwerere Elemente gebildet hatten, die den Alldruck stärker spürten als der Wasserstoff. Sterne gab es daher lange bevor es Galaxien gab, denn diese bildeten sich erst, als die Sterne begannen, einander zu verdrängen.[106]

In den Sternen setzte sich der Bildungsprozess höherer Elemente fort, und vorerst bildeten sich einfache Kombinationen aus Helium und Wasserstoff. Diese kosmischen Puzzle-Produkte kennen wir als die ersten 26 Elemente des Periodensystems: Wasserstoff, Helium, Lithium, Beryllium, Bor, Kohlenstoff, Stickstoff, Sauerstoff, Fluor, Neon, Natrium, Magnesium, Aluminium, Silizium, Phosphor, Schwefel, Chlor, Argon, Kalium, Kalzium, Scandium, Titan, Vanadium, Chrom, Mangan und Eisen - vielleicht auch noch Kobalt und Nickel...

Rund die Hälfte dieser Elemente bilden praktisch die Gesamtmaterie des Universums. Später - in heute recht gut erkannten Prozessen - entstanden in den Sternen die schwersten Elemente, die das Weltall eigentlich nur würzen, so gering ist ihr Vorkommen.

Wissenschaftler ordneten alle diese Elemente aufgrund von Ähnlichkeiten in das Periodensystem ein, das rund 109 Elemente umfasst. Wir sollten dieses Periodensystem nicht missverstehen, es drückt keinerlei Harmonie unter den Elementen aus. Sie entstanden in buntem Durcheinander, aber weil ihre Bausteine sozusagen schon typisiert waren, musste es sich ergeben, dass vier dieser Bausteine immer ein Sauerstoffatom ergaben, gleichgültig, wo und wann sie entstanden.

Die Ordnung des Periodensystems ist eine vom Menschen geschaffene - längst ist diese Ordnung von Isotopen, Isomeren und Isobaren (nicht zu verwechseln mit den Linien gleichen Luftdrucks auf einer Wetterkarte) durchbrochen. Für alle Atome gibt es Zwischenformen, die man aufgrund ihrer chemischen Aktivitäten diesem oder jenem Element zuordnen kann.

Um die chemischen Eigenschaften der Atome zu erklären, erfand der Mensch eine Reihe von Theorien. So deklarierte er das Elektron zur kleinen „Bindungsmaschine" und ordnete es in vorgeschriebene Aufenthaltsräume ein. Wenn wir beachten, dass ein Proton tatsächlich eine (ursprünglich aus 2 T.A.O.-Impulsen zusammengesetzte) Elektronenwelle aufzeigt und das Heliumatom daher zwei (siehe Abbildung 58), so müssen wir zugeben, dass diese Ideen zutreffend waren und gerade die Quantenmechanik die Zusammenhänge mit guter mathematischer Näherung aufzeigt. Aber die Quantenmechanik behandelt nur die Wirkungen und lässt die Ursachen im Dunkeln. Sie beschreibt die Wirklichkeit etwa so, als würden wir ein Fußballspiel nur mit den Bewegungen des Balles beschreiben, ohne die Spieler zu erkennen. Die Ballbewegungen sind zwar exakt, aber ihre Ursachen wären schwer zu ermitteln... Die Quantenphysik kämpft darüber hinaus mit dem Problem, dass sie Quantensysteme mit Quantensystemen misst, was eine objektive Unterscheidung zwischen Illusion und Realität erfolgreich verhindert.

Alle heute gültigen Modelle von Atomen, Wellen oder Teilchen sind nur von den Wirkungen her empirisch abgeleitet, entsprechen daher nicht der ursächlichen Wahrheit. Auch die Vereinigung von Primärfeldern nach unserer Darstellung schafft kein funktionelles, angreifbares Ding, sondern nur ein Gesamtfeld, das - von Impulsen durchströmt - echte Grenzen nicht erkennen lässt und prinzipiell in einem universellen Gesamtfeld verströmt...

Der Versuch, mit Röntgenstrahlen das Innere der Atome aufzuklären, ist gescheitert. Alle Atome liefern ein kontinuierliches Röntgenspektrum, das (im Gegensatz zu den Volumina oder den Schmelztemperaturen, den Ionisierungsspannungen und den optischen Spektren) keinerlei Periodizität erkennen lässt. Der Plan innerer Elektronen ist daher reinste Fiktion. Aber wir wissen, dass der Grundimpuls, welcher die Elektronenwellen verursacht, sich vom Mittelpunkt des Feldes nach außen hin tatsächlich oder potenziell grenzenlos fortsetzt. Auch der Kern höherer Elemente ist tatsächlich nur ein von Schwingung strukturiertes, im Idealfall sphärisches Raumstück mit höherem Energie- oder Bewegungsgehalt.

Da Elektronenwellen an und für sich auch bereits den Begriff Proton beinhalten, ergibt sich der Zusammenhang zwischen der Anzahl imaginärer Protonen und theoretischer Elektronen im übertragenen Sinne tatsächlich, aber die positive Ladung des Protons und die negative des Elektrons sind Chimären. Die Materie erscheint uns deshalb neutral - wir erwähnten es schon - weil sich Atome immer zueinander ins Gleichgewicht bringen. Sie können einander ja durchdringen bis zu jenen Energiedichten, die sich kräftegleich Parole bieten. Wie immer wir dieses Gleichgewicht stören, ist es mit der Neutralität vorbei. Innerhalb eines Atomsystems müssen wir nur einige Atome stören, wir können sie entfernen oder erschüttern, indem wir feilen, reiben, schlagen oder Säuren einsetzen oder Licht, Wärme und Druck wirken lassen; jede Manipulation, die uns einfällt und die geeignet ist, das Gleichgewicht zu verhindern, bringt uns Energie in Form von Strahlung und elektrischem Strom. Das elektrisch neutrale Atom ist ein Theoriegebilde; das materielle Geschehen um uns wird hauptsächlich von Ionen inszeniert.

Die verschiedenen Elemente unterscheiden sich voneinander durch ihren Energiegehalt, durch ihre räumlichen Strukturen, ihre elektrischen und magnetischen Momente. So trägt jede Art von Atom bereits ein Programm, das sein Verhalten gegenüber anderen Atomen determiniert. Der Chemiker hat für diese Programme Theorien entwickelt, mit welchen wir uns ein wenig beschäftigen sollten.

Eine Bindungsform zwischen Atomen haben wir bereits kennen gelernt: die homöopolare Bindung des Wasserstoffs. Nun ist der Ausdruck Bindung insoweit verfänglich, als er zur Annahme verführt, Bindung erfolge durch Kräfte, die dem Atom immanent sind. Davon gehen zumeist die Bindungstheorien aus, und deshalb zeigen sich auch in diesen Theorien die meisten Widersprüche. Sogar die Quantenmechanik kam in diesem Fall nicht viel weiter. So ergeben sich nach ihr zum Beispiel Hybridbindungen, die gar nicht stationär bleiben könnten oder Doppelbindungen, die einander ausschließen. Bei komplizierten Molekülen hat man daher immer noch keine Ahnung von den wahren Atomzuständen, geschweige davon, was sie zusammenhält...

Es ist daher wohl nötig, noch einmal zu betonen: Die Kraft aller Bindungen resultiert aus dem Alldruck. Sie kommt also tatsächlich direkt aus dem Kosmos. Deshalb werden Bindungen niemals durch die Atome selbst hervorgerufen, sondern im Gegenteil stets mehr oder weniger erfolgreich verhindert! Mit anderen Worten: Bindung an und für sich erfolgt aufgrund des durch Raumnot entstehenden Umgebungsdrucks (hervorgerufen durch andere Atome oder Felder - auch der Kosmos ist ein Feld), und von den Zuständen der Bindungspartner hängt es letztlich ab, ob ein gemeinsames Feld auf Dauer eingegangen wird oder nicht. Wasserstoff bindet sich aufgrund seiner sich zeitlich ausweichender Impulse – den Überlappungsintegralen. Diese Vereinigungsform ist häufig anzutreffen.

Das Zusammenspiel von Alldruck und Krümmkraft äußert sich, wie bereits angedeutet, in der Van-der-Waals-Kraft, die bislang immer nur mit vielen Hilfshypothesen erklärbar war. Damit musste jede homöopolare (oder elektrostatische) Bindung ein großes Geheimnis darstellen. Denn die Annahme, dass zwei Elektronen gemeinsam schwingen - an und für sich kein schlechtes Bild - erklärte natürlich in keiner Weise, weshalb die dazugehörigen Atome zusammenbleiben. Schon immer leichter zu verstehen war die heteropolare Bindung (Ionenbindung); hier konnte man die elektrische Anziehung zur Verantwortung ziehen - auch wenn diese Anziehung selbst ein Rätsel blieb.

In einem Atom können sich Schwingungen, die gleichgerichtet sind, zu neuen Schwingungen überlagern. Der Physiker Jean Baptiste Fourier erkannte zuerst dieses Prinzip. Betrachten wir hiezu die Abbildung 60:

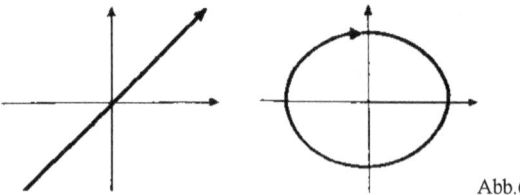

Abb.60

Wenn ein Körper gleichzeitig zwei harmonische Schwingungen gleicher Frequenz und gleicher Schwingungsrichtung ausführt, so ist das Ergebnis wieder eine harmonische Schwingung der gleichen Frequenz, deren Amplitude und Phase von den Amplituden und Phasen der beiden Schwingungen und ihrer Phasendifferenz abhängen. Zwei Schwingungen gleicher Frequenz, aber verschiedener Schwingungsrichtung liefern bei der Überlagerung Umläufe auf Ellipsen, die einerseits zu Kreisen, andererseits zu linearen Schwingungen entarten können.

Die rechte Abbildung zeigt den für uns wichtigen Vorgang. Fourier-Schwingungen spielen auch in der Quantenmechanik eine bedeutsame Rolle. Im Wesentlichen können wir sagen: Auf der Oberfläche eines Atoms entstehen völlig neue Schwingungen; Spiralen, die entweder rechts oder links umlaufen, je nach Richtung und Phasendifferenz der erzeugenden Impulse. Diese neuen Schwingungen strömen - ebenfalls wie die Raumpolarisation, in welche sie integriert sind - vom Atom weg. Mit ein wenig Freiheit lassen sich Schwingungen solcher Art mit den Chladnischen Klangfiguren vergleichen, die auf einer angeschwungenen Metallplatte entstehen.

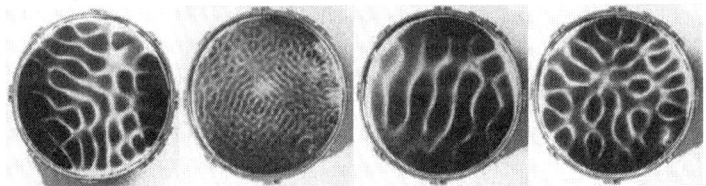

Abb.60a: Chladnische Klangfiguren

So verdeutlicht sich, dass aufgrund dieser umlaufenden Schwingungen neue Strukturen um das Atom entstehen, die sehr vielfältig sein können - aber charakteristisch für jede bestimmte Atomgattung. Deshalb kann es auch Linkspolarisationen auf rechtsschwingenden Atomen geben, ohne dass diese deshalb gleich zur Anti-Materie gehören. Wieder müssen wir betonen, dass wir es nicht mit „echten" Schwingungen zu tun haben, sondern diese neuen Strukturen Interferenzprodukte der Elektronenimpulse sind. Schwingungen treten erst im Bereich von Atomsystemen auf, also in (ionisierten) Gasen zum Beispiel oder in Festkörpern. Wir werden aber des besseren Verständnisses wegen weiterhin von Fourier-Schwingungen sprechen.

Es sind stets nur gewisse, abgegrenzte Stellen des Atoms, an welchen Fourier-Schwingungen auftreten und genau diese Stellen und die Anzahl ihres Auftretens bestimmen die Valenz (Bindefähigkeit) des Atoms. Die Erfahrung hat gezeigt, dass sich auf einem Sauerstoffatom zumindest zwei solcher Stellen befinden. Eine davon verdeutlicht die Abbildung 61. Das Schwingungsbild 61a zeigt ebenfalls die neuerliche Kreispolarisation auf der „Atomhülle".

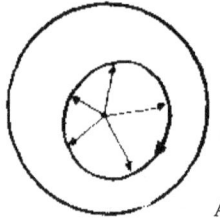
Abb.61
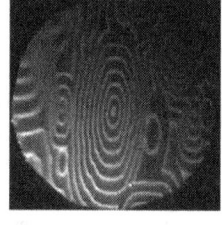
Abb.61a

Auch für die Schwingungspolarisationen der Bindungsbereiche gelten unsere Begegnungsbedingungen uneingeschränkt. Wir könnten nun einfach festlegen, dass Wasserstoff links schwingt und Sauerstoff rechts. Damit ergäbe sich zwischen ihnen keine Abstoßung, zumindest an den Punkten der Fourier-Schwingung nicht. Fazit: die beiden Atome scheinen sich anzuziehen wie zwei ungleichnamige Magnetpole, wo und wie immer sie sich begegnen. Wir sagen: Beide Atome haben eine Affinität zueinander!

Zwei solcherart vereinigte Atome bilden als Molekül ein neues Feld, verformen einander, streben jedoch innerhalb des Spiels von Eigendruck und Alldruck Kugelgestalt an. Wieder verringert sich die neue Gesamtoberfläche gegenüber den Einzeloberflächen - mit der schon bekannten Wirkung. Nur ist das Auftreten von Energien in diesem Fall wesentlich geringer als bei der Durchtunnelung zweier Felder, bei der wir bereits von Kernenergie sprechen. Aber diese Bindungsenergie ist dennoch nicht zu unterschätzen. Wieder stammt ihre Kraft aus dem Alldruck, somit aus dem Kosmos selbst!

Tatsächlich schwingen Wasserstoff und Sauerstoff entgegengesetzt. Kommen sie zusammen, so knallt es ... und aus der innigen Affinität eines Wasserstoff-Molekels und eines Sauerstoffatoms zueinander entsteht das wichtigste Molekül des Universums: Wasser!

Wasser ist eine Ur-Substanz des Universums. Schon ehe es Galaxien gab, musste Wasser entstanden sein. Zu Eis gefroren zieht es seit Ewigkeiten im All umher und ganze Himmelskörper (Kometen) bestehen oft hauptsächlich daraus.

Die Liebe von Wasserstoff und Sauerstoff zueinander hört auch nicht ganz auf, nachdem sie sich vereinigt haben. Viele Wassermoleküle unter sich bilden daher Ketten, so genannte Clusters. Das verursacht die flüssige Konsistenz, die fließende Eigenschaft.

Sauerstoff liebt aber auch noch viele andere Atome und ist aller orten sehr anhänglich - nicht zuletzt deshalb ist Wasser nass und benetzt Oberflächen, die ihm freundlich gesinnt sind. Denn es gibt auch Moleküle, die Wasser ganz und gar nicht ausstehen können. Immer ist dies ein Spiel der Fourier-Schwingungen und der Elektrizität; ein äußerst wichtiges Spiel allerdings, denn ohne Wasser und ohne seine Abneigungen und Vorlieben gäbe es kein Leben...

Auch die Vereinigung von Sauerstoff und Deuterium-Molekeln ist möglich; in diesem Fall sprechen wir vom Schweren Wasser. Gleichwohl nass wie flüssig bietet es Neutronen kräftigen Widerstand und wird daher oft als Neutronenbremser in Kernreaktoren eingesetzt.

Wie wir bereits wissen, sind leichte, energiearme Felder wie Wasserstoff relativ groß. Zudem ist ein Wassermolekül (H_2O) ein Dipol. Auf einer Seite ist es „positiv", auf der anderen Seite „negativ" polarisiert (Abbildung 62).

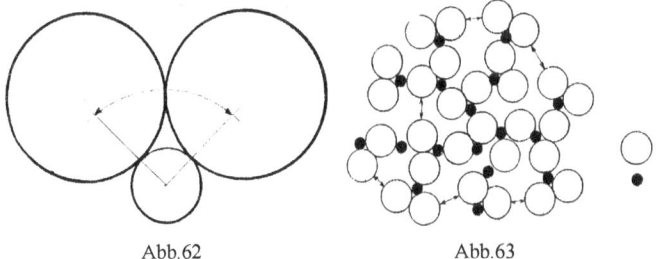

Abb.62   Abb.63

Entziehen wir Wasser Energie (wir nehmen durch Wärmeentzug Bewegung weg), so verstärkt sich einerseits die Clusterbildung, andererseits wirken die Abstoßungen der großen Wasserstoff-Molekel kräftiger zueinander. Peinlichst achtet Wasser darauf, immer nur rechts und links zu vereinen. Das Ergebnis zeigt die Abbildung 63. Im Endeffekt stellt sich durch die Abstoßung der Wasserstoffatome eine strenge Ordnung ein; Wasser verformt sich zu einer Kristallart und wir nennen diese Eis.

Begreiflicherweise dehnt das Eis sich aus, obwohl das Molekül selbst sich in keiner Weise verändert. Bewegen wir die Moleküle durch Wärmewellen, so schwingen die Wasserstoffatome wieder zueinander; sie teilen sich den vorhandenen Platz, so wie Tag- und Nachtschichtarbeiter sich ein Bett teilen, und können deshalb wieder näher zueinander rücken. Die Wasserstoffbrücken werden jetzt schwächer, das Wasser wird wieder flüssig und verringert sein Volumen. Bei 4 Grad Celsius nimmt es den kleinsten Platz ein.

Ein Wassertropfen, der im freien Fall rundum vom gleichen Alldruck beherrscht wird, demonstriert uns deutlich den kosmischen Trend der Materie zur Kugel (Abbildung 64).[19]

Die Oberflächenspannung[20] dieser Kugel resultiert aus dem Widerpart von Eigendruck (des Wassers) und Alldruck (der Umgebung). Mit dem Abstoßungsprinzip können wir das sehr leicht verstehen, ohne uns mit abstrakten Begriffen wie Arbeit (die aufzuwenden wäre, um ein Wassermolekül über die Oberfläche zu heben) herumschlagen zu müssen (was die Kugelform auch nicht erklärt).

Dieses Spannungsverhältnis der Kräfte, wie sie uns Flüssigkeiten besonders eindringlich vorführen, besteht grundsätzlich zwischen aller Materie. Es ist der kosmische Druck - und dieser ergibt sich unumgänglich aus dem Dasein eben dieses Universums...

Das vorhin erwähnte Eis liefert uns auch gleich das Stichwort für eine weitere, wichtige Struktur der Materie, mit der wir uns nun auseinandersetzen müssen.

Abb.64

13 Kristalle

Die einfachste und schönste Antwort auf die Frage nach Bindungen findet man in den Kristallen. In ihnen ergibt sich eine eindeutige Ordnung aufgrund der räumlich-geometrischen Anreihung der Atome. Wir haben im Eis schon einen Kristall gesehen, der eine typische Dipolbindung aufzeigt. Außer mit Sauerstoff bildet Wasserstoff auch mit Fluor ganz ähnliche Konstellationen (HF).

Noch einfacher liegen die Dinge in rein elektrostatischen Beziehungen, wo Atome als ungleichnamige Ionen eine Gitterstruktur bilden. Bestes Beispiel: Kochsalz, NaCl. Natrium ist, ebenso wie Wasserstoff, ein Linksschwinger; Chlor schwingt rechts. Beide Atome haben daher eine Affinität zueinander wie Sauerstoff und Wasserstoff. Sie vereinigen sich deshalb gerne (Abbildung 65).

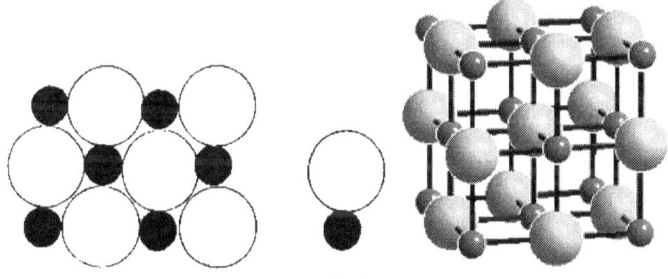

Abb.65

Wie zu erwarten ist Natrium als energieärmeres Atom (OZ 11) größer als das Chloratom (OZ 17). Mehrere NaCl-Moleküle drehen sich automatisch so zueinander, dass jedes Na-Atom von den anziehenden Cl-Atomen und jedes Cl-Atom von den entgegenkommenden Na-Atomen umgeben wird. Die Bindungskraft selbst kommt selbstverständlich wieder aus dem Druck der Umgebung und aus der Polarisation. Alle NaCl-Moleküle sind zu ihrem Verhalten gezwungen, es gibt keine andere Möglichkeit. Wir könnten sagen: Natrium und Chlor sind auf Kochsalz programmiert!

Da Natrium Chlor gleichermaßen liebt wie Chlor Natrium und zwischen allen Atomen Bindungen vorliegen, ist Kochsalz ein so genanntes Riesenmolekül. Ähnliche Bedingungen weisen alle Salze auf, wie zum Beispiel Lithium mit Fluor und so weiter. . .

Auch homöopolare Bindungen bilden Kristalle, die nicht zu verachten sind. Immer, wenn gleichartige Atome ein Gitter aus Bindungen erzeugen, finden wir einen schönen Kristall zumeist einen Edelstein. Germanium und Silizium sind hier vor allem phantasievolle Baumeister. Aber am interessantesten ist wohl das Gebilde, das entsteht, wenn sich Kohlenstoff zu einer Mehrfachehe entschließt. Kohlenstoff hat verschiedene Möglichkeiten der Aneinanderlagerung, aber nur eine nimmt den geringsten Platz ein (Abbildung 66).

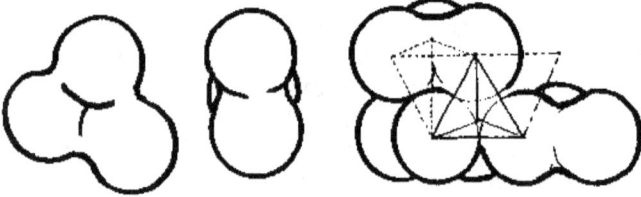

Abb.66

Damit ergibt sich eine Struktur, in der sich die Geometrie der dreiflächigen Pyramide (Tetraeder) verbirgt (rechte Abb.) und deshalb ungeheuer stabil und hart wird; wir kennen dieses Gebilde als den Diamanten. Trotz der bekannten Härte dieses Edelsteins ist die Bindungsenergie seiner Kohlenstoffatome geringer als jene im Kochsalz, denn es handelt sich ja nur um eine homöopolare Bindung, ganz so wie beim Wasserstoff. Aber die kompakte Lagerung der Atome - sie liegen gegenseitig in ihren „Dellen" - begründet ihre geringe Beweglichkeit und Verschiebbarkeit und damit die Stabilität des Kristalls. Kohlenstoffatome können sich freilich auch ganz anders zusammenlegen; die Atome sind beispielsweise in einer Ebene verschiebbar, und dieses Produkt ist deshalb weich und heißt Grafit. Das Tetraeder-Prinzip im Kohlenstoff hat zur ebenso einfachen wie falschen Modellvorstellung dieses Atoms verleitet (Abbildung 67).

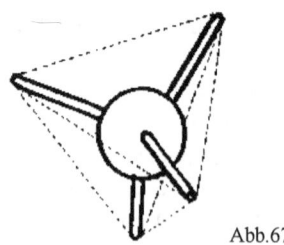

Abb.67

Dieses Modell war einerseits erfolgreich, schuf andererseits aber auch beträchtliche Schwierigkeiten. Dem Periodensystem nach und auch nach quantenmechanischen Gesichtspunkten dürfte das Kohlenstoff-Atom nur zwei Bindemöglichkeiten aufweisen. Man weiß aber, dass es bis zu vier Bindungen eingehen kann. Ist es aber vierwertig, so dürfte es den Benzolring nicht geben, der eine Vereinigung von sechs Kohlenstoffatomen in Ringform darstellt. Zumindest drei Bindungen könnten gemäß dem Modell der Abb.67 nicht stabil bleiben, weil sie einander ausschließen würden. Aus unserem Modell jedoch lässt sich der Benzolring ohne Widerspruch darstellen (Abbildung 68).

<<< Abb.68

So ein Benzolring bietet gute weitere Anbaumöglichkeiten für andere Atome oder Wasserstoff-Molekel. Wir werden diesen Möglichkeiten später begegnen, wenn von den organischen Molekülen die Rede ist.

Wie gut unser Modell die Wirklichkeit trifft, zeigt das Röntgendiagramm eines Benzolrings (Abbildung 69), wie es mit modernen Methoden heute bereits hergestellt werden kann.

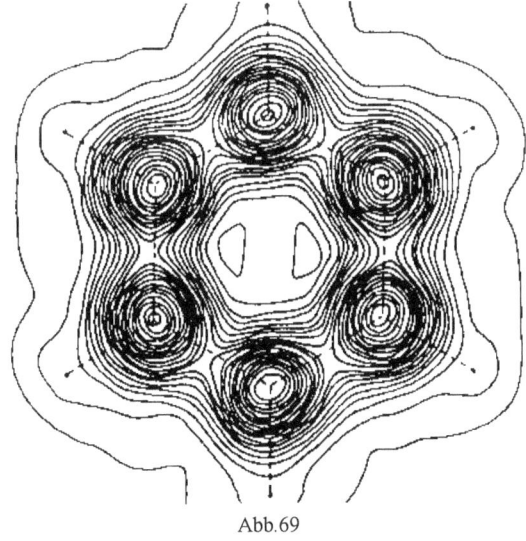

Abb.69

Die konzentrischen Linien zeigen gut die Elektronenwellenverteilungen an. Wir erkennen auch, wie sich die Einzelfelder zu einem Gesamtfeld runden. Diese Struktur hat bereits Kekulé vor mehr als hundert Jahren erkannt; unklar geblieben ist aber, wie sie zu Stande kommt. Die Lösung des Rätsels ist aber - wie wir sehen - viel einfacher als es die gängigen Bindungstheorien zulassen.

Doch zurück zu den Kristallen. Alle Kristallformen lassen sich in 7 Systeme und 32 Kristallklassen einteilen. Das bedeutet, dass die Natur von allen (mathematischen) Möglichkeiten auch Gebrauch macht. Jede Kristallform, die wir uns ausdenken können, gibt es irgendwo auf dieser Welt. Da Kristalle so robuste Gebilde sind, schwingen sie nur schwer mit eingestrahlten Impulsen mit. Sie absorbieren daher wenig Licht und sind deshalb mehr oder weniger durchsichtig. Bei einigen liegt die Durchsichtigkeit allerdings im infraroten oder ultravioletten Bereich der elektromagnetischen Wellen. Aus ähnlichen Gründen leiten Kristalle so gut wie keine Elektronenwellen weiter, wenn die Temperaturen tief und die Kristalle rein sind. Befinden sich Fremdatome im Kristall, so ergeben sich Effekte, wie wir sie von den Halbleitern her kennen.

Nun noch zu einer anderen Kristallart, die nicht so stabil ist wie die besprochenen Strukturen. Auch sie ordnet Gitter aus Atomen an, aber diese Ordnung ist recht zwanglos. Die Atome stapeln sich nur aufeinander, durch Alldruck und Krümmkraft verbunden und relativ leicht wieder zu trennen. Diese Kristallart nennen wir Metall.

Praktisch sind alle Elemente dazu in der Lage, metallische Bindung einzugehen. Auch Gase werden bei entsprechend hohem Druck metallisch. Da in dieser lockeren Beziehung die Elektronenwellen einander nicht ihre Schwingungsräume vorschreiben, sondern ungebunden bleiben, sind Metalle gute Stromleiter. Der Physiker sagt, Metalle seien gewissermaßen von einer Art Elektronengas erfüllt und konstatiert mit Missbehagen, dass dies eigentlich den herkömmlichen Atommodellen widerspricht. Denn völlig unverständlich musste bleiben, weshalb Elektronen - sonst fest an den Atomkern gebunden - nun plötzlich ihre Freiheit erhalten sollten ... dies war umso rätselhafter, als Elektronen bekanntlich für die chemische Beschaffenheit des Atoms verantwortlich zeichneten... Aus diesem Dilemma kann unsere Anschauung führen, in der das Elektron als gebundenes Teilchen gar nicht existiert, und der Weitertransport jeglicher Energie durch die

Atome (Felder) selbst erfolgt (wobei man eben zu ihren kommunizierenden Schwingungen auch Elektronenwelle sagen kann).

Damit haben wir bereits alle Bindungsformen kennen gelernt. Die einfachste Form ist der reine Van-der-Waals-Zusammenhalt; er hält im großen Ganzen die Materie zusammen und entsteht aus dem Druck der umliegenden Massen (Felder) des Weltalls. In großer Nähe spielt auch die Krümmkraft entscheidend mit. Organische Moleküle binden sich auf diese flexible Art, aber auch andere Bindungen kommen in ihnen vor, wie die besprochene heteropolare (Ionen-) Bindung (Kochsalz) oder die homöopolare Bindung (Diamant) und die Dipolbindung (Eis)...

Wenn Physiker die Metallbindung auf die freien Elektronen zurückführen (was sie in manchen Theorien tatsächlich tun), so werden sie ein wenig grotesk und demonstrieren, wie sehr ihnen oft eine Theorie mehr billig als recht ist, sofern sie irgendeine Erklärung liefert - und mag diese Erklärung noch so bizarr sein. Es war ja noch einigermaßen plausibel, dass gleichschwingende, ein gemeinsames Orbit einnehmende Elektronen Bindungen hervorrufen sollten, und die Wahrheit ist davon nicht sehr weit entfernt, aber dass das genaue Gegenteil davon dieselbe Wirkung haben soll, wird nur jemand glauben, der nicht mitdenkt. Dabei ist es vollkommen verständlich, dass die Van-der-Waals-Kraft in Metallen stärker ausfallen muss als in leichten Elementen. Die Angriffsstärke des Alldrucks richtet sich nach der Energiedichte, die er vorfindet. Er greift daher an energiereichen Metallatomen stärker an als an leichten Elementen (nicht zuletzt deshalb sind diese Atome schwerer als energiearme; die genauen Zusammenhänge besprechen wir noch). Die gefundene Kräftegleichheit (oder Differenz) bestimmt Konsistenz, Zähigkeit und Stabilität des jeweiligen Metalls. Verschieben wir das Gleichgewicht zu Gunsten des Alldrucks, so presst er die Atome noch mehr zusammen (das können wir z. B. erzielen, wenn wir Wärme entziehen.)

Wie wir im Kapitel „Trägheit" sehen werden, fixiert auch die T.A.O.-Matrix die Atome, die sich dadurch jeder Veränderung widersetzen – was überraschenderweise im Zusammenhang mit der Lichtgeschwindigkeit die Trägheit verursacht. Die Wechselwirkung von Eigendruck und Alldruck ist in Atomverbänden keine einfach durchschaubare Sache mehr. Führen wir den Atomen Energie zu, so obsiegen sie über den Umgebungsdruck, das Metall wird weicher - aber der Alldruck (und zwar jener aus dem Weltraum) triumphiert trotzdem: Er findet durch die Ausdehnung des glühenden Metalls mehr Angriffsfläche und macht es schwerer. Der Triumph ist kurz, denn ist das Metall vollkommen flüssig, so wird es wieder etwas leichter. Und nimmt es Gasform an, so hat der Alldruck nicht mehr viel zu bestellen; als Einzelfelder, klein und schnell, fliegen sogar Metallatome mühelos durch das große „Ventilatorrad" Kosmos. Diese Freiheit kommt aus ihrer Bewegung, wie wir vollkommen verstehen werden, wenn wir die Trägheit als einen Aspekt des T.A.O. behandeln. Aber normalerweise liegen die Atome eines Metalls, wenngleich schwingend oder oszillierend, wohlgeordnet neben- und übereinander (Abbildung 70 u. 70a).

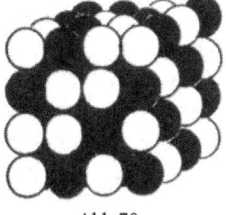

Abb.70   Abb.70a: Silizium-Atome

Ebenso wie Metalle, Kristalle und Moleküle letztendlich vom Alldruck zusammengehalten werden, werden Materieansammlungen zusammengehalten, die ganze Gestirne bilden. Die Materie ist demnach zwar atomarer Natur, da sie sich aus untergeordneten Einheiten zusammensetzt, aber dennoch eine untrennbare Gesamtheit. Jedes Atom müsste augenblicklich in Strahlung zerfallen, würde ihm nicht von anderen Atomen Grenzen gesetzt.

Aus dem Spiel der Polarisationen erwachsen Kausalitäten, aus denen wir die „Naturgesetze" ableiten. Wir sollten diese Gesetzmäßigkeiten nicht missverstehen. Es gibt keine Naturgesetze. Gesetze solcher Art wurden von uns mittels Verknüpfungen von Beobachtungsgrößen selbst geschaffen, im Bestreben, eine von Weltbildern und Denkklischees möglichst unabhängige Wirklichkeit zu manifestieren. Auch das Prinzip des T.A.O. versucht, eine gesetzmäßige Realität einzuführen, die – ebenso wie Potentiale, Elektronen, Teilchen und Quarks – nicht direkt beobachtbar ist, aber noch eine Ebene tiefer liegend, geeignet sein soll, die fundamentalste aller Wirklichkeiten zu finden, deren wir habhaft werden können. Die scheinbaren Gesetzmäßigkeiten der materiellen

Prozesse im T.A.O. sind räumlich oder elektrisch bedingt und laufen zwanglos und unumgänglich ab, weil alle Atomarten Programme ihres Verhaltens in sich tragen – ganz in dem einfachen Sinne, wie eine Kugel im Gegensatz zu einem Quader das Programm des Rollens beinhaltet – und der Quader das der Stabilität...

Einige Ergebnisse dieser Programme kennen wir bereits gut: das Kochsalz und das Wasser. Wohin diese Programme auf den Atomhüllen führen können, wollen wir nun einfach aufzeigen, indem wir mit Molekülen ein wenig experimentieren. Werfen wir einfach ein wenig Salz in das Wasser! Was geschieht? Natrium ist ein Linksschwinger - wie wir bereits festlegten -, Chlor schwingt rechts. Der Physiker kennt dafür die Namen Kation und Anion. Getreu ihren Programmen (Valenzen) beginnen nun die Atome aufeinander zu reagieren: Die Natriumatome werden sofort von den Sauerstoffatomen des Wassers belagert, die Chloratome von den Wasserstoffatomen. Dabei geraten die Wassermoleküle zueinander in Konflikt, da ja Wasserstoff voneinander nichts wissen will. Sie stoßen einander ab und reißen Chlor und Natrium auseinander (Abbildung 71).

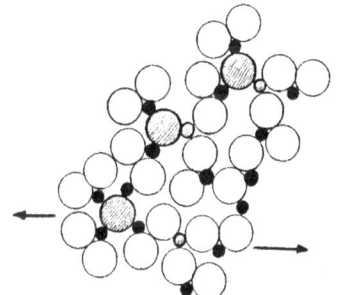

Abb.71

Wir sagen: Das Salz geht in Lösung. Alle Chloratome sind nun von Wasserstoff umringt, alle Natriumatome werden von Sauerstoff umschlossen...

Alle Salze bestehen analog zu unserem Kochsalzbeispiel aus Kationen und Anionen und in allen Fällen geht ihre Lösung gleichermaßen von sich. Sie erfolgt vollkommen automatisch durch die Programme der Hüllen, aufgrund ihrer Abneigungen und Affinitäten, die Bindungen verhindern oder zulassen.

Wassermoleküle alleine haben mit der Aufrechterhaltung ihrer gemeinsamen Felder und Clusters bereits genug zu tun, sie sind nach außen hin neutral und leiten daher keinen Strom. Anders verhält sich dies bei den gelösten Ionen. Ihrer ursprünglichen Zweisamkeit beraubt, bleibt ihre Sehnsucht nach linker oder rechter Polarisation bestehen.

Setzen wir nun die Lösung unter Strom, indem wir einen linksschwingenden und einen rechtsschwingenden Metallstab in das Wasser tauchen, so beginnt sofort nach unserem Schema der Begegnungen das Spiel von Anziehung und Abstoßung. Die Chloratome streben dem einen Stab zu, die Natriumatome dem anderen. Und jetzt rächen sie sich gewissermaßen an den Wassermolekülen, die sie nun ihrerseits auseinanderreißen. Chlor schleppt Wasserstoff davon, Natrium den Sauerstoff in die Gegenrichtung. Wir können feststellen: Das Wasser zersetzt sich in seine Bestandteile. Natrium liefert an einem Stab die Wasserstoffatome ab, Chlor am anderen die Sauerstoffatome, gleichzeitig bringen sie ihre Polarisationen mit - was für die beiden Stäbe dasselbe bedeutet, als wären ihre eigenen Polarisationen durch das Wasser gezogen und haben damit einen Energiekreislauf geschlossen.

Die Flüssigkeit wurde somit leitend, und eine derart leitende Flüssigkeit nennen wir Elektrolyt. Verwenden wir Kupfersalze als Transporter (oder andere Metallsalze), so lagern sich die Kupferatome an der Kathode an, die wir auf diese Weise verkupfern können. Nehmen wir Kalilauge (KOH) als Elektrolyten, so wandert der Transporter Kalium munter hin und her, lagert sich nur kurz an und geht keine Bindung ein - wird aber immer wieder umprogrammiert, von der Kathode in links, von der Anode in rechts.

Diese Vorgänge der Elektrolyse sollen uns verdeutlichen, wie Atome oder Moleküle zu ganz bestimmtem Verhalten und gezielten Bewegungsrichtungen gezwungen sind. Auch die Vorgänge in lebenden Organismen gleichen oft diesen elektrolytischen Prozessen. Auch dort entscheiden sich Moleküle scheinbar für die Orte, wo sie hinmüssen - aber sie haben in Wahrheit nicht die geringste freie Wahl.

Immer wenn elektrische Vorgänge für Bewegung und Ziel der Moleküle verantwortlich sind, sprechen wir von Elektrophorese.[21] Zwar wird dieser Vorgang speziell in Laboratorien zur Trennung von

Gemischen eingesetzt, wir werden ihn aber auch in lebenden Zellen entdecken. Er ist ein großer Regisseur im Schauspiel der Materie und des Lebens, wobei es prinzipiell gleichgültig ist, ob wir von organischen oder anorganischen Molekülen sprechen. Sie alle folgen gleichermaßen ihren Programmen, die sie in ihren Interferenzbildern tragen, und sie sind unabänderlich dazu gezwungen, auf die Schwingungen der Umgebung, die Polarisationen des Raumes einzugehen und dementsprechend zu agieren...

Nun können wir bereits auf ganz einfache Weise einen Stromfluss erzeugen, indem wir einen Linksschwinger und einen Rechtsschwinger in ein Lösungsmittel tauchen. Wir können ja alle Elemente, besonders die Metalle, von vornherein in linke und rechte Schwinger einteilen, weil sie es tatsächlich sind.

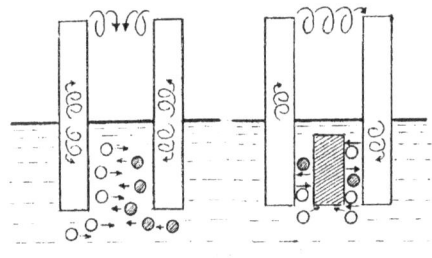

Abb. 72

Betrachten wir die Abbildung 72, links: Im aggressiven Lösungsmittel (eine Säure) lösen sich Metallatome ab, die die gleiche Information wie der Metallstab tragen. Damit verändert sich aber auch das Gleichgewicht innerhalb des Metallstabs (an seinem unbenetzten Ende verlor er ja keine Atome) und er baut zwischen seinen Enden sofort ein Potential auf. Die Fähigkeit des Lösungsmittels, dies zu bewerkstelligen, zusammen mit der Eigenschaft des Metalls, nennen wir den Lösungsdruck. Er ist für jedes Metall insofern charakteristisch, als er immer dieselben rechten oder linken Schwingungen hervorruft. Mit Hilfe des Lösungsdrucks können wir daher die Polarisationstendenz des jeweiligen Metalls feststellen.

Der Physiker hält alle diese eindeutigen Eigenschaften in einer Spannungsreihe fest, in welcher natürlich die Begriffe links und rechts durch die unlogischen Bezeichnungen positiv und negativ ersetzt sind.

Die gelösten Metallatome unseres Experimentes machen sich sofort auf den Weg zum entgegengesetzt schwingenden Metallstab. Damit übermitteln sie die Schwingungen der Metallstäbe durch die Lösung, und an den Metallenden entsteht ein nutzbares Potential, wie wir es von der Taschenlampenbatterie her kennen. Elemente, die sich solcherart verwenden lassen, nennen wir Galvanische Elemente. Jedes galvanische Element liefert bei diesem Vorgang Ströme von spezifischer Stärke, manche weniger, manche mehr. Es herrschen also von vornherein zwischen diesen Elementen große Potentialdifferenzen, die zu einem Energiefluss führen, wenn wir Mittel und Wege finden, sie zum Ausgleich zu bringen. Und diese Mittel und Wege sind Legion.

Es kann aber der Fall sein, dass beide Elemente Rechts- oder Linksschwinger sind und daher normalerweise nicht zusammenpassen. Diese Hürde lässt sich umgehen, wenn man ein drittes, aber entgegengesetzt schwingendes Element dazwischenschaltet. Es bildet sich eine Schwingungsbrücke und sie verursacht prompt einen Stromfluss zwischen den Metallen, der wieder nur aus dem Bestreben resultiert, zueinander das Gleichgewicht zu finden. Dieser Trick wird zum Beispiel in unseren Nickel-Cadmium-Batterien angewendet. Das verbindende Element kann natürlich auch die Säure selbst sein, in welcher entgegengesetzte Ionen vorliegen. Aber dieser Trick hat noch eine andere Verbreitung: Die Enzyme unseres Körpers machen davon Gebrauch, indem sie als Pol-Wandler Co-Enzyme benutzen. Sie kommen dadurch mit Molekülen zusammen, die andernfalls jeder Verbindung abgeneigt wären. Diese Co-Enzyme - schwimmende Vermittler in der Lösung Zellplasma - kann der Körper in der Regel nicht selbst erzeugen. Wir nehmen sie mit der Nahrung auf und es handelt sich um nichts anderes als die Vitamine. Nicht ausnahmslos alle Vitamine haben eine Co-Enzym-Funktion, aber doch die meisten von ihnen.

Alle Atome kennen also - wie wir zu zeigen versuchten - bereits Bestimmung und Zwang. Zwischen ihnen herrscht ein determinierter Energiefluss; sie setzen Energien frei oder konservieren sie. Das macht das kreative Treiben der Materie auf den ersten Blick freilich etwas unüberschaubar und verwirrend. Alles ist in Bewegung - aber nicht wahllos, sondern nach Programmen, die mit den Aktionen gleichermaßen ablaufen wie sie entstehen.

Damit wir dieses Spiel - wie Materie mit Energie umgeht, sie speichert und wieder freigibt - noch etwas besser verstehen, sehen wir uns den Akkumulator unseres Autos an (Abbildung 73; a bis d):

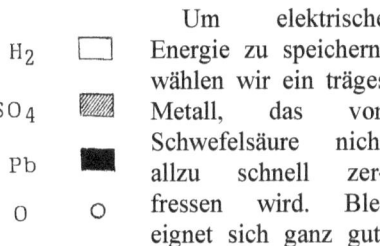

Um elektrische Energie zu speichern, wählen wir ein träges Metall, das von Schwefelsäure nicht allzu schnell zerfressen wird. Blei eignet sich ganz gut, aber prinzipiell könnten wir auch andere Metalle verwenden. Wir stellen einfach zwei Bleiplatten in einen Behälter, dann schütten wir verdünnte Schwefelsäure hinzu, und der Akkumulator ist bereits fertig. Die Säure nagt sozusagen am Blei, und es bildet sich an den Platten Bleisulfat (PbSO₄). Nun legen wir an die Platten einen Strom, das heißt, wir versetzen sie in entgegengesetzte Schwingungen. Die abgelösten Bleiatome übernehmen dieses Programm (Abbildung 73, b) und streben sofort der jeweils entgegengesetzt schwingenden Platte zu. Die Linksschwinger reißen die rechtsschwingenden Sauerstoffatome an sich und transportieren sie zur rechtsschwingenden Platte, an welcher sich Bleidioxyd (PbO₂) anlagert. Die vereinsamten Wasserstoffmolekel bemächtigen sich der SO₄-Gruppen, die vom Bleisulfat übrig blieben, als das Blei auf die Reise ging. Und was sich hier nun zusammenbraut, ist pure Schwefelsäure, H_2SO_4.

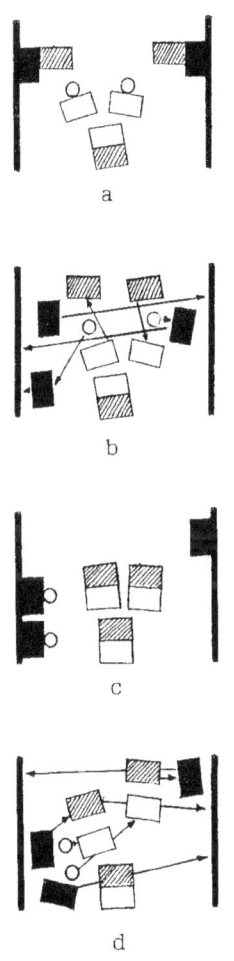

Plötzlich haben wir mehr Schwefelsäure als zuvor, dagegen ist das Wasser großteils verschwunden. Eine Platte trägt Sauerstoffatome, die andere nicht. Die Sauerstoffatome programmieren das Blei auf „rechts", die nackte Bleiplatte polarisiert nach wie vor nach „links" (Abbildung c). Die Schwefelsäure zeigt uns durch ihre erhöhte

Konzentration die gespeicherte Energie an. Der Akkumulator ist geladen...

Zwischen den Platten liegt nun eine Spannung, da sie weiterhin entgegengesetzt schwingen (Sauerstoff - rechts, Blei - links). Überbrücken wir die Platten mit einem Leiter, so entsteht über die Schwingungsharmonie ein Stromfluss, der nicht ohne Folgen bleibt: die Schwefelsäure wird auseinander gerissen und verbündet sich sofort wieder mit dem Blei, während ihre verwaisten Wasserstoffmolekel vom Sauerstoff eingefangen werden, der sich von der Rechts-Elektrode wieder löst, weil sich die Spannung ausgleicht (Abbildung d).

Während der Akkumulator Strom von sich gibt, entsteht in ihm wieder Wasser und Bleisulfat. Ist alles Bleidioxyd verbraucht, so ist der Akkumulator entladen und bietet das gleiche Bild wie zu Beginn (Abbildung a). Das Wesentliche an unserem Akkumulatorbeispiel ist: alle in ihm ablaufenden Reaktionen sind durch das Schwingungsverhalten der beteiligten Atome determiniert. Es sind die Polarisations-Begegnungsbedingungen, welche die Richtungen und Ziele der Atome und Moleküle bestimmen.

In einfacher Weise zeigt uns das Geschehen im Akkumulator, wie Atome scheinbar zu wissen scheinen, was sie zu tun haben und sie demonstrieren dabei, wie sie mit ihrem grundsätzlich vollkommen erzwungenen Handeln Energie transportieren und diese sogar für spätere Zeiten speichern.

Wir haben uns deshalb mit dem Akkumulator beschäftigt, um später leichter zu verstehen, wie und weshalb in der lebenden Zelle Moleküle miteinander reagieren und mit Energie manipulieren. Wenngleich diese Vorgänge ungleich mannigfacher und komplizierter ablaufen, sind die Ursachen doch prinzipiell dieselben wie jene im Akkumulator: Atomprogramme und die Impulsfolgen des elektrischen Stroms...

Wenn wir nun ganz clevere Burschen sind, so fertigen wir unseren Akkumulator von vornherein im geladenen Zustand an. Wir belegen die Hälfte der Platten gleich mit Bleidioxyd. Schütten wir in diesen Akkumulator hochkonzentrierte Schwefelsäure, so erhalten wir prompt eine bereits geladene Batterie, die uns Strom liefert, obwohl sie nie geladen wurde. Am Verhältnis der Schwefelsäure zum Wasser können wir jederzeit ersehen, wie viel Energie in der Anordnung noch verborgen ist.

Auch in der Nickel-Cadmium-Batterie dient Sauerstoff zur Herstellung eines Schwingungsüberflusses und einer entgegengesetzten Polarisation. Der verwendete Elektrolyt ist Kalilauge, die sich – wie wir schon erwähnten – nicht verändert. Im geladenen Zustand bestehen die Elektroden aus Nickel(III)-oxyd und Cadmium. Bei Stromlieferung wird Cadmium in Cadmiumoxyd umgewandelt, bzw. Nickel(III)-oxyd in Nickel(II)-oxyd. Beim Ladevorgang verlaufen diese chemischen Reaktionen in umgekehrter Richtung. Die Schwingung im Elektrolyten wird durch die OH-Moleküle der Kalilauge übermittelt, die sich an der Anode bilden und von der Kathode als H_2O wieder zur Anode zurückkehren. Auch hier passen alle Schwingungen in ihrer räumlichen Orientierung genau zusammen und verursachen Anziehung und Abstoßung, Vereinigung und Trennung. Dieses einfache Prinzip finden wir in chemischen Prozessen immer wieder, und wie wir sehen werden, gipfelt es letztlich in der wohl interessantesten Manifestation von Materie: dem Leben...

Aber bevor wir uns mit der Materie im Detail weiter befassen, sollten wir ergründen, welche Verhaltensweisen zwischen so großen Feldern wie Himmelskörpern ablaufen und welche Erklärungen die Wissenschaft dafür gefunden hat.

Die Illusion der Fliehkraft

14 Trägheit

Was wir bis jetzt wissen, ist für das Verständnis dieses Kapitels grundlegend: Die Matrix des T.A.O. ist absolut und unbewegt. Sie übermittelt durch Vibration oder Oszillation ihrer Einheiten („Körner") Impulse. Nur aus der Absolutheit der Matrix folgt, dass diese Impulse beisammen bleiben (!) und Informationen übermitteln (Energie, Licht, Kraft etc.); eine von vielen Erscheinungsformen dieser Impulse ist die EM-Welle, eine andere (sekundär entstehende) Erscheinungsform der „polarisierte Raum" als elektrisches und magnetisches Feld. Diese Polarisationen begleiten prinzipiell alle elektromagnetischen Phänomene. Die materielle Erscheinungsform der Impulse ist das atomare Feld, ein Bereich rotierender Impulse, Entstehungsort eines Feldes, in dem elektrisches und magnetisches Feld latent enthalten sind, ein Feld, das grundsätzlich unbegrenzt, nur durch Widerstand zu anderen Feldern, seine materielle Dimension annimmt und dessen unpolarisierte („gerade, neutrale") Stöße jedoch das Abstoßungsfeld bilden („Neutrinos, Gravitonen"), das mit anderen (prinzipiell mit allen) Abstoßungsfeldern des Universums in Durchdringung und Berührung steht.

Ein Atom, das sich innerhalb des T.A.O. bewegt, benutzt die Matrix, d.h. seine Impulse pflanzen sich in der Matrix ebenso fort wie eine EM-Welle. Mit anderen Worten: das Atom überträgt sich, es induziert sich selbst und pulsiert so durch die Matrix - es bewegt sich nicht wie ein kompaktes Ding (denn das würde gar nicht funktionieren: wie sollten frei schwingende Impulse beisammen bleiben und wie sollte sich das Atom bewegen ohne die impulserhaltende und feldstabilisierende Matrix-Struktur?). Es gibt demnach keine „echte" oder direkt materielle Bewegung[2] von Atomen oder Atomkonglomeraten innerhalb der Matrix - also innerhalb des Universums.

Diese Betrachtungsweise ist absolut erstaunlich und wir werden sehen, was er für eine weittragende Auswirkung haben wird. Unsere Vorstellungskraft sträubt sich angesichts der Bewegungsvielfalt innerhalb unserer Welt vor dem Bild, dass Körper irgendwie schemenhaft durch das All vibrieren - aber wir wissen auch schon genug von diesem „Nichts" aus Energie, Raum und Zeit, das wir „Masse" nennen, um so ein Bild zuzulassen - besteht doch Materie auch nach herkömmlicher Theorie so gut wie nur aus Zwischenräumen! Aber Atome können ihr Schwingungsbild eben nicht einfach autonom „verlagern" - sondern sie müssen diese Schwingungen über die Matrix führen. Das ist vollkommen plausibel und logisch. Davon merken wir ebenso wenig wie von den schwingenden Atomfeldern selbst - denn unsere Wahrnehmung findet in einer darüber liegenden Größendimension statt - doch davon reden wir später noch.

Jetzt stellen wir uns einfach so ein Abstoßungsfeld einmal plastisch vor: Das Feld um einen Körper besteht aus denselben Impulsen, die auch das Magnetfeld bilden - aber sie sind nicht polarisiert. Der Teilchenphysiker würde von Neutrinos phantasieren, die vom Körper sphärisch wegströmen - und das wäre gar nicht so weit von der Wahrheit entfernt. Und man könnte auch Gravitonen postulieren, mit dem Unterschied, dass sie keine anziehende Kraft vermitteln, sondern eine abstoßende. Es sind ja abstoßend wirkende Vibrationen im T.A.O., die das Feld aufbauen. Denken wir an die Teilchenströme und Sonnenwinde, die von unserem Zentralgestirn wegströmen, und denken wir uns das noch viel feiner, viel zarter, viel „transparenter", dann sehen wir die Situation schon deutlicher.

Das Feld baut sich aus der Fortsetzung der atomaren Impulsfelder auf; die Energien und Dimensionen sind ungeheuer klein und nicht messbar - aber genau deshalb durchdringen sie andere Felder spielend - wir wissen ja, dass Gravitationsfelder ebenso wie Magnetfelder kaum abzuschirmen sind - und deshalb wissen wir auch, dass Magnetfelder eine Erscheinungsform des Gravitationsfeldes sein müssen. Innerhalb des Universums besteht demnach ein Gesamtfeld aus der Summe aller Abstoßungen der umliegenden „Massen" - das ergibt einen gewissen Spannungszustand (Druck ist nicht das richtige Wort), der die Körper auseinander treibt (Expansion des Alls!). Um einen Körper, der in dieses Spannungsfeld gerät, mit einem Gravitationsfeld zu umgeben, muss gar nichts Besonderes geschehen, denn der rundherum einströmende Abstoßungsdruck des Alls durchdringt den Körper teilweise und tritt auf der anderen Seite geschwächt wieder aus - dort summiert er sich mit dem Eigendruck des Körpers und richtet sich gegen sich selbst. Aber sehen wir uns das einmal grafisch an:

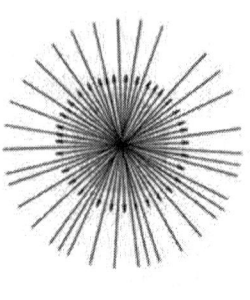
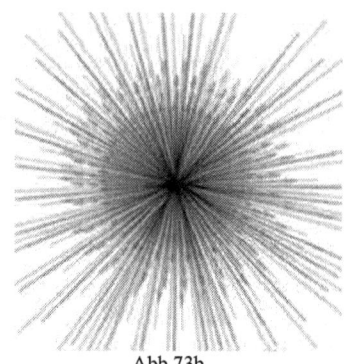

Abb.73a   Abb.73b

So einfach die Angelegenheit auch ist, die bildhafte Darstellung ist nicht die allerleichteste... Zu den zwei Grafikversuchen (Abb. 73 a u. b): Die vom All einströmenden Vektoren treten durch den Körper wieder geschwächt heraus, sie symbolisieren auch den Eigendruck des Körpers, der aber sehr gering ist. Der in das Alldruck-Feld eingebrachte Körper „verschattet" das Feld gewissermaßen und wird zum Teil durchdrungen - deshalb ist es naheliegend, die Gravitationswirkung nicht der Masse, sondern der Dichte des Körpers zuzuschreiben. Das ist auch tatsächlich der zutreffende Sachverhalt! Dazu ein Gedankenexperiment:

Wenn wir ein Loch quer durch den Erdball bohren und einen Stein hindurch werfen, benötigt er zur Durchquerung des Globus 42 Minuten und pendelt dann wieder retour. Hin und zurück braucht er dieselbe Zeit wie er für eine enge Umkreisung des Erdballs benötigen würde - etwa 84 Minuten. Wenn wir dasselbe im Asteroidengürtel mit einem faustgroßen Asteroiden und einem Sandkorn durchführen, erhalten wir dasselbe Ergebnis, sofern der Asteroid dieselbe Dichte (!) hat wie der Erdball (5.5 g/cm^3)! Das beweist, dass bei Gravitation und Fallbeschleunigung die Dichte des Körpers und nicht die Masse an und für sich eine Rolle spielt.

Und mit diesen vorbereitenden Überlegungen sehen wir uns die ganze Angelegenheit etwas näher an: Galilei entdeckte, dass eine geradlinig gleichförmige Bewegung keiner Ursache bedarf, sondern „aus sich selbst heraus weiter geht". Er postulierte: Ein sich selbst überlassener Körper bewegt sich geradlinig gleichförmig. Dieser Satz heißt Galilei'sches Trägheitsprinzip. Wir lesen in vielen Physikbüchern, dass mit dieser tiefsinnigen Erkenntnis die moderne exakte Naturwissenschaft ihren Anfang nahm. Das ist eine merkwürdige Behauptung, denn die Feststellung Galileis erklärt ja nichts, sondern beschreibt nur eine Wirkung, die jedermann feststellen kann.

Wenn wir davon absehen, dass geradlinig ein sehr relativer Begriff ist, weil wir ja wissen, dass schon die Struktur des Raumes sich krümmen kann, so ist die Betrachtung Galileis zweifellos wahr. Aber welche Ursache steckt hinter diesem Trägheitsprinzip?

Jeder Körper zeigt eine gewisse Fähigkeit, einer Beschleunigung Widerstand zu leisten. Newton drückte die Größe dieser Fähigkeit durch die Träge Masse aus. Diese Fiktion war ebenso großartig wie teleologisch[22], denn auch sie erklärte grundsätzlich nichts!

Die Physiker Mach und Hoyle und auch Einstein hatten die diffuse Idee, dass die Ursache der Trägheit irgendwie außerhalb des betreffenden Körpers liegen müsse. Es sah ja ganz so aus, als böte der Bewegung des Körpers irgendetwas Widerstand - so als bewegte sich der Körper in einem Medium. Das ist deswegen zum Teil richtig, da die T.A.O.-Matrix von den umliegenden Massenfeldern gebildet und durchpulst wird. Aber die Trägheit hat nicht nur außerhalb des Körpers ihre Ursache!

Unsere Abbildung 15 zeigte schon deutlich, wie das Feld eines Körpers einen Eigendruck ausübt, der gegen den Umgebungsdruck anderer Felder (Alldruck) gerichtet ist. Alle Protonen oder Atome als Einzelfelder summieren sich in einem Körper zu einem Gesamtfeld, das in seiner Wirkung den Einzelfeldern gleicht und nur ein größeres, praktisch unendlich ausgedehntes Feld darstellt (Abbildung 74a).

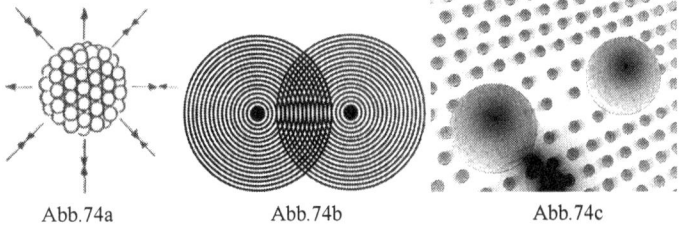

Abb.74a　　　　Abb.74b　　　　Abb.74c

Die Abbildung 74b soll verdeutlichen, wie Felder einander durchdringen, so weit ihr Bewegungszustand dies erlaubt. Es entsteht Abstoßung, so als würde man Gummibälle ineinander drücken.

Diese Abstoßung hat Richtungen, sie richtet sich gegen die gegnerischen Felder – und dies unterscheidet das Abstoßungsprinzip von den bislang bekannten Druck-Gravitations-Theorien. Dieser Unterschied ist wichtig, denn die bisherigen Theorien gehen alle von einem Druck irgendwelcher erfundener Teilchen (Gravitonen) aus (Abb. 74c), welche zwischen den Körpern schweben. Das bringt das Problem mit sich, dass dieser Druck gleichmäßig ausfällt, und die Teilchen zwischen den Körpern irgendwie verschwinden müssen um den außerhalb liegenden die Möglichkeit zu geben, die Körper zueinander zu drücken. Es gib dafür einige bizarre Erklärungen wie Teilchenströme und Absorptions-Theorien, mit welchen wir uns nicht weiter beschäftigen müssen, denn sie sind unlogisch und könnten nicht einmal erklären, warum es so etwas wie einen „Schwerpunkt" gibt.

Wir beschäftigen uns dagegen mit einer „lupenreinen" Feldtheorie. Die Grenzen der Materie liegen nicht dort, wo wir sie wahrnehmen oder sehen. Jedes Ding, das wir berühren, steht längst mit uns - unserem Feld - in Kontakt. Alle Materie - auch Himmelskörper - durchdringen einander praktisch mit ihren ausgedehnten Feldern. Es sind ganz spezifische Energiegrößen, die einen Unterschied zwischen dem Ding und dem leeren Raum definieren. Unser Finger wird dort zu einem Finger, und das Ding, das er berührt, wird dort zu einem Ding, wo die beiden Felder einander ausreichenden Widerstand bieten. Unsere Sinne haben sich darauf eingestellt, gleichermaßen an dieser Stelle eine Grenze zu setzen. Dennoch reichen Felder über diese Grenzen hinaus und lassen sich indirekt sogar mit einer Art Hochfrequenzfotografie sichtbar machen. Wir kennen dieses Phänomen aus den Büchern über Parapsychologie - aber es handelt sich um einen ganz normalen Vorgang. Ebenso wie wir die Ultraschallrufe einer Fledermaus hörbar machen können, indem wir durch Überlagerung anderer Ultraschallfrequenzen Schwebungen erzeugen, die in unserem Hörbereich liegen (auch bei Delphinen klappt das vorzüglich) können wir die Sichtbarkeitsgrenzen eines Feldes wenigstens zum Teil relativieren, indem wir sie durch Überlagerung eines hochfrequenten elektrischen Feldes in den Bereich des Sichtbaren bringen. Man nennt dieses Verfahren Kirlian-Fotografie[23]. Besonders energiereiche Körper wie Organismen oder die Pole einer Batterie zeigen ein gut ausgeprägtes, deutlich sichtbares Feld, das natürlich auch jede energetische Veränderung des Körpers anzeigt. Ein mit dieser Methode abgebildetes Blatt lässt erkennen, wie sein Feld grenzenlos in das Umfeld verströmt (Abbildung 75).

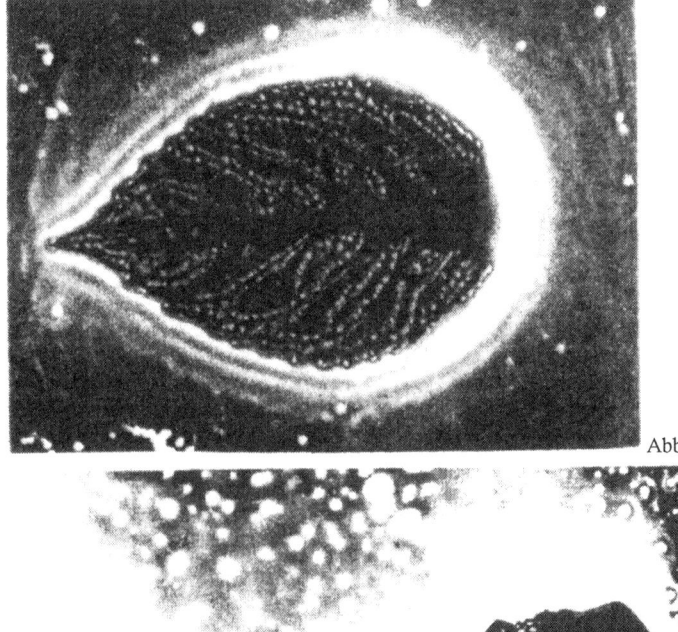

Abb.75

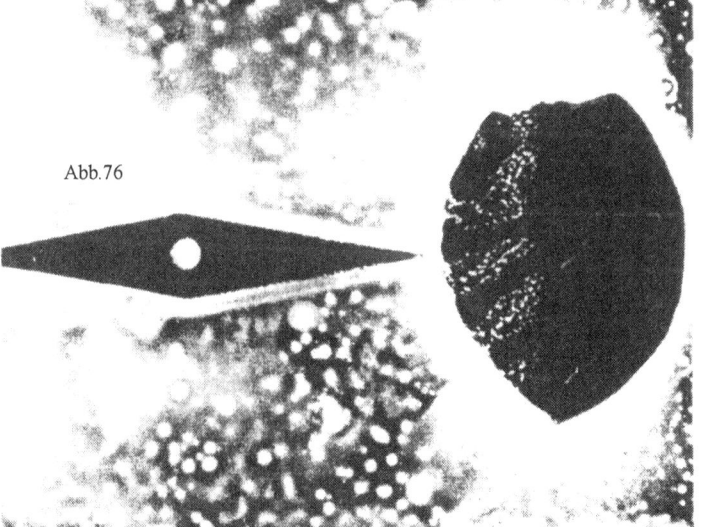

Abb.76

Das Feld einer Kompassnadel berührt das Feld eines Blattes, bevor die sichtbaren Grenzen aufeinanderstoßen (Abbildung 76). Einzelfelder summieren sich zu einem Gesamtfeld, wie in der Abbildung 77 drei Blätter demonstrieren.

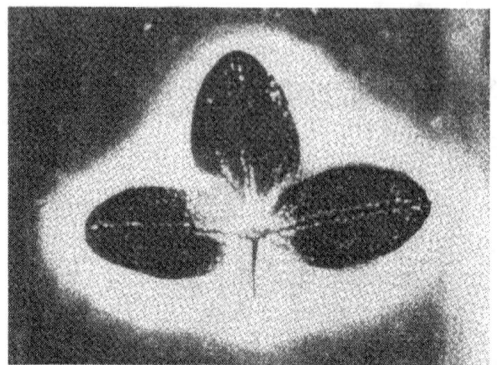

Abb. 77

Ein Hufeisenmagnet zeigt uns besonders eindringlich den polarisierten Raum, von dem er umgeben ist (Abbildung 78).

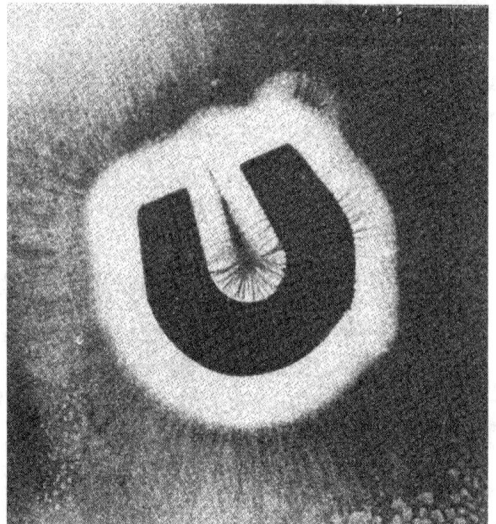

Abb. 78

Das Feld unterscheidet sich prägnant von den Feldern der organischen Strukturen - wir sehen förmlich, dass es kräftiger und geordneter ausfallen muss.

Prinzipiell hat jedes Atom, jedes Ding, jeder Körper und jeder Stern dieses Feld um sich, es ist ja nur die Fortsetzung seines Selbst über den Bereich des physiologisch sichtbaren hinaus und hat nichts mit so mysteriösen Begriffen wie Aura oder Od zu tun. Diese Namen - von den Parapsychologen seit langem für die erkannten Kraftfelder

der Materie verwendet - haben einen dubiosen Beigeschmack, weil die Wissenschaftler sich beharrlich weigerten, diese Phänomene zu untersuchen und zu interpretieren. Kein Wunder, denn ihre Theorien sagten sie weder voraus noch ließen sie eine Erklärung zu.

Wenn wir an unser Ventilatorrad zurückdenken, verstehen wir sofort, dass Masse dem Energiegehalt (dem Bewegungszustand) eines Feldes äquivalent ist. Nach Newton definiert sich diese Masse aus der Trägheit eines Körpers. Es bietet sich folgender verlockende Gedanke an: Diese Trägheit sei nichts anderes als der Widerstand, den die Kontrahenten Alldruck und Eigendruck (bzw. der durchströmende, verminderte Alldruck) zueinander finden.

Im bewegungslosen Zustand befindet sich jeder Körper mit dem Alldruck im Gleichgewicht. Schieben wir ihn nun aus diesem Gleichgewicht einmal heraus (Abbildung 79).

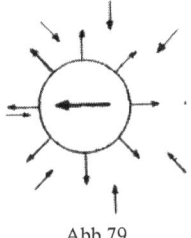

Abb. 79

Wir könnten einfach sagen, dass sich in der Bewegungsrichtung der Widerstand erhöht. Wir müssten also eine Kraft aufwenden, um den Körper gegen diesen Widerstand aus der Ruhelage zu bringen. Der Bewegungsrichtung entgegengesetzt - also „hinter" dem Körper - aber vermindert sich der Widerstand, weil im Alldruck sozusagen ein „Loch", eine Druckverminderung entsteht. Ganz bildlich gesprochen: vor dem Körper könnte sich etwas „zusammenstauen", hinter ihm etwas verdünnen. Was könnte das sein? Die Matrix T.A.O.? Die bewegt sich aber nicht. Die lässt sich auch nicht zusammen drücken oder verdünnen! Unsere Erklärung ist also offenbar falsch. Und jetzt wissen wir auch, warum Mach, Hoyle und Einstein den Gedanken von der umliegenden Gravitationsursache nicht weiter verfolgten (was ein Versäumnis war, aber das damals zur Debatte stehende Medium „Äther" unterstützte die Idee nicht).

Wenn wir an den Körper eine Kraft anlegen, etwa mit der Hand anstoßen, heißt das, dass die Felder meiner Hand Widerstand finden an den Feldern des Körpers - und die Impulse der Randatome des

Körpers zuerst davon beeinflusst werden. Sie weichen zurück. Und wir wissen ja, dass sich der Körper gar nicht kompakt bewegt, sondern sich seine Einzelatome durch die Matrix fortpflanzen... Die Atome reichen die Impulsveränderung weiter - der Körper bewegt sich also „auf Raten", d.h. er pflanzt sich fort... Und das erklärt nun einige ganz wesentliche Dinge: Erstens: die angelegte Kraft pflanzt sich durch den Körper weiter - sie wirkt nicht instantan auf den Körper. Ein Atom stößt das andere an ... und das bedeutet auch, der Körper bewegt sich gar nicht an beiden Enden gleichzeitig - denn die Kraft wird ja mit einer endlichen Geschwindigkeit weitergereicht: Wir kennen diese Geschwindigkeit schon: es ist die Lichtgeschwindigkeit! Zweitens: alle Atome dieses Körpers sind ja (grob betrachtet) Kreisel - mit Rotation oder Spin. Sie lassen sich also nicht ohne weiteres in neue Impulsfolgen und Impulsräume schieben und erzeugen Widerstand. Das tun sie solange, solange wir Kraft anlegen - also beschleunigen. Und das ist bereits die Auflösung des Rätsels der Trägheit! Drittens: wenn sich der Körper gar nicht kompakt bewegt, und eine Kraft von einem Ende zum anderen (in der Bewegungsrichtung) marschiert und der Reihe nach Impulsfelder andrückt, so verkürzt sich der Körper in der Bewegungsrichtung etwas. Da würde sich der Physiker Lorentz jetzt freuen, denn genau das hat er ja vermutet (und Einstein lächelt auch ein bisschen, aber das werden wir ihm noch austreiben)! Davon aber später. Wenn wir die Kraft nicht mehr anlegen, verändern sich auch die Atome nicht mehr. Sie ziehen weiter ihre Kreise ... und nichts geschieht sonst ... einmal eingependelt, pflanzt sich der Körper eben weiterhin fort... Es geht nicht nur darum, dass die Atome so etwas wie Kreisel sind (sind sie nicht wirklich), sondern auch darum, dass jede Richtungsänderung eines Impulses Energie kostet ... und die Richtung der Impulsbahnen innerhalb der Matrix eben verändert werden, wenn wir einen Körper in Bewegung setzen. Wer dabei an die von uns bereits im Kapitel „Spiele" erwähnte Lorentz-Kraft denkt, liegt gar nicht so falsch!

Mit der Kenntnis der inneren Verhältnisse können wir das Geschehen wieder etwas oberflächlicher beschreiben. Der von der Trägheit erzeugte Widerstand wirkt wie ein elastisches Medium zurück. Wir haben eine Kraft in bestimmter Richtung anlegen müssen und wir haben damit das Feld des Körpers um diesen Energiebeitrag bereichert. Der steckt jetzt drin - und wir nennen das kinetische Energie. Das Anlegen einer Kraft an einen Körper ist außerdem ein symmetrischer Vorgang (wie wir bei der Gravitation noch deutlicher sehen werden). Es berührt nicht ein Feld das andere, sondern stets berühren zwei Felder einander! Das heißt, die angelegte Kraft wird stets für beide Seiten spürbar. Das ist nichts anderes als das dritte Prinzip Newtons, welches lautet: Reaktionsprinzip - jeder Körper, auf den eine Kraft wirkt, erfährt eine gleich große Kraft in der Gegenrichtung... Die Summe dieser Kräfte ist stets Null. Damit offenbart sich sofort, dass zwischen Bewegung und Ruhe gar kein Unterschied besteht. Ruhe ist gewissermaßen Bewegung, die durch Gegenbewegung gleicher Größe aufgehoben ist.

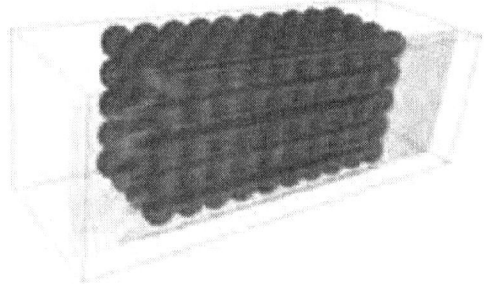

Abb.80

Als Galilei seine Entdeckungen machte, wusste er allerdings nicht, warum sich die Angelegenheit so verhielt. Wir können aufgrund unserer Betrachtungsweise die Prinzipien Newtons widerspruchsfrei nachvollziehen. Trägheitsprinzip (ein kräftefreier Körper bewegt sich geradlinig gleichförmig), Aktionsprinzip (wenn eine Kraft auf einen Körper wirkt, so beschleunigt sie ihn) und Reaktionsprinzip - alles logische und einfache Vorgänge innerhalb der Matrix des T.A.O.

Zum Aktionsprinzip wäre noch einmal zu betonen, dass die Fortpflanzung der Atomfelder im T.A.O. aufgrund der vorgegebenen Struktur ebenso wie bei der EM-Welle eine endliche Geschwindigkeit hat, die Lichtgeschwindigkeit. Auch die wirkende Kraft breitet sich innerhalb des bewegten Feldes mit Lichtgeschwindigkeit aus. Deshalb könnten wir niemals einen Körper über diese Geschwindigkeit hinaus beschleunigen! Außerdem werden wir im Kapitel „Schwere" bei der Behandlung der Gravitation wieder auf überraschende Weise auf die Lichtgeschwindigkeit stoßen.

Eines der Postulate Einsteins scheint sich zu bewahrheiten. Er kam auf diesen Umstand aber aus einem anderen Blickwinkel heraus, und wir werden noch sehen, wie dies in letzter Konsequenz zu absurden Ergebnissen führt: Wenn sich ein Körper nicht mehr beschleunigen lässt, so verhält er sich, als hätte er eine unüberwindliche, somit unendlich große Trägheit. Aus dieser Trägheit aber definiert sich die Masse und aus dieser wiederum die „Schwerkraft". Da die Masse nun auch unendlich hoch zu sein scheint, müsste auch die Schwerkraft unendlich stark sein und augenblicklich das gesamte Weltall in sich zusammenziehen... Aber wie wir soeben erkannten, gibt es gar keinen Grund, eine derartige Schlussfolgerung zu ziehen. Der Körper lässt sich nicht über die Lichtgeschwindigkeit hinaus beschleunigen und ansonsten geschieht gar nichts aufregendes.

Damit ist aber die Lichtgeschwindigkeit keinesfalls eine absolute Grenzgeschwindigkeit, denn wir brauchen ja nur zwei Felder in entgegengesetzte Richtungen nahezu an die Lichtgeschwindigkeit beschleunigen, dann hat jeder Körper dem anderen gegenüber Überlichtgeschwindigkeit. Laut Einstein dürfte auch dies niemals eintreten. Wir werden später aufzeigen, weshalb er zu diesem Postulat gekommen ist und weshalb es falsch sein muss.

Das Reaktionsprinzip kann man auch umdrehen und sagen: Jeder Körper, der eine bestimmte Kraft in eine bestimmte Richtung ausübt, erfährt eine gleich große Kraft in der Gegenrichtung.

Dies ist mit einem Wort das Rückstoßprinzip und versteht sich sicher schon von selbst. Wenn wir mit der Hand einen Stein werfen, so geschieht alles, was wir geschildert haben, nicht nur mit dem Stein, sondern auch mit der Hand. Ja, auch sie verkürzt sich etwas. Aber zum Glück spüren wir das nicht...

Was mit einem Feld geschieht, das sich zwischen (zumindest) zwei anderen Feldern befindet (Abbildung 81), erfahren wir nun im nächsten Kapitel...

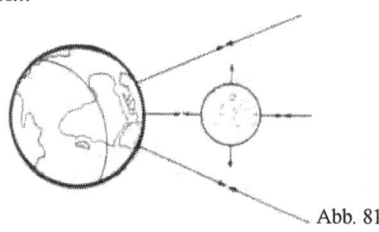

Abb. 81

15 Schwere

Die Gravitationskraft, die zwei Körper aufeinander auszuüben scheinen, äußert sich in einer beschleunigten Bewegung zueinander. Galilei war es, welcher zuerst erkannte, dass im Schwerefeld der Erde alle Körper gleich schnell fallen. Das musste ein Rätsel sein, wenn man das verschiedene Gewicht der Körper in Betracht zog. Die Fallgesetze Galileis und die Kepler'schen Gesetze veranlassten Newton zur Feststellung, dass die Ursache für die gleiche Beschleunigung aller Körper in einer Anziehung zwischen den Massen liegt, die sowohl einen Apfel vom Baum fallen lässt als auch den Mond auf seiner Bahn um die Erde hält. Er erkannte, dass die Kraft zwischen der fallenden Masse m_1 und der Erdmasse m_2 proportional zu m_1 sein muss (wegen F=ma folgt F/m=a=const) und auf die Masse m_2 eine gleich große, entgegengerichtete Kraft wirkt und deshalb auch F proportional zu m_2 sein muss, somit bleibt für die Abhängigkeit der Gravitationskraft von den beteiligten beiden Massen: F ist proportional zu m_1m_2 . Mit anderen Worten: F=ma drückt die Trägheit des fallenden Körpers aus, aus dieser ergibt sich die Masse, die auf die Erdmasse eine Kraft ausübt, die gleich groß ist wie jene, die die Erdmasse auf den fallenden Körper ausübt.

Wenn jemals eine Feststellung in der Wissenschaft zielgerichtet war, dann diese. Denn sicher kann die Erde niemals wissen, welche Masse gerade auf sie herunterfällt und ihre Kraft auf die Trägheit einstellen, die da runter kommt. Diese automatische Einstellung der Kräfte ist deshalb seltsam, weil die Schwerkraft eine symmetrische Erscheinung ist, die immer nur zwischen mindestens 2 Massen auftritt, wobei in diesem Falle die Massen die Ursache für die Schwerkraft sind („Schwere Masse"), wogegen eine Masse alleine die Trägheit repräsentiert („Träge Masse") und diese Massen offenbar äquivalent sind, also exakt dieselben Eigenschaften haben. Das bedeutet: man kann nicht feststellen, ob eine Kraft auf eine Masse von der Gravitationskraft hervorgerufen ist, oder ob sie als Trägheit in einem beschleunigten Bezugssystem auftritt. Diese Erkenntnis war deshalb der Ausgangspunkt für eine relativistische Theorie der Gravitation: Einsteins Allgemeine Relativitätstheorie.

Einstein machte der Schwerkraft den Garaus, indem er - lapidar gesagt - den Raum „krümmte", Schwere Masse mit der Trägen Masse gleichsetzte (d.h. das Äquivalenzprinzip von Newton übernahm) und sie einfach den gekrümmten Raum entlang fallen ließ - wobei der Begriff der „Masse" überhaupt irgendwie verloren ging. Wir betonten bereits, dass Einstein damit das „Spiegelbild der Wirklichkeit" fand (denn Massen und Anziehungskräfte gibt es ja nicht wirklich). Doch bevor wir uns mit diesem Spiegelbild beschäftigen (im Kapitel „Relativität"), werden wir uns mit der Realität befassen.

Wenn wir die Abbildung 81 betrachten, sollten wir uns die Frage stellen, welcher Druck (man sollte vielleicht besser sagen: Schub) auf den (nicht lage- und maßstabsgetreuen) Mond stärker ist - jener der Erde oder jener des Weltalls? Da sich rings um Erde und Mond das gesamte (!) Universum befindet, gibt es nur eine Antwort: Der Druck des Alls ist zweifellos wesentlich stärker. Da ihm der schwächere Druck der Erde entgegenwirkt, befindet sich der Mond nicht im Gleichgewicht mit seinem Umfeld. Es ist aber sofort zu finden, wenn der Mond eine Bewegung in Richtung zur Erde ausführt, zu der er ja von der Kraft des Alldrucks gezwungen wird. Nun hört aber der Alldruck nicht auf, eine angelegte Kraft zu sein, und deshalb erhält der Mond eine Beschleunigung, wie wir sie im Kapitel „Trägheit" definierten. Es ist in diesem Beispiel die Fallbeschleunigung der Erde; sie beträgt bekanntlich 9,81 m/s^2. (Warum er nicht einfach runterfällt, werden wir im nächsten Kapitel erfahren.)

Nur wenn der fallende Körper diese Beschleunigung aufweist, ist sein Feld mit den rundum wirkenden Kräften im Gleichgewicht und demnach schwerelos. Stören wir (oder die Erdoberfläche) dieses Gleichgewicht, indem wir den Bewegungsausgleich verhindern, so wirkt sich die Kraft des Alldrucks als spürbarer Druck zwischen Erdoberfläche (oder einer Waage!) und dem Feld aus. Dieser Druck ist messbar, seine Größe nennen wir Gewicht. Hinter dieser hemdsärmeligen Ausdrucksweise steckt jene diffizile Kraftwirkung, die wir in der Trägheit entdeckt haben: die Übertragung der Schubkraft des Erdfeldes durch den „fallenden" Körper mit Lichtgeschwindigkeit und die Übertragung der Schubkraft des Alldrucks durch denselben Körper mit Lichtgeschwindigkeit von der anderen Seite! Man kann davon ausgehen, dass die Beschaffenheit des Körpers keine besondere Rolle spielt für diese Kraftübertragung und nur die Dichte den Masseneindruck und die Gravitationsstärke bestimmt. Wir benötigen daher für die Beziehung der Dichte (die eben bei einem Steinchen dieselbe sein kann wie bei einem

Riesenstern!) zur Gravitationsstärke einen Faktor, der dieses Proportionsverhältnis ausdrückt, also eine Gravitationskonstante, denn ohne diese Konstante wäre das Gravitationsgesetz vollkommen wertlos!

Und nun kommt der nächste seltsame Umstand: dass man angesichts der verschiedensten Massen im Universum und der verschiedensten dadurch angeblich bedingten Gravitationswirkungen tatsächlich nach so einer Konstanten suchte und - noch seltsamer - tatsächlich eine fand! Denn nach Newtons Gesetz ist es gar nicht möglich, im Erdbereich eine Konstante festzustellen, die universell gültig sein sollte! Stellt doch sein Gesetz nur die Beziehung zweier Massen mit einer von Gott gegeben Kraft dar (denn logisch ist sie nicht nachvollziehbar), demnach müsste auch eine Konstante von Gott gegeben sein, der Materie auf ebenso mystische Weise immanent wie die Schwerkraft selbst. Kann man so etwas messen?

Man konnte. Und man konnte es nur deshalb, weil das Weltall tatsächlich von einer messbaren Kraft erfüllt ist. Es ist der Alldruck! Cavendish maß die Kraft des Alldrucks, als er die Gravitationskonstante feststellte. Es war nicht die Anziehungskraft zwischen den Massen seiner Gravitationswaage. Sehen wir uns das einmal näher an (Abb.81a. Abb.81b zeigt das Originalinstrument):

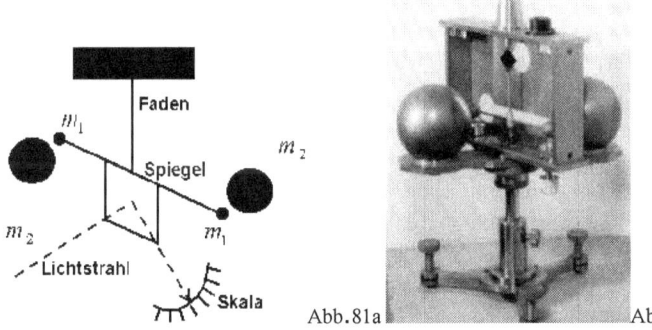

Abb.81a   Abb.81b

Durch Annähern der zwei großen Kugeln an die kleinen Kugeln, werden diese durch den Alldruck zusammengedrückt. Die Kraft, mit der die kleinen Kugeln angeschoben werden, führt zu einer Verdrillung des Torsionsfadens, bis dessen Federkraft gleich der Schubkraft ist. Die Torsion wird durch die Skala angezeigt. Nun werden die zwei großen Kugeln auf die andere Seite der kleinen Kugeln gedreht, und dadurch werden die kleinen Kugeln in die entgegengesetzte Richtung wie zuvor geschoben. Über das Gravitationsgesetz kann nun die Gravitationskonstante berechnet werden:

$$F = G \cdot \frac{m_1 \cdot m_2}{r^2}$$

Es gibt verschiedenste Abwandlungen und Verbesserungen der Messmethoden. Immer wird im Grunde die Beschleunigung zweier Testmassen zueinander gemessen. Diese Beschleunigung ist nichts anderes als die Überwindung der Trägheit durch den Alldruck, also durch das universelle Feld, das sich zusammensetzt aus mit Lichtgeschwindigkeit dahinpulsenden kleinsten Stößen. Und dieses wirkt auf einen Körper ein, der dieses Einwirken, Eindringen oder Durchdringen maximal mit Lichtgeschwindigkeit zulässt. Versucht man in diesem Geschehen zwischen zwei „trägen Massen" einen Proportionalitätsfaktor zu messen, misst man nichts anderes als die Beziehung dieser Geschwindigkeiten zueinander! Setzen wir als Maß für den Widerstand gegen die mit c (=Lichtgeschwindigkeit) eindringende Kraft den Kehrwert von c, also 1/c, so erhalten wir für eine Masse den Faktor für die Trägheit, für die Gravitationsproportionalität zweier Massen ergibt sich der Faktor demnach mit 2 x 1/c = 2/c. (1/G wäre in der Allgemeinen Relativitätstheorie das Maß für die „Starrheit" der Raum-Zeit). Die Gravitationskraft beträgt an der Oberfläche einer Masse von 1 kg (Dichte 1) etwa $6{,}6713 \cdot 10^{-9}$ N, die 2-fache Lichtgeschwindigkeit $6{,}6713 \cdot 10^{-9}$ m/s. Diese zahlenmäßig verblüffende Übereinstimmung ist einigen Astronomen schon aufgefallen, aber sie werden es wohl für einen Zufall halten. Scheint aber kein Zufall zu sein. Allzu ernst darf man die Zahlen aber nicht nehmen, denn die Konstante G kennt man nicht präzise (und wahrscheinlich ist es gar keine Konstante) und die Konstante c kennt man zwar ziemlich genau - aber ob es eine Konstante ist, hat auch noch niemand bewiesen (es gibt ja keine „Naturkonstanten").[24] Aber der Zusammenhang von c mit der Gravitation wird in der Allgemeinen Relativitätstheorie nicht nur noch deutlicher sondern überhaupt von grundlegender Bedeutung. Und bevor wir mit unseren Gedankengängen mitten in dieser Theorie landen, werden wir auf etwas oberflächlichere Weise den Hintergrund der Newton'schen Dynamik betrachten.

Jeder fallende Körper reguliert durch seine Größe (die Größe des Widerstandsfeldes) die Angriffstärke von Erd- und Alldruck selbst. Das heißt, auf einen kleinen Körper drückt der Alldruck schwächer, aber auch die Erde übt einen schwächeren Gegendruck aus. Auf einen großen Körper drückt der Alldruck stärker - aber auch die Gegenkraft der Erde ist nun stärker! Aus diesem automatischen Ausgleich heraus fallen selbstverständlich alle Körper gleich schnell! Und wir müssen einsehen, dass Schwere Massenwirkung in der Tat dasselbe zu sein scheint wie beschleunigte Träge Massenwirkung - was nicht überraschend ist, weil es die Schwere Massenwirkung als Ursache für die Gravitation ja gar nicht gibt. Es existiert also nur eine Art von „Masse" - und es ist nur eine Wirkung und kein „Urstoff", aus welchem womöglich die Materie bestehen könnte. Deshalb mutet Newtons „quantity of matter" so zutreffend an, weil man es auch mit „Menge des Geschehens" übersetzen könnte! Und so ist es tatsächlich: wir haben es nicht mit Dingen zu tun sondern mit Ereignissen.

Das Gewicht eines Körpers offenbart uns, in welchem Ausmaß er aus dem Gleichgewicht mit seinem Umfeld kommt. Fehlt der Ausgleich des entgegenwirkenden Erdrucks, so sind die vormals gleich schnell fallenden Körper natürlich plötzlich verschieden schwer. Diese Schwere definiert sich daher unmittelbar aus der Energiegröße, die das Feld durch seine (fehlende) Bewegung repräsentiert. Wir nennen diese Größe potenzielle Energie. Sie ist durchaus identisch mit der kinetischen Energie und ihr gleichzusetzen, wie wir bereits in unserem Ventilatorradbeispiel entdeckten.

Ein bewegter Körper führt die angelegte Kraft, die ihn bewegt, zwar mit sich, wirkt bei gleichförmiger Bewegung aber kräftefrei, weil der entgegen gerichtete Alldruck diese Kraft kompensiert. Fällt die Bewegung und damit die Kompensation weg, so wird die Kraft wieder frei und übt neuerliche Arbeit aus. Da der innere Energiegehalt - wie wir bei der Betrachtung der Trägheit bemerkten - tatsächlich durch Impulsveränderung erhöht wurde, wobei sich auch die Trägheit um den Betrag dieser Kraft erhöhte - was wiederum die Massenwirkung verstärkt - kann der Physiker die mitgebrachte Energie einfach aus der Masse eines Feldes und seiner Geschwindigkeit errechnen. Wir müssen uns allerdings an die halbe Masse halten (1/G!) also $kinE = 1/2 m * v^2$.

Ein Körper, der auf dem Erdboden aufschlägt und ein tiefes Loch gräbt, bezieht seine Energie dazu direkt aus dem Kosmos. Eine einmal angelegte Kraft kann von Körper zu Körper weitergegeben werden, ohne Energie zu verlieren. Das ist bekannt als die Erhaltung des Impulses. Und deshalb haben wir die Störung des T.A.O. von Anfang an als Impuls bezeichnet... Und nun zur Frage: Fallen wirklich ausnahmslos alle Körper gleich schnell zur Erde? Die erstaunliche Antwort auf diese Frage lautet nein! Denn wir dürfen im Spiel von All- und Erddruck einen wichtigen Faktor nicht übersehen: die geometrische Anordnung der Kräfte zueinander und die daraus resultierende Krümmkraft! Wie wir bereits wissen, entsteht diese Kraft aus der Tendenz eines Körpers, sich gegen Verformung zur Wehr zu setzen. Ganz ähnlich verhält es sich auch mit der Trägheit, wenn wir uns an unsere Entdeckung erinnern, dass jeder Körper durch angelegte Kräfte grundsätzlich verformt wird!

In einem Raum von gegebener Krümmung, wie der Raum um die Erde, ergibt sich die Stärke der Krümmkraft aus der Relation zweier Felder zueinander. Nun erkannten wir, dass die Fallbeschleunigung aus dem Verhältnis zwischen Erd- und Alldruck stammt. Eine konstante Beschleunigung dürfte sich eigentlich nur ergeben, wenn diese beiden Kontrahenten überall und immer gleich groß wären. Aber das sind sie nicht.

Unsere Abbildung 15 zeigte schon die Geometrie der Druckverteilung auf. Je weiter wir uns von der Erde entfernen, desto schwächer wird merkwürdigerweise der Alldruck, seine Feldlinien werden sozusagen dünner (das liegt eben daran, dass dieser Druck sphärisch einströmt). Je näher wir zur Erde kommen, desto stärker wird der Erddruck, das Feld wird dichter. Da zwischen diesen Kräften das Feld des fallenden Körpers steht, wirken immer ein wenig mehr Kraftlinien des Erddrucks auf das Feld, als Kraftlinien des Alldrucks. Das ergäbe ein ständiges kleines Plus für den Erdruck wenn nicht die Krümmkraft eingreifen würde und diese Differenz ausgliche. Die Krümmkraft eines auf die Erde fallenden Körpers ist aber abhängig von seiner Ausdehnung. Generell sind deshalb dichte Materialien tatsächlich immer etwas leichter als locker gebundene (ein Umstand, den die Physiker bislang nicht erklären konnten). Und deshalb werden auch Körper, die sich ausdehnen, etwas schwerer! Bei einem sehr großen fallenden Feld wird die Krümmkraft so stark, dass sie den Körper zerbricht, bevor er zur Erde fällt. Auf diese Weise entstehen die Ringe um die Planeten, von denen noch die Rede sein wird. Und es ergibt sich ein Unterschied zwischen vertikalen und horizontalen Massen, der bislang unbekannt war.

Andererseits aber verspürt ein sehr kleines Feld von der Krümmkraft der Erde so gut wie gar nichts. Und nun gewinnt der Erddruck das Spiel: Das sehr kleine Feld wird nicht zur Erde fallen - und sollte es auf der Erdoberfläche entstehen, wird es die Erde flugs in das Weltall befördern!

Ein Feld dieser Art müsste also sehr klein sein und sich darüber hinaus nicht an andere Felder binden lassen. Es gibt nur ein so kleines eigenständiges Feld auf Erden: Helium! Und aus dem geschilderten Grund verschwindet Helium auf Erden kontinuierlich und spurlos, obwohl es in Unmengen durch die Radioaktivität des Erdgesteins erzeugt wird. Aus den gleichen Ursachen fließt Helium jede Gefäßwand hoch, ohne sich um die Schwerkraft zu scheren. Man nennt diesen „rätselhaften" Zustand supraflüssig - und wir sehen, so rätselhaft ist diese Eigenschaft gar nicht. Auch Wasserstoff wird in das All katapultiert, wenn er in den obersten Atmosphäreschichten einzeln auftritt. Aber zum Glück bindet sich Wasserstoff gerne, und so bleibt uns noch einiges davon erhalten. Jetzt sollten wir noch an den Druck und an die Zusammensetzung des Sonnenwindes denken und an all jene Unmengen von Teilchen, die von den Sternen dieses Universums auf die Reise in die Unendlichkeit geschickt werden, weil sie klein genug sind, um den lauernden Krümmkräften des Alls zu entgehen...

Wir sind mit dem Thema Gravitation noch lange nicht fertig. Viele Phänomene, die bislang zu den Geheimnissen der Physik zählten, sind dadurch zu enträtseln, indem man die Schwerkraft auf den Kopf stellt. So ist es zum Beispiel mit der Schwerkraft vollkommen unerklärlich, wieso Himmelskörper oder überhaupt alle Massen unendlich lange gemütlich vor sich hin gravitieren und Anziehungskräfte zueinander ausüben, ohne von irgendwoher Energie zu erhalten! Auch die Einstein'schen Massen haben ganz schön zu tun mit der Raumkrümmung - und wo sie die Energie dazu herbekommen, weiß kein Mensch! Diese Gravitationstheorien haben eine mystische Komponente: ob sie nun ohne Energiezufuhr und Nachschub Schwerkraft leisten oder in der Einstein'schen Raumzeit anderen Massen zeigen, welche gekrümmten Bahnen sie fliegen müssen, um möglichst maximal zu altern (ja, es wird uns nicht erspart bleiben, auch das zu untersuchen), was ebenfalls Energien aus rätselhafter Herkunft benutzt, sie sind einfach schon vom Ansatz her logisch nicht nachvollziehbar.

Das Abstoßungsprinzip lässt dieses Erklärungsdilemma nicht zu. Die Verdrängung, die Abstoßung oder der Druck, sie kommen ja durch einen Energiefluss von einem Körper zum anderen zu Stande. Wir werden noch sehen, dass dieser Energiefluss der Motor ist, der das ganze Universum überhaupt in Schwung hält.

Für die Physiker von heute sind die Phänomene der trägen und der schweren Masse ein ungelöstes Rätsel. Sie konstruieren einen Aufbau der Materie mit „Teilchen", die sie selbst im Beschleuniger erzeugen und erklären das Auftreten von Kräften durch Teilchen-Wechselwirkungen. Das so genannte Standardmodell dieser Teilchentheorie ist ist eine unvollständige Sammlung von Hypothesen, die aus der Quantenelektrodynamik, der Theorie über elektroschwache Prozesse und der Quantenchromodynamik bestehen. Dieses Modell wird mit Sicherheit niemals vollendet werden. Mit Hilfe des Standardmodells kann man zwar die weit über hundert gefundenen Teilchen in elementare mit Spin 1/2 (Fermionen) und in jene mit Spin 1 (Bosonen) zurückführen, welche die Kräfte zwischen den Fermionen vermitteln, aber die Erfolge dieses Standardmodells sind rar und viele grundsätzliche Fragen bleiben offen.

Untersuchungen der Teilchen hinsichtlich ihrer Massenwirkungen brachten verwirrende Ergebnisse. Die verschiedenen subatomaren Teilchen variieren hinsichtlich ihrer Massen sehr. Während die Photonen, Grundlage der elektromagnetischen Kraft, und die Gluonen, Grundlage der starken Kraft, keine Masse zeigen, wiegen die Z- und W-Teilchen so viel wie 80 Protonen oder ein „Atomkern". Das Top Quark soll gar 350000 Mal schwerer als ein Elektron sein. Warum sich die Masse der Teilchen so unterscheidet, ist nach der Standardtheorie nicht erklärbar. Und vollkommen rätselhaft blieb die Existenz der Masse überhaupt. Nach bewährtem Strickmuster, jedes Phänomen irgendeinem Teilchen in die Schuhe zu schieben, erfand der schottische Physiker Peter Higgs als eine Art Erlöserteilchen ein Boson, welches den anderen Teilchen durch Interaktion die Masse verleihen soll. Je stärker die Interaktion, desto größer die Masse. Das Teilchen bildet praktisch ein Feld, das alle anderen subatomaren Teilchen wie Elektronen, Gluonen oder Quarks passieren müssen. Man hoffte, das Higgs-Boson zumindest indirekt nachzuweisen, wenn durch den Zusammenprall äußerst schnell beschleunigter Teilchen so viel Energie zur Wirkung kommt, dass ein neues Teilchen entsteht und seine Existenz aufgrund der

Kombination aus Partikeln, in die es zerfällt, „beweisbar" ist. Allerdings blieb die Suche nach diesem wichtigen Teilchen bis heute vergeblich.

Da man bisher kein anderes überzeugendes Konzept dafür fand, wie Masse zu Stande kommt, ist die Idee dieses Higgs-Feldes bis heute zumindest theoretisch attraktiv geblieben. Das Higgs-Boson ist deshalb nicht nur zu einer Art Gral der experimentellen Teilchenphysiker avanciert, sondern es ist auch der letzte fehlende Ziegel im Gewölbebau des Standardmodells. Ohne diesen obersten letzten Stein fällt das ganze Bauwerk in sich zusammen![25]

Bereits in den frühen Achtzigerjahren glaubte man, das Higgs-Boson im Kernzertrümmerer DESY in Hamburg gesichtet zu haben.. 1990 erwies sich das eindeutig als Irrtum, doch Forscher an einem der Kernzertrümmerer in CERN haben das „Erlöserteilchen" zehn Jahre später wieder „gesichtet". Aus Tausenden von „events" (Teilchenbahn-Spuren) erwählten sie drei, die unter Umständen eventuell vielleicht bei sehr großzügiger Interpretation als Hinweise auf das flüchtige Teilchen gedeutet werden könnten. Bezeichnenderweise geschah diese „Entdeckung" kurz vor der geplanten Schließung des Beschleunigers - und diese Schließung wurde im Anschluss an die „Entdeckung" aufgehoben. Aber nach mehrjähriger Analyse der Daten stand fest: Es gibt kein Higgs-Teilchen. Die Suche nach ihm war vergeblich, die Massen der Teilchen müssen anderswie erklärt werden. Als das Resultat der Analysen verkündete wurde, gaben die am Higgs-Experiment beteiligten Forscher zu, die damaligen Daten ein wenig „korrigiert" zu haben, um die Schließung des Beschleunigers zu verhindern.

Nun wird behauptet, das Higgs-Teilchen existiere nur bei wesentlich höheren Energien, was noch wesentlich leistungsfähigere Beschleuniger erforderlich machen würde. Dabei stützt man sich auf eine obskure Theorie, die sich „Supersymmetrie" nennt und die angenehmerweise gleich mehrere Higgs-Teilchen voraussagt, und dies bei utopisch hohen (nicht mehr nachprüfbaren) Energien.

Die Theorie des Higgs-Feldes ist ebenso wie „Quantenschaum" und „Vakuumfluktuation" nur einer der Versuche der Physiker, durch Hintertüren die Vorstellung des Äthers wieder einzuführen, weil ohne die Hilfe des Äthers die Herkunft der Masse unerklärbar bleibt (und mit seiner Hilfe auch, denn es gibt ja keine Masse, sondern nur eine Wirkung dieser Art). Wenn die Physiker konsequent weiterdenken, werden sie unweigerlich dort landen, wo wir bereits sind, in der absoluten Matrix des T.A.O. und dem Prinzip der Verdrängung und der Abstoßung - was letztlich darinnen gipfeln wird, dass die Ursache aller natürlichen Ereignisse, die unsere Wirklichkeit bilden, in jener einzigen Kraft zu finden ist, der man das am wenigsten zugetraut hätte, der „Gravitation"!

Wie diese Kraft im Hintergrund die physikalischen Phänomene dirigiert, soll nun an einigen Beispielen dargestellt werden. Unerbittlich scheint der Druck des Alls alles vor sich her oder in sich zusammen zu schieben... Das würde längst ein böses Ende genommen haben, gäbe es nicht auch kleine „Tricks", den Alldruck zu überlisten und die Abstoßung teilweise zu überwinden. Pflanzen haben einen dieser Tricks vermutlich als erster eingesetzt...

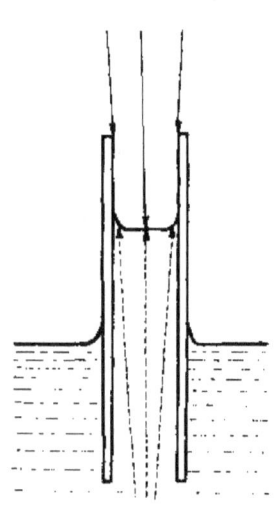

Abb.82

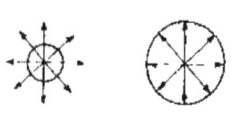

Abb.83

Die Physik als reine Beschreibungswissenschaft hat nur die Möglichkeit, ein Geheimnis mit anderen Geheimnissen zu erklären. Die gesamte Physik besteht praktisch aus solch philosophisch wertlosen Beschreibungen. So hat man uns die Kapillarwirkung zumeist mit anderen Kräften wie Kohäsion und Adhäsion erklärt, die ebenso geheimnisvoll wie die Kapillarwirkung sind. Fest steht jedenfalls, dass in einem engen, parallelwandigen Rohr Flüssigkeiten gegen die Schwerkraft hochsteigen!

Aber diesen Effekt verstehen wir sofort ganz zwanglos, wenn wir uns die geometrischen Verhältnisse näher ansehen. Die Abbildung 82 hat diese Verhältnisse stark übertrieben dargestellt. Wir sehen, dass die parallelen Wände des Rohrs die keinesfalls parallel einfallenden Kraftlinien des Alldrucks abschirmen. Das führt dazu, dass innerhalb des Rohrs plötzlich weniger Alldruck dem Erddruck gegenübersteht wie außerhalb; der Erddruck hebt daher das Wasser hoch, bis sich ein neues Gleichgewicht zwischen Erd- und Alldruck einstellt. Auch die praktisch fehlende Krümmkraft begünstigt diesen Prozess, weil der Querschnitt der Wassersäule gering ist.

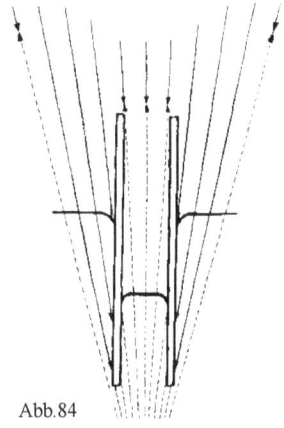

Abb.84

Wir wissen bereits, dass die Dinge nicht unbedingt dort aufhören, wo wir dies wahrnehmen. Die Felder um materielle Körper hängen von den Protonenfeldern ab, es ist daher naheliegend, dass Quecksilber ein stärkeres, größeres Feld als Wasser um sich aufbaut. Quecksilber ist ja wesentlich energiereicher als Wasser, und wir können das starke Feld des Quecksilbers leicht unter Beweis stellen, indem wir mit ihm elektromagnetische Wellen erzeugen. Dazu brauchen wir nur etwas Quecksilber in einer Schüssel zu schwenken. Aufgrund dieser Eigenschaft können wir sagen, der materielle Grenzbereich (die Wahrnehmungsgrenze) des Quecksilbers liegt „tiefer" als jener des Wassers - wie dies die Abbildung 83 zu verdeutlichen versucht (links Quecksilber, rechts Wasser). Weil das energiereichere, dichtere Feld früher am Alldruck Widerstand findet! Und nun unternehmen wir das gleiche Kapillarexperiment mit Quecksilber, an dessen flüssiger Eigenschaft wir ja nicht zweifeln (Abbildung 84). Wieder haben wir ziemlich übertrieben, aber wir sehen wenigstens, dass diesmal das Feld des Quecksilbers, bzw. der Erddruck von den Rohrwänden verschattet wird, weil das Feld des Quecksilbers weit über die sichtbare Oberfläche hinausreicht. Das führt zu einem Sieg des Alldrucks und es kommt zur kapillaren Senkung.

Sicher haben wir diese beiden Beispiele sehr vereinfacht, ja geradezu primitiv dargestellt[26]. Aber es soll uns wenigstens ein wenig Ahnung davon geben, wie das diffizile Spiel von Eigendruck und Alldruck den Oberflächen von Flüssigkeiten verschiedene Spannungen verleihen kann. Die Vorgänge in den atomaren Impulsfeldern sind ganz dieselben, wie wir sie bei der Trägheit besprachen – und wir stellen fest, dass überraschenderweise auch bei der Kapillarwirkung der Alldruck dahinter steckt, weil eben durch das Spiel von Verschattung und Aufeinanderprallen der

Abstoßungen die Atomimpulse spezifisch beeinflusst werden. Die klassische Erklärung der Kapillarwirkung postuliert, dass Flüssigkeiten „das Bestreben" haben, möglichst kleine Oberflächen zu bilden - erklärt den Effekt also mit einer inneren Ursache. Wieso sollte eine Flüssigkeit irgendein „Bestreben" haben? Dieses scheinbare Bestreben kommt von außerhalb, von den Kraftwirkungen des Alldrucks, der alles zu Kugeln formt. Man muss schon ein wenig darüber nachdenken, wieso die Kapillarwirkung in jeder Lage, sogar im Vakuum oder im Weltraum funktioniert. Aber das Abstoßungsprinzip findet nicht nur zwischen Himmelskörpern statt, sondern hat auch im Mikrokosmos seine Auswirkungen. Obwohl einfach vom Prinzip her, werden die Zusammenhänge in diesem Bereich quantitativ schwer durchschaubar. Es spielt auch eine Rolle, aus welchem Material das Röhrchen besteht. Baut es sich aus wasserfeindlichen Molekülen auf (oder verwenden wir eine nichtbenetzende Flüssigkeit), so wird die Abstoßung dieser Moleküle bereits so stark, dass eine kapillare Hebung nicht mehr stattfindet.

Das Thema könnte natürlich genauer abgehandelt werden, aber wir wissen jetzt zumindest, wo wirklich die Kraft herkommt, die das Wasser bis in die höchsten Baumwipfel steigen lässt - wobei allerdings auch die Vorgänge der Elektrophorese und Osmose eine Rolle spielen...

Der mathematisch interessante Unterschied unserer „Newton-Andersrum-Theorie" zu Newton selbst ist (außer der Umkehrung des Grundprinzips) der Einbezug der Krümmkraft, die einen Unterschied zwischen horizontalen und vertikalen Massen impliziert, ein Unterschied, der sich auch aus der Allgemeinen Relativitätstheorie Einsteins etwas mühsam herausrechnen lässt. Diesen Unterschied erkannte Newton begreiflicherweise noch nicht. Da man ohnedies schon mit einer modifizierten Newton'schen Theorie (M.O.N.D.) zu rechnen beginnt, wird der Einbezug der Krümmkraft die mathematische Handhabung der astronomischen Gravitationsphänomene wesentlich verbessern.

Wieder müssen wir den Leser dazu einladen, selbst auf Entdeckungsreise durch seine alten Schulbücher zu gehen, um festzustellen, wie leicht die vielen Merksätze, einst nur auswendig gelernt, nun zu verstehen sind. Und es sind gerade die bislang geheimnisvoll gebliebenen Phänomene der Physik, die sich mit unserer Anschauung besonders leicht begründen und erklären lassen.

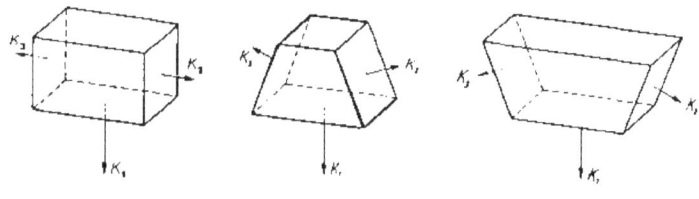

Abb.85

Dazu noch ein Beispiel (Abbildung 85). Die Abbildung illustriert das so genannte hydrostatische Paradoxon (auch als Pascalscher Versuch bekannt). Auf dem Boden eines Gefäßes mit der Grundfläche F, das mit Flüssigkeit gefüllt ist, lastet das Flüssigkeitsgewicht und erzeugt am Boden einen Druck Kl. Dieser Schweredruck ist merkwürdigerweise von der Gestalt des Gefäßes unabhängig. Sofern Bodengröße und Flüssigkeitshöhe übereinstimmen, lastet auf den Böden überall derselbe Druck - dagegen sind die Seitenkräfte K2 und K3 verschieden.

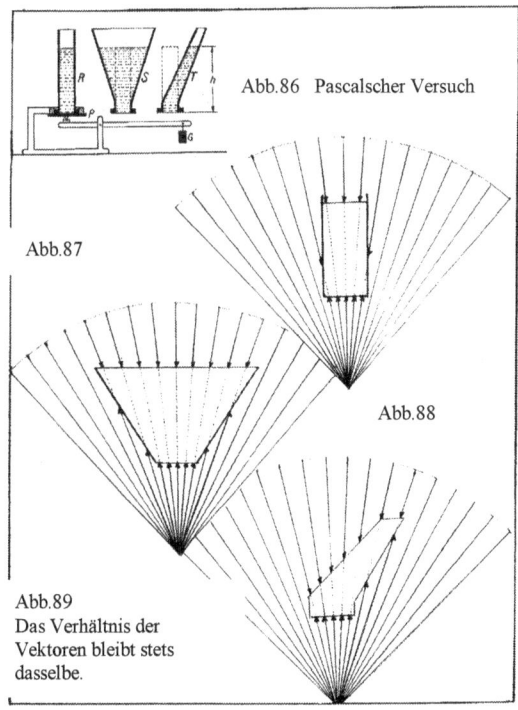

Abb.86 Pascalscher Versuch

Abb.87

Abb.88

Abb.89
Das Verhältnis der Vektoren bleibt stets dasselbe.

Das muss uns deshalb paradox erscheinen, weil ja die Flüssigkeitsmengen und damit ihr Gewicht von Behälter zu Behälter verschieden sind. Mit der üblichen Gravitationstheorie alleine ist das Rätsel nicht leicht zu klären. Der Physiker greift wieder zu neuen Kräften, in diesem Fall zum Aufdruck innerhalb der Flüssigkeit, ohne so richtig erklären zu können, woher dieser Aufdruck stammt. Wir wissen dagegen sofort, dass hier ein ganz ähnlicher Ausgleichseffekt wie im freien Fall vor sich gehen muss. Wenn wir die Kraftlinien des All- und Erddrucks in ihrem sphärischen Verhältnis zueinander zeichnen und die Behälter zwischen diese Linien halten, so können wir feststellen, dass immer ein bestimmtes Verhältnis von Erd- und Alldruck zueinander vorliegt und sich dieses Verhältnis ungeachtet der Behälterform niemals ändert (Abbildungen 86 bis 89). Von dieser Tatsache bis zum Prinzip des Archimedes ist es nur ein kleiner Schritt, aber vielleicht will nun der Leser selbst ein wenig knobeln...

Was wir aufzeigen wollten, war diese prinzipielle Einfachheit, die das Abstoßungsprinzip allen materiellen Vorgängen dieser Welt verleiht. Magnetpole, Elektrostatik und Elektrodynamik, Elektrolyse, Gravitation und Kapillarwirkung, sie alle haben nichts Mysteriöses an sich. Alle diese Erscheinungen und all die vielen Phänomene, die wir aus Platzgründen hier nicht behandeln können, existieren einfach deshalb, weil das Weltall existiert und „unter Druck steht".

Materielles Geschehen oder Naturgesetze bauen nicht autonom den Kosmos auf und verursachen ihn nicht. Denn es verhält sich umgekehrt: die Naturphänomene sind das ewige Spiel innerhalb eines universellen Kraftfeldes, dessen prinzipielle Einfachheit (T.A.O.) eben gewisse Möglichkeiten zulässt und andere ausschließt. Die einzige Kraft, die aus dem Dasein des Universums selbst ableitbar ist, formt und gestaltet die Strukturen, Impulse, Proportionen und Massen unserer Realität.

Zeit, Raum und Energie sind bereits Wahrnehmungen unseres Bewusstseins, die ersten, einzigen und letzten grundlegenden Begriffe innerhalb unseres Versuches, Kraft unseres Denkens diese Welt zu verstehen. Mehr können wir nicht finden, denn mehr gibt es nicht!

16 Himmelskörper

Wir haben in den vorhergehenden Kapiteln die Trägheit schon verstanden als einen Widerstand, den die Impulse eines aus Kugelfeldern zusammengesetzten Körpers gegen die Veränderung ihrer Bahnen innerhalb der T.A.O.-Matrix der angelegten Kraft entgegen setzen. Der Körper „bewegt" sich ja nicht wie ein kompaktes Ding, sondern die angelegte Kraft setzt sich von Atom zu Atom fort, und die Impulse verlagern ihre Schwingungen eben dementsprechend in jene Richtung, in welche die Kraft zeigt. Diese Impulsverlagerung speichert sozusagen die neue Situation - und das ist eben eine Bewegung im Sinne des 1. Newton'schen Axioms. Wir könnten kurz sagen: der Bewegungszustand eines Körpers ergibt sich aus den inneren Relativbewegungen seiner Impulse zur T.A.O.-Matrix - durch die man eben in jede beliebige Richtung „klettern" oder sich „hindurchschwingen" kann (oder muss!). Da jede Kraft, die an den Körper angelegt wird, ihn mit maximal Lichtgeschwindigkeit durcheilt, entspricht seine Starrheit dem Kehrwert von c (1/c) - und da dies auch den zweiten, kraftausübenden Körper betrifft, ergibt sich die Proportion der Trägheit zweier Körper zueinander aus dem Kehrwert 2/c, denn die Gravitationskonstante, die sich daraus ergibt, ist nicht das Maß der „Anziehung" der beiden Körper, sondern das Maß der Trägheit, welche die Körper einander entgegensetzen, wenn sie der Alldruck zusammen schiebt.

 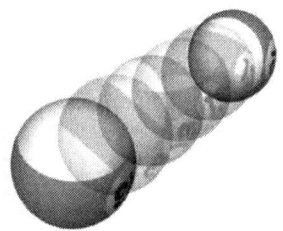

Abb.89a   Abb.89b

Diese Trägheit ist natürlich dem Impulsgehalt des Körpers proportional, also seine „Atom-Anzahl" und die „Atom-Art" bestimmen seinen Widerstand - aus der Kraft, die dies überwindet, errechnen wir die „Masse" - und aus der Masse die Kraft. Und wir wissen, dass im Grunde keines von beiden vorhanden ist. Es gibt ja nur die Impulse... Und was da so abläuft, ist eben die Summe aller beteiligten Impulse - wir haben es also gar nicht mit Kräften zu tun, sondern nur mit Impulsen. Deshalb spricht der Physiker auch nicht von der Erhaltung der Kraft, sondern von der Erhaltung des Impulses. Das sieht man am schönsten an den Kugeln, die einen Impuls weitergeben (Abb. 89a).

Diese Impulskugeln kennen wir alle; das Verblüffende an ihnen ist die Tatsache, dass die Anzahl der wegschwingenden Kugeln immer genau der Anzahl der anstoßenden entspricht. Der Vorgang ist aber leicht zu verstehen, wenn man einsieht, dass eine Impulsmenge („Masse"), die man an einem Ende der Vorrichtung einbringt, am anderen Ende auch heraus kommen muss, nachdem sie die Kugeln „durchpulst" hat. Zwei Kugeln entsprechen einer gewissen Feldgröße, die sich durch die Atome überträgt - und diese gewisse Feldgröße entspricht am anderen Ende eben wieder 2 Kugeln. Erstaunlich, dass so ein beweglicher Vorgang die absolute Matrix des T.A.O. als Voraussetzung braucht - aber ohne diese Matrix gäbe es die Kugeln nicht und ihre Bewegungen schon gar nicht.

Eine Billardkugel rollt nun gleichfalls nicht einfach dahin, sondern ihr inneres Schwingungsbild entspricht bloß dieser Bewegung[2], sie überträgt sich durch die Matrix und sie gibt ihren Impuls weiter an die „nächste" Billardkugel. Und wenn wir sie nur in Rotation versetzen, sehen wir wieder nichts anderes als jenen Vorgang, den wir bei der geradlinigen Bewegung feststellten - ihr inneres Impulsbild entspricht dem zugeführten Drehmoment (oder „speichert" es) und sie rotiert endlos weiter... Und das ist dann eben die „Erhaltung des Drehimpulses"! Wie wir gleich sehen werden, macht die Beschäftigung mit diesem Drehimpuls nicht nur eine Menge Spaß, sondern ist auch besonders wichtig für das Verständnis der Bewegung von Himmelskörpern. Und da wir uns mit Himmelskörpern und Planeten befassen wollen, nehmen wir jetzt diesen kleinen Exkurs auf uns.

Auch die Rotation ist eine Bewegung, die nur mit Kraftaufwand zu ändern wäre. Die Achsen eines Kreisels rühren sich daher im Idealfall nicht von der Stelle - sie sind im Raum fixiert. Das ist ja auch kein besonderes Wunder mehr, nach allem, was wir wissen. Und nun sehen wir mal kurz einem Balletttänzer zu, wie er seine Pirouetten dreht...

Abb.89c

Was wir dabei beobachten können, ist etwas Seltsames: Wenn der Tänzer während der Rotation die Arme ausstreckt, rotiert er langsamer ... aber wenn er die Arme einzieht, wird seine Rotation plötzlich schneller. Bei Ausschaltung störender Kräfte (Reibung etc.) könnte er das Spielchen endlos weiter treiben und seine Rotationsgeschwindigkeit einfach mit dem Ausstrecken seiner Arme oder Beine regeln. Ja, dieses Ausstrecken würde sogar in einem fixen Zusammenhang mit seiner Geschwindigkeit stehen! Würden wir einen Physiker fragen, warum das so ist, würde er sagen: „Wegen der Erhaltung des Drehimpulses!" „Und warum ist dieser Drehimpuls so erhaltungsbeflissen?" könnten wir fragen, und würden zu hören bekommen: „Kein Ahnung, das ist ein Naturgesetz!"

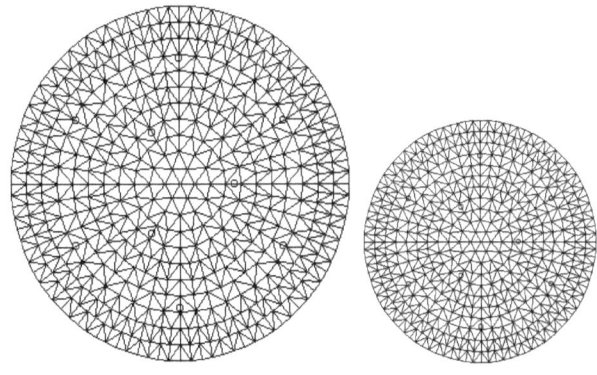

Abb.89d

Nehmen wir an, wir hätten ein Feld, also einen Körper in Rotation versetzt. Wir haben seinen inneren Impulsschwingungen eine Veränderung zugefügt, die dieser Beschleunigung entspricht, gewissermaßen ein anderes „Bild" eingebracht - eben das Bild einer Rotation. Für den Körper ist das ein neuer „Normalzustand" - er behält dieses innere Bild bei, und was wir wahrnehmen, ist ein rotierendes „Ding". Was wir eigentlich wahrnehmen ist ein Feld, das sich aus Impulsen in bestimmten spezifischen Bahnen zusammensetzt. Diese Impulse haben eine endliche Fortpflanzungsgeschwindigkeit (c !), das Ergebnis oder die Summe aller dieser Impulse und ihre inneren Richtungen ergeben eine bestimmte Drehung und Geschwindigkeit der Rotation.

Wenn sich dieses Feld vergrößert (Ballettänzer streckt die Arme aus), nehmen die Impulse eine andere Richtung ein. Das können sie nur mit maximaler Lichtgeschwindigkeit, weil die Beschaffenheit der T.A.O.-Matrix dies determiniert („Abstand der Dominosteine"), deshalb geht der Rotationsgeschwindigkeit dieser Betrag verloren, weil - solange die Feldvergrößerung stattfindet - sich die Impulse des Feldes eben auch etwas nach außen bewegen. Die neue Rotationsgeschwindigkeit (Winkelgeschwindigkeit) ist das Resultat der radialen und tangentialen Bewegungskomponenten. Das ist natürlich langsamer als zuvor. Das ganze würde aber nicht so funktionieren, gäbe es die Einschränkung der Fortpflanzungs-(Licht)-Geschwindigkeit durch die T.A.O.-Matrix nicht! Wir sehen also mit Staunen, dass an der Erhaltung des Drehimpulses die Lichtgeschwindigkeit (schon wieder mal!) eine Rolle spielt.

Zieht der Ballettänzer seine Arme ein, läuft der Prozess in umgekehrter Weise ab. Die Impulse des Feldes verdrehen während der Veränderung ihre Richtung, die resultierende Winkelgeschwindigkeit des Gesamtfeldes wird höher. Der Impuls- oder Energiegehalt des Gesamtfeldes bleibt ungeachtet jeder Größenveränderung immer derselbe - und trotzdem verändert sich die Rotationsgeschwindigkeit. Wieder ist die Lichtgeschwindigkeit an diesem Phänomen „schuld". Könnten die Atomimpulse diese Fortpflanzungsgeschwindigkeit über- oder unterschreiten, würden sie sich an die Veränderung anpassen - und der Körper würde sich nach außen hin nicht verändern und seine Winkelgeschwindigkeit beibehalten!

Die Abbildung 89 d versucht, unsere Vorstellungskraft etwas zu unterstützen. Die verschiedensten Richtungen der Impulse sind durch das Gitter symbolisiert. Feldvergrößerung oder Verkleinerung verändert die Richtung der Gitterkomponenten eben nach außen oder innen - wie dies durch die kleinen Diagonalen dargestellt ist. Die Impulsstrecken verändern sich dementsprechend und können stets nur mit c durchlaufen werden.

Wer denkt nicht an Einstein, wenn er das Wort Lichtgeschwindigkeit hört? Wer von den „Insidern" ahnt nicht schon, dass dieses ursächliche Vorhandensein von „c" in den Phänomenen Impuls, Impulserhaltung, Drehimpulserhaltung, Trägheit und Gravitation irgendetwas mit der Allgemeinen Relativitätstheorie zu tun haben könnte? Er ahnt richtig - aber so weit sind wir noch lange nicht! Denn als Nächstes werden wir uns anschauen, was diese Drehimpuls-Geschichte mit den Kepler'schen Gesetzen am Hut hat.

Einige Fakten sind nun besonders festzuhalten. Die Rotationsgeschwindigkeit ist zur Radiusveränderung proportional, der Balletttänzer streckt seine Hände aus und seine Rotation verlangsamt sich, aber innerhalb einer Zeiteinheit überstreichen seine Arme dieselbe Fläche wie zuvor ... und wenn er die Hände einzieht, so rotiert er zwar schneller, aber die pro Zeiteinheit überstrichene Fläche ist wieder dieselbe. Wenn wir einen Punkt eines rotierenden Körpers verfolgen und die Fläche ausmessen, die der Radius innerhalb einer Sekunde überstreicht, so wird diese Fläche immer dieselbe bleiben, auch wenn wir die Größe des Körpers variieren - nur die Geschwindigkeit wird sich dementsprechend ändern. Ein Stein, an eine Schnur gebunden und im Kreis geschwungen wird schneller, wenn wir die Schnur währenddessen verkürzen - aber die von der Schnur innerhalb einer Zeiteinheit überstrichene Fläche bleibt stets gleich! Das ist auch zu erwarten, da wir am Energie-Impuls-Gehalt („Masse") des Steins ja nichts verändert haben. Diese Verknüpfung der Geschwindigkeit zum Radius und zu den überstrichenen Flächen nennen wir den „Flächensatz". Und dass wir damit bereits das 2. Kepler'sche Gesetz beschrieben haben, werden wir auf den nächsten Seiten erfahren...

Wenn wir zwei Kugeln aneinander binden und in Drehung versetzen, so sehen wir, wie sie im gegenläufigen Sinn einen gemeinsamen Schwerpunkt zu umkreisen scheinen. Zwar „hängen" die Bewegungen der beiden Kugeln im wahrsten Sinn des Wortes voneinander ab - aber Schwerpunkt gibt's da in Wahrheit keinen. Und wieso die Sonne mit ihren Planeten ein ganz ähnliches Spielchen treibt, sehen wir uns jetzt genauer an.

So einfach und genial das Gravitationsgesetz Newtons auch erscheint, die Ursache der Gravitation hat es nicht aufgedeckt. Eine besondere Schwäche der Newton'schen Dynamik (ND) bestand in der Fernwirkung über den leeren Raum zwischen den einander anziehenden Körpern, weil diese Auffassung beispielsweise unerklärt ließ, weshalb die Anziehung der Sonne auf die Erde auch während einer Sonnenfinsternis erhalten bleibt, in der der Mond zwischen Erde und Sonne tritt. Gegen jede Logik ist auch das Phänomen, dass eine Kraft, die linear zwischen den Schwerpunkten der Körper wirkt - und das von beiden Seiten! - mit dem Quadrat der Entfernung abnimmt. Überdies besagt ja Newtons zweites Bewegungsgesetz, dass die Masse eines Körpers das Maß seiner Trägheit ist. Je größer die Masse eines Körpers ist, desto größer ist demnach seine Trägheit. Wenn also zwei Körper mit unterschiedlichen Massen von der gleichen Kraft in Bewegung gesetzt werden, so reagiert stets der massivere Körper langsamer als der weniger massive. Diese Beobachtung trifft jedoch im Fall der Erdbeschleunigung nicht zu, weil wir ja wissen, dass alle Körper gleich schnell fallen. Newton selbst suchte diese Schwäche seiner Theorie zu verschleiern, indem er erklärte, dass die Gravitationskraft, die auf einen Körper einwirkt, mit der Masse des Körpers zunimmt. Es ist fraglich, ob Newton diese seltsame Erklärung selbst glauben konnte.

Die Abbildungen 46 und 81 versuchten bereits, die Beziehung zweier Himmelskörper - als Beispiel Erde und Mond - zu veranschaulichen. Sehen wir uns das noch einmal - diesmal mit Sonne und Planet - etwas genauer an (Abbildung 89 e):

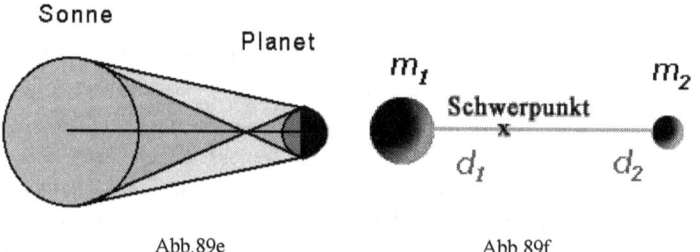

Abb.89e   Abb.89f

Zuvor noch einige unvermeidliche Klarstellungen: Wenn wir die Eigenschaften des Feldes beschreiben wollen, welches das Feld eines anderen Körpers verdrängt, ist es am besten, wir benutzen dazu die Eigenschaften des Lichts. Das Weltall ist ja nicht einfach diffus von Licht erfüllt, sondern wir können aus der Richtungsbeziehung zwischen Quelle und Beobachter die Sterne voneinander unterscheiden - diese Beziehung ist in der Physik der Strahlenoptik gut beschrieben. So wie das Licht der Sterne auf uns nieder strömt, so strömen die feinen Stöße des Alldruck-Feldes von allen Seiten auf die Sonne zu. Diese Stöße (wir haben sie schon mit Neutrinos oder Gravitonen verglichen, sie liegen aber sicher mehrere Größenordnungen darunter) haben keinen Spin; haben sie einen, so handelt es sich um ein Magnetfeld (!). Auch die Phänomene der Strahlenoptik sind als Analogie bei diesen Alldruck-Stößen gut brauchbar, wie z. B. Reflexion (Widerstand), Durchdringung und Absorption. Mangels Spin finden jedoch die Erscheinungen der Wellenoptik (Beugung, Brechung, Interferenz etc.) nicht statt! Das Spiel des Alldrucks mit den Himmelskörpern ist daher ein Spiel mit „Licht" und „Schatten"; d.h. ihre Körper verschatten diese feinen Stöße. Schatten, Halbschatten, Kernschatten - alle diese Erscheinungen, die wir vom Licht, insbesondere von Sonnen- oder Mondfinsternissen, her kennen, treten auch im Alldruck-Feld auf. Darüber hinaus müssen wir annehmen, dass diese Alldruck-Strahlung zum Teil von den Körpern durchgelassen wird und ein anderer Teil die Beschleunigung des Körpers verursacht, während ein weiterer Teil dem Körper Energie zuführt, weil er absorbiert wird. Denn dass Sterne und Sonnen Jahrmillionen lang dahinglühen und dahingravitieren, ohne von irgendwo Energie zu erhalten, werden wir uns von den Astrophysikern ja nicht einreden lassen. In Wahrheit findet über die Alldruckfelder ein ständiges Geben und Nehmen von Energie (Energiefluss) statt.

Die geniale Schlichtheit des Newton'schen Gravitationsgesetzes geht nun im Abstoßungsprinzip deshalb verloren, weil wir es nicht mehr mit einer Kraftwirkung, die im Mittelpunkt einer „Masse" lokalisiert ist, zu tun haben, sondern ganz andere Faktoren berücksichtigen müssen. So spielt nicht nur die Dichte der beteiligten Körper ein Rolle, sondern auch die materielle Zusammensetzung. Die schöne lineare Integration der Massenwirkung muss daher einer exponentiellen weichen. Dazu kommen noch die geometrischen Wirkungen der Kräfte („Krümmkraft")... Einfacher wird die Sache dadurch nicht wirklich - aber wir können dennoch eine vereinfachte Darstellung verwenden, weil wir relativ simple Phänomene - wie eben die Planetenbewegungen - damit erklären wollen.

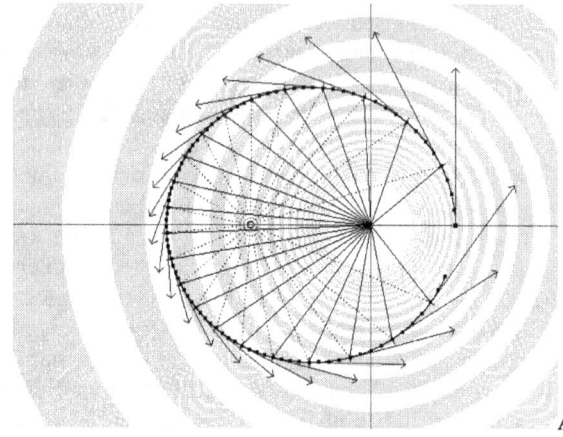

Abb.89g

Die Abbildung 89 e zeigt den Druckschatten zwischen Sonne und Planet. Die beiden Körper werden in diesem Schatten zueinander (!) gedrückt. Dabei wird stets der Eindruck entstehen, als fiele der kleinere Körper auf den größeren, weil er auf Grund seiner kleineren Trägheit die größere Beschleunigung vom Alldruck erhält. Da der Planet wegen seiner Größe auch einen dementsprechenden Gegendruck von der Sonne erfährt, ist die Annäherungsgeschwindigkeit beider Körper ungeachtet ihrer Massenverhältnisse stets dieselbe! Die Größe dieser Fallbeschleunigung ergibt sich nämlich stets nur aus dem Verhältnis des Zentralkörper-Drucks zum Alldruck! Was dazwischen eingeklemmt in Richtung Zentralkörper „fällt" ist völlig egal. Aber das hat ja schon Galilei bemerkt...

Auch wenn gar nichts auf die Sonne „fällt" hat sie als Resultat ihrer Schattenwirkung und ihres Eigendrucks zum Alldruck ein Feld um sich. „Fallende" Körper bewegen sich aus dem Halbschattenbereich in den Kernschattenbereich ... d.h. je näher der Körper zur Sonnenoberfläche kommt, desto geringer wird der seitliche Einfluss des Alldrucks - und die Fallbeschleunigung wird höher. In der Abbildung 89g haben wir das Feld um die Sonne durch die grauen Kreise verdeutlicht. Nehmen wir an, die Sonne würde Materie in das All schleudern, also gleichsam einen Satelliten abschießen, müssten wir erkennen, dass es tatsächlich so etwas wie einen „gekrümmten" Raum um die Sonne gibt, der die Bewegungen dieses Satelliten bestimmt. Der Flugkörper bewegt sich gegen den Alldruck und dieser drückt ihn in den „Schatten" zurück - je nach Geschwindigkeit des Flugkörpers ergibt sich eine Bahn, die entweder zurück in die

Sonne führt oder in den unendlichen Weiten des Alls endet. Der dazwischen liegende „Grenzfall" ist ein (fast) endloser Fall um die Sonne...

Nun hat Kepler in seinem ersten Gesetz behauptet, alle Planeten bewegen sich in Ellipsen, in deren Brennpunkten die Sonne steht. Wäre das wirklich der Fall, könnten die Umlaufbahnen der Planeten tatsächlich schöne Kreise sein. Aber wenn die Sonne einen Satelliten abschießt, wirkt ja - wie wir schon wissen - auf sie dieselbe Kraft, die sie auf den Satelliten ausübt: sie wird auch vom Satelliten abgestoßen. Und sie macht ganz dasselbe wie der Satellit: auch sie begibt sich in eine Umlaufbahn innerhalb ihres Feldes. Und auch wenn das vielleicht aufgrund ihrer großen Trägheit eine ganz unmerkliche Bewegung ist, hat sie weitreichende Folgen - so weitreichend eben, wie ihr unsichtbares Feld reicht, denn das bewegt sich natürlich auch. Diese winzige Veränderung pflanzt sich im Feld fort (mit Lichtgeschwindigkeit) - und abgesehen davon, dass das nichts anderes als eine von Einstein geforderte Gravitationswelle wäre - hat das natürlich auf die Bahn des Satelliten seinen Einfluss. Die Sonnenfeldveränderung erfolgt ja im Vergleich zur Satellitengeschwindigkeit viel schneller, und da sich die Sonne samt ihrem Feld im Raum verschiebt, findet der Satellit nicht mehr die ideale Kreisbahnbedingung vor, sondern wird (im Aphel) ein wenig „früher" zur Sonne zurückgeschoben. Das Ergebnis ist eine Ellipsenbahn! Für die Sonne gelten die gleichen Konsequenzen, auch ihre Bahn wird zur Ellipse (aber eine ganz kleine), beide Ellipsen umkreisen einen Punkt, der als Schwerpunkt (Abb.89 f) bezeichnet wird, weil sich dort die beiden Körper - würden sie aufeinander zufallen - aufgrund ihrer unterschiedlichen Geschwindigkeiten treffen würden, nicht von der Schwerkraft angezogen, sondern vom Alldruck zusammen geschoben! Es ist also kein „Schwerpunkt" ... und es gibt in Wahrheit keine Zentripedalkraft und keine Fliehkraft und keine Massenanziehung und dergleichen. Müssten wir die angebliche Schwerkraft in der Beziehung Sonne-Erde durch ein Stahlseil ersetzen, wäre das Seil etwa 3700 Kilometer dick, im Falle des Jupiter sogar 17000 Kilometer ... das macht die Schwerkrafttheorie ziemlich unglaubhaft. Aber auch wenn die Dinge eigentlich einfacher liegen, sind sie gar nicht einfacher zu beschreiben und schon gar nicht einfacher zu berechnen. Newtons Gleichungen dagegen beziehen sich nicht auf die Ursache, sondern auf die Wirkung - und daher funktionieren sie ziemlich exakt. Allerdings versagen sie z. B. bei der Rotationsbewegung von sehr großen Massen, wie Galaxien, wo auch die Kepler'schen Gesetze eher missachtet werden. Damit werden wir uns auch noch beschäftigen müssen.

In unserem Universum wirken also nicht Massen mittels Anziehung aufeinander, sondern Felder aus Energie und Impuls „sagen" dem Raum, wie er sich zu „krümmen" hat - und der „gekrümmte" Raum sagt den Feldern, wie sie sich zu bewegen haben... Ja, da haben wir schon wieder einen Aha-Effekt! Denn das ist nichts anderes als die General-Aussage der Allgemeinen Relativitätstheorie! Newton hat bemerkt, dass die Sache mit dem Brennpunkt nicht stimmt ... und Einstein hat bemerkt, dass die Sache mit der Schwerkraft nicht stimmt... Und so wie Newtons Theorie gleichzeitig richtig und falsch war, indem sie Wirkungen auf der Basis von Fiktionen (Masse und Schwerkraft) beschrieb, so beschreibt Einsteins Theorie in geradezu exzessiver Weise nur mehr auf der Basis von Geometrie und Mathematik ein Feldgeschehen, dessen Ursache ganz leicht nur mit dem Dasein von Materiefeldern und dem Abstoßungsprinzip erklärt werden kann.

Wenn der Mond bei einer Sonnenfinsternis zwischen Sonne und Erde steht, kann er der Anziehungskraft der Sonne nichts anhaben, weil die Kraft ja nicht existiert. Aber er kann den Druck der Sonne etwas abschatten und durch seinen eigenen ersetzen. Während im Kernschatten des Mondes eine Gravitationsveränderung in Widerspruch zu Newton kaum feststellbar sein wird, tritt die Abschwächung im Halbschatten deutlich messbar auf, weil die Randbereiche des Mondes den Sonnendruck zwar abschatten, aber der Monddruck sphärisch abstrahlt und daher den Halbschattenbereich auf der Erdoberfläche nicht zur gleichen Zeit trifft. Man wird daher Gravitationsveränderungen zu Beginn und Ende einer totalen Sonnenfinsternis feststellen können - aber während der Verfinsterung wird alles im Rahmen bisheriger Theorien bleiben [27] oder sich die Erdgravitation etwas erhöhen! [109]

Wir haben hier als wesentliche Fakten festzuhalten: aufgrund der wechselseitigen Beeinflussung der Felder (auch wenn Körper einander „einfangen" findet dergleichen statt) sind kreisförmige Umlaufbahnen im Universum unmöglich. Immer wird es sich um Ellipsen handeln. Durch den Umstand, dass zwei Felder gewissermaßen mit sich Ping-Pong spielen und sich zwischen Eigen-

und Alldruck hin- und herschieben, muss man schließen, dass der Vorgang Energie verbraucht. Mit der von Gott gegebenen Schwerkraft ist es damit endgültig vorbei. Und bevor wir uns über diese diffizilen Zusammenhänge den Kopf zerbrechen, schauen wir uns die beiden anderen Gesetze von Kepler an, um endlich zu erfahren, warum der Mond nicht runterfällt und wieso er weiß, dass er zur Erde gehört, obwohl er sich auch im Feld der Sonne bewegt...

In der ersten Online-Fassung dieses Buches hieß es noch lapidar, ein Planet müsse seine Geschwindigkeit in dem Maße verändern, wie sich seine Bahn verändert - und das sei eben das 2. Kepler'sche Gesetz. Das Echo war eine erkleckliche Anzahl von Kritiken ... dass das wohl nicht so einfach zu erklären sei... Und die Kritiker haben natürlich Recht, auch wenn der bemängelte Satz prinzipiell richtig ist, erklärt er im Grunde nichts. Als Kepler sein 2. Gesetz formulierte, konnte vorerst auch niemand etwas damit anfangen, ehe die Physiker feststellten, dass nichts anderes als die Erhaltung des Drehimpulses dahinter steckte.

Warum es dieses Erhaltungsgesetz gibt, haben wir mit Hilfe des Balletttänzers schon festgestellt. Und wir haben einen Stein an eine Schnur gebunden und ihn herumgeschleudert, währenddessen wir die Schnur verkürzten und haben bemerkt, dass auch in diesem Fall der Drehimpuls erhalten bleibt, indem sich die Geschwindigkeit des Steins dementsprechend verändert - und dadurch die von der Schnur überstrichenen Flächen innerhalb gleicher Zeiten gleich groß bleiben...

Ob wir nun einen Planeten an eine Schnur („Schwerkraft") binden oder ob seine Bahn durch die von Sonnen- und Alldruck gekrümmten Raumfelder bestimmt wird, ist gleichgültig. Der Planet lässt sich seinen Drehimpuls nicht nehmen und es kommt auch kein Drehmoment dazu - kann ja auch nicht sein, denn er befindet sich im kräftefreien Fall. Da er aber vom Sonnenfeld und seinem eigenen Feld in eine Ellipsenbahn geschubst wird, ändert sich - so wie beim Stein an der Schnur, seine Geschwindigkeit dementsprechend. Ein Planet ändert seine Umlaufgeschwindigkeit also derart, dass sein Radiusvektor in gleichen Zeiten gleiche Flächen überstreicht. Das ist das 2. Kepler'sche Gesetz, der so genannte „Flächensatz".

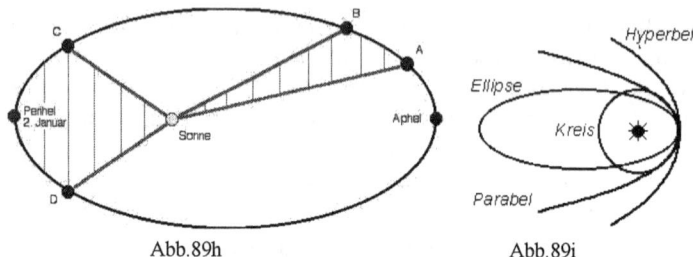

Abb.89h Abb.89i

Das Prinzip funktioniert auch umgekehrt. Wenn auf die Geschwindigkeit des Planeten Einfluss genommen wird, verändert sich sein Abstand zur Sonne. Verlangsamung durch „Gezeitenreibung" wie beim Mond führt zur Vergrößerung des Abstands zum Zentralkörper. Dazu kommt allerdings, dass die Körper über ihre ausgedehnten Felder in Kontakt stehen und sich Drehmomente übermitteln. Wir werden noch sehen, dass das in der Beziehung der Sonne zu ihren Planeten einmal eine wichtige Rolle gespielt hat.

Wie schon betont, sind Planeten-Umlaufbahnen stets Ellipsen. Alle Bewegungen innerhalb unseres Universums sind genau genommen Ellipsen oder Ellipsenabschnitte (Kegelschnitte). Also auch Hyperbel und Parabel sind in der Ellipse enthalten (Abb. 89 i). Das kommt daher, dass immer zumindest zwei Felder einander beeinflussen, und nur wenn das Massenverhältnis sehr unterschiedlich ist, kann die Bahn einem idealen Kreis sehr nahe kommen.

Unser Versuch, Newtons Theorie mit der Frage zu erschüttern, wieso die Anziehungskraft der Sonne nicht darunter leidet, wenn der Mond zwischen Sonne und Erde steht, war vielleicht nicht überzeugend genug. Schließlich wirft der Mond auf die Erde nur einen kleinen Schatten... Aber wieso weiß der Mond, dass er zur Erde gehört? Warum haut er nicht einfach ab? Wieso zupft ihn die ungeheure „Anziehungskraft" der Sonne nicht einfach weg und zieht ihn zu sich? Der Mond, dessen Bahn ungefähr in der gleichen Ebene liegt wie die Erdbahn, läuft ja einmal mit der Erdbewegung mit und einmal dagegen. In Bezug zur Sonne wird diese Geschwindigkeit einmal kleiner, einmal größer ... wie bei der massiveren Erde auch, die sich ja angeblich gegen die Anziehung der Sonne mit der Fliehkraft wehrt. Der viel kleinere Mond hat das offenbar nicht nötig, und der Sonne ist er egal, sie respektiert offenbar die intime

Beziehung Erde - Mond und lässt den Trabanten in Ruhe. Denn eigentlich müsste sie ihn in dem Moment, wo er in Bezug zu ihr sogar still steht, einfach zu sich reißen...

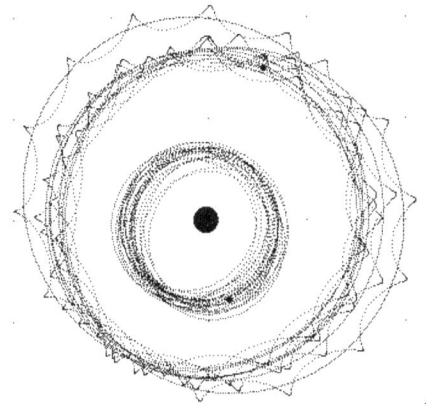

Abb.89j

Was, der Mond steht ab und zu mal still? Wenn wir die Abbildung 89j betrachten, die uns die Umlaufbahnen Venus, Erde und Mond zeigt, sehen wir nicht nur, was das eigentlich für eine wackelige Angelegenheit ist, sondern auch, dass die Erde dem Mond ständig davonrennt und er ihr nacheilt... Seine Bahn verwandelt sich in ein Art Girlande, und die aufrechten Zacken der Girlande zeigen die Momente, an denen der Trabant in Bezug zur Sonne stillsteht - wozu noch kommt, dass sich die Anziehungskräfte Erde und Sonne an diesem Punkt addieren müssten...

Da die „Anziehungskraft" der Sonne eigentlich ziemlich skrupellos ist und sie sich jeden Körper schnappt, dessen Fallbeschleunigung nicht durch die „Fliehkraft" ausgeglichen wird, müsste der Mond schon längst in die Sonne gefallen sein. Wir haben das Dreikörperproblem Sonne-Erde-Mond vor uns - und Sir Isaac Newton können wir deshalb endgültig vergessen. Denn mit ihm ist die Beantwortung dieser Frage extrem schwer bis gar nicht lösbar. Nehmen wir die Allgemeine Relativitätstheorie hinzu, so ist bereits ein Zweikörperproblem nicht mehr zu handhaben! Aber die ART ignoriert das Problem ohnehin, weil sie so etwas wie „Schwerkraft" gar nicht kennt.

Natürlich haben wir in Wahrheit mit allen Planeten und Monden und besonders mit den Asteroiden ein Mehrkörperproblem. Wir haben den Erdmond nur als Beispiel gewählt, weil aufgrund der

Sonnennähe die Problematik besonders deutlich wird. Die größten Mathematiker dieser Erde haben sich bis heute vergeblich bemüht, die Bahnbeziehungen der drei Körper analytisch zu lösen. Nach Newtons Dynamik dürfte das ganze gar nicht funktionieren, was irgendwie seltsam ist, weil Newton seine Theorie ja aus den Kepler'schen Gesetzen abgeleitet hat. Wir sehen schon, da ist ziemlich viel faul im Staate Dänemark. Allerdings könnte man noch einräumen, dass sich die Sonne in 365 Tagen um das Erde-Mond-System dreht (denn wer sich um wen dreht ist egal) und sich deshalb maximal eine ständige Verzerrung der Mondbahn in Richtung Sonne ergeben müsste. Aber auch eine Verzerrung dieser Art ist nicht feststellbar!

Freilich wird die quantitative Überschaubarkeit mit dem Abstoßungsprinzip nicht unbedingt einfacher, aber die Treue des Mondes zu seiner Erde können wir mit unserer Theorie vollkommen logisch erklären. Denn die Sonne zieht ihn ja niemals an, sondern eigentlich stößt sie ihn ab. Sie stößt ihn gegen den Alldruck und dieser stößt ihn zurück. Der Mond verwandelt sich in einen Ping-Pong-Ball - der da, festgesaugt durch den Druckschatten zwischen ihm und der Erde, hin und her springt. Müssen wir noch viele Worte verlieren über ein Problem, das so einfach zu lösen ist, wenn man die Anziehungskraft aus der Welt schafft? Wer sich da mit Schwerkraft, Zentripedalkraft, Fliehkraft, Masse und Drehimpuls herumschlägt, gerät bald ins tiefe Wasser unlösbarer Differenzialgleichungen. Und ob jemals jemand so verwegen war, das Problem gar mit der ART anzugehen?

Wir werden bald sehen, dass dieses Ping-Pong-Spiel alle Himmelskörper miteinander treiben (auch die Sonne rast mit 20 km/h dahin und die Planeten hinterher).

Jetzt aber sehen wir uns noch Keplers drittes Gesetz an. Der Astronom entdeckte eine mathematische Beziehung des Abstandes eines Planeten zu seiner Umlaufbahn. Diese Beziehung lautet:

„Die Quadrate der Umlaufzeiten der Planeten verhalten sich wie die 3. Potenzen ihrer mittleren Entfernung von der Sonne."

Mit diesem Gesetz kann man die relativen Entfernungen der Planeten allein aus ihren Umlaufzeiten bestimmen. Allerdings gibt es bei den sonnenfernen Planeten kleine Abweichungen, d.h. das Gesetz funktioniert nur bei den sonnennahen Planeten ganz exakt.

Eine einfachere und genauere Rechenmethode, mit der man aus der Entfernung eines Planeten die Umlaufzeit in Erdtagen ableiten kann (wenn man die Entfernung in Millionen Kilometern wählt), lässt sich finden, wenn man einfach diese Entfernung mit der Quadratwurzel dieser Entfernung multipliziert und durch 5 dividiert: das Resultat ist immer die Umlaufzeit in Erdtagen! Umgekehrt lässt sich aus der Umlaufzeit in Erdtagen genau die Entfernung des Planeten zur Sonne ermitteln - und Verblüffenderweise funktioniert diese Methode sogar genauer als das 3. Gesetz von Kepler!

Es gibt also offenbar eine Gesetzmäßigkeit in den Abständen der Planeten zur Sonne. Diese Gesetzmäßigkeit lässt sich auch aus der Titius-Bode Regel entnehmen, mit deren Hilfe immerhin der Asteroid Ceres gefunden wurde. Da dieser Regel - eine einfache mathematische Reihe, die den Bahnradien der Planeten entspricht - mangels wissenschaftlicher Grundlagen für einen Zufall gehalten wurde, hatte sie nie eine schwerwiegende Bedeutung in der Astronomie.

Auch Keplers 3. Gesetz war ebenso wie die beiden anderen nur eine Feststellung oder eine mathematische Formulierung von Beobachtungstatsachen. Es enthält keinerlei Hinweis auf die Ursache der Planetenbewegung, die Bahnradien oder auf das Wesen der wirkenden Kräfte. Kepler begnügte sich mit einer Beschreibung, wie und wo sich die Planeten bewegen. Die Anwendung von Keplers Gesetzen ist also keine Erklärung eines physikalischen Geschehens, sondern schlicht die Schilderung einer Beobachtungsgröße, die erst von Newton rund hundert Jahre später mathematisch erfasst wurde. Aber weder Newton noch Einstein konnten das Geheimnis, das in den vielen Gesetzmäßigkeiten unseres Planetensystems steckt, ursächlich aufdecken. Die Titius-Bode-Regel haben die Astronomen überhaupt als Laune der Natur bald ad acta gelegt. Wir werden aber aufzeigen, dass diese Regel und die Seltsamkeiten um die Planetenbewegungen mit dem Abstoßungsprinzip sehr gut erklärt werden können. Dabei stoßen wir noch auf zwei weitere eigentümliche Planetenbewegungen (die Drehungen ihrer Ellipsen und die Schwankungen der Bewegungsebenen,), die Kepler noch nicht entdeckt hatte und Newton in sein Gesetz nicht explizit einbeziehen konnte...

Wir können uns sicher schon ein gutes Bild davon machen, wie durch gegenseitige Verdrängung die Felder im T.A.O. sich strukturierten zu Energiezentren, Zusammenballungen von Atomen und Molekülen, die - allseits bedrängt - zentrale Massen und Körper bildeten. Auch dass Impulse nicht einfach wahllos fließen können, sondern durch Felder und „gekrümmte Räume" auf ganz bestimmte Bahnen gezwungen werden, blieb uns nicht verborgen. Wenig Schwierigkeiten sollte uns jetzt die Vorstellung machen, wie sich die Sterne bilden konnten.

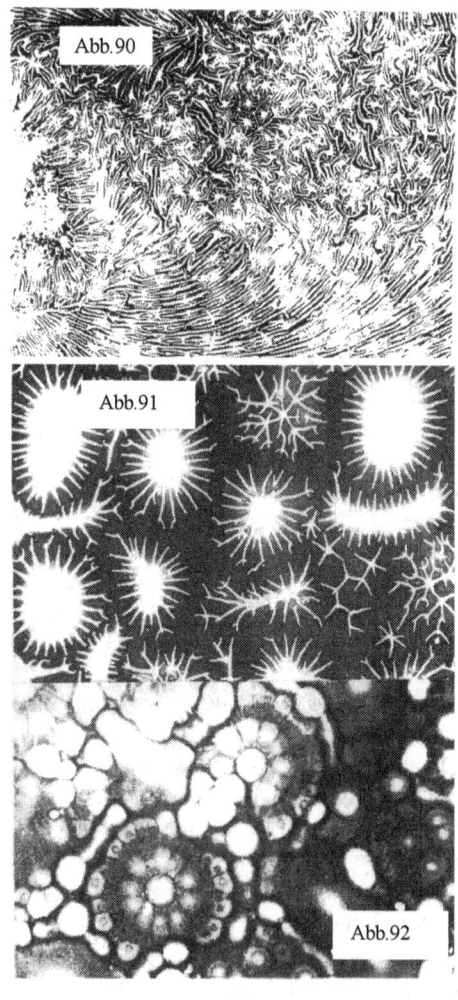

Abb.90

Abb.91

Abb.92

Erinnern wir uns zurück an die fotografierten Wärmekugeln der Abbildung 3. Das in diesem Bild festgehaltene Ereignis hat eine Fortsetzung: Die Wärmekugeln bilden durch gegenseitige Verdrängung bald Muster; sie pressen einander in neue Strukturen, ihre Impulsfelder sammeln sich an bestimmten Punkten an. Wenn wir die Abbildungen 90 bis 92 betrachten, sehen wir diesen dynamischen Prozess plastisch vor uns.

Energien beginnen zu fließen (90), verdrängen sich zu zentralen Feldern (91), und bilden bald Überordnungen (92), die uns bereits an die Anordnung von Galaxien erinnern...

Die Abbildungen 93 und 94 versuchen, Vorbedingung und Endergebnis als Computersimulation grafisch darzustellen:

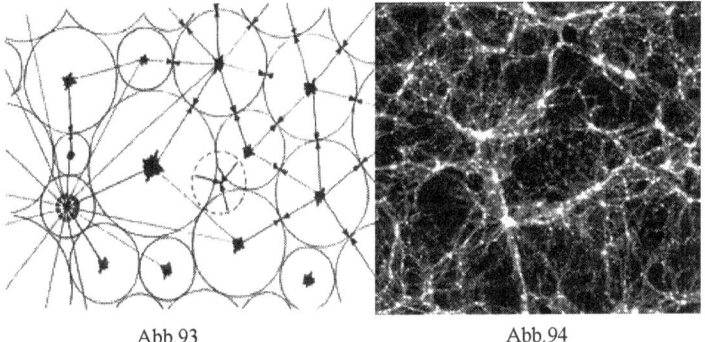

Abb.93   Abb.94

Durch den aufgrund gegenseitiger Abstoßung entstehenden Druck vereinigten sich Atome zu Gasmolekülen und diese wurden wiederum zu größeren Gebilden zusammengepresst. Kalte und dunkle Klumpen waren es, jeder bereits ein latenter Stern, sozusagen ein Sternembryo ... Sternenbabys, die noch nicht strahlten. Solche dunklen Sternkinder haben die Astronomen unzählige im Weltall entdeckt und sie nennen sie Globulen. Der Druck bewirkt auch, dass sich die Materie letztendlich zu einer Seifenblasen-Struktur anordnet, da sich die Galaxien in den Grenz- bzw. Gleichgewichtsbereichen des Drucks ansammeln, also gewissermaßen an den Häuten der riesigen, nahezu leeren Raumblasen – Abbildung 94! (Als ich schon bei der ersten Niederschrift dieses Buches, 1975, zum Ergebnis kam, dass das Weltall wie ein Seifenschaum aussehen müsste, habe ich den Satz wieder heraus genommen, weil ich es nicht glauben konnte. Kurz nachdem die Erstauflage des Buchs erschienen war, machte die Meldung weltweit die Runde, dass Astronomen entdeckt hatten, die

Materie im All wäre in Clusters und Bubbles konzentriert – eine Struktur, die sich nie und nimmer durch die Gravitation erklären lässt!)[28]

Natürlich gab und gibt es in diesem Druckgeschehen auch Stellen im All, an denen sich der rundherum einströmende Druck trifft, ohne dass dort sofort ein Globul entsteht, weil sich noch nicht genug Materie im Umkreis befindet (gestrichelter Kreis in der Abbildung 93). So eine Stelle bliebe allerdings nicht lange leer. Denn alle Massen, die in den Umkreis dieser Stelle geraten, würden unweigerlich in dieses Zentrum hinein gedrückt werden. Dieser Punkt übt also scheinbar bereits Gravitation aus, ohne dass sich die entsprechende zentrale Masse in ihm befände.

Physiker, die aus Einsteins Gleichungen Lösungen ableiteten, an die Einstein selbst im Traum nicht gedacht hätte, konstruierten theoretisch ganz ähnliche Gebilde, platzierten sie ins ferne Weltall und nannten sie Schwarze Löcher. Sie meinen damit von zentralen Massen so stark gekrümmte Räume, dass aus ihnen sogar kein Lichtstrahl mehr entkommen kann. Nachdem sich die Gravitationswirkung unserer Meinung nach aber stets nur auf die umliegenden Massen zurückführen lässt, können wir diese aus einer missverstandenen Allgemeinen Relativitätstheorie entwickelten Monster nicht nachvollziehen. Nach dem Abstoßungsprinzip kann es Schwarze Löcher mit zentraler Massengravitation niemals geben und man hat auch noch keine gefunden. Aber sie sind derzeit sehr beliebt zur Erklärung nicht verstandener Phänomene in der Astronomie. Wenn sich etwas mit herkömmlichen Theorien nicht begründen lässt, handelt es sich eben um ein Schwarzes Loch - und man wird auch die nächsten Jahrmillionen nicht hinreisen können, um zu überprüfen, ob es sie wirklich gibt!

Die im Bereich eines Himmelskörpers wirksame Gravitation, also der sphärisch einströmende Alldruck, stammt überwiegend von sehr fernen Massenfeldern – praktisch vom gesamten Weltraum. Deshalb wirkt das Gesamtfeld des Universums sehr gleichmäßig; der Alldruck ist insgesamt recht isotrop. Zentrale Druckorte, wie das „Schwarze Loch" unserer Version, sind auch jene bevorzugten Orte, an denen Sonnen und Sterne entstehen. An so einem Punkt entstand auch unsere Sonne, lange bevor sie Planeten hatte. Auch sie begann als Globul, als dunkles Sternenbaby, und nur sehr langsam muss sie gewachsen sein, denn ausschließlich Materie, die bereits so ausgedehnte Felder bildete, dass dem Alldruck ausreichende Angriffsfläche geboten war - also bereits Moleküle oder zumindest Wasserstoffmolekel - strömten auf sie zu.

Auf die gleiche Art wuchsen auch unzählige andere Sonnen. Langsam, über Milliarden Jahre hinweg wurden sie größer, und die in ihnen angesammelten Impulsfelder übten einen immer stärker werdenden Druck gegen das All aus. Sie verursachten wiederum neue Globulen zwischen sich - und dieser Prozess hat eigentlich bis heute nicht mehr aufgehört. Immer noch entstehen neue Sterne. Wir können das recht zwanglos verstehen; dazu brauchen wir keine Hilfshypothesen, keine unglaubhaften Verdichtungstheorien aufgrund von Gravitation und keine unlogischen Rotationsmechanismen... Denn junge Sterne rotieren prinzipiell noch gar nicht, wenn man von ihren Relativbewegungen zueinander absieht.

Später musste dennoch alles in Bewegung geraten... Wenngleich der Alldruck im Wesentlichen isotrop ausfiel, so doch nicht so hundertprozentig, um ein starres Himmelsgebäude zuzulassen. Im Laufe der Zeit musste ein wahrer Tanz der Gestirne begonnen haben. Anfangs war dies sicher ein Tanz wahlloser ungeordneter Bewegungen. Allmählich erst, wieder über Jahrmilliarden, war in dieses Bewegungschaos eine gewisse Ordnung eingeflossen, denn alles was im Weg gewesen war, war irgendwann einmal endgültig verschlungen und aufgezehrt worden - einverleibt in immer größer werdende Gebilde...

Jetzt sollten wir unsere Schlussfolgerungen mit sachlicher Logik fortsetzen. Wenn wir vor der Frage stehen, wo in einem Stern der größte Druck herrscht, dürfen wir keinesfalls spontan antworten: Im Zentrum! Denn dies wäre falsch! Denn die Materie des Sterns übt ja einen Eigendruck aus, der den Stern zerstören müsste, würde er nicht vom Alldruck im Zaum gehalten. Der höchste Druck muss demnach dort herrschen, wo Eigendruck und Alldruck aufeinander stoßen. Bei einer Kugel, und diese Form mussten Sterne zwangsläufig bilden, liegt dieser Ort keinesfalls im Zentrum, sondern an der Oberfläche.

Das ist sicher nicht augenblicklich zu verstehen, aber die Richtigkeit dieser paradox erscheinenden Annahme bestätigt uns jedes Eichgewicht, das nur an der Erdoberfläche (und nur bis zu einer gewissen Tiefe) tatsächlich den Druck von sagen wir einem Kilogramm auf die Waage ausübt. Begeben wir uns mit diesem Gewicht unter die Oberfläche, so wird dieses Gewicht bekanntlich leichter. Aber auch im letzten Stock des Wolkenkratzers kommen wir zu diesem Ergebnis.

Das lässt sich auch mit den gängigen Theorien der Fallbeschleunigung gut erklären. An der Oberfläche hat sie den Wert von 9,81 m/sec². In Richtung Erdmittelpunkt, bis zur theoretischen Mantelgrenze, steigt die Fallbeschleunigung auf ein Maximum von 10,5 m/s² an und nimmt dann wieder ab. Ebenfalls nimmt sie ab, je weiter wir uns von der Erde entfernen. Analog gilt dies für die „Anziehungskraft", sie scheint etwas unter der Erdoberfläche am höchsten zu sein und bis zum Mittelpunkt dann auf Null abzufallen. Doch setzen wir jetzt unseren (etwas naiv anmutenden) Gedanken fort: Ist ein Gewicht im Mantelbereich eines Himmelskörpers am schwersten, so kann auch nur direkt unter der Oberfläche eines Sterns der Druck so stark sein, dass Impulsfelder „schwer genug" werden, um ihre gegenseitige Durchtunnelung zwecks Vereinigung zu ermöglichen.

Als auf der Oberfläche der Sonne dieser Prozess der Integration von Feldern begann, wurde jene Energie der Feldoberflächenveränderung frei, die wir schon als „Fusionsenergie" kennen gelernt haben. Der Stern begann zu strahlen...

Das setzte natürlich eine gewisse Mindestgröße des Sterns voraus. Denn der benötigte Druck resultierte ja aus dem Alldruck und aus dem Eigendruck, der ausreichend stark sein musste. Das heißt: nach dem Abstoßungsprinzip liegt der Ort der Fusion am dichtesten Begegnungspunkt der beiden Abstoßungen, demnach an der Oberfläche eines Sterns oder unmittelbar darunter!

Die Sonne selbst gibt uns einige deutlich sichtbare Hinweise: Überall dort, wo sie aufbricht, gibt die Oberfläche den Blick auf offensichtlich kühlere Bereiche frei. Deshalb sind Sonnenflecken stets dunkler als ihre Umgebung. Ein Indiz anderer Art liefert die Neutrinoforschung: Wir wissen, dass bei jeder Fusion mehrerer Felder Energiestöße freiwerden, die wir mit den Neutrinos gleichsetzen. Die gebräuchlichen Theorien fordern eine ganz bestimmte Neutrinomenge, aber zur Verwunderung der Astrophysiker scheint die Neutrinoabstrahlung der Sonne viel geringer zu sein, als es die Theorie erwarten lässt. Auch wenn Feststellungen dieser Art nach beiden Richtungen umstritten bleiben müssen, weil Neutrinos äußerst schwer nachzuweisen sind (als „Auswegtheorie" hat man inzwischen postuliert, dass die Neutrinos sich in andere Teilchen verwandeln), können wir für diesen Umstand als Erklärung anbieten, dass die Fusionsprozesse in Wahrheit nicht so umfangreich sind wie man bislang annahm, weil sie nur an der Oberfläche bzw. nur unmittelbar darunter ablaufen!

Es war schon immer ein Problem für die Wissenschaft, mit der Schwerkrafttheorie das Zustandekommen eines so hohen Drucks zu begründen, dass Kernreaktionen beginnen konnten. Denn die Schwerkraft im Mittelpunkt einer Kugel beträgt bekanntlich Null. Da dieser Mittelpunkt ja auch von allen umliegenden Massen angezogen würde, kann Druck gerade dort nicht zu Stande kommen.

Die Physikbücher unserer Schulzeit schweigen sich über diesen Umstand diskret aus, aber wir lernten, dass alle Himmelskörper sich gravitationsgemäß so verhalten, als befände sich ihre gesamte Masse im Mittelpunkt. Nach dem Abstoßungsprinzip ist der Gravitationsverlauf auch im Inneren der Kugel sphärisch. Würden wir in einen tiefen Schacht ein Senklot hängen, so würde dieses nicht zum Mittelpunkt der Kugel zeigen, sondern sich zu einem Kreis krümmen. Newton könnte uns zu diesem Phänomen keine Erklärung geben, aber auch Einstein hilft uns aus diesem Dilemma nicht heraus. Er lieferte uns auch keine vernünftige Begründung für den Gravitationsverlauf im Inneren der Massen.

Welche Masse sollte dafür verantwortlich sein, dass eine Kugel eine Kugel bleibt? Jene in der Mitte? Ist sie größer als die umliegende Masse? Und wenn nicht: wie kann sie dann die umliegende Masse festhalten? Man könnte sagen, das Gewicht der äußeren Masse ruht auf ihr - aber dieses Gewicht ist ja bereits eine Wirkung der Mittelpunktsmasse, und diese wiederum ist zu gering, um dieses Gewicht zu verursachen. Wie geht das zu?

Es ist wirklich mit der üblichen Schwerkrafttheorie sehr schwer, logisch zu begründen, weshalb Himmelskörper Kugeln sind. Die Schwierigkeit liegt in der Abhängigkeit von Schwerkraft und Masse voneinander. Das heißt, die schwere Masse ist die Ursache, und die träge Masse spürt die Wirkung – beide Massen sind aber in einem Himmelskörper identisch.[19]

Auch die von Physikern postulierte Tendenz der Materie zu Minimaloberflächen erscheint als ein Axiom, dessen Hintergrund erst mit dem Abstoßungsprinzip klar hervortritt. Es ergibt sich dagegen alles wie von selbst, wenn man von der Schwerkraft auf Abstoßung wechselt. Während die Schwerkrafttheorie einen zum

Mittelpunkt eines Himmelskörpers kontinuierlich anwachsenden Druck impliziert, lässt das Abstoßungsprinzip die Druckverteilung vollkommen anders ausfallen. Im Fall der Sonne errechnet sich nach herkömmlicher Weise im Zentrum ein Druck von rund 200 Milliarden Atmosphären. Das hätte eine Temperatur im Kern von 14 bis 20 Millionen Grad Celsius zur Folge - merkwürdigerweise zeigt sich effektiv an der Sonnenoberfläche nur eine Temperatur von 5512 Grad Celsius! Diese Tatsache ist deshalb überraschend, weil sich in der Korona der Sonne, die äußerste und dünnste Schicht der Sonnenatmosphäre, Temperaturen bis zu 2 Millionen Grad Celsius messen lassen.

Über das Zustandekommen dieser Diskrepanzen hat man einige gescheite Vorstellungen entwickelt, keine davon ist absolut überzeugend. Argumentiert man mit dem Alldruck und dem Eigendruck der Sonne und berücksichtigt man, dass der Alldruck zu einem gewissen Grad von der Materie abgeschirmt wird, so verlagert sich die Zone höchsten Drucks eben keinesfalls ins Zentrum, sondern unter die Oberfläche des Sterns, wobei angesichts des gasförmigen Zustands der Materie dieser Begriff höchst relativ bleiben muss. Wir können aber folgern, dass der dunkle, noch tote Stern Oberflächenkrusten bildete, ähnlich den Landschollen der Erde, auf die der Alldruck einwirken konnte. Zwischen diesen Krusten und dem restlichen Kugelkörper musste es heißer und heißer geworden sein...

Auch die flüssige, glühende Schicht unter den Kontinenten der Erde entstand auf diese Weise, und es wäre erwiesenermaßen falsch, zu vermuten, das gesamte Innere der Erde sei feuerflüssig. Die Erde ist aber zu klein und der Druck zu gering, um Kernprozesse einzuleiten.

Ein gutes Modell für die Druckverhältnisse in einem Stern bietet die Seifenblase. Diese Analogie ist deshalb gut, weil unserer Auffassung gemäß das Erscheinungsbild der Materie von ihrem kinetischen Energiegehalt abhängt und auch der Druck in einer Seifenblase durch die Bewegung der Gasmoleküle bedingt ist. Bei gleicher Außenbedingung ist der Druck in einer kleinen Seifenblase höher als in einer großen. Und so erklärt sich auch, weshalb kleine Sterne (ab einer gewissen Mindestgröße allerdings) zumeist heller und heißer strahlen als große.

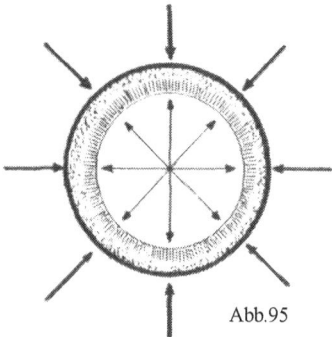

Abb.95

Die Abbildung 95 zeigt die direkt unter der Oberfläche liegende Zone höchsten Drucks der Sonne. In ihr laufen die Atomverschmelzungen ab, und hier entstehen durch diese Prozesse allmählich schwere Elemente. Das Zentrum des Sterns bleibt dagegen relativ kühl.

Auch unter der Oberfläche der Sonne reichen die ungeheuren Materiemengen aus, mittels Durchtunnelung und Integration der Felder höhere Elemente zu erzeugen, auch wenn das Ereignis selbst extrem selten ist. Es sind sicher nicht einige Millionen Grad Hitze notwendig, um Protonen zu Helium zu verschmelzen, wie man bisher annahm. In der Wasserstoffbombe dagegen wird man ohne Temperaturen von einigen Millionen Grad Celsius nicht auskommen, da es sich in diesem Fall um geringe Materialmengen handelt und hier mit Gewalt erreicht werden muss, was in der Sonne mit List und Geduld abläuft.

Gegenwärtig befindet sich die Sonne in einer Zwischenphase. Sie ist gewissermaßen nackt und strahlt lediglich noch Energien ab, die sich seinerzeit unter der Oberfläche ansammelten. Denn die Fusionsprozesse liefen auf ihr vermutlich keinesfalls so kontinuierlich ab, wie es scheint, sondern setzten nach Abkühlungsperioden immer wieder neuerlich ein.

Wir könnten uns von den Ereignisse etwa folgendes Bild machen: In der ersten unter der Sonnenhülle gebildeten heißen Zone steigt der Druck durch die Fusionsenergie ständig an. Durch Lücken in der Außenhaut werden mächtige Eruptionen brechen und die Außenhaut, gebildet aus der Schlacke schwerer Elemente, wird dem Druck nicht ewig standhalten können. Sie wird zu einer gewissen Dicke anwachsen - dabei wird der Stern deutlich dunkler - und eines Tages wird sie der Stern einfach absprengen! Wie eine gigantische Seifenblase wird sie platzen und den Stern gleißend erstrahlen lassen, einer unvorstellbaren Explosion gleich.

Aber der Stern hat nur diese Hülle abgesprengt. An seiner Oberfläche beginnen neuerlich die bekannten Fusionsprozesse, und im Laufe der Zeit bildet sich eine neue Hülle...

Das ist also ein vollkommen anderes, neues Bild von einer Sonne, das sich uns zeigt: Sie ist keinesfalls jener friedlich dahinstrahlende Atommeiler, für den wir sie hielten, sondern ein höchst veränderlicher Stern welcher von Zeit zu Zeit ungeheure Materiemassen absprengt und damit so etwas wie eine regelrechte Verjüngungskur durchführt!

Was geschieht mit den abgesprengten Massen? Fallen sie einfach auf die Sonne zurück?

Um die Vorgänge genau zu verstehen, müssen wir berücksichtigen, dass der Stern nicht einfach im Alldruck ruht, sondern der Raum rundum von anderen Sternen polarisiert wird. Alle diese Sterne sind in Bewegung und repräsentieren Ladungen. Deshalb herrscht ein riesiges Magnetfeld im All, in welchem die Sonne sofort wie ein kosmischer Motor zu rotieren beginnt, wenn sie selbst auch nur die Spur eines Magnetfelds bildet.

Wir wissen, dass praktisch jede Materie, die sich relativ zu ihrem eigenen Feld bewegt, elektrische Ströme liefert. Und deshalb bringen die elementaren Prozesse unter der Sonnenhülle Elektronenströme unvorstellbaren Ausmaßes hervor. Fließen diese Ströme in irgendeine zufällig bevorzugte Richtung, so verwandelt sich die Sonne gleichsam in eine Leiterschleife und wir haben bereits erkannt, was in diesem Fall geschieht: Die einsetzende Rotation baut abermals ein mächtiges Magnetfeld auf. Durch diese Selbstinduktion entsteht ein äußerst starkes Drehmoment, und wir müssen vermuten, dass die Sonne in ihren ersten Anfängen bei weitem schneller rotierte als heute.

Hatte die Sonne die abgesprengte Hülle schnell genug in den Weltraum befördert, so gab ihr rotierendes Magnetfeld einen Bruchteil seines Drehimpulses auf diese äquatorialen Massen weiter, und während die restliche Materie in die Sonne zurückfiel, blieben diese Massen über der Sonne gleichsam in einer magnetischen Flasche gefangen - und bildeten einen Ring um sie.[29]

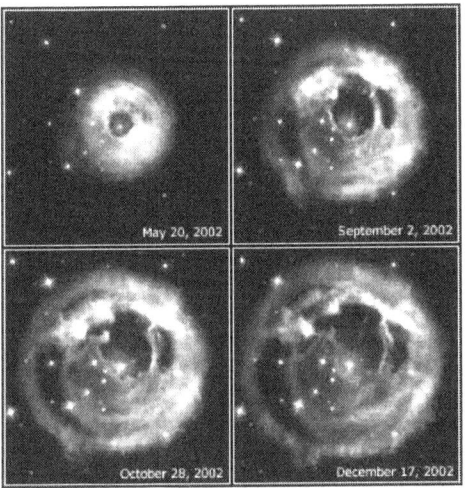
Abb.96

Die Reste des letzten Sonnenringes gibt es noch heute und sie werden von der Erde aus als so genanntes Zodiakallicht sichtbar. Denkbar ist aber auch, dass fremde, große Massen aus dem Weltraum kamen und beim Sturz auf die Sonne durch die Krümmkraft zerbrachen und als Ring erhalten blieben.

Der Vorgang ist so plausibel, dass wir ruhig behaupten können, alle Himmelskörper müssten mehr oder weniger ausgeprägte Ringe um sich tragen. Das wissen wir vom Saturn schon lange; 1977 wurde erstmals der Ring des Uranus fotografiert, aber auch Jupiter und Neptun tragen Ringe. Die Erde selbst hat etwas sehr Ähnliches: die Van-Allen-Gürtel. (Peter Fawcett von der University of New Mexico und Mark Boslough von den U.S. Department of Energy's Sandia National Laboratories haben darauf hingewiesen, dass auch die Erde in ihrer Entwicklungsgeschichte schon mehrmals über Ringe verfügt haben könnte.) Und in diesem Falle wissen wir sehr genau, dass diese auf das Magnetfeld der Erde zurückgehen, welches die Materie in seiner magnetischen Flasche festhält.

Alle diese Ringe bestehen aus Staub und größeren Gesteinsbrocken, zum Teil auch aus Eis. Nur wenn die Ringmaterie noch auch heißer, glühender Sonnenmasse besteht, kann sich so ein Ring zu einem Planeten entwickeln. Das sehen wir uns im nächsten Kapitel an.

.

17 Planeten

Nun sprechen wir schon geraume Zeit von Planeten und haben doch erst einen Ring um die Sonne beschrieben. Die Idee von der Entstehung der Planeten aus Ringen ist nicht besonders neu. Sie stammt ursprünglich von Laplace und wurde lange diskutiert, später jedoch wieder verworfen, weil sich zu viele Widersprüche ergaben. So blieben die Planetenabstände und die Drehimpulsverteilung ungeklärt. Mit dem Abstoßungsprinzip ergibt sich aber eine Lösung dieser Geheimnisse gerade durch die Annahme von Ringen. Die Theorie von Laplace war den Gelehrten offenbar zu „einfach". Spätere Theorien (Kant, Kuiper, Weizsäcker etc.) waren ungleich komplizierter und lösten überdies die Widersprüche genau so wenig. Wir werden daher ohne Bedenken an der Ringidee festhalten und sie weiter verfolgen...

Absprengprozesse von Hüllen oder Ringen werden gerade in letzter Zeit von Astronomen besonders häufig entdeckt. Ein spektakulärer Vorgang zeigte sich im Jahre 202 beim Objekt V838, den die Himmelsforscher live mitverfolgen konnten. Die Abbildung 96 zeigt einige Momentaufnahmen dieses Sterns, der sich explosionsartig seiner Hülle entledigte. Er demonstriert deutlich den Absprengvorgang von Materie und die Bildung von Ringen. Die Astronomen sehen im V838 eine neue Art von „veränderlichem", weil er in die Schubladen „Nova" und „Supernova" nicht hineinpasst und man kennt auch den Grund für den Materieausbruch und die Ringbildung nicht (angeblich hat er schon 11 Ringe). Die Ringe sind verschieden alt (!), der älteste ca. 2500 Jahre, der jüngste dürfte soeben entstanden sein.

Wir sehen, dass Ereignisse dieser Art im All nicht allzu selten vorkommen. Und deshalb nehmen wir an, dass auch die Sonne von Zeit zu Zeit ihre Kruste abgesprengt hat, um neu aufzuleuchten. Ein sich aus dem Material der Kruste bildender Ring nahm der Sonne bereits ein wenig ihres Drehimpulses weg. Weil Impulse von einem Körper zum anderen stets nur weitergegeben werden können, musste die Sonne daraufhin etwas langsamer rotieren.

Was geschieht in weiterer Folge mit diesem Ring? Wäre der Ring aus kalter, energiearmer Materie, so würde gar nichts Aufregendes passieren. Alle Partikeln hätten dieselbe Geschwindigkeit, und wir fänden keinen Grund, das Zusammenballen dieser Bruchteile zu einem einzigen Körper darzustellen. Aber der Ring besteht aus Sonnenmaterie! Es ist Plasma, ein Materiezustand höchst intensiver elektrischer Aktivität. In dieser Form reagiert Materie sehr empfindlich auf Magnetwirkungen und elektrische Felder - dies aus dem uns sattsam bekannten Grund: Abstoßung oder Anziehung im polarisierten Raum.

Sonnenäquator und Ring haben nicht mehr dieselbe Rotationsgeschwindigkeit. Da ein Drehimpuls weitergegeben wurde, wäre dies ein Ding der Unmöglichkeit. Und deshalb wird der Ring zum Leiter, der durch das Magnetfeld der Sonne fährt. Das muss, wie wir wissen, zu diversen elektrodynamischen Vorgängen führen. Unter anderem wird der Ring seine ursprüngliche Lage zum Sonnenäquator aufgrund auftretender Lorentz-Kräfte nicht einhalten können und aus dieser Lage etwas kippen. Wir können darum ein Phänomen erklären, das die Astronomen bislang ziemlich ratlos machte, als sie es bemerkten: nämlich das Schwanken der Bahnebenen innerhalb der Ekliptik. Denn dieser Impuls, den der Ring einst erhalten hat, muss heute noch in den Planeten wirksam sein und ist die Ursache dafür, dass die Planeten nicht exakt in ein und derselben Ebene laufen. Dieses Schwanken der Bahnebene symbolisiert die Abbildung 97.

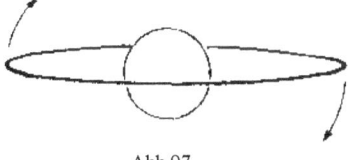

Abb.97

Alle Planeten entstanden mit großer Wahrscheinlichkeit aus einem Ring um die Sonne, besser gesagt, aus einer Folge von Ringen, die nacheinander gebildet worden sein mussten. Wie könnte damals die Planetenbildung vor sich gegangen sein?[30]

Der ionisierte Materiering im Magnetfeld musste unweigerlich in sich Wirbelströme bilden. Wir haben die Grundlage zu dieser Annahme bereits als Lorentz-Kraft erwähnt. Physiker kennen einen ganz ähnlichen Vorgang auch als den Hall-Effekt.

Dieser Effekt wirkt wie eine Magnetbremse, die einen Abschnitt des Ringes verlangsamt. Dieser Bereich gerät dadurch aus dem Gleichgewicht mit seinem Umfeld. Er erhält eine Fallbeschleunigung in Richtung Sonne, was sich in einer engeren Bahn und einer höheren Geschwindigkeit niederschlägt. So rast der Brocken die

Innenseite des Ringes entlang, schirmt dabei den Sonnendruck zum Ring ab und erhält vom Alldruck die restliche Ringmaterie prompt geschenkt. Mit anderen Worten: Wenn in dem Ring auch nur ein einziges Staubkorn langsamer oder schneller wurde, sammelte es gleichsam im Überholen allmählich den restlichen Ring auf.

Wir können diesen Effekt noch in den Saturnringen aufspüren. Dieser Ring besteht aus vielen Einzelringen, dazwischen befindet sich nichts. Schuld daran sind die Monde des Saturn, die an bestimmten Stellen Partikeln abgebremst haben, und diese fegten daraufhin flugs einen Bereich des Ringes leer, um bis zum heutigen Tage als größere Brocken mit einem Innenring mitzufliegen, falls sie nicht gleich in den Saturn gestürzt sind. Die restlichen Ringe bleiben stabil, weil sie aus kalter Materie, Staub und Eis bestehen.

Ein Ring um die Sonne bleibt dagegen nicht lange erhalten. Er sammelt sich aufgrund der elektrodynamischen Wechselwirkungen sehr schnell zu einem Einzelkörper auf. Dabei kühlt die Materie bereits etwas ab. Sie rollt sozusagen zwischen Sonnen- und Alldruck dahin, und damit kommen wir zu einem weiteren Effekt, welchen wir den Rolleffekt nennen wollen (Abbildung 98).

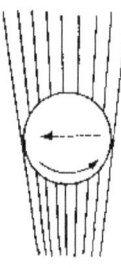
Abb.98

Der Rolleffekt verursacht die Rotation des wachsenden Planeten und ist einfach zu verstehen, wenn wir die Feldlinien von Sonnen- und Alldruck beachten. Auf der der Sonne zugewandten Seite sind diese Linien dichter. Das bedeutet erhöhten Widerstand, also wird der Planet zu Beginn immer die gleiche Seite zur Sonne drehen, was bereits eine Rotation darstellt, wie wir sie vom Mond her kennen. Diese Drehbeschleunigung bleibt konstant, und deshalb muss die Rotationsgeschwindigkeit ständig zunehmen. Der Mond dagegen wird durch seine Birnenform immer wieder in den Erdschatten zurückgeholt, er pendelt daher immer ein wenig hin und her (Libration).

Der entstehende Planet jedoch wird seine Rotation laufend steigern. Hatte er eine Rotation, die aus elektrodynamischen Gründen entgegengesetzt war, so wird diese Drehung allmählich abgebremst werden und in Gegenrotation umschlagen - ein Vorgang, der beim Planeten Venus offenbar noch nicht abgeschlossen ist...

Die materielle Zusammensetzung eines Planeten ergibt sich aus der Beschaffenheit der Sonnenmaterie zum Zeitpunkt der

Ringbildung und spiegelt somit das Altern der Sonne wider. Der Gehalt an schweren Elementen wird bei den ältesten Planeten gering sein, wogegen die jüngsten die größte Dichte erhalten. Eine gewisse Selektion wird auch beim Aufsammeln der Ringmaterie erfolgen. Es werden sich zuerst vorwiegend ionisierte Gase (Wasserstoff) zusammenfinden und einen relativ inhomogenen, lockeren Ball bilden, der dann gleichsam wie ein Wattebausch durch die Ringmaterie fegt und sich dabei eine Haut aus höheren Elementen zulegt. Es gibt keinen Grund anzunehmen, es habe sich zuerst ein fester Kern gebildet (aus Eisen?) und erst wegen der Gravitationswirkung dieses Kerns hätten sich später auch leichtere Elemente und Gase angelagert. Außerdem wird der Ring bei jedem Planeten auf eine andere Art aufgesammelt worden sein, weil die Zusammensetzung der Materie unterschiedlich war. Das ging relativ schnell vor sich; sicher dauert die gesamte Geburt eines Planeten nicht mehr als einige Jahrhunderte. Astronomen beobachten zurzeit gerade am 2400 Lichtjahre entfernten Stern KH 15D die Geburt eines Planeten aus einem Staubring – und das sensationelle Ereignis spielt sich in einem Zeitraum von Monaten bis zu wenigen Jahren ab![31] Geologen räumen für die Geburt der Erde nach neuesten Erkenntnissen einen maximalen Zeitrahmen bis zu 20 Millionen Jahren ein – was kosmisch gesehen immer noch erstaunlich kurz ist (Science, Bd.295, S. 1705).

Jetzt kommen wir zu einer wichtigen Station in unserer Betrachtung. Denn wir sollten uns fragen: Bleibt dieser soeben entstandene Planet immer und ewig auf seiner Bahn? Die Antwort lautet: Nein, er entfernt sich von der Sonne!

Dazu gibt es zumindest zwei Gründe: Erstens tritt ein ähnlicher Effekt ein, wie er zwischen Erde und Mond abläuft. Zwei Himmelskörper, die einander umkreisen, verursachen durch ihren Feldkontakt zueinander sozusagen eine Reibung, das heißt, sie bremsen einander. Das führt dazu, dass der Druck der Sonne stärker wird, weil der fallende Körper ihm weniger Bewegung entgegensetzt. Aus diesem Grund entfernt sich auch der Mond von der Erde ständig. Ursprünglich war er ihr viel näher.

Die Gezeitenreibung als Ursache trifft auch für einen sonnennahen Planeten zu, auch er entfernt sich allmählich von seinem Zentralgestirn. Zweitens gibt es in unserer Abstoßungs-Erkenntnis einen bereits angedeuteten bemerkenswerten Tatbestand: Das

Weltall dehnt sich aus! Es expandiert, weil es sich auseinander drückt und bezieht währenddessen all seine Energie aus dem simplen Umstand, dass es sich selbst im Weg ist. Gleichzeitig muss aber infolge dieser Ausdehnung der Druck, also der Alldruck unaufhörlich sinken. Das äußert sich in einer kontinuierlichen Veränderung der Gravitationswirkung, wie dies auch schon vom Physiker Jordan und anderen vermutet wurde.

Dieses fortschreitende Nachlassen des Alldrucks hat grob betrachtet die Konsequenz, dass sich alle Himmelskörper voneinander entfernen, und das bedeutet, dass auch unser Planetensystem expandiert. Ebenso expandieren die Himmelskörper selbst, die ja von einem stetig nachlassenden Druck begrenzt werden. Es expandiert die Sonne, und jeder einzelne ihrer Planeten dehnt sich aus. Andererseits müssen wir an unser Ventilatorrad-Beispiel zurückdenken: kleine Körper unterliegen dem Alldruck weniger als große – das bedeutet, dass Galaxien sich gar nicht ausdehnen oder schrumpfen, während sich der Raum zwischen ihnen fortwährend vergrößert. Und kleine Sonnen expandieren schneller als große, die der Alldruck besser in seine Zange nehmen kann.

Ein Planet expandiert jedenfalls während seiner ganzen Existenz, und deshalb sind die alten Planeten bereits riesige Gasbälle mit relativ geringer Dichte, während die jungen noch feste, kleine Körper sind. Doch wir wollen den Ereignissen nicht vorgreifen sondern unsere Betrachtung konsequent weiter führen: Die Sonne hat nach ihrem ersten großen Ausbruch den Großteil ihrer abgesprengten Massen zurückbekommen - bis auf jenen neugeborenen Begleiter, der sie nun weiterhin umkreist. Er zieht aus den vorhin genannten Gründen immer größere Kreise und es vergehen Jahrmillionen...

Was tut die Sonne währenddessen? Sie bildet eine neue Hülle und betreibt unter dieser von Neuem ihr Puzzlespiel der Elemente (Proton-Proton-Zyklus, Kohlenstoffzyklus usw.). Sie baut aus der zurückgefallenen Materie noch höhere Elemente auf. Und nach einer gewissen Zeit wird ihr abermals die Haut zu eng. Das Spiel mit dem Ring wiederholt sich.

Das Ergebnis ist ein zweiter Planet, dessen Zusammensetzung schon ein wenig verändert sein muss, denn es gab im zweiten Ring bereits mehr schwere Elemente.

Der neue Planet zieht seine Bahn innerhalb der Bahn des alten und entfernt sich gleichzeitig mit diesem ebenfalls von der Sonne.

Wieder verstreichen Jahrmillionen, bis ein neuer Ring abgesprengt wird... So bringt die Sonne schön der Reihe nach einen Planeten nach dem anderen auf die Welt. Jedem einzelnen gibt sie einen Teil ihres Drehimpulses mit und mit jeder Planetengeburt verlangsamt sie sich etwas. Heute rotiert sie in etwa 28 Tagen um sich selbst, während der Großteil des Drehimpulses in den Planeten steckt. Die Sonne vereinigt aber immer noch 99% der Masse des Systems in sich. Und aufgrund dieser Drehimpulsverteilung und dieses Massenverhältnisses war jede Hypothese, die eine Entstehung aller Planeten zur gleichen Zeit annahm, zum Scheitern verurteilt. Auch die Planeten Uranus und Neptun liefern ein Indiz: wären sie in ihrer heutigen Entfernung von der Sonne entstanden, dürften sie nur ein Gewicht von maximal 10 Erdmassen besitzen – sie sind aber 50 bis 70 Prozent schwerer, was darauf hinweist, dass ihr Geburtsort näher an der Sonne gelegen haben muss.[32]

Ein weiteres, interessantes Indiz für unsere Erwägungen bietet uns übrigens die Korona der Sonne an: In dieser äußersten Gashülle des Gestirns befinden sich noch alle höheren Elemente, aus denen sich die sonnennahen Planeten zusammensetzen.

Wie müsste nun ein fertiges Planetensystem, das nach unserem Abstoßungsprinzip entstanden ist, aussehen? Zählen wir einige der hervorstechendsten Merkmale auf:

1) Alle Planeten müssen die Kepler'schen Gesetze ungeachtet ihrer Massen einhalten.

2) Die äußeren Planeten müssen älter sein als die inneren. So ist Merkur offenbar der jüngste (bzw. Vulcan, von dem wir noch sprechen werden).

3) Von außen nach innen muss im System das Vorhandensein schwerer Elemente zunehmen.

4) Die älteren Planeten müssen schneller rotieren als die jüngeren (weil sie dem Rolleffekt länger ausgesetzt waren).

5) Die Bahnebenen müssen aus der Sonnenäquatorebene gekippt sein und voneinander abweichen, da sie zu verschiedenen Zeiten entstanden. Die Entstehung der Planeten auf einer sonnenäquatorialen Ebene muss dennoch erkennbar sein (Ekliptik).

6) Die Planeten müssen deutliche Zeichen ihrer Expansion aufweisen; ältere Planeten müssen bereits länger expandieren, daher größere Ausdehnung und geringere Dichte aufweisen.

7) Die Abstände der Planeten sollten sich auf einen zeitlich und räumlich zyklischen Vorgang zurückführen lassen.

8) Die Bahnellipsen müssen rotieren, die Bewegungen nach derselben Richtung erfolgen, die der Rotation der Sonne entspricht. Die Eigenrotationen müssen dem Rolleffekt entsprechen.

9) Ältere Planeten, also die äußeren, müssen auch deshalb größer sein als jüngere, weil die Sonnenausbrüche infolge Verkleinerung des Gestirns schwächer werden mussten und überdies aufgrund der abnehmenden Rotationsgeschwindigkeit immer weniger Massen in das All befördert wurden.

10) Berücksichtigt man, dass wir den Gesamtdrehimpuls des Sonnensystems gar nicht kennen, weil wir nicht wissen, wie viele Planeten bisher aus der Sonne geboren wurden, so muss der erkennbare Drehimpuls hauptsächlich in der Planetenbewegung liegen.

Sollte es uns wirklich noch überraschen, dass unser Planetensystem diesen aufgezählten Punkten ziemlich exakt entspricht?

Unsere Sonne schien nicht immer so gleichmäßig und freundlich vor sich hin wie heute. Sie muss in mehr oder weniger regelmäßigen Abständen gleichermaßen explodiert sein, um daraufhin etwas kleiner, aber heller und heißer ihr Spiel von vorne zu beginnen.

Diese Hypothesen sind keineswegs abwegig. Schon lange beobachten Astronomen Sterne im Weltall, die ganz ähnliche Dinge tun. Erst in jüngster Zeit hat man überdies entdeckt, dass besonders junge Sterne auffallend starke Ausbrüche zeigen, für die man noch keinerlei Erklärung gefunden hat. Ein Beispiel hiefür bietet das schon genannte Objekt V838, oder auch AFGL 490 im Sternbild Giraffe. Auch innerhalb der Wolke L1551 im Sternbild Stier befindet sich ein Stern, der ungeheure Massen von Molekülen ausschleudert. Die Messergebnisse weisen darauf hin, dass sich die abgeschleuderte Materie scheibenförmig um den Stern ausbreitet. Die Astronomen rätseln an diesen Phänomenen noch herum, die sich mit den gegenwärtigen Vorstellungen von der Entstehung und Entwicklung von Sternen nicht in Einklang bringen lassen. Vor kurzem wurde auch ein Fall ruchbar, in dem ein Stern MWC 349 im Sternbild Schwan von einer Gasscheibe umgeben ist. Auch die Daten des Objekts AFGL 961 weisen auf ein ähnliches Bild hin...

Bislang wusste man nicht, warum die äußeren Planeten des Sonnensystems ihre Uratmosphäre bewahrt haben, die inneren dagegen nicht. Nun erscheint es durchaus möglich, dass die inneren Planeten ebensolchen Ausbrüchen ausgesetzt waren, wie man sie zurzeit im All beobachten kann und die Gashüllen einfach weggeblasen wurden.

Weshalb ist eigentlich (außer Laplace) noch niemand auf die Idee gekommen, dass Planeten auf diese Art entstehen könnten? Nach der üblichen Gravitationstheorie ergeben sich zu viele Widersprüche. So treten bei den beobachteten Ausbrüchen abstoßende Energien auf, die weder mit der Fliehkraft noch mit dem Strahlungsdruck zu erklären sind. Das Abstoßungsprinzip jedoch schließt diese Lücke. Denn was jetzt noch als Erklärung hinzukommt, ist der Eigendruck des Gestirns, welcher nicht zuletzt den Ring – bzw. später den Planeten - von sich wegtreibt.

Doch nun noch zu den Abständen der Planeten von der Sonne. Wir haben schon bei der Entstehung des Lichts (Kapitel „Wasserstoff") festgestellt, dass Atomfelder gegenseitig den Alldruck abschirmen. Wir bezeichneten den Vorgang mit dem Ausdruck „verschatten". Aus der Wechselwirkung zwischen All- und Eigendruck resultiert stets eine gewisse gequantelte Gesetzmäßigkeit, wie dies schließlich in den Wellenlängen des erzeugten Lichts zur Wirkung kam. Es ist naheliegend, einen derartigen Effekt auch im Zusammenspiel großer Felder zu vermuten. Betrachten wir die Abbildung 99:

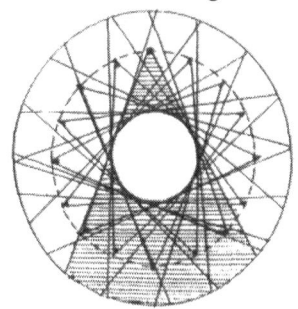

Abb.99

Auch die Sonne wirft einen Druckschatten, wie wir die Zone nennen möchten, die vorwiegend vom Sonnendruck erfüllt ist. Symbolisieren wir den rundum einströmenden Alldruck mit einem

Kreis von Scheinwerfern und setzen wir die Sonne als schattenwerfende Kugel dazwischen, so erhalten wir ein „gequanteltes" Bild der Druckverteilung um die Sonne. Das heißt, war die Zone des „schwarzen", leeren Lochs in unserer Abbildung 93 noch von einer gewissen Druck-Isotropie gekennzeichnet, so verläuft der Druck bei Vorhandensein eines Himmelskörpers nicht mehr so gleichmäßig. Das um den Körper entstehende Feld unterteilt sich in Gebiete unterschiedlichen Drucks. Aus den gleichen Gründen unterteilt sich auch jedes elektrostatische Feld in solche Gebiete, die sich durch „Äquipotentialflächen" begrenzen. Auch in der Astronomie kennt man den Begriff als Flächen, auf denen sich Körper ohne Kraftaufwendung bewegen können. Wir werden aber den Terminus umwandeln in „Äquipotentialräume".

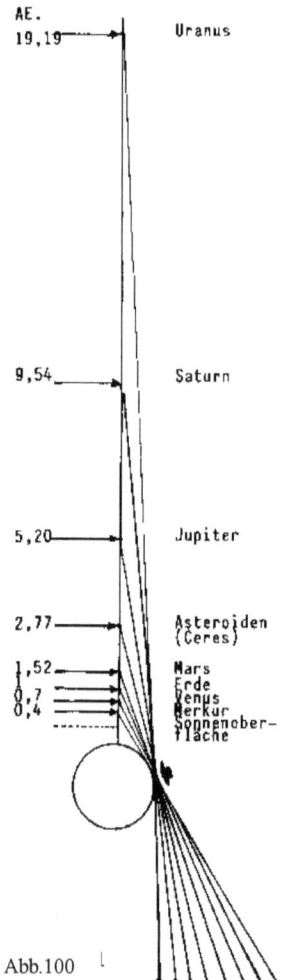

Abb.100

Wir werden das Feld um die Sonne daher in Äquipotentialräume unterteilen. Das heißt, dass für die Überwindung jeder dieser Räume stets dieselbe Arbeit aufgewendet werden muss. In Sonnenferne wird daher mit gleichem Energieaufwand eine längere Strecke überwunden als in Sonnennähe.

Versteht man den Alldruck als einen von weit entfernten Massen ausgehenden Druck und trägt man die Vektoren dieses Drucks gleichmäßig ausgehend von einem imaginären, im Unendlichen liegenden Kreis so auf, dass die Schattenwirkung die Äquipotentialräume erkennen lässt, und nehmen wir die Grenzen dieser Gebiete als Anhaltspunkt (Abbildung 100), so erhalten wir zu unserer Überraschung frappierend genau die mittleren Abstände der Planetenbahnen zueinander! Die Planeten bewegen sich demnach grundsätzlich an den äußersten Grenzen der Äquipotentialräume.

Der jeweils gleiche Energiebedarf für die Überquerung dieser Gebiete unterschiedlicher Wegstrecken bedeutet, dass die Expansion des Planetensystems nicht sanft und gleichmäßig vor sich ging. Jeder einzelne der Druckschatten der Sonne reicht urplötzlich etwas weiter in das All hinaus, wenn sich das Gestirn verkleinert. Und genau das geschah ja von Zeit zu Zeit. Das zwingt uns zur Schlussfolgerung, dass die Planeten immer, wenn die Sonne ihre Größe veränderte, eine Art Quanten-Sprung bis zur nächsten Grenze eines Äquipotentialraumes vollführten.

Und damit klärt sich das letzte Problem unseres Modells: die starken und verschiedenen Neigungen der Rotationsachsen der Planeten zur Ekliptik, die deutlich darauf hin weisen, dass die Planetenbälle in den gleichen Zeitabständen, in welchen die Sonne neue Planeten schuf, wie von Riesenfäusten ergriffen durch das All katapultiert wurden...

Wie wir in diesem Buch noch besprechen werden, können wir mit dieser Anschauung wahrscheinlich die letzten großen Geheimnisse unserer Erdgeschichte zu einfach verständlichen Vorgängen auflösen: die Polverschiebungen und die Eiszeiten, Serien von Katastrophen kosmischen Ausmaßes, die Zusammenbrüche des Magnetfeldes und vieles mehr...

Die Abbildung 100 bietet uns kein korrektes Gleichnis für den Maßstab der Ereignisse, die wir auf so einfache Weise vor unserem geistigen Auge abrollen lassen: Die Sonne ist in der Abbildung gewaltig übertrieben. Bezogen auf die gezeigten Planetenabstände wäre sie gerade so groß wie ein Stecknadelkopf. Das ganze Planetensystem (Neptun und Pluto fehlen in der Abbildung aus Platzgründen; aber auch ihre Abstände können auf die gleiche Art ermittelt werden) brächten wir gerade noch in einer Hutschachtel unter - aber um bis zum nächsten Fixstern zu kommen, müssten wir bereits rund 8 Kilometer laufen...

Die Gesetzmäßigkeit der Planetenabstände war den Astronomen seit geraumer Zeit schon aufgefallen. Sie nannten ihr Gesetz – wie schon erwähnt - die Bode-Titius'sche-Abstandsregel. Diese Regel war nach dem Drehimpulsparadoxon die zweite große Hürde für alle Planetenentstehungstheorien. Keine dieser Theorien konnte erklären, weshalb die Planetenabstände mit einer simplen Formel zu errechnen waren. Mit Hilfe dieser Formel wurden sogar sowohl die Asteroiden als auch die Planeten Neptun und Uranus entdeckt. Nur Pluto passt in das Schema nicht ganz hinein.

Erst das Abstoßungsprinzip liefert die Begründung, warum die Planeten gerade diese und keine anderen Abstände einnehmen mussten. Die von den Planetenbahnen offenbarten Druckverhältnisse um die Sonne sind außerdem ein starker Beweis für das Abstoßungsprinzip.

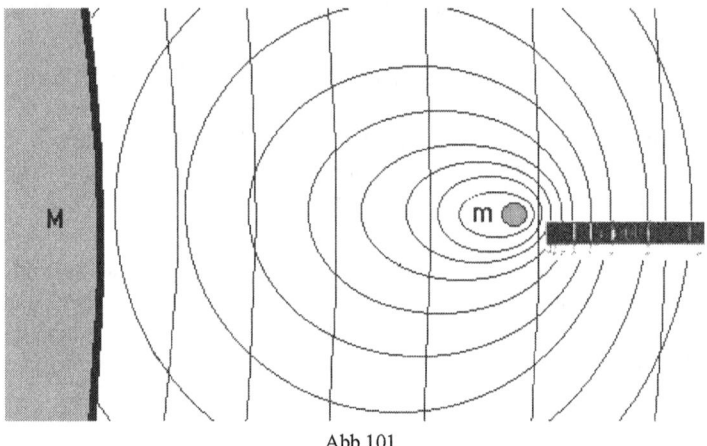

Abb.101

In der Abbildung 101 haben wir in den Druckschatten und seine Äquipotentialräume die Linien der Balmer-Serie des Wasserstoff-Spektrums hinein gestellt. Es sollte uns nicht sonderlich überraschen, hier durchaus ähnliche Abstände anzutreffen. Das bestätigt zumindest, dass die Prozesse im Mikrokosmos ebenso wie jene im Makrokosmos mit der universellen Abstoßung der Materie erklärt werden können.

18 Kommunikation

Ebenso wie Himmelskörper einander ihre Bahnen vorschreiben und gewissermaßen auf diese Weise voneinander Notiz nehmen, so betreiben auch die Einzelfelder der Materie, die Atome, eine Art Nachrichtendienst untereinander. Das Reaktionsprinzip lässt jede Energieinformation von Atom zu Atom ziehen - auf unterschiedlichsten, aber konkret erkennbaren Bahnen und Wegen.

Was letztlich bei dieser Kommunikation der Atome herauskommt - das Bild der Materie – bestimmen wir Wahrnehmer, die Gehirne und Sinnesorgane der Lebewesen, selbst nichts anderes als empfangende Atome, geleitet von durchaus praktischen Erwägungen. Wahrnehmende Organismen antworten mit Reaktionen, die durch die Botschaften selbst determiniert sind. Die Möglichkeiten für diese Reaktionen sind prinzipiell eingeschränkt, das heißt, die Antwort ist sozusagen immer die erstarrte Frage selbst. So ist der Flügel die Antwort auf Luft, die Flosse die Antwort auf Wasser, die Photosynthese die Antwort auf Licht und der Phänotyp eines Organismus die Erwiderung auf seine spezielle Umwelt...

All dies ist möglich, weil das T.A.O. die schlichte Fähigkeit besitzt, Informationen in Form von Impulsen zu übermitteln. Es gibt prinzipiell nur diese wenigen Formen von Impulsen, wie wir sie beschrieben haben. Und deshalb müssen sich unterschiedliche Inhalte von Informationen aus zeitlichen Codierungen dieser Impulse ergeben. Schließlich kommt es nur darauf an, was der Empfänger daraus macht - er „versteht" die Botschaft, weil er sie nachvollziehen muss und damit selbst zu dieser Botschaft wird. Er nimmt nicht wahr, er versteht nicht wirklich, sondern er wiederholt den Prozess, ahmt ihn nach...

Und weil Atome zu diesem Verhalten aufgrund ihrer bloßen Existenz und ihrer Situationen zueinander gezwungen sind, sie sich demnach geradeso verhalten, wie Umwelt, wie Raum und Polarisation dies fordern, muss uns ihr Verhalten bereits als einsichtig, bestimmt von Wollen und Müssen erscheinen. In diesem Verhalten steckt nicht nur Vielfalt, Farbe und Form dieser Welt, sondern auch die Wurzel von Bewusstsein und Intelligenz.

Das Grundschema jeglicher Botschaft dieser Welt kennen wir bereits. Da ist nur ein simpler Stoß in der T.A.O.-Matrix. Durch Bewegung in Zeit und Raum bildet sich ein Impulsfeld, das Atom, und zeigt uns einen bestimmten Energiegehalt und Bewegungszustand an. Und da besteht außerdem dieser Impuls-Weitergabe-Zwang, das nicht enden könnende Weiterziehen jedes Impulses von Atom zu Atom, von Impulsfeld zu Impulsfeld. Wenn wir nun versuchen, uns so ein Impulsfeld plastisch vorzustellen (Abbildung 102), so muss uns klar sein, dass wir dies nur grob verallgemeinernd, ohne Anspruch auf Vollkommenheit oder absolute Richtigkeit tun können.

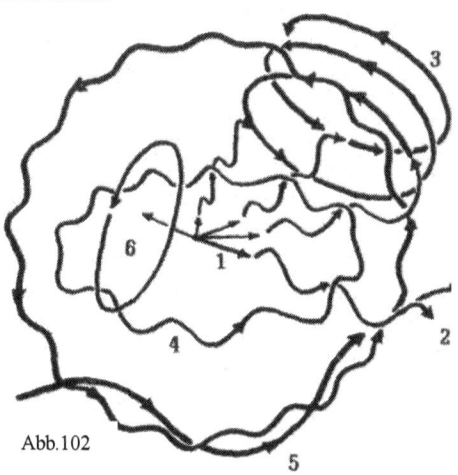

Abb.102

Der Grundimpuls, ein Zentrum schaffend und Wellen formend (1) bestimmt das Kugelfeld und im weiteren Sinn das Atom. Schon dieser Grundimpuls muss aufzuspüren, durch Experimente festzustellen sein. Die innerhalb des Atoms liegende Struktur ist ja kein „Kern" sondern nichts anderes als ein hochenergetisches elektromagnetisches Feld. Die Physiker Kopfermann und Schüler haben Experimente durchgeführt, die auf diese Struktur hinweisen. Sie nannten sie Hyperfeinstruktur, und wir wissen nun, wieso sie ihre Entdeckung machen mussten. Gemeint ist nichts anderes als die senkrechte (radiale) Komponente der Elektronenwelle (4), die außerhalb des Atoms in die Feinstruktur übergeht (2). Beide Strukturen unterscheiden sich voneinander durch ihre räumliche Beschaffenheit; die Hyperfeinstruktur ist begreiflicherweise dichter und kurzwelliger als die Feinstruktur. Beide Strukturen offenbaren ihre speziellen Auswirkungen im Lichtspektrum.

Die Quantenphysik versucht, diese Wirkungen dem Verhalten von Elektronen zuzuschreiben und zäumt das Pferd damit von der falschen Seite auf. Denn diese Strukturen sind die Ursache, während die Elektronenwellen bereits eine Wirkung dieser Felder bedeuten. Und nirgendwo gibt es hier ein stoffliches Teilchen oder eine Partikel.

Die Effekte der Feinstruktur gründen sich auf die Polarisations-Vorgänge im Raum, wie wir sie schon beschrieben haben: Sie verursachen Magnetismus und Elektrizität, wirken aber auch auf andere elektromagnetische Impulse ein, indem sie diese mittels ihrer Spiralrotation aufspalten. Licht, das Magnetfelder passiert, zeigt daher mehrere aufgefächerte Linien im Spektrum - und die Physiker nennen dies den Zeemann-Effekt. Auf die gleiche Weise kommt auch das Verhalten der Hyperfeinstruktur zum Ausdruck, aber dimensional bedingt wirkt diese auf kurzwelligeres Licht ein, wie Röntgen- oder Gammastrahlung.

Auch im elektrostatischen Feld treten ähnliche Erscheinungen auf, in diesem Fall sprechen wir vom Stark-Effekt. Beide Effekte beweisen prinzipiell das Vorhandensein dieser Strukturen, und wir begreifen, wie und warum sie existieren.

Neue Impulse - ausgelöst durch Elektronenwellen - strömen vom Feld ab (3), für sie haben wir den Sammelbegriff Licht. Je nachdem in welchen Bereichen diese Impulse entstehen, verändern sich auch ihre zeitlichen Folgen (Frequenzen), und es ist logisch, dass Röntgen- und Gammastrahlung eher aus dem Inneren des Atoms stammen müssen, wogegen Wärmewellen (5) nur in den äußeren Bereichen entstehen, dafür aber auch am gesamten Atom kräftig rütteln dürfen.

Schwingungsüberlagerungen bilden neue Schwingungen und Muster (6), den Fourier-Schwingungen ähnlich. Sie charakterisieren das Atom, bestimmen seine Valenz, seine Kontakt- und Bindemöglichkeiten. Und wir sollten nicht vergessen: Dies alles entsteht in einem einzigen pulsierenden Feld. Deshalb ist das keine kleine Maschine, kein in Einzelfunktionen zerlegbares Etwas, sondern untrennbare Einheit des Seins, und seine Wirkungen sind mit einer einzigen Ursache zu begründen: der Existenz des T.A.O..

Jede räumliche und zeitliche Übereinstimmung von Impulsfolgen (Frequenzen) kennzeichnet die Orte, wo Botschaften erzeugt und verstanden, das heißt absorbiert werden. Im Hyperfeinbereich werden Gamma- und Röntgenwellen gleichermaßen erzeugt wie aufgenommen. Die äußeren Elektronenwellen erzeugen und absorbieren Licht, und Lichtimpulse besonders niedriger Frequenz nennen wir Radio-Wellen. Wie wir schon im Zusammenhang mit dem Quecksilber besprachen, sind sie leicht zu erzeugen - bewegte Felder genügen bereits. Wir können uns gut vorstellen, dass das gesamte Universum von unzähligen wellenartigen Stößen durchpulst sein muss, aber nur ein kleiner Teil von ihnen wird für uns wahrnehmbar. Sie gestalten die sichtbare und fühlbare Welt.

Für alle diese Impulse, Wellen und Frequenzen gelten unsere Begegnungsbedingungen. Durchdringung, Interferenz, Widerstand, Harmonie und Disharmonie, Absorption und Reflexion schaffen die gesamte Wirklichkeit, den Kosmos, einschließlich seines Unsichtbaren. Und darum ist der Kosmos eine untrennbare Gesamtheit. Er alleine existiert, und da ist nirgendwo ein anderes Universum, ein Jenseits etwa, ein Reich der Geister und Seelen, denn das Universum selbst scheint eine einzige große Seele zu sein, in welcher alles enthalten ist, was Menschengehirne erkennen oder sich ausdenken können.

In ihren Schwingungsmustern tragen Atome eindeutige Programmierungen, die ihr physikalisches Verhalten determinieren. Aber selbstverständlich ohne irgendein eigenes Ziel. Atomstrukturen und Molekülverbände entstehen dennoch nicht aus Zufall, aber das Neue, das aus ihnen entstehen kann, zuvor ohne jede offensichtliche Wahrscheinlichkeit, macht auf uns praktisch denkende Wahrnehmer oft durchaus den Eindruck des Zufälligen. Denn unser Begriff Zufall definiert sich als Produkt der Wahrscheinlichkeitsrechnung im Rahmen einer vorurteilsvollen Logik. Aber bezeichneten wir die Ereignisse dieser Welt wirklich als „zufällige", so würden wir damit nicht den Kern der Wahrheit treffen.

Buddhisten haben für sämtliche Ereignisse in der materiellen Welt ein besseres Wort: den Zu-Fall. Es drückt aus, dass Zufälliges ursächlich aus Programmierung, aus Zwang und Notwendigkeit erwächst. Der Sinn des Geschehens ist keinem Ereignis immanent, sondern er entsteht erst innerhalb der Beziehung zwischen Verursacher und Wahrnehmer. Er wird geschaffen von den Gehirnen der Welt und bezieht sich nur auf diese Gehirne, bzw. auf die Geschöpfe, die Kraft ihres Denkens im kosmischen Ereignis einen Sinn erkennen wollen.

Zwischen allen Botschaften der Materie finden Transformationen statt. Eingestrahlte Lichtwellen bringen ganze Bereiche des Atoms über die Elektronenwellen zum Schwingen. Im Falle der Absorption gibt das Atom daher andere Wellen, zum Beispiel Wärme oder Elektronenwellen selbst von sich. Je nach Atomart und Zustand kann sich auf diese Weise jede Wellenart in eine andere umwandeln. Licht wechselt die Frequenzen, Wärme verwandelt sich in Licht, einschließlich Röntgen- und Gammastrahlung, Elektronenwellen (Strom) verändern sich zu Licht und so fort.

Jede Transformation ist grundsätzlich möglich, wenn Frequenzen zueinander passen und bestimmte Begegnungen stattfinden. Aber alle diese Mechanismen laufen statistisch ab, es ist ein Spiel der Quanten, und jeder Versuch, dieses Spiel zu beobachten, verändert sofort seine Regeln. Sind wir doch selbst ein Ergebnis dieser Quantenmechanismen – und können deshalb niemals neutraler Beobachter sondern nur Mitspieler sein!

Bemerkenswert ist, dass jeder Ort einer Impulsausbreitung absolut solitär ist. Er gibt nur diese einzige Impulsfolge ab. Keine andere Welle könnte vom gleichen Punkt ausgehen oder innerhalb eines Atoms dieselbe Bahn benutzen, wenn die Spins einander nicht ausweichen. Das entspricht dem Ausschließungsprinzip des Physikers Pauli und ist eigentlich eine (nobelpreisprämierte) Selbstverständlichkeit.

Die Vibrationen des Atomfelds beeinflussen sich auch indirekt. So kann ein Atom - von Lichtwellen angeregt – seine Fähigkeit, Elektronenwellen weiterzuleiten, steigern oder vermindern. Auch Wärmeschwingungen stören die Weitergabe von Elektronenwellen. Wir sagen: Der Widerstand des Leiters gegenüber elektrischem Strom erhöht sich. Im Elektrolyten dagegen vermindert die Zufuhr von Wärme diesen Widerstand, da sich die Beweglichkeit der Ionen erhöht. Andererseits kann das Fehlen von Wärmeschwingungen den elektrischen Widerstand bis auf Null sinken lassen, wie dies in supraleitenden Elementen und Strukturen der Fall ist. „Strukturen" deshalb, weil verschiedenste Atomkonfigurationen denkbar sind, die eine Supraleitfähigkeit zulassen - sogar solche im organischen Bereich.

Grundsätzlich sind fast alle vorstellbaren gegenseitigen Beeinflussungen möglich, und für jede Art finden wir experimentell auch Beispiele.

So mussten die Physiker ihre vielen Effekte und Phänomene entdecken. Viele dieser Effekte haben besondere Verwirrung gestiftet, besonders jene, in welchen Wellen scheinbar mit Teilchen reagierten und man deshalb nie so recht wusste, womit man es eigentlich zu tun hatte. Eines dieser widersprüchlichen Phänomene ist der Photo-Effekt, dessen Interpretation Einstein zum Nobelpreis verhalf.

Wir wollen diesen Effekt gleich aus unserer Sicht beschreiben: Wenn wir eine stark elektronenwellenaktive Metallplatte mit kurzwelligem Licht bestrahlen, so treten aus der Platte Elektronenwellen aus. Es erfolgt also offenbar eine Transformation von Licht in Elektronenwellen. Da die Energie des Lichts durch seine Frequenz bestimmt ist (jeder Stoß übermittelt einen bestimmten Teilbetrag), ist es vollkommen plausibel, dass damit auch die Frequenz der Elektronenwellen und somit ihre Energie bestimmt ist. Dies ergibt sich schon aufgrund der Kongruenz der Wellenlängen, die ja Voraussetzung für die Transformation ist. Da die Anzahl der Lichtwellen die Lichtintensität bestimmt, muss uns sofort einleuchten, dass damit auch die Anzahl der Elektronenwellen festgelegt ist. Es gibt in unserer Anschauung keinen Widerspruch.

Sieht man das Elektron aber als Teilchen, welches die Energie des Lichts in Bewegung umsetzt, so müsste die Intensität des Lichts die Elektronenenergie beeinflussen. Beobachtungen zeigten aber, dass diese Energie stets nur mit der Frequenz des Lichts zusammenhing, während dessen Intensität die Anzahl der Elektronen zu bestimmen schien. Da man an der Teilchenhaftigkeit des Elektrons nicht zweifelte, gab es nur einen Ausweg: auch Licht musste ein Teilchen sein. Einstein hob es aus der Taufe und nannte es Photon.[33]

Damit hatte er der Wissenschaft einen Weg gewiesen, der in der Sackgasse des Dualismus enden musste.

Wir verstehen aber aufgrund des kleinen Unterschieds unserer Wellenauffassung zur echten Welle (in welcher Energien harmonisch schwingen, wogegen eine Impulsfolge tatsächlich Einzelstöße, also Quanten übermittelt), weshalb sowohl Licht als auch Elektronen teilchenartig wirken müssen. Photonen entsprechen eben Lichtpulsen, und die sind nichts anderes als Energiepakete, zu welchen wir natürlich auch Energieteilchen sagen könnten, wenn das Wort Teilchen nicht so substanzbehaftet auf uns wirken würde.

Photoeffektähnliche Ereignisse spielen sich erwartungsgemäß auch im Hyperfein-Strukturraum des Atoms ab. Hier freilich unter den Röntgenwellen, und in diesem Fall musste der Physiker auf den so genannten Auger-Effekt stoßen. Meist treten die dabei angeregten Elektronenwellen nicht aus dem Atom aus, aber sie verursachen neuerliche Röntgenwellen mit charakteristischen Frequenzen, die einen photoeffektanalogen Vorgang erkennen lassen.

Die Beschaffenheit des Atomfeldes drückt den Transformationen den Stempel eigener scheinbarer Gesetzmäßigkeiten auf. Nimmt eine Elektronenwelle im äußeren Bereich Energie auf, so kann nur die nächste innen liegende Elektronenwelle Energie wieder abgeben. Das transformierte Licht hat darum eine kürzere Wellenlänge als das eingestrahlte.

Röntgenwellen reagieren dagegen im inneren Bereich des Atoms. Transformierte Röntgenwellen werden daher zwangsläufig weiter außen erzeugt und haben stets eine größere Wellenlänge als ihre Verursacher (Compton-Effekt). Das alles ist so unwiderstehlich logisch, dass wir nicht viel Worte darüber zu verlieren haben.

Jede elektromagnetische Welle, die ein Feld radial verlässt, gerät in die Geometrie des Raumes. Das heißt, die Welle dehnt sich aus (Abbildung 103, 103a).

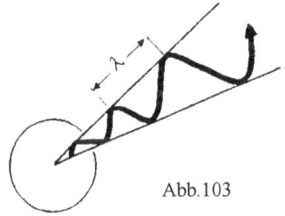
Abb.103

Abb.103a

Ihre Wellenlänge wird, wie die Abbildung zeigt, größer, ihre Frequenz geringer. Es tritt also eine Rotverschiebung ein. Die bekannte Rotverschiebung ferner Galaxien ist aber nicht nur auf diesen Gravitations-Rotverschiebung genannten Effekt zurückzuführen, sondern auch auf den Doppler-Effekt, der durch die Bewegung der Galaxien auftritt. An der Expansion des Alls kann aus diesem Grund nicht gezweifelt werden...

Die geometrischen Feldverhältnisse (nämlich das sphärische Aufeinanderwirken der Abstoßungen), die man im Einstein'schen Sinne sehr gut als Krümmung oder Dehnung des Raumes umschreiben könnte, verändern auch das Licht bzw. elektromagnetische Vorgänge überhaupt generell. Die dadurch stets notwendigen Berechnungskorrekturen entsprechen weitgehend den

Berichtigungen, die sich aus der Allgemeinen Relativitätstheorie ergeben. Einstein ordnete wegen dieser Umstände dem Licht Masse zu, da es ja ganz so aussieht, als verlöre das Licht Energie unter der Einwirkung der Gravitation. Da die Fallbeschleunigung genau die geometrischen Verhältnisse eines Feldes widerspiegelt, entspricht der durch die Wellenlängendehnung erscheinende Verlust wiederum genau jener Energie, die aufgewendet werden müsste, um das Lichtquant gegen diese Fallbeschleunigung zu heben.

Innerhalb von 45 Metern verringert sich die Frequenz eines Gammastrahls etwa um den Faktor $5*10^{-15}$. Das lässt sich kurz als die Folge des Umstandes beschreiben, dass aufgrund der sphärischen Raumbedingungen eines Gravitationsfeldes die Amplitudenveränderung einer Welle immer der Entfernung vom Erregungsort proportional sein wird. Unter diesem Gesichtspunkt offenbart sich die Masse des Lichts sofort als reinste Fiktion. Man kann demnach mit der Gravitations-Rotverschiebung Einsteins Allgemeine Relativitätstheorie nicht bestätigen.

Lichtwellen sind auch in tangentialer Richtung an die Struktur jedes Feldes gebunden. Am deutlichsten haben wir das an der Beugung des Lichts bemerkt. Ein dieser Beugung durchaus entsprechender Vorgang läuft auch in einem Kugelfeld ab, welches in Richtung Zentrum kontinuierlich dichter wird. Dann findet ein Lichtimpuls dieselbe Umlaufbedingung wie ein bewegtes Feld vor (Abbildung 104).

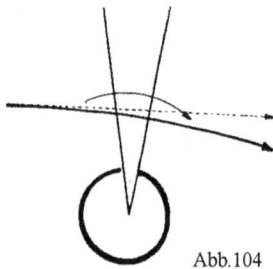

Abb.104

Wir wissen schon, dass diese Umlaufbedingung unter anderem auch von der Geschwindigkeit abhängt. Deshalb ist die Ablenkung des Lichts beispielsweise im Feld der Sonne sehr gering, aber dennoch feststellbar. Die Tatsache der Existenz dieser Ablenkung hat Einstein schließlich zu seinem Triumph verholfen, und die Fachwelt an der Richtigkeit seiner Theorien nicht mehr zweifeln lassen. Darauf werden wir im Kapitel „Relativität" wieder zurückkommen.

Die Krümmung des Raums ergibt sich aus unserer Sicht keinesfalls unmittelbar aus der Masse eines Feldes, sondern auch aus seiner Größe schlechthin. Sehr große Sterne mit geringer Oberflächenkrümmung zeigen daher ausnahmslos überraschend geringe Gravitationswirkungen. Der Physiker hilft sich aus diesem Paradoxon heraus, indem er diesen Sternen eben die entsprechend geringe Masse zuschreibt. Das wiederum führt zu durchaus absurden Dichtewerten. Der Riesenstern Beteigeuze hat nach Meinung der Astrophysiker angesichts seiner Gravitation eine Dichte, die ein auf Erden herstellbares Vakuum weit unterbieten würde. Wir wissen, dass dieses bizarre Ergebnis schlichtweg nicht richtig sein kann.

Ebenso unzulässig ist der umgekehrte Schluss: die Annahme eines Schwarzen Lochs aufgrund von Schwerkraft. Da Licht dem Bannkreis eines winzigen Atoms ohne weiteres entkommen kann, gibt es keinen Grund zur Annahme, es könnte von einer „Singularität" festgehalten werden (was immer das sein soll). Und nur mit der Annahme einer zentralen Schwerkraft ließe sich eine Theorie des Schwarzen Lochs aushecken – Einsteins Allgemeine Relativitätstheorie ergibt hier schlichtweg absurde Resultate.[34]

Die Masse ist eine reine Rechengröße, sie drückt keinesfalls exakt die Menge irgendeiner Substanz aus, kann sie niemals ausdrücken, weil es keine Substanz gibt! Daher können Massen niemals so groß und gleichzeitig von so kleiner Ausdehnung sein, dass sie das Licht nicht entkommen ließen. Wir müssen aber daran erinnern, dass wir wenigstens echte Leere Löcher entdeckt haben: Das Abstoßungsprinzip verursacht ja Stellen im All, an denen sich überhaupt keine Masse befinden muss - und dennoch strömt Materie auf diese Punkte zu.

Das von uns geschilderte Abstoßungsprinzip innerhalb der T.A.O.-Matrix des Universums legt uns nahe, an allen physikalischen Postulaten und Axiomen zu zweifeln. Gerade die Annahme, dass überall im Kosmos dieselben Naturgesetze gelten, wäre kaum berechtigt und durch nichts gesichert. Wir können uns vorstellen, dass physikalische oder chemische Prozesse in anderen Gegenden des Weltraums, in denen andere Druckverteilungen vorliegen, auch nach anderen Regeln und mit anderen Geschwindigkeiten ablaufen. So ist auch die Geschwindigkeit von Lichtpulsen keineswegs genormt, denn sie ist stets abhängig von den Feldern im Raum. Nirgendwo existiert ein vollkommenes Vakuum. Einen derart „leeren" Zustand könnte es im Universum gar nicht geben. Jedes so genannte Vakuum ist in Wahrheit vom T.A.O. erfüllt, in dem jederzeit Impulse fluktuieren und damit Teilchen entstehen können, die man eher aus Verlegenheit denn aus logischen Gründen als virtuell bezeichnen kann. Die Vibrationen im Vakuum kann man beispielsweise mit dem Casimir-Effekt nachweisen (Abbildung 104a):

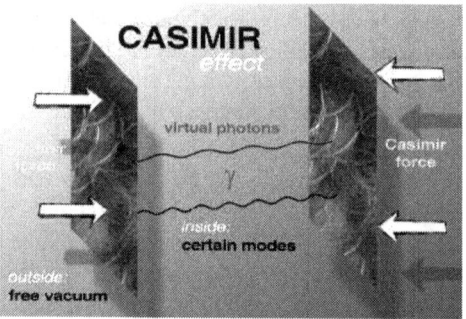

Abb.104a

Der Casimir-Effekt wurde 1997 durch einen amerikanischen Forscher messbar nachgewiesen. Casimir berechnete 1948, dass zwei Metallplatten, die im Vakuum dicht zusammengebracht würden, ohne äußeren Grund aneinandergepresst werden müssten. Die Ursache wäre, dass sich in dem dünnen Spalt zwischen den Platten nicht mehr beliebige „Quanten-Teilchen" bilden könnten, sondern nur noch solche, deren Wellenlänge in den Abstand passt. So entstünde innerhalb des Spalts eine geringere Anzahl von Teilchen, als im umgebenden Raum, worauf die Platten von außen zusammengedrückt werden müssten. Die Theorie hiefür lautet, dass es nach den Prinzipien der Quantenmechanik gar kein „echtes" Vakuum gibt und kein leerer Raum im eigentlichen Wortsinn möglich ist. Vielmehr geht man davon aus, dass das Vakuum mysteriöse fluktuierende Felder enthält, die für den Casimir-Effekt verantwortlich sind.

Der Effekt ist eine Bestätigung des Abstoßungsprinzips. Wir entdeckten ja, dass die Impulse im T.A.O. aufgrund des erhöhten

Platzbedarfs die Abstoßung, den Alldruck verursachen. Auch im Vakuum rund um die Platten und dazwischen treten die Impulse in der Matrix auf und die Platten werden zusammengeschoben. Die Erklärung der Quantentheoretiker ist daher tatsächlich nachvollziehbar.

Wir wissen, dass es im Vakuum immerfort zu Störungen und Begegnungen kommt. Man muss das richtig sehen: fast alle Fluktuationen, Oszillationen und Impulse im Tao sind virtuell. Das Entstehen eines stabilen „Teilchens" ist ein extrem seltenes Ereignis.. Wenn wir lange genug warten, entsteht vielleicht einmal ein Proton zwischen den Casimir-Platten ... (das wäre dem Heisenberg aber gar nicht recht).

Für die Gravitation als Ursache ist der Effekt übrigens zu stark. Alle Erklärungen des Phänomens haben noch ein weiteres Problem: wenn man geriffelte Platten nimmt, stellen sie sich so ein, dass sich genau die Riffelberge gegenüber stehen. Das könnte daran liegen, dass zwischen den Platten auch eine magnetfeldähnliche Polarisation auftritt.

Jedenfalls werden die Atomphysiker zunehmend gezwungen, von dem Bild „Materie ist alles und das Vakuum ist nichts" Abschied zu nehmen. Immer deutlicher scheint es sich heraus zu stellen, dass das Vakuum alles enthält und die Welt der Materie ein Sonderzustand von ihm ist!

Es besteht kein Zweifel daran, dass die heute gültigen Theorien bei weitem nicht immer ausreichen, Vorgänge im Universum vollkommen zu verstehen. Immer wieder beobachten Physiker und Astronomen Erscheinungen, die sich absolut nicht in das Netzwerk ihrer Erklärungen einfügen lassen. Nicht zuletzt ist daran die verhängnisvolle Tendenz schuld, Beobachtungen innerhalb unseres begrenzten Erfahrungsbereiches universell zu verallgemeinern. Materielle Prozesse innerhalb unseres Erdkreises müssen aber keinesfalls in den Sternen unbedingt auf dieselbe Art ablaufen. Dazu ein Beispiel: Man hat im interstellaren Raum bisher rund 50 bis 60 Molekülarten identifizieren können. Einige davon findet man auch auf unserer Erde, aber man entdeckte auch Cyano-Acetylen-Ketten, die so exotisch sind, dass sie sich um keinen Preis auf Erden im Labor herstellen lassen würden...

19 Asymmetrie

Wir haben die Entstehung komplexerer Atome bereits damit verdeutlicht, wie Protonen und Helium, vielleicht auch Deuteronen sich zu neuen Gesamtfeldern vereinigen. In der Regel ist dies zwar nur in den Atommeilern der Sterne verwirklicht, aber auch kalte Begegnungen sind denkbar. Bis zum Eisenatom sind Atome sehr stabil, aber prinzipiell gilt: je mehr Einzelfelder ein Gesamtfeld formen, desto instabiler wird das Gebilde.

Das kommt daher, dass erstens die Abstoßung der Protonen und Alphateilchen mit ihrer Anzahl zunimmt und zweitens immer mehr Neutronenfelder als schwach schwingende Räume miteingebaut werden und die Krümmkraft (Starke Wechselwirkung) mit Zunahme der gesamten Feldgröße geringer wird. Eine Möglichkeit für ein instabiles Nuklid, die Harmonie seiner Schwingung aufrecht zu erhalten oder wiederzufinden, besteht darin, störende Impulse einfach zu eliminieren. Sie werden ausgestoßen und sind begreiflicherweise als Elektronenwellen zu identifizieren. Eine derartige Strahlung nennen wir Betastrahlung.

Jedes Entschwinden einer Elektronenwelle erschüttert das restliche Feld auf drastische Weise. Die Oszillation seines inneren Bereiches führt zur Energieabgabe in Form extrem kurzwelligen Lichts, das uns als Gammastrahlung bekannt ist. Bisweilen hebt der hohe energetische Zustand auch eines der Primärfelder über die Schwelle, worauf es sofort aus dem Verband ausgestoßen wird. Es sollte nicht weiter überraschen, dass sich so ein herauskatapultiertes Feld als Heliumatom zu erkennen gibt. Strahlen aus Helium heißen Alphastrahlen. Dieses häufige Auftreten des Heliumfeldes ist verständlich, bestehen doch schwerere Atome in der Hauptsache aus ihm. Aber auch Protonen und Neutronen werden ausgestoßen und man nutzt dies in der Hochenergiephysik bereits experimentell. Der ganze Prozess, in dem das Atom eine stabilere Konstellation anstrebt, heißt Radioaktivität und ist schon deshalb kaum außergewöhnlich, weil unter dem Grundsatz einer sich allseits abstoßenden Materie das stabile Atom praktisch einen Ausnahmefall darstellt, während man generell voraussetzen darf, dass alle Materie letzten Endes wieder zerfällt...

Wollten wir ein instabiles Nuklid zerschmettern, so benötigten wir ein Feld, das nicht allzu schnell, möglichst groß und von geringer eigener Abstoßung ist - wie wir vom Ventilatorradbeispiel her wissen. Ein langsames Neutronenfeld erfüllt diese Bedingungen. Auf ein Nuklid geschossen, wird es von diesem vorerst kurz angelagert, stört aber den ohnedies labilen Aufbau dermaßen, dass das Atom in zwei meist ungleiche Hälften zerfällt. Dabei werden weitere, zumindest zwei bis drei Neutronen frei, wobei wir berücksichtigen müssen, dass es sich hierbei auch um Protonen handeln kann, die ihre Schwingung einbüßten. Diese neutralen Felder können wiederum eine Spaltung auslösen. Da sie sich während des Prozesses laufend vermehren, führt dies zur bekannten Kettenreaktion mit ihren gewaltigen Energieäußerungen. Diese Energien stammen genaugenommen nicht aus den Atomen selbst, wie wir wissen, sondern eigentlich aus dem kosmischen Druck.

Die Zerfallshälften sind wiederum Atome, die sich in die Reihe der Elemente eingliedern lassen. Sie halbieren ihre ursprüngliche Energiemenge in neue Kugelfelder mit nunmehr größerer Gesamtoberfläche. Daher muss ein neues Kräftegleichgewicht mit dem Umfeld, dem Alldruck eingegangen werden, was - wie wir ebenfalls schon schilderten - stoßartig vor sich geht, bis der Alldruck die Felder sozusagen wieder in den Griff bekommt. Diese gewaltigen Stoßenergien sind es, die der Atombombe ihre verheerende Wirkung verleihen.

Das Kräftespiel der Vergrößerung und Verkleinerung von Kugelfeldoberflächen führt dazu, dass sowohl der so genannte Massendefekt auftritt als auch eine scheinbare Vergrößerung der Masse feststellbar sein kann. Ein Element kann sich deshalb durch Zerfall sogar in ein höheres Element verwandeln. In diesem Auf und Ab der Zerfallsreihen sind wieder Gesetzmäßigkeiten zu entdecken, die allerdings stets statistisch aufzufassen sind und niemals mit hundertprozentiger Präzision ablaufen. Auch die Gleichmäßigkeit des Zerfalls resultiert aus statistischen Verteilungen. Der Versuch aber, diese Gleichmäßigkeit zur Zeitmessung zu verwenden, z.B. mit der C^{14} Methode, ist schon deshalb höchst fragwürdig, weil sich die Gravitationswirkung sicherlich durch die Weltraum-Expansion kontinuierlich vermindert hat und damit die Zerfallswahrscheinlichkeit im Laufe der Zeit zunahm.

Alphastrahlen können aus Nukliden mitunter oft reine Wasserstoffstrahlen auslösen. Ereignisse dieser Art beweisen daher prinzipiell, dass tatsächlich alle Atome aus wenigen Grundfeldern aufgebaut sind. Mit diesen „standardisierten" Feldern kann man die Materie manipulieren wie mit einem Baukastensystem. Schießt man ein Heliumatom auf Stickstoff, so löst sich aus diesem manchmal ein Wasserstoffatom, während das Heliumfeld angebaut wird. Das Ergebnis ist ein Sauerstoffatom.

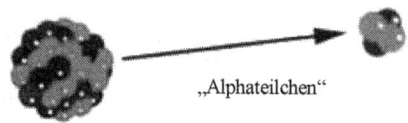

„Alphateilchen"

Abb.104b

Hoffentlich haben wir inzwischen nicht vergessen, dass diese „Teilchen" aus unsichtbaren Impulsfeldern bestehen und keine kleinen Kügelchen sind, wie dies die Abbildung 104 b darstellt. Diese Impulsfelder verhalten sich ähnlich wie Quecksilbertropfen oder eine Flüssigkeit ähnlicher Art. Protonenfelder lagern sich auch nicht aneinander an, sondern bilden zumeist Überlappungsintegrale bis zur Größe von Heliumfeldern. Diese werden nur dann von einem Atom aufgenommen, wenn sie sehr dicht an dieses herankommen. Die Trefferwahrscheinlichkeit ist daher sehr gering. Für eine einzige Umwandlung müssen etwa 500 000 Alphateilchen verschossen werden. Mittlerweile baut die Hochenergiephysik bereits künstliche Elemente auf, die natürlich zumindest auf unserer Erde gar nicht vorkommen. Den Möglichkeiten sind diesbezüglich nur Grenzen gesetzt, die mit der Symmetrie der erzeugten Atome zusammenhängen (gerade Massenzahlen). Es gibt demgemäss Stabilitätsbereiche, die sich mit Labilitätsbereichen abwechseln.

Gleichmäßig wie eine Uhr wirkt radioaktiver Zerfall nur über längere Zeiträume. Bei schwachen Präparaten und kurzen Zeiten sind statistische Schwankungen durchaus die Regel. Nirgendwo im Kosmos gibt es deshalb genaue Zerfallsuhren. Wann ein Atom ein Alphateilchen von sich geben wird, ist grundsätzlich nicht vorhersehbar. Prinzipiell zerfallen alle Atomarten, auch die stabilen, einmal, jedoch liegt die Halbwertszeit stabiler Atome viel zu hoch, um mit menschlichen Maßstäben fassbar zu sein. Auch Heliumatome leben nicht ewig, und sogar das Proton besitzt kein Privileg auf Unsterblichkeit, dieses erste und einfachste aller Impulsfelder zerfällt früher oder später (mutmaßlich) in ein Antielektron und mehrere Neutrinos. Die Halbwertszeit eines Protons errechnet sich jedoch mit etwa 10^{30} Jahren - kein Grund für uns, nervös zu werden...

Außerdem wird jeder Zerfall durch Neubildung ausgeglichen, und in den Sternen, sogar in ihren Strahlungskronen entstehen laufend höhere Elemente. Summa summarum ein Prozess, der ein etwaiges Ende des Universums in unvorstellbare Ferne rückt. Aber ein Proton kann schon deshalb nicht in alle Ewigkeit pulsieren, da es ja fortwährend Stöße und Impulse an das All austeilt und dabei Energie verliert, die anderswo aber wieder zur Neubildung von Protonen beiträgt...

Trotz dieser ständigen Erneuerung müssen wir aber grundsätzlich feststellen, dass der Kosmos augenscheinlich einen Zustand ansteuert, den er schon einmal einnahm: das Chaos. Die Frage ist jedoch erlaubt, ob er diesen Zustand jemals erreichen wird. Denn gerade dieses Bestreben ist gleichzeitig für das Dasein unserer Welt verantwortlich, ein Umstand, der erst in letzter Zeit Beachtung findet, nachdem die bisherigen Aussagen der Thermodynamik den Weg zu solcher Einsicht versperrt hatten. Wir weisen diesbezüglich auf die Untersuchungen des Nobelpreisträgers Ilya Prigogines hin, die sich mit gleichgewichtsfernen und dissipativen Strukturen beschäftigen und aufzeigen, dass das Boltzmann'sche Ordnungsprinzip keine Allgemeingültigkeit besitzt.

Prozesse der Selbstorganisation von Materie, das Eingehen von Ordnungen haben ihren Motor just in jener Zustandsgröße, die all dies auf den ersten Blick auszuschließen scheint: in der Entropie. Energie im Kosmos kann nicht wahllos verströmen, im Kampf um Platz und Weg, im Miteinander- und Gegeneinanderwirken baut sie Ordnungen auf, die für uns bereits ein wahrnehmbares Bild bedeuten, eigentlich eine endlose Folge von Bildern, die sich nur über kurze Zeiträume gleichen. So wie die Fixsterne in Wirklichkeit ihre Orte wechseln, so verändert auch der Kosmos sein Gesamtbild, und kaum wird ein Zustand darunter sein, zu dem wir berechtigt „Ende" sagen könnten.

Alle Atome befinden sich - zumindest in unserem Erfahrungsbereich - zueinander zumindest auf den ersten Blick scheinbar im Gleichgewicht. Bei genauerem Hinsehen offenbart sich das gesamte Treiben der Materie als ein Spiel der Elektrizität. Nur weil Materie gewissermaßen stets am Rande zum Gleichgewichts balanciert, formt sie sowohl anorganische als auch organische Strukturen, und gerade die Letzteren ringen, solange sie bestehen, um die Balance mit der Umwelt.

Wir sind den ionisierten Atomen schon in den Kristallen begegnet oder im Elektrolyten und wir wissen, dass es sich um polarisierte Impulsfelder handelt. Aber eigentlich sind alle Atomfelder dieser Welt polarisiert. Sind sie aber zu Molekülen vereint, so merken wir nichts davon - wie zum Beispiel im Kochsalz. Um die Polarisationswirkung deutlich hervorzubringen, muss erst mal das Gleichgewicht zwischen den Atomen gestört werden. Dies geschieht meist durch „ionisierende" Strahlen oder elektromagnetische Prozesse wie Strom oder Hitze. Je nach Dosis sind alle Strahlen, die wir bei der Radioaktivität vorfinden, ionisierend, weil sie die Atome, die sie treffen, aus dem energetischen Gleichgewicht bringen können - und zwar generell auf zwei Weisen:

1) durch Stärkung eines Atoms. Dieses ist den anderen gegenüber dann energiereicher und stößt sie stärker ab. Wir sprechen vom positiven Ion.

2) durch Schwächung eines Atoms. Es rückt den ungeschwächten etwas näher, wir nennen es negatives Ion.

In diesem Fall hat positiv und negativ sogar fast eine sinngemäße Bedeutung, auch wenn damit nur ein mehr oder weniger an Energie zum Ausdruck kommen soll. Stärkung bedeutet ja, dass durch die Energiezufuhr die Elektronenwellen weiter vom Zentrum wegschwingen, Schwächung, dass sie näher an dieses heranrücken. Natürlich sieht das so aus, als würden dem einen Atom Elektronen gegeben und dem anderen solche genommen, und die Teilchentheorie spricht daher von ausgetauschten Elektronen. Das macht die Dinge nur unnötigerweise komplizierter als sie sind.

Ihrer Umgebung gegenüber gestärkte oder geschwächte Atome bilden Ionenwolken. Sie verhalten sich nicht mehr neutral, sind also elektromagnetisch beeinflussbar. Es kommt zu Abstoßungen und Anziehungen, je nachdem, welche Polarisationen vorliegen. Ionen entstehen nämlich immer paarweise, da ja die Stärkung des einen Atoms immer auf Kosten des anderen vor sich gehen muss. Wie zu erwarten, gleichen sich beide Ionen bald wieder einander an (Rekombination).

Weil die Materie so leicht aus dem Gleichgewicht zu bringen ist, treffen wir Ionen praktisch überall an. In Bodennähe finden wir in der Luft rund $10^3/cm^3$, also eine Unmenge, die durch die Radioaktivität der Erde entsteht. Die Gase, normalerweise schlechte Leiter für Elektronenwellen, werden zu guten Leitern, wenn sie ionisiert werden. Das versteht sich von selbst, wenn wir an die Vorgänge im Elektrolyten denken. Ein Gas, dessen Eigenschaften wesentlich durch die Existenz positiver und negativer Ionen bestimmt sind, bezeichnen wir als Plasma. Dieses Plasma ist quasineutral, da die Ionen einander die Waage halten. Materie bei Temperaturen von einigen Tausend Graden, zum Beispiel Sternenmaterie, ist immer im Plasmazustand.

Da stets gestärkte und geschwächte Ionen zugleich auftreten, tritt im Plasma ein eigenartiger Effekt auf. Das fehlende Gleichgewicht führt zur Trennung der Ionen (Stärkung nach Punkt 1) und gleich darauf wieder zur Zusammenführung (Schwächung nach Punkt 2). Das Plasma vollführt demnach Schwingungen - sehr zur Verwirrung der Physiker, da diese Vorgänge mit der Elektronentheorie nur sehr unplausibel erklärbar sind.

Schwingungen ganz ähnlicher Art sind auch in chemischen Prozessen denkbar. Gerade in der Molekularbiologie spielen diese Schwingungen (chemische Uhren) eine dominante Rolle.

Der Plasmazustand ist auch sozusagen ansteckend. Alle Materie, die mit Plasma in Berührung kommt, gerät ebenfalls aus dem Gleichgewicht und schwingt sofort mit. Man kann Plasma daher nicht in gewöhnlichen Behältern aufbewaren, sondern nur mit Magnetfeldern einschließen (Stellaratoren).

Aufgrund der Schwingungen entstehen im Plasma extrem starke elektrodynamische Wirkungen, wie sie uns in der Sonne ständig vorgeführt werden. So polen sich auf dieser durch das Hin und Her im Plasma laufend die Magnetfelder um. Die mannigfachen Erscheinungen der Sonnenoberfläche lassen sich daher plasmaphysikalisch gut erklären, wie zum Beispiel das polare, paarweise Auftreten der Sonnenflecken. Überall dort, wo die Plasmaatmosphäre der Sonne durch Magnetfelder aufgerissen wird, blicken wir auf Materie, die bis zu 2000 Grad Celsius kühler ist als der äußere Mantel. Wir haben die Ursache hiefür bereits im Kapitel „Himmelskörper" besprochen.

Die Ionosphäre unserer Erde besteht ebenfalls aus Plasma, das mit einigen Megahertz schwingt und Temperaturen bis zu 3000 Grad repräsentiert. Funkwellen, die langsamer schwingen als dieser Plasmagürtel, werden von ihm reflektiert (auch hier wieder das Ventilatorradprinzip). Nur Impulse, die schneller schwingen als das Plasma, durchdringen dieses.

Strahlen aus Protonen oder anderen Feldern, also Ionenstrahlen, zeigen ebenfalls alle Erscheinungen, wie wir sie von Elektronen- und Lichtwellen her kennen: Beugung, Brechung und Interferenz. Das könnte uns sehr in Erstaunen versetzen, wenn wir an kompakte Materieteilchen glauben würden.

Auch Elektronenwellen geraten beim Austritt aus dem Atomfeld in die Raumgeometrie, sie erleiden dabei ebenso wie das Licht Wellenlängen-Vergrößerung und Frequenzverlust. Jedes Feld (magnetisch oder elektrostatisch) liefert der Elektronenwelle die üblichen, schon beschriebenen Umlaufbedingungen. Das führt daher immer zu deutlich gekrümmten Bahnen, die das Magnetfeld umkreisen. In Teilchenbeschleunigern (Synchrotronen) kann man Elektronen bis nahezu an die Lichtgeschwindigkeit beschleunigen, aber nicht darüber hinaus – und das wird von Anhängern der Relativitätstheorien gerne als Beweis für die Spezielle Relativitätstheorie präsentiert. Dass es das nicht ist, werden wir noch feststellen.

Wir haben schon bemerkt, dass ein Körper nicht über die Lichtgeschwindigkeit hinaus beschleunigt werden kann, weil die T.A.O.-Matrix jede Art von Bewegung[2] strukturell determiniert. Das gilt für Impulse und Körper gleichermaßen, weil sie sich alle auf die gleiche Weise fortpflanzen. Die Eigenschaften der Matrix hängen wiederum von den Druckverhältnissen des Raumes ab, und die werden von den umliegenden Massen bestimmt. So wie wir annehmen müssen, dass sogar die Gravitationskonstante von der Orientierung im Raum abhängig ist[35], also je nach Lage im Weltraum verschieden ausfällt, dürfen wir demzufolge auch unter der Lichtgeschwindigkeit keinesfalls eine absolute Größe verstehen. Wenn wir also sagen, auch eine Elektronenwelle kann nicht schneller sein als das Licht, so ist das zwar vollkommen richtig – es ist aber ohne weiteres vorstellbar, dass das Licht selbst einmal seinen eigenen Höchstgeschwindigkeitsrekord übertrifft.

Auch wenn alle denkbaren Impulsformen im T.A.O. möglich sind und wahrscheinlich auch existieren, haben mit wenigen Ausnahmen („Neutrinos" und ähnliche) die für das materielle Geschehen maßgeblichen Scheinwellen einen eindeutigen Spin. Wir haben das schon ausführlichst dargestellt und auch beachtet, wie sich dieser Spin mit den Spins anderer Impulse verkoppelt, indem er entweder selbst passende Spins erzeugt oder nur passende Spins zulässt. Die sichtbare, fühlbare oder messbare Realität ist eigentlich das Produkt eines destruktiven Interferenzspiels von Impulsen – wir leben in einer Welt, die aus einem ununterbrochenen Auslöschvorgang übrig bleibt! Dieser ständige Auslöschvorgang stellt eine „Vakuumenergie" dar, eben jene Fluktuation von Teilchen, die sich im Vakuum unaufhörlich ebenso induzieren wie auslöschen. Es ist eine Art Kampf zwischen Materie und Antimaterie – ein Kampf zwischen „links" und „rechts" gewissermaßen. Dass das Vakuum nicht Vakuum bleibt, ist darauf zurück zu führen, dass es aufgrund von Symmetriebrüchen ab einer gewissen Komplexität der Atome Antimaterie nicht mehr geben kann. Nur bei den Spiralimpulsen ist noch eine eindeutige Trennung in Normalimpulse und Anti-Impulse möglich. Denkbar ist dies auch noch bei Protonfeldern – es kann also eine Art Anti-Wasserstoff geben. Auch viele „Teilchen" können als Anti-Teilchen auftreten oder, wie Neutrinos, gleich ihr eigenes Anti-Teilchen sein (wenn's die Theorien der Quantenphysiker verlangen). Aber das Anti-Elektron, das Positron, unterscheidet sich ja nur durch die räumlich entgegengesetzte Polarisation der „Ladung" – es ist also nur schlampig definiert als Anti-Materie zu sehen. Bei schweren, komplexen Atomen ist diese Definition gar nicht mehr relevant. Es gibt z. B. praktisch kein Anti-Eisenatom, da die Oberfläche eines schweren Atoms sowohl rechte als auch linke Polarisationen, sogar beide zugleich an verschiedenen Stellen, aufweisen kann. Zwei Eisenatome, die ineinander unbehindert eindringen und sich vernichten könnten, wären ein Ding der Unmöglichkeit. Anti-Materie beschränkt sich also nur auf einfache Teilchen und Impulse, und wir wissen, was wir von den Märchen zu halten haben, in denen von kompletten Anti-Universen geträumt wird. Eine echte Anti-Materie wäre übrigens eine negative Materie mit negativer Energie – aber das ist ohnehin total unmöglich.

Wir sehen also, Materie ist von vornherein nicht von Symmetrie beherrscht, aber in den Köpfen der Gelehrten geistert seit eh und je (mehr aus ästhetischer Motivation als aus physikalischer Notwendigkeit) die Vorstellung von der Symmetrie der Materie umher. Auf den ersten Moment sieht es auch so aus, als könnte man all die vielen Teilchen in ein Schema einordnen, aber dann stellt man fest: schon hier gibt es keine Symmetrie. Taucht plötzlich ein Teilchen auf, das ganz und gar nicht in das gewollte Schema passt, so reiht man es in die „seltsamen" Teilchen ein, wie zum Beispiel die K-Mesonen oder die Hyperonen.

Noch unbehaglicher wird die Angelegenheit, wenn die erhoffte Symmetrie der Materie in Gesamten offensichtlich verletzt erscheint. Zumeist ergeben sich diese Verletzungen nur aus den unbefriedigenden Theorien: So haftet negative Ladung auf geringen Massen, wogegen positive Ladung auf großen Massen beheimatet ist. Das hat schon Einstein sehr verwundert und mit Misstrauen erfüllt (wir kennen indessen den Grund: es gibt ja keine positiven oder negativen Ladungen).

Als man den Spin der Elektronen entdeckte, musste man natürlich glauben, dass Links- und Rechtsdrehung gleich große Wahrscheinlichkeit haben. Daher erschien es höchst seltsam, dass alle Elektronen offenbar denselben Spin aufweisen. Aber es kommt noch ärgerlicher: Bringt man eine elektronenemittierende Substanz in ein starkes Magnetfeld, zum Beispiel das Kobaltisotop ^{60}Co, so dass fast alle mutmaßlichen Kernspins vom Feld ausgerichtet werden, so beobachtet man, dass stets alle Elektronen in dieselbe Richtung emittiert werden. Den Quantentheoretiker muss das überraschen, da seiner Annahme nach die Kernspins (gerade Parität) zwei verschiedene Zustände (+1/2, -1/2) annehmen können und der Impuls der Elektronen aufgrund der gegenseitigen Orientierung mit dem Kernspin auch in die Richtung der Kernspins weisen müsste; das heißt, eine Spiegelung des Kernspins (von +1/2 auf -1/2) sollte auch eine Spiegelung der Elektronenimpulse (ungerade Parität) zur Folge haben.

Der erwartete Spiegelprozess würde also darin bestehen, dass die Elektronen in jede Richtung der ausgerichteten Spins emittiert werden. Dies ist jedoch nie zu beobachten. Scheinbar ist von zwei Prozessen, die durch räumliche Spiegelung auseinander hervorgehen, in der Natur nur einer realisiert. Man spricht daher von einer Paritätsverletzung und stellt verwundert fest, dass Elektronen offenbar mit größerer Wahrscheinlichkeit einem Links- als einem Rechtsdrall folgen. Diese durchaus richtige Feststellung hat allerdings überhaupt nichts Geheimnisvolles an sich.

Wir wissen, warum der Spin der Elektronenwellen auf sagen wir „links" festgelegt ist: durch die Gleichheit aller Protonenfelder. Alle Elektronenimpulse dieser Welt weisen zwangsläufig denselben Drall auf. Damit ist die Annahme, Links- und Rechtsdrehung seien gleich wahrscheinlich, bereits falsch. Aber auch die Experimente, in welchen man den Spin der Elektronen spiegeln wollte, können die erhoffte Symmetrie gar nicht aufzeigen, denn die vom radioaktiven Kobalt emittierten Elektronen werden stark vom Magnetfeld beeinflusst. Da Magnetfelder ursächlich von Elektronenwellen ausgehen, hat der Spin ihrer Feinstruktur dieselbe einseitige Festlegung wie jener der Elektronenwellen. Bringen wir das betastrahlende Kobalt in das Magnetfeld, so tritt ungeachtet eines Spins irgendwelcher imaginärer Kerne ein Effekt auf, welcher dem so genannten HALL-Effekt ähnlich ist (Abbildung 105): Im Magnetfeld erfahren die Elektronenwellen als so genannte Ladungsträger die bereits besprochene Lorentz-Kraft und werden nach einer vordefinierten Seite hin ausgerichtet.

Das radioaktive Kobalt verwandelt sich durch Betazerfall in Nickel, und alle ausgesandten Elektronen haben ausnahmslos und immer nur Links-Spin! Aufgrund der Lorentz-Kraft gibt es für die emittierten Elektronen daher nur die vom Magnetfeld erlaubte Richtung. Dadurch bleibt die erwartete Spiegelung selbstverständlich aus. Die erhoffte Symmetrie erweist sich als falsche Hoffnung, denn der Spin der Elektronenwelle (und er selbst ist ja schließlich für die Ladungswirkung verantwortlich) hat im Gegensatz zu einem Teilchenimpuls - gerade Parität, und so ist vom Experiment der Madame C.S.Wu (Abbildung 106) von vornherein nicht zu erwarten, dass es eine Verletzung der Parität aufzeigt, bzw. einer Symmetrie widerspricht, die gar nicht vorliegen kann.

Der Versuch wurde übrigens auch von den Physikern Yang, E.Ambler, R.W.Hayward, D.D.Hoppes und R.P.Hudson wiederholt - immer mit dem gleichen Ergebnis.

Nur das räumlich gespiegelte Elektron, das Positron, würde nach der entgegengesetzten Richtung emittieren. Man kann eben ein Elektron nicht einfach spiegeln und erwarten, dass es sich nun anders verhält.

Die Spirale der Abbildung 107 behält ihren Spin gegen den Uhrzeigersinn bei, auch wenn wir das Buch auf den Kopf stellen. Die Richtung der Elektronenemission resultiert aber nur aus diesem Spin. Der Versuch, nach der anderen Seite Elektronen herauszubekommen, verhält sich ungefähr so, als würde man eine Uhr auf den Kopf stellen und erwarten, dass sich nun der Zeiger gegen den Uhrzeigersinn bewegt. Aber wir können natürlich eine Uhr platzieren wie wir wollen - der Zeigerspin bleibt immer derselbe!

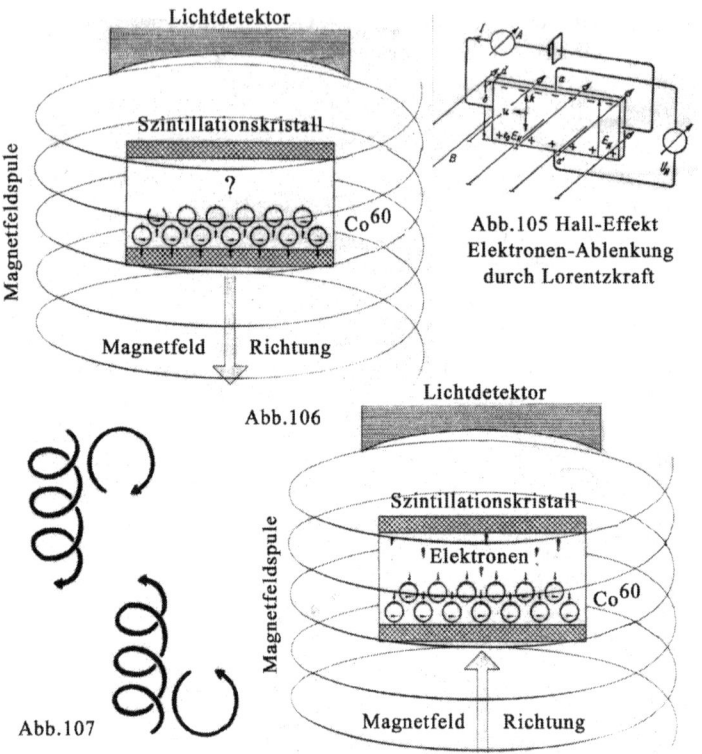

Abb.105 Hall-Effekt
Elektronen-Ablenkung
durch Lorentzkraft

Abb.106

Abb.107

Es ist fast nicht zu glauben, dass Physiker tatsächlich den Versuch in der geschilderten Weise durchführten und erstaunt über die bevorzugte Richtung der Elektronen waren.

Wie wir schon beschrieben, offenbart sich in allen von Elektronenwellen abhängigen Prozessen die so genannte Schwache Wechselwirkung. Es ist daher in keiner Weise verwunderlich, wenn in allen der Schwachen Wechselwirkung zugeschriebenen Ereignissen die Parität verletzt erscheint. Die Materie kann durch Ladungsumkehr keinesfalls exakt gespiegelt werden. Antimaterie kann daher niemals analoge Eigenschaften haben wie Materie - es sei denn, man spiegelt gleichzeitig mit Ladung und Raum auch die Zeit. Das aber ist unmöglich. Die zu beobachtende Invarianz gegen Ladungs- und Raumspiegelung zeigt auch, dass Kernreaktionen prinzipiell nicht umkehrbar sind, wenngleich anerkannte Theorien dies zulassen (insbesondere die Quantenmechanik, die noch allzu sehr der klassischen Mechanik verbunden ist). Obwohl die Quantenphysik ausnahmslos umkehrbare Prozesse behandelt, müssen aufgrund dieser Asymmetrie alle Wechselwirkungsprozesse irreversibel sein, schon weil sich der Pfeil der Zeit nicht umkehren lässt, denn eine Kausalität von der Wirkung zur Ursache wäre absurd. Auch wenn es scheinbar Rückwirkungen zur Ursache gibt, ist in ihnen die Zeit nicht umgedreht. Dass auch Quantenphysiker von einer Art geistiger Lähmung befallen sind, wenn sie überlichtschnelle Tunneleffekte konstatieren, beweist sich, wenn sie dann von Impulsen sprechen, die früher ausgetreten als eingetreten sind – obwohl die Lichtgeschwindigkeit gar nichts mit der Zeit am Hut hat. Einstein hat zwar die Konstanz der Lichtgeschwindigkeit postuliert, aber das bezieht sich auf die Konstanz einer Größe – die Größe selbst hat er nicht festgelegt. Würde sich heraus stellen, dass Licht etwas schneller ist, als bislang gemessen, würde das die Relativitätstheorien keinesfalls erschüttern. Dann müsste man eben mit dem neuen Wert rechnen.

Arbeitet man mit den unzutreffenden Begriffen Plus und Minus und deren Spiegelung, so zeigt sich die scheinbare Verletzung der heiligen Parität auch beim Zerfall von Mesonen durch Ladungsumkehr. Interessanterweise besteht zwischen einem Teilchen und seinem Antiteilchen von vornherein keine Symmetrie. Weist das eine einen Rechtsspin auf, dann das andere einen Linksspin - aber beide in derselben Richtung! Spiegelt man aber auch die Richtung, so verändert sich gar nichts und es entsteht kein Antiteilchen. Das heißt, auch eine gespiegelte Rechtsschraube bleibt in der Welt des Spiegels eine Rechtsschraube. Daraus erkennen wir mit aller Deutlichkeit, wie unsinnig es sein muss, innerhalb unserer Materie nach Symmetrien solcher Art zu forschen![36]

Nun noch eine andere interessante Frage: Kann man aus dem Universum ein Elektron, ein Atom oder auch nur einen einzigen winzigen Impuls stehlen? Die Antwort lautet Nein! Würde jemand gleichsam von außen in unsere Welt hineingreifen und ein Atom wegnehmen, so würde dort zwar dieses Atom verschwinden, der Alldruck würde aber in den plötzlich freien Bereich stoßartig eindringen, und dieser gewaltige Stoß würde sich kugelartig ausbreiten. Das wäre nichts anderes als eine Gravitationswelle und sie würde genau die Energie verursachen, die das gestohlene Atom repräsentierte.

Auch ein einzelner Impuls würde bei seinem Verschwinden einen genau gleich großen Impuls verursachen. Das Abstoßungsprinzip macht es auf einfache Weise klar: es kann dem Kosmos nichts weggenommen werden. Sein Energiebetrag bleibt logischerweise für ewig konstant. Die Physiker mussten daher den Satz von der Erhaltung der Energie (oder des Impulses) entdecken! Auch Impulse, die sich scheinbar spurlos weginterferieren, strömen in Wahrheit seitlich als Neutrinos (neutraler Strom) ab. Wir müssen uns klar darüber sein, dass auch die destruktive Interferenz von Impulsen zur selben Energieausbreitung führen muss, so als wäre der Impuls gestohlen worden. So taucht einfach ausnahmslos jeder Impuls irgendwo im T.A.O. wieder auf, als Teilchen, als Welle oder wenigstens als Neutrino.

Kennt man die Energien, die Spins und die Begegnungssituationen, so werden alle materiellen Ereignisse gut voraussagbar. Deshalb - wenngleich aufgrund anderer Modelle - wissen Physiker darüber Bescheid, was bei diesen oder jenen Stoßprozessen geschehen wird. Allerdings ist dieses Wissen überwiegend empirisch erarbeitet. Sucht man nach einem von der Theorie geforderten Teilchen, so entdeckt man es meist auf längst bestehenden Blasenkammerfotos, die noch einmal und immer wieder durchmustert werden. Längst findet man mit Begriffen wie positiv, negativ, Spin und Masse kein Auslangen mehr und so führt man eben neue, mitunter recht bizarre Definitionen ein, die eines gewissen Humors nicht entbehren: Seltsamkeit, Charm- und Anticharm, Schönheit, Wahrheit ... die Farben rot, grün und blau samt ihren Komplementärfarben ... oder räumliche Begriffe wie abwärts oder aufwärts und so weiter...

Nun, ein „unwahres" Teilchen ... das wäre wohl die zutreffendste Bezeichnung für jenes Impulsgeschehen, das wir nur noch aus Gründen der Tradition ein Atom nennen dürfen. Heisenberg schrieb einmal angesichts der Tatsache, dass offenbar alle verschiedenen Elementarteilchen auseinander hervorgehen können: „Diesen Sachverhalt kann man am einfachsten durch die Annahme interpretieren, dass alle Elementarteilchen nur verschiedene stationäre Zustände ein und derselben Materie sind..."

20 Galaxien

Beschreiben wir mit wenigen lapidaren Sätzen, wie der Kosmos das Bild bekam, das er uns heute bietet: aus Störungen im T.A.O. entstanden anfangs besonders energiereiche Lichtquanten und daraus die Protonen. Sie bildeten nichts anderes als Plasma, jenen überaus dynamischen Zustand der Materie, die bald in Bewegung geriet - und so pressten sich die Protonen in Energiezentren, die Sterne. Diese Sterne pressten einander in neue Zentren, die Sternhaufen. Und diese verdrängten einander bald zu neuen Überordnungen, zu Galaxien. Diese Galaxien verdrängten einander abermals in neue Systeme, die Hypergalaxien ... und diese in die Haufen und Superhaufen und Clusters und Superclusters und...

Dies ging fort so weit der Kosmos reicht, bis an jene Grenzen, hinter welchen wahrscheinlich heute noch das Chaos herrscht...

Ob es so einfach vonstatten ging, die Erschaffung der Materie und des Universums? Woher können wir das alles wissen? Die Antwort lautet: Wir wissen es nicht – und werden es niemals erfahren. Was wir wissen können ist, dass es aus logischen Gründen einen echten Anfang des Universums nie gegeben haben kann, dass wir in einer Welt der Wandlung leben und nicht wissen, aus welchem Bild das heutige Bild des Universums hervorgegangen ist. Aber wenn wir schon unbedingt an einen Beginn des Universums glauben wollen, sollten wir uns Theorien zulegen, die zumutbar und plausibel sind. Das ist die Urknall-Theorie jedenfalls nicht.

Wir werden uns daher nicht unnütz den Kopf zerbrechen und uns gleich mit dem beschäftigen, was uns als erstes einfällt, wenn wir an die Wunder des Kosmos denken: die Galaxien. Eigentlich erwartet man von einer Galaxie, dass sie sich aufgrund der Gesamtexpansion des Weltalls ebenfalls ausdehnt. Berücksichtigt man aber den Umstand, dass auch eine Galaxie im Gesamten wiederum ein Feld bildet, geeinigt und gestärkt durch ihr Hauptmagnetfeld, so zwingt dies zur Erkenntnis, dass Sterne in die Galaxie hineingedrückt werden. Galaxien ziehen sich daher zusammen, d.h. sie werden vom Alldruck zusammengeschoben.. Aus dem gleichen Grund werden ja, wie wir schon erfuhren, energiereiche Atome innerhalb eines bestimmten Umfeldes kleiner statt größer. Und ebenso wie die Atome stoßen auch die Galaxien einander ab. Alle von den Astronomen gemachten Beobachtungen entsprechen durchaus der

Wahrheit und sie widersprechen fast ausnahmslos der Theorie des Urknalls. Das All expandiert wie ein Gas, das auseinander getrieben wird durch die Bewegung seiner Atome. Wir werden sehen, dass diese Beobachtungen durch die Gelehrten sehr phantasievoll interpretiert werden – immerhin kann man in diesem Bereich sehr ungezwungen theoretisieren, denn wer fährt schon zum nächsten Quasar, um nachzusehen, ob das stimmt, was die Astrophysiker behaupten. Kein Wunder, dass es dort von Schwarzen Löchern nur so wimmelt...

Die Freiheit der Unüberprüfbarkeit steht natürlich auch uns zur Verfügung. Das Abstoßungsprinzip wird aber für so manches Rätsel der Kosmologie eine logischere Erklärung liefern als die Urknall-Hypothese. Auch die astronomischen Gegebenheiten stellen sich nunmehr ganz anders dar. So ist etwa das Zentrum einer Galaxie nicht mehr unbedingt der Geburtsort neuer Sterne, sondern hauptsächlich das Grab alter, die dort praktisch einen gewaltigen Hyperstern aufbauen. Von diesem Hyperstern strömt die Materie ebenso wie von jedem anderen Stern – in Form von Einzelatomen bzw. als Gas und Plasma wieder in die Galaxie zurück - Baumaterial für neue Globulen und Sterne.

So hat jede Galaxie ihren Lebenskreislauf, welcher ihr endgültiges Aufgehen im Hyperstern sehr lange, aber nicht ewig hinausschiebt.

Das Schrumpfen unserer eigenen Milchstraße hat einen erfreulichen Nebeneffekt: Das Sinken der Gravitationskonstante[37] (die Ausdehnung des Alls vermindert den Alldruck) wird dadurch verlangsamt und damit auch die Expansion des Planetensystems etwas verzögert. Dennoch wird auch die Sonne einmal und mit ihr die Planeten im Zentrum der Galaxie (das von der Erde aus gesehen hinter dem Sternbild des Schützen liegt) verschwinden.

Für alle Zwischenstufen dieses Schrumpfens einer Galaxie finden wir Beispiele im Kosmos. So erklären sich die oft unterschiedlichsten Formen der Galaxien, die von der kugeligen Haufenform bis zum Rotationsellipsoid reichen. Die Ursachen für die Rotationen der Galaxien sind durchaus dieselben wie für den einzelnen Stern: elektrodynamische Wirkungen ihrer Magnetfelder zueinander oder im überdimensionalen Magnetfeld des Universums selbst.

Die Übermittlung ihrer Drehmomente zueinander über das Alldruck-Feld erfolgt begreiflicherweise von außen nach innen.

Daraus erklärt sich die Tatsache der schnellen Bewegung der äußeren Sterne, die der Galaxienrotation praktisch vorauszueilen scheinen, die Kepler'schen Gesetze missachten und die Spiralarme bilden. Diese werden daher nicht ausnahmslos nachgezogen, sondern zeigen mitunter sogar in die Rotationsrichtung, wie dies beispielsweise bei dem Sternenwirbel NGC 4622 der Fall ist.

Alle diese eigentümlichen Eigenschaften einer Galaxie - durch Beobachtungen sattsam belegt - waren bislang durchwegs ungeklärt. Nach dem Abstoßungsprinzip sind viele dieser Geheimnisse überraschend logisch zu begründen. Für die Erklärung der unerwartet hohen Geschwindigkeiten der äußeren Sterne (und der zu langsamen der inneren!) einer Galaxie haben die Astronomen zwei Lösungen parat: die so genannte Dunkle Materie oder die Modifizierte Newton'sche Dynamik (M.O.N.D.).[38] Keine der Erklärungen ist nachvollziehbar und keine ist notwendig.

Die Arme der Spiralgalaxien beweisen überdies, dass ihre Form kein Gravitationsergebnis aufgrund von Rotation ist, denn die Ausgangsform der Galaxien hätte dann balkenförmig sein müssen – was natürlich vollkommen ausgeschlossen ist. Logischer ist, dass die Spiralarme herausgezogen wurden, weil der Antrieb der Galaxis vom Weltraum her erfolgte und der Impuls von außen nach innen übertragen wurde.

Abb. 107a

Angesichts der Abbildung 107a muss man sich fragen, wie die Startposition der Galaxien bei Drehbeginn wohl ausgesehen haben mag. Bei einer Drehung von innen heraus müsste dies ein Balken gewesen sein – und keine der Galaxien hätte überdies eine komplette Umdrehung vollendet. Alle bislang vorgelegten Hypothesen der

Galaxien-Entstehung sind daher unglaubhaft. Es gibt sogar Theorien, die eine Galaxienbildung vor der Entstehung von Sternen postulieren, indem sie behaupten, Sterne könnten nur in Galaxien entstehen. Aber dass sich diese großen Wirbel aus einer ursprünglich homogenen Verteilung von Sternen „herausgedreht" haben, sieht man eigentlich auf den ersten Blick (genau so wie sich Protonenfelder aus dem T.A.O. aufgrund der Begegnung von Impulsen „herausdrehten").

Hätte man die Ausdehnung des Alls nicht längst entdeckt, so müssten wir sie fordern. Aber was wir nicht genau kennen, ist die durchschnittliche Geschwindigkeit dieser Expansion. Die diesbezüglichen Zahlen werden von Jahr zu Jahr korrigiert; prinzipiell bleibt das aber ohne Bedeutung. Es ist eine gleichmäßige Ausdehnung, in der sich die Galaxien wie Rosinen im Hefeteig voneinander entfernen. Sie kann nicht auf eine Explosion zurückgeführt werden, sondern resultiert aus dem Druck, der entstand, als Bewegung^2 in das T.A.O. kam. Weil wir wissen, dass die Krümmkraft die Illusion der „Schwerkraft" verstärkt, und diese Krümmkraft auch das Gesamtfeld des Kosmos betrifft, muss die Geschwindigkeit der Expansion kontinuierlich zunehmen – weil sich die Radien der Felder vergrößern und die Oberflächen flacher werden! Damit überwiegen aber die Abstoßungen immer mehr – und wir haben eine beschleunigte Expansion, wie sie von den Astronomen erstaunt festgestellt wurde.[39]

Für das Rätsel der Quasare haben wir bereits im Kapitel „Proton" eine Lösung angedeutet. Für sie und für die Radiogalaxien gibt es aber noch eine andere Erklärung: Ein mit Lichtgeschwindigkeit fliegendes Proton erschiene dem ruhenden Beobachter gegenüber nicht als stationäres Feld, sondern als eine auf die Flugstrecke verteilte Impulsfolge. Damit wird auch das Proton zur Welle, die selbstverständlich Doppler'sche Verschiebungen erfahren kann. So wie das Licht weit entfernter Galaxien sich in den Bereich roter Wellenlängen verschiebt, verschieben sich auch Protonen und Atome schnell bewegter Galaxien in den Wellenbereich - sie werden für uns relativ ruhende Beobachter zu Licht!

Hat eine Galaxie relativ zu unserer Milchstraße Überlichtgeschwindigkeit, und es gibt gar keinen Grund, dies nicht anzunehmen, so verschiebt sich ihr übermitteltes „Lichtbild" in den Radiowellenbereich, während ihre Protonen als harte

Röntgenstrahlung erscheinen. Wenn sich komplette Galaxien in diese Spektralbereiche verschieben, sehen wir sie nicht mehr direkt, sie erwecken daher den irreführenden Eindruck, als würden relativ kleine Objekte (sie sind womöglich viel weiter entfernt als bisher angenommen) unglaublich hohe Energien an Radio- und Röntgenstrahlung emittieren. So sind Quasare vermutlich nichts anderes als Galaxien mit extrem hoher Dopplerverschiebung. Auch die reinen Röntgengalaxien sind hier einzuordnen. Aber natürlich könnte es sich auch um Phänomene handeln, die vor Milliarden vor Jahren existierten und für die wir in der Gegenwart keinerlei Parallele mehr finden.

Die bisherigen Theorien über Alter, Beschaffenheit, Gravitation und Stabilität der Sterne samt ihren Spektraleinordnungen sind mit großer Wahrscheinlichkeit nicht plausibel. Womöglich verhält sich die Wahrheit genau umgekehrt; alte Sterne sind tatsächlich jung und junge Sterne gibt es seit Jahrmilliarden... Aber Theorien, die man auch in Zukunft weder bestätigen noch falsifizieren kann, könnte man sich überhaupt sparen!

Hatte man bisher errechnet, dass Sterne nur bis zur höchstens 120000-fachen Sonnenmasse stabil bleiben können, so wurde man im Juli 1981 eines Besseren belehrt. Man entdeckte die Supersonne R 136 A im Nebel 30-Doradus, welche offenbar die 300000-fache Sonnenmasse aufweist und sich damit um die Theorien der Astrophysiker recht wenig kümmert. R 136 A hat einen Durchmesser von rund 150 Millionen Kilometern, würde also genau in die Umlaufbahn der Erde passen. Er strahlt 100 Millionen Mal heller als die Sonne, seine Oberflächentemperatur beträgt an die 60 000 Grad Celsius, das ist im Verhältnis zu seiner Größe gar nicht besonders viel. Möglicherweise handelt es sich um einen Hyperstern, wie wir ihn im Zentrum einer Galaxie vermuten.

Eigentlich hätte R 136 A längst zu einem schwarzen Loch kollabieren müssen, wenn es nach dem Theorien der Relativisten ginge. Dass er das nicht getan hat, zeigt wohl, dass an der Theorie vom Schwarzen Loch etwas nicht stimmen kann. Für uns ist R 136 A kein besonderes Rätsel. Wir wissen, dass auch die massenbedingte, raumkrümmende Gravitation im Sinne Einsteins als (genaugenommen) potenziell unendlich große Kraft nicht existieren kann. Wohl aber gibt es den gekrümmten Raum und das „echte" Loch zwischen den Sternen als jenen Ort, an dem Globulen besonders gern entstehen. Sie werden übrigens nur dann sichtbar, wenn sie vor einem hellen Gasnebel stehen.

Relative Überlichtgeschwindigkeit von Galaxien bedeutet übrigens auch, dass wir von ihnen nichts erfahren, das im Bereich des sichtbaren Lichts liegt. Deshalb ist der Nachthimmel schwarz womit auch das Olber'sche Paradoxon gelöst werden kann.[40]

Liegt außerhalb fernster Galaxien noch das Chaos, wie wir sogar vermuten, so hört dort auch die Expansion auf. Oder auch nicht. Natürlich fliegen die weit entfernten Galaxien nicht mit Überlichtgeschwindigkeit in dieses Chaos hinein, denn sie sind selbst nicht schneller als unsere eigene Galaxie. Die hohe Relativgeschwindigkeit kommt nur aufgrund der großen Entfernung zu Stande.

Die Theorie vom Urknall kommt beträchtlich ins Schlingern, wenn man eine Galaxie findet, die eine unmögliche Richtung aufweist, also womöglich quer zu den anderen Galaxien dahinsaust. Die erste solcher Galaxien hat man 1980 bereits tatsächlich aufgespürt, aber es gibt noch andere, unübersehbare Hinweise. So entdeckte man jenseits des Sternbilds der Jungfrau einen gewaltigen Sternhaufen, der ganze Sonnensysteme, darunter auch unsere eigene Milchstraße, mit einer Geschwindigkeit von 1,6 Millionen Kilometern pro Stunde ansaugt. Der Durchmesser dieser Supergalaxie beträgt nach NASA-Angaben rund zwei Milliarden Lichtjahre! Wie NASA-Wissenschaftler George Smoot erklärt, legt dieser Sternhaufen die Vermutung nahe, dass sich die Materie des Alls niemals explosionsartig und gleichmäßig ausgebreitet hat.

Der so genannte „Beweis" für den Urknall, die isotrope Wärmestrahlung von 3 Grad Kelvin[41], erklärt sich eventuell - wie wir schon aufzeigten - aus den Wellen des Chaos, die immer noch mit außerordentlich hoher Dopplerverschiebung bei uns ankommen. Diese Wellen dürften sich überdies von jeglicher irdischer Strahlung wesentlich unterscheiden. Sie müssten nämlich sowohl Rechts- als auch Linksspin aufweisen, also eine eigentümliche Polarisation haben (was noch zu überprüfen wäre). Wir wissen ja, dass im Chaos die Entscheidung für Rechts- oder Linksspin noch nicht gefallen sein dürfte.

Die Dopplerverschiebung der Hintergrundstrahlung bietet uns eine Möglichkeit, die Größe unseres Weltalls grob zu errechnen. Denn es handelt sich ursprünglich ja um enorm harte Gammastrahlung, wie sie zur Bildung von Protonen benötigt wird oder wie sie beim Zerfall von solchen letzten Endes entsteht.

Wellenlängen im Wärmebereich liegen in einer Größenordnung von 10^{-2} cm (0,01 cm). Gammastrahlen von extremer Härte im Bereich von etwa 10^{-11} cm (0,00000000001 cm). Protonen sind mit einer Wellenlänge von ca. 10^{-12} cm vergleichbar.

Um aus einem Gammastrahl eine Wärmewelle zu machen, müssen wir ihn ungefähr um den Faktor 10^{10} dehnen. Rechnet man in Lichtjahren, ergibt sich damit eine Strecke von 10^{10} Lichtjahren, also 10000000000 Lichtjahre. Wir könnten nun bereits behaupten, dass das Chaos rund 10^{10} Lichtjahre von uns entfernt sein müsste - was allerdings etwas voreilig wäre.

Einstein errechnete den Radius der Welt mit

$$R_E = \sqrt{\frac{3c^2}{4\pi\gamma p}} \approx 10^{10}\, Lichtjahren$$

Der Ereignishorizont aufgrund der Expansion errechnet sich unter Verwendung der Hubble-Konstanten mit

$$R_H = \frac{c}{H} \approx 1,77 * 10^{10}\, Lichtjahren$$

Das sind kosmisch gesehen noch immer gute Übereinstimmungen. – zumindest von der Dimension her, wenn man einräumt, dass die Hubble-Konstante inzwischen mehrere Korrekturen erfahren hat. In einer Entfernungsdimension von rund 10^{10} Lichtjahren liegt demnach der Bereich, in dem Galaxien die Lichtgeschwindigkeit überschreiten. Wir könnten nun sagen, der sichtbare Kosmos hat ungefähr einen Radius von 10^{10} Lichtjahren (derzeitiger durchschnittlicher Literaturwert ist ca. 14 Milliarden Lichtjahre).[42]

Wäre die Hintergrundstrahlung tatsächlich vollkommen isotrop, müsste man - oberflächlich gedacht - vermuten, dass wir uns zufällig im Mittelpunkt der Welt befinden. Man misstraute dieser Hintergrundstrahlung daher, wie ein Versuch in Kalifornien bewies, mit dem man mittels einer mit Mikrowellen-Antennen ausgestatteten U2 diese Strahlung genau zu messen versuchte. Dabei erwartete man sich Differenzen in der Größenordnung von Tausendstel Graden. Dieses Unternehmen beweist aber auch, dass man die Relativitätstheorien nicht allzu ernst nimmt, denn hätte man dies getan, hätte man sich den Versuch sparen können. Tatsächlich ist es inzwischen gelungen, den absoluten Bewegungszustand[43] unserer Galaxis relativ zur Hintergrundstrahlung festzustellen und zu messen. Nach der Speziellen Relativitätstheorie dürfte das gar nicht möglich sein. Es ist aber offenbar genau so, wie wir in unserer Abstoßungshypothese voraussetzen: Lichtsphären breiten sich absolut im Raum aus und Bewegungen können relativ zum Licht gemessen werden.

Nun müssen wir aber auch bedenken, dass wir mit dem Blick in die Ferne zugleich auch in die Vergangenheit schauen. Das heißt nichts anderes, als dass der Ereignishorizont des Alls schon vor 10^{10} Jahren die zuvor errechnete Entfernung von 10^{10} Lichtjahren hatte. Mit anderen Worten bedeutet das, dass wir heute in einer Hintergrundstrahlung existieren, die vor 10^{10} Jahren entstand! Damit wird jedes Projekt, unseren Standort festzustellen, zum glatten Schildbürgerstreich, weil gar kein Hinweis auf unsere gegenwärtige Situation gefunden werden kann. Bestenfalls verrät uns die Isotropie und absolute Ausbreitung der Strahlungssphären, dass wir zwar eine Relativbewegung zu ihnen haben, aber unser wahrer Standort im Universum nicht feststellbar sein kann. Wo sollte auch der „Mittelpunkt" eines unendlichen Weltraums sein?

War aber vor 10^{10} Jahren das Weltall bereits 10^{10} Lichtjahre im Radius groß, so bleibt die Theorie vom Urknall restlos auf der Strecke. Es kann ihn nicht gegeben haben! Auch wenn unser Kosmos nach 10^{10} Lichtjahren aufzuhören scheint, bedeutet das ja noch nicht seine tatsächliche Ausdehnung. Denn seit 10^{10} Jahren expandierte er ja weiter! Wo sind seine Grenzen heute?

Diese Zahl brauchen wir nicht mehr hinzuschreiben. Sie wird bedeutungslos, weil sie unvorstellbar ist. Sie gibt uns höchstens eine Ahnung von der Unendlichkeit selbst, von der Grenzenlosigkeit des Universums, das wir so gerne begrenzt wüssten. Aber statt Grenzen finden wir nur neue Zustände, für die es neue Worte gibt ... und alle diese Worte münden letztlich in dem einen Wort, das grenzenlos und eigenschaftsfrei ist, weil Grenzen und Merkmale in ihm gar nicht enthalten sind: T.A.O. - das keinerlei Größen und keine Entfernungen kennt, solange kein Maßstab angelegt wird...

Also ist die Frage nach der Größe des Universums bedeutungslos und sinnlos gestellt. Das All ist weder klein noch groß, denn alle Maßstäbe relativieren sich auf unser Denken, auf unser Bewusstsein und unsere ureigenste Logik! Das heißt aber auch, dass Begriffe wie unendlich oder begrenzt ebenfalls nur in unserem Denken wurzeln und keine totale Gültigkeit haben!

Wenden wir uns noch einmal dem Hintergrundrauschen des Weltalls zu, diesmal unter dem Aspekt, dass es reine „Materie" sein könnte, was wir da wahrnehmen – einen Doppler-Effekt von Materie nämlich: In einem unendlich homogenen Weltall wäre jede Gerade, die in beliebiger Richtung von unserem Auge aus gezogen wird, schließlich einmal von einem Stern besetzt. Demnach müsste jeder Punkt des Himmels etwa die gleiche Flächenhelligkeit wie die Sonnenscheibe haben. Nach dem Boltzmann'schen-Gesetz ergäbe sich dann auf der Erde eine isotrope Einstrahlung von ca. 4000 Grad Kelvin. Zum Glück haben die Sterne noch nichts von Einstein gehört. Sie überschreiten, wie wir erwähnten, nach etwa 10^{10} Lichtjahren einfach die Lichtgeschwindigkeit und stehlen sich so aus unserem Universum davon.

Werden wir wirklich nie mehr etwas von ihnen erfahren? Wir müssen uns vergegenwärtigen, dass die Ausbreitung des Alls selbst ja keinesfalls mit Überlichtgeschwindigkeit erfolgt. Die Impulse der entfernten Galaxien setzen im All Spuren, die von der Galaxienbewegung unabhängig bleiben und durch die hohe Geschwindigkeit ausgedehnt werden. So kann natürlich auch ein mit Überlichtgeschwindigkeit fliegender Stern seine Fährte in das Weltall zeichnen (Abbildung 108).

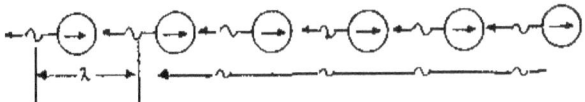

Abb.108

Licht setzt sich ja aus voneinander unabhängigen Impulsen zusammen. So hinterlässt auch ein sehr schnell bewegter Körper seine natürlich extrem gedehnte Spur ins All, die sich mit Lichtgeschwindigkeit auf die Reise macht. Im Laufe der Zeit trifft diese gestreckte Welle bei uns ein und wird als Radiowelle oder Wärme identifiziert.

Ein oszillierendes Proton mit der Maximalfrequenz von 10^{17} Schwingungen pro Sekunde müsste bereits in dieser Sekunde weit mehr als 300000 Kilometer durchstreichen, um eine Lichtwelle zu hinterlassen - also mit Überlichtgeschwindigkeit fliegen. Nun besteht die Hintergrundstrahlung aber aus wesentlich längeren Radiowellen. Wir können uns daher ausmalen, mit welcher Geschwindigkeit sich die Galaxien jenseits des kosmischen Randes fortbewegen!

Nun sind Elektronenimpulse oder Lichtstöße genau das, aus dem sich prinzipiell jedes vibrierende Atomfeld aufbaut und sich gegen andere Felder behauptet. Was daher aus den fernsten Galaxien und Gegenden des Alls zu uns herströmt, ist nichts anderes als der Alldruck, der summa summarum das Feld des Universums bildet - und was mit der Strahlung von 3 Grad Kelvin gemessen wurde, ist seine Temperatur - ein Beweis, dass jeder scheinbar leere Raum von diesem universellen Feld erfüllt ist...

In diesem gigantischen Kraftfeld, das dasteht wie ein kolossaler farbloser Kristall, entwickeln sich die „Bilder" unserer Welt und schaffen unsere Gehirne die drei Begriffe, die ausreichen, die Funktion des materiell und geistig Wahrnehmbaren zu verstehen: Energie, Raum und Zeit.

Unzählige Bücher hat man mit Theorien und Hypothesen vollgeschrieben, um den Beginn dieser Welt zu erklären. Die bizarrsten und obskursten Vermutungen wurden angestellt, abenteuerlichste Spekulationen und allzu komplizierte Theorien strömten aus den denkenden Gehirnen der Gelehrten und Philosophen - aber die „Wahrheit" ist sicher ganz einfach...

Die Abbildung 109 zeigt uns den Andromedanebel[44]. Diese Galaxie ist mit einer Größe von rund 200 000 Lichtjahren Durchmesser etwa doppelt so groß wie unsere Milchstraße...

Abb.109

21 Entropie

Die alten Griechen bauten das Geschehen dieser Welt aus vier Elementen auf: Erde, Wasser, Luft und Feuer. Das muss uns heute als großartige Intuition erscheinen, denn diese vier Begriffe beinhalten tatsächlich die vier Aggregatzustände einer Materie, die erst durch diese verschiedenen Beschaffenheiten die Vielfalt der Natur bewirken kann. Diese vier Grundeigenschaften heißen: fest, flüssig, gasförmig und Plasma (das Bose-Einstein-Kondensat konnten die alten Griechen allerdings noch nicht voraussehen).

Jedes Element kann grundsätzlich jede der verschiedenen Eigenschaften annehmen. Maßgeblich ist immer der eigene Energiegehalt und jener der Umgebung ... und stets offenbart sich dies als ein Spiel der Temperaturen. Aber „Temperaturen" gibt es im Grunde ja nicht, sondern wir können eigentlich nur von verschiedenen Bewegungszuständen sprechen. Auch in diesem Bereich sind es Schwere, Trägheit und Beschleunigung, die den Elementen unterschiedliche Zustände verleihen. Je leichter ein Element ist, desto schneller geht es in flüssige und gasförmige Zustände über und umso schwerer verfestigt es sich.

Alle Elemente können im festen Zustand kristallin werden, sofern sie rein vorliegen. Als Flüssigkeiten nehmen sie verschiedenste Viskositäten an, die bis zur Supraflüssigkeit des Heliums reichen; ihre Schmelz- und Siedepunkte sind unterschiedlich und folgen getreulich dem Energiegehalt der Atome, also dem Periodensystem. Uns ist an diesem Verhalten der Materie nichts unerklärlich, es begründet sich gut aus den Bewegungszuständen und den dadurch bedingten Abständen der Atome zueinander, die ihre Felder stets mehr oder weniger ineinander tauchen. Auch das elektrische und damit chemische Verhalten geht mit den verschiedenen Aggregatzuständen konform, und von diesen Zuständen hängt das Erscheinungsbild dieser Welt ab, ihre Größen und Strukturen und ihre Harmonien, Disharmonien, Trennungen und Bindungen oder Verformungen...

Verursacher und Moderator dieser Zustände ist letztendlich immer der Alldruck, der ständig mit dem Eigendruck der Atome im Zweikampf steht. Je ungebundener ein Atom bleibt, desto stärker bestimmt es sich selbst und umso weniger unterliegt es dem Diktat des Umfelds. Große gasförmige Sterne bleiben vorwiegend deshalb stabil, weil ihre Materie als Plasma vorliegt, welches sich durch starke Elektrizität bindet. Dennoch strömt von jedem Stern oder Hyperstern ein stetiger Strom einzelner Atome davon, den wir als kosmische Strahlung kennen. Diese Atome fallen irgendwann durch Impulsabgabe wieder auf niedrigere Energieniveaus zurück und stehen als neuer Baustoff für Moleküle, Himmelskörper oder Organismen zur Verfügung. Jeder ihrer abgegebenen Impulse bedeutet neuerliche Störung des T.A.O. und verhindert, dass es jemals im All totenstill und kalt wird.

Aufgrund dieses ununterbrochenen Kreislaufs der Energie kann absolute Ruhe niemals eintreten. Wir sollten daher eines der trostlosesten Grundpostulate der Physik, die Entropie, neu überdenken und nachsehen, ob dieses vitale Treiben des Kosmos wirklich auf eine Grabesstille am Ende hinströmt.

Ganz simpel ausgedrückt ist Entropie das Gegenteil von Energie. So wie Energie die Zustandsgröße eines Systems darstellen kann, ist auch Entropie ein Begriff für die Zustandsgröße einer physikalischen Einheit. Energie umschreibt den Bewegungszustand und den Grad der Ordnung, Entropie den der Ruhe und der Unordnung. Andere derartige Größen sind beispielsweise Druck oder Temperatur.

Will man den Zustand eines Systems als bestimmte Größe ausdrücken, muss man auch für die Entropie willkürlich Maße schaffen und einen Nullpunkt festlegen. Aber mit der Schaffung des Begriffes Entropie wurde das Denken der Physiker irgendwie zweischneidig und keine andere Entdeckung als die der Entropie hat die Physik so drastisch in zwei Lager gespalten - ausgelöst durch die Formulierung des Zweiten Hauptsatzes durch Claudius. Die herkömmliche Dynamik prallte diametral mit der Thermodynamik zusammen; Newtons Gedankengebäude bekamen die ersten Risse ... seine Dynamik (als reversibler Prozess) wurde abgelöst durch die Entdeckung der Irreversibilität. Damit verlor das statische Universum Newtons den Heiligenschein der göttlichen Maschine und seine Glaubwürdigkeit...

Nicht alle Physiker konnten sich mit diesen neuen Gedanken anfreunden, schien doch die Irreversibilität der Prozesse das Eingehen jeglicher Ordnung zu verbieten. Aber die Annahmen beider Lager, sowohl die der Energetiker als auch die der Thermodynamiker fabulierten am Wesentlichen vorbei: Nicht die Gegensätze selbst schaffen dieses Universum, sondern der dazwischen liegende, schwankende und labile Zustand zwischen diesen Extremen.

War einerseits durchaus richtig formuliert worden, dass Energie im Kosmos niemals verloren gehen könne, wurde nunmehr plötzlich behauptet, der Kosmos strebe unaufhörlich und unaufhaltsam dem Zustand geringster Energiegröße, nämlich der maximalen Entropie zu - der größten Ruhe, der geringste Wärme, dem Kältetod...

Aber offenbar war diese betrübliche Schlussfolgerung doch ein wenig überstürzt erfolgt, weil man gewisse physikalischen Phänomene allzu isoliert betrachtete und die Ereignisse nicht lückenlos überblickte. Eines dieser Phänomene ist die Ausbreitung eines Gases in jedem zur Verfügung stehenden Raum bis zur vollkommenen Gleichmäßigkeit. Die Ursache hiefür ist bekannt: es ist der immanente Energie- oder Bewegungsgehalt der Atome, welcher ihre Abstoßung zueinander verstärkt.

Wir können sagen, dass die zunehmende Entropie des Gases ihre Wurzel in einer Energie hat, die dem Gas selbst innewohnt. Die innere Energie eines Gases offenbart sich durch den Druck der Atome aufeinander und ihren Bewegungszustand, den wir als Temperatur bezeichnen. Komprimieren wir ein Gas aber langsam genug, so kann sich diese Bewegungsenergie in das Innere der Atome zurückziehen und es ergibt sich die Temperaturerhöhung nicht, die bei schneller Komprimierung eintreten würde. Expandiert ein Gas verlangsamt, so tritt die Energie aus dem Atominneren wieder nach außen - und abermals bleibt die ursprüngliche Temperatur erhalten. Wenn wir also blindlings postulieren würden, die Komprimierung und Ausbreitung eines Gases seien irreversible Prozesse, so hätten wir nur zur Hälfte recht, denn das Gas kehrt zwar nicht an seinen Ausgangspunkt zurück, bleibt aber energetisch unverändert. Nur wenn ein Gas schnell komprimiert wird, kann sich die Temperatur nicht in das Atominnere verlagern und geht in der Folge an die Umgebung verloren. Dieser Prozess ist tatsächlich irreversibel. Seine Begleiterscheinung ist eine Zunahme der Entropie und eine dementsprechende Abnahme der Energie innerhalb des betreffenden Systems. Da die Ausbreitung des Gases ohne weiteres erfolgt, werden wir sofort zu dem Schluss verführt: Von selbst können nur Vorgänge ablaufen, in denen die Entropie wächst und die Energie abnimmt. Und die unausweichliche Folgerung wäre, dass alle physikalischen Prozesse irreversibel sein müssten, da auch für die oben beschriebene, verlangsamte Expansion des Gases Energie aufzuwenden sei, die nicht zurückkommt.

Aber diese Betrachtung ist einseitig. Nur wenn es für Prozesse dieser Art keinen Kontrahenten gäbe, also keinen Faktor, der gleichsam von selbst die Expansion verlangsamen würde, träfe unsere Schlussfolgerung tatsächlich zu. Damit wäre ausgeschlossen, dass Ordnungen sozusagen von selbst entstehen, weil alles unaufhaltsam der Unordnung zustrebt... Demnach dürfte jedoch so etwas wie ein Universum gar nie entstanden sein!

Finden wir aber andererseits eine Energie, die immer und überall zur Verfügung steht, gewisse materielle Prozesse ausreichend zu verlangsamen und diese als nunmehr reversible Prozesse jederzeit rückgängig zu machen, so müsste unser Gedankengang anders ausfallen, wir würden sagen: Offenbar verlaufen auch Vorgänge von selbst, in denen die Energie wächst und die Entropie abnimmt...

Damit verhielten wir uns natürlich so, als würden wir ein Gas innerhalb eines Komprimierungsgefäßes beobachten und den pressenden und verlangsamenden Kolben einfach negieren, um an seine Stelle einfach irgendeine Von-Selbst-Energie zu setzen. Und genauso verhalten sich eigentlich die Physiker, wenn sie von reversiblen Prozessen sprechen, die genaugenommen ohnedies ein theoretischer Wunschtraum sind, denn auch die Periodizität der Planetenbewegung ist beispielsweise keinesfalls reversibel, weil sowohl Ort als auch Zeit variabel sind. Allen Bewegungen der Himmelskörper ist die Expansion des Kosmos überlagert, also sein Ordnungsverlust - aber gerade dies hält den Lauf der Gestirne aufrecht!

Aber diese vorhin angesprochene Von-Selbst-Energie gibt es tatsächlich: es ist nichts anderes damit gemeint als der Alldruck! Gehen wir von der mächtigsten Wirkung des Alldrucks aus, also von der Gravitation, so können wir leicht eine jener Ordnungen entdecken, die gleichsam von selbst entstehen und zwar in der Atmosphäre der Luft, die nach oben hin immer dünner, nach unten immer dichter wird und offenbar nicht gleichmäßig expandiert, wie wir es von Gas erwarten. Hier hat sich zweifellos ein Gleichgewicht zwischen dem Bestreben nach minimaler Energie und maximaler Entropie eingestellt und Ordnung in die Gasatome gebracht, welche je nach ihrer Schwere einen bestimmten Bereich aufsuchten. Dass aber darüber hinaus noch Energie frei wird, die arbeitet und die messbare (auch nutzbare) Schwere (das Gewicht) der Atmosphäre verursacht, ist der erfreuliche Nebenaspekt des Geschehens, der uns zwingt, einen bedeutsamen Unterschied zwischen Theorie und Wirklichkeit zu vermuten...

Die Freiheit dazu bietet uns das Abstoßungsprinzip. Denn wäre die verschwindend geringe Masse eines Atoms Maßstab für seine Gravitation, so könnten wir den festgestellten Von-Selbst-Effekt nicht erwarten. Jedes Eingehen von Ordnung durch Atome müsste uns wie ein Wunder erscheinen. Erkennen wir aber, dass atomare Ereignisse praktisch immer unter Druck ablaufen, was einerseits zumindest viele Prozesse reversibel hält und andererseits in wichtigen Kräften wie Krümmkraft und Elektrizität zum Ausdruck kommt, so wird die Entstehung von Ordnungen selbstverständlich und in der Tat wie von selbst verursacht erscheinen...

Das ist wie die Entstehung eines Kruges auf der Töpferscheibe: Ignorieren wir die Hände des Töpfers, so müssten wir uns wohl sehr wundern, weshalb sich aus einem Klumpen Ton plötzlich ein Krug formt - wie von magischen Kräften von innen her geleitet. Wir würden viele Theorien erfinden, um das Rätsel zu klären, aber alle würden unzureichend bleiben. Entdecken wir aber die Hände des Töpfers als eine Kraft, die den Ton unter Druck hält, so hört der Krug mit einemmal auf, ein Wunder zu sein. Dann hätte es keinen Sinn mehr, zu fragen, wie groß die Wahrscheinlichkeit des Tons sei, zum Krug zu werden.

Wird die Wahrscheinlichkeit, Ordnung einzugehen, nur vom einzelnen Atom selbst bestimmt, ist sie sicher sehr gering oder überhaupt Null. Aber zum Glück sind viele andere Atome da, welche die Möglichkeiten des einzelnen, zum Beispiel jeden beliebigen Ort einnehmen zu können, bereits sehr einschränken.

Die Wahrscheinlichkeit von Ordnungen in einem Atomverband hängt in erster Linie vom Aggregatzustand der Materie ab. Weißer und schwarzer Sand, einmal durcheinandergemischt, wird niemals mehr von selbst seine ursprüngliche Ordnung finden, der Sand bleibt grau. Zwei verschieden schwere Flüssigkeiten aber, einmal durcheinander geschüttelt, sondern sich bald wieder zu zwei Schichten ab, die übereinanderliegen. In diesem Fall wird die Wahrscheinlichkeit der Flüssigkeiten, eine Ordnung zu bilden, durch die Gravitation, also durch den Alldruck, sofort äußerst hoch, so hoch, dass diese Ordnung nur durch Zufuhr von Energie verhindert werden kann.

Es ist keine Frage, dass Flüssigkeiten am ehesten in der Lage sind, vorhandenen Kräften prompt zu gehorchen. Auch der Ablauf im Elektrolyten oder im Akkumulator war bereits von großer Zielstrebigkeit und Ordnung beherrscht.

Wie groß die Tendenz des unter Druck stehenden Alls zur Ordnung sein muss, zeigt sich zuerst in der Bildung von Molekülen und Kristallen und in weiterer Folge in der Schaffung von Sternen und Galaxien. Die mitunter organische Funktion von Molekülen hebt sich unter diesen Ordnungen auf wunderbare Weise hervor, aber dieses wunderbare ist bloß die Bilanz unserer Interpretationen. Auch der Krug von vorhin bleibt eine durchaus sinnlose Anhäufung von Tonmolekülen, solange nicht der Benutzer des Krugs diesem eine Eigenschaft verleiht - eben den Sinn, Flüssigkeiten zu bewahren...

Wieder erkennen wir, dass die Aufstellung von Begriffen wie Energie und Entropie genauso wie die Werte positiv und negativ Grenzen setzen, wo sie in Wahrheit gar nicht existieren. Eine ebenso falsche Grenze wird gesetzt, wenn man eine Unterscheidung der Moleküle in organische und anorganische schafft. Beide sind einander durchwegs gleichwertig, und das organische Molekül ist keinesfalls die seltenere Erscheinung.

Die Gesteine unserer Erde enthalten ungefähr 100 Millionen Mal mehr organische Substanzen als alle heute lebenden Organismen zusammen. Schnitten wir aus dem Gestein im Pariser Becken einen Quader mit 100 Kilometern Länge und 10 Metern Tiefe, so enthielte dieser Ausschnitt zwei bis vier Millionen Tonnen organische Moleküle.

Entropie ist der Ausdruck eines Strebens nach Gleichgewicht innerhalb eines Systems. In einem geschlossenen System wirkt sich diese Tendenz letzten Endes in einem unabänderlichen Abfall der Energie in niedrige Formen aus. Um niedrige Ordnungen in höhere umzuwandeln, müsste einem solchen System Energie zugeführt werden. Das aber ist nur möglich, wenn das System offen ist, also ein Energieaustausch mit der Umgebung stattfinden kann.

Sieht man dieses Problem einseitig, zum Beispiel nur in Bezug auf die Wärme, also thermodynamisch, so scheint der 2. Hauptsatz der Wärmelehre für jedes von selbst laufende Eingehen von Ordnungen eine unüberwindbare Barriere zu sein. Wie gesagt, der Kosmos selbst wäre unmöglich. In Wahrheit ist es jedoch so, dass es im Rahmen unserer Welt gar keine geschlossenen Systeme gibt, ja sogar die Welt selbst ist offen, nämlich zumindest einem anderen Zustand des T.A.O. hin aufgetan. Darüber hinaus ist jedes atomare Geschehen auch gewissermaßen nach innen hin offen, weil ja Atome selbst keine geschlossenen Systeme sind und als offene Energiereservoire betrachtet werden müssen. Daraus können wir ableiten, dass der 2.Hauptsatz der Wärmelehre nicht mit aller Strenge gültig sein kann, wenn man das Handeln und Wirken der Natur betrachtet. Mit dieser Auffassung fällt so manche Hürde der Unwahrscheinlichkeit. Auch wenn Sauerstoff und Wasserstoff (beide sind Gase) keine Wahrscheinlichkeit aufweisen, fließend und nass zu werden, heißt ihre Vereinigung Wasser! Und Wasser ist bereits eine hervorgegangene Ordnung. Wir wissen, wie spontan diese Ordnung entsteht. Ordnungen dieser Art, immer wieder das Unwahrscheinliche bildend, gleichsam von selbst entstehend - aus Abstoßung und Anziehung unter dem Zwang des kosmischen Drucks - gibt es unzählige; die gesamte anorganische und organische Materie besteht praktisch aus ihnen.

Die Entwicklung des Lebens wäre angesichts des Entropiegesetzes nicht erklärbar, da Organismen eine niedrigere Entropie haben als ihre Umgebung. Aber die Zunahme an Struktur im Universum beweist, dass es noch ein anderes „Gesetz" geben muss als das von der Entropiezunahme. Das motivierte insbesondere Ilya Prigogine zu einer Suche nach den Prinzipien der Selbstorganisation, um eine Erklärung für die beobachtbare Vielfalt der Veränderungen in der Natur zu finden. Aber die Forschung auf diesem Gebiet ist noch in vollem Gange.

Erinnern wir an unsere Abbildung 2. Sie zeigt eine dissipative Struktur, ebenso die Abbildung 3. Wenn Systeme durch den Druck des Alls daran gehindert sind, das thermodynamische Gleichgewicht zu erreichen, sondern durch ständige Zufuhr von niedriger Entropie in weite Ferne vom Gleichgewicht gebracht werden, bilden sich spontan makroskopische Strukturen heraus. Dieses Prinzip ist für die Entstehung aller komplexer Formen verantwortlich, auch für die Entstehung des Lebens an sich.

Die Existenz der dissipativen Strukturen zeigt, dass im Laufe des dauernden Niedergangs, wie er vom Entropiegesetz beschrieben wird, Neues aufgebaut, Neues geschaffen wird, Neues im Sinne von Innovation. Geschaffen durch den Druck des Weltalls, fern vom thermodynamischen Gleichgewicht.

22 Urmoleküle

Unter den Urelementen fanden wir bereits das eigenwillig geformte Kohlenstoffatom mit seinen vielen Anlagerungsmöglichkeiten. Das erste Molekül, das wir näher besprachen, war Wasser, aber ebenso spontan wie Wasser entstehen auch andere Moleküle, die meisten unter Mitwirkung des Kohlenstoffs. Einige Moleküle dieser Art kennen wir als Methan (CH_4), Kohlendioxyd (CO_2) oder in Verbindung mit dem Stickstoff als Ammoniak (NH_3). Diese Moleküle sind stabile Endformen verschiedener Zwischenkonstellationen. So gibt es bekanntlich auch Kohlenmonoxyd (CO), aber dieses oxydiert letzten Endes zu Kohlendioxyd.

Als sich die ersten höheren Elemente formten, bildeten sich aus ihnen auch augenblicklich die ersten einfachen Moleküle. Wir kennen den Baumeister dieser Moleküle als den Alldruck, der generell die Atome erst mal zusammenbrachte - und von ihnen selbst hing es ab, ob sie eine Bindung verhinderten oder aufrechterhielten. In den Fourier-Schwingungen trugen die Atome ja bereits die entsprechenden Programme dazu.

Als der in ewiger Wandlung begriffene Kosmos begann, ein neues Erscheinungsbild zu entfalten, tat er den ersten Schritt zum Leben in der Anhäufung von Atomen zu Konglomeraten, die wir Urmoleküle nennen wollen: Wasser, Methan, Ammoniak, Kohlendioxyd... Immer noch sind diese Verbindungen innerhalb des Universums die häufigst vorkommenden...

Jeder Biologe kennt die experimentelle Biosynthese, die Stanley L. Miller bereits 1953 im Biochemischen Institut der Columbia Universität in New York vorgenommen hat. Er füllte einen Glaskolben mit Methan, Ammoniak, Wasser und Sauerstoff und schickte eine Woche lang elektrische Ladungen durch dieses Gemisch. Damit ahmte er die Bedingungen nach, die vermutlich in der Uratmosphäre der Erde vorlagen. Prompt entstanden dabei im Kolben Molekülarten, die sich als organische Verbindungen erwiesen, wie sie auch in der lebenden Zelle vorkommen. Gleichsam wie im Akkumulator, also getrieben und gesteuert durch Elektrizität, formten sich im Gemenge neue Atomassoziationen aus, die wir als Glycin, Alanin, Asparaginsäure und Glutaminsäure kennen. Die Fortsetzung der Miller'schen Versuche ergab bald, dass sich mit Anordnungen ähnlicher Art so gut wie alle Molekülarten bilden, von denen man bislang glaubte, sie würden nur von lebenden Organismen erzeugt werden können. In einem Gasvolumen von 3 Litern entstehen so in 7 Tagen etwa 100 Milligramm Aminosäuren, aus denen sich lebende Strukturen aufbauen, sowie die Nukleinsäuren-Bausteine Adenin, Guanin, Cytosin, Uracil und Thymin. Neuere Versuche haben gezeigt, dass diese Aminosäuren auch in den Dunkelwolken des Weltalls entstehen können.[45]

Was aber vor allem durch solche Prozesse erzeugt werden kann, sind eiweißartige Heteropolyaminosäuren, die bei Berührung mit Wasser bereits die Tendenz zeigen, sich zu organisieren. So bilden sie bereits eine Doppelschichtmembran aus, also eine Zellwand, und sie können sich auf einfache Art bereits vermehren.

Natürlich ginge es zu weit, diese einfache Art von Informationsmolekülen bereits als Leben zu bezeichnen. Was uns aber an ihnen besonders auffallen muss, ist die Wandbildung, eben die Schaffung halbdurchlässiger Membranen, denn genau diese Eigenschaft - später von Fettmolekülen unterstützt - ist das Um und Auf des Lebens überhaupt. Diese Wände - und es ist wohl notwendig zu betonen, dass sie genauso aufgrund von Atomaffinitäten entstehen wie andere Molekülformen oder Kristalle - sind für das Leben wichtiger gewesen als etwa der genetische Code, der auch viel später auf die Welt kam.

Doch wir wollen von diesen Wänden sprechen, wenn es an der Zeit ist. Vor ihrer bedeutsamen Entstehung geschahen viele andere, nicht weniger bedeutsame Dinge.

In dem Augenblick, als es auf der Erde die Urmoleküle gab, im Wasser der Ozeane und in der Atmosphäre, bildeten sich - ebenso wie in Millers Kolben - die ersten organischen Moleküle, die eigentlich mit Leben noch nichts zu tun hatten. Viele Theoretiker glauben, dass es damals noch keinen Sauerstoff in der Lufthülle gegeben hat, aber es gibt keinen vernünftigen Grund, dies anzunehmen. Schon bei der Bildung der Urmoleküle war Sauerstoff nicht wegzudenken und es musste schon damals eine ausreichende Menge davon gegeben haben. Er spaltete sich vom Wasserdampf der Atmosphäre ab - wie auch heute noch. Am Aufkommen des Sauerstoffs waren nämlich keinesfalls die Pflanzen beteiligt und sie sind es auch heute nicht...

Die Einstrahlung der Sonne musste damals viel stärker gewesen sein, da die Erde der Sonne näher war und die Sonne zeitweise intensiver brannte als heute. So hatte der Chemiker „Natur" eine Menge Energie, als Licht und als elektrische Entladungen gewaltiger Gewitter oder als Hitze der Vulkane zur Verfügung, um die Materie wie ein gewaltiges Puzzlespiel zu rütteln, zu schütteln, zu erhitzen und abzukühlen, um damit immer neue, vielfältigere Begegnungs- und Bindungssituationen zu schaffen. Auf diese Art entstand das Baumaterial des Lebens gleichsam von selbst, Moleküle, die zu Unrecht das Prädikat organisch tragen, denn sie entstehen durchaus auf anorganische Weise. Und deshalb liegt dieses Baumaterial auch heute noch in überraschenden Mengen auf der Erde vor. Es lässt sich natürlich nicht sagen, ob dieses Baumaterial bereits einmal verwertet war und Spuren einstigen Lebens darstellt oder vom Leben noch gar nicht benutzt wurde. Jedenfalls musste es seinerzeit diese Moleküle in Unmengen im Wasser des Ozeans gegeben haben. Ihre Entstehung war noch nicht an Zellen gebunden - und so verwandelte sich der gesamte Ozean sicher bald in so etwas wie eine einzige, riesenhafte Urzelle, die von der Sonne bombardiert, von Blitzen durchzuckt und von Magma aufgewühlt dahinbrodelte; eine Ursuppe voll von Energie, ein Mischmasch aus Säuren und Basen... im steten Kampf gegeneinander ebenso wie im Zusammenwirken unaufhörlich neue Moleküle schaffend...

Im Glaskolben Millers entstanden die Aminosäuren sowohl rechts- als auch linksdrehend. Jedes Molekül hat ja ein räumliches Spiegelbild - und so mussten auch in der Ursuppe beide Molekülarten entstanden sein. Heute wissen wir, dass nur eine Art Sieger geblieben ist. Die Natur musste sich für eine Sorte entscheiden, und das nicht ohne unmittelbare Ursache. Sie hängt untrennbar mit der Entstehung der Photosynthese zusammen.

Stellt man dagegen Aminosäuren im Labor her, so bildet sich immer ein Gemisch beider Formen, rechts- und linksdrehend. Nur mit großen Schwierigkeiten sind beide Formen zu trennen, und umso erstaunlicher muss die zweifellos erfolgte Selektion auf nur eine Art erscheinen. Diese Selektion erfolgte auch auf spezifische Weise: während Aminosäuren nur linksdrehend vorliegen, drehen Nukleinsäuren nach rechts (damit ist nur die optische und elektrische Polarisation angesprochen; räumlich sind auch Nukleinsäuren Linkswendeln). Aber all dies hat seine speziellen Gründe...

Moleküle sind räumliche Gebilde. Sie erzeugen Hemmnisse, Widerstände oder sie passen gut zueinander. Durch diese

Eigenschaft determinieren sie einen bestimmten, begrenzten Rahmen möglicher Zusammenlagerungen. Heute kennt man rund 25 Aminosäuren (entgegen weit verbreiteter Ansicht sind es tatsächlich 25 und nicht 20), die das Leben aufbauen, aber damals mussten es weit mehr gewesen sein. Und darüber hinaus musste es noch viele andere derartige Gebilde gegeben haben, die das Leben in der Folge gar nicht zum Einsatz brachte, weil sie nicht stabil genug waren.

Alle diese Molekülgebilde formten sich, reagierten miteinander und zerfielen wieder in endlosen Reaktionsketten, und wir müssen schließen, dass in diesem Ozean bereits alle Möglichkeiten der Zusammenkunft und des Zusammenhalts von Molekülen erprobt wurde - dies durchwegs plan- und ziellos. Es gab ja kein bestimmtes Vorhaben und kein Vorbild.

Moleküle sind jedoch noch etwas Anderes als nur räumliche Strukturen, in welchen elektrische und magnetische Momente zur kreativen Wirkung kommen; sie sind erstens Energiespeicher, weil sie stets die durch ihre Bindung potenzierte Energie in sich tragen. Und zweitens und vor allem sind sie immer das materielle Äquivalent eines Ereignisses, das sie formte. Das ist bereits eine Andeutung von Gedächtnis, einer Art Niederschrift der Umwelt, die eingreift, einwirkt oder zerstört und dabei ihr Tun in analogen Molekülkonglomeraten festhält.

Das heißt nichts anderes, als dass jedes Molekül die zur Gestalt manifestierte Reaktion auf ganz bestimmte Umweltaktion, auf Licht, auf Wärme oder auch auf andere Moleküle darstellt. So wie Atome einander gleichsam „verstehen", indem sie sich nachahmen und wiederholen, so verstehen auch Moleküle sich im Rahmen von Aktion und Reaktion. Jedes Molekül, das am anderen Geneigtheit oder Widerstand findet, richtet danach sein Handeln - das muss so aussehen, als wäre es sich seiner Umwelt bewusst. Natürlich ist das noch kein „Ich", kein persönliches Bewusstsein, sondern stellt ein bloßes reaktives Wahrnehmen der Umwelt dar. Aber von dieser simplen Art von Zwang und Müssen bis zum bewussten Wollen eines Lebewesens ist der Schritt gar nicht so riesengroß, wie wir zu glauben geneigt sind.

Auch in Lebewesen gibt es kein eigenständiges, inneres Ich-Bewusstsein. So wie jede Art von Bewusstsein entsteht auch die uns geläufige Form des „Ich" durch Wahrnehmung, im Menschen letztlich durch Wahrnehmung seines Selbst. Das ist grundsätzlich dieselbe Wahrnehmung, die schon von Atom zu Atom, von Molekül zu Molekül praktiziert wird, und hier schon begegnen wir bei den zugelassenen Bindungen dem Prinzip der Hemmung, das für das Verständnis der Gehirnfunktion so wichtig sein wird, weil hier nicht mehr einfach alles - sondern nur das Zulässige geschehen kann...

Es wirkt sicher sehr seltsam, und wir werden es auch später erst verstehen, wenn wir jetzt schon sagen: Ein Molekül wird sich seiner Existenz gewahr, weil es andere Moleküle gibt, die es beeinflussen. Aber wir müssen ja einräumen, dass diese Wahrnehmung einfach, formlos, rein topologisch erzwungen ist ... es ist noch kein Erkennen, aber auch bis zum Erkennen führt schließlich ein unvermutet kurzer Weg, wie wir bald sehen werden.

Lösen wir einen Kristall in Wasser auf, so trennen sich seine Atome voneinander. Sie behalten zwar ihr Programm, also ihre spezifischen Eigenschaften und Bindemöglichkeiten, finden jedoch aufgrund ihrer Bewegung nicht mehr zueinander. Schränken wir diese Bewegung ein, indem wir zum Beispiel das Wasser verdampfen, so kristallisieren die Atome wieder aus - einfach, weil sie das müssen. Sie bilden einen neuen Kristall, welcher dem ursprünglichen ähnlich sein wird.

Um die Atome im Wasser wieder zueinander zu führen, können wir ihnen auch die Möglichkeit geben, ihren Platz schneller zu erkennen. Was tun wir? Wir hängen einen Faden mit einigen festen Atomen derselben Art in die Lösung oder geben kleine Kristalle so vorsichtig hinein, dass sie nicht in Lösung gehen. Das bedeutet: wir kontaminieren die Lösung gleichsam mit der Idee des Kristalls. Was geschieht daraufhin? Sich vorbeibewegende Atome „erkennen" den gebotenen Halt (die Valenz oder Polarisation der ruhigen Atome) und lagern sich prompt an. Bald bildet sich ein neuer Kristall, geformt nach der Idee, die ihm innewohnt und die von den Atomen gewissermaßen „verstanden" wurde, als der Faden oder die kleinen Anstoß-Kristalle da waren. Der Faden beinhaltet sozusagen das Arbeitsprogramm für die Atome, die dieses in sich selbst fortsetzen. Und dabei wird offenkundig, dass keines der Teile allein zu einem Kristall geführt hätte; beide, Faden und Atome mussten zusammenwirken.

Auch Moleküle tragen Programme. Aber solange ihnen die Idee (der Faden) fehlt, bildet sich bald keine neue Ordnung mehr. Nun ist an dem Faden eigentlich nichts, das in Unkenntnis des

Zusammenhangs uns einen fertigen Kristall erwarten ließe. Dennoch entsteht er. So könnten wir viele Kristalle verursachen, und je nach Atomart oder Anordnung sähen sie verschieden aus.

In bestimmten geeigneten Situationen, die von Temperatur und Druck abhängen, bilden nahezu alle Elemente dieser Welt Kristalle. Und Kristalle haben bereits eine bedeutsame Eigenschaft: Sie ergänzen und erneuern sich immer wieder. Das ist die erste Form des Wachstums, die es zu entdecken gibt.

Was Kristallen recht ist, ist Molekülen billig. Auch sie kristallisieren mit Vorliebe, aber sie können von derselben Umwelt, die sie formte, auch wieder zerstört werden. Der Chemiker spricht vom Massenwirkungsgesetz, und manche meinen deshalb, im Wasser könne das Leben nicht entstanden sein oder gar begonnen haben, denn Wasser hätte die Moleküle sofort nach ihrer Bildung wieder zerlegt. Das ist durchaus richtig, wenn wir nicht berücksichtigen, dass auch Moleküle entstehen mussten, die sich dem Wasser widersetzten, indem sie ihm einfach eine unauflösbare Seite zuwandten.

Das wahre Abenteuer des Lebens begann aber mit einer weiteren, ebenso unvermeidlichen wie unersetzbaren Erfindung: der Katalyse.

Wir haben schon beim Kristallfaden eine Art atomarer Anstoßkatalyse kennen gelernt. Die Atome des Fadens setzten die Atome im Wasser unter Zwang; sie taten demnach nicht mehr beliebiges, sondern lagerten sich an. Ein Programm hatte sich durchgesetzt.

Das Programm eines fremden Atoms in einem Atomverband kann so stark sein, dass es die anderen Programme überwältigt. Eine winzige Menge von Mangan in Ozon gebracht, lässt jede beliebige Menge davon sofort zu Sauerstoff zerfallen. Wie geht das vor sich? Am einfachsten verstehen wir es wohl so: Die das Mangan berührenden Sauerstoffatome übernehmen Mangan-Programm, also Schwingungen, die typisch für das Mangan sind. Solchermaßen verändert passen sie natürlich untereinander nicht mehr zusammen, ihre Dreier-Molekel lösen sich voneinander und geben gleichzeitig das neue Programm weiter.

Katalyse kann also trennen, sie kann aber auch aufbauen und dies bewirkt sie speziell im molekularen Bereich. Und wir gehen richtig, wenn wir folgern, dass auch hier Atome mit starken Programmen, also z.B. Metallionen die Hauptrolle spielen. Sie wirken gleichsam als Polwandler und ermöglichen dort einen Energiefluss, wo er ohne sie nicht zu Stande käme. Ganz etwas Ähnliches haben wir schon in der Batterie oder im Transistor entdeckt, und dieses Prinzip vervielfältigt die Möglichkeiten der Begegnungen und Gestaltungen ins Ungeheure...

Die verschiedenen Aminosäuren und anderen Moleküle ballten sich im Ozean bald zu weiteren Gebilden zusammen. Sie verknäuelten und verdrehten sich scheinbar wahllos und wie zufällig, aber der Zufall hatte gar nichts mitzureden. Denn jede neue Form war durch Elektrizität und räumliche Bedingungen kausal erzwungen.

So wie der Faden im Kristall wurden diese Gebilde aufgrund ihrer spezifischen Oberflächenbeschaffenheit zum Anstoß für weitere Ordnungen. Indem sie Moleküle festhielten und zusammentrugen, die einander sonst niemals begegnet wären (wir könnten auch sagen: einander niemals erkannt hätten), oder indem sie Moleküle auf gleiche Energieniveaus brachten und Schwingungsharmonie herstellten, verbanden sie diese Moleküle zu neuen, immer komplizierteren Gestalten. Solche Anstoß-Moleküle nennen wir Enzyme. Ihre Funktion ist prinzipiell einfach:

Nehmen wir an, ein Enzym hat die Anlagerungsmöglichkeit für zwei einander fremde Moleküle, die selbst nicht zusammenfinden könnten. Beide lagern sich nun an das Enzym an. Für diese Anlagerung genügt bereits ein grobes Maß an Übereinstimmung; sie muss nicht vollkommen sein. Es wäre ja kaum zu erwarten, dass Enzyme und Moleküle so übereinstimmende Oberflächen aufweisen, dass sie fugenlos zusammenpassen, denn die Oberflächenbeschaffenheit ist nur eines der Kriterien, und besonders die Rolle der Elektrizität dürfen wir dabei nicht übersehen.

Beide Moleküle, angelagert an das Enzym, pressen nun plötzlich zwei Stellen aneinander, die sich sonst im Wirrwarr des Herumirrens nie gefunden hätten. Diese Stellen werden durch die neue Energieverteilung der Enzymbindung aneinander angeglichen. Beide Moleküle vereinigen sich nun an dieser Stelle, was nicht spurlos an ihnen vorübergeht - denn nun verändert sich durch diese Bindung ihr Impulsverhalten bzw. ihre Schwingungsformen - und das führt dazu, dass sie mit einemmal nicht mehr an das Enzym passen. Frisch vereint zu einem neuen Molekül fallen sie von diesem wieder ab. Dieses Abfallen hat in der Regel überwiegend elektrische Gründe. Denn übernehmen die Moleküle das Programm des Enzyms eindeutig, so werden die Partner gleich polarisiert und es kommt zur Abstoßung... Wir sehen, dass hier nun sehr verzwickte Mechanismen zu laufen beginnen.

Das Enzym selbst wird wieder frei - stets dazu bereit, sein Spiel mit anderen Molekülen zu wiederholen; mit gewissen Einschränkungen allerdings, denn es hat Energie verloren, die vorerst ersetzt werden muss. Aber da wird wohl bald irgendwo ein Gebilde zu finden sein, dem man durch Trennung ein bisschen Energie wegnehmen kann...

Das zusammengefügte Molekül ist nun nicht mehr so einfach auseinander zu bekommen. Wasser alleine kann nicht trennen, was Enzyme zusammengefügt haben. Das ist unter anderem eine Angelegenheit des Energiehaushalts. Nur andere Enzyme sind wiederum in der Lage, den Vorgang umzukehren. Enzyme entstanden daher sicher, bevor es überhaupt so etwas wie Zellen oder Leben gab. Sie selbst waren aber nicht unbedingt vor der Zerstörung durch Wasser gefeit. So zerfielen sie wieder, formten sich neu, zerfielen abermals... Aber in der kurzen Spanne ihres Lebens bildeten sie festere Strukturen, ganze Ketten von energiegeladenen Molekülen, die natürlich gar nicht anders konnten, als von ihrer Umwelt Kenntnis zu nehmen, in welcher sie herumgestoßen und bedrängt wurden.

So etwas wie eine Idee gab es in diesem Molekulargebrodel noch immer nicht. Aber eigentlich auch nichts Unbeabsichtigtes, denn jedes Ereignis hatte ja seine präzisen Vorbedingungen. In dieser elementaren Piraterie des Energiefangs und des Ankettens war der Kohlenstoff der Rädelsführer. Und es gab noch ein Atom, das recht unsymmetrisch war und daher immer wieder aneckte und als Störenfried gefangengenommen wurde: das Stickstoffatom.

Kohlenstoffatome haben eine starke Affinität zu Wasserstoff; wo immer auch eine Anlagerungsmöglichkeit beim Kohlenstoff frei blieb, bald fand sich ein Wasserstoffatom, um sie zu besetzen. Der Chemiker sagt, Kohlenstoff sättigt sich mit Wasserstoff ab.

Alle diese Vorgänge verstehen wir sofort, wenn wir das Prinzip der Polarisation des Raums kennen. Alles musste genau diese Entwicklung nehmen und nichts anderes konnte geschehen.

Nun will ja, wie wir wissen, Energie sich zu Entropie verwandeln. Aber das war nun plötzlich gar nicht mehr so einfach, denn die Enzyme durchbrachen das Energiegefälle auf drastische Weise.

Luden sie doch die angelagerten Moleküle mit frischer Energie voll und tankten selbst geraubte Energie unaufhörlich nach. Das ging nun nicht mehr schlichtweg bergab, wie die Entropie das gern gehabt hätte, sondern immer wieder wurde Energie gleichsam zurückgestoßen, wieder emporgehoben auf neue Abschussbahnen und die Energie war es praktisch selbst, die sich diese Hindernisse setzte. Das ist wie ein Tausendfüßler, der unaufhörlich über seine eigenen Beine stolpert. Und wir dürfen nicht übersehen, dass laufend Energie nachgeliefert wurde: Licht, Strom und Wärme sowie kosmische Strahlung und Radioaktivität wirkten über Jahrmillionen fort...

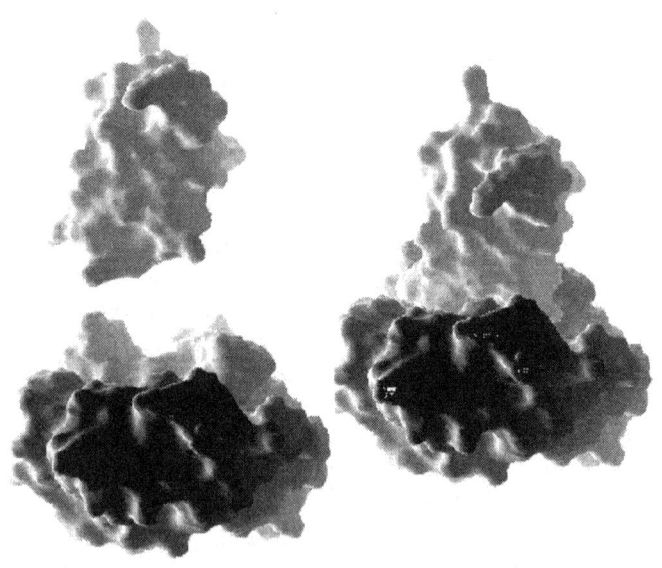

Abb.109a: Räumliche Anpassung zweier Moleküle

23 Organellen

Für das Bestehen der Enzyme war es wichtig, Moleküle zu finden, die sie abbauen konnten, um den Energieverlust auszugleichen und den eigenen Zerfall hinauszuschieben. Anfangs schon gab es sicher verschiedene Moleküle, die für diesen Zweck geeignet waren. Sie wurden ihrer Energie beraubt, wo immer sie zu finden waren. Das war schon so etwas wie „fressen und gefressen werden". Schon auf der molekularen Ebene finden wir dieses Prinzip. Und sicher schränkte sich die ursprüngliche Vielfalt der Ursuppe durch diese Energiegefechte wieder etwas ein. Waren zu viele der Energielieferanten zerlegt, so lösten sich auch bald die betroffenen Enzyme wieder auf - und das war bereits ein Steuerungsmechanismus, wie wir ihn heute noch in der Zelle antreffen.

Ein anderer molekularer Regelkreis bestand bald darin, dass die von den Enzymen erzeugten Produkte durch Inaktivierung der Energielieferanten ihre eigene Produktion stoppten und damit wieder andere Produktionsprozesse ermöglichten. Das führte prompt zu einer molekularen Evolution, zu einer wahren Explosion der Kombinationen. Wir kennen heute auf dieser Erde noch etwa 2000 verschiedene Enzyme, aber damals musste ihre Zahl in die Millionen gegangen sein - war doch eigentlich jedes komplexe Molekül irgendwie in der Lage, für andere Moleküle ein Enzym zu sein.

Und wir wiederholen es mit Absicht: Genauso wie den Atomen nichts anderes übrig blieb, als miteinander zu existieren und aufeinander zu reagieren, weil sie in den Konkurrenzkampf um Platz und Energie gerieten, wurden auch Moleküle dazu gezwungen, wohl oder übel Verbindungen einzugehen, wenn sie diese ihrer Beschaffenheit nach nicht erfolgreich verhindern konnten. Aneinandergedrängt, wie sie waren, musste Bindung das wahrscheinlichere sein. (Die teleologische Ausdrucksweise unter Verwendung von Begriffen wie Konkurrenzkampf, Gefechte, Spiel, finden und berauben, fressen, mitreden etc. sollte nicht missverstanden werden! Sie hat lediglich Stilgründe.)

Der Motor des Geschehens lag außerhalb; die Umwelt zwang und drängte, formte und gestaltete. Sieht man ein Molekül isoliert, gleichermaßen als eine kleine Maschine, so stößt man prompt auf Erklärungsschwierigkeiten - ebenso wie beim Atom. Aber weder das Atom noch das Molekül waren jemals Maschinchen, die von sich aus agierten. Jedes dieser Gebilde folgte nur den Wegen, die ihm freigegeben wurden. Und daher müssen wir dieses ganze verquickte chemische Spiel der Moleküle einheitlich, als untrennbares Ganzes sehen, um zu erkennen, dass im Ablauf dieser Reaktionen sowohl eine unerbittliche, lückenlose Anstoßkausalität als auch ein vielfältig vernetztes Zusammenwirken herrschte.

Enzyme gingen keinesfalls auf die Suche nach Energie. Und es war außerdem höchst gleichgültig, ob sie zerfielen oder nicht. Auch die Spezialisierung gewisser Moleküle, diese oder jene Enzyme als Vermittler zu wählen, erfolgte nur aus dem Zu-Fallen adäquater Bedingungen, die eben unvermeidlicherweise eintraten - im Laufe der Zeit irgendwann einmal eintreten mussten. Und man hatte es nicht eilig!

Es war also der Zu-Fall, der die große Rolle spielte, und keinesfalls der blinde Zufall, denn von irgendwelchen Wahrscheinlichkeitsrechnungen dürfen wir nicht ausgehen; nirgendwo und niemals lag es in einer Absicht, gerade diese oder jene Aminosäurenverbindung zu formen.

Alles ergab sich aus dem Zusammenwirken von Raum, Struktur und elektrischen Potentialen. Diese Potentiale, nichts anderes als Unterschiede zwischen den Schwingungszuständen, hier links, hier rechts, hier ein mehr, dort ein weniger, waren austauschbar. Ein Energiefluss fand statt von Molekül zu Molekül.

Gruppen, die diese Austauschbarkeit auf der Ebene der Elektronenwellen verwirklichen, sind so genannte Redox-Systeme. Sie sind gleichermaßen leicht zu reduzieren wie zu oxydieren, das heißt, es sind Enzyme, die Sauerstoff bringen oder wegtragen. Sauerstoff ist als ein sehr aggressives Atom bekannt. Wo immer es ein niedrigeres Potential und eine passende Schwingung vorfindet, lagert es sich an und „oxydiert" die betreffende Substanz.

Das wäre schon damals sehr übel ausgegangen, wenn nicht der Gegenspieler Wasserstoff ein Wörtchen mitzureden gehabt hätte, dem Sauerstoff ja über alle Maßen zugetan ist. Moleküle konnten sich daher vom Sauerstoff wieder befreien, wenn sie ihn mit Wasserstoff zusammenbrachten. Dabei entstand spontan Wasser, und die freiwerdende Energie stand zur Verfügung, das Spiel - eigentlich ein Kampf - von Neuem anzutreiben und über große Zeiträume aufrechtzuerhalten.

Das wäre vielleicht bis heute so geblieben, wenn nicht jene Moleküle entstanden, die Wasser ganz und gar nicht liebten. Es sind fettähnliche Moleküle, so genannte Lipide (syn. Lipoide). Wasser nicht lieben heißt, weder mit dem Sauerstoff noch mit dem Wasserstoff des Wassermoleküls eine Freundschaft (Bindung) einzugehen. Vorstufen dieser kontaktarmen Fette erhielt auch Miller bereits in seinem kurzen Versuch geliefert, wie Ameisensäure, Buttersäure etc. Dies sind ganz einfache Moleküle aus Kohlenstoff, Wasserstoff und Stickstoff. Sie bildeten mit anderen Elementen, wie zum Beispiel Phosphor, den es in großen Mengen im Meerwasser gibt, komplexere Strukturen und drehten ihr wasserfeindliches (hydrophobes) Ende vom Wasser weg. Gleichzeitig lagerten sie sich aneinander und setzten dem Wasser die kleinstmögliche Oberfläche entgegen. Hätten sie sich zuvor nicht auch noch mit Eiweißmolekülen verbündet, wären sie wohl für immer und ewig auf der Wasseroberfläche geschwommen. So aber sanken sie in die Tiefe und formten Kugelhüllen, die alles, was gerade in diese Hüllen geriet, plötzlich einschlossen.

Wir können solche Hüllen künstlich erzeugen als so genannte Coacervattropfen; auch erhitzte Aminosäuren zeigen bereits eine deutliche Tendenz, sich bei Berührung mit Wasser zu Systemen zu formen, indem sie eine Hülle, eine Membranwand bilden, die einen selektiven Stoffaustausch bewirkt. Aber noch besser konnten das die Lipide. Sie waren nämlich nicht allem und jedem abgeneigt; gewisse Substanzen wie Enzyme und Proteine konnten die Lipidhäute ungehindert passieren. Andererseits befand sich auch im Inneren der Hülle Wasser, und deshalb bildeten sich solche Häute ausnahmslos als Doppelmembran aus, die von beiden Seiten her unauflösbar war. Zwischen dem Wasser im Inneren und dem außerhalb entstand eine Druckbeziehung (osmotischer Druck). War der Druck außen größer, so wurde die Haut zusammengepresst - sie schrumpfte -, war er außen kleiner, so dehnte sich die Haut aus.

Viele Lipidhäute waren darüber hinaus semipermeabel, das heißt, manche Moleküle oder Ionen konnten sie nur nach einer Richtung durchwandern. Und gerade diese Eigenschaft hing stark vom osmotischen Druck ab. Auf diese Weise konnten sich im Inneren der Hülle solange Moleküle ansammeln und den Druck vergrößern, bis sie platzte (Plasmolyse). In vielen Fällen ging aber schon vorher der Molekülvorrat zuende, wogegen noch genug Lipide vorhanden waren, mit der Folge, dass die Hülle für den vorhandenen

Innendruck zu groß geriet. Und nun geschah etwas, wie wir es ganz ähnlich schon bei den Atomen entdeckten, die dem Alldruck ihre veränderten Oberflächen entgegensetzten. Der Außendruck wirkte auf die Oberfläche ein und quetschte sie einem neuen Gleichgewicht zu, nämlich in zwei neue Hüllen, die das halbierte Volumen unter vergrößerten Oberflächen verteilten - und daher konnten und mussten sie neuerlich wachsen, bis sich der Vorgang wiederholte.

Damit offenbart sich, dass diese Vorstufe des Zellwachstums und der Zellteilung zuerst vollkommen ungesteuert ablief. Sie resultierte ausschließlich aus den diffizilen Druckbedingungen. Nur die Mengen der mitwirkenden Substanzen lösten Teilung und neuerliches Wachstum aus. Da gab es noch keinen genetischen Code, kein regierendes Molekül, das irgendwelche Kommandos erteilte und so ist das prinzipiell bis heute auch geblieben.

Das bedeutet, die Idee der Abkapselung, die Erfindung der Hülle als solche musste nirgendwo niedergeschrieben werden, um sich für die Zukunft zu erhalten; sie war und ist den beteiligten Substanzen immanent, um immer dann verwirklicht zu werden, wenn diese Substanzen und die nötige Umgebung auftreten. Und erst das Auftreten dieser notwendigen Bedingungen geriet später in ein Schema und schrieb sich in einem Code fest.

Die Grundidee der Hülle - also der Zelle - existiert auch bis heute nur deshalb, weil uns ein Kosmos umgibt, dessen Kraft oder Abstoßung diese Idee ebenso verwirklicht wie jede andere Form der Materie, ob Kristall oder Gestein... Und diese Umwelt, in welcher dieses „Hüllenpatent" unvermeidlicherweise auf die Welt kam, blieb überdies bis zum heutigen Tage die Hauptursache ... und weil sie es blieb, weil der Urozean von dazumal sich später sogar auf die Organismen verteilte und in ihrem Inneren erhalten wurde, funktioniert dieses Grundprinzip des Lebens bereits seit Jahrmilliarden.

Mit diesem Hüllenereignis steht und fällt alles lebendige, denn das Leben ist in der Tat ein Wandphänomen. Jede organische Einheit kapselt sich durch solche Hüllen ab. Eine Zelle ist keinesfalls ein unförmiger Plasmatropfen, in welchem rätselhafter weise Moleküle zu wissen scheinen, wo sie hinmüssen, sondern sie ist von unzähligen Hüllen und Häuten durchzogen, die ähnlich dem Straßennetz einer Großstadt die Richtungen vorschreiben, nur bestimmte Bahnen zulassen und gleichzeitig eine regelnde und kontrollierende Funktion ausüben.

Das ist eine ziemlich vielsagende Erkenntnis, denn sie zeigt uns, dass jede Kommandozentrale innerhalb der Zelle nichts wäre ohne diese Häute, Hüllen, Zisternen, Durchgänge und Permeabilitäten. Daher ist das Primäre des Lebens keineswegs der genetische Apparat. Er könnte überhaupt nichts verwirklichen, existierte er nicht innerhalb dieses Hüllenphänomens, das grundsätzlich auch ohne ihn stets in der Lage ist, sich zu erhalten und fortzupflanzen, solange die richtigen Bedingungen erhalten bleiben. Erst bei der Absicherung dieser Bedingungen wirkt der genetische Schlüssel mit - aber er entstand erst viel später, als unabhängiges Etwas, das erst dann seine Wirksamkeit erlangte, als es in diese Lipidhüllen integriert worden war. Das geschah nicht einfach zufällig, sondern bis dahin mussten viele Zwischenstufen bewältigt werden. Wir werden sie der Reihe nach zumindest oberflächlich kennen lernen...

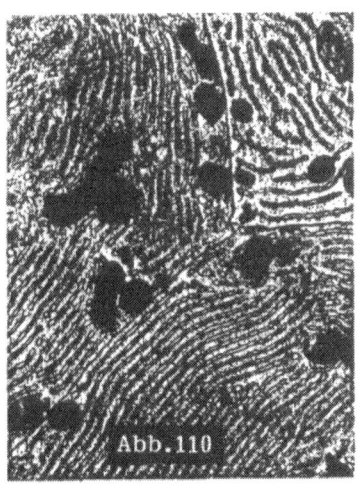

Das Hüllennetzwerk innerhalb einer Zelle bekam von den Biologen den Namen Endoplasmatisches Retikulum.

Die Abbildung 110 lässt uns einen Blick in drei aneinandergrenzende Zellen der Bauchspeicheldrüse tun. Wir sehen, zu welcher Vollkommenheit es dieses Hüllensystem gebracht hat und verstehen seine leitende und ordnende Funktion sofort. Die Abbildung zeigt natürlich einen Querschnitt. Wir müssen uns die Hüllen daher sphärisch denken; Hunderte ineinandergeschachtelte Kugeln aus Doppelmembranen. Hier kann nicht einfach alles fließen wie es möchte, da herrscht bereits Systematik und Zwang. In der Folge werden wir dieses Endoplasmatische Retikulum mit „ER" abkürzen.

Hüllen dieser Art schlossen damals schon verschiedenste Enzyme ein, die dadurch mitunter spezifischer reagieren und sich spezialisieren konnten. Nicht alles Mögliche wurde hier geformt, sondern nur noch ganz bestimmte Moleküle erzeugt, da das Baumaterial durch die Membranen bereits selektiert wurde. Dies geschah alles noch unbeständig, in kurzen Anläufen und Ausklängen, und nur hin und wieder passierte es, dass ein System sich dermaßen teilte und wuchs, dass seine Funktion erhalten blieb. Diese Funktion wurde durch die Hülle selbst bestimmt, die durch Einbeziehung ganz bestimmter Eiweißstrukturen schon ganz besondere Eigenschaften erhielt und nur gewisse Substanzen durchließ.

Es gab natürlich viele verschiedene Hüllen. Sie ließen Baumaterial eintreten und fertige Produkte austreten, aber nichts wurde mit Absicht produziert, alles reagierte ganz automatisch und unbewusst. Wenn die Moleküle vorhanden und sie die richtigen „Programme" trugen, so mussten sie eben aufeinander reagieren...

Und so wurde spontan und unbekümmert drauflos produziert, ungeachtet dessen, ob mit den Produkten auch etwas anzufangen war. Aber gerade diese Zufalls-Produkte konnten ja für andere Hüllensysteme wieder willkommenes Baumaterial sein.

Alles spielte sich in unvorstellbarer Größenordnung ab. Der ganze Ozean erfüllte sich zusehends mit diesen kleinen Eiweiß-Fabriken. Und wahrscheinlich spielten sich hier Mechanismen ein, die später zum Großteil wieder verloren gingen, sich nicht durchsetzten - und die wir heute deshalb auch nicht mehr entdecken können.

Unter innerem Zwang und äußerer Notwendigkeit ergab sich bald ein umfassendes Zusammenspiel all dieser Hüllen. Was die eine wegwarf, konnte die andere brauchen. Dadurch stellte sich bald eine neuerliche Selektion ein, denn viele Hüllen produzierten sinnloses, andere erhielten kein Baumaterial und gingen zugrunde. Nur jene, die einander nützlich waren, hielten sich auf die Dauer.

Wir dürfen das Wort „nützlich" nicht missverstehen; keine dieser Hüllen hatte die Aufgabe, gerade dieses oder jenes zu produzieren. Sie tat es eben und das traf sich gut für andere Systeme. Der unbestreitbare Eindruck des Zufälligen ergibt sich nur aus der Funktion: so ist beispielsweise Wasser keinesfalls ein Zufallsprodukt und nicht dazu erschaffen, Mühlräder anzutreiben, aber es lässt sich dennoch dazu verwenden. Und wenn wir in Anlehnung gängiger Theorien das Geschehen in den Ozean verlegen, in eine Art Ursuppe, muss uns klar sein, dass das nur ein Gleichnis ist für jeden anderen Ort, wo genug Wasser und Material vorhanden war – vielleicht sogar auch auf anderen Planeten...

Von all diesen Wandsystemen, die am Anfang des Lebens standen, wollen wir nun einige der wichtigsten herausgreifen. Schon zu einem frühen Zeitpunkt – kosmisch gesehen sind einige Tausend Jahre ein Klacks - wurde das Wirken der chemischen Abläufe systematisch; gewisse Molekülformen setzten sich wie standardisierte Bauteile ein und gestalteten mal dies und mal jenes...

Das geschah vollkommen zwangsläufig. Alles was vorgefunden wurde, konnte auch ausprobiert werden. Manches blieb dauerhaft, aber vieles wurde wieder zerstört - und ganz selten entwickelte sich so ein Molekül zum Standard.

Eines dieser Standardmoleküle war Adenin, dessen weiteren wichtigen Funktionen wir im nächsten Kapitel begegnen werden. In dieser Phase des Geschehens verband sich Adenin mit einem Zucker- und einem Phosphorsäuremolekül zu einem Gebilde, das vorläufig zu nichts Besserem zu gebrauchen war, als ein Energietransporter zu sein. Und einer der Hüllenapparate spezialisierte sich darauf, diese Adenosinmonophosphate mit Energie zu beladen. Das geschah, indem dem Molekül weitere Phosphorsäure-Schwänzchen angehängt wurden. Kam nur eines hinzu, so verwandelte sich das Molekül in Adenosindiphosphat (kurz ADP), ein weiteres Phosphorschwänzchen ergänzte dieses zu Adenosintriphosphat (ATP). Die Bindungen dieser Schwänzchen waren es, welche die Energie in sich trugen (bekanntlich durch das Ereignis dieser Bindungen und den dadurch veränderten Oberflächen).

Dieses ATP war nun ein äußerst interessantes Molekül. Gleich einem Generalschlüssel eines Zylinderschlosssystems passte es zu den verschiedensten Enzymen und kam als universeller Energielieferant in Frage. Vor allem konnte das ATP schon außerhalb jeder Hülle entstanden sein und war daher schon von Anfang an jenes Universal-Energie-Depot, das den Enzymen wie gerufen kam als jenes Molekül, das zu zerlegen war und damit seiner Energie beraubt werden konnte.

Es gab also unzählige Enzyme, die das ATP zerlegten zu ADP und davon profitierten. Und ebenso gab es Enzyme, die das ADP wieder zu ATP regenerierten. Später taten sie das innerhalb kleiner, verschachtelter Hüllensysteme. Ihre Energie bezogen sie direkt daraus, dass sie in mehreren aufeinanderfolgenden Katalysen Sauerstoff und Wasserstoff zusammenbrachten, also durch Redox-Systeme den Sauerstoff bändigten. Der Biologe kennt diese Reaktionsreihe als Atmungskette, und wir verstehen schon aufgrund dieser Bezeichnung, dass Sauerstoff einer der Energielieferanten gewesen sein musste.

Die ersten kleinen Hüllensysteme ließen ADP und Phosphorsäure in sich hinein und gaben fertiges ATP von sich. So wurden sie zu winzigen Molekülfabriken, zu Tankstellen für Enzyme - und diese Tankstellen kennen wir als Mitochondrien (Mitochondrium). Sie sind heute noch wichtiger Insasse in jeder Zelle, und es gab sie zweifellos schon, bevor Zellen entstanden, die den Ozean später samt Inhalt abkapselten und mittrugen.

So ein Mitochondrium bezeichnen wir als Organelle. Und ebenso wie diese bildeten sich bald Organellen mit anderen Funktionen. Sie waren noch Einzelsysteme innerhalb dieser einzigen großen Zelle, dem Urozean. Jede spezialisierte sich auf bestimmte Produkte und verwendete dazu die Produkte anderer. Außer vielen Entwicklungen, die wieder verloren gingen, weil sie vielleicht ganz und gar zu nichts nütze waren, blieben einige Organellen in ihrem Zusammenspiel integriert und ebenfalls bis heute erhalten. Wir kennen sie zum Beispiel als Dictyosomen - Herstellungsort und Aufbewahrungsbläschen aus Lipiden für mancherlei Substanzen, deren Signalwirkung sie später zu Hormonen machen sollte ... aber auch Plasmaflüssigkeiten, Schleim und Sekrete oder Klebstoffe entstanden in ganzen Dictyosom-Komplexen, die man heute Golgi-Apparat nennt.

Auch Lipidbläschen, die überhaupt nichts erzeugten, sondern nur überflüssige Produkte, gewissermaßen Abfall sammelten, waren in diesem Geschehen sinnvoll. Wir finden sie heute in den Zellen wieder als Vakuolen. Wie aufgeblasene Luftballons im Inneren der Zelle stützen sie diese ab und verleihen ihr die nötige Festigkeit (Tonus). Damals aber schwammen sie dahin und waren einfach da, ebenso wie viele andere Varietäten der Organellen. Sie alle waren mehr oder weniger wichtig und untereinander austauschbar, und wiederum wäre dies alles vielleicht so geblieben, hätte dieses vielfältige Spiel der Moleküle und Lipide nicht etwas Weiteres erfunden, das in seiner Bedeutsamkeit nur noch vom Chromosom überboten wird: das Zentralkörperchen.

Nun, in dieser Zeit waren es noch keine Zentralkörperchen, sondern noch durchaus eigenständige Organellen. Was taten sie?

Es wäre in diesem ganzen von Elektrizität erfüllten Geschehen wahrhaft verwunderlich, wenn sich nicht auch so eine Art

Akkumulator herausgebildet hätte; eine Molekülstruktur, einzig allein zu dem Zweck geschaffen, elektrische Energie zu sammeln und wieder abzustrahlen. Diese Organellen wurden zu geladenen Ionenbehältern, deren Funktion - den Biologen bis heute durchaus rätselhaft - gar nicht schwer zu verstehen ist. Diese Körperchen – die wir heute auch als Centriolen kennen - taten nichts anderes als wachsen und sich teilen, dies aber auf rein elektrischer Basis.

Vom Akkumulator her wissen wir, dass bestimmte Molekülgruppierungen starke elektrische Potentiale repräsentieren können. Und so fanden sich im Centriol Ionen zusammen, die ein stetiges Anwachsen eines elektrischen Feldes bewirkten. Die Raumpolarisation dieser kleinen Felder konnte sowohl links als auch rechts ausfallen. Vor allem aber konnten sie nur bis zu einer bestimmten Größe wachsen, denn sie waren Mono-Pole. Ihre Bestandteile stießen sich im Grunde ab - und ebenso wie wir es beim radioaktiven Atom beobachten konnten, verlor das einfache Gebilde mit seinem Anwachsen zusehends an Stabilität und zerfiel in zwei Hälften. Und diese wuchsen wiederum solange an, bis sie abermals auseinander fielen.

Dieser Vorgang birgt einen fundamentalen Faktor für das Leben in sich: er ist seine Uhr! Das Wachsen und Teilen des Centriols bestimmte in der Folge das Wachsen und Teilen der Zelle selbst. Aber nicht nur das: sein elektrisches Feld brachte auch Ordnung in die Abläufe innerhalb der Zelle; es polarisierte den Zellinnenraum und dirigierte entsprechend geladene Moleküle auf ganz bestimmte Bahnen.

Zu dem Zeitpunkt jedoch, an dem wir uns gedanklich befinden, gab es noch keine Zellen im geläufigen Sinne, wenn wir davon absehen, dass die Organellen selbst praktisch nichts anderes als kleine Zellen für sich waren, die auch ihre eigenen genetischen Codes trugen (aber so weit sind wir noch nicht).

So existierte das Centriol anfangs durchaus als Fleißaufgabe der Natur, sammelte Ionen, wuchs und teilte sich und sammelte weiter... Dabei manipulierte es mit der Elektrizität auf eine spezielle Weise, auf die wir später noch zurückkommen werden.

All das bisher beschriebene gab es in unglaublichem Ausmaß. Und wieder vergingen Jahrtausende, ehe sich in diesem System eine Änderung einstellte. Der Biologe wird in unserer Aufzählung vielleicht die Chromosomen oder die Ribosomen und viele andere

Bestandteile des Lebendigen vermissen. Aber es gab sie noch nicht, sie entstanden alle viel später! Es gab vorerst nur dieses diffuse Zusammenspiel der Organellen, und das hatte sicher noch gar nichts gemeinsam mit den heute bekannten Lebensvorgängen.

Immer noch existierte weder Idee noch Ziel. Es lief ein recht planloser Austausch von Energie ab. Nur das erste Vermehrungsprinzip war bereits geboren: die Teilung. Dennoch war es bereits eine Art von Leben, denn es wurden Stoffe ausgetauscht. Es gab Erkennen und Zwang und was dem Ganzen noch fehlte, war Programm und Strategie. Somit war es ein recht informationsloses Geschehen...

Nun sind wir auf die näheren Umweltbedingungen in unserer Betrachtung nicht eingegangen, und das hat seinen Grund: Sie sind offenbar nicht so wichtig, wie manche Biologen annehmen. Man hat Millers Experiment auf die verschiedenste Weise abgewandelt, Substanzen ausgetauscht, Temperaturen verändert, verschiedenste Energieformen zugeführt, aber das Ergebnis war nahezu immer dasselbe. Einen Unterschied brachte nur die Zeit. Je länger man die Versuche ausdehnte, umso größer war die Anzahl der entstandenen Moleküle und umso vielfältiger wurde ihr Zusammenwirken. Das gibt uns die Legitimation, den Prozess mit relativ großer Freiheit zu rekonstruieren, ohne auf Details eingehen zu müssen. Nur einige grobe Bedingungen waren zu erfüllen; eine der Hauptforderungen war die reduzierende Eigenschaft des Gemisches. Dann war natürlich das Vorhandensein von Wasser und von Urmolekülen wichtig sowie die Einhaltung eines bestimmten Temperaturbereichs, der zudem sehr weit reichend sein konnte.

Was die Energie betrifft, so war es anfangs sogar gänzlich gleichgültig, in welcher Form sie zugeführt wurde. Wir wissen ja, dass es im Grunde nur eine Art von Energie gibt: den Impuls. Jede beliebige energetische Erscheinung setzt sich aus denselben Impulsen zusammen, und jede zeitliche Aufeinanderfolge konnte durch die Atome in andere Frequenzen transformiert werden.

Wir müssen deshalb nicht annehmen, das Leben hätte mit der Präzision eines Schweizer Uhrwerks seinen Anfang genommen und es müssten teuflische Zufälle am Werk gewesen sein. Keinesfalls, denn die Grundtendenz zum Leben trägt die Materie bereits in sich, in ihrer Vielfalt der Atome und ihrem spezifischen Verhalten.

Wir betonten schon die verschiedenen Möglichkeiten eines Moleküls, Energie aufzunehmen. Vorerst war wohl die

Energieübermittlung über die Elektronenwellen üblich. Auch über die Wärmewellen teilten Moleküle ihre Bewegungszustände einander mit. Aber alle diese Energieformen kosteten etwas, sie mussten stets mit der Schwächung eines Systems bezahlt werden. Da ergab sich eine weitere Möglichkeit, Energie zu gewinnen, die jedoch frank und frei ins Haus geliefert wurde...

Ein sehr häufiges Element im Meerwasser - wie auf der Erde überhaupt - war Magnesium. So war es nicht zu vermeiden, dass hin und wieder in die wachsenden Molekülstrukturen Magnesiumatome einbezogen wurden. Unerwartet wurde damit eine Molekülform geschaffen, die in der Lage war, die schwachen Impulse des Lichts zu absorbieren und in Elektronenwellen zu transformieren.

Das Molekül, das auf diese Art seine Energie aus dem Licht bezog, heißt Chlorophyll wegen seiner Farbe, die dadurch zu Stande kommt, dass Chlorophyll nur die roten Anteile des Lichts absorbiert, die grünen aber verschmäht. Auch diese neuen Strukturen kapselten sich bald samt ihren dazugehörigen Enzymen in Hüllen ab und erzeugten darin unter Verwendung von Wasser und Kohlendioxyd einen der Hauptnährstoffe der Welt, Glucose, und die solcherart entstandenen Organellen nennen wir Chloroplasten.

Die von ihnen produzierte Glucose dient als Übermittlermolekül der vom Licht empfangenen Energie für andere Organellen, die sich bald auf diese bequeme Nahrung einstellten. Sie revanchierten sich dafür mit Substanzen, welche die Chloroplasten wiederum gut brauchen konnten. Der mit diesem Geschehen einhergehende Umstand, nämlich die Selektion auf ganz bestimmte, linksdrehende Molekülarten zeigt uns, wie kausal verkettet und vernetzt diese ersten Anfänge des Lebens vor sich gingen. Die Lichtwellen brachten ja einen einheitlich genormten Spin mit, der auf den Spin ihrer Erzeuger, die Elektronenwellen, zurückzuführen ist. Elektronenwellen sind wiederum durch die Gleichartigkeit aller Protonen vorherbestimmt, sie schwingen alle nach derselben Richtung. Deshalb mussten auch jene Moleküle linksdrehend sein, die auf den Spin der Lichtwellen passten. Hatten sie entgegengesetzte optische Aktivität, konnte die Gratis-Energie nicht aufgenommen werden. Wahrscheinlich entstanden hin und wieder auch rechtsschwingende Moleküle des Chlorophylls, aber sie waren sinnlos, denn sie reagierten nicht oder viel zu schwach auf das Licht. Damit war die Polarisation sämtlicher Moleküle, die in diese Art des

Energiegewinns integriert sind, festgelegt. Besaß ein Molekül zwei spiegelbildliche Möglichkeiten, so blieb schließlich nur jene erhalten, die in die Weitergabe des linken Spins einbezogen werden konnte. Und somit war auch in der Welt des Lebendigen die Symmetrie gebrochen. Links- und Rechtsdrehung waren plötzlich nicht mehr gleich wahrscheinlich. Daran knobeln die Wissenschaftler heute immer noch herum, aber es gibt gar kein Rätsel.

Der Entschluss des Lebens zu einer spezifischen Molekülart lag schon im Wesen der Materie selbst verborgen, die nur diese eine Möglichkeit zuließ!

Diese „linke" Energiegewinnung brachte der einen Hälfte aller damals bestehenden Organellen einen großen Vorteil. Nach rechts orientierte Strukturen waren ja nach wie vor auf die Aufnahme bereits bestehender Moleküle angewiesen. Vielleicht nahmen sie auch linkspolarisierte Nahrung auf, aber damit war nichts weiter anzufangen, denn sie passte nirgendwo in den eigenen Reaktionsprozess. Damit war eines Tages ihr Untergang besiegelt, denn selbst der Ozean war ohne die Nutzung des Lichts kein unerschöpflicher Energiespeicher.

Linkspolarisierte Strukturen dagegen erhielten, auch wenn sie selbst kein Chlorophyll besaßen, weiterhin Nahrung in Form linksdrehender Verbindungen und blieben weiterhin im Stoffwechsel der Riesen-Urzelle bestehen.

Alle Moleküle, die in weiterer Folge das Leben formten, blieben Linksschrauben bis zum heutigen Tage und polarisieren das Licht dementsprechend. Mit einer Ausnahme: Entstanden Moleküle als reine Reaktion auf die bestehenden, gewissermaßen als Abklatsch oder ein Stempelabdruck von ihnen, so mussten sie automatisch rechtsdrehend ausfallen. Diese molekularen Spiegelbilder des Geschehens tauchten tatsächlich auf. Sie hatten mit dem Stoffwechsel selbst gar nichts zu schaffen, waren sozusagen nur die Niederschrift der Ereignisse und damit reine Informations-Moleküle. Wie wir bald sehen werden, trägt diese Informations-Speicherung daran die Schuld, dass wir uns heute über diese vergangenen Ereignisse Gedanken machen können...

Mit der Tätigkeit der Chloroplasten kam nun ein neues, äußerst wichtiges Molekül ins Spiel: die Glucose. Es handelt sich um eine Zuckerart, und überall, wo Sauerstoff nicht direkt zur Verfügung stand, war diese Glucose ein willkommener Energielieferant. Andere

Organellen bauten Glucose um in verschiedenen Schritten unter Phosphorisierung zu Ribose-5-phosphat, nur um Energie zu gewinnen (Pentose-Phosphat-Zyklus) und warfen diese Ribose-Moleküle einfach weg. Sie waren vorläufig zu gar nichts nütze, Abfall schlechthin, der sich bald im Ozean anhäufte... Aber nichts blieb auf die Dauer wirklich Abfall in dieser Ursuppe.

Stellen wir uns nun noch einmal vor, was wir zu dieser Zeit in der Urzelle Ozean vorgefunden hätten: Aminosäuren verschiedenster Art, wahllos kombinierte Aminosäuren als Enzyme oder ganze Enzym-Komplexe, Metallionen als Co-Enzyme, Lipide und Lipidhüllen, sicher auch solche ohne Inhalt, Organellen wie Mitochondrien, Dictysomen, Chloroplasten, ferner Glucose, Ribose, einfache Eiweißmoleküle und auch schon kompliziertere Gebilde, sowie die sich leicht bildenden Moleküle Adenin, Guanin, Cytosin, Thymin und Uracil, die Energiespeicher ADP und ATP und noch verschiedene Fettarten...

Dieser Ozean war ein chemisches Labor riesenhaften Ausmaßes, wenngleich wir annehmen sollten, dass sich die wesentlichen Entwicklungsgänge mehr an der Oberfläche und in den seichteren Regionen abspielten. Das Meer muss zuerst in allen Farben geschillert haben und erst mit der Bildung der Chloroplasten dürfte es knallgrün geworden sein. Wie ein gigantischer Topf voll Erbsensuppe mag es ausgesehen haben.

Sollen wir sagen, dass diese Suppe bereits lebte? Ja, eigentlich schon, denn mit den Chloroplasten schuf dieses Urmeer bereits eine Art von Sinn: das Erkennen von Licht! Und bereits die Chlorophyllmoleküle drehten sich - dem Spin der Elektronenwellen gehorchend - dem Licht mit der günstigsten Seite zu, so wie auch die Lipide bereits Wasser erkannten und sich dementsprechend anordneten. Das ist ein Sich-Fügen in eine bestimmte Situation, das - wenngleich durchwegs erzwungen - den ersten angedeuteten Eindruck intelligenten Verhaltens erweckt.

Dieser komplexe, gewaltige Reaktionsablauf bis zur Entstehung der Organellen dauerte zweifellos länger als Millers Glaskolbenversuch. Aber wir sollten die Dauer des Prozesses auch nicht überschätzen, denn alle Reaktionen erfolgten mit unheimlicher Geschwindigkeit - und viel war ja im Grunde noch nicht erreicht.

Die Abbildung 111 zeigt uns zwei Mitochondrien-Arten. Wir sehen deutlich, welch komplizierten Hüllapparat diese Organellen darstellen, die auch heute noch in unseren Zellen das unentbehrliche ATP erzeugen.

Abb.111

Wenn wir bedenken, dass der Ozean jener Tage gewiss kein stilles Wässerchen war - unterseeische Vulkane und Stürme zerpflügten ihn, Strömungen bildeten sich aufgrund der Temperaturdifferenzen - so verstehen wir, dass dieses Laboratorium der Natur unnachahmlich blieb, dass hier Prozeduren abliefen, wie sie in ihrer Komplexität auch im modernsten Chemielabor nur mit größten Schwierigkeiten nachvollzogen werden könnten. Und wer bleibt schon gerne neben seinen Reagenzgläsern ein paar Millionen Jahre stehen?

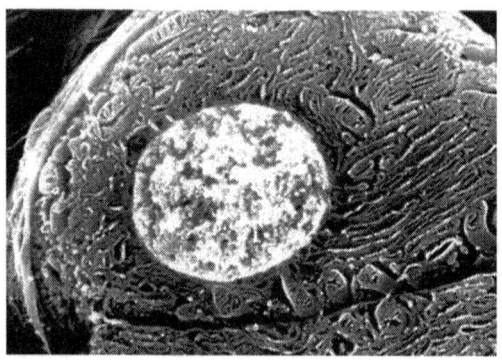

Abb.111a: Querschnitt durch eine Zelle mit ER, Zellkern, Mitochondrien und Plasma-Membranen.

24 Information

In der Biologie ist alles komplizierter, als es scheint, meinte ein Gelehrter einst, und dagegen ist nichts einzuwenden. Denn die Fülle der Akteure und Mitspieler in der biochemischen Evolution ist quantitativ unüberschaubar. Alle gängigen Theorien abstrahieren die Ereignisse oft ganz bewusst, ja sie versimplifizieren sie, weil viele der molekularen Partner noch gar nicht entdeckt sind. Gerade in unserer Gegenwart überstürzen sich die Funde; fortlaufend entschlüsselt man weitere Einzelheiten und Funktionen, neue Enzyme und Hormone und Substanzen mit bislang unbekannten Eigenschaften. Das Problem ist dabei, wie gesagt, nur die Menge der Ereignisse und ihre unglaubliche Verquicktheit. Auch wir werden in unserer weiteren Schilderung nicht umhin können, die Abläufe wegen ihrer vernetzten Komplexität enorm zu vereinfachen und auf das Allerwesentlichste zu reduzieren. Dies als Vorbemerkung für jene Biologen unter den Lesern, denen die folgenden Schilderungen ein wenig zu ungenau oder gar zu einfach erscheinen mögen.

Versuchen wir nun, zu rekonstruieren, was weiterhin im Urozean geschehen musste. Wir sind uns dabei im Klaren darüber, dass viele Moleküle, die in allen diversen Phasen als räumliche und elektrische Vermittler zwischengeschaltet sind, nicht zur Sprache kommen können. Zum Einen, weil eine klare Schilderung kaum noch möglich wäre, zum Anderen, weil wir viele dieser Moleküle noch gar nicht identifiziert haben. Aber wir wissen, dass es sie gibt. Das müsste uns genügen, denn für das prinzipielle Verständnis der Entstehung des Lebens ist ihre haargenaue Beschreibung nicht notwendig.

Das molekulare Leben im Ozean, konzentriert auf die Organellen verschiedenster Art und Form, hinterließ gleich mehrere Sorten von Abfall. Da war das nutzlose Zentralkörperchen, gewissermaßen nur Aufputz der Szene, da waren die Basen-Moleküle, mit denen man nichts beginnen konnte, weil sie rechtsdrehend waren und dazwischen schwamm die bereits erwähnte Ribose umher. Auch die bereits erzeugten Eiweißstrukturen und Aminosäuren waren zumeist noch funktionslos, für keinen bestimmten Zweck gemacht. Sie existierten lediglich und bildeten Umwelt - drängende, zwingende oder nachgiebige kleine Notwendigkeiten schaffend...

Nun wissen wir schon aus den ersten Kapiteln dieses Buches, welch große Rolle der polarisierte Raum für die Begegnung zweier

Körper innehat. Er entschied auch bei Molekülen, ob eine Anziehung oder eine Abstoßung erfolgte. Die Aminosäuren im Ozean waren in ihrer Gesamtheit zwar bald alle linksdrehend (nachdem etwaige andere Formen ausselektiert worden waren), aber sie besaßen alle auch ganz charakteristisch definierte Enden. An dem einen Ende saß immer eine NH_2-Gruppe und am anderen fand sich zumeist in der Restgruppe ein Sauerstoffatom. Wir kennen die Affinität von Sauerstoff und Wasserstoff zueinander. Es war daher sehr naheliegend, dass Aminosäuren mit den Sauerstoff- und Wasserstoffenden zueinander fanden und sich zu Kettenmolekülen vereinten. Natürlich halfen da auch immer Enzyme fleißig mit, und sie brachten Aminosäuren zusammen, die ihre einander zugeneigten Enden sonst nicht gefunden hätten. Ihre OH_2-Verbindung (man denke an H_2O!) war fest und stabil. Zwei Aminosäuren bildeten auf diese Weise ein Dipeptid (diese spezielle Bindungsart heißt daher Peptidbindung), drei formten ein Tripeptid und so weiter. Mehr als zehn nennt man ein Polypeptid.

Ihre Bindungen brachten es mit sich, dass die spezifisch unterschiedlichen Teile der Aminosäuren frei blieben und gleichzeitig stets eine Spirale (Alpha-Helix) entstand, weil die Schwingungen der Wasserstoff- und Sauerstoffatome ein Drehmoment (bis zum Anschlag sozusagen) mit sich brachten.

Und nun verstehen wir auch besser, weshalb dabei eine Spiralform herauskommen musste. Selbstverständlich musste dies bei allen Peptiden geschehen. Durch diese Anordnung erhielt das Peptid durch die rundherum herausragenden Restgruppen der Aminosäuren ein sehr kompaktes, räumlich charakteristisches Bild, das von Peptid zu Peptid natürlich verschieden ausfiel (Abbildung 112).

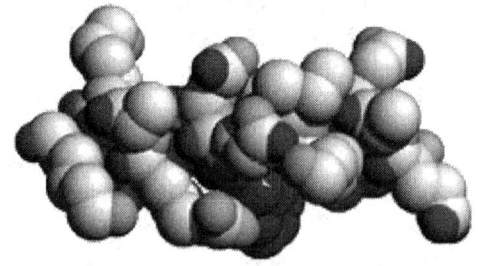

Abb.112

Peptide sind also spiralige, verknäuelte Eiweißstrukturen. Doch auf das Ereignis der Peptidbildung gab es noch eine Folgereaktion: Die rechtsschwingenden Basenmoleküle, bislang nur Abfall, stürzten sich auf die linksschwingenden Wasserstoffgruppen der Peptide und klammerten sich fest, aber nicht allzu stark, da sie an den Wasserstoff nicht nahe genug herankamen. Bald reihten sich entlang eines Peptids - und deshalb auch spiralförmig - verschiedene Basenmoleküle an, zuerst natürlich wahllos zusammengewürfelt...

Jetzt ergab es sich, dass immer jeweils drei der winzigen, kompakten Basen auf dem verfügbaren Raum einer einzigen Aminosäure Platz fanden. Es gab aber vier Basen, die gleichermaßen gut geeignet waren: Adenin, Guanin, Cytosin und Uracil. Sie alle waren unterschiedlich strukturiert und nur wenn sie sich ideal kombinierten, füllten sie den Platz gut aus, wobei sie immer auch einen Abschnitt des spezifischen Teils der Aminosäure belagerten. Klammerten sich beispielsweise ein Guanin- und ein Adeninmolekül an, so blieb eben gerade noch Platz für ein Uracil-Molekül; gab es dort schon zwei Uracilmoleküle, so passte vielleicht nur noch ein Cytosinmolekül hinzu. Und so ging das fort...

Da alle Aminosäuren links polarisierten, konnte es niemals geschehen, dass etwa eine Aminosäure selbst einer Base den Platz wegnahm. Nur die rechtspolarisierenden Basen wurden regelrecht angezogen. Die Folge war, dass aus den vielen Molekülen, die da umherschwammen, besser gesagt sich umherwälzten, auf elektrostatischem Wege eine Selektion entstand, die ganz spezifisch die Aminosäurensequenz des Peptids wie ein Abdruck widerspiegelte. Das war eine Reihe von Zu-Fällen, die noch nichts zu bedeuten hatten.

Die locker gebundenen Basen reckten ihre Enden in das Wasser, und diese Enden waren schon zuvor mit den Ribose-Phosphat-Molekülen, die ja auch als Abfall vorhanden waren, verbunden worden. Und nun trat wieder einer jener folgenschweren Zu-Fälle ein: Es kam stets ein Riboseköpfchen an das Phophorschwänzchen des anderen Basen-Moleküls zu liegen und verband sich prompt mit ihm, weil wieder Wasserstoff und Sauerstoff zusammenkamen. Wir erkennen, dass fast ausnahmslos die „Liebe" zweier Atomarten zueinander für das Werden des Lebens verantwortlich ist!

Als all dies geschehen war und somit durch die Ribosephosphatketten alle Basen fein säuberlich aufgefädelt waren, fiel die ganze Ribosekette samt den Basen vom Peptid ab - und zwar aus elektrischen Gründen. Zum Einen wurde die angelagerte Kette gleichgepolt und die Anziehung musste in Abstoßung übergehen, zum Anderen ergab sich bei jeder neuerlichen Bindung eine Schwächung des Gesamtmoleküls. Die Entropie schlug zu und das erste Opfer war natürlich die schwächste der Bindungen innerhalb des ganzen Komplexes, eben die Basen-Peptid-Koppelung, die ab einer bestimmten Länge des Gebildes nicht mehr stark genug war, die von den Ribosen abgezogene Energie auszugleichen. Da das Energiegefälle zwangsläufig zu Gunsten des Sauerstoffs der Aminosäuren ausging, stieß es die zuerst so willkommenen Basen (sie waren ebenso rechtsschwingend wie Sauerstoff selbst) nun regelrecht von sich.

Dieses Spiel der Elektrizität ist ungemein diffizil, aber intuitiv mit unserer Links-Rechts-Auffassung recht gut zu verstehen. Beide Wirkungen der Elektrizität, die elektrostatische wie auch die magnetische mussten in diesem Molekulargeschehen mitgewirkt haben. Gerade das Wechselspiel beider Erscheinungen machte es möglich, dass Anziehung in Abstoßung überging und umgekehrt.

Erinnern wir uns doch an die elektrisch durchflossenen Leiter, die sich elektrostatisch anzogen, elektromagnetisch jedoch abstießen. Aus ganz ähnlichen Gründen löste sich die Peptidspirale von der Ribose-Basen-Spirale, war nun energiegeschwächt und womöglich nicht mehr in der Lage, das Spiel zu wiederholen, stand aber sicher noch für andere Zwecke zur Verfügung. Die andere Spirale aber ging gestärkt durch die Ribose aus diesem Prozess hervor. Sie strotzte vor elektrodynamischer Kraft und machte sich auf die Reise...

Wir nennen diese Spirale Ribonnukleinsäure, in der Folge kurz RNA genannt. Diese RNA-Spiralen wurden (noch als Einzelstränge) zur ersten Form genetischer Codierung, von der die Natur Gebrauch machte. Auch die ersten komplexeren Organismen der Erde dürften ihre genetischen Informationen noch ausschließlich in RNA-Strängen festgehalten haben. Und die genetische Wirksamkeit der RNA geht bis zum heutigen Tage weit über das hinaus, was ihr die Biologen zutrauen, die in ihr nur einen Boten und Überträger sehen wollen. Zu dieser Behauptung sind wir deshalb berechtigt, weil die Natur niemals irgendeinen ihrer Evolutionsschritte zurückgenommen hat. War die RNA einstmals echter Informationsträger mit unmittelbarer Wirksamkeit auf das Erbgut, dann ist sie es auch heute noch. Sie war also nicht nur Vorläufer der sich später entwickelnden DNA, sondern auch Verursacher dieses größeren Erbgutträgers, dem man heutzutage irrtümlich die Hauptarbeit an der Verarbeitung genetischer Information zuschreibt.[46]

Was bewirkte die RNA im Laufe der Reaktionen noch, außer der erste „Notizblock" des Lebens zu sein? Denn sie war ja ein getreues Abbild des verursachenden Peptids, auch wenn die Reihenfolge der Aminosäuren nun in eine gewisse Abfolge von Basen codiert war. Eigentlich passten auch die Basen selbst ganz gut zueinander. Und zwar so, dass immer ein Adenin-Molekül mit dem Kopf zum Kopf einer Uracil-Base, und ebenso das Guanin zum Cytosin passte. Wir kennen den Grund: Auch hier kamen sich Sauerstoff und Wasserstoff nahe, aber sie lagen jeweils links und rechts vom Molekülkopf und schon deshalb hätten die Basen auf sich allein gestellt niemals zueinander gefunden. Nun aber gab es einen Faden fest verankerter Parkplätze (ähnlich wie in unserem Kristallbeispiel), und sofort bemächtigten sich die entsprechenden Basen dieser Plätze. Auch in diesem Fall war es eine eher lockere Assoziation, denn so richtig fanden die Sauerstoff- und Wasserstoffatome nicht zusammen. Der Kopf des Moleküls (Stickstoff und Wasserstoff) ragte ein wenig vor und verhinderte eine allzu feste Bindung. Sehen wir uns einmal die Abbildung 113 an:

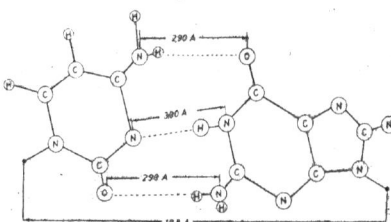

Abb.113

Diese Abbildungsweise, allgemein in der Chemie üblich, gibt uns allerdings keine besonders klare Vorstellung davon, wie kompakt und räumlich ausgefüllt diese Moleküle eigentlich sind. Der Kohlenstoff ermöglicht wieder eine feste Ringstruktur, ganz ähnlich, wie wir sie beim Benzol gefunden haben, nur sind diesmal Stickstoffatome einbezogen. Es handelt sich um so genannte Purinringe. Wenn wir versuchen, dem räumlichen Bild dieser Basen zumindest auf zweidimensionaler Ebene gerecht zu werden, sieht dies in etwa so aus, wie es die Abbildung 114 zeigt.

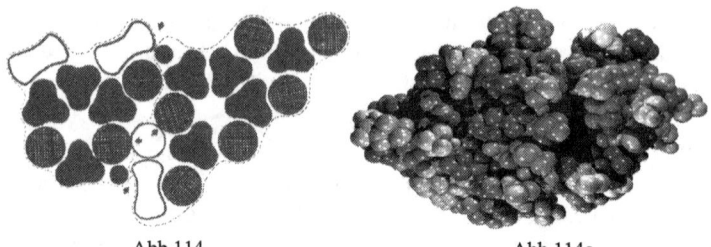

Abb.114 Abb.114a

Hier sehen wir besser, wie Wasserstoff und Sauerstoff die beiden Gebilde zusammenhalten. Auf ganz ähnliche Weise, aber unter anderen räumlichen Bedingungen verbinden sich Adenin und Uracil (bzw. Thymin) miteinander... Alle Kettenmoleküle der Natur falten sich prinzipiell mehrere Male; ihre räumliche Beschaffenheit sieht dann recht komplex aus (Abbildung 114a).

Da sich nun entlang der „Parkplätze" der RNA-Spirale neuerlich eine ebensolche Spirale aufbaute, wiederholte sich das Spiel von vorhin:

Wieder verbanden Ribose- und Phosphorsäuremoleküle die Basen zu einer Kette, und abermals fiel diese neue Spirale von der Vorlage ab. Diese beiden Stränge aber waren nicht ganz identisch, denn besser noch als Uracil passte eine Base namens Thymin zum Adenin. Überall dort, wo Strang 1 eine Adenin-Base trug, trug nun Strang 2 eine Thymin-Base.

Dieser Unterschied ergab sich keinesfalls zufällig. Strang 1 war ja keinesfalls unterschiedslos mit dem Peptid, das ihn verursacht hatte; sein Energiegehalt war summa summarum etwas geringer, und auch die Energieverteilung musste etwas anders ausfallen. Es wäre also verwunderlich, würde in diesem Falle dasselbe geschehen wie zuvor.

Die neuen Basen hatten eine etwas schwächere Energiequalität. Sie trugen nicht nur dasselbe Phosphorschwänzchen wie die Ribose von vorhin, sondern es gab von dieser Ribose noch eine andere Ausfertigung, die um ein Sauerstoffatom ärmer war und daher folgerichtig Desoxy-Ribose genannt werden muss. Diese Desoxy-Ribose-Basen waren es, die sich an Strang 1 anlagerten und als Kette wieder abfielen. War die neue Kette nun auch ein Abbild der ersten, so unterschied sie sich doch durch den anderen Zucker und die Thymin-Base von dieser deutlich. Der neue Strang (2) bestand aber immerhin aus frischen, unverbrauchten Basen - und wieder war damit der Entropie ein Schnippchen geschlagen, die zwar gerade noch Strang 2 von Strang 1 lösen konnte, aber dem weiteren Geschehen seinen Lauf lassen musste.

Nachdem Strang 1 den Strang 2 als Desoxy-Kette verursacht hatte, war er „erschöpft" und kam für eine Wiederholung des Vorgangs nicht mehr in Frage. Mit der Energie wurde ja äußerst streng und kompromisslos gewirtschaftet; fehlte auch ein noch so winziger Betrag, veränderte sich die Situation grundlegend. So konnte es geschehen, dass sehr ähnliche Reaktionsabläufe zu äußerst unterschiedlichen Ergebnissen führten...

Was tat der nunmehr nutzlose Strang 1? Geriet er in eine Lipidhülle, so zog er damit seiner Wege. Meist aber knäuelte er sich mit gleichartigen Strängen zusammen, und zwar auf Grund der gleichen Gewichtsklasse. Wir können uns vorstellen, dass diese Stränge - drei Basen kamen auf eine Aminosäure des verursachenden Peptids - ungemein kompakt und schwer waren. Der Biologe spricht vom hohen Molekulargewicht. Darüber hinaus trugen ja auch diese Einzelstränge an ihren Enden Ribosen und Phosphorschwänzchen, die sich gern verbanden.

So vereinigten sich folglich viele der Stränge zu langen Kettenmolekülen aus RNA. Diese langen RNA-Gebilde gibt es heute noch mit oder ohne Lipidhüllen. Sie sind nichts anderes als die einfachste Art von Viren, die wir kennen. So ein kleines, nacktes, RNA-hältiges Virus ist beispielsweise das Felines Calicivirus (FCV). Ebenfalls RNA-hältig, aber umhüllt ist dagegen Bovines Parainfluenza-Virus (PI3).

Viren sind tatsächlich so etwas wie Vorstufen zum Leben. Über Jahrmillionen hinweg stören sie die Abläufe der Zellen, denn sie wirken sich als tückische Informationsbomben aus. Überall, wo später RNA eine Rolle spielte, konnten sie sich einmischen. Dabei sind diese RNA-Viren nicht viel mehr als kristallisierte RNA, sie besitzen keinen Stoffwechsel und vermehren sich nicht selbst.

Der Desoxy-Strang 2 mit den Thyminbasen, gerade gebildet und daher energiegeladen, setzte das Spiel ein wenig länger fort. Wieder fand sich Adenin zu Thymin und Guanin zu Cytosin. Und wieder verbanden die Ribose-Phosphorschwänzchen das Ganze zu einer Kette. Sie war weniger reich an Sauerstoff, und die Abstoßung blieb daher vorerst aus oder war nicht stark genug, Wasserstoff und Sauerstoff zu trennen. Und das hatte zur Folge, dass die Stränge (vorläufig) nicht auseinander fielen. Damit war das Spiel (zumindest in der ersten Runde) zuende. Was übrig blieb, war eine doppelte Basenspirale, die immer noch die Sequenz des ursprünglichen Peptids in sich trug und in der es keine Uracil-Basen mehr gab. Diese Doppelhelix nennen wir Desoxyribonnukleinsäure oder kurz DNA.

Wenn wir an dieser Stelle des Buches noch Leser vorfinden, dürfte es sich um jene handeln, die es wirklich ganz genau wissen wollen. Zugegeben, die Schilderung der molekularen Vorgänge, die zur Entstehung des Lebens führten, ist eine trockene und verwirrende Angelegenheit. Der uns bis hierher geduldig gefolgte Leser sei zumindest mit der Erlaubnis belohnt, weiter zu lesen... Auch wenn es jetzt noch ein wenig schwieriger wird und die Vorstellungskraft des Lesers bis zur Grenze des Erträglichen gefordert erscheint – spannend wird es, das können wir garantieren.

Auf die geschilderte Weise oder zumindest prinzipiell in dieser Art, unter Mitwirkung von Enzymen und anderen Molekülen, die wir der Einfachheit halber ignorierten, musste die berühmte DNA auf die Welt gekommen sein. Blieb so ein DNA-Strang mit oder ohne Lipidhülle selbstständig, so blieb er es bis zum heutigen Tag. Und zwar als jene Art von Viren, die eben hauptsächlich aus DNA bestehen, wie zum Beispiel das nackte, DNA-hältige Virus Bovines Adenovirus (BAV) oder das umhüllte Equines Rhinopneumonitisvirus (ERP) und viele andere...

Später entwickelte die Informationsflut der DNA auf eine noch zu erläuternde Weise richtige kleine Lipid-Apparate, Maschinen aus DNA-Kristallen: die Bakteriophagen - kleine Ungeheuer in der Welt lebendiger Zellen.

Was aber vorerst für uns interessanter ist, war die andere Möglichkeit der DNA, sich unter ihresgleichen auf die übliche Weise zu verbinden und ungeheuer lange Ketten zu formen. Wieder erfolgte aufgrund des Molekulargewichts eine Vereinigung ganzer Knäuel von DNA. Sie umgaben sich mit Lipidhäuten, wie jede andere Organelle, und taten vorerst - gar nichts. Sie waren einfach vorhanden, molekularer Abdruck des Geschehens, Reaktion auf abgelaufene Aktionen, Spiegelbilder unzähliger verschiedener Peptide und natürlich auch von Enzymen, die selbst nichts anderes als Eiweißkörper waren.

Ebenfalls zu Unmengen fanden sich - wie vorhin schon angedeutet - die RNA-Stränge zusammen. Als schwerste Körper innerhalb der vielen Moleküle und Organellen bildeten sie - nahezu aus dem gleichen Grund wie die Sterne - durch gegenseitige Verdrängung und Abstoßung unzählige Zentren aus RNA. Diese Zentren zusammengequetschter RNA, kugelige, einfache Gebilde, wurden bald von Lipiden und Peptiden umhüllt (offenbar entging der Eingrenzungssucht der Lipide überhaupt nichts) und bildeten vorläufig höchst inaktive Organellen, die nichts weiter waren als Speicher voll von Information, denn die Basentripletts der RNA enthielten ja die Codierungen von Peptiden und Molekülen verschiedenster Art.

Die einzelnen RNA-Stränge - jeder bedeutete in seiner Gesamtheit ein ganz bestimmtes Eiweißmolekül - verbanden sich nicht fest miteinander, sondern blieben getrennt. Jeder einzelne konnte deshalb aus dem Gemenge wieder herausgefischt werden. Damit wurde eine Art Archiv, ein Gedächtnis für Peptide geschaffen – das erste molekulare Gedächtnis der Welt!

Nach einer geraumen Weile war alles, was bislang innerhalb des Ozeans an Peptiden, Enzymen und Lipiden produziert worden war, in diesen Gedächtniskörperchen in einer Art Schrift festgehalten. Wir finden dieses Gedächtnis heute noch innerhalb jeder Zelle und nennen es Ribosom.[47] Wer immer sich erinnern wollte, konnte von diesem Archiv Gebrauch machen - aber damals wollte sich vorerst niemand an etwas erinnern. Und so häuften sich die Ribosomen im Ozean an und warteten...

Geballte Information waren natürlich auch die DNA-Stränge. Sie hatten von der RNA die Schrift übernommen, die überdies nun in doppelter Ausfertigung vorlag.

Und nun ergibt sich ein wichtiger Punkt in unserer Rekonstruktion: Es gab in dieser Schrift nur drei Buchstaben, weil sich jede Information nur in den Raumpolarisationen (Spins) der Basenpaare niederschlagen konnte, und zwar als einfache Reihenfolge verschiedener Ladungszustände - also links, rechts und neutral. Wie viel verschiedene Worte konnten mit Tripletts solcher Art gebildet werden? Die Antwort ist leicht: 27 (Fakultät von 3).

Es gab also die Möglichkeit, maximal 27 verschiedene Aminosäuren codiert festzuhalten. Sicher existierten damals aber viel mehr als 27 solcher Säuren - aber sie mussten sich aufgrund der Codierung auf 27 reduzieren. Viele einander ähnliche Säuren mussten außerdem auf der DNA dieselbe Spin-Reihenfolge verursachen, gleichgültig, ob die verwendeten Basen verschieden waren (hier gab es ja vier Möglichkeiten). Aber die Elektrizität dezimierte die 64 Wörter der vier Basen auf die 27 Polarisationsvariationen! Der Biologe weiß von diesem Umstand, er sagt, der Code sei degeneriert - und hatte bislang wenig Ahnung von der Ursache dieser merkwürdigen Einschränkung. Wir dagegen verstehen das auf Anhieb. Es konnten von den vielen, vielen Aminosäuren nicht mehr als 27 im Spiel bleiben. 25 dieser Aminosäuren hat man bis jetzt nachgewiesen. Die restlichen zwei gibt es mit Sicherheit auch, vielleicht werden sie auf dem genetischen Code als „Satzzeichen", als Wörter für die Bedeutungen Anfang und Ende eingesetzt. Wer immer auch die Schrift zu lesen hatte, musste wissen, wo eine Information begann und wo sie zuende war.

Die elektrische Degeneration des Codes hat zur Folge, dass für ein und dieselbe Aminosäure verschiedene Basentripletts in Frage kommen, sofern sie dieselbe Polarisationsfolge verursachen. Dazu der Beweis: Setzen wir einfach für jede Base eine Polarisation voraus, für Adenin und Guanin rechts, für Uracil und Cytosin links. Und nehmen wir nun an, das analoge Polarisationstriplett für die Aminosäure Alanin sei womöglich Rechts-Links-Links. Für diese Reihenfolge könnten wir also die Basen wie folgt setzen: AUC, GCU und GCC. Nun hat man die Tripletts der RNA bereits weitgehend entziffert und kennt die Kombinationen, die beispielsweise für Alanin in Frage kommen, recht gut. Es sollte uns nicht sonderlich überraschen, dass sie mit den obigen Kombinationen, die elektrisch gesehen alle dasselbe bedeuten, tatsächlich vollkommen übereinstimmen.[48]

Als man die ersten 20 Aminosäuren gefunden hatte, entdeckte man, dass der genetische Code für jede Art mehrere verschiedene „Wörter" verwendete. Da man erwartete, dass eigentlich auch ein einziges Wort gereicht hätte, stand man vor einem Rätsel. Wir können dagegen mit Sicherheit sagen, dass es für jede Aminosäure (und es müssen 25 sein) genau drei verschiedene Wörter geben muss, die letztlich auf dieselbe elektrische Information herauskommen. Man nennt ein solches Wort Codon.

Wir können annehmen, dass mit der Degeneration des Codes auch ein gewaltiger Informationsverlust einhergehen musste. Ursprünglich, als sich die Ereignisse im Ozean niederschrieben, waren unzählige verschiedene Aminosäuren die Auslöser, aber sie waren alle bis auf jene 25, die am besten zu den Codons passten, dem Untergang geweiht, denn nur die 25 blieben klar unterscheidbar. Und es ist wohl notwendig zu betonen, wie gering die Rolle des Zufalls bei der Festlegung dieser Schrift war. Wir können alle bekannten Wörter der Aminosäuren in elektrische Tripletts umsetzen und werden sehen, dass sie alle in unser Schema passen.

Es ist also der Spin der Elektronen, genauer jener der atomaren Fourier-Schwingungen, auf den es in der Schrift des Lebens ankommt. Jeweils zwei der Basen, die sich in den Codons gegenüberstehen, tragen daher stets entgegengesetzte Spins; das Gegenwort für Alanin lautet daher Links-Rechts-Rechts oder UAG, CGA und CCG. Wieder stimmt diese Basenanordnung mit dem elektrischen Aspekt des Codons überein. Bei jeder Bildung einer RNA- oder DNA-Spirale werden primär die Schwingungsrichtungen übertragen. Das ist eine sehr sichere, zuverlässige Methode. Würden die Basen einander nur aufgrund der räumlichen Beschaffenheit erkennen, so wäre dies wohl viel zu unsicher.

Abb. 115

Die Abbildung 115 zeigt uns ein Modell der DNA-Doppel-Helix. Als man sie entdeckte, war der Jubel ebenso groß wie verfrüht. Es sah ganz so aus, als hätte man die Maschine des Lebens entdeckt und man umgab diese Maschine sofort mit einer gewissen Glorie. Als oberste Kommandozentrale, die man in ihr sah, musste sie unantastbar sein! Und vor allem glaubte man, sie müsse ausnahmslos alle Funktionen und Merkmale des Lebens in sich tragen. Das ist aber nur sehr bedingt richtig! So trägt sie beispielsweise mit keinem Codon das Prinzip der Zellteilung in sich, und auch all die anderen Merkmale, die sie verursachte, rief sie nur indirekt hervor, wie ein Schalter, der weit entfernt liegende Mechanismen in Gang setzt. Wir könnten die Funktion der DNA, isoliert betrachtet, niemals nachvollziehen. Abgesehen davon, dass jene RNA-Stränge (eigentlich RNA-Schnipsel), die uns bei der Entwicklung der DNA „übrig blieben", ebenfalls als Schalter oder Repressor-Gene im Prozess des Lebens mitmischen, und sogar eigenständig Erbgut weitergeben (Epigenetik).

Einer der interessantesten Partner der DNA, in keiner Weise von ihr abhängig und vollkommen selbstständig existierend, ist das Zentralkörperchen (Centriol), von dem wir bereits sprachen. Dieser winzige Akkumulator der Natur trägt überhaupt keine nennenswerte Information in sich und ist doch der nahezu wichtigste Bestandteil jeder Zelle. Er ist Uhr und Motor des Lebens. Von ihm geht jene Wirkung aus, die solange irrtümlich als geheimnisvolle Lebenskraft angesehen wurde. Es gibt natürlich keine mysteriöse Lebenskraft, denn auch das Leben wird nur von einer einzigen Kraft verursacht: dem Abstoßungsprinzip, dem Druck, unter welchen sich der Kosmos durch seine eigene Existenz setzt...

Im Elektronenmikroskop offenbart sich das Zentralkörperchen als aus winzigen Röhren zusammengesetzt (9 symmetrisch angeordnete Mikrotubulustripletts), die in ihrem Inneren Wasser und Ionen enthalten. Elektrisch definiert gibt es deshalb sicher sowohl rechts- als auch linksorientierte Centriolen, wie wir schon erwähnten. Nach einer bestimmten Zeit des Wachstums (in der Zelle am Ende der S-Phase oder Prophase der Teilung) zerfällt jedes Centriol in eine rechtspolarisierende und eine linkspolarisierende Hälfte. Auf die Gefahr hin, den ohnedies bereits strapazierten Leser zu ermüden, müssen wir diesen Vorgang noch etwas genauer analysieren, weil er von fundamentaler Bedeutung ist: Das Zentralkörperchen kann - als Mono-Pol - eigentlich vorerst nur in zwei gleichartige Hälften zerfallen. Die Abstoßung dieser Hälften ist es schließlich, die sie auseinander treibt und so weit wie möglich voneinander entfernt. Die elektrische Abstrahlung dieser Körperchen ist so stark, dass sie experimentell feststellbar ist - man spricht von Mitogenetischer Strahlung. Bevor sich das Centriol teilt, und auch noch während der Teilung, gibt es nahezu seine ganze Energie an die Umgebung ab und verwandelt diese in ein gleichartig polarisiertes Feld. Der Zeitpunkt dieser Abstrahlung ergibt sich aus dem elektrischen Widerstand der Umgebung, der ab einem bestimmten Potential überwunden werden kann.

Nun marschieren die beiden Hälften in diesem einheitlich polarisierten Feld (entweder nur rechts oder nur links) auseinander, beginnen sofort zu wachsen und neuerlich zu strahlen - diesmal aber so, dass sie in das elektrostatische Feld passen. Wir haben einen ähnlichen Vorgang als Influenz kennen gelernt. Herrscht zwischen den Körperchen ein einheitliches Feld, so müssen sie sich entgegengesetzt polarisieren (Abb.38). Und deshalb stehen sich nach kurzer Zeit zwei verschieden polarisierte Centriolen gegenüber und teilen die Umgebung in zwei gegensätzlich orientierte Hälften. Das hat bemerkenswerte Folgen...

Alle DNA-Stränge weisen dieselbe Schraubenrichtung auf, detailliert betrachtet sind sie aber elektrisch differenzierte Gebilde - tragen sie doch in den Tripletts verschiedene Polarisationen in sich, die sich keinesfalls neutralisieren, sondern auch in der Ribose-Phophorkette der Helix zum Ausdruck kommen. Es wäre nun ein außergewöhnlicher Zufall, verteilten sich diese Polarisationen so gleichmäßig, dass summa summarum jeder Einzelstrang vollkommen neutral wäre. Immer wird irgendeine Polarisation überwiegen, und immer wird der eine Strang gezwungenermaßen das Gegenstück des anderen sein. Strahlt der eine etwas mehr linke Raumpolarisationen ab, so liefert der Partner etwas mehr rechte...

Wo und wie immer auch DNA-Stränge existieren, immer differenzieren sie sich letztlich auf diese elektrische Weise. Wir können sagen, jeder Strang trägt eine dominante elektrische Information. Auch das hatte seine Folgen...

Alles bisher Beschriebene konnte noch im Urozean ablaufen – oder in Tümpeln und kleinen lokalen Abgrenzungen. Hier lief die Evolution von der molekularen Basis zur Ebene der Organellen und diese Organellen entwickelten sich noch lange Zeit weiter, ehe sie von hautbildenden Molekülen gefangen genommen wurden.

Diese Lipidhäute überzogen aber keinesfalls nur diese einzelnen Organellen. Es bildeten sich immer wieder neue Häute und schlossen bald auch fixfertige Organell-Systeme in sich ein. Häute stülpten sich über Häute, und so kam das erwähnte ER zu Stande. Dazwischen waren eingefangene Organellen und Enzyme verschiedenster Art, die nun plötzlich wie aus dem Schlaraffenland gerissen waren und miteinander auskommen mussten. Bloß in einigen von unzähligen Fällen konnte das funktionieren, konnte der abgekapselte Mini-Ozean weiterhin sein Spiel treiben. Auch wenn es wahrscheinlich nur selten der Fall war, dass Organellen eingeschlossen wurden, die einander ideal ergänzten, geschehen musste es schließlich irgendwann einmal doch, und im Laufe von Jahrmilliarden geschah es sicher viele Millionen Mal.

Auf diese Weise entstanden die ersten, einfachen Arten der Zelle, sehr simpel vielleicht im Vergleich zu späteren Entwicklungen, aber dennoch schon ganz schön komplex in ihrer Funktion. Und es wäre wieder nicht mit rechten Dingen zugegangen, hätten einige dieser Zellen nicht auch Ribosomen und eine geringe Menge nackter DNA-Stränge in sich eingeschlossen, so dass der ursprüngliche Ozean, die Riesenzelle, auch innerhalb des neu geschaffenen, kleinen Bereiches vollständig blieb.

Schon dieser erste Versuch des Lebens, und es war natürlich kein bewusster Versuch, sondern einfach unumgängliches Ergebnis molekularer endloser Vorprozesse, war so gelungen, dass seine Ergebnisse heute noch als Fossil existiert. Die Abbildung 116 zeigt uns Präparate jener ersten einfachen Zellgebilde. Sie haben ein Alter von 3,1 bis 3,8 Milliarden Jahren!

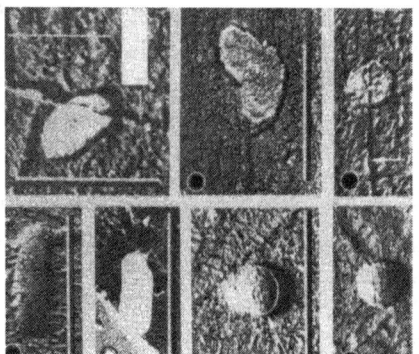

Abb.116

25 Bakterien

Dieses scheinbar einfache Etwas, das im vorigen Kapitel vor unserem geistigen Auge entstanden ist, nennt man Bakterie. Auch wenn sie in Wahrheit schon ein ungemein komplexer Organismus ist, hat sie noch keinen Zellkern und keine Chromosomen. Ein paar Hundert oder Tausend DNA-Stränge genügen ihr; aber es gibt schon ein Zentralkörperchen, Mitochondrien und andere Organellen und vielleicht sogar einige Chloroplasten. Eine solche Bakterie wäre demnach bereits eine Pflanze, aber in der Regel bilden Bakterien einen eigenen Lebensbereich. Weder den Pflanzen noch den Tieren können sie zugerechnet werden, es gibt sogar solche, die je nach Umwelt und Notwendigkeit beide Lebensformen beherrschen...

Betrachten wir so eine Urbakterie einmal genauer. Was sich in den verschiedenen Hüllen eingeschlossen hatte, bestimmte irgendwann einmal der reine Zufall - aber Zu-Fall musste es sein, wenn sich aus dem Eingeschlossenen auch ein funktionierendes Zusammenspiel ergab.

Was geschieht nun in diesem winzigen, abgekapselten Urozean innerhalb der Bakterie? Erwartungsgemäß dasselbe, was zuvor außerhalb geschah. Die Bakterie existiert im Wasser und durch ihre Lipidhaut dringt Material, das in Hülle und Fülle im Ozean vorhanden ist. Die Urbakterie wächst...

Aber jetzt entfalten die eingeschlossenen DNA-Stränge[49] erstmals eine Funktion. Sie wirken ähnlich wie der Faden in der Kristalllösung, ihre Polarisationen strahlen in den Raum, und es gibt nur eine Art unter den Molekülen, die selbst ausreichend elektrisch polarisiert sind, um auf diese Verlockungen zu reagieren: die Nukleotide. Und zwar die besonders energiereichen RNA-Nukleotide, die in der Zellflüssigkeit beweglich sind und von der DNA angezogen werden. Sie lagern sich den Spins gemäß an passende Abschnitte der DNA-Doppelhelix an, und dabei kommt wieder die Base Uracil ins Spiel (Thymin ist ja ein Desoxy-Baustein). Was sich nun auf die schon bekannte Weise bildet, ist ein RNA-Strang, wie wir ihn schon kennen. Er nimmt eine bestimmte Länge an, die vielleicht durch die Länge des DNA-Abschnittes bestimmt ist und verliert dann durch seine eigene Verkettung gerade so viel Polarisationsenergie, dass er von der DNA wieder abfällt. Und gleichzeitig nimmt er der DNA so viel Energie weg, dass sie selbst - ohnedies ein etwas schwächerer Partner mit geringerem Zusammenhalt - womöglich zerfällt.

Nun werden sicher die Biologen protestieren, weil wir eines ihrer Dogmen – die Unantastbarkeit der DNA - verletzen, aber das soll uns vorläufig nicht irritieren. Es ist nämlich aus Energiegründen eher unwahrscheinlich, dass die DNA als womöglich unzerstörbares Gebilde mit Molekülen reagiert, ohne selbst eine Veränderung zu erfahren. Ist es doch schon erstaunlich genug, dass ihre Doppelhelix überhaupt eine Weile zusammenbleibt. Mehr sollten wir von ihr gar nicht erwarten.

Interessieren wir uns vielmehr dafür, was mit dem neugebildeten RNA-Strang geschieht: Er kann nun nicht einfach wahllos in der Hülle umherschwimmen, denn da sind die vielen Wände und Häute des ER, da gibt es vorgeschriebene Bahnen (ähnlich wie Schaltkreise eines elektronischen Bauteils) und zudem ein elektrisches Feld, das vom Zentralkörperchen ausstrahlend allem, was selbst polarisiert, eine Bewegungsrichtung vorschreibt. Das ist nichts anderes als Elektrophorese, die Bewegung von Ionen und Molekülen im unipolaren Feld. (Steuerungen und Bewegungen sind hier generell elektrisch verursacht, wenngleich auch Fortbewegungsmechanismen auf der Basis von Mikrotubuli vorhanden sein können, wie man dies am deutlichsten bei den Spermienzellen findet.)

Schließlich gerät die RNA dorthin, wo eine RNA hingehört: unter ihresgleichen - an eins der Ribosomen, die es bekanntlich in großen Mengen innerhalb der Zelle gibt. Wie wir schon wissen, sind es Konglomerate aus RNA, wozu sich noch etwas Eiweiß gesellte. Ehe man die eher schlichte Struktur dieser Organellen erkannte, überboten sich die Autoren in phantastischen Beschreibungen der Funktion eines Ribosoms. Sie werden zumeist als kleine Nähmaschinen geschildert, als mysteriöse Apparate, die Peptide zusammenbauen. Wir wollen auf diese bizarren, teleologischen Schilderungen gar nicht näher eingehen.

Sechzig Prozent eines Ribosoms besteht zumindest aus RNA - und es ist jene RNA, die einst die DNA verursachte und als Gedächtnis, einfach erhalten blieb. Die neue, vorhin entstandene RNA wollen wir, da sie als Bote der DNA fungiert, messenger-RNA (m-RNA) nennen. Mit ein wenig Freiheit und Phantasie können wir uns gut ausmalen, was hier geschieht: Sie gerät an ein Ribosom, wo sie zwischen zwei Ribosomhälften in einer Art Schlucht durchgezogen wird. Gerade frisch produziert besitzt sie so viel Polarisation, dass sie aus dem RNA-Archiv des Ribosoms abschnittweise ihre Gegenstücke herauszuziehen vermag. Gelingt das nicht zur Gänze beim ersten Ribosom, weil vielleicht gerade die richtigen Abschnitte in diesem Gedächtnis nicht vorliegen oder nicht prompt reagieren, so wird der Prozess beim nächsten Ribosom einfach fortgesetzt. Das geht ziemlich wahllos vor sich und jedenfalls solange, bis sich die RNA ergänzt hat zu einem DNA-ähnlichen Doppelstrang. Die herausgeholten und angelagerten RNA-Abschnitte nennen wir transfer-RNA (t-RNA). Sie fallen aus dem nun schon reichlich bekannten Grund gleich wieder von der m-RNA ab, welche den Prozess solange wiederholt, bis sie ihrer Energie beraubt mit irgendeinem Ribosom endlich verschmelzen kann. Die t-RNA ist aber praktisch haargenau jenes Stück, das ursprünglich aus einem Peptid hervorgegangen war. Sie repräsentiert präzise das Negativ der räumlichen Eigenschaften des Peptids und damit auch die Aminosäurensequenz. Und wiederum wirkt sie wie der Faden in der Kristalllösung: Aminosäuren kristallisieren genau den ursprünglichen Sequenzen entsprechend entlang ihrer Basen an. Ein neues Peptid entsteht, fällt anschließend ab, faltet sich in neue, durchaus überraschende Sekundär- und Tertiärstrukturen und wirkt sich aus...

Was macht die t-RNA? Ganz einfach: sie ist ja nichts anderes als der schon bekannte Strang 1. Sie verursacht daher auf schon beschriebene Art eine neue DNA (!) und kehrt zu irgendeinem Ribosom zurück.[50]

Wir sehen, dass beide RNA-Sorten schließlich in den Ribosomen abgelagert werden bzw. zur Entstehung neuer Ribosomen führen. Die Anzahl der Ribosomen muss in der Zelle daher laufend zunehmen. Das ist auch gut so, denn wenn sich die Zelle teilt, bekommt jede Hälfte einen ausreichenden Teil ab.

Noch einen Umstand müssen wir etwas näher definieren: Das neu erzeugte Peptid ist nun keinesfalls identisch mit dem, das ursprünglich die DNA verursachte. An fertigen Peptiden könnte sich keine RNA bilden, denn Peptide verknäueln sich je nach ihren elektrischen Eigenschaften zu komplizierten Sekundär- und Tertiärstrukturen. Was also ursprünglich die DNA auf die Welt brachte, waren Peptidsegmente, vielleicht nur einige wenige Aminosäuren, die sich zusammengefunden hatten. Und ferner müssen wir schließen, dass die Ursynthese der allerersten RNA von Enzymen bewirkt wurde, die es später nicht mehr gab - einfach deshalb, weil wir den Prozess heute nicht mehr experimentell nachvollziehen können.

RNA kann in den heute lebenden Zellen nur noch an der DNA gebildet werden; die reinen Aminosäuren synthetisieren keine RNA mehr, weil die notwendigen, damals vorhandenen Enzyme längst ausselektiert wurden, bevor überhaupt eine Zelle entstand. Es wurde also zu Evolutionsbeginn wahllos Information gesammelt, die später - als sie sich das erstemal auswirkte - etwas völlig Neues schuf, indem sie Einzelsegmente, Einzelcodons kombinierte, die - ursprünglich nur von Di- oder Tripeptiden verursacht - nun plötzlich Polypeptide schaffen konnten. Und diese erst - riesige neue Gebilde unter all den Vorstufen des Lebens - strukturierten die beginnende Entwicklung zu höheren Organismen in den ersten simplen Urbakterien drastisch um.

Zwei Kreisläufe entwickelten sich in der Zelle: zum Einen der Kreislauf der schweren, rechtspolarisierenden Moleküle: RNA bildet DNA, DNA bildet RNA und RNA verursacht neuerlich DNA und so fort... Zum Anderen der Kreislauf linkspolarisierender Moleküle, der Peptide und Enzyme: Nahrung bringt Aminosäuren, Aminosäuren bilden Peptide und diese wiederum bilden Apparate zur Nahrungsaufnahme oder werden selbst zur Nahrung...

Beide Kreisläufe bedingen einander. Ihr Berührungspunkt ist die t-RNA aus dem Ribosom. Irgendwie stellt der Kreislauf der schweren Moleküle das Spiegelbild des anderen Kreislaufs dar, oder sollten wir sagen, umgekehrt? Jedenfalls offenbart sich das Verhältnis zwischen Nukleinsäuren und Proteinen im Sinne einer wechselseitigen Katalyse: Nukleinsäuren enthalten die Information zur Erzeugung von Proteinen und Enzymen, die ihrerseits Nukleinsäuren erzeugen.

Was durch dieses Zusammenwirken zu Stande kommt, sind gewissermaßen chemische Schwankungen oder Schwingungen, eine Schaukel des Lebens. Diese chemischen Schwingungen und Kreisläufe bedingen auch den zeitlichen Ablauf der Reaktionen und damit den zeitlichen Bestand des Organismus. Wie zwei Zahnräder greifen diese großen Kreisläufe ineinander. Aber zuvor mussten sie sich erst einspielen. Das geschah in den ersten Tagen des Lebens sicher in Myriaden von Versuchen...

Ein bislang verkanntes Grundelement in diesen Reaktionen waren (und sind) zweifellos die unipolaren elektrischen Felder der Zentralkörperchen. Denn diese hielten die Moleküle in Bewegung und zwangen sie auf die vom Plasma vorstrukturierten Wege. Da die beiden großen Molekülkreisläufe verschieden polarisieren, ergab sich eine deutliche Trennung. Diese Separation wird auch heute noch in jeder Zelle ganz offensichtlich: So finden wir die Ribosomen nur in ganz bestimmten Bereichen der Lipidhüllen; sie liegen vorzugsweise außerhalb der Schläuche des ER und niemals darin, denn diese Bahnen sind von linkspolarisierenden Molekülen besetzt und benutzt. Das elektrostatische Feld ermöglicht uns auch, zu verstehen, weshalb RNA-Stränge einmal von der DNA weg und dann wieder zu ihr hin strömen. Sie werden offenbar nach jeder Reaktion mit einer entgegengesetzten dominanten elektrischen Information versehen. Jedes hin und her, hierhin und dorthin der Moleküle innerhalb der Zelle lässt sich deshalb als ebenso elektrisch verursacht verstehen wie die Atom- oder Molekülbewegungen in einem Akkumulator. Ohne den Ionen-Speicher Zentralkörperchen wäre dies alles nicht möglich.

Nun war unsere Schilderung bis jetzt schon ein bisschen verzwickt und wir haben dabei die biochemischen Abläufe ungemein grob schematisiert und vereinfacht dargestellt. Wir müssen uns ja im Klaren darüber sein, dass wir ohne übertriebenen Anspruch auf Richtigkeit nur ein Schema zu beschreiben versuchen, das innerhalb einer nahezu unüberschaubaren Ereigniswelt existiert. Viele beteiligte Strukturen, Organellen und Systeme haben wir einfach ignoriert. Auch auf die elektrischen und chemischen Vorgänge genauer einzugehen (Spinübernahme, Influenz, Umpolung, Wechsel von Anziehung zu Abstoßung etc.), würde ein eigenes Buch füllen. Es muss uns deshalb genügen, zu wissen, dass die aufgezeigten Steuerungs-, Bewegungs- und Verarbeitungsprozesse von Informations- und Energieeinheiten innerhalb von Zellen vorhanden sind und vor allem, warum sie vorhanden sein müssen. Wir verstehen daher die Abläufe wenigstens auf eine symbolische Weise gut als das Spiel einer kontinuierlich fallenden Energie, die nicht fließen kann wie sie möchte und vollkommen unabdingbar ihre Bahnen und Spuren in Form gewisser Strukturen hinterlässt, ein Spiel, das in der Hauptsache von Elektrizität beherrscht ist. Und Wesen und Ursache der Elektrizität sind uns ja kein besonderes Geheimnis mehr...

Nehmen wir nun an, all dies hat irgendwann sozusagen ein erstes Mal stattgefunden. Es bildeten sich Urzellen mit ein wenig DNA ... und in irgendwelchen Bakterien begann diese DNA plötzlich vollkommen neue, kompliziertere Peptide zu verursachen. Sie waren überhaupt noch nie da gewesen. In der Folge begannen diese neuen Peptide die Hülle samt Inhalt gründlich zu verändern, neu zu organisieren. Als Peptide hatten sie verschiedenste Eigenschaften, sie bewirkten dieses oder jenes, sie wurden zu neuen Organellen, zu neuen Mitochondrien, zu neuen Häuten ... das heißt, der ganze Prozess, der zuvor im Ozean ablief, begann von Grund auf neu zu laufen, aber diesmal schon mit spezifischen, komplizierteren und kompakteren Bausteinen – und vor allem in der schützenden Umhüllung aus Lipidmembranen.

Das war schon so etwas wie eine Systemwirkung. Nicht einzelne Aminosäuren oder einfache Dipeptide wirkten hier, sondern fertige Strukturen, die sich ergänzen konnten wie die Teile eines Fertighauses. Ganz ungewollt experimentierten sie, bildeten Maschinchen, Formen und Funktionen und was dabei in vielleicht ganz wenigen Fällen endgültig herauskam, war eine vollkommen neu durchorganisierte Hülle, die nichts mehr mit der Urform zu tun hatte, ein neues Bakterium mit ganz bestimmten Eigenschaften. Und es gab nur zwei Möglichkeiten: entweder hatten diese Eigenschaften die Voraussetzung für den Weiterbestand der Konstruktion, oder sie hatten es nicht.

Wir müssen das richtig sehen: Unter Milliarden derartiger Entwicklungen brauchten nur einige gelungen oder so halbwegs gelungen zu sein. Und dabei war vielleicht nur ein Teil der ungewollt gefangen genommenen DNA abgetastet und zerstört worden. Schon ging die nächste m-RNA auf die Reise, schon entstanden neue Peptide, Polypeptide selbstverständlich, und ihre Ketten wurden immer länger, ihre Formen immer vielfältiger.

All dies geschah in der von der DNA verursachten Reihenfolge, und diese Reihenfolge musste nur in groben Zügen Sinnvolles ergeben, denn das Prinzip der Teilung, ja das Prinzip der Zelle selbst war auf ihr nicht enthalten. Dieses Prinzip konnte daher auch gar nicht mehr zerstört werden. Deshalb konnten alle diese ersten Experimente solange wiederholt werden, bis etwas dabei herauskam. Das Laboratorium der Natur hatte unendliche Zeit und endlose Geduld... Und wieder verstrichen einige Jahrtausende...

Viele Biologiebücher vermitteln den Eindruck, als wären die Abläufe innerhalb einer Zelle ungeheuer präzise, als hätte jeder kleinste Fehler vernichtende Folgen. Aber dies ist nicht unbedingt vorauszusetzen. Alle biologischen Prozesse summieren sich aus statistischen Ereignissen mit ungeheurer Redundanz. Da mag es schon vorkommen, dass hin und wieder RNA oder DNA dort landet, wo sie nicht hingehört. Das hat wenig Einfluss. Denn wesentlich war und ist das übergelagerte Ergebnis, das Einhalten der relativ großen Kreisläufe. Zweifellos verläuft alles streng ursächlich, sicher reagierten immer einzelne Moleküle kausal miteinander, aber das Ergebnis war schließlich der Effekt aus den Reaktionen Tausender Moleküle. Da konnten ohne weiteres ein paar falsche darunter sein. Sie wurden gewissermaßen überspielt. Die Hauptsache war und ist, dass die Information der DNA stets viel größer war als notwendig, mit ungeheuren Reserven ausgestattet, die eine unermüdliche Wiederholung eines Befehles ermöglichten.

Auch hier benötigen wir die richtige Sicht: Jedes einzelne Peptid, ja jede einzelne Aminosäure hatte ihr eigenes Codon auf der DNA. Wirkten letztendlich Millionen von Molekülen in der Zelle aufeinander ein, so gab es auch Millionen von Codons auf der Doppelhelix. Schon in jeder gewöhnlichen Bakterie herrscht ein Überschuss an Information, der niemals zur Wirkung kommt.[51] Dieser Überschuss war das Fundamentale, denn von ihm wurde ausgegangen. Sinnlose Informationen wurden solange gelöscht, bis der Rest das Zweckmäßige ergab, zweckmäßig allerdings erst aus der Sicht im Nachhinein. Nichts war von vornherein beabsichtigt. Deshalb müssen wir auf eine neue Auffassung von der DNA stoßen. Eingeschlossen in den Kreislauf der Nukleotide muss sie eine labile Struktur sein, wie alle anderen Strukturen des Lebens. Sie wird, während die Zelle lebt, abgebaut (von der messenger-RNA zerlegt) und wieder aufgebaut (von der transfer-RNA).

Damit stehen wir ganz bewusst im Widerspruch mit den gültigen Theorien. Wir können aber einräumen, dass es auch wahrscheinlich ist, dass das Prinzip einer stabilen DNA ebenso existiert - und zwar offenbar bei einigen Insekten- und Pflanzenarten. Vielleicht hat man gerade diese Organismen untersucht und von ihnen auf das Allgemeine geschlossen. Gerade aber Lebewesen, die sich höher entwickelten, haben höchstwahrscheinlich eine dynamische DNA, die immer wieder neu gebildet wird. Und zwar in bereits eingeübten Funktionen - genau in der Reihenfolge, die sie selbst auslöste, bevor sie zerfiel. Im Regelfall sollte sie sich also identisch erneuern. Aber sie konnte sich auch verändern, indem sie Informationen einfach ausließ, vergaß oder verlor... Und das ist der springende Punkt des Lebens, dessen Bedeutung wir noch besser herausschälen werden.

Unsere zweite Vermutung ist die, dass die beiden Stränge einer DNA sich elektrisch voneinander unterscheiden, und zwar durch ihre dominanten Polarisationen. Eine DNA setzt sich, auf herkömmliche Weise ausgedrückt, immer aus einem negativen und einem positiven Strang zusammen. Diese eigenartige Verdoppelung war ursprünglich eigentlich schon eine Fleißaufgabe. Wir können uns vorstellen, dass schon die identische Ab- und Aufbaufunktion einer Basenspirale für ganz einfache Lebewesen genügt hätte. Und in der Tat gibt es auch Viren mit nur einem DNA-Strang.

Die Bipolarität der DNA-Stränge hat zur Folge, dass auch innerhalb eines DNA-Komplexes Ordnung entsteht. Die Stränge drehen sich aufgrund ihrer Polarisation im Feld der Zelle wie Kompassnadeln so, dass alle linken Stränge zur einen Seite und alle rechten Stränge zur anderen Seite zeigen. Innerhalb dieses Komplexes (im späteren Zellkern) baut sich dadurch ein Dipol-Feld auf. Diese Ordnung fügt sich vollkommen in jene Ordnung ein, die von den geteilten Zentralkörperchen verursacht wird. Verstärken die in den Zellhälften liegenden Zentralkörperchen ihre Polarisation, so wirken sie ihrerseits wieder auf die DNA-Stränge zurück. Sie ordnen sie der Reihe nach an und ziehen sie zu sich. Dabei können sie die Stränge auseinander reißen wie einen Zippverschluss.

Die auseinandergezogenen DNA-Hälften marschieren zu ihrem entsprechenden Zentralkörperchen hin, andere Moleküle dagegen von diesen weg und sie treffen sich in der Mitte, eine Wand bildend, die die Zelle plötzlich in eine links- und eine rechtspolarisierende Hälfte teilt. Die halbierten DNA-Stränge ergänzen sich durch Anbau entsprechender Nukleotide, und bald lagert sich erneut eine messenger-RNA an der Doppelhelix an und geht auf Wanderschaft...

Nun muss dies alles richtig verstanden werden. Wenn wir in ein Kaleidoskop blicken, so ergeben sich in ihm fortlaufend Strukturen und Muster, die durchwegs sinnlos sind. Mitunter aber erkennen wir in diesen Mustern Sinnvolles: Blüten etwa und Schneeflocken oder Kristallformen. Während die DNA in der Zelle abgeklappert wurde, entwickelte sich die Zelle ebenso kaleidoskopartig, oft ins sinnlose und zerstörende hinein, und sicher kam der Prozess Tausende und

Abertausende Male ins Stocken und zum Stillstand. Aber eben nicht in allen Fällen!

Manchmal lief dieser Molekular-Motor so gut, dass er für die Aufrechterhaltung einer Struktur bis zur nächsten Teilung genügte. Nahrung in Form fertiger Aminosäuren und Eiweißkörper kam von außerhalb. Und kam nichts mehr und ging das Wasser verloren, so stellte die Hülle ihre Tätigkeit ein und trocknete aus ... das heißt, sie kristallisierte unter Beibehaltung ihrer Molekülpositionen. Und geriet dieses Ding wieder einmal in Wasser und Nahrung, so setzte der Prozess eben genau dort fort, wo er aufgehört hatte.

Viele Bakterien betreiben dieses Spiel noch heute; der Biologe sagt, sie bilden Sporen. Sporen sind nichts anderes als kristallisierte Zellen ohne Wasser. Sie können Tausende von Jahren, Hitze und Kälte unbeschadet überstehen und leben sofort wieder auf, wenn die Umwelt dazu geeignet ist. Gerade wegen dieser Raffinesse gibt es Bakterien heute noch wie damals, und dies in jeder denkbaren Form...

Zu den Sporenbildnern sagen wir auch Bazillen. Jedermann weiß, welche Rolle sie heute noch für jeden Organismus haben, den sie unter Umständen aggressiv befallen. Im Reich der Bakterien gibt es buchstäblich alles, was unser Gehirn sich kaleidoskopartig ausdenken kann, jede Art von Idee ist verwirklicht. Es gibt atmende Bakterien ebenso wie solche, die ohne Sauerstoff auskommen. Manche stellen sich sogar vollkommen auf die jeweilige Umwelt ein. Alle aber sind spezialisiert auf bestimmte Stoffwechselvorgänge oder auf Substanzen, die sie selbst nicht erzeugen können. Und alle sondern Abfallstoffe aus, die in der Regel für den befallenen Organismus unbrauchbar oder gar giftig sind – aber auch für den Wirtsorganismus nützlich sein können.

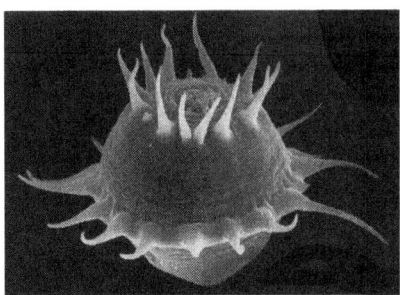

Urtierchen (Protozoe) „Stachelrad"

26 Chromosom

Bakterien sind eigentlich eine Sackgasse der Entwicklung. Kein anderes Lebewesen stammt direkt von ihnen ab. Ihre verhältnismäßige Einfachheit garantierte ihr Überleben über Jahrmilliarden. Aber ihr Leben ist wohl ohne besondere Eindrücke für sie, ohne besonderen Inhalt. Zu unserem Glück (manche würden sagen: zu unserem Pech) waren sie aber nicht das einzige Erzeugnis jenes Urozeans...

Wenn wir uns so ein Bakterium ganz ohne Organellen vorstellen, also ohne Ribosomen oder Mitochondrien, nur mit ungeheuer vielen DNA-Strängen ausgefüllt und einem einzigen Zentralkörperchen darin, also reine umhüllte DNA-Komplexe und nichts weiter, so haben wir nichts Geringeres als ein Chromosom vor uns. Es ist keine Frage, wie es entstanden ist. Es brauchte ja nur so eine Art von Bakterie ihre Organellen einbüßen, oder eine sich gerade bildende Hülle ausschließlich DNA und ein Centriol einschließen - schon war ein Chromosom geboren. Natürlich verursachte die DNA bald noch andere Proteinstrukturen um sich, die eine stabilisierende räumliche Anordnung ermöglichten. Aber darauf werden wir der Einfachheit halber nicht eingehen.

Ähnlich wie ein Virus ist ein Chromosom alleine nicht lebensfähig. Es ist zwar geradezu eine Informationsbombe, aber vollkommen sinnlos ohne arbeitende Organellen. Aber Chromosomen haben eine bedeutende Eigenschaft: sie sind aufgrund ihres eigenen Zentralkörperchens eindeutig als links- oder rechtsorientiert erkennbar.

Überflüssig wohl zu erwähnen, dass die Menge an Information in ihnen schier gigantisch sein musste. Es war latente Information, ihr vorerst unbestimmter Zweck und Einfluss sollte sich erst im nachhinein herausstellen...

Nun haben die entstehenden Eiweißhüllen seinerzeit ja alles Mögliche in sich eingeschlossen. Irgendwann fingen sie auch einige Chromosomen ein, und deshalb finden wir diese Gebilde heute noch in den Zellkernen der Organismen wieder. Geballte DNA-Ladungen sind das, und wenn ein solches Chromosom in eine Bakterie geriet oder samt den nötigen Organellen in eine Lipidhülle eingeschlossen wurde, so spielte sich im Wesentlichen der gleiche Mechanismus ab, wie er von den einzelnen DNA-Strängen in Bakterien verursacht worden war, aber es ergaben sich auch gewaltige Unterschiede. Es gab nun viel mehr Information und es gab sie womöglich gleichzeitig von mehreren Chromosomen.

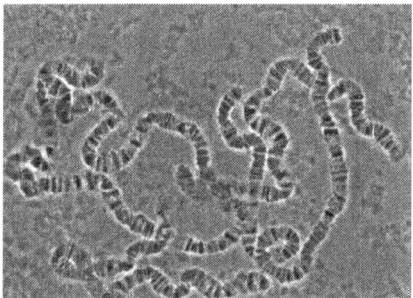

Abb.117

Die Abbildung 117 zeigt uns einige Chromosomen, die aus Abertausenden von DNA-Strängen bestehen.

Ebenso wie die bakteriellen DNA-Stränge werden auch die kompletten Chromosomen in einem Kern ab- und aufgebaut. Ein Kern ist praktisch eine freie, ausgesparte Stelle innerhalb des ER, die durch eine Kernmembran umgeben ist. Der Stofftransport in das umliegende Cytoplasma erfolgt durch unzählige Poren.

Da die Bildung und Entwicklung der Chromosomen in diesem Bereich bei jeder Zellteilung praktisch stets von neuem beginnt, sind sie zwischen den Zellteilungen nicht sichtbar. Die Teilung einer chromosomenhaltigen Zelle lässt sich unter dem Mikroskop gut verfolgen, und die Biologen haben diesen Vorgang, den sie Mitose nennen, in verschiedene Phasen unterteilt.

Sehen wir uns nun die einzelnen Phasen einer Zellteilung an, wie sie in nahezu allen Zellarten dieser Welt abläuft.

PROPHASE (Einleitung): Nachdem die DNA der Chromosomen abgebaut worden war, wird sie nun allmählich wieder aufgebaut, wobei sie den von ihr selbst ausgelösten Produktionsschritten der Zelle wieder entspricht. Man sieht zuerst regellos verstreute Körnchen und Stränge, die bald wieder das ursprüngliche Bild der Chromosomen herstellen. Es sind noch nicht ganz fertige Chromosomen, denn jedes Centromer eines Chromosoms teilte sich und ordnete die Chromosomen in rechte und linke Hälften. Das heißt, schon jetzt wird die DNA auseinandergezogen und verdoppelt. Diese längsgeteilten Chromosomen nennt man Chromatiden.

Nun teilt sich das außerhalb des Kerns liegende Zentralkörperchen, nachdem es zuvor kräftig aufgestrahlt hat. Seine Hälften wandern in einander gegenüberliegende Bereiche der Zelle und polarisieren diese entgegengesetzt. Diese neue Ordnung hat Folgen: Das ER strukturiert sich um zu spindelförmigen Schläuchen, die vom Kern nach links und rechts zu den Zentralkörperchen reichen. Es ist, als zöge das Zentralkörperchen diese Gebilde aus der Lipidhülle des Kerns heraus. Die Chromatiden folgen zwangsläufig je nach ihrer elektrischen Zuordnung diesen Fasern. Es kommt zur

METAPHASE (Versammlung): Die elektrische Kraft greift bevorzugt an den Centromeren der Chromosomen an. Letztere knicken daher an dieser Stelle ab und ziehen den Rest U-förmig hinter sich her. Alle Chromosomen lagern sich jetzt in einer Ebene zwischen den Zentralkörperchen an, verdichten und verkürzen sich. Die von den Zentralkörperchen ausgehenden Fasernbahnen verdeutlichen sich. Sie scheinen an den Centromeren der Chromosomen zu ziehen, aber es zieht natürlich die durch entgegengesetzte Ladungen zu Stande gekommene Kraft, welcher letztlich auch die Lipidfasern folgen müssen. Es kommt zur

ANAPHASE (Wanderung): Jetzt wandern die kompakten Chromosomen (bzw. Chromatiden) zu den Zellpolen, die Spindelfasern verkürzen sich und ihr Aufbau verschwindet allmählich. Es folgt die

TELOPHASE (Ziel): Um jedes Zentralkörperchen reihen sich die Chromatiden sternförmig an. Ihr Ziel ist erreicht. Sie strecken sich, lockern sich auf und werden zu vollwertigen Chromosomen. Durch die Tätigkeit der m-RNA werden sie fortlaufend abgebaut, und während sie das ER umhüllt, verschwinden sie zusehends. In der

INTERPHASE nimmt die DNA-Menge in den neuen Kernen um rund 75 % ab. Sie sinkt nicht vollkommen auf Null, weil gleichzeitig bereits neue DNA aufgebaut wird. Es bilden sich durch Verdoppelung der DNA neue Chromatiden - und sie sind natürlich mit den alten nicht vollkommen identisch. Der Neuaufbau der DNA bewirkt, dass Informationen mitunter ihren Platz wechseln, so als wären die Chromosomen zerschnitten und unter Austausch ihrer Teilstücke wieder zusammengesetzt worden, was in gewisser Hinsicht ja auch zutrifft. Der Biologe spricht vom crossing over, weil er diesen Austausch der Informationen längst bemerkt hat. Niemand hatte aber bislang dafür eine wirklich gute Erklärung.[105]

Während die abgebaute DNA ihre Informationsflut auf die Zelle loslässt, nimmt bereits der DNA-Gehalt des Kerns wieder zu, und es kommt zu einer neuerlichen Prophase. Die entstandenen Tochterzellen wiederholen bald das Spiel...

Zwischen den Tochterkernen hatte sich eine neue Wand gebildet. Damit war auch der restliche Zellinhalt samt den Organellen leidlich geteilt. Die Abbildung 118 zeigt uns den Ablauf der geschilderten Phasen, wie sie sich im Mikroskop verfolgen lassen.

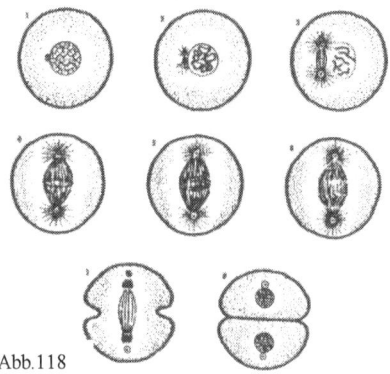

Abb.118

Alle Bewegungsabläufe der Mitose haben ebenso elektrische wie räumliche Ursachen, die wir zumindest grob schematisch aufzeigen konnten. Freilich sind die vollständigen kausalen molekularen Abläufe noch viel komplizierter. Aber wir verstehen zumindest relativ gut, weshalb die Hälften der Chromosomen so genau wissen, wo sie hinzuwandern haben. Ein Irrtum ist kaum möglich, kommt aber dennoch vor (Chromosomale Aberration).

In der Regel funktioniert das System sehr zuverlässig. Die Teilung der Zelle selbst wird in erster Linie von den Centromeren der Chromosomen und in zweiter Linie vom eigenen Zentralkörperchen bestimmt. Diese kleinen Akkumulatoren haben sich offenbar im Laufe der Jahrmilliarden gut aufeinander eingespielt. Ebenso abgestimmt hat sich das Wachstum der Zelle selbst, und dieses Wachstum wirkt wiederum auf das Wachstum des Zentralkörperchens zurück. Nur wenn ein bestimmtes Verhältnis der Größen zueinander überschritten wird, kommt es auch zur Teilung. Verhindert man das Anwachsen der Zelle, indem man beispielsweise ihr Plasma zum Teil entfernt, so bleibt die Teilung aus! Die Teilung wird daher bewiesenermaßen nicht von den Chromosomen oder der

DNA ausgelöst oder gesteuert. Auch das - in seiner Bedeutung bisher gänzlich unterschätzte - Zentralkörperchen teilt sich erst bei Eintritt einer ganz bestimmten Größe. Nun, eigentlich ist das alles sehr einleuchtend, und es müsste eher erstaunen, wäre es anders.

Wer bis heute glaubte, DNA und Chromosomen reduplizieren sich jeweils absolut identisch, erliegt einer Wunschvorstellung. Wie wir erkannten, liegt im Ab- und Aufbau der DNA eine gewisse Differenzierung. Es können sich ganze Reihenfolgen der Tripletts verändern, vor allem ergibt sich die Möglichkeit, nutzlose Abschnitte gar nicht mehr aufzubauen, also Information zu löschen. Und in der Natur der Sache liegt es, dass verunglückte Informationen gar nicht erst zum neuerlichen Aufbau eines DNA-Abschnittes führen.

Dieser Umstand ist enorm bedeutsam, denn damit ist eine der wichtigsten Fähigkeiten aller Organismen zu begründen: das Sammeln von Erfahrung. Speziell im Zusammenwirken mehrerer Zellen, die untereinander Stoffe austauschen, kommt diese Fähigkeit zum Tragen; ermöglicht sie doch, Funktionen aufeinander abzustimmen. Sie erlaubt auch die Veränderung der DNA aufgrund wechselnder Umweltbedingungen. Aber mit einer gewissen Einschränkung: es können nur Informationen gelöscht werden, neue kommen nicht hinzu! War eine Information einmal verbraucht und ausgeschieden, so gab es kein Zurück. Das wird die Biologen unter den Lesern sofort an die Sätze von Louis Dollo (1857-1931) erinnern, welcher schon postulierte:

- Die Entwicklung ist gerichtet.
- Die Entwicklung ist begrenzt.
- Die Entwicklung ist nicht umkehrbar.

Das Mysterium um diese Sätze - und es ist gar keines - liegt in der DNA verborgen. Damals schon, im Ozean wurde eine Informationsmenge gesammelt und endgültig festgelegt, die bis zum heutigen Tage nur verbraucht werden konnte.[52] Daraus ergibt sich zum Einen der Eindruck einer Richtung in der Evolution, zum Anderen eine offensichtliche Begrenzung, denn war die Information des betreffenden Lebewesens aufgebraucht, war auch die Entwicklung zuende. Unfähig, sich neuen Lebensräumen anzupassen, musste der betreffende Organismus aussterben.

Die Nichtumkehrbarkeit (neue Informationen können nicht aufgebaut, gelöschte nicht ersetzt werden) ist geradezu eines der

Hauptmerkmale der Evolution. Hatten beispielsweise Lebewesen ihre Kiemen einmal aufgegeben und gerieten sie neuerlich wieder in den Lebensraum Wasser, so gab ihnen nichts mehr ihre Kiemen zurück. Andere Organe, wie etwa die Schleimhaut des Rachens, mussten die verlorenen Kiemen ersetzen. Ausselektierte Organe waren unwiederbringlich verloren, und in ihre Funktionen wuchsen oft ganz andere, ursprünglich anderen Zwecken zugedachte Organe hinein. Deshalb musste Dollo seine berühmten Sätze formulieren.

Einzellige Gebilde mit Chromosomen in den Kernen gibt es immer noch unzählige. Man nennt sie Protozoen. Sie besitzen bereits Bewegungsorganellen (Geißeln, Wimpern) sowie eigene Organellen zur Nahrungsverarbeitung und Atmung. Das sind schon kleine Tiere, und oft gibt es in diesen Tierchen noch kleinere Tierchen, die - von kernartigem Aussehen - für den Stoffwechsel sorgen (Ciliophora).

Alle Ideen der späteren Evolution, die letztlich zu so komplizierten Zellverbänden geführt hat, wie es der Mensch darstellt, sind im Grunde bereits in den Protozoen verwirklicht. So gibt es außer der ungeschlechtlichen Vermehrung, die wir als Zellteilung beschrieben haben, auch bereits die geschlechtliche Vermehrung (Kopulation), von der wir noch näheres hören werden. Einige dieser Tierchen haben auch schon Chloroplasten eingeschlossen. Sie sind also echte Zwischenstufen zwischen Pflanze und Tier.

Wäre die DNA eine unbewegliche, starre Maschinenstruktur, so wäre es zu diesen phantastischen Lebewesen gar nicht mehr gekommen. Denn Zufallsmutationen spielten - wenn überhaupt - erst später eine sehr kleine, meist negative Rolle in der Evolution .

Wie kommt es, dass eine so winzige Protozoe bereits lebt, bereits Zwang und Drang verspürt, dem Licht folgt ... umherschwimmt und solange bestehen bleibt, bis sie sich teilt? Und wie kommt es, dass man den Motor dieses Geschehens solange nicht entdeckt hat? Wenngleich die einzelnen Phasen des Lebens molekular und elektrisch vollkommen verständlich werden - warum laufen sie überhaupt ab?

Auch wenn wir schon sehr tiefgehende Schilderungen vorgebracht haben und somit nicht nur das Wie sondern auch das Warum gut entschlüsselten, wäre zu dieser Frage noch grundsätzliches zu sagen: Wir haben es schon mit dem stolpernden Tausendfüßler angedeutet: Jeder dieser lebendigen Molekular-Komplexe hat eigentlich nur eines im Sinn: seine Energie loszuwerden, die er repräsentiert. Das ist in keiner Weise überraschend. So wie ein Fluss letztlich im Bestreben, in das Meer zu fließen, wegen vorliegender Hindernisse ein verschnörkeltes Delta bildet und sich in viele Abflüsse teilt oder aus vielen Bächen zusammenströmt, so findet auch der Fluss der Energie keine Bahn ohne Hindernis. Das Gros der Hindernisse wird von der DNA verursacht, die durch Auslösung immer neuer Strukturen den Fluss in neue Bahnen zwingt. Der Fluss der Energie wäre längst abgelaufen und vertrocknet, brächten nicht Quellen und Bäche immer neue Energie herbei ... und so kann dieser Fluss in den Zellen nicht zur Ruhe kommen, da ständig neue Energien herbeigeschafft werden, weil die DNA immer wieder neue Ideen in das Getriebe wirft. So muss laufend nach neuen Wegen gesucht werden, besser gesagt, bilden sich diese Wege von selbst - eben durch den Fluss der Energie. Es ist also tatsächlich das Streben nach Entropie, das rings um uns die Natur entstehen lässt.[108]

Mit dieser Entropie steht die gespeicherte Phantasie der DNA ständig im Kampf. Nicht mit Absicht freilich; sie selbst ist sich ihres machtvollen Wirkens nicht bewusst. Zum Glück war sie in einer Zeit entstanden, in der es auf dieser Erde einen großen Energieüberschuss gab, und sie beinhaltet deshalb auch einen sehr großen Informationsüberschuss.

Wo immer auch Energie fließen will, stellt sich die DNA samt ihren Produkten in den Weg; und gerade diese Produkte sammeln noch neue Energie hinzu, die wiederum für den Bau von Hindernissen eingesetzt wird...

Dass die DNA und ihre phantastischen Auswirkungen entstehen konnten, war nur dem Trick mit der scheinbar kostenlosen Energiegewinnung aus dem Licht zu verdanken. Nur ein einziges Molekül musste zuerst in der Lage sein, sich fortzupflanzen - und ein Planet begann zu leben...

Weil offenbar alle Wege recht sind und alles Mögliche auch entstehen konnte, gibt es heute sogar Zellen mit zwei Kernen. Wir finden sie in der Lebern der Tierwelt. Sie sind das Nonplusultra an Information, der differenzierteste und leistungsfähigste Apparat der Natur mit an die 600 verschiedenen Funktionen.

Das Chromosom ist nun keinesfalls ein Befehlsvorrat, der sich diktatorisch durchsetzen kann und von vornherein genau dieses oder jenes Bauwerk auslöst. Es beinhaltet nur mögliche Pläne. Wieweit diese auch ausgeführt werden, bestimmt die Umwelt - wobei wir darunter auch das Innere der Zelle selbst verstehen müssen, das Plasma der Zelle. Der Zellkern hat also kein Monopol auf die Vererbung. Die meisten Organellen, so auch die Mitochondrien oder die Chloroplasten, pflanzen sich unabhängig von Chromosomen fort, wie wir auch begreifen können, denn sie waren schon vorher da (und verfügen über eigene DNA und RNA). Was der Kern verursacht, ist das Baumaterial, die Fertigteile der Produktion und auch das liefert er prinzipiell nur durch Enzymsteuerung, also sehr indirekt. Die DNA trägt eigentlich nur die Codons für bestimmte Enzyme (ein Gen - ein Enzym), aber jedes Enzym bringt seine ganz spezifische Funktion mit. Das heißt, der Zellkern beinhaltet auch die Kommandos für die Herstellung des „Werkzeugs".

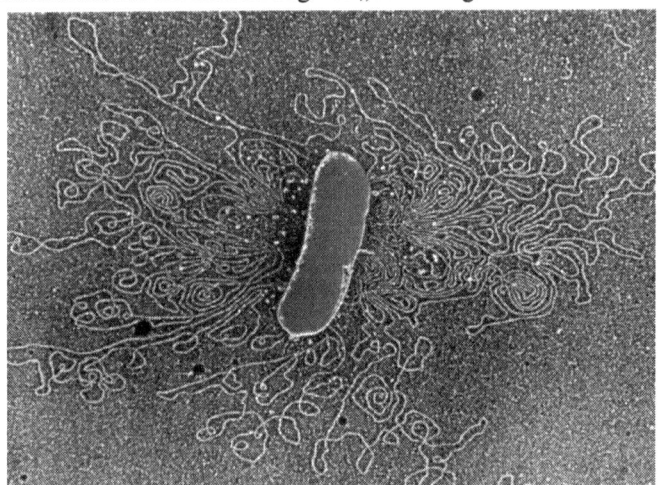

Abb.118a: Ausgetretene DNA des Bakteriums E.coli

Das Plasma der Zelle besteht nun vorwiegend aus diesen Enzymen - und wir erwähnten schon, dass nicht alles so ganz präzise abläuft. So gibt es auch im Plasma selbst DNA-Reste (Endomeren), die im Gesamtgeschehen kräftig mitmischen. Über das Plasma selbst vererben sich sogar die wichtigsten Mechanismen des Lebens, wie die Teilung oder die Chlorophyllbildungsfähigkeit der Pflanzen. Es gibt demnach sowohl eine chromosomale als auch eine plasmatische Weitergabe von Information - aber auch das muss uns eigentlich als selbstverständlich erscheinen. Wirklich verwunderlich wäre es nur, hätten wir in der DNA wahrlich jene Lebensbildungsmaschine entdeckt, als die sie von Biologen gesehen wird. Sie ist es nicht. Plasma und Umwelt tragen die Idee des Lebens zu einem Großteil mit. Lebewesen, die ihre Art erhalten, schaffen für ihre Nachkommen deshalb sehr exakt immer dieselben Umweltbedingungen (im Amnion des Muttertieres oder im Ei), sie erzwingen auf diese Weise einander ähnliche Bauwerke. Wieweit das führen musste, werden wir später noch besprechen.

Eine durch Energiefluss entstandene Struktur zeigt uns die Abbildung 119: Das Mündungsgebiet des Colorado-River am Golf von Kalifornien. Die vielfachen Verästelungen sind durch den Vor- und Rücklauf des Wassers aufgrund der Gezeiten entstanden.

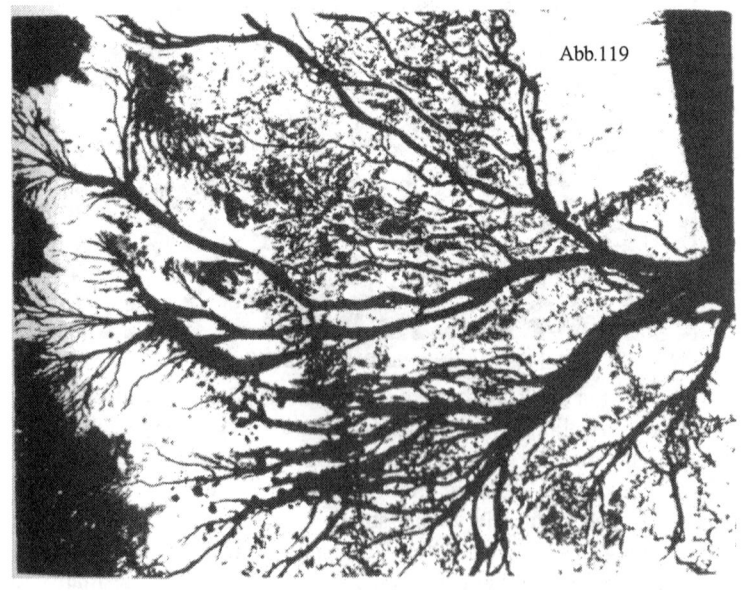

Abb.119

27 Plan

Die Evolution ist planlos - wir deuteten dies schon an. Alles beruht auf dem Experiment, auf unbewusster, zielloser Erprobung, wie wir betonen müssen. Kam es für eine Protozoe darauf an, sich in einer bestimmten Umwelt zu bewegen, und hatte die DNA gerade Strukturen verursacht, die es konnten - für die Fortbewegung beispielsweise Pseudopodien, Scheinfüße, welche entstanden, indem einfach die Zellwand ondulierte, sich wölbte und senkte -, so hatte diese Protozoe das Energiespiel „verloren"! Sie musste ihre Energie behalten, wogegen jene, die es nicht konnten, am universellen Zielpunkt ankamen: dem endgültigen Energieverlust.

Das Leben wirkt auf uns durchaus so, als wäre Energiegewinn sein vordringlichstes Bestreben - aber der Schein trügt. Auch ein Fluss ist mitunter dazu bereit, ein Stück bergauf zu fließen, wenn es danach wieder bergab geht. Und so sieht es auch aus, als herrschte im Dasein ein Streben nach Erfahrung und Erkenntnis. Aber alle diese Bestrebungen haben letztendlich nur den einen zwangsläufigen Zweck: neue Gefälle für den Energiefluss zu finden.

So entstand einst eine einfache Zelle, die nur ein paar chemische Prozesse beherrschte und bald zur Ruhe gekommen wäre, und nun gerät plötzlich so ein Chromosom in diese Zelle und verkompliziert die Dinge mit einemmal ins Ungeheuerliche. Da werden auf einmal neue Proteine gebildet, Enzyme, die verbinden und trennen, Moleküle, die im Licht mitschwingen, Geißeln, die rotieren und Wimpern, die schlagen. Aus ist es mit der Ruhe!

Diese Fülle neuer Reaktionen muss erst mal beherrscht und organisiert werden. Dazu braucht man aber neue Wege und Prozesse, neue Energien freilich auch ... und so schlagen die Wimpern Nahrung herbei, so rotieren Geißeln und so drehen sich Chloroplasten dem Licht zu - und mit ihnen die ganze Zelle.

Plötzlich strebt ein Lebewesen nach dem Licht, das es zu „erkennen" und zu spüren scheint. Sitzen die Geißeln an der richtigen Stelle, so war die Idee „gut". Der Prozess läuft weiter, und die erprobte Situation überträgt sich als Information auf die neue DNA. Sitzen sie an der falschen Stelle, so stockt der Prozess und die Information geht verloren, weil sie zum Untergang der Zelle führt. Die neue DNA dagegen hat keine falschen Geißeln mehr codiert. Künftig sitzen diese automatisch an der richtigen Stelle. Solange die

Umwelt bleibt, wie sie ist, gibt es keinen Grund, diesen Planabschnitt zu ändern. Aber der Plan ändert sich in anderen Bereichen, wieder nur durch Erprobung zufälliger Strukturen, und das solange, bis die Protozoe der Umwelt ausreichend gewachsen ist. So bleibt sie Tausende von Jahren, teilt sich und vermehrt sich...

Wo ist da ein echter Plan? Nirgends! Weder in der DNA noch im Plasma. Alles fügt sich nur durch den Zu-Fall, durch das Zusammentreffen günstiger Umstände. Was nicht funktioniert, geht unter. Was funktioniert, wird Plan und Bauwerk zugleich, Technik und Ingenieur in einem - zur manifesten Reaktion, zur erzwungenen Antwort auf die Herausforderung der Umwelt. Zwang herrscht innerhalb und bald auch außerhalb. Leben müssen, heißt die Parole!

Es gibt mannigfache Theorien über die Reihenfolgen der Entstehung verschiedener Lebensformen. Auch wenn es im Wesentlichen ziemlich gleichgültig ist, welchen genauen Weg die Evolution genommen hat, könnte man sich darüber Gedanken machen, wann das Element Sauerstoff als Energiespender seinen Einzug in die Welt hielt. Natürlich gibt es Spuren dafür, dass anfängliche Lebensformen ganz ohne Sauerstoff auskamen und ihre Energie über den Weg der Gärung gewannen, aber diese Lebewesen gibt es auch heute noch.

Prinzipiell darf man vermuten, dass alle Pflanzen und Tiere in einer Parallelentwicklung heranwuchsen, und die Pflanzen nicht unbedingt eine Vorstufe darstellten, denn Sauerstoff gab es ab einem bestimmten Zeitpunkt schon im Wasser und in der Luft, lange bevor es Pflanzen gab. Wie wir schon kurz erwähnten, haben die Pflanzen zum Sauerstoffgehalt der Atmosphäre bis zum heutigen Tag kaum etwas beigetragen. Sie verbrauchen nämlich genau so viel wie sie erzeugen! Seltsam, dass dieser Umstand in den meisten Theorien so gut wie keine Beachtung findet, obwohl jeder Mittelschüler weiß, dass Assimilation und Dissimilation einander die Waage halten. Zur Erinnerung: In der Assimilation entstehen aus 6 Molekülen Kohlensäure (6 CO_2) plus 6 Wassermolekülen (6 H_2O) und einem Aufwand von 675 Kalorien ein Glucosemolekül ($C_6H_{12}O_6$), und freier Sauerstoff (6 O_2). Wenn die Pflanze stirbt, wird in der Dissimilation die Glucose oxydiert, wobei der zuvor entstandene Sauerstoff wieder zur Gänze verbraucht, Wasser abgespalten und Kohlensäure freigegeben wird. Die 675 Kalorien gehen an die Umgebung zurück.

Der gesamte Sauerstoff unserer Atmosphäre stammt deshalb aus dem Urey-Effekt; das ist die Abspaltung von Sauerstoff und Ozon aus Wasserdampf, wobei die Ozonschicht in der Atmosphäre regulierend wirkt und den Sauerstoffanteil auf rund 21 Prozent hält.

Nun sprechen wir schon mit der größten Selbstverständlichkeit von Pflanzen und Tieren, dabei haben wir in unserer Reise durch die Evolution noch einen weiten Weg vor uns bis zu jenen mehrzelligen Organismen, die diese Bezeichnung auch verdienen.

Warum hat das Leben diesen schier endlosen Weg beschritten? Bot der Ozean alleine nicht ausreichende Möglichkeiten, sich selbst und seine Nachkommen zu erhalten? Wie kam es, dass das Leben auch auf das Land kam und die Erde fast lückenlos eroberte?

Halten wir uns noch einmal das Kaleidoskop vor Augen. Die Wahrscheinlichkeit für jedes sinnvolle Bild - geht man vom Inhalt des Kaleidoskops, nämlich den bunten Glassplittern aus - ist einfach Null. Dennoch entstehen solche Bilder laufend. Keines ist vorhersehbar oder berechenbar. So ist auch die Wahrscheinlichkeit einer Protozoe, so zu entstehen, wie sie sich uns heute zeigt, in keiner Weise berechenbar, und darum meinen die Gelehrten dieser Erde oft, ein derart kompliziertes Ding wie die Zelle könne nicht zufällig entstanden sein. Aber ihre Kompliziertheit spielt eigentlich keine besondere Rolle, denn schon angesichts eines Schneekristalls müssten wir ähnliche, durchaus unsinnige Feststellungen treffen. Ganz und gar unwahrscheinlich sieht es aber aus, wenn aus dieser einen Art von Zelle unsere verschiedenen Tier- und Pflanzenarten hervorgegangen sein sollen.

Diese Denkschwierigkeit geht primär auf den weit verbreiteten Irrglauben zurück, alle Lebewesen dieser Erde stammten nur von einer Urzellenart ab. Dies aber wirklich zu glauben, wäre glatter Unsinn. Ziehen wir eine Parallele: Schon das Atom könnten wir niemals isoliert betrachten, weil jedes einzelne erst durch seine Umwelt Bestand erhält ... und so konnte auch eine Zellart auf sich selbst gestellt niemals entstanden sein, sondern es mussten sich viele Zellen zugleich gebildet haben, und zwar viele verschiedene Arten!

Viele verschiedene Zellen als Ausgangspositionen vervielfältigen die Möglichkeiten ins Ungeheure. Eine vielschichtige Verkettung eintretender Zu-Fälle trat ein, für die uns das Schachspiel einen guten Vergleich liefert, wie dies Richard Feynman einmal anschaulich demonstrierte: Der Verlauf eines Schachspiels ist unvorhersehbar. Aber die Fähigkeiten seiner Figuren sind durch die Spielregeln determiniert - ähnlich wie dies die Fähigkeiten eines Enzyms durch die molekulare Struktur sind. Nicht vorherbestimmt sind - abgesehen davon, dass niemals alle Züge gleich durchführbar wären - die Züge, weil sie einander bedingen. Gibt es zu Beginn des Spiels nur ganz wenige Möglichkeiten der Eröffnung, so wachsen die Varianten nach ein paar Zügen bereits ins Unermessliche, sind aber dennoch niemals grenzenlos.

Die Figuren des Schachspiels gleichen den Eiweißstrukturen des Lebens: es gab so wenige Eröffnungsmöglichkeiten, dass die ersten Züge sehr schnell und wie automatisch erfolgten. Daher waren diese Eröffnungszüge in Millers Glaskolben so leicht zu wiederholen. Erst zu einem späteren Zeitpunkt beginnt über diese Strukturen die DNA zu herrschen; sie bestimmt die Figur und deren Zugmöglichkeit - schafft aber nicht die Regeln! Denn diese sind das einzig Feststehende in diesem Spiel, gewissermaßen die Naturgesetze; und diese wiederum sind nichts anderes als die Folge eines einzigen aus dem kosmischern Druck ableitbaren Prinzips, eben des Abstoßungsprinzips. Die Gegner des Schachkampfes heißen Energie und Entropie. Letzten Endes gewinnt immer die Entropie - aber das Spiel dauert eine schöne Weile...

Und dieser Zeitraum aufeinanderfolgender Züge und Gegenzüge heißt Sein, Werden oder Leben, je nachdem, welchen Blickwinkel wir gerade einnehmen. Wenngleich die Entropie gewinnt, ist damit das Spiel nicht abgeschafft; immer wieder beginnt es von Neuem. Unaufhörlich werden seine Figuren schachmatt gesetzt, aber ebenso unaufhörlich liefert das Wechselspiel der DNA- und Eiweißmoleküle neue Figuren nach!

Jede Zelle, jede Organelle, jedes Chromosom war eine neue Variante des großen Schachspiels. Sicher hat es Zell-Formen gegeben, an die uns heute nichts mehr erinnert. Sie haben sich nicht bewährt und sind längst untergegangen. Jene, die sich durchsetzten, lernten auch, miteinander zu leben. Unter diesen Urformen bildeten sich viele Übergangsstufen. Manche davon blieben uns bis heute erhalten. So existieren immer noch Organismen, die irgendwo zwischen Bakterien und Viren stehen, wie die Ricketsien oder die Bartonellen, die man auch Große Viren nennt. Sie können sich zwar schon selbst teilen, aber sich nur im Inneren von Bakterien ernähren, da sie einige der notwendigen Aminosäuren selbst nicht erzeugen.

Die geschilderten Vorgänge entbehren nicht des Eindrucks des Maschinenhaften. Diese Vorstellung gefällt niemanden so recht, aber wir müssen eingestehen: die Zelle ist im Gesamten gesehen schon eine Art Maschine; darüber können wir nicht hinweg sehen. Jede DNA verursacht durchwegs maschinenartige Strukturen und Prozesse. Am deutlichsten erkennen wir dies an den Viren, in denen die Maschinenteile nicht umherschwimmen wie im Einzeller, sondern mehr oder weniger kristallin bleiben. Schon dieses denkbar einfachste Wesen besitzt eine unübersehbar maschinelle Beschaffenheit: Füße zum Festklammern, Bohrgeräte zum Durchlöchern einer Zellmembran, Kapseln und Behälter für die DNA.

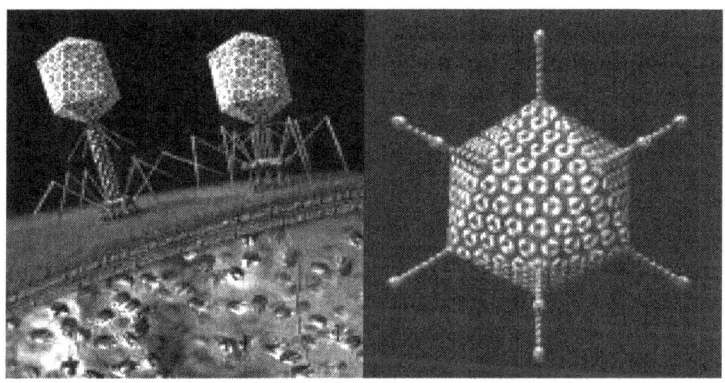

Abb.120   Abb.120a

Die Abbildung 120 zeigt uns eine derartige Maschine, ein Virus auf DNA-Basis: den Bakteriophagen T4. Nicht weniger maschinenhaft das Adenovirus der Abbildung 120a. Die Bilder sprechen wohl für sich. Aber wir sollten uns vergegenwärtigen, dass Lebewesen wie Viren im Grunde nichts anderes als dynamische Kristalle sind, keinesfalls eindrucksvoller als die Kristalle der übrigen Welt, der so genannt anorganischen.

Das ist keine herabwürdigende Behauptung. Verwunderlicher wäre es, gäbe es diese Kristalle des Lebens nicht. Die Abbildung 122 zeigt uns nicht etwa Schneeflocken oder die burlesken Auswüchse eines symmetriebesessenen Künstlers. Es sind Radiolarien, kleine Organismen, die in den Meeresschwebstoffen leben, bzw. ihre Skelette, die im Leben von gallertartigem Plasma umhüllt sind. Auch innerhalb jeder Zelle herrscht eine derart erstaunliche Ordnung.

Sehen wir uns eine Blattzelle der Wasserpest an, die uns sehr gut das Endoplasmatische Retikulum demonstriert (Abbildung 121). Die dunklen Flecke sind Dictysomen.

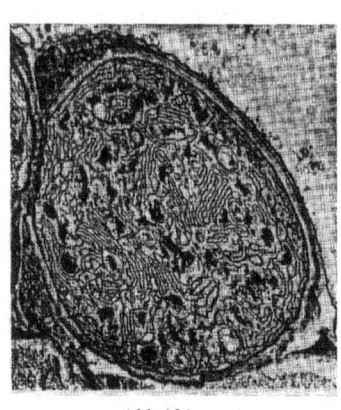
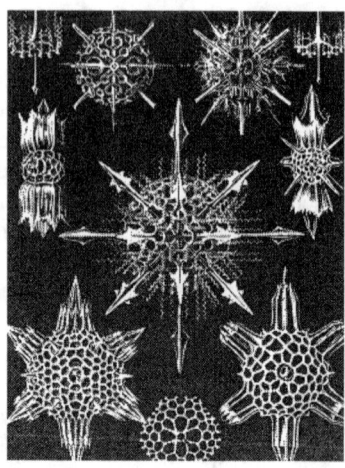

Abb.121　　　　　　　　　Abb.122

Doch setzen wir unsere Betrachtungen ein wenig fort: das Schema des DNA-Ab- und Aufbaus wurde irgendwann einmal in manchen Zellen durchbrochen. So wurde die DNA in der Folge nicht sofort zerstört, und schließlich gab es sie gleich viermal in der Zellmitte. Gab es dazu auch zwei Zentralkörperchen, so bürgerte sich gleich eine Vierteilung ein - eine Methode, die bis zum heutigen Tage erhalten blieb.

Je mehr Chromosomen in der Hülle eingeschlossen waren, desto größer waren die Möglichkeiten, durch Abspulen der DNA-Programme auf die jeweiligen Bedingungen eine passende Erwiderung zu schaffen. Und umso länger dauerte das Spiel, da sich immer effektivere Zwischenzüge einschalteten. Die verschiedenen Spielpositionen bedeuten nichts anderes als Farben, Formen, Strukturen, Organellen, Enzyme, Peptide, Hormone und so weiter...

Jede negative Erfahrung zerstörte das Programm der DNA am betroffenen Abschnitt; in der Wiederholung des Spiels erfolgten die Züge daher bereits spontaner und wirkungsvoller. Die Programme waren also korrigierbar, etwa auf folgende Weise:

Nehmen wir an, eine Zelle besitzt an einem Ende ein Chloroplast, das nur dann arbeitet, wenn es dem Licht zugedreht ist. Es liefert

Glucose, die für den Aufbau der DNA als Ribose unentbehrlich ist. Nehmen wir weiter an, auf dem DNA-Strang (oder auf mehreren gleichzeitig aktiven) befindet sich einige Male eine Information, die schließlich die Bildung einer rotierenden Geißel verursacht. Sie tut dies mehrere Male, aber immer an verschiedenen Stellen der Zelle. Solange die Geißel nicht an der richtigen Stelle gebildet wird, nämlich an jener, die ein Hindrehen der Chloroplasten zum Licht verursacht, gibt es auch keine Glucose und im Zellinneren gehen die Nucleotide aus.

Die zurückkehrende t-RNA kann keine DNA bilden, zerfällt bald und ermöglicht die Bildung einer neuen m-RNA, die den nächsten Abschnitt der DNA abliest. Die falsche Geißel ist zuvor noch ausgeführt worden, bewirkt jedoch keinen Glucosenachschub.

So bildet sich ein reiner RNA-Kreislauf, der eine Reihe falscher Geißeln verursacht. Das geht solange fort, bis plötzlich eine Geißel an der richtigen Stelle sitzt und das Chloroplast zum Licht dreht. Nun wird wieder Glucose geliefert, was die Produktion neuer Nukleotide ermöglicht.

Die nächste t-RNA findet im Zellinneren deshalb wieder DNA-Bausteine vor, die das richtige Energieniveau haben und eine neue DNA wird aufgebaut. Am endgültigen DNA-Strang scheinen die sinnlosen Befehle der alten DNA gar nicht mehr auf. Teilt sich die Zelle, so wird in der nächsten Generation automatisch die Geißel an der richtigen Stelle entstehen, und alle falschen Geißeln werden unterbleiben...

Diese lapidare Schilderung war freilich wieder eine grobe Vereinfachung hochkomplizierter Vorgänge. In Wahrheit müssen es Hunderte und Tausende von Informationen sein, die eine Geißel oder dergleichen verursachen. Dennoch geht eine Anpassung dieser Art schneller vor sich als man bislang annahm. Sie wirkt sich natürlich besonders bei Einzellern stark aus; und tatsächlich besitzen gerade Bakterien eine an Zauberei grenzende Anpassungsfähigkeit. Das ist nur möglich, wenn ihre DNA, die ja in keinem Kern lokalisiert ist, sondern frei im Plasma vorliegt, über einen gewaltigen Überschuss an Information verfügt.

Aber auch innerhalb unseres eigenen Körpers finden wir derart spontane Anpassungen! Es geht hierbei um den Erwerb unserer immunologischer Fähigkeiten. Unsere Abwehrkräfte sind uns nicht angeboren. Kurz nach der Geburt kann unser Körper eigene und fremde Stoffe gar nicht unterscheiden. Und dennoch sind seine Antikörperchen bald spontan in der Lage, nach einem äußerst kurzen Lernprozess sich spezifisch auf die Eigenart eines fremden Eindringlings hinzuentwickeln, gleichgültig, wie der Störenfried aussehen mag.

An diesem Prozess wird von Medizinern und Biologen seit langem geforscht. Geht man von einer statischen DNA aus, ist er tatsächlich undurchschaubar. Man weiß, dass die Antikörperchen, die auf rätselhafte Weise dem Eindringling angepasst werden, in speziellen Zellen erzeugt werden, den Plasmablasten. Eigentlich müssten diese Plasmablasten dieselbe genetische Information tragen wie alle anderen Körperzellen. Woher aber haben sie plötzlich die zusätzliche Information, die ihre Eigenschaften genau auf das störende Antigen abstimmt? Ganz einfach: sie erwerben sie! Plasmablasten sind auf die Verarbeitung von Informationen geradezu spezialisiert. Und zwar für Momentaninformationen, die keinesfalls in ihnen selbst gespeichert vorliegen. Das legt den Schluss nahe, dass hiefür die übliche RNA-Menge nicht ausreicht und Plasmablasten einen höheren RNA-Gehalt aufweisen müssten. Tatsächlich enthalten sie auffallend mehr Ribosomen als andere Körperzellen.

Geraten Antigene an die Oberfläche dieser Spezialzellen, so bilden sie eine spezifische Umwelt, welche die Gegenreaktion der Zelle unmittelbar erzwingt. Sie produziert prompt Antikörperchen, die aus ihr austreten und die Antigene auf boshafte Weise miteinander verkleben und auf diese Weise inaktivieren. Dieser Vorgang läuft durchaus in ähnlicher Art ab, wie wir ihn bei der Schaffung einer richtigen Geißel erkannten. Und das klappt eben nur mit einer dynamischen DNA, die sich umweltbedingt verändern kann.

So finden wir in unserem Körper offenbar immer noch jenen elementaren DNA-Prozess, der schon zu Beginn des Lebens für die Vielfalt der Formen sorgte.

Es gibt auch weniger deutliche Beispiele für die Anpassung einzelner Organzellen an bestimmte Funktionen, also ihre Spezialisierung. Weniger deutlich deshalb, weil wir gar nicht daran denken, dass hier tatsächlich eine genetische Veränderung abläuft.

Der Biologe meint, die Spezialisierung der Zellen erfolge durch Unterdrückung gewisser Gene und kennt dafür mehrere gängige

Vorgänge (Repression, Induktion), die zwar zweifellos vorhanden, aber dennoch unzureichend sind, da sie keine Veränderung von Funktionen sondern bestenfalls ihren zeitlichen Abruf begründen können. Abgesehen davon, dass diese Steuermechanismen gewiss auch ihre Bedeutung haben, vertreten wir die Ansicht, dass Gene nicht nur unterdrückt, sondern wirklich unwiederbringlich gelöscht werden können. Aus diesem Grund ist die Spezialisierung einer Körperzelle auch nicht mehr aufhebbar.

Das ist eine unüberwindbare Hürde für den Versuch, aus einer beliebigen Körperzelle den ganzen Körper neu zu züchten. Es geht nicht - zumindest bei höher entwickelten Lebewesen nicht! Nur wenn die Spezialisierung nicht sehr hoch ist, wächst sich ein Klon zu einem identischen Organismus aus (Pflanzen, Lurche, vielleicht auch Frösche, möglicherweise Insekten). Gut klonfähige Lebewesen (zumeist Pflanzen) verfügen über ein statisches DNA-System. Das hat ihre Entwicklung von vornherein begrenzt. Wir dürfen von ihnen nicht auf hochspezialisierte Wesen schließen, wie es etwa die Säugetiere sind. Das derzeit übliche Klonen benutzt aus diesem Grund eine Eizelle. Da die Anzahl der möglichen Teilungen am Chromosom durch das Telomer determiniert ist, haben geklonte Lebewesen zumeist eine verkürzte Lebenserwartung.

Mit der Entdeckung des genetischen Codes glaubte man, dieser habe für alle Organismen dieselbe universelle Gültigkeit. Das ist nicht der Fall. Wohl gibt es eine prinzipielle Übereinstimmung, aber auch Ausnahmen von der Regel. In vielen Arten laufen die Prozesse der Reduktion und Induktion auf andere, unerwartete Weisen ab. Oft findet die Anpassung auf die Umwelt über mehrere Generationen hinweg statt und oft mussten die Einflüsse auf alte, eingespielte Abläufe sehr drastisch erfolgen. Ein einzelnes Gen hat ja noch keine Bedeutung, erst das Zusammenwirken mehrerer Gengruppen stellt die Beziehung zu einem bestimmten Merkmal her.

Andererseits war ein Merkmal sehr schnell verloren, denn fiel von diesen Gruppen auch nur ein einziges Gen aus, konnte es um diesen Auslöser geschehen sein. Unüberschaubare Komplexität macht die Rückkopplungsprozesse des Lebens vielfältig und flexibel, aber jede Erfahrung mit der Umwelt schlägt sich unmittelbar oder indirekt auf die DNA nieder, und ohne diesen Einfluss von außen wäre selbst die DNA bedeutungslos. Alle Lebensformen tragen daher keinen inneren Plan mit sich; sie formen sich aufgrund ihrer Funktion und

Lebensweise. So bildeten sich Organellen und funktionelle Strukturen niemals zufällig an den richtigen Stellen, sondern sie wurden erzwungen, falls die Innenbedingungen ihre Bildung überhaupt zuließen. Jede Zelle wurde zur Umwelt der anderen und alles, was sie ausstieß und absonderte, also ihre Abfallprodukte, erhielt für die anderen Signalcharakter. So konnten sie ihren Stoffwechsel untereinander beeinflussen und steuern. Wir finden diese Signale heute noch als Hormone in allen Organismen.

Schon im Urozean stellte sich auf diese Weise ein virtuoses Zusammenspiel aller Zellen ein. Perfekt muss uns dies im Nachhinein lediglich deshalb erscheinen, weil nur jene Zellen erhalten blieben, die sich in dieses Zusammenspiel integrieren konnten. Von den missglückten Versuchen und Anläufen, von den Sackgassen der Evolution, berichtet uns keine Spur. Und sicher wäre es beim vegetativen, unbewussten Zelldasein des Urozeans geblieben, wäre es nicht infolge eines Missgeschicks zu einer weiteren fundamentalen Erfindung der Natur gekommen...

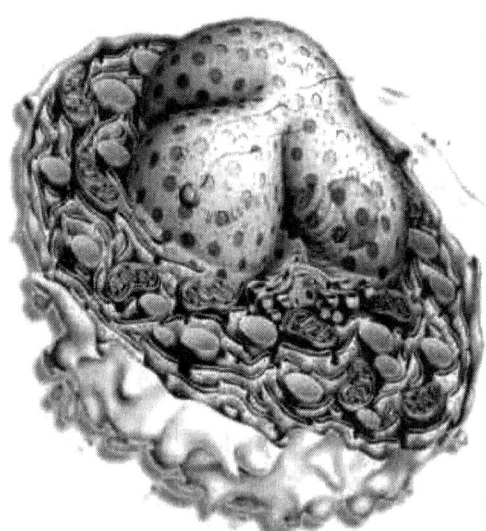

Abb.123: Blick in eine Zelle

28 Sex

In den ersten Zellen, wie wir sie bisher beschrieben haben, bildete sich bei jeder Teilung ein kompletter, neuer Chromosomensatz. Die Vermehrung durch Teilung war deshalb ungeschlechtlich und prinzipiell jeder einzelnen Zelle möglich. Wir erkannten, dass dieser Teilung ein gut abgestimmter Zeitplan zu Grunde liegen musste; so durfte sich der Zellleib erst teilen, nachdem die Teilung der Chromosomen erfolgt war. Dermaßen präzise Abläufe waren aber eher selten. Viel wahrscheinlicher war, dass dieser Zeitplan nicht immer und in allen Fällen eingehalten wurde.

Was passierte beispielsweise, wenn der Zellleib zu schnell anwuchs und sich teilte, bevor die Teilung der Chromosomen stattgefunden hatte? Gerade waren alle Vorbereitungen getroffen, die Spindel hatte sich soeben gebildet - und nun teilte sich die Zelle vorzeitig und sortierte unwillkürlich den kompletten Chromosomensatz nach links und rechts auseinander. Das war durchaus ein Missgeschick, wie es innerhalb dieser hoch-komplizierten Prozesse einmal zu erwarten war - aber mit welchen Folgen! Da war nun keine der beiden neuen Zellen ganz die alte. Das Zusammenspiel der Chromosomen war von jetzt an unmöglich; es kam zu keiner neuen Generation.

Zwei unverwirklichte, verkrüppelte Zellfragmente schwammen da umher, bildeten vielleicht irgendwelche neue Strukturen, bauten ein wenig Energie ab - aber das alles blieb nur noch eine halbe Sache. Waren Chromosomen und Zellleib ungleichmäßig aufgeteilt, so sah bald jede Hälfte vollkommen anders aus. Stoffwechselapparaturen bildeten sich womöglich gar nicht, bestenfalls reagierten die Hälften noch auf bestimmte Signale, wie Hormone, aber das war auch schon alles.

Es gab für die getrennten Zellteile nur eine Möglichkeit, den Fehler wettzumachen: wieder zusammenzukommen! Dazu genügte es, wenn irgendeine der Hälften aktiv wurde. Aber zuerst kamen die Hälften sicher ganz zufällig wieder zusammen. Ungern taten sie das sicher nicht, denn sie waren ja verschieden polarisiert. Wenn sie einander begegneten, gab es sicherlich alles andere als Abstoßung.

Da es ohnedies gang und gäbe war, einander aufzufressen, fraß die eine Hälfte die andere und das ursprüngliche Programm war wieder hergestellt und begann wie üblich abzulaufen. Das Ergebnis war eine neue Zelle, die sich - wie ursprünglich vorgesehen - verwirklichen konnte.

Eine echte Vermehrung war damit jedoch noch nicht gegeben. Nun gab es aber auch noch das Prinzip der Vierteilung. Dabei konnte es geschehen, dass zwei Hälften identisch ausfielen, die beiden anderen aber die Chromosomen haploid aufteilten. Das Ergebnis waren zwei Zellen, deren jede einen zusätzlichen halben Chromosomensatz mitschleppte wie ein Anhängsel, wobei ohne weiteres auch denkbar ist, dass dieses Anhängsel - eine mitgeschleppte, unfertige Zelle - im Inneren der Trägerzelle landete.

Und somit trug diese nichts anderes als eine Keimzelle in sich! Um diese Keimzellen zueinander zu bringen, mussten die Zellen kopulieren, also auf irgendeine Art ihre Keimzellen vereinigen. Das Resultat war eine neue Zelle, die sich abermals vierteilte, und zwar wieder auf jene vorhin geschilderte Art. Übrig blieben jeweils zwei ungeschlechtliche Zellen und zwei geschlechtliche, die sich wieder vereinigen mussten, um das Spiel zu wiederholen...

Und dieses kleine Missgeschick war die Wurzel der Sexualität in unserer Natur. Schon bei den Protozoen finden wir bereits diese einfache Ursexualität, und wie zu erwarten, beherrschen sie beide Vermehrungsarten, die geschlechtliche und die ungeschlechtliche, denn Vater und Mutter konnten ja, nachdem sie ihre Keimzellen wieder verloren, ohne weiteres auch eine normale Teilung durchführen.

Hatte sich die „missglückte" Teilung einmal in der DNA niedergeschlagen, die ja von all diesen Vorgängen nicht unberührt bleiben konnte, so wurde dieser neue Weg ständig begangen. Die Teilung in zwei Geschlechter hielt ihren Einzug in die Welt. Das hatte große Vorteile, denn nun konnten verschiedene Erfahrungen vereinigt werden, was zu neuen Programmen und zur Vergrößerung der Reaktionsfähigkeit führte.

Das keimzellenartige Gebilde innerhalb einer Protozoe nennen wir den Sex-Faktor. Der Gipfelpunkt dieses folgenreichen „Fehlers" wurde gefunden, als sich eine Vierteilung einbürgerte, die in jeder Zelle einen halbierten Chromosomensatz hinterließ. Auf diese Weise entstehen übrigens unsere eigenen Keimzellen (Zygoten und Gameten). Die Entdeckung dieses Prinzips ging aber bereits mit der Schaffung mehrzelliger Organismen einher. Dem Ganzen war noch die Vereinigung mehrerer Chromosomensätze vorausgegangen, was wir gut verstehen können, wenn wir einfach annehmen, dass sich die entsprechenden Zellen einfach „gefressen" haben und durch die Vereinigung ihrer Programme etwas völlig Neues schufen: einen Organismus, wie er von den Einzellern niemals zu Stande gebracht hätte werden können.

Die Anlage zweier Chromosomensätze nennt man diploid, aber auch die Zusammenführung von drei oder gar vier Chromosomensätzen entstand und wurde bis heute beibehalten. Wir können sie in wenigen, äußerst widerstandsfähigen Pflanzen noch entdecken.

Alle Organellen innerhalb einer Hülle sind eigentlich Zellen in der Zelle. Sie sind Staaten im Staate, spielen nicht nur ihr eigenes Spiel, das aufeinander abgestimmt ist, sondern wirken auch am Stoffwechsel ihrer Wirtszelle mit. Eine nimmt, die andere gibt; eine steuert, die andere wird gelenkt...

Auch Chromosomen sind Zellen für sich, besitzen sie doch in sich bereits zellspezifische Strukturen, wie DNA-Abschnitte, die nur für die Selbststeuerung da sind, oder das eigene Zentralkörperchen. Sie teilen sich selbst ganz ähnlich wie die Hauptzelle und bilden sich vor jeder Teilung neu. Und damit fällt uns etwas sehr Wichtiges auf: Alle Prozesse, die wir bis jetzt geschildert haben, alle Entwicklungsstufen bis zum Chromosom und weit darüber hinaus laufen in jeder Zelle von Anbeginn an (!) stets von Neuem ab!

Das heißt: nicht die Idee oder der Bauplan an und für sich werden an die nächste Generation weitergegeben, sondern auch alle die Bedingungen, die für das Entstehen dieser Ideen sorgten! Urzeugung hat nicht irgendwann einmal stattgefunden, sondern ist ein fortlaufender, unaufhörlicher Prozess. In jeder Keimzelle unserer Lebewesen beginnt die komplette Evolution von Neuem! Jede ist zuerst nur Urozean, in dem zeitrafferartig alle Vorgänge, die zur Bildung des Lebens, führten, wiederholt werden. Darum löst sich der gesamte Organisationsapparat der DNA auch immer wieder auf und schafft sich dadurch genau jene Bedingungen, die ihn abermals entstehen lassen.

Ja, sogar das Zentralkörperchen löst sich auf und bildet sich wieder neu! Es ist, als wäre das Leben auf einer Schaukel von Werden und Vergehen...

Gerade das schon erwähnte crossing-over zeigt uns, wie dynamisch die Chromosomen selbst organisiert sind. Für dieses Phänomen kennt die Biologie zumindest zwei unzureichende Theorien. Die eine setzt Brüche der Chromatiden und kreuzweise Rekombination voraus und kann nicht erklären, weshalb diese Brüche so präzise erfolgen, dass die Chromatiden überkreuzt wieder zueinander passen; die andere spricht vom copy-choice und vermutet den Austausch einzelner Gen-Abschnitte während der DNA-Reduplikation, kann aber nicht erklären, wie sich in diesem Falle mehr als zwei Chromatiden rekombinieren können. Geht man aber so wie wir davon aus, dass die gesamte DNA neu entsteht und es schon dabei zu Überkreuzungen der Stränge kommen muss (sie werden als Chiasma bei den Chromatiden sichtbar), sind diese Unlösbarkeiten aus der Welt geschafft.

Einen weiteren Vorteil bringt unsere Anschauung noch, wenn wir annehmen, dass die Reduplikation der DNA abschnittweise und nicht im Gesamten erfolgt. Das Auseinanderziehen der DNA-Helix bringt nämlich Rotationen mit sich, die bei Auftrennung sehr komplexer DNA-Stränge bis zu 10 000 Umdrehungen pro Sekunde ausmachen müssten. Die Umfangsgeschwindigkeiten würden hierbei Überlichtgeschwindigkeit annehmen! Diese unglaubliche Zahl und die damit verbundenen Geschwindigkeiten verringern sich jedoch, wenn die Reduplikation gewissermaßen nur auf Raten erfolgt. Es ist auch nicht zielführend, die molekularen Grundlagen für die bestimmte Reihenfolge des DNA-Ab- und Aufbaus festzustellen. Diese Reihenfolge war von vornherein ziemlich wahllos und von den jeweiligen Möglichkeiten verursacht. Wichtig war nur, dass diese Reihenfolgen beibehalten werden mussten, weil immer wieder nur dieselben Bedingungen auftraten. Waren die DNA-Stränge lange, zusammenhängende Ketten, so war eine gewisse Abfolge der Informationsverarbeitung ohnedies gegeben. Sollte man einwenden, dass es merkwürdig sei, dass immer nur die alte und niemals die neue DNA abgelesen und abgebaut wurde, so müsste man wohl bedenken, dass sich diese Stränge energetisch und elektrisch stark unterscheiden.

Wahrscheinlich ist, dass auch die neue DNA abgelesen wird, aber nicht zerstört, und die endgültigen Informationen erst aus dem Zusammenspiel beider DNA-Komplexe zu Stande kommen. Dafür spricht auch das bereits angedeutete Phänomen der Polygenie.

Bei der Verdoppelung des Erbguts kommt es auf relativ hohe Präzision an. Milliarden von Basenpaaren müssen getrennt und neue passende Partner gefunden werden. Zu viele Fehler können für die

Tochterzellen tödlich ausgehen. Auf der anderen Seite sind kleine Veränderungen nötig, um auf neue Umweltbedingungen reagieren zu können. Um das zu verstehen, ist unsere neue Sichtweise sicher nützlich.

Die genauesten Rekonstruktionen und Analysen all dieser Vorgänge ist für den Zweck dieses Buches entbehrlich – abgesehen davon, dass den Forschern hier noch viel Arbeit bleibt. Uns genügt die Erkenntnis, dass die Phänomene Leben, Sexualität und Fortpflanzung im Grunde einfache Ursachen haben, aber in den enormen und quantitativ unüberschaubaren Möglichkeiten molekularer Reaktionen versteckt liegen. Sie sind prinzipiell keine Wunder und haben nichts Mysteriöses an sich.

Wir begreifen jedenfalls zumindest prinzipiell, dass atomare und molekulare Informationen im Laufe einer unglaublich langen Zeit das Leben auslösen konnten, ja sogar mussten. Das geschah immer noch ohne jedes Bewusstsein, vollkommen unter dem Zwang lückenloser Kausalereignisse. Und keinesfalls schwieriger zu verstehen ist es, wie sich zu diesem Können und Müssen eines Tages das Wollen und Entscheiden gesellte, also die Methode der Organismen, genau dies zu tun, was ihnen nützt: womit nichts anderes als die Entstehung von Trieben gemeint ist.

Wir haben bereits einen Trieb kennen gelernt: den Drang zum Licht, dessen Auslöser und Motor das Licht selbst ist. Nur jene Zellen, die diesem Trieb folgen konnten, indem sie richtige Geißeln oder ein lichtempfindliches Organ als Auge schufen, konnten überleben. Und ihre Nachkommen offenbarten natürlich diesen Trieb von vornherein. Entwickelte eine geschlechtliche Zelle Mechanismen, die ihre Wiedervereinigung sicherten, so wurde das zu einem Pluspunkt gegenüber Zellen, die es nicht taten. In der Regel (mit vielen Ausnahmen) konnten sich hier nur Zellen behaupten, die Funktionen entwickelten, die bei der Auffindung der anderen vorteilhaft waren, wie zum Beispiel die Reaktion auf hormonelle Signale. Und so kam Signalen dieser Art schon in den ersten Anfängen eine dominante Bedeutung zu. Das Eingehen auf diese Signale, funktionell genau dasselbe wie das Erkennen von Licht, offenbarte sich prompt als neuer Trieb – in höchster Vollendung eben als Geschlechtstrieb.

Und auf die gleiche Weise entwickelte sich ein Trieb nach Nahrung und jener gar nicht so geheimnisvolle Zwang, jeglicher

Zerstörung zu entgehen, indem sich störenden Einflüssen gegenüber Abwehrmechanismen oder Verhaltensweisen entwickelten, die zu nichts anderem führen mussten als zum Überlebenstrieb.

So etwas Ähnliches wie Triebe, gewissermaßen Triebvorstufen finden wir sogar schon im unbelebten, anorganischen Bereich. Manche Metalle, wie beispielsweise Aluminium, schützen sich (ebenso wenig mit Absicht wie Zellen) gegen etwaige Oxydation oder Säureangriff (was auf dasselbe herauskommt) mit einer dünnen Gashaut, die aus Atomen desselben Metalls besteht. Ähnliches geschieht auch bei anderen Substanzen vollkommen unwillkürlich, weil der Übergang vom Körper zur Umwelt sozusagen „weich" erfolgt; alle Elemente haben weiche Konturen, und dies ist in der Tat ein oft ebenso unbeabsichtigter wie wirksamer Schutz.

Es wäre wohl falsch, angesichts des Aluminiums vom Überlebenstrieb zu sprechen, wohl einfach deshalb, weil sich dieses Metall passiv verhält. Zum Trieb wird erst eine Aktion mit (scheinbarem) Ziel, aber das Ziel selbst erzeugt diese Aktion - wie wir beim Licht so deutlich sahen. Die Wurzel jedes Triebs liegt außerhalb des Lebewesens, das ihn offenbart. Wenn wir also auf der DNA das Programm für diverse Triebe suchen, gehen wir fehl. Wir finden höchstens ein Programm für das Verhalten, das wir als Trieb fehlinterpretieren können.

Dass Verhaltensweisen, also die Aktionen, die von den Trieben ausgelöst werden, tatsächlich genetisch verankert sind, bewies bereits Professor Walter C. Rothenbuhler durch seine Versuche mit Bienen. Und Professor Erich v. Holst zeigte uns, dass sich alle großen Triebe aus zahlreichen verhaltensgenetisch fixierten kleinen Trieben zusammensetzen.

29 Idee

Kehren wir nochmals zurück in die Anfänge zellulären Lebens im Urozean. Sicher fand unter den einzelnen Zellen bereits eine Art von Zusammenspiel statt und selbstverständlich zeigten sich auch schon die ersten Zeichen von Gegnerschaft.

Aber nicht nur die gegenseitige Zerstörung breitete sich aus, sondern auch die Vereinigung mehrerer Zellen zu Zellverbänden bürgerte sich bald ein. Manches lief eben einfach besser, wenn Zellen verschiedener Funktion - ursprünglich zufällig verbunden - einfach auf Dauer zusammenblieben. Ihre Dictysomen produzierten Kleb- und Haftstoffe und hielten auch die in der Teilung neu entstandenen Zellen fest.

Die gegenseitige Hilfeleistung, die damit ermöglicht wurde, offenbarte sich als weiterer Pluspunkt für den Fortbestand der Entwicklung nach oben. Ohne dieses Zusammenwirken wäre es gar nie zur Evolution gekommen. Verschieden spezialisierte Zellen, die vordem ihre Signalstoffe über das Wasser des Ozeans ausgetauscht hatten, nahmen die Vorteile kürzerer Signalwege wahr und offenbarten bald einen neuen Trieb - den der Zuneigung.

Heute noch wird uns dieser Übergang vom Individuum zum mehrzelligen Organismus durch die Aggregation von Schleimpilzen, von Acresin-Amöben eindringlich vor Augen geführt. Wird die Umgebung, in der diese Amöben leben, unwirtlich, so durchlaufen sie eine erstaunliche Verwandlung. Zuvor waren sie noch isolierte Zellen und nun vereinigen sie sich zu einer Masse, die aus Zehntausenden von Zellen besteht. Diese Masse bildet sofort verschiedene Formen aus, die sich ständig verändern. Es bildet sich ein Stiel, welcher plötzlich Zellulose enthält und ein Kopf aus Sporen, die sich ablösen und verstreuen...

Dieses spektakuläre Beispiel der Vereinigung zum mehrzelligen Organismus, welcher bereits an eine Pflanze erinnert, ist - wie man durch Versuche weiß - tatsächlich unmittelbar von der Umwelt erzwungen. Sie erfolgt durch das Vorhandensein einer entscheidenden Substanz (AMP) und führt zu einer wirklich neuen Lebensform, die durch ihre erhöhte Mobilität das Eindringen in andere Lebensbereiche ermöglicht. Auch für viele andere Zellorganismen war es praktisch, wenn sie beisammen blieben. Und hatte sich ein Mechanismus entwickelt, der dieses

Beisammenbleiben förderte und die Zellen zusammenwachsen ließ, so wurde dieses neue Prinzip auch auf der DNA verankert und beibehalten - wieder durch Informationslöschung. So bildeten sich mehrzellige Lebewesen, und die einzelnen Zellen entwickelten sich zu Organen und jedes Organ schuf eine spezifische Umwelt für das Nachbarorgan.

Gleichzeitig geschah aber noch etwas Wichtigeres: Es gab ja keinerlei Regel dafür, wie viele Chromosomen sich in einer gerade entstehenden Hülle einschlossen. Da entstanden Zellen mit vielleicht nur zwei, aber auch andere mit zwanzig verschiedenen Chromosomen oder mehr. Diese Zellen unterschieden sich anfangs nur in den Kernen deutlich, äußerlich waren sie sich noch durchaus ähnlich. Aber jedes dieser Gebilde trug ein anderes Programm für die Möglichkeiten in sich, auf die Umwelt zu reagieren. Bald musste es eine unvorstellbar große Zahl verschiedenster Zellen mit unterschiedlichster Chromosomenzahl gegeben haben. Zudem gab es auch, und wahrscheinlich schon früher, eigenständige Chromosomen, Viren, die sich in Zellen einnisteten und mitunter für eine weitere Zunahme der Informationen sorgten. Das wichtige an diesen gravierenden Ereignissen war: damals, in den ersten Anfängen schon, wurden alle, ausnahmslos alle (!) Programme erstellt und festgelegt, die in späteren Zeiten für die reiche Entfaltung des Lebens verantwortlich wurden! Diese Zellen oder Mikroorganismen waren, vollgestopft mit vielfältigsten Chromosomenkombinationen, die Urzellen aller (!) in der Vergangenheit oder heute lebender und zukünftiger Arten! Es gab also nicht nur eine Universal-Urzelle, die sich später in andere Formen teilte, sondern Tausende und Abertausende verschiedene Urzellen!

Eineinhalb Millionen Tierarten und ungefähr 400 000 Pflanzenarten gibt es heute noch, und nahezu jede von ihnen geht auf eine eigene Urzelle zurück! Alle später anwendbaren Erfahrungen waren prinzipiell bereits im Ozean als mögliche Zukunftsprogramme angelegt und untereinander ausgetauscht worden, ehe sie zum Tragen kamen. Dieser Austausch wird deutlich, wenn man das gesamte Erbgut eines Lebewesens entschlüsselt, wie dies derzeit schon in einigen Fällen gelungen ist. So brachte der Vergleich des Genoms von Thermotoga maritima - einem Eubakterium - mit den DNA-Sequenzen anderer Organismen ein seltsames Ergebnis: Fast ein Viertel der Gene stammt ursprünglich von Bakterien, die als

Archaen bezeichnet werden und weniger mit den Eubakterien verwandt sind als wir Menschen mit den Gänseblümchen. Das beweist den Austausch von Genen in einem bislang unbekanntem Ausmaß.

Das sehr frühe Austauschen, Kopieren und Weiterschicken von Genen führte dazu, dass auch später alle Organismen nach durchwegs ähnlichen Prinzipien funktionierten. Und dennoch hat jede Lebensform innerhalb seiner Art seine ureigenste Evolution. Das ist der Grund, weshalb sich keine missing-links, also Verbindungsglieder zwischen den Arten, auffinden lassen. Und man wird auch in Zukunft niemals echte Übergangsformen entdecken, weil sie niemals existierten.

Schleierhaft ist daran nur, warum man überhaupt jemals ernsthaft versuchte, die Vielfalt der Natur auf nur eine einzige Urform zurückzuführen. Nun gibt es einen guten Weg, die Evolution eines Lebewesens zu rekonstruieren. Ernst Haeckel (1834 - 1919) hat diesen Weg entdeckt. Es ist die biogenetische Grundregel, nämlich die Tatsache, dass in der Keimesgeschichte einer Art alle Stadien seiner Stammesgeschichte vorkommen; das heißt, dass alle Erscheinungsformen der Vergangenheit im Zeitraffer wiederholt werden, welche die betreffende Art in ihrer Evolution irgendwann einmal durchgemacht hat.

Alle Arten durchleben in ihrer Embryonalentwicklung ihre komplette Evolution noch einmal. Dass dies sogar von Grund auf schon in jeder Keimzelle mit der Urzeugung beginnt, betonten wir schon. Aber dieses Prinzip setzt sich weiter fort, bis das Lebewesen auf die Welt kommt, und genaugenommen sogar bis zu seinem Tod. Prägnant ist dabei, aber auch sehr logisch, dass diese Keimesentwicklung bei jeder Art in genau derselben Umwelt stattfindet, wie sie einst stattfand, und dass diese Umweltbedingungen durch spezielle Einrichtungen und Verhaltensweisen exakt gewahrt werden. Denn nur die gleichen Bedingungen schaffen gemeinsam mit dem Programm auf der DNA auch gleiche Ergebnisse.

Wer es bis jetzt noch nicht voll verstanden hat, wird es nun begreifen: die DNA alleine hat keine Bedeutung. Sie ist kein Befehlshaber, sondern auf eine sehr diffizile Art wirkt sie über die Ereignisse, die sie auslöst, auf sich selbst zurück; und erst dieser Kreislauf bildet den Organismus, ja, der Organismus ist nichts anderes als der unvermeidliche Ausdruck dieses Rückwirkens, er ist Weg und Wanderer zugleich.

Eine aus dem Zusammenhang gerissene DNA wäre ein Molekülstrang und sonst nichts. Denn immer war es die Umwelt, die bestimmte, ob eine gerade gefundene passende Form beibehalten wurde oder eine Veränderung erfuhr, falls es die DNA zuließ. Um eine prägnante DNA-Veränderung herbeizuführen, musste sich die Umwelt sehr drastisch ändern und dies zu einem Zeitpunkt, in welchem noch in die geschützten Bedingungen des Keimmilieus selbst eingegriffen werden konnte. Dann konnte es auch zu bleibenden Umgestaltungen kommen. Waren die Keimzellen durch mehrmalige Teilung bis zu einer gewissen Spezialisierung ausgereift, war auch das spätere Erscheinungsbild des Geschöpfes endgültig festgelegt. Es gab und gibt also nur eine kurze Zeitspanne, in der auch bei hochspezialisierten Lebewesen unmittelbar und effektiv auf die DNA eingewirkt werden kann. Aber alle diese Änderungen liegen streng innerhalb des Rahmens einst vorgegebener Information („die Entwicklung ist gerichtet") und konnten nur solange auftreten, bis die Information verbraucht war („die Entwicklung ist begrenzt"); Informationen konnten zwar gelöscht, aber nicht neu aufgenommen werden („die Entwicklung ist nicht umkehrbar")!

Besonders das embryonale Heranwachsen des Menschen gibt auf seine eigene Evolution deutliche Hinweise. Als Embryo hat er Kiemenbögen, und das bedeutet, der Mensch ist einmal „Fisch" gewesen aber er stammt nicht von den Fischen ab. Diese verwirklichten nur dieselbe Idee, bei welcher sie bis heute bleiben mussten. Was immer geschehen mag, aus dem Fisch würde sich niemals ein Mensch entwickeln können. Der Mensch war einst auch „Echse", ohne von den Echsen abzustammen, die es ja heute noch gibt; und so ist der Mensch einst auch das gewesen, was heute der Affe ist, ohne auch nur im geringsten von dieser anderen Art abzustammen. Und selbstverständlich blickt er keinesfalls auf dieselben Ahnen wie der Affe zurück! Denn dieser hatte von Anbeginn an seine eigene Evolution.[53]

Die Zellen des Menschen enthalten 46 Chromosomen. Und sie enthielten diese Anzahl schon immer. Auch als er „Fisch", „Echse" oder „Affe" war. Weder chromosomal noch vom Denkvermögen her war er jemals mit diesen heute noch lebenden Arten vergleichbar. Er lebte lediglich nach derselben „Idee".

Diese lebendigen Ideen waren umweltbedingt. In allen Evolutionen der verschiedensten Arten tauchten deshalb zu gleichen Zeiten einander sehr ähnliche organische Verwirklichungen auf. Auch die ursprünglichen Zellen im Urozean lebten nach einer einzigen Idee, aber natürlich individuell verschieden. Das ist das grundsätzlich Neue unserer Betrachtung: Die Chromosomensätze aller jemals lebenden Organismen haben sich seit ihrem Zusammenfinden in den ersten Urzellen niemals mehr zahlenmäßig erhöht, höchstwahrscheinlich auch nicht vermindert; der genetische Informationsniederschlag in der DNA erfolgte stets nur durch Löschung überflüssig gewordener Programme.

Das bedeutet: unter all den vergangenen Lebensformen müsste sich lückenlos eine Art mit 46 Chromosomen verfolgen lassen, die den jeweils vorherrschenden Ideen folgte und sich so wie sie äußerlich veränderte. Niemals später im Laufe der Evolution konnte der Chromosomensatz des Menschen entstehen. Schon in den ersten Anfängen musste im Urozean eine Art Qualle umhergeschwommen sein, die in ihren 46 Chromosomen die potenzielle Hochentwicklung bis zum Menschen trug. Eine Veränderung von Art zu Art war und ist niemals möglich, wie Zuchtversuche zeigen.

Ihrer Keimesgeschichte nach zu schließen, muss es eine Lebensart besonders leicht gehabt haben, auf dem Land Fuß zu fassen: die Pflanzen. Das ist auch weiter nicht verwunderlich - bezogen sie ihre Energie doch direkt aus dem Licht und ersparten sich damit viele triebbedingte Aktionen. Sie verließen sich auf Wind und Wasser oder auch auf andere Lebewesen, die zugleich mit ihnen entstanden waren und mit ihnen lebten, wie Bakterien oder Insekten. Diese sorgten sowohl für den Aufschluss der Nahrung als auch für das Weiterkommen der Chromosomen.

Pflanzen entwickelten scheinbar passive Verhaltensformen, die so vielfältig und perfekt sind, dass sie uns wie Wunder anmuten. Ihre „Idee" zu leben war offenbar so gut, dass sie bis heute Bestand hatte. Erst die sterbenden Wälder unserer Zeit zeigen uns, dass auch in vielen Pflanzen die Programme erschöpft sind und sie dem schnellen Wechsel der Umweltbedingungen sind mehr folgen können.

Dem Paläontologen Edgar Dacque (1878 – 1945) war es als erstem aufgefallen, dass die verschiedenen Erdzeitalter nicht einfach alle möglichen Lebensformen enthielten, sondern dass es für jede

Epoche ganz charakteristische Lebensformen gab. So war das späte paläozoische Zeitalter das des Molches. Die Triaszeit enthielt die Idee der Schildkröte. In der mesozoischen Epoche richteten sich die Landtiere auf - es war das Zeitalter der Riesenechsen. In der Jurazeit wurde die Idee des Fliegens entdeckt, wenngleich diese Idee schon viel älter war und bereits mit den Fluginsekten Furore machte.

Man glaubte bis vor kurzem, der Archäopteryx sei der älteste Vogel dieser Erde, aber James Jensen entdeckte in einem Steinbruch in Colorado eine Urvogelart, welcher er ein Alter von 140 Millionen Jahren zuschreibt. Wahrscheinlich werden noch ältere Exemplare zu finden sein, denn die Evolution der Vögel muss sich lückenlos bis zu den ersten Anfängen zurückverfolgen lassen, und es ist sehr wahrscheinlich, dass die grundlegende Idee jeder Art sehr schnell festgelegt war, nachdem das Leben auf dem Land verblieb.[54]

Dacque erkannte, dass diese phänotypischen Stufen keine reale Abstammungsbedeutung hatten, sondern sich lediglich aus einseitiger Spezialisierung der Lebewesen auf eine Idee ähnlicher Formenstadien ergaben. Das entspricht durchaus jener Informationsverarbeitung, wie wir sie annehmen. Allerdings sollten wir das Wort „Idee" nicht missverstehen, nichts war jemals von einer geistigen Absicht geformt, sondern stets ging es nur um bestimmte Lebensweisen, die sich einfach deshalb ähnlich sein mussten, weil sie nach denselben Prinzipien des Zusammenwirkens von Umwelt und Programm, also von Außenbedingung und Innenbedingung zu Stande kamen.

Heute finden wir diese Ähnlichkeiten noch besonders deutlich bei den Fischen und den Meeressäugern. Zwei vollkommen verschiedene Lebewesen sehen sehr ähnlich aus - und der Grund ist wohl nicht schwer zu erraten. Vor Beginn des Trias - vor 225 Millionen Jahren - gab es auf der Erde die Gruppe der Thecodontiae; kleine Reptilien, die bereits aufrecht liefen. Ihre Zähne saßen bereits in Alveolen wie heute bei den Menschen. Sie hatten auch schon fünffingrige Hände... Und damals schon musste es den Menschen gegeben haben, oder das, was er damals war! Ebenso wie die Thecodontiae muss er ausgesehen haben, aber mit 46 Chromosomen in seinen Zellen, deren Programme noch lange nicht abgelaufen waren. Er entwickelte sich weiter; aus den Thecodontiae wurden vielleicht Saurier, ja vielleicht, denn genauso gut könnten die Spuren der Thecodontiae, die wir heute noch finden, unsere eigenen sein!

30 Soma

Gehen wir zurück zu jener vierfachen Zellteilung, welche die Sexualität verursachte. Wir entdeckten damit Zellen, die an oder in sich eine zweite Zelle mit dem haploiden Chromosomensatz trugen. Eigentlich kam es nur auf diese Geschlechtszelle an; die ursprüngliche Zelle daneben war bereits ein Luxus, eine Fleißaufgabe der Natur, aber eine sehr nützliche, entwickelte sie doch jene Funktionen, welche die Geschlechtszelle transportierten, nährten und der Vereinigung zuführten.

Trug diese Luxuszelle ein umfangreiches Programm, so gab es keinen Grund, weshalb sie nicht weiterwachsen sollte, bis abermals eine Teilung einsetzte. So konnte sich ein Körper entwickeln, der die Aufgabe übernahm, den Keim zu schützen und die Umwelt des Keims zu erhalten und in späteren Entwicklungsstadien sogar nachzubilden.

Wieder sollten wir die verwendete Ausdrucksweise nicht missverstehen: es gab keine Aufgaben; niemand stellte sie - aber nichtsdestoweniger kamen nur jene Keime zur Fortpflanzung, deren Körper (Soma) eben die richtigen Funktionen ausübten. Waren sie dazu nicht fähig, so gab es den Organismus bald nicht mehr. Erst a posteriori, von unserer heutigen Sicht her, mutet es an, als hätte sich das Leben durchaus bewusst und absichtlich um die Pflege des Keims gekümmert.

Freilich wäre es einfach und verlockend, in all diesen Fällen einfach vom Zufall zu sprechen. Aber würden wir den blinden Zufall ins Kalkül ziehen, so würden alle die geschilderten Ereignisse sehr unwahrscheinlich sein. Die Wahrscheinlichkeit erhöht sich erst in ausreichendem Maße, wenn wir bedenken, dass es eine Vielzahl von Programmen gab, die, wenn sie auch vorerst gar nichts bedeuteten, doch den Einflussbereich des Zufalls stark einschränkten.

Das vielstrapazierte Argument, der Zufall könne das Leben nicht geschaffen haben, geht daher ins Leere. „Wie oft müsste man Eisenatome durcheinanderschütteln", fragten die Spitzfindigen unter den Biologen und Philosophen oft, „um dadurch ein Kraftfahrzeug zu Stande zu bringen?" Sie übersahen dabei, dass nicht von Eisenatomen die Rede sein durfte, sondern dass Motoren, Räder, Gehäuse und Getriebe zu kombinieren waren - und damit stimmt ihre Wahrscheinlichkeitsrechnung nicht mehr!

In der Entwicklung des Lebens war die Trennung in Soma und Keim der entscheidendste Moment. Der Antriebsmotor beider Formen aber steckt nur im Keim, und das bedeutet, dass der oft ausgesprochene fatale Gedanke, der Körper sei nur das Mittel zum Zweck und diene den dirigierenden Chromosomen nur als Instrument, durchaus richtig ist.

Jene fundamentalen beiden Triebe, der Selbsterhaltungstrieb und der Geschlechtstrieb - deren einfache molekulare Anfänge wir beleuchteten - waren es, die den Phänotyp, den Körper der Lebewesen verursachten. Denn nur durch die Funktionen und Aktivitäten des Körpers konnten diese Triebe auch zur Entfaltung kommen; die durch sie ausgelösten Aktionen aber bestimmten letztlich die Erscheinungsform des Organismus.

Auch der so überaus komplexe Apparat des menschlichen Körpers dient nur als Handhabe zum Zweck, feindliche Umwelt vom Keim abzuschirmen: durch das Erkennen dieser Umwelt und das Erteilen richtiger Abwehren, Reaktionen und Verhaltensweisen. Das Geschlecht bestimmt sich durch einen Unterschied in den Chromosomen. 22 Chromosomen des Menschen kommen paarweise vor (Autosomen), zwei Chromosomen unterscheiden sich voneinander: das X-Chromosom und das Y-Chromosom (das eines der kleinsten ist). Das X-Chromosom wird von beiden Geschlechtern getragen. Gesellt sich dazu ein zweites X, so entwickelt das Programm einen weiblichen Körper; gesellt sich aber ein Y statt dem zweiten X hinzu, so wächst ein Mann heran.

Beim Mann erfolgt die Bildung der Keimzellen aus den Epithelzellen der Hodenkanälchen kontinuierlich durch eine Art von Vierteilung, wie wir sie schon entdeckten. Dabei erhalten einige Keimzellen ein X, und einige ein Y. Das Geschlecht des zukünftigen Geschöpfes bestimmt daher ausschließlich der Samen des Mannes, da bei der Frau nur X-Chromosomen vorgefunden werden können.

Schon im Embryonalstadium der Frau werden in ihr die Keimzellen der nächsten Generation gebildet; wieder durch Vierteilung, wobei eine Zelle nahezu das gesamte Plasma erhält, während drei der Keimzellen einfach zugrunde gehen. Jede weibliche Eizelle ist eine Neuschöpfung der Urzelle. Sie enthält ein X-Chromosom neben den 22 anderen, und es kommt jetzt nur darauf an, ob der männliche Samen ein X oder ein Y mitbringt, um Frau oder Mann zu bestimmen.

Als sich diese Vorgänge andeutungsweise noch im Ozean abspielten, waren sie noch ohne Körper vorstellbar. Später diente der Körper nur dazu, die Urwelt Ozean künstlich aufrecht zu erhalten. Es sollte uns daher nicht überraschen, dass das Serum unseres Blutes in vielen Punkten tatsächlich dem Meerwasser gleicht. Wir tragen immer noch den Ozean von damals in uns umher.

Aber es kommt noch deutlicher: Wie eine Protozoe durchschwimmt der männliche Samen (Spermium) den weiblichen Körper und gelangt durch eigens dafür geschaffene Wege an die Eizelle, die er wie ein Virus infiziert, indem er seine Chromosomen in sie entlässt. Die Chromosomen beider Partner vereinigen sich zu einem Kern, und das Programm beginnt zu laufen. Auf die gleiche Weise könnten sich schon im Ozean zwei verschiedene Zellen begegnet sein.

Die Eizelle (Zygote) nistet sich bald in der Gebärmutter gewaltsam ein - wie ein Parasit - und als erstes kommt es zur Neubildung altbekannter Urwelt, des Ozeans in Form des Fruchtwassersacks und der Eihülle, in der das entstehende Embryo wie im Meerwasser schwimmen kann. Es beginnt also eine sehr alte und bewährte Form der Lebensentstehung. Und nun durchläuft das werdende Geschöpf alle Embryonalstadien seiner Stammesgeschichte.

Das sieht nach der Fruchtwassersackbildung aus wie eine urzeitliche, primitive Qualle, plump und undifferenziert, und bildet in der Folge eine Reihe von Merkmalen, die der geborene Mensch nicht mehr aufweisen wird. Das wird schon nach wenigen Tagen zum Molch, zum Fisch, zur Echse, zum behaarten Säugetier...

Die embryonalen Bedingungen sind es, welche die Grundform und spätere Erscheinung des neuen Geschöpfes festlegen. Eine unmittelbare Vererbung so fundamentaler Einrichtungen wie die der Organe findet dabei gar nicht statt. Es gibt auf der DNA kein Äquivalent für Lunge oder für Gehirn. Aber es existiert jeweils ein Programm, das in exakter Ausführung seiner Einzelschritte zu solchen Organen führen muss.

Wir verstehen dies besser durch ein Gleichnis: wenn wir den Körper und seine Organe mit den Dörfern und Städten dieser Welt gleichsetzen, und die Enzyme mit den entsprechenden Handwerkern, die sie erbauten, so sind es lediglich die Handwerker, die vererbt werden und niemals die Städte. So entstehen alle Organe, alle

Extremitäten und Merkmale durch kausale Aufeinanderfolgen einander bestimmender oder begrenzender Ereignisse. Organe wachsen förmlich in ihre Funktionen hinein, so wie einst die Zellen im Ozean sich spezialisierten, ohne von einem übergeordneten Programm gelenkt zu werden. Es gibt hier keinen Zufall und keine Auslese.

Was die DNA bestimmt, sind die Gestalter dieser Organe und nur indirekt der Erscheinungstyp des fertigen Geschöpfes, seine zellulären Eigenschaften, seine Möglichkeiten und seine Befähigungen...

Und wir dürfen nicht vergessen, dass diese Bestimmungsmacht der DNA wiederum von den Rückwirkungen der verursachten Strukturen abhängt. Es handelt sich, wie wir schon betonten, um einen interaktiven Prozess, und keinesfalls um ein stures Ausführen von DNA-Befehlen. Wäre dies wirklich so, bliebe Ursprung und Funktion der DNA absolut unerklärlich.

Es gibt ein Stadium des Menschenfötus, in dem es sich von einem Affenfötus nahezu nicht unterscheidet. Das zeigt, dass die - vollkommen getrennte! - Entwicklung der Affen ganz ähnliche Wege wie jene des Menschen ging, aber in einem früheren Stadium stehen blieb. Dasselbe gilt auch für Fisch, Molch und Echse...

Für alle Lebewesen, die sich höher entwickelten, gilt offenbar der gleiche Grundsatz: Eine Änderung der DNA-Struktur durch unmittelbaren Einfluss der Umwelt kann nur in der kurzen embryonalen Zeitspanne erfolgen, bevor die Eizellen der nächstfolgenden Generation angelegt sind. Wenn wir über diesen Umstand etwas nachdenken, kommen wir darauf, dass es eigentlich gar keine Evolution der Organismen gibt, sondern nur primär eine Weiterentwicklung der Fortpflanzungsmethoden. Denn auf die Keimesentwicklung kam es ja vorwiegend an. Das ausgewachsene Geschöpf hatte der Umwelt nur solange zu genügen, bis die Keimzellen wieder zusammenkamen. Das größte Wachstum brachte es im Ei oder Muttertier hinter sich, und nur während dieser Zeit wirkten die unmittelbaren Milieubedingungen bereits auf die nächste Generation ein.

Wenn der Mensch geboren wird, hat er rund 99% seiner Energie und seines Programms bereits verbraucht. In seinem darauf folgenden Leben rollt daher nur noch die Informationslawine zuende, die er als Embryo mitbekommen hat. Diese Art von Evolution, die wir hier entdecken, ist nicht jene Darwins. Es spielte nämlich gar keine besondere Rolle, wenn das Lebewesen im so genannten Kampf ums Dasein unterging, sofern es sich bereits fortgepflanzt hatte und das war ja sehr bald möglich. Mutation und „Kampf ums Dasein" sind deshalb für die Evolution recht untaugliche Argumente.

So gesehen, werden zumindest die Säugetiere, auch der Mensch, gerade doppelt so alt, als sie eigentlich müssten, um die Art zu erhalten (unter Einrechnung der Erziehungsperiode der nächsten Generation). Die Fähigkeit, über die Geschlechtsreife und Fortpflanzungsfähigkeit hinaus zu leben, ist demnach eine glatte Fleißaufgabe der Natur und keinesfalls ein Sicherheitsfaktor.

Nun gibt es für diese Anschauung, die sicher nicht unwidersprochen bleiben wird, sogar recht deutliche Bestätigungen: Hackt man erwachsenen Mäusen generationenlang die Schwänze ab, so kommen schon deshalb niemals schwanzlose Mäuse zur Welt, weil auf ihre Embryonalbedingungen gar nicht eingewirkt wurde. Setzt man trächtige Mäuse aber der Kälte aus, so bekommen ihre Nachkommen prompt ein wärmeres, dichteres Fell - das sogar über Generationen hinweg beibehalten wird.

In unserer Einleitung erwähnten wir auch schon das Beispiel mit dem Alpensalamander, an das wir jetzt erinnern möchten. Auch das Phänomen mit den Schmetterlingsflügeln haben wir bereits vorweg genommen. Es handelt sich in diesen Fällen nicht um Mutationen. Nicht unerwähnt soll auch sein, dass der Mensch bereits von der Möglichkeit, auf die Embryonalbedingungen direkten Einfluss zu nehmen, ganz bewusst Gebrauch macht. Es existiert eine Methode, in welcher die werdende Mutter sich eine Unterdruckkabine um den Unterleib legt. Man ist nämlich darauf gekommen, dass unter solchen Bedingungen aufwachsende Säuglinge sich kräftiger entwickeln und über einen höheren Intelligenzquotienten verfügen.

Es gibt also tatsächlich erwerbbare Eigenschaften, die auch weitergegeben werden - aber nur innerhalb einer ganz bestimmten, kurzen Embryonalperiode. Die anderen gängigen Evolutionsfaktoren, wie Mutation und Auslese sind erstens von untergeordneter Bedeutung und zweitens in keinem Fall dazu geeignet, einen Übergang zwischen den Arten herzustellen. Die Anzahl nützlicher Mutationen ist außerdem viel zu gering für derartige Thesen.

Rekapitulieren wir kurz, wodurch sich unsere Betrachtung von den herkömmlichen Evolutionstheorien unterscheidet:

- Jede Art blickt auf eine eigene Urzelle zurück. Alle Arten entwickelten sich genetisch voneinander unabhängig.
- Die Umwelt wirkt in einer kurzen Embryonalperiode auf das Programm der DNA ein; das ist der Hauptgrund für Veränderungen innerhalb einer Art.
- Mutationen verändern bestenfalls den Phänotyp einer Art, schaffen aber niemals eine neue Art.

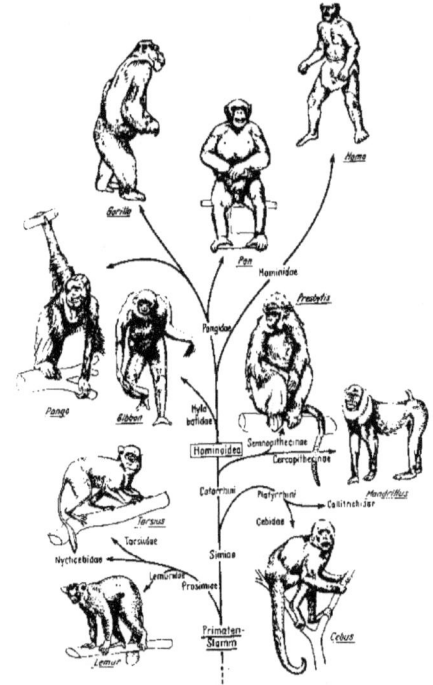

Abb. 124

- Das Prinzip der Auslese erklärt nur das Verschwinden diverser, schlecht angepasster Lebensformen, wirkt daher niemals direkt auf die Evolution im Sinne einer Weiterentwicklung ein.
- Selektionen durch bevorzugte Partnerwahl infolge auffälliger Merkmale (Signale) haben eine große Bedeutung innerhalb der Art. Selbstverständlich schaffen sie niemals Zwischenformen.
- Es gibt daher keine „missing-links".

• Die DNA als Programmstruktur ist dynamisch und besitzt einen Informationsüberschuss, der im Laufe der Zeit verwertet wird.

Die lebensbaumartigen Abstammungsbilder der Tier- und Pflanzenwelt sind daher schlichtweg irreführend. Greifen wir einen dieser falschen Pläne betreffend den Zusammenhang des Menschen mit der Entwicklung der Affen einmal heraus (Abbildung 124).

Die Frage war, an welcher Stelle des Stammbaums sich die Menschen von den Affen trennten. Diese Trennungsstelle wird in letzter Zeit immer tiefer angesetzt. Richtiger wäre wohl, die Abstammung so darzustellen, wie es die Abbildung 125 demonstriert.

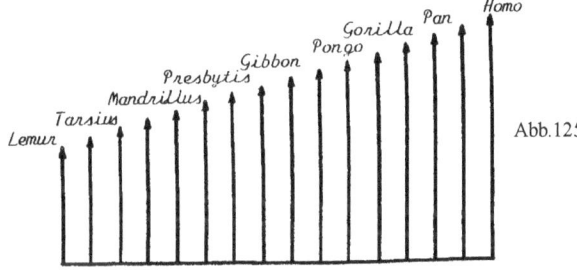

Abb. 125

Ebenso unrichtig wie die üblichen Stammbäume müssen die Folgerungen sein, die man aus Vergleichsanalysen der Aminosäuresequenzen zieht. Auch anorganische Kristalle lassen sich schließlich in Klassen einordnen, ohne voneinander abzustammen. In diesem Zusammenhang ist bedeutsam, dass Eiweißstrukturen oder funktionell wichtige Moleküle während der Entwicklung oft ihre Plätze wechselten, ohne die Funktion des betreffenden Organs zu verändern. Aminosäuresequenzen sind sich aus dem gleichen Grund ähnlich wie Walfische und Haie; sie arbeiten ja unter durchwegs ähnlichen Bedingungen!

Was das Geschehen in der organischen Welt so lebendig erscheinen lässt, ist die unglaubliche Geschwindigkeit der Abläufe. Würden wir die geologischen Veränderungen unseres Planeten, also anorganische Prozesse, die sich über Jahrmillionen hinweg erstrecken, im Zeitraffer sehen, so wäre auch die Erde ein höchst lebendiges Ding mit durchaus lebensähnlichen Kausalketten wie jene im Molekularbereich der Zelle. Da wachsen Kristalle nach ihren strengen Regeln und Auswahlbedingungen; manche nehmen

Fremdatome auf und manche tun es um keinen Preis (Quarz); da bilden sich Minerale und Kristallstrukturen der Erdkruste ebenso wie die amorphen und metamorphen Verbindungen des Gesteins. Sie schmelzen zu Magma, erstarren hochsteigend wieder zu neuen Formen; da bilden sich durch Verwitterung Sedimente, rollen und wälzen sich dahin, schleifen sich glatt, werden zu Schotter und Sand; Kontinente verschieben sich, türmen Gebirge auf; Höhlen werden durch Auslaugung und chemische Prozesse gebildet; die Erde stürzt ein und formt Täler, karstige Landschaften, zerklüftete Hügelketten...

Druck, Temperatur und das Programm der Atome bestimmen das fließende Bild und alles bleibt immerfort in Bewegung. Große Kreisläufe bilden sich aus: jene des Wassers und jener der Felsen. Aus Sedimenten entstehen wieder metamorphe Gesteine, schmelzen sich zu Granit auf und verwittern wieder zu Sedimenten. Magmatische Kreisläufe treffen sich mit jenen der Kristallisationen; Stoffe verändern sich und was in diesen Kreisläufen letztlich gebildet wird, ist die Erdkruste selbst, auf der wir leben. Der Abfall dieser Prozesse landet im Ozean, nicht zur Untätigkeit verurteilt, sondern Baustoff für den Kreislauf der Lebensmoleküle, welcher den anorganischen nicht unähnlich, aber mit höherer Geschwindigkeit abläuft.

Das eine greift in das andere - und so hat auch das Leben selbst seinen Anteil an den geologischen Prozessen, fördert sie oder hemmt sie... Das Erstaunliche ist in all dem lediglich, dass man für die langsamen, nicht minder vielfältigen und dynamischen Prozesse der Landschaft mit den Gesetzen der Physik und Chemie viel schneller hinlängliche Erklärungen fand, während man das Leben immer mit einer gewissen Scheu untersuchte, als wäre es etwas grundsätzlich anderes als das Hochtürmen des Himalaja. Aber es ist prinzipiell dasselbe. Wären die Silizium-Mineral-Strukturen dieser Erde nicht nur informationsverarbeitende sondern auch erkennende Gebilde, so würden sie womöglich wohl ebensolche Scheu vor der Erklärung ihrer selbst haben, wogegen in den Molekularabläufen der Kohlenstoffverbindungen für sie kein Rätsel läge...

Und das sind die beiden großen Partner der beiden gigantischen Hauptkreisläufe Leben und Lebensbühne: Kohlenstoff und Silizium.

Ähnlich wie Kohlenstoff ist auch Silizium unsymmetrisch und für verschiedenste Verbindungen gut geeignet. Sogar die Tetraederverbindung des Diamanten kann vom Silizium nachgeahmt werden (in Verbindung mit Sauerstoff, SiO).

Der Kreislauf des Wassers und jener der Wärme halten den Kreislauf der Gesteine aufrecht und formen die geologischen Strukturen; der Kreislauf der schweren DNA und jener der RNA halten den Kreislauf der Eiweißmoleküle aufrecht und formen die lebendigen Strukturen. Alle diese Kreisläufe sind voneinander nicht zu trennen, können niemals isoliert betrachtet werden. Ebenso wenig wie die geologische Veränderung der Erde einen „Vitalismus" benötigt, bedarf das Leben irgendwelcher geheimnisvoller Kräfte - denn es sind dieselben, die auch im Großen wirken. Und schließlich treibt das ganze Spiel nur eine einzige Kraft an – das Abstoßungsprinzip innerhalb der Matrix des T.A.O., der kosmische Druck!

Ebenso wie die keinesfalls zufälligen Ergebnisse der geologischen Geschichte der Erdkruste sind die Resultate der Evolutionen (wir müssen wohl den Plural wählen) zurückführbar auf „nackte" Physik und Chemie. Auch der Chemiker im Labor verursacht künstlich Umwelt; er rüttelt und schüttelt, erhitzt und kühlt ab, bestrahlt, belichtet und verdunkelt... Jede Reaktionsreihe in seinen Gläsern läuft gemäß den geschaffenen Bedingungen ab, immer auch dem Grundsatz des Strebens nach Entropie, dem Fluss zum geringsten Energieniveau folgend, und dennoch oder gerade darum bilden sich hochkomplizierte Moleküle, Kohlenstoffketten, die denen des Lebens sehr ähnlich sind.

Der Chemiker der Natur ist die Umgebung und Umwelt - im weiteren Sinne der Alldruck. Unter Druck gesetztes Plastilin verformt sich; wir können mit den Händen Plastilin in die abenteuerlichsten Formen kneten, die alle subjektiv vollkommen unwahrscheinlich für das Plastilin sind. Erkennen wir die knetenden Hände nicht an, so besitzt das Plastilin wunderbare, geheimnisvolle Eigenschaften, und wir wüssten nicht, wie sie zu Stande kommen.

Die Kraft zum Leben kommt aus dem Kosmos selbst. Weil er sich rund um die Erde erstreckt, knetet er Atome und Moleküle zu lebendigen Kristallen heran. Die Vielfalt des Lebens geht auf die Vielfalt seiner Atome und Moleküle zurück, welche die „Knetmasse Leben" auch von innen her in bestimmte Bahnen und Formen zwingt.

Das Soma, der Körper ist ein „Abfallprodukt". Er war so wenig wichtig, dass die Natur noch kein Programm für ihn geschaffen hat, das endlos weiterläuft. Alle Programme sind begrenzt, sie können sich im weiteren Verlauf einer wechselnden Umwelt - durch

Mangelfunktion der Organe verursacht - nicht sehr lange anpassen. Je embryonaler ein Lebewesen ist, das heißt, je länger sich seine Lebensspanne über jenen Zeitraum erstreckt, in welchem die Umwelt auf die DNA einwirken kann, desto unsterblicher ist es. Einzeller sind daher potenziell unsterblich. Auch der Einzeller im Menschen, die Keimzelle ist es. Aber sie wechselt die Hüllen um sich und jede Hülle stirbt... Lebewesen, bei denen dieser Hüllencharakter des Soma noch nicht so ausgeprägt ist, die gewissermaßen ständig in embryonalem Zustand leben, besitzen eine bis zur Reduplikation gehende Regenerationsfähigkeit. Sie reparieren sich selbst.

Derartige Reparaturen finden bereits im Chromosom statt, das ja schon ein eigenständiges Lebewesen darstellt, auch wenn es ein eigensinniger Parasit zu sein scheint. Der berühmte Wasserpolyp Hydra repariert sich gleich zu neuen Hydras, wenn man ihn in kleine Stücke zerhackt... Dasselbe findet man auch bei gewissen Würmern, ja nahezu bei allen Lebewesen von ähnlicher Einfachheit - auch bei vielen Pflanzen. Die Zellen eines Schwammes kann man nahezu zur Gänze voneinander trennen, die isolierten Zellen aber vereinigen sich sofort wieder zu einem neuen Schwamm. Auch beim Menschen werden gewisse Organe ständig regeneriert. Das Blut etwa oder die innere Gebärmutterschleimhaut der Frau.

Viele Regenerationen in der Natur sind meist umweltabhängig, erfolgen nur bei bestimmten Temperaturen oder werden durch Hormonsignale ausgelöst. Oft sind sie durchaus vorgeplant, wie man an den Bruchstellen von Eidechsenschwänzen erkennen kann; mithin sind sie ein integrer Bestandteil aller Funktionen und, wie man vom Endometrium der Frau weiß, durchaus wichtig und zweckmäßig. Wichtig insofern, wieweit die Erhaltung und Regeneration eines Organs für die Keimzelle selbst von Bedeutung sind. Die unmittelbare Umwelt des Keims muss im Gleichgewicht mit dem Keim stehen. Wird es gestört, so wird es wieder hergestellt.

Das alles ist nicht weiter erstaunlich; auch eine Kristallspitze wächst von selber nach, wenn man sie abbricht. Regenerieren heißt, zerstörtes ersetzen. Die Neugeburt eines Menschen ist nichts anderes als die Regeneration einer verlorenen Hülle. Die Keimzelle regeneriert somit unaufhörlich ein neues Soma um sich. So betrachtet, wird der Mensch zum Organ, das zu ersetzen ist. Das eigentliche Lebewesen heißt Urzelle, Keimzelle; jenes erste Gebilde

- vor Jahrmillionen entstanden - lebt noch immer und nach wie vor nach denselben Regeln wie dazumal. Es erzwang die ständige Regeneration der Hülle, die sich immer während wandeln musste, um die Wirkungen einer kontinuierlich wechselnden Außenwelt auf eine stets gleichbleibende Innenwelt zu transformieren.

So logisch dieser Grundsatz ist, so hat er doch recht triste Aspekte für die Hülle, wenn sie ihren Wegwerfstatus erkennt - denn offenbar ist das Endziel für sie der Tod. Aber schließlich ist er auch der Preis dafür, dass ein Organismus sich so hoch entwickeln durfte, dass er Umwelt wahrnehmen und sich ihrer bewusst werden konnte. Nur die ständige Regeneration mit dem Tod am Ende brachte auch eine Weiterentwicklung.

So gesehen ist der Tod etwas Selbstverständliches und nichts Mysteriöses haftet ihm an. Wie hoch wir diesen Preis einschätzen, ist Sache unserer subjektiven Interpretation. Niedere Tiere wissen nichts vom Tod - wenn wir vom Schimpansen absehen, welcher vermutlich in der Lage ist, den Tod als solchen zu erkennen -, und ebenso wenig erfährt unsere Leber etwas von ihrem Untergang. Auch wir selbst erfahren nichts von unserem eigenen Tod, aber wir erkennen den Tod der anderen. Weil wir auch niemals uns selbst erkennen, sondern wir nehmen eine Umwelt wahr und uns selbst in ihr.

So nüchtern und unbeliebt diese Betrachtungsweise auch sein mag, so hat sie doch auch einen erfreulichen Aspekt: das Ende der Evolution ist nicht etwa generell auf der DNA vorprogrammiert. Nirgends steht auf ihr das Wörtchen „Schluss". Denn auch für eine solche Art von Vorsehung war dem Keim die Hülle nicht wichtig genug. Richtig ist wohl vielmehr, dass das Programm der DNA noch viele, viele Möglichkeiten enthält, die noch gar nicht genutzt sind und erst in späteren Generationen zur Wirkung kommen werden. Wir haben daher Grund zur Annahme, dass die Entwicklung unserer Art noch lange nicht abgeschlossen ist.

Auch wenn mit der Dynamik der DNA ein Informationsverlust einhergeht, so sterben wir in der Regel nicht aus diesem Grund; wir sterben am Zusammenbruch der Organisation der Organe, und hiefür gibt es primär nur einen Grund: der innere Ozean bleibt nicht ewig erhalten. Die meisten Todesursachen hängen irgendwie mit der Durchblutung unserer Organe zusammen. Würde diese Durchblutung immerfort gleich gut funktionieren, also nicht durch Ablagerungen und Organinsuffizienzen gestört werden, so wäre unsere Lebenserwartung einzig allein durch jene der Gehirnzellen bestimmt.

Andererseits ist die codierte Vorsehung des Todes möglich. Da die Natur offensichtlich von allen Möglichkeiten Gebrauch gemacht hat, wurde auch dieser Weg beschritten. Am bekanntesten ist dieses Phänomen wohl am Beispiel der Lachse, die nach erfolgter Laichung durch ein Todeshormon zugrunde gehen. Auch bei Tintenfischen hat man bereits einen ähnlichen Prozess beobachten können. Vielleicht sind diese Tiere tatsächlich am Ende ihres Programms; wahrscheinlicher ist jedoch, dass ihr Tod einen unmittelbaren Zweck für den Keim erfüllt. Dies wäre noch genauer zu erforschen. Möglich ist, dass der Tod zur Anreicherung der Umgebung mit notwendigen Substanzen, Nährstoffen oder Hormonen führt, die auf keinem anderen Weg für die Nachkommen zu beschaffen wären. Wir finden dieses Prinzip bei manchen Insekten, wo das Muttertier stirbt, um Nahrung für den Nachwuchs zu sichern.

Daraus ist zu entnehmen, wie gleichgültig die Natur dem Tod der Hülle gegenüber steht, welcher ohne weiteres selbst als Mittel zum Zweck eingesetzt wird. Genaugenommen stirbt kein Lebewesen der Welt sinnlos - gibt es doch die Urbestandteile des Lebens wieder in den Kreislauf der Natur zurück: die Atome. insbesondere die nicht in unermesslichen Mengen zur Verfügung stehenden Kohlenstoffatome, ohne die es kein Leben gäbe.

In letzter Zeit mehren sich die Beweise, dass innerhalb menschlicher Zellen die Anzahl der möglichen Zellteilungen durch einen Genom-Abschnitt (Telomer) vorherbestimmt ist. Es scheint demnach doch so, als hätte auch der Tod einen Weg gefunden, sich auf der DNA nieder zu schreiben.

..

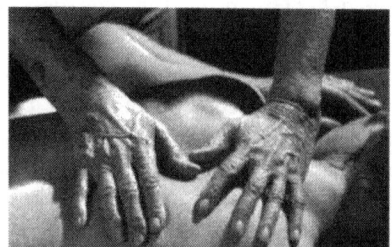

31 Gefühl

Eine Protozoe oder Bakterie, die da so dahinvegetiert und in ihren Genen einen gigantischen Informationsüberschuss mitschleppt,[55] der ihr noch zukünftige Evolutionen ermöglichen soll, hat weder von dieser latenten Zukunft noch von ihrem gegenwärtigen Dasein eine besondere Kenntnis. Sie nimmt fast nichts wahr, und für das Wahrgenommene hat sie „keine Namen". Aber auf eine vage Weise fühlt sie die Umwelt bereits - ebenso wie schon ein Atom das andere durch Widerstandwahrnehmung zu spüren scheint.

Umwelt fühlen hat verschiedene Grade. Ein Chlorophyllmolekül spürt nur das für seine Funktion wesentliche: das Licht. Damit wird dieses Molekül bereits zu einer primitiven Art von Sinnesorgan, das aus der Umwelt nur einen abgegrenzten Wahrnehmungsbereich selektiert.

Diese Vorstufen von Sinnesorganen gab es längst, bevor es so etwas wie Nerven oder Gehirne gab. Und schon in den Anfangszeiten musste es Organe gegeben haben, die Umwelt zwar noch nicht erkennen aber in gewisser Weise nachahmen konnten.

Nachahmen heißt in diesem Fall, denselben Zustand von sich aus einzunehmen, der von einer bestimmten Umwelt verursacht worden wäre. Auf diese Weise sind auch Moleküle oder Organellen denkbar, die nicht nur Licht erkennen, sondern auch selbst verursachen. Sie bringen ihre Atome genau in solche Schwingungszustände, die in letzter Konsequenz eben als Botschaft „Licht" bedeuten.

Tiefseefische verwenden solche Lichtquellen, aber auch vom Glühwürmchen und von vielen Bakterienarten her kennen wir diese Art von Licht. Es ist kaltes Licht, nicht durch Wärmeanregung hervorgebracht, sondern durch chemische Reaktionen, die tatsächlich eine Nachahmung oder Umkehr des Lichterkennens darstellen.

Solche überraschenden Nachahmungs-Funktionen und Triebe gibt es in allen Organismen noch heute, und dies einfach deshalb, weil sie von der inneren Informationsflut ermöglicht wurden und noch immer werden. Es versteht sich von selbst, dass gerade jene Verhaltensweisen, die dem Keim zum Weiterkommen verhalfen, sich just durch dieses Weiterkommen fixierten; diese Triebe wurden zu einem unersetzlichen Bestandteil des Verhaltens. Eiweiß-Struktur-Erbauen, Dem-Licht-Zudrehen, Der-Nahrung-Nachschwimmen, Partner-

Keim-Verfolgen, Der-Störung-Ausweichen ... all dies sind komplexe Verhaltensmuster, welche die Gesamterscheinung des Lebewesens mitbestimmten - durch Schaffung von Organen, die dieses Verhalten unterstützten.

Aber lange Zeit liefen diese Verhaltensklischees, aus Nachahmung und Reaktion entwickelt, natürlich vollkommen unbewusst ab, so unbewusst, wie ein Stein fällt oder Wasser fließt, oder so unbewusst, wie ein Motor läuft und die Zahnräder eines Getriebes ineinander greifen...

Alle fundamentalen Funktionen, die der reinen Erhaltung des Organismus dienten, sind bis zum heutigen Tage unbewusst geblieben - also die zellulären Stoffwechselfunktionen, die Tätigkeit der Organe, das Schlagen der Wimpern und Geißeln, die auch in unserem eigenen Körper immer noch ihr Werk tun (z. B. in den Bronchien). Es sind uralte, eingespielte Mechanismen. Ihr unmittelbarer Verursacher und Verknüpfer ist die DNA in Verbindung mit den Ribosomen, die praktisch eine erste Art von Gedächtnis (Archiv) darstellen.

Wir hoben schon hervor, wie sehr es für ein umweltbedingtes Lebewesen von Vorteil war, auf ganz bestimmte und beschränkte Bereiche der Umwelt - wie Licht oder Wärme – besonders einzugehen. Vorerst gab es nur die Möglichkeit, das Verhalten der Molekularmaschine von vornherein auf diesen Bereich einzupendeln, wobei die Grundlagen dieses Verhaltens rein physikalischer Natur waren - wie beispielsweise der Spin des Lichts.

Aber es gab bald auch einen anderen Weg: die Bildung von Organen, die sich auf das Wahrnehmen der Umwelt spezialisierten, ebenso wie andere Organe auf bestimmte Stoffwechselvorgänge oder Synthesen spezialisiert wurden.

Wie offenbart sich „Umwelt"? Gleichgültig um welche Botschaften es sich handelt, ausnahmslos sind es Schwingungen, genauer ausgedrückt Impulsfolgen - ganz egal, ob es sich um Licht, Wärme oder Schall handelt. Das vereinfachte die Angelegenheit natürlich sehr - mussten doch lediglich Strukturen entwickelt werden, die in der Lage waren, ausschließlich Impulse zu absorbieren und unter ihnen eine bestimmte Auswahl zu treffen.

Jede Atomart liefert hier bereits ein unterschiedlich selektives Verhalten; das gilt auch für Moleküle, wenn sie besonders charakteristische Atome derart einbauen, dass sie schwingen und eingefangene Energie in Elektronenwellen transformieren können. Im Chlorophyll ist es das Magnesiumatom, das diese wichtige Rolle übernommen hat. Es liefert bei Lichteinfall elektrischen Strom und funktioniert nicht viel anders wie eine gewöhnliche Fotozelle.

Nun sollte es uns nicht überraschen, dass wir die Grundstruktur des Chlorophylls in allen Körpern, pflanzlichen wie tierischen, an Stellen wiederfinden, die mit der Umwelt in besonders innigen Kontakt stehen (Atmungs- und Sehfunktion). Je nachdem, ob diese Grundstruktur (Porphyrin) ein Eisen-, Magnesium- oder Kobaltatom eingebaut hat, ergibt sich seine besondere Funktion – die Kombination mit Eisen kennen wir als Hämoglobin.

Alle diese Porphyrine sind Farbstoffe des Körpers - das heißt aber nichts anderes, als dass diese Strukturen vorwiegend mit dem Licht etwas anzufangen wissen; einen Teil absorbieren sie, einen anderen Teil reflektieren sie. Dadurch ergibt sich ihre Farbe. Chlorophyll erscheint uns grün, Hämoglobin rot und Porphyropsin purpurfarben (Sehpurpur des Auges).

Alle Porphyrine können aber noch etwas: sie erzeugen bei entsprechender Anregung selbst Licht (Fluoreszenz). Der Chemiker kann Porphyrine in anderen Substanzen leicht nachweisen, indem er sie mit UV-Licht anregt. Sie antworten darauf deutlich mit farbigem Licht. Die Existenz solcher Moleküle (auch die Basen der DNA und RNA enthalten bereits solche Porphyrinringe), leicht ermöglicht durch die speziellen Bindungseigenschaften des Kohlenstoffs, erlaubte schon in den ersten Anfängen die Bildung eines Sinnesorgans, das wahrscheinlich vor allen anderen entstand: das Auge - im weitesten Sinne.

Die einfachste Art von Auge war wohl nur ein Schattenlieferant (ein Pigmentfleck) und ein lichtempfindlicher kleiner Abschnitt irgendwo im Inneren einer Protozoe. Fiel auf das lichtempfindliche Fleckchen Licht, so war offenbar die Schwimmrichtung falsch. Das Tierchen brauchte nur darauf zu achten, dass dieser Fleck im Schatten des Pigmentes blieb, dann stimmte die Richtung.

Wir haben die induktiven Zusammenhänge – Repression zellulärer Prozesse bei „falscher" Richtung - schon aufgezeigt; jedenfalls konnte (und musste) die Protozoe auf diese Art bereits dem lebensnotwendigen Licht folgen (Abbildung 126).

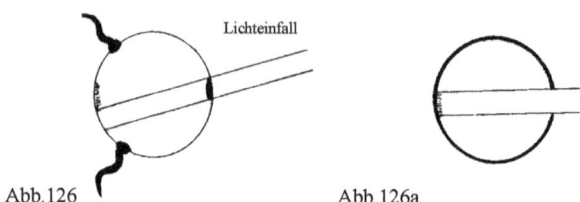

Abb.126 Abb.126a

Auch der umgekehrte Weg war möglich, eine Art Höhlenauge (Abbildung 126a), das später beim Tintenfisch und beim Menschen zur höchsten Vollkommenheit kam. Aber das einfache Licht- und Schattenauge finden wir bereits bei Einzellern (Infusorien) an, und es hat offenbar zur Erhaltung der Art ausgereicht.

Was auch beim einfachsten Auge bereits notwendig wurde, war die Schaffung von Organellen, die sich darauf spezialisierten, die Impulse jener Elektronenwellen weiterzuleiten, die von der lichtempfindlichen Struktur erzeugt wurden. Es mussten also elektrische Leitungen gelegt werden, Gewebe, die nach dem Akkumulatorprinzip elektrische Potentiale festhalten und weitergeben konnten.

Diese Strukturen - schon in der Protozoe nichts anderes als Zellen in der Zelle - sind spezielle Gebilde, die bis zu einen Meter lang werden können. Es sind die Nerven, und diesen elektrischen Leitungen in allen Lebewesen haftet heute nichts Unverständliches mehr an; ihre Funktionen sind weitgehendst aufgeklärt. Membranen spielen in ihnen eine große Rolle; sie ändern ihre Polarisation mit Hilfe von Acetylcholin, ein Molekül, das durch Elektronenwellen aus den vesikulären Strukturen freigelegt wird, und verändern damit die Durchlässigkeit für Natriumionen.

Das bekannte Spiel von Polarisation und Depolarisation (Acetylcholin wird durch das Enzym Cholinesterase sofort wieder abgebaut) überträgt die Impulse. Synapsen - wieder Membrankonstruktionen - übergeben diese Impulse von Nervenzelle zu Nervenzelle; sie bestimmen die Richtung und die Geschwindigkeit.

Was mit der Schaffung der Leitungen samt ihren motorischen Organen (Endplatten, Synapsen etc.) einherging, war die Bildung einer Koordinationsstelle, einer Zelle, die in der Lage war, erstens mit den Impulsen etwas anzufangen und zweitens selber welche loszuschicken, beziehungsweise die empfangenen Impulse in die richtigen Bahnen zu leiten (wieder ergibt sich das „richtig" durch Induktionswirkung). In der Protozoe ist diese Zentrale ein einfaches Motorium, eine Zellorganelle, die im Prinzip bereits wie ein Neuron (eine Gehirnzelle) funktioniert. Wie aber funktioniert ein Neuron?

Um die Funktion eines Neurons zu verstehen, müssen wir wie in allen Fällen wieder nach dem Einfachsten suchen, nach der simpelsten Struktur, die es zu Stande bringt, Impulse zu identifizieren, analoge Entscheidungen zu treffen und Aktionen auszulösen. Eine derart einfache Struktur finden wir in der Lernmatrix, wie sie heute bereits in Computern, die sich selbst durch Lernen programmieren können, Anwendung findet. Machen wir daher einen kleinen Ausflug in die Datenverarbeitung (Abbildung 127):

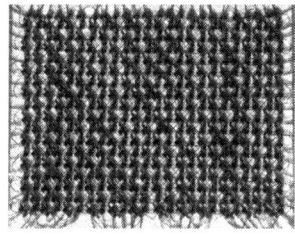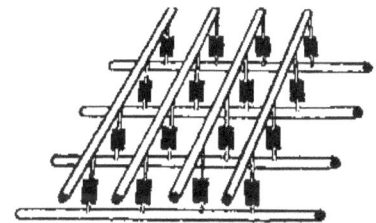

Abb.127

Die Abbildung zeigt, wie eine Lernmatrix prinzipiell im Computer verwirklicht ist. Wie in einer Ringkern-Speicher-Matrix (links) eines Elektronenrechners sind hier zwei Sätze paralleler Drähte rechtwinklig so zueinander gekreuzt, dass jeder senkrechte Draht jeden waagrechten einmal schneidet. (Die Bilder stammen allerdings aus der Computer-Steinzeit, heute sind nur noch integrierte Schaltkreise in Verwendung.) In jedem so gebildeten Schnittpunkt befindet sich ein Speicherelement, zum Beispiel ein kleiner Metallpapier-Kondensator (rechte Abbildung). Seine Kapazität lässt sich durch ein teilweises Ausbrennen des Metallpapiers Schritt für Schritt verringern; man muss ihn dabei nur Überspannungen aussetzen.

Ein Kondensator, der oft auf diese Weise beansprucht wird, hat am Ende der Lernphase eine erheblich kleinere Kapazität als ein anderer, der kaum unter Strom gesetzt wurde. Die Kapazitätsverteilungen zwischen den Kondensatoren einer Lernmatrix spiegeln also die aufsummierten Erfahrungen wider.

Mit Hilfe einer solchen Lernmatrix lassen sich bestimmte Impulsfolgen, zum Beispiel Schriftzeichen wiedererkennen. Man muss ihr in der Lernphase das Impulsmuster eines bestimmten Buchstabens anbieten und dieses Muster auf einen Matrix-Spaltendraht schalten, der damit diesem bestimmten Buchstaben zugeordnet wird. Nimmt man dazu als Erkennungsschaltung - als „Auge" der Leseeinrichtung - einen Satz von Fotozellen, dann genügt es, jede Zeile mit einem waagrechten Draht (Zeilendraht) zu verbinden. Hält man den Fotozellen jetzt den Buchstaben A vor, dann werden alle waagrechten Drähte in einer für den Buchstaben A charakteristischen Weise unter Strom gesetzt. Gibt man dazu auf einen bestimmten Spaltendraht zusätzlich eine entgegengerichtete Spannung, dann schlagen entlang dieses Spaltendrahts alle diejenigen Kondensatoren durch, die durch die Spannung der Fotozellen überlastet werden. So entsteht in den Kondensatoren das für den Buchstaben A charakteristische Spannungsmuster. Macht man das Gleiche mit allen anderen Buchstaben des Alphabets (oder anderen Zeichen) unter Verwendung der restlichen Spaltendrähte der Matrix, dann erhält man schließlich eine charakteristische Kapazitätsverteilung für alle Buchstaben.

Damit lässt sich in umgekehrter Arbeitsweise jeder Buchstabe wieder identifizieren. Sie werden wieder dem Fotozellensatz vorgelegt, der daraufhin wieder die entsprechenden waagrechten Drähte unter Spannung setzt. Es genügt nun, alle senkrechten Drähte der Reihe nach abzufragen. Dort, wo das Kapazitätsmuster durch die Spannungen nahezu ausgeglichen ist, handelt es sich um den zu erkennenden Buchstaben. Vom Lernprozess her weiß man ja, wie dieser dem Draht zugeordnete Buchstabe heißt...

Versuchen wir nun, dieses einfache Schema der Lernmatrix auf lebende Strukturen zu übertragen. Die Drähte sind nichts anderes als Nervenbahnen, die Kondensatoren sind durch Neuronen[56] zu ersetzen, die durch Auf- oder Abbau von RNA, in den so genannten Nissl-Körperchen[57], eine elektrische Kapazität variieren können.

Dieses System ist sogar schon etwas perfekter als die Lernmatrix: RNA polarisiert ja „rechts", das Material der Zellen aber „links", sie enthalten die entgegengesetzte Spannung bereits (in der Elektronik die „Masse") und wir sehen, dass die einseitige Spezialisierung schwerer und leichter Moleküle auf „rechts" und „links" für die spätere Entwicklung organischer Lernmatrices sehr günstig war.

Da wir bei der Analogie mit den Kondensatoren bleiben müssen, erkennen wir, dass ein einzelnes Neuron für sich nichts zu bedeuten hat. Es funktioniert isoliert gar nicht, erst in Verbindung mit vielen anderen Neuronen schlägt sich Information und Botschaft als charakteristische RNA- und Potential-Verteilung in den Neuronenmatrices nieder!

Neuronen sind mit den Wahrnehmungsorganen einerseits und den Ausführungsorganen andererseits (Muskelzellen) durch Neuriten verbunden; das entspricht den Spalten- und Zeilendrähten. Die Lernmatrix selbst wird durch viele Verbindungen untereinander (Dendriten) hergestellt. Je komplizierter die Aufgaben, desto dichter wird dieses Verdrahtungsnetz. Die Abbildung 128 zeigt uns den „Kondensator" lebendiger Lernschaltung, das Neuron.

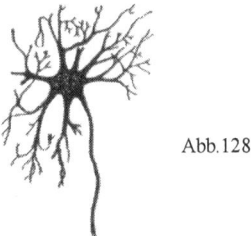

Abb.128

In den Schichten der menschlichen Hirnrinde zeigt sich deutlich die Untereinander-Verdrahtung der Neuronen, in der sie recht ähnlich zu unserem Kondensatorenbeispiel zwischen die Zu- und Ableitungen geschaltet sind (Abb.129).

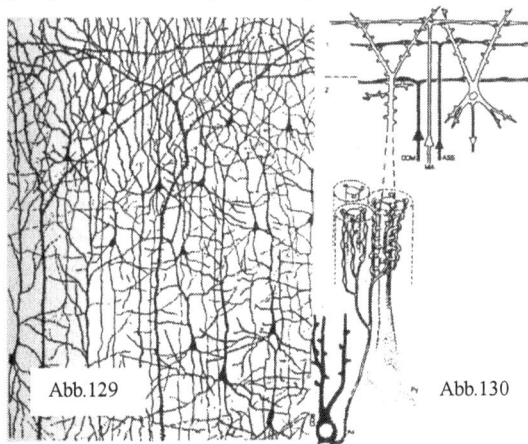

Abb.129   Abb.130

Die Zahl derartiger Schaltungen im menschlichen Gehirn ist Legion. Sie gliedern sich in erkennbare Einheiten (Moduln), die bis zu 10 000 verschiedene Neuronen enthalten können. Sie alle sind nicht nur nach dem Schema der Lernmatrix verdrahtet, sondern auch noch komplizierter und vielfältiger, aber jedenfalls nach dem aufgezeigten Grundprinzip. Man könte auch die Lernmatrix eines Computers wirkungsvoller gestalten, wenn man zwischen die Kondensatoren weitere Assoziationsleitungen legt, die eine noch feinere Differenzierung der Potentialverteilung ermöglichen. Und tatsächlich finden wir in jedem Gehirn eine Unmenge derartiger Assoziationsfasern, die hauptsächlich dazu dienen, die Matrices untereinander zu verbinden und damit jedes Potentialmuster nahezu über das gesamte Gehirn zu erstrecken. Und natürlich gibt es auch Spezialzellen, die Potentiale nicht festhalten, sondern in die vernetzten Verdrahtungen weiterleiten (Pyramidenzellen – Abb.130).

Eine lichtsuchende (oder lichtmeidende) Protozoe „lernt" nun Lichtempfindung und Geißelbewegung zu koordinieren. Da jede falsche Bewegung energetische Nachteile bringt, bevorzugt sie bald gezwungenermaßen jene Richtung, die das „Auge" im Dunkeln (oder im Hellen) lässt. Sind sowohl Geißeln als auch Auge auf die Neuronen geschaltet, so schlägt sich durch Bevorzugung einer Richtung eine bestimmte charakteristische Spannungsverteilung (Muster) in den Neuronen nieder - wie im Kondensatoren-Beispiel vorhin. Wir stellen fest: Das bei Nichtbelichtung (oder Belichtung) des Augenflecks entstehende Muster ordnet sich dem Muster der richtigen Geißelbewegung zu. Fällt Licht auf den Fleck (oder Schatten), so entsteht ein neues integriertes Muster, das den anderen Geißeln oder Wimpern zugeordnet wird, die den Fleck wieder ins Dunkle (oder Helle) bringen. Die Verkoppelung dieser Muster bringt (so wie in der Lernmatrix nur beim entsprechenden Muster ein Spannungsausgleich erfolgen konnte) immer nur die jeweils richtigen Organe zur Funktion. Künftighin braucht die Protozoe nicht auf die Nachteile zu warten, die eine falsche Richtung bringt. Hell und dunkel auf dem Fleck und die Zuordnung durch die Muster in den Neuronen bringt automatisch den richtigen Kurs.

Diese vollautomatische Steuerung nennen wir „Reflex". Da alle Organe gleichermaßen Wahrnehmungs- wie Ausführungsorgane sind, dürfen wir uns nicht wundern, dass jedes Nervensystem sozusagen doppelt vorliegt; das sind Hin- und Retourleitungen, auf deren Bedeutsamkeit wir noch zurückkommen werden.

Die Entdeckung eines niederen Reflexes bei der Protozoe war nun keinesfalls weit hergeholt. Protozoen können tatsächlich bereits „lernen". Beispielsweise können wir einem Pantoffeltierchen beibringen, hell und dunkel zu unterscheiden, das eine zu lieben und das andere zu hassen. Wir arbeiten dabei mit dem Prinzip des bedingten Reflexes, indem wir durch Zuordnung weiterer Reize für neue Musterverkoppelungen sorgen. Das geht sehr einfach, wenn wir eine Petrischale, in der das Tierchen wahllos kreuz und quer schwimmt, unter Spannung setzen. Trennen wir weiter die Bereiche in hell und dunkel, so wird das Tierchen den unter Spannung stehenden Teil auch dann noch meiden, wenn die Spannung längst ausgeschaltet ist und nur noch hell und dunkel die Bereiche signalisieren. Das Pantoffeltierchen hat gelernt und es erinnert sich an die unliebsame Spannung automatisch, da hell oder dunkel, Spannung oder Nichtspannung sich auf den Potentialmustern der Neuronen (im Pantoffeltierchen als Struktur namens Motorium vorhanden) zugeordnet haben. Gleichzeitig ordnete sich eine Schwimmbewegung zu, die immer vom gefährlichen Bereich wegführt.

Das Pantoffeltierchen besitzt bereits Nerven und ein Motorium, ein Nervenbündel, in dem nichts anderes als eine Lernmatrix verborgen ist. Für verschiedene Umweltreize entwickelten sich verschieden spezialisierte Nervenendplatten, die auf Licht, Wärme, Kälte, Druck und Depression reagierten. So konnte sich die Erfahrung mit der Umwelt in den Sammelpunkten der Nerven ganz nach dem Schema der Lernmatrix niederschlagen als Prozess des Lernens und des Erinnerns.

Oft wurden aber durch Umwelterfahrungen die Verdrahtungen der Neuronen erst verursacht und gebildet. Und zwar hauptsächlich dann, wenn das Nervensystem oder sein Motorium noch im Entstehen war; und diese Entstehung selbst konnte sich auf die DNA der Zellkerne niederschreiben und war somit an die nächste Generation vererbbar. Die Nachkommen bekamen darum bereits fertige Erkennungs- oder Steuerungsmuster geliefert, die in der speziellen Art und Weise der Verdrahtung steckten und sozusagen vollautomatische Verhaltensweisen auslösen konnten. Es gibt also eine vererbbare Festspeicher-Matrix.

Reflexe, die durch diese Festspeicher-Matrix verursacht werden, nennen wir Instinkte; meist sind es schon recht umfangreiche

Verhaltenskomplexe. Tiere bekommen solche fertigen Verdrahtungen, die in der Matrix codiert beispielsweise ein Feindbild (bei Vögeln etwa der Schatten des Bussards) und die nötigen Fluchtreflexe (Hormonausschüttung, Muskelmobilisierung etc.) enthalten, schon rein genetisch mit, das heißt ihr Gehirn wächst bereits mit diesen Mustern. Liefert das Auge diese „Feindmatrix", so erfolgt unvermeidlich die Zuordnung von „Flucht" oder „Abwehr".

Dazu sind begreiflicherweise sehr viele Neuronen erforderlich, die sich zu einem Komplex verdrahten. Wir kennen diese Komplexe als Rückenmark oder Gehirn... In erster Linie sind Gehirne Festspeicher-Matrices. Hier ordnen sich alle Organfunktionen zu, koordinieren sich Muskelbewegungen mit den Sinnessignalen - und zwar nach dem einfachen Prinzip, dass die Ladungsmuster aller Neuronen im Gleichgewicht, also in ausgeglichenen Potentialen gehalten werden. Dieses innere Gleichgewicht ergibt sich im Wesentlichen durch ständige Reaktionsbereitschaft, also latente Funktion und deren Hemmung. Je nachdem, nach welcher Seite das Ladungsmuster verschoben wird, erfolgt die Auslösung eines Bewegungsvorgangs oder dessen Unterdrückung.

Grundsätzlich herrscht eine allumfassende Bereitschaft zur Bewegung schlechthin, die nur durch Hemmung auf bestimmte Bewegungsabläufe selektiert wird. Alle Lebensvorgänge, gleichgültig welcher Art, beruhen auf dieser passiven Steuerungsart: Aktionen werden nicht befohlen, sondern erlaubt. Diese jeweilige Freigabe einer latenten Aktion erfolgt praktisch automatisch durch über Jahrmillionen erworbene Verknüpfungen in den Neuronenmatrices; jede Verschiebung eines Schwingungsmusters löst augenblicklich genau jene Funktionen im Organismus aus, die auch für einen Ausgleich der Potentialdifferenzen sorgen, so dass das Gleichgewicht wieder hergestellt ist.

An diesen Vorgängen wirken ausnahmslos alle Neuronen in ihrer Gesamtheit mit. Niemals entscheidet ein einzelnes Neuron, denn von „Entscheidung" darf keine Rede sein! Gehirne entscheiden und befehlen nicht, sie verknüpfen lediglich eingespielte Aktions- und Reaktionsabläufe und sind damit ein fester Bestandteil des gesamten neuronalen Systems, das heißt beispielsweise, dass für ein Gehirn der Bewusstseinsbereich „Sehen" ohne das Auge nicht existiert, oder mit anderen Worten: die Sinnesorgane sind selbst Gehirn, ebenso wie die Neuronen, mit welchen sie untrennbar verknüpft sind.

Jeder neue massive Lebens- und Erfahrungsbereich bildete neue Organismen mit neuen Gehirnen aus, und dies prinzipiell immer nach dem Grundschema, wie wir es bei der Protozoe aufzeigten. Jedes neue Gehirn arbeitete nicht nur in seiner Gesamtheit an der Lösung neuer Probleme, sondern bezog auch stets die alten, überlieferten Gehirnstrukturen mit ein, ja die älteren Strukturen waren immer Grundbedingung für das Funktionieren der neuen. Durch die kausale Verbindung des Wachstums mit den Aktionen lässt sich im Gehirn zwar ein gewisser Tätigkeitsbereich für gewisse Sinneseindrücke lokalisieren, dennoch ist mit der Verarbeitung dieser Eindrücke stets das gesamte Gehirn beschäftigt.

Je höher ein Organismus sich entwickelte, desto weniger war er regenerationsfähig und umso stärker musste er sich durch sein Verhalten schützen. Die Regenerationsfähigkeit nimmt - im Nachhinein beurteilt - daher mit der Zunahme komplizierter Nervensysteme ab und ist bei Lebewesen mit hochentwickelten Zentralnervensystemen fast nicht mehr vorhanden. Ursache und Wirkung sollte hier nicht verwechselt werden: die mangelnde Regenerationsfähigkeit war es, welche die hochspezialisierten Nerven- und Gehirnstrukturen erzwang.

Die meisten Tiere liefern ein komplexes bedingtes Verhalten, das durch Signale ausgelöst wird. Aber Tiere lernen auch und bilden durch Lernprozesse sowohl mittels Lernmatrices als auch durch entsprechende Neuverdrahtungen[58] – nicht nur wenn sie noch jung und im Wachstum sind! - neue Verhaltensmuster in ihren Gehirnen. Auch dieses Verhalten bleibt signalbedingt und wirkt daher maschinenhaft (Dressur).

Was hier so leicht zu schildern ist, ist prinzipiell dasselbe wie jenes Phänomen, das sich durch seine ungeheure Komplexität der augenblicklichen Zuordnung zum gleichen Schema entzieht: das Denken des Menschen. Und dennoch handelt es sich auch hierbei um ganz dieselben Prozesse, wie wir später noch besser erkennen werden.

Das wohlgeordnete Funktionieren aller Zellen eines Organismus schlägt sich im Gehirn als ausgeglichene Ladungsmuster nieder. Diese Ausgeglichenheit bleibt stets gewahrt, da jeder Sinnesreiz normalerweise seine Entsprechung und Entspannung in einer bestimmten Reaktion findet. Eine Störung dieses Allgemein-Gleichgewichtes offenbart sich als Schmerz, jenes Gefühl, das vorerst undefinierbar ist und primär nur Störung oder Unbehagen bedeutet. Erst in höher entwickelten Lebewesen, die Töne hören und Tastempfindungen kennen und Schmerz anderen Erfahrungen zuordnen können (hoher, tiefer, dumpfer, scharfer Schmerz), die aus allen anderen Sinnesbereichen stammen, manifestiert sich Schmerz zu einer bestimmten Gefühlsqualität und oft wird dieses Gefühl auch mit komplexeren Vorgängen assoziiert (bohrender, schneidender, sägender Schmerz).

Art und Grad einer Schmerzempfindung hängt demnach von der Entwicklungsstufe des Gehirns ab. Auch das nach einer Störung plötzlich wiedergefundene Gleichgewicht offenbart sich schmerzartig (süßer Schmerz, Lust, Wollust). Wir erkennen daraus, dass Gefühle sich aus Sinneserfahrungen summieren, die mitunter ziemlich abstrakt assoziiert werden können. Ist diese Assoziation nicht möglich, so wird das Gefühl als solches gar nicht existent sondern lediglich zu einem Grunderlebnis, für dessen Pole wir nur ungefähr die Worte Lust und Unlust verwenden könnten.

Aus diesen diffusen Gegensätzen besteht bereits die Gefühlswelt einer Protozoe oder eines ähnlich nieder entwickelten Tieres, vielleicht auch einer Pflanze.

Gefühl besteht bereits aus dem bloßen Wahrnehmen - aus dem Spüren von Widerständen. Schon die verschobenen Potentiale in den Neuronennetzen erzeugen Widerstände; Ströme werden entweder blockiert oder freigegeben - und dies ist bereits die Wirkung einer Ursache, die von innen oder von außen kommt. Bei Störung verschiebt sich stets der gesamte Funktionsablauf des Organismus, die Behebung der Störung ist kein Willensakt, sondern erfolgt automatisch, sofern die Möglichkeiten gegeben sind. Hormone werden freigesetzt, spezielle Enzyme werden erzeugt ... bald herrscht richtiger Aufruhr. Diesen „Sand im Getriebe" fühlen wir als Widerstand, als Unlust, als Schmerz.

Dass da „niemand ist", der fühlt, offenbart sich erst durch das Gegenteil: am wohlsten fühlen wir uns, wenn wir unseren Körper nicht spüren (!) - das ist ein Gefühl ohne Fühlen und ohne bewusste Wahrnehmung.

Definierter und lokalisierter Schmerz zeigt sich, wenn durch die Störung eines Musters auch andere Matrices verändert werden. Mitunter kommt es dadurch zu durchaus absurden Zuordnungen (heller, dunkler, leiser, greller Schmerz). Diese Verschiebungen erfolgen natürlich über die Synapsen des Nervensystems. Schmerzmittel verhindern die Synapsentätigkeit durch Blockade des Acetylcholins; die Verschiebung kann nicht stattfinden und der Schmerz bleibt weg...

Auch der Organismus selbst kennt solche Blockademittel, die er erst einsetzt, wenn er auf andere Weise das Gleichgewicht nicht mehr herstellen kann (Endorphine). Viele Drogen funktionieren ebenso, sie setzen das Fühlen herab (schwerelos sein, seinen Körper nicht spüren) durch Blockade jeglicher Störungswahrnehmung. Drogen, die den Endorphinen sehr ähnlich sind (Opiate), sind daher starke Schmerzmittel.

Lust wird - wie wir oben gerade feststellten - erst durch das Fehlen von Unlust existent. Es gibt kein Organ, das Lust erzeugt oder wahrnimmt, aber es gibt Organe, die Unlust abschaffen. Wollust und Schmerz gehören ebenso in dieselbe Kategorie wie süß und bitter in der Geschmacksempfindung. Sie haben denselben Auslöser aber verschiedene Zuordnungen, die deshalb schon lustvoll empfunden sind, weil sie zur Befreiung von einem Trieb oder Drang führen. Wer also etwa in den Geschlechtsorganen Instrumente zur Erzeugung von Lust vermutet, täuscht sich.

Gefühl ist die Vorstufe des Bewusstseins. Diesen niederen Grad von Bewusstsein haben wir alle selbst erlebt: in den ersten Monaten unseres Lebens, von denen wir nichts zu erzählen wissen. Es ist das Bewusstsein der Tiere im Allgemeinen, sofern sie nicht schon über Bewusstseins-Erfahrungen verfügen (bei höheren Säugern nicht zu leugnen); es ist nur durch Lust und Unlust zu definieren und genaugenommen nur durch Unlust und Schmerz...

Die Sinnesorgane entwickelten und verfeinerten sich immer mehr. Augen unterschieden Farben und Formen, indem sie mittels Linsen Formen über unzählige „Fotozellen" erstreckten, so dass sich schon auf der Netzhaut vielfältig komplizierte Impulsmuster ergaben. Ohren unterschieden Töne; Wärme- und Kälterezeptoren verschiedene Temperaturbereiche. Immer steht dieser Sinnestätigkeit letztlich die Matrix in den Neuronen gegenüber, und erst durch die Zuordnung der entsprechenden Beantwortungen (Reaktionen) des Körpers erhalten Geschautes, Gehörtes und Gespürtes erst ihren Sinn, der sich daraus bewertet, wie zweckmäßig oder unzweckmäßig das Erfahrung für den Organismus ist. Auch für den Geschmackssinn wurden Substanzen erst „süß", wenn sie dem Körper zuträglich und "bitter", wenn sie ihm schädlich waren. Wobei es bei manchen Tieren sicher nur generelle Unterschiede in wohlschmeckend und schlechtschmeckend gibt, da sie ja keine Worte für ihre Empfindungen haben - wie dies auch bei Farben und Formen der Fall ist. Eine Biene kann zwar viele Farben gut voneinander unterscheiden, aber das Wörtchen „rot" kennt sie natürlich nicht. Im Übrigen auch die Farbe nicht, denn Bienen sind rotblind. Rot erscheint ihnen als schwarz. Dafür erkennen Bienen auch Reflexionen des ultravioletten Lichts. Verschiedenste Blüten, die uns Menschen alle nur weiß erscheinen, spielen für Bienenaugen also alle denkbaren Farben...

Wenn wir noch einmal an das Schattenauge der Protozoe (Abb. 126) denken und uns vergegenwärtigen, wie durch den Lichteinfall die Bewegung einer Geißel gesteuert wird, können wir zwei Möglichkeiten dieser Steuerung annehmen. Entweder ist die Geißel latent immer in Bewegung und wird durch die falsche Richtung der Protozoe – also Lichteinfall auf den Pigmentfleck – gehemmt, oder die Bewegung der Geißel wird erst durch die richtige Richtung – Schatten auf dem Pigmentfleck – ausgelöst. Das Prinzip der latenten Aktion und deren Hemmung haben wir schon in den Neuronen entdeckt (auch die Programme der DNA werden nicht aktiviert sondern durch spezifische Repression freigegeben) und wenn wir uns überlegen, welche Steuerung die einfachere wäre, so ist auch hier das Prinzip der Hemmung die glaubhaftere Methode. Einer Geißel, die potenziell in Bewegung ist, muss zur Steuerung nur die Energie entzogen werden, ihr unbewegter Zustand wird zur unausbleiblichen Folge. Einer Geißel, die zur Bewegung aktiviert wird, muss dagegen zwei Grundsituationen beherrschen, den der Ruhe und den der Bewegung. Die Natur wählte sicher den einfacheren Weg, sie konstruiert von vornherein bewegte Geißeln und dreht ihnen wahlweise die Energiezufuhr ab! Das aber schränkt die Entscheidungsfreiheit der Protozoe ein, denn sie kann die Geißel nicht gewollt aktivieren sondern nur zum Stillstand bringen, wogegen im anderen Weg beide Möglichkeiten offen sind."[59]

Die Neuronen eines Gehirns funktionieren ebenso. Sie verursachen nichts, sondern schalten und verknüpfen Aktionen, die von vornherein virtuell vorhanden sind. Durch Hemmung entsprechender möglicher Steuerungen entsteht dann das spezifische Verhaltensmuster eines Lebewesens. Wir werden sehen, dass auch unser Bewusstsein das Produkt von Hemmung und Selektion ist.

32 Bewusstsein

Was sich zu all dem bisher geschilderten noch gesellen musste, um Bewusstsein, Vorstellungskraft und Phantasie zu erzeugen, war die innere Nachahmung (Reflexion) der Umwelt („Außenwelt").

Wenn wir auf einen Metallwürfel einen Schlag mit dem Hammer ausführen, so wird der Würfel in Schwingungen versetzt, die für Art, Stärke und Ort des Schlags charakteristisch sind. Das typische Schwingungsmuster des Würfels enthält oder bedeutet das Ereignis „Hammerschlag" in codierter Form.[60]

Nehmen wir nun an, der Metallwürfel besäße von sich aus die Fähigkeit, ganz dasselbe Schwingungsmuster zu erzeugen, ohne dass ihn zuvor ein Hammer träfe. Für den Metallwürfel wäre da kein großer Unterschied; das Schwingungsmuster bedeutet das Ereignis „Hammerschlag" und manifestiert im inneren Erlebnisraum des Würfels diesen Schlag, ob er nun tatsächlich stattfindet oder nicht. Deuten könnte der Würfel das Geschehen allerdings nicht, solange nicht irgendein zweites Muster als Zuordnung auftritt - das heißt, die Bedeutung des Schwingungsmusters muss einmal „erlernt" worden sein.

Es gibt ein Verfahren, das elektromagnetische Schwingungsmuster besonders umfassend festhalten und wiedergeben kann: die Holografie. Ein holografisches Bild enthält die Lichtimpulse eines Gegenstands codiert, ohne sichtbare Unterscheidung in Farben und Formen. Erst der Aufbau eines neuerlichen Schwingungsbildes entsprechend den Mustern auf dem Film mittels Durchstrahlung des Hologramms mit einem neuerlichen Lichtstrahl macht den Gegenstand wieder existent - als Bild, das ebenso dreidimensional wirkt, wie sein Vorbild es war. Wäre die Platte oder Folie des Hologramms dynamisch, und trüge sie nicht nur ein Hologramm, sondern viele integrierte Muster, die einander folgen könnten, so wären auch mehrere aufeinander folgende Bilder möglich; eine Art Film würde ablaufen...

Metallwürfel eignen sich nicht zur holografischen Speicherung von Ereignissen, denn seine Schwingungen ermatten allmählich. Das von Laserlicht durchstrahlte Hologramm ist zwar von Dauer, aber nicht veränderbar. Gehirne hochentwickelter Lebewesen können in dieser Hinsicht mehr. Sie halten die durch die Sinnesorgane erlangten Codierungen als Schwingungsmuster fest, ordnen und definieren sie, indem sie diese Lernmatrices kombinieren und integrieren. Um das leichter zu verstehen, können wir an eine Schallplattenrille denken, die - wenngleich nur eine Rille - doch die verschiedensten Klänge und Instrumente zugleich reproduzieren kann. Alle diese Instrumente ordnen sich außerdem in eine Trägerfrequenz ein, eine Grundschwingung, auf die das Tonsignal aufmoduliert wird. Anders könnte das System nicht funktionieren.

Auch in der Neuronenstruktur muss so eine Grundschwingung vorliegen und analog zur Plattenrille auch ein Material, in das die Muster dauerhaft eingeprägt werden können. Beides wird im Gehirn bzw. in den Neuronen durch die RNA-Moleküle verwirklicht, die sich - ähnlich wie bei den Ribosomen - zu Nissl-Körperchen verklumpen. Ein frisches, unprogrammiertes Neuron enthält sehr viele (mehrere Millionen!) Nissl-Körperchen im ER und in den Dendriten. „Programmiert" wird die Nervenzelle durch den Abbau (!) der RNA-Moleküle. Dadurch sinkt in der Zelle das „Rechts"-Potential (ganz ähnlich wie in den Kondensatoren der Lernmatrix).

Durch diesen Abbau, aber auch durch die spezifische Verdrahtung während des Wachstums, bilden sich unzählige einander überlagerte Muster, die den verursachenden Ereignissen äquivalent sind. Es handelt sich dabei wirklich um Schwingungsmuster. Wir wissen zwar, dass Neuronen nach dem Alles-Oder-Nichts-System funktionieren, also nur reine Impulse verarbeitet werden, aber sowohl die maximale Potentialhöhe als auch der Nullpunkt wird niemals sofort verwirklicht. Fällt ein Neuron beispielsweise wieder spontan auf den elektrischen Nullpunkt zurück, so überschwingt es diesen mehrere Male, bis es zur Ruhe kommt.

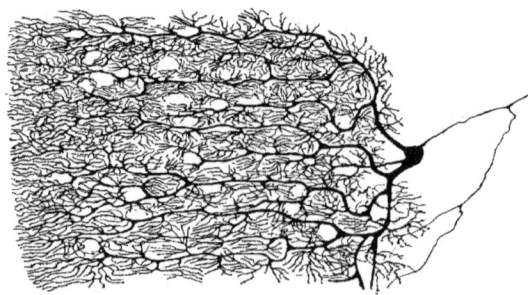

Abb.130a

Auf diese Weise unterscheidet sich das Schaltsystems eines Gehirns etwas vom Computerprinzip, in welchem die Impulse durch Transistoren einfach an- und ausgeknipst werden. Im Computer beeinflusst der Speicherinhalt auch nicht die Erscheinungsform (Hardware) des Gerätes, wogegen das Gehirn ganz so wie die Schallplattenrille den Speicher durch strukturelle Veränderung erzeugt und beeinflusst und damit trotz der digitalen Impulse zum Analogrechner wird.

Die Abbildung 130a zeig uns eine (!) Nervenzelle mit ihren dendritischen Verzweigungen. Da auch in den Dendriten große Mengen von Nissl-Körperchen (RNA) liegen, können wir zurecht vermuten, dass die Schwingungsmuster auch den Aufbau der Dendriten erzwingen. Die Software schafft sich ihre Hardware augenscheinlich selbst. Das Bild wird uns außerdem an die Abbildung 119 erinnern (Mündungsgebiet des Colorado-River). Die Idee, dass beide Strukturen ganz ähnliche Entstehungsursachen haben, ist sehr naheliegend...

Mit den elektrischen und chemischen Ursachen der Signalverarbeitung innerhalb unseres Nervensystems und den Vorgängen in den Synapsen etc. werden wir uns an dieser Stelle nicht befassen. Das können wir in Biologiebüchern nachlesen, denn prinzipiell sind diese Prozesse schon sehr gut verstanden. Nur wie Gedächtnis und Bewusstsein entstehen, darüber hat man noch sehr wenig Ahnung. Und natürlich konnte man trotz intensivster Suche eine bestimmte Hirnregion oder Struktur für unser bewusstes Denken nicht lokalisieren – weil es sie gar nicht gibt. So soll etwa der Name unseres Nachbarn im Schläfenlappen gespeichert sein, während das Gehirn sich seine äußere Gestalt angeblich im Scheitellappen merkt...

So wie jeder Baum von jeder Verzweigung seines Wurzelgeflechtes eine entsprechende Astverzweigung in seiner Krone hat, so hat auch jeder Körperteil seine Entsprechung in den neuronalen Verzweigungen des Gehirns. Das heißt aber nicht, dass der Körperteil nur an dieser Stelle repräsentiert wäre. Dieser Gehirnabschnitt ist praktisch die Anlaufstelle, der Knotenpunkt aller kommenden und abfließenden Informationen und funktioniert nur wie ein Schaltsystem. Wenn wir unsere Zimmerbeleuchtung einschalten, heißt das ja nicht, dass der Strom im Schalter erzeugt wird – tatsächlich fallen jedoch Neurobiologen auf Trugschlüsse solcher Art regelmäßig herein, wenn sie meinen, es gäbe so etwas wie ein „Sprachzentrum" oder „Sehfeld" etc. Sie haben in Wahrheit nur die „Schalter" gefunden, denn an den Phänomenen selbst ist stets das gesamte Gehirn beteiligt. Die Schaltstelle ist jener Ort, an dem das instinktive Ergebnis der „Denktätigkeit" ins Bewusstsein übertragen wird, indem es die entsprechenden Aktionen auslöst: dort erst werden Neuronen zu Kommandanten, die über das Nervensystem Ausführungsorgane im wahrsten Sinn des Wortes „anfeuern". Der zweite große Irrtum mancher Molekularbiologen ist die Annahme, dass Gedächtnisinhalt quasi als „Gedächtnismolekül" in materielle Struktur umgewandelt wird.

Aber „Gedächtnismoleküle", die im Einzelnen etwas bedeuten, gibt es sicher nicht. Alle Theorien, die darauf abzielen, gehen von A bis Z ins Leere. Der Biologe unter den Lesern wird an die berühmten Plattwurmversuche denken, die den Eindruck erweckten und auch dies nur bei wenigen Forschern, als wäre Erlerntes durch Übertragung von Gehirnsubstanzen oder durch Verfütterung dressierter Tiere an undressierte zu vermitteln. Diese Versuche lassen sich besser mit der Erklärung deuten, dass RNA-Zufuhr erwartungsgemäß die Lernfähigkeit erhöht. Tatsächlich hatte auch kein Plattwurm das Erlernte seines kannibalischen Mahls übernommen; er lernte nur etwas schneller. Ganz ähnliche Experimente hat man mit Ratten durchgeführt. Auch bei ihnen ergab sich eine Erhöhung der Lernbereitschaft durch RNA-Zufuhr. Das ist auch logisch, denn der RNA-Bedarf des Gehirns ist enorm.

Wir sollten noch einmal betonen, dass das Gehirn durch Zerstörung von RNA Muster erzeugt. Diese Muster „lernen" oder merken sich etwas. Das Kurzzeitgedächtnis ist nur ein zeitbegrenztes Weiterschwingen eines Musters, wogegen das Langzeitgedächtnis aus der Tatsache resultiert, dass die Muster sich durch entsprechendes Wachstum von Dendriten und Synapsen auf die Dauer fixieren.[61] Das heißt, das Äquivalent für eine Erfahrung gleich welcher Art ist ein in der Gehirnstruktur verbleibendes, weiterschwingendes Muster - genaugenommen ein elektromagnetisches Feld.[62] Bei aller Hochachtung vor der Geschwindigkeit molekularer Abläufe würde der Aufbau von Gedächtnismolekülen wirklich zu lange dauern. Wir wissen aber, dass wir nahezu mit zeitloser Geschwindigkeit denken können, und das sogar auf verschiedenen Bewusstseinsebenen zugleich.

Das Wesentliche des Denk-Schemas ist die Verkoppelung der Schwingungsmuster. Wenn wir auf eine Schallplattenrille zwei Musikinstrumente aufnehmen, so können sie nicht mehr getrennt wiedergegeben werden - vorausgesetzt, es handelt sich um eine Mono-Platte. Es ist nur eine Rille, eine Nadel und ein Lautsprecher - aber aus ihm klingen beide Instrumente gut voneinander unterscheidbar (und im Übrigen die Trägerfrequenz, die für unsere Ohren unhörbar bleibt). Auf einem Videoband sind in ähnlicher Art Bild und Ton verkoppelt. Und das war auch der springende Punkt für die Entwicklung des Denkens und die Bildung von Bewusstsein: die Verkoppelung von Bild und Ton und anderen Sinneseindrücken.

Viele Tiere zeigen durch Nachahmung, dass sie gewisse Zeichen und Gesten der anderen „verstehen" - besonders bei Affen ist dieses Verhalten stark ausgeprägt. Sie ahmen dabei optische Erscheinungen nach, also Körperstellungen oder Grimassen. Diesem Vorgang liegt eine deutlich erkennbare Verkoppelung zu Grunde: ein wahrgenommenes Bild löst bestimmte Körperfunktionen und Bewegungen aus, weil sie auch ursächlich zu diesem Bild gehören. Das bedeutet, Signale können codierte Ereignisse enthalten, und das können auch akustische Signale sein. Tiere „denken" in diesen Signalen, die nicht nur mit den Verhaltensweisen verkoppelt sind, sondern auch mit Bildern, die im Wahrnehmer aufsteigen. Wir finden dieses Nachahmungsprinzip immer noch in jedem Organismus – auch als unbewussten Vorgang der Ideomotorik, als so genannten Carpenter-Effekt. Wenn wir einen Fußballspieler beobachten, so bewegen sich unsere eigenen Muskeln analog zu seinem Bewegungsmuster messbar mit. Die Bewegungsmuster des Fußballspielers (und alle anderen Muster, die ihn definieren) werden mit Mustern in unserer Neuronenstruktur „verglichen"; liegen ähnliche Muster vor, verstärken sie sich und lösen sogar motorische Reflexe aus. Wir ahmen den Fußballspieler nach, und deswegen „verstehen" wir seine Erscheinung, deshalb wird er uns „bewusst", denn die ausgelöste Muskelmotorik wirkt wiederum auf die Schwingungsmuster zurück ... und diese wirkt abermals auf die Motorik ... etc. Das heißt, der Fußballspieler löst in uns eine Vibration aus, die das gesamte Nervensystem einschließlich der Sinnesorgane und der motorischen Synapsen umfasst – und das ist (!) das Bewusstsein!

Der menschliche Organismus perfektionierte dieses Prinzip: er ahmte nicht nur optische Erscheinungsformen nach sondern auch den

Ton, den das beobachtete Ding verursachte, und er gab deshalb den Ton von sich, wenn er dasselbe Ding bezeichnen wollte (Kindersprache!). Mit diesem Tonmuster wurden in der Gehirnmatrix die zugehörigen Bildmuster verkoppelt - und was dabei entstand, war nichts anderes als die Sprache.

Aus den Geräuschen wurden Worte. Alle Sprachen dieser Welt gehen auf Ursprachen zurück, die einander sehr ähnlich sind, weil sie direkt von den Begriffen durch Nachahmung abgeleitet wurden. Richard Fester ist sogar der Meinung, dass die Archetypen der wichtigsten Worte innerhalb aller Sprachen der Erde vollkommen übereinstimmen.

Die Koppelung von Bildern mit Klängen und Worten war eine revolutionäre Neuerung, denn damit entstand eine neue gewaltige Informationsflut: die geistige Evolution. Aus der Nachahmung der Umwelt durch Aufzeichnen auf Informationsträger beliebiger Art entstand schließlich die Bilderschrift und daraus die Schrift.

Je lernfähiger ein Lebewesen war, also je mehr Lernmatrices in seinem Gehirn angelegt werden konnten, desto umfassender wurden die Verkoppelungen von Bild, Ton und Symbol. Schließlich gab es ein Geschöpf, dessen Gehirn die höchste Kapazität von allen entwickelte, besser gesagt, entwickeln musste, um zu überleben: eben uns selbst...

Ausgeglichenheit herrscht in einer Lernmatrix erst dann, wenn nach erfolgter Anregung einer Schwingstruktur durch ein Sinnesorgan alle dazugehörigen verkoppelten Muster angeschwungen wurden, die prompt wiederum ihre zugehörigen Sinnesorgane betätigen (Rückwirkung). Wir haben im Computer die Lernmatrix gewissermaßen als Ebene gesehen; im Gehirn liegen viele solcher Ebenen über- oder ineinander und sind alle miteinander funktionell verbunden. Alle Schwingungsmuster sind deshalb dreidimensional aufzufassen. Der Einfachheit halber werden wir aber weiterhin von Ebenen sprechen, wohl wissend, dass diese Ebenen praktisch ineinander verschachtelt sind.

Aufgrund der untrennbaren Verkoppelung bringt ein als Schwingungsmuster codiertes Wort (z.B. „Trompete") oder ein Ton – schon das Ohr nimmt ja nur Schwingungen auf – nicht nur alle zugehörigen akustischen sondern auch die optischen Ebenen zum Schwingen, die daraufhin - und das ist das Wesentliche - im entsprechenden Sinnesorgan (Netzhaut) das Bild simulieren (nachahmen). Und von dort gelangt das Bild wieder in das Gehirn zurück - aber die zugehörige Ebene ist bereits aktiviert – und das ganze wiederholt sich, bis ein neuer Außenreiz auftritt. Die Konsequenz: wir „hören" nicht nur mit den Ohren sondern auch mit den Augen, in dem Augenblick, in dem wir den Ton als „Trompete" identifizieren.

Jetzt verstehen wir sofort, wozu das Nervensystem sozusagen „doppelt" vorliegt. Ohne diese doppelte Anlage gäbe es keinen bewusstseinsbildenden Prozess. Das Auge dient nicht nur den physikalischen Vorgängen des Sehens, sondern beim Denken, also wenn wir uns etwas vorstellen oder uns etwas ausmalen, wird die Netzhaut der Augen aktiv (Photom). Ebenso werden beim Denken von Worten die Kehlkopforgane und die Zungenwurzel tatsächlich tätig – oder beim Denken von Bewegungen eben die Muskulatur...

Es gibt kein Denken ohne entsprechende organische Parallelfunktion. Wir denken eigentlich gar nicht, sondern sprechen leise oder stimmlos in uns hinein und deshalb arbeiten Zunge, Kehlkopf und Stimmbänder beim Denken tatsächlich mit. Jeder, der sich genau beobachtet, wird sich davon überzeugen können, besonders, wenn er etwas besonders „laut", also intensiv zu denken versucht. Er spricht es in Wirklichkeit lautlos, fühlt aber bei entsprechender Konzentration die Bewegung der Zungenwurzel und des Kehlkopfes deutlich (hier sogar mit dem Finger fühlbar). Er hört sich dabei selbst in seinem Inneren, weil er die verkoppelten Muster seines Hörorganes gleichzeitig anschwingt. Und im Ohr schwingen die Saiten tatsächlich messbar mit! Tonlos, so wie der Kehlkopf stimmlos spricht, und das Auge gleichzeitig lichtlos sieht!

Von Saiten im Ohr sprachen wir wegen der besseren Bildhaftigkeit. Tatsächlich schwingen im menschlichen Ohr Flüssigkeiten. Nerven reagieren auf diese Bewegungen mittels feiner Härchen. Im Reflexionsvorgang werden diese Nerven vom Gehirn her aktiviert.

Wenn wir versuchen, uns bei geschlossenen Augen eine Landschaft vorzustellen und sie von links nach rechts betrachten, werden wir, wenn wir die Fingerkuppen auf die Augenlider legen, sofort bemerken, dass die Augäpfel tatsächlich diese Bewegung ausführen. Ganz einfach, weil das imaginäre Bild gar nicht imaginär ist, sondern wirklich auf der Netzhaut erscheint - aber natürlich optisch nicht feststellbar, denn das Bild liegt als Muster in den schwingenden Atomen vor, so als würde ein optisches Lichtbild wirklich auf sie treffen.

Wir erwähnten schon, dass dieses von innen erzeugte Bild wieder in das Gehirn zurückfließt. Das ist wichtig, denn dies dient der Identifikation und macht die Simulation erst komplett. Da die lichtempfindlichen Moleküle des Auges eine Doppelfunktion haben und die Gehirnimpulse viel schwächer sind als das Licht der Außenwelt, sind sie dem Gehirn zugewandt. Das heißt, der „Film" in unserer „Kamera" ist mit gutem Grund verkehrt eingelegt! Wir werden später diese scheinbar absurde Konstruktion noch genauer besprechen.

Noch etwas wird uns auffallen: Es ist fast unmöglich, sich eine Landschaft rein geistig vorzustellen, ohne nicht auch die zugehörigen Worte zu benutzen. Wir denken ungefähr: „Da sind Berge ... grün ... blauer Himmel ... Wolken ... Häuser usw." Wir beschwören mit diesen Worten die Einzelheiten der Landschaft erst richtig herbei, und nicht nur dies, wir hören unwillkürlich auch die Geräusche, die mit dieser Landschaft verkoppelt sind - vorausgesetzt, wir sind nicht taubstumm!

Das Gehirn des Menschen als das zum Körper relativ größte dieser Welt hat eine unfassbare Menge von erlernten Matrices angelegt - und dies hauptsächlich im Kortex, der Gehirnrinde, die das menschliche Gehirn so sehr vom tierischen unterscheidet. Viele der Verkoppelungen in den älteren Gehirnteilen sind dagegen schon wie ein Festspeicher verdrahtet, weil sie in einem Lebensabschnitt entstehen, in der das Gehirn noch wächst. Das sind unsere ersten Lebensmonate; und diese Monate prägen deshalb unsere spätere Persönlichkeit stark, da Festspeicher nicht mehr so leicht gelöscht werden können. Sie prägen auch zukünftige Intelligenz und Charaktereigenschaften, da es sehr darauf ankommt, wie die Verdrahtungen (Dendriten) angelegt wurden. Es sind ja kurze, bevorzugte Bahnen ebenso denkbar wie lange Umwege. Je nachdem in welchem Bereich kurze schnelle Verbindungen angelegt wurden, liegt unsere Begabung, unser Talent für irgendeine bestimmte geistige Qualität.

Das menschliche Nervensystem kann also aufgrund seiner flexiblen Lernmatrices etwas wahrlich von allen Gehirntätigkeiten Hervorragendes: es speichert Sinneserfahrungen mittels RNA als Potentialverteilungsmuster und erweckt diese Sinneserfahrungen auch nach langer Zeit neuerlich, indem es Ströme durch diese Muster schickt, womit das Sinnesorgan wiederum - aber diesmal von innen her tätig wird. Das Sinnesorgan aber verursacht auf gewohnte Weise abermals ein Verteilungsmuster, das genau auf das Auslösemuster passt. Deshalb speichern wir Lernstoff, indem wir ihn mehrmals rekapitulieren, da wir damit die Muster vertiefen und deutlicher in die RNA-Verteilung einprägen. Die Sinnesanregung vom Gehirn aus und die daraufhin erfolgende neuerliche Prägung nennen wir Reflexion. Auch bei jeder normalen Sinneswahrnehmung findet diese Reflexion statt; sie ermöglicht die Feststellung, ob das Geschaute schon als Muster vorliegt oder nicht. Je nach Ergebnis fällt auch die Empfindung verschieden aus. Liegen bereits Muster vor, folgt Reflexion ohne Prägung wir „erkennen". Andernfalls wird sofort neu geprägt; das Geschaute war uns noch fremd.

Alle diese Reflexionen lassen Ereignisabläufe aus den Mustern vor - eigentlich hinter! - unserem Auge neu erstehen, ohne dass sie wirklich stattfinden. Wir „erinnern" uns. Unterbleibt bei neuen, unbekannten Eindrücken aus Übermüdung oder Fehlschaltung die neuerliche Prägung, so erinnern wir uns zu Unrecht. Wir kennen das Phänomen als Dejá-vu!

Aber das Spiel geht noch weiter: Wir können mittels Reflexion, also durch „Abspielen" der Muster Sinneseindrücke simulieren, das heißt Ereignisse stattfinden lassen, die gar nicht geschehen oder noch nicht stattgefunden haben Damit schaffen wir einen inneren Vorstellungsraum, in dem wir handeln und aufgrund unserer Erfahrung etwaige Folgen voraussehen können. Darin begründet sich unsere Vernunft.

Reflektierend und sinnesverbunden agieren vorwiegend die Kortexbereiche des Gehirns. Sie „arbeiten" nicht an bestimmten Problemen und sie tauschen auch keine Daten aus, wie oft behauptet wird. Diese Erklärung ist nur eines der vielen Missverständnisse über die Funktionsweise des Gehirns. So merkwürdig es klingt: das Gehirn weiß eigentlich nie, was es tut. Ebenso wenig weiß die Schallplatte etwas von der Musik, die sie trägt. Das Gehirn ist lediglich ein Apparat zur Aufrechterhaltung von Schwingungsmustern, die von der Außenwelt oder vom Organismus selbst verursacht und über die Sinne vermittelt und verarbeitet werden. Alle diese Schwingungsmuster enthalten dreidimensional holografisch unser gesamtes Weltbild (schon in einer simplen

Schallplattenrille kann ein ganzes Orchester verborgen sein). Da die Schwingungsmuster ineinander verwoben sind, erinnern wir uns so schnell - aber immer nur mit Hilfe der Sinnesorgane! Sie allein lösen durch Farbe, Form, Geschmack und Duft Erinnerungen aus und manifestieren sie durch Reflexion.

Halten wir noch einmal fest: Ohne Sinnesorgane gibt es keine Gehirntätigkeit. Das Bewusstsein entsteht durch einen kontinuierlichen Reflexionsvorgang zwischen Außenwelt und Innenwelt, also zwischen Umwelt, Sinnesorgan und Gehirn. Kein Bewusstsein ohne Umwelt und keines ohne Sinnesorgan. Die Vibration des Reflexionsvorganges selbst ist das Bewusstsein und erstreckt sich über das gesamte Nervensystem, eigentlich über den gesamten Organismus. Das Gehirn allein wird zum toten Klumpen Materie, wenn man ihm die Sinnesorgane nimmt. Ein Gehirn im Spiritusglas, wie man es oft in Horrorfilmen sieht, könnte gar nicht denken und hätte keine Spur von Bewusstsein.

Wenn man erkennt, dass das Bewusstsein ein Ereignis aus dem Zusammenspiel der Sinne ist, eben diese Vibration zwischen gespeichertem und neu einströmenden Erfahrungen, geht es nur noch um die Frage, wie im Gehirn diese Schwingungsmuster aufrecht erhalten werden.

Da bei diesen Prozessen RNA in den Nissl Körperchen [57] abgebaut wird - die Anzahl der Nissl-Körperchen nimmt bei zunehmender Beanspruchung ab und bei Ermüdung verschwinden sie nahezu ganz - muss die Sinnestätigkeit nach einer Weile eingestellt oder stark eingeschränkt werden, um die RNA regenerieren zu können. Diese Phase kennen wir als Schlaf. Die Neuronen bauen über Nacht wieder RNA auf, wobei allzu feine, flüchtige Schwingungsmuster gelöscht werden - wir „vergessen"! - und nur die groben, deutlichen Muster bestehen bleiben. Auch eine Schallplattenrille verliert an Information, wenn wir sie gleichmäßig mit Material auffüllen, ohne sie gänzlich zu glätten. Auf diese Weise wird im Gehirn unwichtiges, unliebsames und schlecht geprägtes heraus selektiert, und frisch RNA-gefüllte Neuronen bereiten sich auf die Prägungen des nächsten Tages vor. Aus diesem Grund - und eigentlich nur aus diesem Grund! - ist unser Schlaf unentbehrlich.

Dem Körper würde Schlafentzug nicht besonders schaden, aber das Gehirn reagiert in diesem Fall prompt mit Halluzinationen, weil es die notwendigen Regenerationen während des Wachseins vorzunehmen versucht. Da diese Regenerationsprozesse selbst wiederum Reflexionen auslösen - auch das Löschen eines Musters bedeutet eine teilweise Aktivierung seines Inhalts - lässt uns das auch nachts keine Ruhe: wir träumen! Dabei agieren wir in einer vollsimulierten Umwelt, die mitunter sehr phantastisch ausfallen kann. Der Traum ist demnach kein geheimnisvoller Vorgang, sondern eigentlich ein Beweis für unsere Erklärungen. Auch wenn wir mit einer Art Auffüllnadel versuchten einer Schallplattenrille zu folgen, um sie zu renovieren, müssten wir damit rechnen, dass ihr Inhalt teilweise hörbar wird.

Die Schwingungsmuster unseres Gehirns sind zart und verletzbar. Ein Schädelhirntrauma (Gehirnerschütterung) kann sie fast alle löschen; die unangenehme Folge heißt Amnesie (Gedächtnisschwund). Aber auch Mangeldurchblutung, Bluterguss und schlechte Energie- und Nahrungszufuhr („Verkalkung") führen zur Löschung ganzer Schwingungsbereiche (Sprachverlust, Lähmungen), die auch die Reflexionen mit lebenswichtigen Organen betreffen können (Tod).

Trotz der vielen Unterschiede bleibt der Computer eine gute Hilfe, das Gehirn zu verstehen. Aber ebenso wenig wie die Untersuchung eines Transistors zum Verständnis der Computer-Arbeitsweise führt, kann uns die Kenntnis eines Neurons der Gehirnfunktion näher bringen. Das „Denken" des Menschen vollzieht sich im gesamten Gehirn, genauer noch: im gesamten Körper und kommt überhaupt nur durch Sprachzuordnungen zur Wirkung. Eine bestimmte vom Auge wahrgenommene Wellenlänge erkennen wir nicht nur durch das vorliegende Muster im Gehirn sondern auch durch die Zuordnung des Lautfolgen-Musters „rot" als Farbe. Ebenso wurzelt das Erkennen von Form und Funktion in der Zuordnung des entsprechenden Wortes. Und alle diese Zuordnungen müssen erst einmal erlernt werden. Als Kind schon erfuhren wir, welcher Sinneseindruck als „rot" bezeichnet wird oder welche Form als „Tisch" oder „Stuhl". Auf diese Weise erlernten wir die gesamte Begriffswelt unseres Erlebnisraums, zu der auch der eigene Körper gehört. Wir lernten die Deutung der Wahrnehmungen ebenso wie gehen, greifen oder sprechen ... nichts konnten wir von selbst. Wir erlernten die Beherrschung des Körpers und seiner Ausscheidungsorgane ebenso wie die Aufnahme der Nahrung - und damit hatten wir sogar schon im Mutterleib begonnen (Saugreflexe).

Die Bedeutung der Sinneseindrücke wurde uns in den ersten Lebensjahren durch das Zusammenspiel von Zuordnungen (Ding-Wort-Ton-Farbe-Form-Zweck-etc.) mit viel Geduld beigebracht und man nannte es „Erziehung". So lernten wir Werte (gut - böse) ebenso wie ethische Begriffe und Moralgrenzen, und jeder von uns baute in sich seine ureigenste gespiegelte Umwelt auf, die persönlichkeits- und anlagegeprägt ist und voll und ganz auf die selektive Tätigkeit seiner Sinne zurückgeführt werden muss ... und diese Sinne erfassen niemals die ganze Wirklichkeit. Was immer wir als Weltbild in uns tragen, es ist nur ein Fragment...

Durch ständigen Vergleich der Außenwelt mit der Innenwelt erkennen wir unsere Umgebung - und uns in ihrem Mittelpunkt! Dieses Erkennen körperlicher Erfahrungen jener Person, die wir im Zentrum der Umwelt entdecken, schafft durch Zuordnung eines kleinen Wörtchens das „Ich". Auch dieses Ich-Bewusstsein ist nicht angeboren, weil wir unseren Körper erst allmählich erfahren und mit ihm agieren lernen. Tiere erkennen sich in einem Spiegel nicht, da sie dieses ausgeprägte „Ich" nicht haben - mit Ausnahme von Primaten, die bereits über eine gewisse echte Lernfähigkeit verfügen.

Fassen wir zusammen: Sinnesorgane sind keine Sender, die an einen etwaigen Empfänger im Kopf das Bild der Welt übermitteln, sondern Bestandteil des Gehirns. Und das Gehirn ist kein Empfänger, gleichsam wie ein Radio, denn dann bliebe die Frage offen, wer eigentlich dem Radio zuhört. Das Bewusstsein besteht aus der kontinuierlichen Reflexion einer Außenwelt mit ihrer entsprechenden Innenwelt, die in unzähligen Schwingungsmustern vorliegt. Wahrnehmung und Reflexion wären ohne Sinnesorgane unmöglich, deshalb gibt es kein Bewusstsein ohne Sinnesorgane. Bewusstsein, „Geist" oder „Ich" sind durch die Fähigkeit des Gehirns bestimmt, Schwingungsmatrices in Form codierter RNA-Verteilung aufrecht zu erhalten. Daher: kein Geist ohne Gehirn!

Mit dem Wörtchen „Ich" bezeichnen wir jene Person, die den Reflexionsmittelpunkt darstellt, die Verinnerlichung des Ichs wird auf die gleiche Weise erlernt wie das Erkennen der Umwelt. Bewusstsein und Ich sind daher fassbare, verständliche Prozesse. Das Prinzip der Reflexion durch doppelte Nervenbahnen und verkehrt eingelegte „Filme" in den Augen führt sowohl dazu, dass der Finger dort schmerzt, wo er sich befindet, als auch das Bild der Welt dort registriert wird, wo es ist, nämlich außerhalb des Kopfes!

Unsere Aufmerksamkeit innerhalb des Gesamtbewusstseins befindet sich stets dort, wo zumindest zwei stark schwingende Potentialmuster korrespondieren oder zusammenschwingen, denn Bewusstsein ist nicht einfach ein ungewisser Geisteszustand, sondern ein unaufhörlicher Prozess des Erkennens! Da immer große Bereiche des Gehirns durch Verkoppelung zugleich angeregt sind, ist unsere Wahrnehmung vielschichtig und assoziativ. Vergleiche und Auswahlprozesse beschleunigen sich dadurch sehr.

Das Auswählen einer Antwort auf eine Frage etwa erfolgt durch das durch die momentane Sinnestätigkeit hervorgerufene jeweilige Hauptmuster. Nehmen wir an, jemand stellt uns die Frage: „Wie heißt die Hauptstadt von Italien?" Da wir dies einmal erlernt haben, bringen die durch das Ohr übermittelten Worte „Hauptstadt" und „Italien" die Bereiche Hauptstädte und Italien und natürlich auch „wie" und „heißt" zum Schwingen. Zugeordnet zu „wie heißt" ist der Begriff Frage, welchem wiederum der Begriff Antwort zugeordnet ist; die Zuordnung zu Hauptstädte und Italien heißt - wenn wir es wissen - „Rom", das ebenfalls als Schwingungsmuster vorliegt, und zwar als Sprachmuster ... und prompt bringt dieses Muster die Sprechorgane zur Tätigkeit: wir sprechen die Antwort aus. Das Gehirn ist also kein „Denkorgan" sondern ein „Verknüpfungsorgan" für codierte elektromagnetische Impulsfelder, die so genannte Ensembles aus Begriffen enthalten. Nicht immer erinnern wir uns spontan. Es kann schon mal eine Weile dauern, bis erst mal die Frage „verstanden" ist, also die zur Frage gehörenden Muster gefunden werden. Und dann kann es noch geschehen, dass ein anderes gerade dominantes Muster dazwischen funkt - und wir antworten falsch.

Es gibt Menschen mit gutem Gedächtnis und solche mit schlechtem; wie gut es ist, hängt einzig und allein von der Architektur und Prägefähigkeit des Gehirns ab. Nicht geprägte oder oberflächlich und schwach geprägte Muster bilden das Kurzzeitgedächtnis; wir löschen sie sofort oder aufgrund der Regeneration über Nacht. Nur tief geprägte Muster, also solche, die sich über sehr viele Neuronen erstrecken und große Mengen RNA zum Zerfall brachten, liegen fest verwurzelt im Langzeitgedächtnis. Nur Inhalte die wir uns fürs ganze Leben merken sollen, liegt schon als Hardware codiert in den Verdrahtungen der Dendriten und Synapsen vor. Es versteht sich von selbst, dass der Bedarf an RNA im Gehirn höher ist als in jeder anderen Körperregion.

Die Ähnlichkeit der Gehirnfunktion zur Holografie ist augenscheinlich. Was dort mit Lichtwellen funktioniert, bewerkstelligt das Gehirn mit Elektronenwellen.[62] Triebe und Instinkte aus den Festspeichern offenbaren sich über die Kortex ebenso wie über alle anderen Bereiche. „Schaltpläne" vom Gehirn zu erstellen wäre sinnlos, denn Schaltungen im herkömmlichen Sinne existieren nicht. Auch ein Hologramm enthält in jedem Abschnitt die Gesamtinformation. Und es gibt zwar einen Plan für die Anordnung eines holografischen Experiments, aber keinen für die Entstehung und Codierung des dreidimensionalen Bildes.

Das alles ist vielleicht nicht augenblicklich zu verstehen. Viele Ideen konnten hier nur angeschnitten werden und sollten weiter verfolgt werden. Das aber ergäbe bereits ein eigenes Buch.

Das Bewusstsein des Menschen hat einen hohen Entwicklungsgrad und es sitzt nicht im Kopf, denn schließlich nehmen wir jedes Ereignis genau dort wahr, wo es stattfindet. Aber was im und am Kopf sitzt, sind Augen und Ohren, und diese beiden Sinne gestalten einen Großteil unseres Bewusstseins. Nur wer erkennt, wie sehr verwoben und verknüpft die Abläufe in unserem Zentralnervensystem sind, versteht auch unser komplexes Ich-Gefühl.

Sicher ist es ein wenig fatal, das Phänomen unseres Verstandes anschaulich erklären und vollkommen auf physikalische und chemische Prozesse zurückführen zu wollen. Aber qualitativ ist das heute schon möglich. Der Mensch lebt im anthropozentrischen Dünkel, etwas Besonderes zu sein aber er ist es nur in mengenmäßiger Hinsicht angesichts der unglaublichen Zahl von beteiligten Kleinorganismen, seiner Zellen. Milliarden von Neuronen erkennen die Umwelt und formen das Ich, ein ungeheurer Aufwand, nur um das Überdauern eines Keims zu sichern, aber ein großer Vorteil für ein Geschöpf, das dadurch aus seinem Leben etwas machen kann, das weit über die ursprüngliche Aufgabe hinausreicht. Darin liegt der Sinn unseres Daseins: die Umwelt zu erkennen und sie dadurch sogar erst zu manifestieren, da sie ohne das sehende Auge sinnlos wäre und unfähig, sich ihrer selbst bewusst zu werden. Der Kosmos selbst wird erst zum Kosmos durch Reflexion!

Wie trostlos müssen Menschen auf uns wirken, die angesichts solcher Tatsachen immer noch nach dem „Sinn des Lebens" suchen Sie haben die Welt zwar betrachtet, aber nicht erkannt und verstanden. Zugegebenermaßen ist dies auch nicht die Aufgabe unseres Gehirns, das nur dem Überleben dienen soll, weil der Körper selbst allzu verletzlich ist. Schwer ist auch das objektive Erkennen der Realität; der Mensch denkt über seine Welt nach, und was dabei herauskommt, sind Wahrheiten, die in seinem Inneren liegen, und dieses Innere ist geprägt von selektierter, begrenzter Wahrnehmung. Deshalb hat der Mensch bislang nur ungewisse Hypothesen über seine Welt gefunden. Und diese umfassten nie die Gesamtheit.

Jedes Gehirn ist eine Reaktion auf die Umwelt selbst, eine gewachsene Antwort - und besteht daher aus fertigen Antworten, unfähig, richtige Fragen zu stellen. Viele Menschen versuchen, diesem Dilemma auszuweichen, indem sie die Umwelt „erfühlen". Sie meditieren über sich und die Welt - aber auch dann ist das Resultat immer nur eine Antwort, die für wahr gehalten wird – ohne jeden echten „Beweis".

Über die Funktion des Gehirns könnten wir sicher noch lange nachdenken. Uns muss es an dieser Stelle daher genügen, prinzipiell zu verstehen, wie und weshalb so komplexe Strukturen wie Nervensysteme, Gehirne und Lebewesen entstehen konnten, ja entstehen mussten. Wieder ist im gesamten Ereignis weder Plan noch Ziel zu finden. Alles ergab sich aus den einfachen Anfängen. Und was das Geschehen so kompliziert erscheinen lässt, sind nur seine unüberschaubare Vielfalt und die Dimensionen seiner Bestandteile. Mehrere hundert Billionen Körperzellen, bestehend aus rund $7*10^{27}$ Atomen spielen in unserem Körper ihr Spiel, und schon eine einzige Protozoe liefert eine unglaubliche Fülle von Funktionen, deren detailliertes Verstehen ins Grenzenlose führt. Allein die Netzhaut in unserem Auge könnten wir uns vorstellen als eine Konstruktion aus Millionen derartiger „Protozoen", jede einzelne zuständig für die Wahrnehmung eines mikroskopischen Licht- oder Schatten- oder Farbpunktes. Erst das Zusammenwirken dieser zahllosen Nervenzellen in diesem Organ erzeugt das Mirakel „Sehen". Aber es ist natürlich kein Wunder, kein größeres zumindest als die Welt selbst mit ihren Atomen, Molekülen, Kristallen, Sternen und Galaxien...

Und weil wir gerade beim „Denken" waren, wollen wir jetzt einmal sehen, was dabei herauskommt, wenn sich ein Mann wie Albert Einstein über die Welt den Kopf zerbricht...

33 Relativität

Im Erarbeiten von Antworten auf die Fragen an diese Welt haben außer den Philosophen die Physiker kräftig mitgewirkt. Obwohl der Physik als reiner Messlehre solche Antworten gar nicht zustehen und von ihr auch nicht erwartet werden sollten, hatten die Theorien der „Königin der Wissenschaften" immer auch stark philosophische Aspekte; waren doch die Grundlagen der Physik selbst durchwegs metaphysischer Natur und blieben logischen Erklärungsversuchen unzugänglich. Die Physik ging von Axiomen und Postulaten aus, wie „Schwerkraft", „Kernkraft", „Wechselwirkung", „positive und negative Ladung" usw. Viele Begriffe dieser Art wurden abgeschafft, wie etwa die „Fluida der Elektrizität", weil sie sich bald als unbrauchbar erwiesen.

Um die Jahrhundertwende herrschte unter den Physikern besondere Verwirrung. Die Radioaktivität zerstörte scheinbar den Grundsatz von der Erhaltung der Energie, und Licht geriet in den ersten Verdacht, eine Welle zu sein, die von einem Medium getragen werden musste. Daran wollte aber niemand so recht glauben - hatte man doch mit den Fluida schon schlechte Erfahrungen gemacht.

Die Geschwindigkeit des Lichts wurde erstmals mit verschiedenen Methoden gemessen. Sie stellte sich als unglaublich groß heraus: runde 300 000 Kilometer in der Sekunde legt dieses Etwas zurück - aber was bewegt sich da wirklich?

Weil die Auffassungen der Physiker stark von der Mechanik geprägt waren, bildete sich bald die Meinung, es müsse sich um Teilchen handeln, Lichtteilchen eben; Korpuskeln nannte sie Newton noch, und Einstein selbst erfand später das Photon, nichts anderes als ebenfalls ein Teilchen des Lichts.

Wir haben in den vorliegenden Kapiteln das Modell des Lichtteilchens als substanzielle Partikel einfach konsequent und vollkommen abgeschafft. Das haben natürlich andere Physiker auch schon getan. Viele Theorien beschäftigen sich mit dem Äther und konstruierten aus dem Äther bizarre Vorstellungen über die Materie, wie Knoten, Knäuel, Netze und Felder. Aber alle blieben die Antwort schuldig, weshalb der Äther sich „verdichten" oder „verknäueln" oder „verhärten" sollte, um Licht zu tragen und Materie zu erschaffen.

Mit dem T.A.O. haben wir etwas Ähnliches wie den Äther wieder zum Leben erweckt, aber wir haben der T.A.O.- Matrix eine absolute Funktion verliehen, die der Äther noch nicht hatte.[63] Damit konnten wir die simple Erklärung finden, dass die Welt funktioniert, „weil sie existiert"... Und ihr Funktionsprinzip stellt sich als ungemein einfach heraus.

Aber die Bedeutung unserer Betrachtungsweise geht über diese Möglichkeiten noch etwas hinaus. Sie bringt uns in Berührung mit der hohen Schule der Physik, mit Theorien, die so manchen ehrfürchtig erschauern lassen, weil sie seinen Verstandeshorizont zu überschreiten scheinen... Es sind die Relativitätstheorien (RT) Albert Einsteins.

Für Laien und Privatgelehrte gleichermaßen wie für manche Wissenschaftler oder Theorienschöpfer ist es ein beliebter Sport geworden, die RT zu „widerlegen". Für den gesunden Menschenverstand scheinen Einsteins Thesen eine ungemein starke Provokation zu sein; in unzählige Publikationen wird versucht, dem Genie einen Denkfehler oder einen Rechenfehler[64] vorzuwerfen oder an seinen Postulaten zu rütteln. Aber Einsteins Theorien können weder widerlegt noch bewiesen werden. Sie wurden bislang auch nicht widerlegt – aber auch nicht bewiesen (auch wenn das von Gegnern und Anhängern immer wieder behauptet wird). Es hat auch keinen Sinn, innerhalb der Theorien nach einem „Rechenfehler" oder Denkfehler zu suchen, denn es ist alles korrekt mit mathematischer Logik her- und abgeleitet – wie das in der Physik der gute Brauch ist. Nur aus der Bestätigung ihrer Voraussagen ergibt sich die Brauchbarkeit einer Theorie – aber keinesfalls der Grad ihrer Wahrheit. Und bei allen Theorien könnten wir die Frage stellen, ob sie den Gegebenheiten unserer Natur tatsächlich entsprechen. Diese Frage liegt uns angesichts der RT besonders auf der Zunge. Einstein soll selbst einmal gesagt haben: „Insofern sich die Sätze der Mathematik auf die Wirklichkeit beziehen, sind sie nicht sicher, und insofern sie sicher sind, beziehen sie sich nicht auf die Wirklichkeit."

In den Kapiteln „Trägheit" und „Schwere" haben wir schon einige Resultate erhalten, die uns stark an einige Aussagen der Allgemeinen Relativitätstheorie (ART) erinnerten. Wir werden daher im Sinne unseres Abstoßungsprinzips einmal unsere Gedanken fortsetzen, um zu überprüfen, ob die Ähnlichkeiten mit der ART womöglich noch etwas weiter gehen.

Wir sollten uns nun an die Abbildung 46 zurück erinnern, die uns zeigt, wie sich durch den Druckschatten zwischen Erde und Mond die beiden Himmelskörper verformen und dadurch die Gezeiten entstehen. Diese Verformung bildet sich sowohl durch den Druckschatten, wie dies auch die Abbildung 44 mit zwei H-Atomen demonstriert, als auch durch die „Krümmkraft" (Abbildung 15), demnach durch die Geometrie der Abstoßungen zueinander (immerhin gelingt es Druckschatten und Krümmkraft der Erde, den ursprünglich kugelförmigen Mond um rund 1 Kilometer zu deformieren – und das in rund 400 000 km Entfernung).

Wie wir bei der Betrachtung der Kepler'schen Gesetze und der Newton'schen Gravitationsformel schon entdeckten, wird der „Raum" durch das bestimmt, was in ihm geschieht. Definieren wir ihn anhand der geometrischen Anordnung der Wirkungen, die sich in ihm offenbaren, so ist der Raum „krumm" – zumindest erweckt er diesen Anschein. Wengleich der leere Raum eigenschaftsfrei ist, so treten bei Anwesenheit von Materie aber Krümmkräfte auf, die wie in der Abbildung 15 ein Lineal verzerren und dieses um das sphärische „Massenfeld" biegen oder dehnen - und wir könnten so etwas wie eine „Krümmung" des Raumes postulieren. Wüssten wir nichts von den im Raum wirksamen Kräften, dann erst recht.

Als Nächstes haben wir entdeckt, dass Trägheit mit der Anordnung der inneren Vibrationen eines Körpers zu tun hat und mit dem Verformungs-Widerstand, den Atome einer Änderung ihrer Impulsrichtungen entgegensetzen bzw. mit dem Umstand, dass Krafteinwirkung ebenso wie Kraftweitergabe (oder Reaktion auf Kraft) mit maximal Lichtgeschwindigkeit erfolgen kann – dabei hat sich auch herausgestellt, dass die Beschleunigung eines Körpers mangels instantaner Krafteinwirkung ihn in Bewegungsrichtung verkürzt – was ebenfalls eine Verformung darstellt - ähnlich wie jene, die aufgrund der Druckschatten erfolgt. Und wir sollten nicht vergessen, dass es im Abstoßungsprinzip weder träge noch schwere Masse gibt, sondern nur die Trägheit an und für sich.

Das Ausmaß der linearen Verformung ist von der Größe der Beschleunigung abhängig. Die Verformung der Krümmkraft dagegen hängt von den Radien der beteiligten Körper und natürlich von der Entfernung zueinander ab, was wir ebenfalls schon erkannten. Die Druckschattenverformung folgt unmittelbar aus der Geometrie der Felder.

Durch die räumlich orientierten Kraftrichtungen und die Krümmkräfte erhält der niemals leere, sondern vom T.A.O. und den darin agierenden Impulsfeldern erfüllte Raum spezielle Eigenschaften. Die Matrix T.A.O. hat an diesen Eigenschaften selbst keinerlei Anteil – sie ist lediglich das Trägermedium der Impulse und Impulsfelder, die sich durch sie hindurch bewegen. Diese Bewegungen sind von den Kraftverhältnissen oder den Impulsdichten („Energieinhalten") der Felder „gesteuert" – schon bei den Planetenbewegungen haben wir gesehen, wie die Felder zweier Himmelskörper einander beeinflussen und gewissermaßen mit sich und dem Alldruck Ball spielen.

Die Begriffe Raum, Energie und Impuls haben wir schon ausgiebigst erörtert. Schon von unserem simplen Ventilatorradbeispiel her wissen wir, dass Raum und Energie zueinander eine gewisse Beziehung haben und sich zwischen ihnen ein Verhältnis eingestellt haben muss, das für das Erscheinungsbild unserer Wirklichkeit fundamental ist. Der dritte Faktor dieser universellen Beziehung ist die Zeit. Sie bestimmt innerhalb dieser Relationen die Geschwindigkeiten und somit die Dichte der Ereignisse, auch die Polarisationen oder Widerstandsbegnungen der Impulse, sie bestimmt die Frequenzen, die Vibrationen oder Oszillationen – all diese Phänomene sind Geschehnisse innerhalb einer bestimmten Zeit, besser noch gesagt: innerhalb von Intervallen oder getrennt durch solche. Wir sollten statt Zeit vielleicht Intervall sagen, das wäre korrekter.

Ein unvermeidliches Problem ist es, dass wir Zeit nicht mit unserer Sinnesausstattung wahrnehmen können, wie etwa die Ausdehnung des Raumes oder die Energie des Lichtes – Zeit kann nur gemessen werden im Vergleich mit anderen physikalischen Prozessen, Bewegung von Zeigern, Durchfluss von Sand, Schwingungen von Atomen etc. Das ist gar nicht so einfach, denn reale Uhren messen alles Mögliche, nur nicht die „Zeit".

Sonnenuhren zeigen bloß einen Winkel zur Sonne an. Pendeluhren und Sanduhren messen Beschleunigungen. Quarzuhren verändern ihre Schwingungsfrequenz, wenn eine Beschleunigung die Quarze verformt (Hook'sches Gesetz). Bei quantenmechanischen Systemen ändert sich bei Abänderung des Hamiltonoperators, welcher die Beschleunigung bewirkt, auch das Energieniveau, mit der die Uhr betrieben wird. Werden zum Beispiel Atome in magnetischen

Feldern abgelenkt, so verstimmen die Magnetfelder die Übergangsfrequenzen. Auch Atomuhren unterliegen den physikalischen Gegebenheiten des Raumes und messen selbstverständlich keine Zeit, sondern Geschwindigkeiten, Bewegungen oder Frequenzen.

Und weil das so ist, sind Uhren – und zwar ausnahmslos alle – den Einwirkungen der Felder unterworfen. Ihr Gang wird beeinflusst von der Dichte von Impulsen, von Polarisationen und vor allem von Geometrien – nämlich von Verzerrungen, Dehnungen oder Krümmungen! Das ist innerhalb des Szenarios, das wir soeben mit Druck und Schatten und Krümmkraft entwickeln, kein leichtes Leben für eine „Uhr".

Das Dasein einer Uhr innerhalb unserer vielfältig gekrümmten und verschatteten Räume werden wir nun etwas genauer betrachten. Dazu konstruieren wir uns eine „Lichtuhr", also einen Kasten, in dem wir einfach einen Lichtstrahl zwischen oben und unten im Sekundentakt hin und her reflektieren; ein guter Vergleich, wenn wir an die winzigen Räume denken, in denen Kugelfelder oszillieren oder Elektronenwellen hin und her pulsieren. Und da haben wir ja schon entdeckt, dass Beschleunigung diese Räume verändert und die Atome sich auf diese Veränderung einstellen müssen, was - weil nicht instantan möglich - die Trägheit erzeugt. Es erzeugt aber noch etwas Anderes, wie wir gleich sehen werden: es verändert den Gang von Uhren...

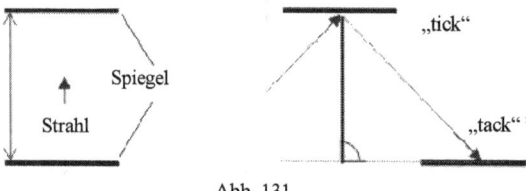

Abb. 131

Wenn wir unsere Kasten-Lichtuhr bewegen, sehen wir sofort, dass die Lichtstrecken länger werden ... das dehnt aber auch den Sekundentakt (Abbildung 131 – rechts). Unsere Uhr geht plötzlich langsamer. Und nachdem wir schon erkannten, dass aufgrund der inneren Ursachen für die Trägheit dies für alle physikalischen oder atomaren Vorgänge gelten muss, können wir tatsächlich generell sagen: bewegte Uhren gehen langsamer! Wir könnten auch sagen: sie „altern" langsamer, weil scheinbar die Zeit langsamer verstreicht.

Es muss freilich nicht so eine deutliche Art von Bewegung sein, um Uhren langsamer werden zu lassen. Da jede Art von Bewegung Uhren langsamer laufen lässt, gilt dies sowohl für die Fallbeschleunigung im Gravitationsfeld als auch für die Krümmkraft, die eine Krafteinwirkung und Beschleunigung im Sinne von Verformung bewirkt. Das heißt also: auch fallende Uhren oder Uhren die sich verformen, gehen langsamer. Wenn sich unser Kasten nämlich etwas eiförmig in der Senkrechten verformt, wird die Lichtstrecke ebenfalls messbar länger. Sanduhren bleiben überhaupt stehen, wenn man sie fallen lässt, was mit Pendeluhren geschieht, kann man sich gut vorstellen – aber die genannten Verlangsamungsfaktoren wirken auf alle Uhren. Und natürlich nicht nur auf Uhren, sondern auf alle physikalischen Prozesse.

Sind diese Faktoren schwächer, also Beschleunigung oder Verformung (Krümmkraft) geringer, laufen Uhren (oder physikalische Prozesse) schneller. Und was wir nun folgern, hat man auch tatsächlich nachgemessen: Uhren auf der Erdoberfläche gehen langsamer als Uhren auf Berggipfeln. Weil die Krümmkraft und somit die Verformung auf dem Berg geringer ist als auf dem Boden. Und auch die Fallbeschleunigung (das Verhältnis Alldruck zum Erddruck) ist geringer. Wir könnten nun auch sagen: die Uhr auf dem Berggipfel „altert" schneller.[65]

Insider erkennen längst, wo unsere Betrachtung hinläuft. Da funkelt bereits durch alle Ritzen die Allgemeine Relativitätstheorie. Aber bevor wir da mitten hinein springen, betrachten wir unsere Lichtuhr noch ein wenig länger. Aus der Beobachtung der Bewegungen im Kosmos wissen wir, dass Gravitation sehr gut mit Energie haushalten kann und offenbar so gut wie keine verbraucht. Das stimmt zwar nicht ganz, aber die Bewegungen innerhalb von Gravitationsfeldern scheinen sich nach dem Motto zu orientieren: Energiesparen um jeden Preis, auch wenn es länger dauert. Da steckt natürlich keine Absicht dahinter, sondern der Effekt ergibt sich, weil Verformung oder Beschleunigung zwangsläufig mit der Trägheit in Konflikt gerät und der Energieverbrauch mit der Trägheitsgröße konform geht. Also möglichst wenig Trägheit, denn das spart Energie und optimiert zum Beispiel die Bewegung eines Planeten um die Sonne zum kräftefreien Orbit, zur scheinbar ewigen Umkreisung.

Auf dem Erdboden „altert" unsere Uhr langsam – und auf dem Berggipfel schnell. Dafür verbraucht sie am Erdboden weniger

Energie als am Berg, wo ihre Frequenz ja höher ist. Nun haben wir ja schon gefordert: möglichst wenig Verformung, möglichst wenig Energieverbrauch, und das alles so langsam wie möglich, denn umso leichter passen sich die Oszillationen der Atome an die Raumveränderungen an...

Auf der Erdoberfläche läuft das nicht so ideal. Die Verformung ist hier am stärksten. Die Fallbeschleunigung ist hoch. Die Trägheitskräfte erfordern hohen Energieverbrauch. Die Uhr „altert" zwar langsam, aber um einen hohen Energiepreis. Da ist der Berggipfel schon verlockender. Die Krümmung ist schwächer, auch die Fallbeschleunigung ist kleiner, die Trägheit geringer... Die Uhr „altert" überdies sehr schnell – hat aber trotz allem kein leichteres Leben, denn der Energieverbrauch ist auch nicht gerade klein. Dazu kommt noch der Haken: wir müssen die Uhr irgendwie auf den Berggipfel bringen! Und bei der Bewegung dorthin geht sie - wie wir ja festgestellt haben – womöglich langsamer. Natürlich müssen wir auch berücksichtigen, wie lange die Uhr auf dem Berg verbleibt, ehe sie zurück kommt.

Den wünschenswerten Idealzustand könnten wir folgendermaßen definieren: ein Mittelweg zwischen Erdboden und Berggipfel unter Einbezug des bilanzverschlechternden Transports in die Höhe. Wir müssen die Uhr also so bewegen und auf eine solche Höhe, dass sie bei geringstem Energieverbrauch so schnell wie möglich tickt – also „altert". Wir streben also ein maximales Altern der Uhr an. Wenn wir die Uhr, sagen wir, so in die Höhe werfen, dass sie nach 2 Sekunden wieder zurück kommen soll, müssten wir ihr eine solche Geschwindigkeit verleihen, dass sie genau auf eine Höhe von 4.90 Metern[66] steigt, ehe sie zurückfällt.

In der Bilanz dieses Gedankenexperiments sehen wir, dass die Uhr dabei „maximal" gealtert ist, nämlich bei möglichst langsamer Geschwindigkeit und geringem Energieverbrauch die optimal hohe Zahl von Ticks erreicht hat. Würden wir umgekehrt betrachtet der Uhr die Aufgabe stellen, für zwei Sekunden hochzusteigen und zurückzukehren, würde sie von Krümmkraft und den Druckverhältnissen genau zu jener Bewegung gezwungen werden, die maximales Altern bewirkt: sie wird bis 4.90 Meter steigen und dort umkehren.

Und aus den gleichen Gründen findet ein Planet die ideale Bahn um die Sonne, nämlich nach dem Prinzip des maximalen Alterns.

Denn nur so kann er - teleologisch gesagt - dem Griff des gekrümmten Raumes nach seiner „Masse" ausreichend Parole bieten. Der Planet wird also nicht den direkten Weg über den Berggipfel wählen – aber auch nicht außen herumfliegen – der resultierende Weg optimalen Energieeinsatzes wird ein Kompromiss sein – etwa so wie die Abbildung 131a es zeigt. Natürlich „findet" ein Planet nichts und er „wählt" auch nichts, sondern er muss gezwungenermaßen einfach den Weg nehmen, der ihn am wenigsten „verformt" – und das ist der Weg zwischen den beiden Druckkräften bzw. den beiden Feldern – jenem der Sonne und jenem des Alls. Und es wird sich aus Verformungsgründen zwischen diesen Feldern und der eigenen Trägheit eine optimale Geschwindigkeit ergeben, nämlich eine möglichst langsame – denn eine höhere Geschwindigkeit würde ja schon wieder höhere Verformung verursachen. Wir könnten sagen, der Planet ist bequem oder faul und wir könnten das „Prinzip der kosmischen Faulheit"[67] postulieren, denn der Planet präsentiert uns den für ihn leichtesten Weg...

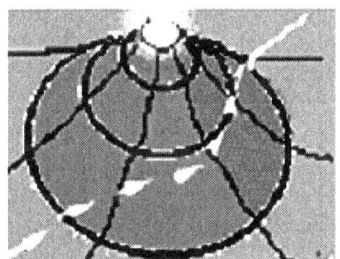

Abb.131a

Denken wir uns statt des Planeten eine Uhr, so zeigt sie uns den Weg maximalen Alterns an, weil sie dem Zeitberg in der Mitte ausweicht und das Zeittal am Rand negiert – daraus könnten wir zwei verschiedene Schlüsse ziehen: entweder die Uhr verändert ihren Gang tatsächlich (was auch der Fall ist) oder die Masse in der Mitte dehnt irgendwie die Zeit – was freilich eine verwegene Annahme wäre. Denken wir uns jetzt statt der Uhr einen Maßstab, der sich, wie wir wissen, aufgrund der Trägheit verkürzt, so würden wir mit diesem Maßstab eine Kreisbahn um das Zentrum ausmessen, die etwas größer wäre als der Durchmesser dies erwarten ließe. Wüssten wir nichts von der Verkürzung des Maßstabs, könnten wir konstatieren, dass sich um das Zentrum offenbar der Raum „gedehnt" haben muss – was in Wahrheit nicht zutrifft. Aber wenn wir von der Zeit- und Raumdehnung ausgehen würden, könnten wir bald feststellen, dass beide Effekte nicht unabhängig voneinander existieren könnten (E=Raum/Zeit²!), dass immer Zeit und Raum sich gemeinsam dehnen (oder krümmen oder was auch immer) – und wir kämen bald auf den vereinfachenden Einheitsbegriff „Raumzeit". So könnten wir aus einer einzigen Grundannahme die Bewegungen des Planeten ableiten, nämlich aus der Dehnung der Raumzeit - was ebenso elegant wie irreführend wäre. Denn wir wissen ja, dass die Uhr wirklich und wahrhaftig falsch geht und der Maßstab wirklich und wahrhaftig sich verkürzt. Das vereitelt die elegante Vereinheitlichung und lässt Uhrenverlangsamung oder Beschleunigung, Maßstabsänderungen und Bewegungen von Körpern usw. beziehungslos nebeneinander existieren. Und das in einem Raum, der - universell gesehen - euklidisch bleibt, in dem aber Massenfelder ihre Vibrationen sphärisch (oder „gekrümmt") aufeinander loslassen.

Nun haben wir zwar die Grundsätze des Abstoßungsprinzips nie aus dem Auge verloren und dennoch nichts anderes beschrieben als das Szenario der Allgemeinen Relativitätstheorie. Aus ihr haben wir die Begriffe „Intervall", „kosmische Faulheit" und „maximales Altern" gewählt und problemlos in unsere Anschauung einsetzen können. Einstein hat mit seiner ART offenbar etwas sehr Reales aufgezeigt, etwa in der Art, als hätte er bei einem Ballspiel die Spieler nicht bemerkt und die geheimnisvollen Bewegungen des Balls auf mysteriöse Eigenschaften des Raums und der Zeit zurückgeführt, wobei er diese Phänomene zur Raumzeit vereinfachte. So weit sind wir nicht gegangen, weil wir entdeckten, dass Maßstabsverkürzung und falsch gehende Uhren tatsächlich vorliegen – und dies weder mit den Eigenschaften des Raums noch mit jenen der Zeit etwas zu tun haben kann. (Ob man nun die eine oder die andere Variante wählt ist übrigens egal, beide Auffassungen erklären widerspruchsfrei die Phänomene der Gravitation. In der ART ist es darüber hinaus manchmal zweckmäßig, beide Auffassungen für Berechnungen heranzuziehen.)

Die Spieler des Ballspiels, nämlich die ausgedehnten Impulsfelder der scheinbaren Massen sind für uns die wahre Erklärung für die Bewegungen des Balls. Dass Einstein diese Bewegungen ohne Kenntnis des ursächlichen Hintergrunds mit seinen Gleichungen erfassen konnte, ist umso mehr eine geniale Leistung, als er diese Theorie auf vollkommen falsche Grundannahmen stellte. Es lohnt sich, sich das aus der Perspektive Einsteins einmal anzusehen:

Die Allgemeine Relativitätstheorie erforderte ein völlig neues Verständnis von Raum und Zeit. War der physikalische Raum bisher euklidisch (in der Newton'schen Mechanik) oder zumindest flach (in der SRT), so werden in der ART (fast) beliebige gekrümmte Räume zugelassen. Zur Verwirklichung dieser besonderen Eignung setzte Einstein eine Reihe von Postulaten ein. Er übernahm aus der SRT den Raumzeitbegriff als vierdimensionale differenzierbare „Mannigfaltigkeit" und verallgemeinerte damit den euklidischen Raum. Durch die Anwesenheit von Energie (z. B. in Form von Materie) wird diese Raumzeit gekrümmt. Dies bedeutet, dass ihre innere Geometrie verändert wird – wie immer das gemeint sein mag. Jedenfalls werden durch die Krümmung sämtliche physikalischen Prozesse beeinflusst.

Hauptfundament für Einsteins Überlegungen war eigentlich das Postulat der Äquivalenz von träger und schwerer Masse; dieses Äquivalenzprinzip ist daher ein wichtiger Stützpfeiler der ART. Einstein stellte fest, dass Beschleunigung und Gravitation in bestimmten Situationen nicht unterscheidbar sind.

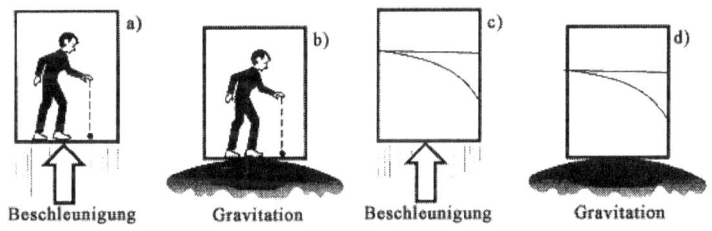

Abb.131b

In einem nach oben beschleunigten Aufzug (a) sollten dieselben Gravitationseffekte auftreten wie in einem Gravitationsfeld (b). Der Insasse ist angeblich nicht in der Lage, zu unterscheiden, ob sich der Aufzugboden dem „fallenden" Gegenstand nähert oder dieser von einem G-Feld zu Boden gezogen wird. Ein den nach oben bewegten Aufzug durchquerender Lichtstrahl (c) beschreibt einen Bogen zum Boden – aufgrund des Äquivalenzprinzips ist das auch im G-Feld zu erwarten (d).

Interessanterweise sind diese Feststellungen Einsteins schlichtweg falsch. Der Insasse des Aufzuges ist nämlich sehr gut in der Lage, zu unterscheiden, ob er sich in einem G-Feld befindet oder nicht. Er muss zu diesem Zweck nur zwei Gegenstände zu Boden fallen lassen (Abbildung 131 c):

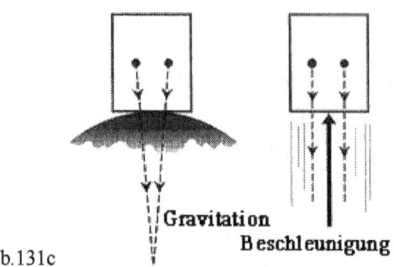

Abb. 131c Gravitation Beschleunigung

Im G-Feld der Erde würden die beiden Gegenstände nicht parallel herabfallen, sondern radial in Richtung Erdmittelpunkt. Anders als im beschleunigten Aufzug würden Senklote im G-Feld nicht parallel nach unten hängen. Als man auf diesen Widerspruch aufmerksam wurde, half man sich mit der „Ausrede", der Aufzug müsse eben klein genug sein, um die Senklote parallel erscheinen zu lassen – eine für eine exakte Wissenschaft ziemlich schlampige Argumentation.

Keine Ausrede gibt es für die Tatsache, dass eine beschleunigte elektrisch geladene Kugel strahlt, also elektromagnetische Wellen abgibt, wogegen eine gleichartige Kugel im Einfluss eines Schwerefeldes nicht strahlt. Das Äquivalenzprinzip gilt also für geradlinige Beschleunigungen nur eingeschränkt, bei Rotationen (Drehungen) versagen Einsteins Argumente völlig, sie sind ein Schuss ins Blaue – und haben ins Schwarze getroffen, denn einen Unterschied zwischen träger und schwerer Masse kann es gar nicht geben, weil nur die Trägheit existiert.

Die unzutreffenden Schlussfolgerungen Einsteins beweisen, dass seine ART eine durch und durch auf ein bestimmtes Ziel hinkonstruierte Gravitationstheorie ist. Sie wäre schon aufgrund der vielen Postulate ein ergiebiges Opfer für Ockhams Rasiermesser[68]. Denn die von Einstein eingeführte Rechenmethode, die Differenzialgeometrie, enthält eine Reihe unbewiesener Annahmen.

In der ART ist die Metrik der Raumzeit nicht von vornherein festgelegt, wie in der SRT, sondern hängt vom Materie- und Energieinhalt des Raumes ab. Dieser wird durch den Energie-Impuls-Tensor beschrieben. Die Metrik ist dann durch die Einstein'schen Feldgleichungen bestimmt. Durch Multiplikation des Energie-Impuls-Tensors mit 8π entsteht der Einstein-Tensor, wiederum ein lupenreines Postulat. Die nächste unbegründete

Annahme ist die Geodätenhypothese, nämlich die Festlegung, dass sich punktförmige Objekte auf Geodäten durch die Raumzeit zu bewegen haben; massive Objekte bewegen sich dabei auf zeitartigen, masselose auf lichtartigen Geodäten. Eine Geodäte ist eine lokal gerade Kurve, eben die in gekrümmten Räumen einzig geometrisch sinnvolle Verallgemeinerung der Geraden. Es sind jene Bewegungsbahnen, innerhalb derer auf bewegte Körper keine Kraft wirkt. Einstein hat aber nur Newtons Definition auf den gekrümmten Raum übertragen – warum (in beiden Fällen) auf den Körper keine Kraft wirkt, hat er ebenso wenig erklärt wie Newton. Das ergibt sich erst aus dem Verformungswiderstand in unserer Betrachtungsweise.

Die Einstein'schen Feldgleichungen sind trotz ihrer einfachen Form ein kompliziertes System von nichtlinearen verketteten Differenzialgleichungen. Ihre exakte Lösung ist deshalb nur in sehr wenigen Spezialfällen mit stark idealisierenden Annahmen möglich. Eine allgemein analytische Lösung ist praktisch überhaupt unmöglich. Da die ART jedoch eine geometrische Theorie ist, kann man Lösungen der Feldgleichungen für bestimmte Spezialfälle oft nur durch geometrische Überlegungen erhalten.

Aus den wenigen Lösungen hat man zumindest sehr unterhaltsame „Erkenntnisse" über die Struktur von Raum und Zeit gewonnen. Einige der bekannten Lösungen sind die „Schwarzschild-Singularitäten", später von Wheeler als „Schwarze Löcher" bezeichnet und von Karl Schwarzschild (1873–1916) schon wenige Monate nach dem Erscheinen der ART gefunden (heutzutage wendet man hinsichtlich des Schwarzen Lochs eher die Kerr-Metrik an). Einstein selbst kam aufgrund einer 1939 durchgeführten Untersuchung von Sternen in einem Kugelhaufen zu dem Schluss:

„Das wesentliche Ergebnis dieser Untersuchung ist ein klares Verständnis dafür, warum die Schwarzschild-Singularitäten in der physikalischen Realität nicht existieren!"

Die Idee der Schwarzen Löcher wurde demnach von Einstein selbst nicht unterstützt. Es wurden auch noch nie welche entdeckt. Dennoch glaubt alle Welt, es gäbe sie wirklich. Aber wer es wirklich wissen will, kann ja ein paar Lichtjahre ins All reisen, um nachzusehen...[69]

Die Abbildung 131d zeigt das Zentralgebiet der Andromeda-Galaxie (M31) im sichtbaren Licht, aufgenommen vom Hubble-Weltraumteleskop. Die Astronomen wollen hier ein zentrales

Schwarzes Loch mit einer Masse von etwa 30 Millionen Sonnenmassen erkennen, das von den Sternen umkreist wird.

Abb.131d

Jedenfalls ist die ART keine befriedigende Erklärung der Gravitation, sondern lediglich eine komplizierte Rechenmethode, in welcher aufgrund der vielen willkürlichen Annahmen sogar von einer strengen mathematischen Ableitung gar nicht gesprochen werden kann. Dennoch spiegelt sie auf verblüffende Weise eine Realität wider, die Einstein verborgen blieb. Berechnet man die Anziehungskraft zweier Körper mittelt ART, ergibt sich als Resultat: keine Anziehung! Und genau so ist es ja auch!

Wo bleibt der ausschlaggebende Einfluss der Lichtgeschwindigkeit bei der Gravitation und der Trägheit, den wir in den Kapiteln „Trägheit" und „Schwere" entdeckt haben? Wir finden ihn in der Integrationskonstanten r_s. Sie ist ein Maß für die Masse und hat die Dimension einer Länge. Diese Konstante wird deshalb auch Gravitationsmasse oder Gravitationsradius bzw. Schwarzschildradius des Zentralkörpers genannt. Sie ergibt sich aus der Newton'schen Gravitationskonstanten γ, der (Vakuum-) Lichtgeschwindigkeit c und der Newton'schen Masse m des Zentralkörpers mit der Beziehung:

$$r_s = \frac{2\gamma m}{c^2}$$

Diese Konstante und noch andere, die das Quadrat der Lichtgeschwindigkeit enthalten, sowie die Lichtgeschwindigkeit selbst sind unentbehrlich für die Lösungen der Einstein'schen Feldgleichungen. Das sollte uns aber nicht besonders überraschen.

Von vielen Autoren werden der ART verschiedenste „Fehler" zugeschrieben. Das Spektrum reicht von der Verletzung des Energie-Erhaltungssatzes, der Verwendung mathematisch unbegründeter Konstanten ($i=$ Wurzel aus -1), Verletzung der Kausalität, Einsatz von Pseudotensoren, dem Fehlen von Gleichungen für die Energie bis zur Tatsache, dass die Feldgleichungen so allgemein und komplex seien, dass auch Schreibfehler zu Lösungen führten. Darüber mag sich jedermann selber sein Bild machen. Heutzutage ist es kein Problem, alle diese Autoren über das Internet aufzustöbern...

Einstein klassifizierte seine ART einmal auf diese Weise: „Die ART hat mit der Wirklichkeit nichts zu tun...!"

Hat sie aber. Sie beschreibt gewissermaßen „von innen heraus" eine Gravitationsursache, die „außen" liegt (so wie Mach[70] das vermutet hat). Auch wenn sie dadurch gleichsam die Realität nur geometrisch wiederspiegelt, ist sie von allen bisher angebotenen Gravitationstheorien die beste, auch wenn sie unglaubhafte Lösungen zulässt, wie Schwarze Löcher oder die Anfangs-Singularität des Urknalls und Kosmologie-Konstruktionen wie etwa das Robertson-Walker-Friedmann-Universum. Übrigens müssten wir für die mathematische Beschreibung des Abstoßungsprinzips ebenfalls die Differenzialgeometrie der ART einsetzen.

Weder die Berechnung der Periheldrehung des Merkur noch die Lichtablenkung im G-Feld der Sonne sind Bestätigungen der ART. Die Ellipsen der Planetenbahnen drehen sich rosettenartig um die Sonne, der Effekt ist beim Merkur am ausgeprägtesten und geht in der Hauptsache auf den Einfluss der anderen Planeten und auf die von der Kugel abweichende Form und die Schwingungen der Sonne (Quadrupol-Momente) zurück. Robert Dicke und H.Mark Goldenberg entdeckten 1966 die Abweichungen der Sonne von der Idealkugel und lösten damit eine Diskussion über Einsteins Voraussage aus, die bis heute andauert. Rudolf Nedved soll außerdem gezeigt haben, dass sich das Rätsel der Periheldrehung in Nichts auflöst, wenn man die Berechnungen nicht heliozentrisch sondern baryzentrisch (vom Schwerpunkt des Sonnensystems aus) durchführt. Überdies sind die zeit- und raumkrümmenden Phänomene im Bereich unseres Sonnensystems so winzig, dass man in der ART mit vielen Näherungen rechnen muss – der Verdacht, dass Einstein sein Ergebnis auf die damals bekannten Werte hingetrimmt hat, ist also nicht ganz von der Hand zu weisen.

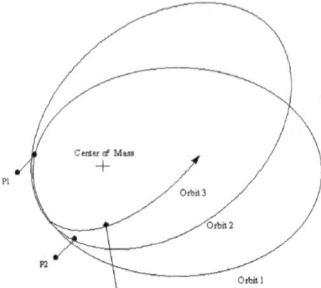

Abb.131e

Mit dem Abstoßungsprinzip erklärt sich die Periheldrehung ganz ähnlich wie mit der ART. Wir gehen dabei nicht von der Raumdehnung aus, sondern von der einfachen Tatsache der Verkürzung des Maßstabs durch die Trägheit. Seinen Bewegungsimpuls hat Merkur durch Verformung festgehalten, das begründet nicht nur, dass er etwas länger dem Feld der Sonne und der Krümmkraft ausgesetzt ist, sondern steht auch seiner Eigenrotation im Weg, die daher sehr gering ist. Innerhalb des Merkurjahrs von 88 irdischen Tagen dreht Merkur sich innerhalb von zwei Umläufen exakt dreimal um seine Achse. Die Gezeitenkraft der Sonne und der Bewegungsimpuls der Umlaufbahn halten Merkur in dieser 3-zu-2-Rotation fest.

Ist schon beim Merkur die Periheldrehung so gering, dass man über die Leistung Joseph Leverriers (1811 – 1877), der sie berechnete, wirklich staunen muss, so ist sie bei den anderen Planeten prinzipiell vorhanden, aber wesentlich kleiner. Die ART versagt bei der Berechnung dieser Bahnstörungen völlig. Nach Einsteins eigenem Kalkül hatten Venus und Mars keine Periheldrehung – was allerdings falsch ist. Aber die Größen der Störungen waren damals noch nicht bekannt – ein weiteres Indiz dafür, dass die ART eine gänzlich zielgerichtete (teleologische) Theorie ist.

Die Ablenkung der Lichtstrahlen durch die Schwerkraft der Sonne ist natürlich auch nach Einstein nicht durch die Schwerkraft verursacht, sondern durch Raum- und Zeitdehnung. Auch mit dem Abstoßungsprinzip versteht sich der Effekt von selbst. Der von den sphärischen Abstoßungskräften gebildete Raum ist logischerweise sphärisch, also krumm. Elektromagnetische Fortpflanzungsvorgänge geraten sämtlich und sonders in diese Geometrie – auch das Licht. Der von Arthur Eddington 1919 anlässlich einer Sonnenfinsternis erbrachte „Beweis" der Lichtablenkung ist allerdings wertlos. Abgesehen davon, dass die Vorgänge um diese Beweisermittlung suspekt sind (manche Autoren behaupten, Eddington habe geschwindelt), und die damals hergestellten miserablen Fotografien eine Wertung zu Gunsten ART gar nicht erlaubten, könnte es sich nahe der Sonnenoberfläche auch um eine einfache Beugung des Lichts handeln, insbesondere die Korona der Sonne nicht homogen ist, sondern sich aus diversen Schichten aufbaut. Außerdem ist sie sehr heiß, eine exakte Ortsbestimmung eines Lichtstrahls wird damit unmöglich.

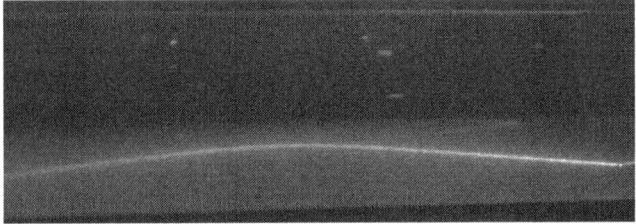

Abb.131f

Die Abbildung 131f zeigt einen gekrümmten Lichtstrahl, wie wir ihn selbst mittels zwei verschiedener Schichten (Kochsalz und Wasser) herstellen können.[71] Ein in die Grenzfläche der Schichten gesandter Laserstrahl wird durch die unterschiedlichen Brechungsindizes gebeugt. Ähnliche Vorgänge sind auch in der Sonnenatmosphäre denkbar.

Da schien die Bestätigung der ART durch ein Radarrückstreuexperiment an der Venus durch Irwin Shapiro schon besser zu sein. Die Zeit, die ein Radarstrahl für den Weg zur Venus und zurück braucht, kann man in eine effektive Entfernung umformen, indem die Zeit durch 2 dividiert und mit c multipliziert wird. Wenn Licht durch Gravitationseinwirkung abgelenkt würde, müsste auch die Geschwindigkeit des Lichts davon beeinflusst werden, dachte Shapiro und fand im Lehrbuch von Eddington zur klassischen Allgemeinen Relativität, dass sich im Einklang mit den Gleichungen der ART die Lichtgeschwindigkeit wirklich ändern könne (was im Widerspruch zur SRT steht). Laut ART müsste ein Radarstrahl, reflektiert von der Venus und nahe an der Sonnenoberfläche vorbeiziehend, geringfügig länger für sein Reise benötigen. Nach mehreren missglückten Versuchen gelang es Shapiro, eine Zeitverzögerung des Radarstrahls zu messen, die einer scheinbaren

Streckenverlängerung von etwa 38 km entsprach (bei einer Gesamtstrecke von rund 260 Millionen Kilometern!), die man auf die Raumkrümmung oder besser noch auf Maßstabsverkürzung zurückführen musste, da eine Verlangsamung des Lichts laut SRT ja ausgeschlossen war. Das Shapiro Experiment mit der Venus (und ähnliche mit dem Mars) ist aber kein Grund zu verfrühtem Jubel. Denn was hat Shapiro eigentlich nachgewiesen? Er hat nachgewiesen, dass ein Radarstrahl, den man zur Venus schickt und dort reflektiert wird, etwas zeitverzögert zurück kommt. Den Grund für diese Zeitverzögerung kann man sich aussuchen. Man könnte auch unsere Abstoßungstheorie damit beweisen. Man kann jede Theorie damit beweisen, die aus welchen Ursachen auch immer eine Zeitverzögerung der Radarstrahl-Rückkehr voraussagt.

Wie man sich denken kann, waren die Experimente Shapiros und ähnliche von anderen Wissenschaftlern nicht ganz einfach. Man musste die Planeten (außer mit der Venus wurde auch Mars und Merkur „benutzt") ja anpeilen und dabei ihre Eigenbewegungen und auch die Störungen durch andere Planeten berücksichtigen. Das erforderte komplizierte astronomische Berechnungen, die höchst genau zu sein hatten. Wer vermutet, dass man dies mit der hochmodernen, unfehlbaren ART bewerkstelligt hat, irrt sich sehr, denn dazu hat man natürlich den guten alten Newton bemüht...

Viele Autoren behaupten, die ART sei eine Weiterentwicklung der Speziellen Relativitätstheorie (SRT) – was absolut falsch ist. Außer der Übernahme des Begriffs Raumzeit hat die ART mit der SRT überhaupt nichts gemeinsam. Im Vergleich zur ART, die immerhin eine gewisse Möglichkeit praktischer Anwendung vermuten lässt (zumindest sind aufgrund falsch gehender Uhren Korrekturen in technischen Anwendungen angezeigt, wie z.B. beim Global Positioning System – GPS)[72] ist die SRT nur eine nette akademische Übung, denn eine Übereinstimmung mit der Wirklichkeit ist ihr überhaupt nicht systemimmanent. Wir werden gegen Ende dieses Kapitels überdies aufzeigen, dass die beiden Relativitätstheorien so grundverschieden sind, dass sie auch mathematisch nicht voneinander ableitbar sind und einander sogar ausschließen.

Die „Widerlegungen" der SRT haben auf dieser Welt schon viel Tinte fließen lassen. Der Religionskrieg zwischen Relativisten und Andersgläubigen bezieht sich schon deshalb hauptsächlich auf die SRT, weil die ART für die Diskussionsgegner offenbar zu kompliziert und zu unverstanden ist. Und der gesunde Menschenverstand hat mit der SRT auch die wesentlich größeren Probleme. Wir sehen uns die SRT daher näher an und setzen gleich voraus, dass wir zwei Postulate Einsteins auch in unseren Überlegungen bestätigt gefunden haben: die Nichtüberschreitbarkeit der Lichtgeschwindigkeit im Vakuum und die Unabhängigkeit des Lichts von der Quelle.

Wir haben aus der Eigenschaft des T.A.O. eine eindeutige Definition des Lichts als elektromagnetische „Scheinwelle" abgeleitet - als eine zeitliche Aufeinanderfolge von Impulsen, die sich zumindest hintereinander nicht beeinflussen. Da jeder dieser Impulse mit seinem Erzeuger nicht „zusammenhängt", sondern selbstständig wird und bleibt, spielt für die Bewegung der Impulse die allfällige Bewegung des Erzeugers keine Rolle. Das heißt: der Impuls bekommt von der Bewegung des Erzeugers nichts mit. Wohl aber hat dessen Bewegung auf die zeitliche und räumliche Aufeinanderfolge mehrerer Impulse ihren Einfluss, da sich die Abstände zwischen den Impulsen verkürzen oder vergrößern können. Jeder einzelne Impuls jedenfalls bewegt sich mit der ihm eigentümlichen Geschwindigkeit fort, die bei gleichen Bedingungen auch für jeden Impuls dieselbe ist.

Zu Einsteins Zeiten war eine derartige Definition natürlich nicht erkannt. Licht schien eine Folge von Korpuskeln zu sein; und man erwartete, dass diese Korpuskeln die Geschwindigkeit ihrer Verursacher mitbekommen sollten. Andererseits hatten manche Physiker auch bereits den Argwohn, es könnte sich um eine Art Welle handeln; wobei die Frage noch offen blieb, durch welches Medium sich diese Welle bewegte. Man setzte in geübter Manier ein solches Medium einfach voraus und nannte es „Äther". Den Äther betrachtete man als irgendein fixiertes Etwas, und die Lichtgeschwindigkeit bezog man vorerst auf dieses Medium, in dem sich auch die Planeten und Sterne herumbewegten. War die Lichtgeschwindigkeit in Bezug auf den Äther eine konstante Größe, so musste erwartet werden, dass sich die Geschwindigkeit eines Beobachters zu dieser Größe addieren oder subtrahieren ließe.[73]

konstante Lichtgeschwindigkeit 300 000 km/s---------->

<----------Erdgeschwindigkeit 30 km/s

Bewegte sich die Erde dem Licht eines Sterns mit 30 km/s entgegen, so sollte die Geschwindigkeit des vorüberziehenden

Sternenlichts um diese 30 km/s erhöht sein, während sie in der Gegenrichtung um 30 km/s vermindert sein müsste - und zwar immer von der Erde aus gemessen. Dies einfach deshalb, weil Geschwindigkeiten sich ja allgemein addieren oder subtrahieren lassen.

Der Physiker Michelson erdachte ein Instrument, mit dem er - wie er glaubte - die von der Erdbewegung erzeugten Differenzen der Lichtgeschwindigkeit nachweisen könne. Zu seiner Verblüffung zeigte sich aber, dass das Sternenlicht offenbar immer mit 300 000 km/s an der Erde vorüberzog, gleichgültig, ob sich die Erde gegen das Licht bewegte oder in derselben Richtung mitflog.

Ob Einstein Michelsons Versuch kannte oder nicht, ist eigentlich für die SRT gar nicht relevant, denn der Ursprung der SRT liegt in der Elektrodynamik, wie wir noch zeigen werden. Da aber die Allgemeinheit glaubt, der Michelson-Versuch habe ursächlich mit der SRT etwas zu tun, werden wir unsere Überlegungen angesichts der Ergebnisse dieses Experiments beginnen und zeigen, dass dieser Versuch für jede Art von Auslegung ungeeignet war und die SRT weder bestätigen noch widerlegen könnte.

Wenn sich laut diesem Versuch die Lichtgeschwindigkeit zu anderen Geschwindigkeiten nicht addieren oder abziehen ließ, so hatte Licht augenscheinlich die durchaus merkwürdige Eigenschaft, sowohl vom Erzeuger als auch vom Beobachter unabhängig zu sein. Das führte in der Folge zu seltsamen Paradoxa, wie etwa in folgendem Fall: Eine Lichtquelle fährt in einem Eisenbahnwaggon mit, steht genau in der Mitte, und einem mitfahrenden Beobachter wird die Frage gestellt, ob das Licht gleichzeitig Vorder- und Rückwand des Waggons erreiche. Nach dem Ergebnis des Michelson-Versuchs wird der Beobachter daran keinen Zweifel haben, weiß er doch, dass die Bewegung des Waggons auf das Licht keinen Einfluss nimmt. Er wird also sagen: „Das Licht der Lampe erreicht zugleich Vorder- und Rückwand des Waggons, denn ob sich der Waggon bewegt oder nicht, ist mir völlig egal. Ich weiß womöglich gar nichts davon!"

Ein etwaiger Außenbeobachter, der in den Waggon hineinsehen kann, hat aber mit dem Licht ganz die gleichen Erfahrungen gemacht. Auch er sieht von der Lampe das Licht gleichzeitig wegströmen; er sieht aber auch, dass der Wagen sich bewegt und dessen Vorderwand dem Licht davonläuft, während die Hinterwand dem Licht entgegenkommt. Er wird daher sagen müssen, dass das Licht nicht gleichzeitig Vorder- und Hinterwand erreichen kann.

Beide Beobachter müssen sich an das Postulat Einsteins halten und geraten damit zueinander in eklatanten Widerspruch. Einstein meinte, dass das Fiasko nur dadurch zu lösen sei, wenn man davon ausgehe, dass sich durch die Bewegung des Waggons auch die Bedingungen für die Messung seiner Länge ändern und daher der Waggon für beide Beobachter verschieden lang ausfallen müsse. Das bedeutet, beim Übertrag der Waggonmaße vom bewegten System auf das Außenbeobachtersystem ergibt sich eine Verkürzung, die es dem Außenbeobachter ermöglicht, auf das gleiche Zeitergebnis wie der Mitfahrende zu kommen. Einstein folgerte deshalb, bewegte Körper verkürzen sich in der Bewegungsrichtung...

Das war natürlich nicht leicht zu verstehen. Aber der Michelson-Versuch schien genau diese Annahme zu bestätigen. Der amerikanische Physiker ging vermutlich von folgender Überlegung aus (Abbildung 132).

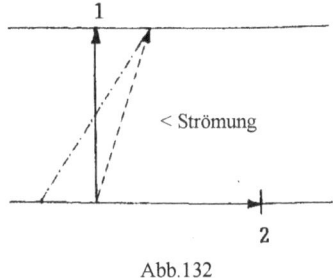

Abb.132

Von zwei gleich guten Schwimmern soll der eine quer über den Fluss und zurück, der andere eine gleich lange Strecke flussaufwärts und wieder zurück schwimmen. Der erste muss gewinnen, und zwar um die Zeitdifferenz

$$\Delta t = \frac{L}{c} \frac{v^2}{c^2}$$

wenn beide mit der Geschwindigkeit c schwimmen und der Fluss mit v strömt. Veranschaulichen wir das einmal mit angenommenen Zahlen: Schwimmergeschwindigkeit 20 m/s; Flussströmung 10 m/s; Streckenlänge 100 m. Schwimmer 1 muss einen Winkel gegen die Strömung einschlagen (gestrichelte Linie), um tatsächlich das Ziel zu erreichen. Wir errechnen seine Geschwindigkeit nach dem Galilei'schen Additionstheorem mit

$$t = \frac{L}{(c^2 - v^2)^{\frac{1}{2}}} = \frac{200}{17{,}320508} \approx 11{,}54 \, \text{sec}$$

Schwimmer 2 schwimmt die ersten 100 m gegen den Strom, und der Fluss nimmt ihm dabei 10 m/s weg. Er benötigt daher für diese Strecke

100:10= 10 Sekunden.

Auf dem Rückweg aber gibt ihm der Fluss 10 m/s dazu; daher

100:30= 3,33 Sekunden.

Seine Gesamtzeit beträgt 13,33 Sekunden. Er hat verloren!

Ersetzt man die Schwimmer durch zwei Lichtstrahlen, das Wasser durch den Äther und das Ufer durch die Erde, so hat man scheinbar eine völlige Analogie zum Michelson-Versuch. Die Messung der Zeitdifferenz müsste die Bestimmung der Geschwindigkeit gestatten, mit welcher der Äther an der Erde vorbei oder diese durch den Äther streicht. Da die Erde bestimmt an zwei gegenüberliegenden Punkten ihrer Bahn um die Sonne verschiedene Geschwindigkeiten hat (Unterschied 60 km/s), sollte wenigstens im Sommer oder im Winter eine Zeitdifferenz in einer Größenordnung auftreten, dass sie mit optischen Geräten völlig sicher messbar wird.

Michelson konstruierte daher ein ausgetüfteltes Instrument (Abbildung 133).

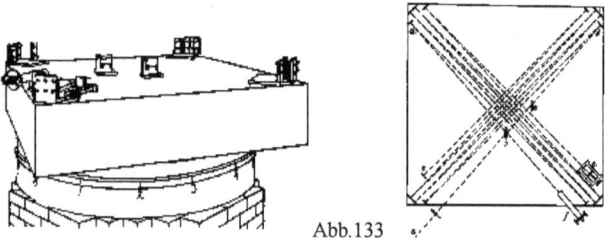

Abb.133

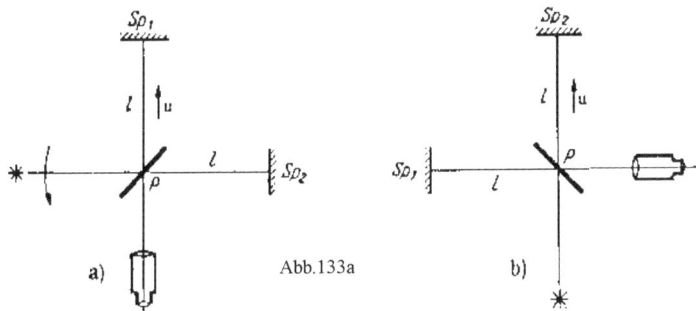

Abb.133a

Er teilte einen Lichtstrahl mittels eines halbdurchlässigen Spiegels (P) in zwei senkrecht zueinander laufende Strahlen und spiegelte diese ganz nach dem Schwimmervorbild in sich selbst zurück. Ein Gangunterschied der Strahlen würde sich in dem Teleskop, in das beide Lichtstrahlen fielen, zeigen müssen. Eine Armlänge von 25 Metern ergäbe einen Gangunterschied von einer halben Wellenlänge grünen Lichts (500 nm) zwischen den beiden Teilstrahlen, die sich dadurch weginterferieren müssten. Dieser Unterschied sollte sich bei Drehung des Gerätes auf den anderen Arm verschieben, was sich durch Verschiebung von Interferenzstreifen nachweisen ließe.

Der Versuch verlief negativ. Ob Sommer oder Winter, und wie Michelson sein Instrument auch drehte, es ergab sich stets nur eine winzige Interferenzbandenverschiebung, die weit unter dem errechneten Wert lag und die Michelson auf den Einfluss des Erdmagnetfeldes zurückführte. Das Licht schien in jeder Richtung gleich schnell zu sein. Auch ein Versuch mit Sternenlicht misslang. Und das, obwohl sich die Erde mit der ungeheuren Geschwindigkeit von 30 Kilometern in der Sekunde durch das All bewegt...

Der Physiker Lorentz entwarf eine Theorie, die davon ausging, dass der in Bewegungsrichtung liegende Arm eine Verkürzung erfahre, die so genannte Lorentzkontraktion. Lorentz konnte tatsächlich zeigen, dass sich ein System elektrischer Ladungen in der Bewegungsrichtung genau um den fraglichen Betrag verkürzt. Es wäre daher nur die eigentlich plausible Annahme nötig gewesen, dass alle Materie letzten Endes aus elektrischen Ladungen bestehe, um den negativen Ausgang des Versuches zu erklären.

In unseren Betrachtungen über die Trägheit hatten wir festgestellt, dass ein bewegter Körper sich tatsächlich verkürzt und die Idee

Lorentz' war so gesehen gar nicht so übel. Diese Verkürzung tritt in der Realität aber nur bei Beschleunigung auf – also z.B. auf der Erdoberfläche, da Rotationen immer beschleunigte Bewegungen sind. Die SRT bezieht sich jedoch nur auf unbeschleunigte geradlinige Bewegungen. Wir müssen daher ein anderes Argument suchen. Könnte es sein, dass Michelson irgendein ein Irrtum unterlaufen ist und das Ergebnis seines Versuches gar keine Aussagekraft hat?

Michelson wollte mit seinem Lichtversuch eigentlich nur die Existenz des Äthers überprüfen und hat sich über die Eigenschaften des Lichts keine besonderen Gedanken gemacht. Ob als Teilchen (Photon) oder Welle betrachtet, war Licht eben ein Ding, das eine Geschwindigkeit hatte wie die Erde auch. Was man dazumal und bis heute nicht richtig erkannt hat, ist, dass die fragliche Strecke in Michelsons Versuch keinesfalls von irgendeinem Ding durchflogen wurde und er daher von vornherein nicht erwarten durfte, dass die Lichtgeschwindigkeit nach dem Galilei'schen Additionstheorem addiert oder subtrahiert werden konnte.

Definieren wir Licht als einen zur Gänze unabhängigen Impuls, so bildet dieser Impuls ein eigenständiges System, das im Idealfall (Vakuum) sogar absolut ist. Damit fällt Einsteins erster Relativitätsgrundsatz, nämlich der, dass es kein Mittel gäbe, absolute Geschwindigkeiten zu messen. Denn dieses Mittel gibt es! Der Mittelpunkt einer Lichtsphäre bleibt felsenfest an Ort und Zeit fixiert; er ruht tatsächlich, gleichgültig, ob sein Erzeuger sich bewegt oder nicht. Bewegt er sich, so erzeugt er laufend weitere Sphären, deren Mittelpunkte auf der Bewegungslinie des Erzeugers angereiht werden (Abbildung 134).

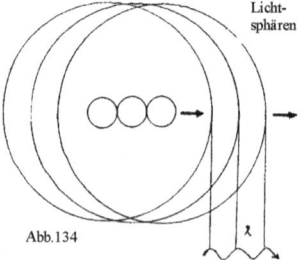

Abb.134

Wäre es nicht so, dann gäbe es keinen Dopplereffekt; denn gerade diese Anreihung der Sphären bringt die zeitliche Verschiebung der

Impulse mit sich. Genau definiert hat jeder einzelne Impuls seine eigene Sphäre und seinen eigenen Mittelpunkt. Die Welle entsteht aus mehreren Impulsen, die einander folgen, aber nicht am gleichen Ort entstehen, wenn der Erzeuger sich bewegt. In diesem Fall verändert sich die Frequenz der Impulse sofort und die Bewegung des Erzeugers zeigt sich in dieser Veränderung deutlich. Die absolut im Raum stehenden Lichtsphären kann man als Bezugspunkt für Geschwindigkeitsmessung nehmen, wie man dies mittlerweile mit der Hintergrundstrahlung des Weltalls auch getan hat und damit die Bewegung unserer Galaxie eindeutig messen konnte![74]

Weil eine bewegte Galaxie ihre Lichtsphären in das All „zeichnet" können wir sowohl diese Bewegung als auch die Geschwindigkeit feststellen, die man angesichts der Expansion des Alls auch als Fluchtgeschwindigkeit bezeichnet.

Wenn wir an einer Galaxie aufgrund der Doppler'schen Frequenzveränderung (die so genannte Rotverschiebung) die Fluchtgeschwindigkeit feststellen können, weshalb kann die Galaxie selbst ihre Geschwindigkeit am eigenen Licht nicht feststellen? Sehen wir uns die Situation in einer Abbildung (135) an:

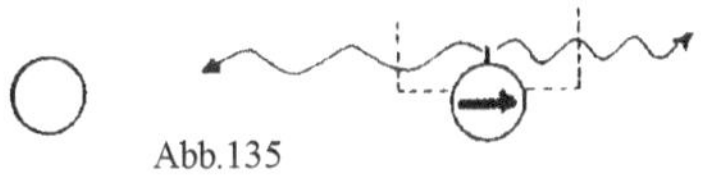

Abb.135

Eine Lampe in dieser Galaxie würde uns gegenüber deutlich den Dopplereffekt zeigen. Für einen Beobachter auf der Galaxie wäre das nicht möglich, weil er durch seine Mitbewegung den Effekt aufhebt. Er müsste ja - nehmen wir an zwei - Wände aufstellen (gestrichelt eingezeichnet), deren eine der vergrößerten Wellenlänge entgegenkommt, während die andere der verkleinerten Wellenlänge davon strebt. Das Ergebnis ist natürlich: keine feststellbaren Dopplerverschiebungen an den Wänden.

Der Ausgleich der Sphärenverschiebung an den Wänden impliziert ja die Tatsache, dass die Geschwindigkeit der Impulse nach beiden Richtungen relativ zur Galaxie verschieden sein muss. Und gerade aus dieser Differenz könnte jeder lichterzeugende Körper seine Bewegung ableiten.

Halten wir noch einmal fest: Jede einzelne Impulssphäre, die im Universum erzeugt wird, bleibt an den Entstehungsort fixiert. Die Erde bewegt sich aus dieser Sphäre heraus - das Licht „bleibt daher zurück" und bekommt keinesfalls die Geschwindigkeit der Erde aufaddiert wie ein Geschoss. Dieses „Zurückbleiben" entspricht in etwa einem Ausbreiten in einem absoluten Äther - die Idee mit dem Weltmeer war deshalb gar nicht so schlecht. Wir wissen, woraus dieses Medium besteht: aus den Feldern der Materie, die sich ja weit über das Sichtbare hinaus im T.A.O. erstrecken...

Wieso aber entging Michelson diese Möglichkeit? Weil sein Experiment - und ähnliche anderer Physiker - ungeeignet war, das Zurückbleiben einzelner Licht-Sphären aufzuzeigen. Beispielsweise musste man daran glauben, dass ein mit der Geschwindigkeit c-v auf einen Spiegel einfallendes Lichtsignal mit der Geschwindigkeit c+v reflektiert wird, nicht gerade eine Annahme, die sich von selbst versteht. Da durch das „Zurückbleiben" des Lichts die Reflektionswinkel an den Spiegeln nicht den Reflektionsgesetzen entsprechen, ist die Schwimmeranalogie überhaupt verfehlt. Doch sehen wir uns die einmal genauer an (Abbildung 132):

Der Schwimmer schlägt eine bestimmte Richtung ein, die aus seiner Zielrichtung und der Tatsache, dass ihn der strömende Fluss selbst korrigiert und an das richtige Ziel bringt, resultiert. Er schwimmt in einem bestimmten Winkel gegen den Strom; nach dem Galilei'schen Additionstheorem ergibt sich beim Treffen des Ziels eine Geschwindigkeit, die auf der durchschwommenen Strecke tatsächlich relativ zum Ziel vorliegt.

Beim Licht liegen die Dinge vollkommen anders (Abbildung 133a): Der Entstehungsort der Sphäre bleibt fixiert, während das Ziel sich fortbewegt. Justiert man den Spiegel P so ein, dass er vom reflektierten Strahl getroffen wird, so kommt der Strahl von der Stelle, wo der Spiegel war (!), als er das Licht reflektierte. Richtet man das Licht vom Spiegel P auf den Spiegel, so muss man das Licht dorthin richten, wo dieser Spiegel sein wird (!), wenn ihn das Licht erreicht. Es ist wohl notwendig, dass wir uns das noch einmal genauer vergegenwärtigen (Abbildung 136):

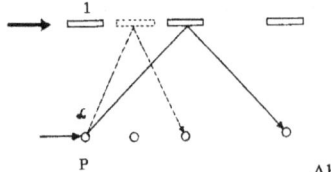

Abb.136

Beim Anvisieren des Spiegels 1 wird der Winkel α automatisch einmal vorgegeben, da das Bild des Spiegels Zeit braucht, um P zu erreichen. Gibt man nun noch einmal den Winkel α hinzu, da man ja auf den zukünftigen Ort des Spiegels zielen muss, hat man in Wirklichkeit den Winkel zweimal (!) auf einer Strecke eingesetzt.

Die Bahn des Lichts heißt also: von dort, wo der Spiegel P war, zu Spiegel 1, wo er sein wird. Während der Schwimmer nur einen imaginären Punkt kennt (entweder Start oder Ziel) und daher nur einmal pro Strecke den Winkel α einsetzt, bewegt sich das Licht von einem imaginären Punkt zum anderen imaginären Punkt – dabei kommt der Winkel zweimal zur Anwendung. Auf der gesamten Strecke (hin und zurück) gleich viermal. Die komplizierte Theorie des Michelson-Versuchs ging dagegen von einer regulären, gesetzmäßigen Reflektion an den Spiegeln aus – die aber wesentlich flacher war.

Die Erwartung Michelsons war daher von vornherein falsch. Die tatsächlich zu erzielende Differenz der Interferenzstreifen musste viel kleiner ausfallen. Da auch die auftretenden Doppler-Effekte sich korrekt wieder aufheben, war auch in dieser Richtung nichts zu holen, und weil die Geschwindigkeit des Lichts für beide Arme ziemlich gleich ausfallen musste, war auch bei der Drehung des Gerätes keine aufregende Interferenzbandenverschiebung zu erwarten.[75]

Michelson hat aus seinem Versuch lediglich geschlossen, dass es den Äther nicht gibt. Aber auch das konnte sein Interferometer eigentlich nicht bewiesen haben. Der Physiker war sich der Schwäche seines Experimentes sehr wohl bewusst und stand in den späteren Jahren den Schlussfolgerungen Einsteins sehr ablehnend gegenüber.

Und Einstein wäre diese experimentelle Schwäche sicher nicht entgangen. Es ist daher anzunehmen, dass ihm der Michelson-Versuch ziemlich egal war, als er seine SRT entwickelte. Denn es gab ein ganz anderes physikalisches Problem.

Wie wir im Kapitel „Spiele" schon entdeckt haben, entsteht um einen stromdurchflossenen Leiter oder um eine bewegte Ladung ausnahmslos immer ein Magnetfeld. Und wenn wir so eine Ladung nachdenklich betrachten und sie nicht bewegen, fällt uns ein, dass wir uns just in diesem Augenblick mit rund 1600 Stundenkilometern mit der Erde mitdrehen und diese selbst mit 30 km/s um die Sonne saust... Das heißt, die unbewegte Ladung ist alles andere als das – es ist a priori eine bewegte Ladung – erzeugt aber jetzt seltsamerweise kein Magnetfeld. Erst wenn wir sie – relativ zu was? – bewegen, bildet sich das erwartete Magnetfeld. Das ist schon recht seltsam.

Und es kommt noch seltsamer: Einstein beschreibt in seinem Artikel „Zur Elektrodynamik bewegter Körper" im Jahre 1905 das Dilemma folgendermaßen: „Dass die Elektrodynamik Maxwells - wie dieselbe gegenwärtig aufgefasst zu werden pflegt - in ihrer Anwendung auf bewegte Körper zu Asymmetrien führt, welche den Phänomenen nicht anzuhaften scheinen, ist bekannt. Man denke z. B. an die elektrodynamische Wechselwirkung zwischen einem Magneten und einem Leiter. Das beobachtbare Phänomen hängt hier nur ab von der Relativbewegung von Leiter und Magnet, während nach der üblichen Auffassung die beiden Fälle, dass der eine oder der andere dieser Körper der bewegte sei, streng voneinander zu trennen sind. Bewegt sich nämlich der Magnet und rollt der Leiter, so entsteht in der Umgebung des Magneten ein elektrisches Feld von gewissem Energiewerte, welches an den Orten, wo sich Teile des Leiters befinden, einen Strom erzeugt. Ruht aber der Magnet und bewegt sich der Leiter, so entsteht in der Umgebung des Magneten kein elektrisches Feld, dagegen im Leiter eine elektromotorische Kraft, welcher an sich keine Energie entspricht, die aber - Gleichheit der Relativbewegung bei den beiden ins Auge gefassten Fällen vorausgesetzt - zu elektrischen Strömen von derselben Größe und demselben Verlaufe Veranlassung gibt, wie im ersten Falle die elektrischen Kräfte."

Haben moderne Relativisten längst zugegeben, dass der Michelson-Morley-Versuch als gesicherte Basis für die SRT genaugenommen untauglich ist, so ist das Faktum, dass die Erdbewegung auf die Phänomene der Elektrodynamik keinen Einfluss nimmt, schon etwas haariger für SRT-Gegner. Im Gegensatz zu den Gesetzen der Newton'schen Mechanik erfüllen die Maxwell-Gleichungen[76] der Elektrodynamik nicht das Galilei'sche Relativitätsprinzip, sie verhalten sich nicht invariant gegenüber Galilei-Transformationen. Man glaubte deshalb, die Maxwell-Gleichungen zeichneten ein spezielles Inertialsystem (eben das „Äthersystem") aus und hoffte, dieses mit den verschiedensten Ätherdrift-Experimenten nachweisen zu können. Da aber all diese Versuche scheiterten, ging man schließlich daran, die Gesetze der Mechanik zu modifizieren („relativistische Mechanik"). Man kann den Zusammenhang auch so darstellen: Gilt das Relativitätsprinzip in dem Sinne, dass alle gleichförmig gegeneinander bewegten Inertialsysteme gleichberechtigt sind, dann gilt zwischen diesen Systemen ein Satz linearer Transformationen, die aber noch einen freien Parameter enthalten. Dieser Parameter hat die Bedeutung einer Geschwindigkeit, die in allen IS denselben Wert hat. Setzt man ihn auf „unendlich", gelangt man zu den Galilei-Transformationen, setzt man ihn = c, gelangt man zu den Lorentz-Transformationen. Es hat sich gezeigt, dass offenbar die Lorentz-invariant formulierten Naturgesetze zutreffender sind.

Wir wissen aber (aufgrund des in diesem Buch entwickelten Abstoßungsprinzips), dass die bewegte Ladung, von der vorhin die Rede war, schon im unbewegten Zustand ein elektrisches Feld um sich herum aufbaut, das aus der „Fortsetzung" des Materiefeldes über den Wahrnehmungsbereich hinaus besteht, polarisiert ist und sich mit der Ladung (dem Zentrum des Feldes) mitbewegt (Abb.21a). Dieses Feld wird kontinuierlich durch Impulse neu aufgebaut. Ist die verursachende Ladung relativ zur Erdbewegung unbewegt, lässt sich die Erdbewegung an ihr ebenso wenig erkennen wie an einer Lichtsphären-Folge, die von einer stationären Lampe wegpulsiert, weil sich Doppler-Effekte durch den Messvorgang stets aufheben (Abb. 135). Ob die Sphären-Mittelpunkte dabei absolut fixiert (Licht) oder auf der Erde fixiert sind (E-Feld), macht wenig Unterschied, wenn man versucht, die unterschiedliche Eigenschaft mit Drift-Experimenten zu messen. Die durch hohe Geschwindigkeiten sehr wohl auftretenden Verformungen elektrischer Ladungen erklärt man lustigerweise mit der SRT, obwohl es ein ganz „normales" Phänomen ist.[77]

Um ein Magnetfeld zu erzielen, müssen wir die Ladung daher relativ zu ihrem elektrischen Feld bewegen. Wie im Kapitel „Spiele" geschildert, „verwischen" wir damit die Polarisation in eine andere Richtung, und das sind eben die Kraftlinien des Magnetfeldes. Und da wir wissen, dass jede materielle Erscheinung elektromagnetischer Natur ist, könnten wir keinen Grund finden, mittels einer Theorie, die Zeit und Raum relativiert, die Elektrodynamik bewegter Körper dem Galilei-Newton'schen Relativitätsprinzip gewaltsam eingliedern zu müssen, denn sie stand gar nie außerhalb. Und es wäre natürlich ein Fehler, die Maxwell-Gleichungen ganz unbefangen für die elektromagnetischen Felder der Elektrodynamik ebenso wie für die Ausbreitung von Lichtsphären anzuwenden. Zwar ist beides ein elektromagnetisches Phänomen, aber das ist schließlich jedes Sandkorn dieses Universums auch!

Der Unterschied zwischen Licht und anderen elektromagnetischen Erscheinungen lässt sich so verdeutlichen: Wenn wir das Weltall mit dem Ozean vergleichen, so ist Licht das Wellenspiel auf diesem Ozean, materielle elektromagnetische Felder dagegen sind das Wellenspiel im Swimming-Pool des Luxusliners, der den Ozean überquert...

Die Lichtgeschwindigkeit kann relativ zum Beobachter sehr wohl verschieden ausfallen. Ihre absolute Nichtüberschreitbarkeit ist deshalb gegeben, weil sie von der Trägermatrix (T.A.O.) und den Feldern im All abhängt, wobei das „Vakuum" - sofern es das tatsächlich gibt – eben eine Obergrenze bestimmen würde. Wir haben das ja schon ausführlich beschrieben und die Ursachen dafür aufgezeigt. Relative Überlichtgeschwindigkeiten sind dagegen sehr wohl möglich, wie der schwarze Nachthimmel rund um uns beweist. Merkwürdig war auch schon immer, dass Einsteins Spezielle Relativitätstheorie nur für geradlinige Bewegungen gilt. Rotationen sind ausgeschlossen. Es ist ein Leichtes zu beweisen, dass der Umfang des Universums uns mit mehrfacher Lichtgeschwindigkeit umkreist, wenn wir uns nur einmal gemächlich herumdrehen...

Interessant ist, dass auch intelligente Menschen von einer Art geistiger Behinderung befallen werden, wenn sie mit der SRT in Berührung kommen. Nigel Calder beschreibt im Kapitel 15 seines Buches „Einsteins Universum" folgendes Gedankenexperiment:

Einstein befasste sich mit einem weiteren eigenartigen Effekt, der bei Lichtgeschwindigkeit auftritt. Wenn die Geschwindigkeiten von Objekten sich der Lichtgeschwindigkeit nähern, dann kann man sie nicht einfach wie üblich addieren. Stellen wir uns zwei Galaxien vor, die sich mit 75% der Lichtgeschwindigkeit von der Erde entfernen, und zwar in entgegengesetzte Richtungen. Eine einfache Addition der Geschwindigkeiten würde ergeben, dass sie sich voneinander mit dem Eineinhalbfachen der Lichtgeschwindigkeit entfernten. In diesem Fall sollte man annehmen, dass jede für die andere unsichtbar wäre, weil das Licht, das zwischen ihnen läuft, niemals zum Ziel käme. Aber es ist leicht einzusehen, dass sie auch - wenigstens im Prinzip - weiterhin im Funkkontakt sind. Eine von ihnen könnte zum Beispiel eine Botschaft an die andere senden, notfalls über die Erde.

Die Geschwindigkeiten der Galaxien relativ zur Erde beeinflussen nicht die Geschwindigkeit eines Signals.

Wir auf der Erde könnten von der Galaxie A das Signal erhalten: „Beste Grüße zu Einsteins Geburtstag. Bitte weitersenden an Galaxie B" Dann senden wir die Botschaft weiter an B: „Galaxie A sendet Ihnen beste Grüße zu Einsteins Geburtstag." Wir wissen, dass sie ihr Ziel erreichen kann, denn wir können ja die Galaxie B auch sehen. Aber auch wenn wir und die Erde nicht da wären (oder wenn wir gerade schliefen, während die Botschaft ankommt), könnten wir uns ebenso gut vorstellen, dass die Botschaft von Galaxie A an der Erde vorbeifliegt, ohne dass wir uns einschalten, bis hin zur Galaxie B. Wenn wir nun die Geschwindigkeiten addieren, kommt die falsche Antwort heraus: Die Geschwindigkeit, mit der sich A und B voneinander wegbewegen, muss für sie kleiner scheinen als die Lichtgeschwindigkeit, andernfalls käme die Botschaft nicht an.

Wo liegt nun die Erklärung? Wir müssen herausfinden, wie die Geschwindigkeit der Galaxie B vom Standpunkt der Galaxie A aus betrachtet erscheint. Wenn irgendetwas oberhalb der Lichtgeschwindigkeit herauskäme, dann wäre tatsächlich jegliche Kommunikation zwischen den beiden Galaxien unmöglich. Als Lösung dividiert der Relativist die einfache Summe der Geschwindigkeiten durch einen bestimmten Faktor, (...) der der Verlangsamung der Zeit Rechnung trägt, der die beiden Galaxien von uns aus gesehen unterliegen. – Ende des Zitats.

Dieses Beispiel kann nur für Relativisten eine Herausforderung zum Grübeln sein. Da sie sich die relative Überlichtgeschwindigkeit verbieten, können sie das Problem nur mit Rechentricks lösen. Aber auch wenn Nigel Calder nicht gerade ein Einstein-Gegner ist, hätte er sehen müssen, wie unsinnig sein Gedankenexperiment ist – abgesehen davon, dass die SRT im Universum wegen vorliegender Schwerkraft-Wirkungen ohnedies nicht anwendbar wäre, müsste sie auch nicht angewendet werden, denn ein von Galaxie A in den absoluten Raum gesetztes Signal macht sich mit Lichtgeschwindigkeit auf den Weg und kann daher die mit 75%-iger Lichtgeschwindigkeit fliegende Galaxie B ohne weiteres einholen! Natürlich mit entsprechender Doppler'schen Veränderung... Der Doppler-Effekt bietet außerdem für Galaxie B die Möglichkeit, die Relativgeschwindigkeit zwischen beiden Galaxien festzustellen. Da Galaxie B außerdem an der Hintergrundstrahlung[74] die eigene absolute Geschwindigkeit messen kann, lässt sich auch die Geschwindigkeit der Galaxie A errechnen. Und damit können wir die SRT endgültig als schöngeistiges Hobby betrachten.

Aber weil's so schön ist, die SRT pikanterweise mit der ART ad absurdum zu führen, hier noch etwas zum Nachdenken:

Da die ART näher an der Wirklichkeit zu liegen scheint, und wir sie auf gewisse Weise sogar bestätigt fanden (weil zumindest die Geometrie der Gravitationswirkung zutrifft), sollten wir noch überprüfen, ob in unserer Alldruck-beherrschten Welt die SRT überhaupt eine Daseinsberechtigung hat oder sie sich mit dem „Einstein Universum" (ART) überhaupt vereinbaren lässt. Wir lassen aber die üblichen Spitzfindigkeiten mit den Intertialsystemen beiseite und stellen gleich einmal fest, dass in der SRT die Gravitation überhaupt nicht vorkommt. Wieso eigentlich nicht? Weil die Unvereinbarkeit mit der Wirklichkeit (oder mit der ART) sofort zu Tage treten würde. Und zwar deshalb:

Halten wir zunächst fest, dass in der ART aufgrund des Äquivalenzprinzips auch Photonen einer Rotverschiebung durch die Gravitation unterliegen: Wenn wir in einem gleichförmig nach oben beschleunigten Aufzug ein Photon zu Decke schicken, kommt es dort aufgrund des Dopplereffekts rotverschoben an. Nach dem Äquivalenzprinzip ist ein Bezugssystem im Einflussbereich der Gravitation lokal nicht von einem gleichförmig beschleunigten Bezugssystem zu unterscheiden. Diese Rotverschiebung muss deshalb auch in Gravitationsfeldern auftreten. In der Speziellen Relativitätstheorie aber kann es eine solche Rotverschiebung niemals geben. Betrachten wir hierzu das folgende Diagramm (Abb.136):

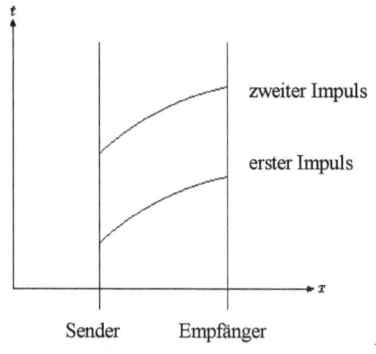

Abb.136

Wir sehen die Aussendung zweier Lichtpulse in den Koordinaten Zeit (t) und Weg (x). Die Krümmung der beiden Linien zeigt die angenommene Wirkung der Gravitation auf die Impulse. Der zweite Impuls muss sich auf einer Kurve bewegen, die derjenigen des ersten Impulses gleicht, weil die Situation statisch ist, sich also im Lauf der Zeit nicht verändert. Damit entspricht die zweite Kurve genau einer zeitlichen Verschiebung der ersten Kurve. Die zeitliche Differenz zwischen zwei Impulsen und damit die Frequenz des Lichts ist somit bei Sender und Empfänger gleich groß. Damit kann es keine Rotverschiebung geben. Da die Rotverschiebung mittlerweile aber auch experimentell nachgewiesen wurde, zeigt unsere Überlegung, dass die Definition des zeitlichen Abstandes in der SRT bei Anwesenheit von Gravitation fraglich ist, was nur daran liegen kann, dass die zeitliche Differenz beim Empfänger anders zu berechnen wäre als beim Absender. Damit wäre laut ART aber auch die Geometrie des Raumes an beiden Orten verschieden, da die Zeitmessung in der Raumzeit der Längenmessung in gewöhnlichen Räumen entspricht. Der flache Raum der SRT entspricht also bei Anwesenheit von gravitativen Wirkungen nicht der Realität. Die Abwesenheit gravitativer Wirkungen ist jedoch innerhalb unseres Universums genauso undenkbar wie die Existenz eines absoluten Vakuums...

Die ART umfasst angeblich in zweifacher Hinsicht die SRT als Spezialfall:

1. Bei einem leeren Raum ergibt die ART die Raumzeitstruktur der SRT (Minkowski-Raum). Einen leeren Raum gibt es allerdings nur bei Abwesenheit des Universums.

2. In frei fallenden Bezugssystemen gelten lokal die Gesetze der SRT. Ein um die Erde kreisendes Raumschiff wäre z.B. so ein frei fallendes Bezugssystem. Nach dem Äquivalenzprinzip dürfen Raumfahrer nicht in der Lage sein, das Vorhandensein eines Gravitationsfeldes festzustellen. Sind sie aber! Aus denselben Gründen, die wir im Aufzug fanden (Abbildung 131c). Zwei in das Raumschiff schwebend über einander gestellte Gegenstände würden sich wie von geheimnisvoller Kraft geleitet voneinander entfernen, da für jeden andere Orbit-Parameter gelten würden.

Relativisten haben viele Rechentricks auf Lager, um ihre heißgeliebte SRT in die Welt der ART hinüber zu retten. Allerkleinste aneinander gestückelte Inertialsystemchen oder vernachlässigbar schwache Gravitationsfelder und dergleichen mehr.[78] Gerne bezeichnen sie die SRT als experimentell bestens abgesichert und warten mit Experimenten auf, die allerdings einer näheren Analyse meist nicht standhalten.[79] Verlangt man andererseits von ihnen Beweise, so sind sie die ersten, die darauf hinweisen, dass man eine Theorie niemals beweisen sondern bestenfalls bestätigen oder widerlegen kann.

Die SRT wird gern im Zusammenhang mit Teilchenbeschleunigern angeführt. Aber die Nichtüberschreitbarkeit der Lichtgeschwindigkeit gilt auch für beschleunigte „Teilchen", weil das „Dominosteinprinzip" der T.A.O.-Matrix ein schnelleres Fortpflanzen der Impulse nicht zulässt. Hätten wir aufgrund dieser Erkenntnisse das Postulat der Konstanz von c erlassen, so könnten wir die Tatsache, dass Elektronen sich nicht bis c beschleunigen lassen, als Beweis für die T.A.O.-Matrix vorlegen - abgesehen davon, dass es für das Verhalten der Elektronen noch andere Gründe geben kann (die geschwindigkeitsabhängige Zunahme der Trägheit bei Elektronen wurde schon 1901 von W. Kaufmann untersucht).

Und wie ist das mit den Myonen, mit dem vielstrapazierten Argument ihrer Lebensdauerverlängerung aufgrund der hohen Geschwindigkeit? Sehen wir uns das an:

In der kosmischen Strahlung finden sich bestimmte „Teilchen" als Bestandteil der auf der Erdoberfläche auftreffenden Höhenstrahlung - und genau das sollten sie erwartungsgemäß nicht sein. Man kennt sie aus Laborversuchen, eigentlich sind es „schwere Elektronen"; ihr korrekter Name lautet Myonen. Es sind instabile Teilchen und sie zerfallen mit einer Halbwertszeit von ca. $1{,}5 * 10^{-6}$ Sekunden.

Im Jahre 1941, als B. Rossi und Dr. B. Hall ein Experiment mit diesen Myonen durchführten, glaubten sie folgendes über diese Teilchen zu wissen:

- Myonen entstehen bei Proton-Proton-Zusammenstößen in großen Höhen (15-30 km).
- Sie zerfallen nach sehr kurzer Zeit in ein Elektron (oder Positron) und in ein Neutrino und ein Antineutrino.
- Da sie durch die kosmische Strahlung erzeugt werden, ist die Hauptkomponente ihrer Bewegungsrichtung in der Atmosphäre nach unten gerichtet. Ihre Geschwindigkeit erreicht nahezu Lichtgeschwindigkeit.

Aufgrund dieser Annahmen stellte man folgende Überlegung an: Man kann mit Detektoren die Auftreffzeit eines Myons festhalten und den Zerfall beobachten. Dieser Zerfall des abgebremsten und damit zur Ruhe kommenden Myons wird aufgezeichnet. Die Zeitintervalle zwischen Aufschlag und Zerfall können bei statistischer Behandlung bei einer genügend hohen Anzahl von Myonen bestimmt werden; damit lässt sich feststellen, wie viele der Myonen beim Durchlaufen einer bestimmten Strecke während einer bestimmten Zeitspanne durch Zerfall verloren gehen. Misst man die Anzahl der einfallenden Myonen auf einem Berggipfel und danach in Seehöhe, dürften eigentlich in Seehöhe keine Myonen mehr übrig sein, da sie für die lange Strecke viel zu kurz existieren.

Der Versuch wurde durchgeführt, und das Ergebnis brachte zu Tage, dass weit mehr Myonen übrig blieben, als man erwarten durfte. Daraus folgerte man, dass Myonen aufgrund ihrer hohen Geschwindigkeit in einer „gedehnten" Zeit leben und damit einen experimentellen Nachweis der Zeitdilatation erbringen. Aber die Glaubwürdigkeit dieses Beweises steht und fällt mit der Natur der beobachteten Myonen.

Wenn Myonen annähernd mit Lichtgeschwindigkeit fliegen, zerfällt aufgrund ihrer Halbwertszeit nach etwa 450 Metern die Hälfte ihrer ursprünglichen Zahl. Von dieser Hälfte zerfällt eine weitere Hälfte nach weiteren 450 Metern, und so fort. Nach einer Strecke von rund 2000 Metern bleiben effektiv nur 17 bis 25 Myonen übrig, wenn ursprünglich 568 Myonen pro Stunde nachweisbar waren - wie dies im Versuch der Fall war. Theoretisch finden wir nach 4500 Metern gar kein Myon mehr. Relativistisch betrachtet darf diese Strecke allerdings unglaublich verlängert sein. Ein Höhenunterschied von 2000 Metern dürfte sich überhaupt nicht auswirken. Vor allem aber: Die Masse der Myonen müsste im Sinne der Relativitätstheorie eminent zunehmen, und zwar von 207 Elektronenmassen auf 1467 Elektronenmassen - das wäre fast schon die Masse eines Nukleons. Dieser Masse entspricht eine hohe Energie, die aufgefangen werden muss. Im zitierten Versuch geschah dies durch Eisenplatten von bestimmter Dicke, die immer nur Myonen von ganz bestimmtem Energiegehalt zur Messung brachten. Dies geschah sowohl in 2000 Metern Höhe als auch auf Seehöhe in gleicher Weise, und zwar mit peinlichster Genauigkeit. Dabei erhebt sich bereits die Frage, ob dermaßen schwere Teilchen ihre ganze Flugstrecke hindurch tatsächlich dieselbe Geschwindigkeit aufweisen oder ob sie wie jeder fallende Körper auch einer kontinuierlichen Beschleunigung unterliegen. Dass dies der Fall ist, scheint sehr naheliegend - dann aber maß man in 2000 Metern Höhe eine ganz andere Myonenfamilie als auf Seehöhe! Das heißt, sogar unter Anerkennung der SRT kann der Versuch in Frage gestellt werden. Aber die SRT ist für Beschleunigungen gar nicht zuständig.

Wahrscheinlich ist die Lösung des Problems noch einfacher. Um den Versuch zu widerlegen, genügt der Nachweis, dass Myonen auf verschiedene Weise und in verschiedenen Höhen entstehen können. Nun existieren tatsächlich mehrere Zerfalls-Kanäle, die zum Myon führen. Allesamt sind sie in der kosmischen Strahlung vorzufinden. Bei Proton-Proton-Stößen entstehen keinesfalls nur Myonen, sondern auch Pionen und Kaonen. Diese beiden Teilchen zerfallen ebenfalls in Myonen aber nach anderen Zeiten. Das („positive") Pion hat eine Halbwertszeit von $1,8*10^{-8}$ Sekunden; das Kaon (es tritt regelmäßig zusammen mit Myonen auf) lebt im Schnitt $8,56*10^{-9}$ Sekunden - und darüber hinaus gibt es noch ein neutrales Kaon, welches ungefähr nach $4*10^{-8}$ Sekunden zum positiven Pion zerfällt, welches wiederum - siehe oben - zu Myonen zerfallen kann. Alle genannten Zeiten sind Halbwertszeiten; alle anderen Teilchen, die bei diesen Zerfällen noch entstehen, haben wir nicht aufgezählt, weil sie nicht von Bedeutung sind. Wir sehen: Gar so einfach, wie die Herren Rossi und Hall sich die Angelegenheit vorstellten, ist sie in Wahrheit nicht. Die Möglichkeiten, zu Myonen zu kommen, sind viel zahlreicher, als sie dachten. Und aus diesem Grund sind in Seehöhe auch Myonen ein Hauptbestandteil der kosmischen Strahlung.

Der Stolperstein des vielstrapazierten „Myonenbeweises" heißt demnach KAON (auch K-Meson genannt). Nun hat es mit diesem Kaon, das uns bereitwillig Myonen liefert - und zwar auch auf der Erdoberfläche - eine eigene Bewandtnis. Es ist ein so genanntes seltsames Teilchen. Seltsam deshalb, weil es nach den Erhaltungssätzen der Teilchenphysik eigentlich stabil sein müsste und gemäß dem „Erhaltungssatz der Seltsamkeit" dürfte es auch keinesfalls zu Myonen zerfallen. Es geschieht trotzdem. Damit ist aber seine Halbwertszeit ein höchst unzuverlässiger Wert. Erwähnt soll auch sein, dass Kaonen immer und überall auch dort entstehen, wo hochenergetische Mesonen mit Nukleonen zusammenstoßen.

Weshalb haben die Physiker Rossi und Hall diese seltsamen Ereignisse um das Kaon eigentlich nicht berücksichtigt? Ganz einfach: Sie führten ihren legendären Versuch 1941 durch. Das Kaon (K-Meson) wurde aber erst 1947 von W. M. Powell entdeckt.[80]

Auf sehr indirekte Weise lässt sich der Myonen-Beweis auch im Labor nachvollziehen. Die diesbezüglichen Ergebnisse sind aber höchst umstritten. Die Autoren Georg Galecki und Peter Marquardt[81] haben sich in dieser Hinsicht redlich angestrengt, diesen und andere Beweise für die SRT zu zerpflücken, aber das kann natürlich auch vergebliche Mühe sein. Auch im Abstoßungsprinzip haben wir entdeckt, dass bewegte Uhren oder Uhren im G-Feld langsamer gehen. Und wir haben auch erkannt, dass atomare Schwingungsvorgänge in gewisser Weise Uhren sind. Wenn also Myonen aufgrund hoher Geschwindigkeit ihre Energie auf eine längere Strecke verteilen, weil ihre Wellenlängen „gedehnt" werden und daher den Eindruck erwecken, sie „lebten" länger, so beweist das nicht automatisch die SRT – es beweist einfach nur, dass Uhren in Bewegung genau so unzuverlässig sind wie heiße oder kalte Uhren, ungeölte und kaputte Uhren oder aus sonstigen Gründen schlampig gehende Uhren. Wie sollten wir überhaupt eine Norm für eine „richtig" gehende Uhr finden? Mit der Zeit hat das nichts zu tun. Zeit ist eine Rechengröße, die sich weder dehnen noch strecken oder krümmen lässt.

Steckt man zwei moderne Atomuhren in zwei Flugzeuge und fliegt mit ihnen in verschiedene Richtungen los, so gehen beide Uhren falsch, aber in verschiedenem Ausmaß, nämlich abhängig von der Flugrichtung - was eigentlich den Einstein'schen Theorien nicht exakt entspricht. Man hat den Ausgang eines derartigen Versuches von J.C. Hafele und R.E. Keating im Jahre 1971 als Bestätigung für die Relativitätstheorien gefeiert – aber es ist nur eine Bestätigung dafür, dass Atomuhren der Trägheit gegen die absolute Matrix des T.A.O. genauso unterworfen sind wie jedes andere materielle bzw. elektromagnetische Feld.[82] Unsere Feststellungen unterscheiden sich von den Postulaten der RT nur hinsichtlich der Lichtausbreitung, die wir als absolut betrachten. Einen Hinweis darauf liefert ein Effekt, welcher Aberration der Gestirne genannt wird und erstmals 1725 von Bradley beschrieben wurde.

Wenn wir mit einem Fernrohr einen Stern betrachten, so sehen wir ihn nicht an der richtigen Stelle, weil Licht das bewegte Fernrohr diagonal durchquert (Abbildung 137): Da wir den Stern geradlinig hinter dieser Diagonalen vermuten, sehen wir ihn an einem falschen

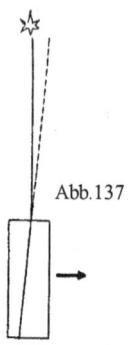

Abb.137

Ort. Weil das Licht im Augenblick seines Eintretens in das Fernrohr zu nichts anderem wird als zum Strahl in der Lichtuhr, beweist die Aberration, dass das Licht tatsächlich zurückbleibt, während der Boden des Fernrohrs weiterzieht. Das Fernrohr zeigt also mit Hilfe des Lichts die Erdbewegung an und steht damit im Widerspruch zur SRT. Aber eigentlich wollte man mit dieser Erklärung die SRT insoferne beweisen, als dass die Aberration unabhängig von den Bewegungen der Sterne und daher auch nicht abhängig von der Relativbewegung Stern-Erde ist und die Erde offenbar im Äthermeer „ruht". Wir werden deshalb das Thema im Kapitel „Anmerkungen" noch etwas näher beleuchten.[83]

Wir sehen, dass die Relativitätstheorien schon deshalb schwer zu bestätigen oder zu widerlegen sind, weil sie eine Reihe von überprüfbaren Tatsachen voraussagen, die eben auch ohne RT erklärbar werden, wenn man das Paradigma wechselt. Und wirklich beweisen kann man die RT natürlich nicht. Das wusste Einstein selbst auch sehr gut, indem er meinte: „Kein Experiment kann meine Theorie beweisen, aber ein einziges kann sie widerlegen!"

Da ja nach der Speziellen Relativitätstheorie elektromagnetische Felder immer sphärisch sein müssen (Kugelwellen), sollte man dies auch für elektromagnetische Wirkungen erwarten, zum Beispiel für ein Magnetfeld. Das von einer bewegten Ladung ausgelöste Magnetfeld verschwindet aber für einen Beobachter, der sich mit der Ladung mitbewegt. Ebenso sollte die Ladung selbst invariant (absolut) sein; aber Ladungsdichte und Stromdichte erweisen sich als variant, also von der Bewegung abhängig. Aus diesem Dilemma hat man bis heute nicht herausgefunden.[84] Für diejenigen, die noch immer nicht durchblicken, hier die einfachste Überprüfung der Speziellen Relativitätstheorie aufgrund der Existenz des DOPPLER-Effekts (Abbildung 138):

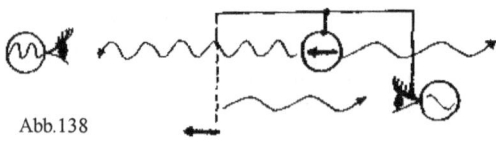

Abb.138

Eine bewegte Lichtquelle, die auf uns zukommt, verschiebt die Frequenz ihres Lichtes für uns in eine höhere Frequenz (Blauverschiebung). Für einen Beobachter, der sich mit dem Licht mitbewegt, hat es nach wie vor dieselbe Farbe, weil er mit jeder Art von Messung einen entgegengesetzt gerichteten Dopplereffekt verursacht, da sein Messgerät vor jedem Impuls etwas zurückweicht. Genau das aber könnte nicht passieren, wenn der Impuls relativ zum Messgerät dieselbe Geschwindigkeit hätte wie relativ zum ruhenden Beobachter! Durch das Dem-Impuls-Davon-Rennen des Messgerätes (oder dem Impuls-Entgegen-Rennen auf der anderen Seite) ergibt sich zwingend, dass verschiedene Impulsgeschwindigkeiten auftreten, je nachdem, von wo aus sie gemessen werden. Nimmt man statt des Messgeräts einen Spiegel, so erhält er zwar die Originalfrequenz, dehnt diese aber infolge seiner Bewegung. Blickt der mitbewegte Beobachter in diesen Spiegel, so bewegt er sich gegen diese gedehnte Frequenz und verwandelt sie wieder in die Originalfrequenz. Es hilft auch nichts, wenn er mit dem Spiegel einen senkrechten Strahl herausleitet und diesen betrachtet. Der Frequenzausgleich findet auch in diesem Fall statt.

Hätte die Spezielle Relativitätstheorie Gültigkeit, so dürfte der Doppler-Effekt gar nicht auftreten. Der Frequenzzuwachs einer auf uns zu bewegten Lichtquelle kommt ja schließlich dadurch zu Stande, dass der erste Impuls bei der Entstehung des folgenden nicht so weit von der Lichtquelle entfernt ist, wie er es bei ruhender Lichtquelle wäre. Das impliziert zwingend, dass er relativ zum Erzeuger eine Geschwindigkeitsverminderung erfahren hat.

Michelsons Versuch wurde immer wieder mit anderen Armlängen und sogar mit Laserlicht wiederholt.[85] Diese vielen Wiederholungen und Überprüfungen zeigen, wie schwer die Physiker daran glauben konnten, dass die Natur zu so üblen Tricks greifen soll, um uns den absoluten Bewegungszustand vorzuenthalten. Ihr Misstrauen war nicht ganz unberechtigt.

Da nach der SRT (und auch tatsächlich) relativ zu einander bewegte Uhren langsamer gehen, könnte man folgern, dass von relativ zu einander bewegten Zwillingen der jeweils andere langsamer altert. Dafür verantwortlich ist die aus den Lorentz-Transformationen abgeleitete „Zeitdilatation"[86] oder „Zeitdehnung". Schon im Jahre 1911, wies Langevin auf einen Widerspruch in dieser Folgerung hin, dass nämlich jeder den jeweils anderen

Zwilling langsamer altern sieht, da es laut SRT ja nur auf die Relativbewegung zwischen den Zwillingen ankommt und nicht darauf, wer vorher beschleunigt wurde. Welcher Zwilling ist also tatsächlich jünger?

Dieser als „Zwillings-Paradoxon"[87] bekannte Widerspruch wurde inzwischen durch ein an der Universität Linz von Professor Thim durchgeführtes Experiment aufgelöst. Mit Hilfe eines Mikrowellen-Interferometers konnte er nachweisen, dass es die ebenfalls auf der Zeitdilatation basierende „transversale Dopplerverschiebung" gar nicht gibt, obwohl dieses als „relativistischer Dopplereffekt" bekannte Phänomen bisher als gesichert angenommen wurde. Die Messergebnisse wurden veröffentlicht und in Deutschland und USA auf Kongressen vorgetragen, zuletzt im Mai 2002 bei der IEEE Messtechnik-Tagung in Anchorage, USA.[88] Es sieht ganz danach aus, als wäre damit die SRT das erste Mal (?) experimentell eindeutig widerlegt worden.

Und hier noch die versprochene Gegenüberstellung der beiden Relativitätstheorien:

Die SRT behandelt nur gleichförmige Bewegungen ohne Kräfte, jeder Beobachter hat seinen eigenen Raum und seine, eigene Zeit. Uhren müssen einzeln synchronisiert werden. Raum und Zeit, sind abhängig von der Geschwindigkeit. Der Äther wurde ausdrücklich abgeschafft, die Lichtgeschwindigkeit ist konstant und es gibt keine Schwerkraft. Der Raum ist stets ganz normal, also flach. Die SRT erklärt nichts, produziert nichts, ist bei Anwesenheit eines Universums nicht anwendbar. Im „Grenzfall" der SRT (Beobachtergeschwindigkeit = 0) entstehen nicht die Formeln der ART.

Die ART behandelt nur ungleichförmige Bewegungen mit Kräften. Raum und Zeit sind für alle Beobachter gleich und alle Uhren sind von Anfang an überall und immer synchronisiert. Raum und Zeit bleiben konstant. Der Äther wird ausdrücklich wieder verlangt.[63] Die Lichtgeschwindigkeit ist variabel, nämlich abhängig von der Schwerkraft. In der ART dreht sich alles um die Schwerkraft, die durch den Raum und seine Krümmung bestimmt wird und er ist stets gekrümmt. Die ART erklärt nichts, produziert nichts, ist aber bei Anwesenheit eines Universums als Rechenmethode anwendbar. Im „Grenzfall" der ART (flacher Raum, keine Kräfte) entstehen nicht die Formeln der SRT.

Die beiden Theorien haben nichts miteinander zu tun, sie widersprechen einander in fast allen Teilen, die ART kann deshalb niemals eine Verallgemeinerung der SRT sein. Aber sie beschreibt wenigstens auf geometrische Weise eine physikalische Realität, die wir hoffentlich deutlich genug mit dem „Prinzip des Seins", der T.A.O.-Matrix und dem Abstoßungsprinzip dargestellt haben.

Wie im Kapitel „Masse" vorhergesagt, wenden wir uns nun der berühmten Formel $E=mc^2$ zu und schließen damit den kurzen Streifzug durch die Welt der Relativitätstheorien. Wir haben genug erfahren, um Herleitung und Bedeutung dieser Formel zu verstehen. Haben wir doch erkannt, dass es nur die Trägheit (träge Masse) gibt und sie auf die Tatsache zurückgeführt werden muss, dass Kraftübertragung einen Körper nicht instantan beschleunigen kann, weil die Matrix des T.A.O. von den Impulsfeldern der Atome nach dem „Dominosteinprinzip" durchpulst werden muss, wobei Bewegung eine Veränderung der Strecken (Schwingungsräume) verursacht - ebenso wie in der Lichtuhr der Abbildung 131. Den dadurch entstehenden Widerstand könnten wir der Lorentz-Kraft gleichstellen, da letzten Endes alle Materie aus elektromagnetischen Feldern besteht. Die von uns im Kapitel „Trägheit" festgestellte Verformung (als Verkürzung) bewegter Körper – auch in unseren Betrachtungen über die ART hatte sie als Verkrümmung eine wichtige Rolle gespielt – ist schon vom Physiker Lorentz als eine Möglichkeit ins Auge gefasst worden, den negativen Ausgang des Michelson-Versuches zu erklären. Für das Ausmaß dieser Verkürzung oder Kontraktion hat Lorentz den Faktor k

$$k = \frac{1}{1 - \frac{v^2}{c^2}}$$

festgelegt, wobei v die Geschwindigkeit des Körpers und c die Lichtgeschwindigkeit ist. Diesen Faktor könnten wir auch selbst einfach aus unserer Lichtuhr herausrechnen, die ja das Verhältnis der Streckenveränderung abhängig von der Geschwindigkeit darstellt. Dazu reicht schon der gewöhnliche Lehrsatz des Pythagoras...

Wollen wir wissen, welche Länge ein bewegter Körper im Ruhezustand hat, müssen wir diesen Korrekturfaktor k einsetzen und sein Längenmaß auf den Ruhezustand transformieren. Das ist dann die bekannte Lorentz-Transformation. Wie wir gesehen haben, ergibt sich dieser Faktor aus der einfachen Tatsache, dass Körper über die Lichtgeschwindigkeit nicht hinaus beschleunigt werden können, weil die Impulsgeschwindigkeit innerhalb des Körpers durch c nach oben hin begrenzt ist. Auch das Ausmaß der Verlangsamung einer bewegten Uhr kann mit k leicht errechnet werden. Das nennt sich dann zwar „Zeitdilatation" – und ist, wie wir wissen, nichts weiter als eine „anders" tickende Uhr...

Newton stellte für die Beziehung zwischen Beschleunigung und Kraft die Gleichung $K=mb$ oder $b=K/m$ auf, d.h. die Beschleunigung b ist proportional zur aufgewendeten Kraft K und umgekehrt proportional zur Masse m des Körpers – womit natürlich die träge Masse gemeint ist. Je größer die träge Masse des Körpers, desto schwieriger wird es, ihn zu beschleunigen.

Denken wir uns nun ein Teilchen, auf das eine gleichförmige Kraft einwirkt... Wenn es sich im Ruhezustand befindet, so ist seine nachfolgende Bewegung gegeben durch $K=mb$. Ist es aber bereits in Bewegung, hat es die Geschwindigkeit v aufgrund einer Beschleunigung (laut Newton) von $b= K/m$ und bewegt sich aufgrund der anliegenden Kraft immer schneller. Newton wusste aber noch nichts von diesen lichtuhrähnlichen Schwingungsänderungen der Atome als Ursache der Trägheit. Seine Gleichung $b=K/m$ konnte daher nicht ganz richtig sein. Die Impulse des Teilchens reagieren ja bei zunehmender Beschleunigung immer langsamer (wir könnten auch sagen, ihre Zeit dehnt sich immer mehr) und die Größe dieser inneren Verlangsamung (und damit die Zunahme der Trägheit) hat das Ausmaß des Lorentz-Faktors, so dass wir Newtons Gleichung „verbessern" müssen mit

$$b = \frac{K}{m}\left(1 - \frac{v^2}{c^2}\right)^{\frac{3}{2}}$$

Aus dieser Gleichung kann man sehen, dass sich die Geschwindigkeit des Teilchens bei Lichtgeschwindigkeit nicht mehr erhöht, selbst wenn weiter Kraft aufgewendet wird, weil $b=Null$ wird wenn $v=c$ ist!

Ebenfalls im Kapitel „Masse" sind wir schon einer Formel begegnet, die den Energiegehalt des bewegten Teilchens, nämlich seine kinetische Energie zum Ausdruck bringt mit $E=1/2mv^2$. Diese Definition geht ebenso auf Newton zurück, welcher postulierte, dass an einem Körper eine Arbeit W ausgeführt wird, wenn eine Kraft K auf den Körper mit der Masse m über eine Entfernung s einwirkt. Dieser Arbeit schrieb er den Wert $W=Ks$ zu. Benutzt man für K $K=mb$, entspricht $W=Ks$ genau $1/2mv^2$, Je größer der Kraftaufwand (Ks), desto größer wird die $kinE = 1/2mv^2$.

Aber wir müssen Newtons Gleichung wieder mit dem Lorentz-Faktor verbessern, und statt $K=mb$ heisst es nun

$$K = \frac{mb}{\left(1-\frac{v^2}{c^2}\right)^{\frac{3}{2}}}$$

und die geleistete Arbeit ist nun gleich

$$W = \frac{mc^2}{\left(1-\frac{v^2}{c^2}\right)^{\frac{1}{2}}} - mc^2 \qquad \text{bei Newton war es nur} \qquad W = \frac{1}{2}mv^2$$

Der Lorentz-Faktor bewirkt, dass W unendlich wird, wenn $v=c$ ist, was Überlichtgeschwindigkeiten unmöglich macht. Aber wenn Arbeit einem Körper eine größere Trägheit gibt, dann muss die träge Masse Energie enthalten, eben $E=1/2mv^2$ - und die müssen wir natürlich ebenso mit dem Faktor k verbessern, das ergibt

$$E = \frac{mc^2}{\left(1-\frac{v^2}{c^2}\right)^{\frac{1}{2}}}$$

sodass aufgrund dieser Definition die Gleichung aussieht wie

$$E=W+mc^2$$

Das bedeutet, selbst wenn $W=Null$ ist, also weder Kraft aufgewendet noch Arbeit geleistet wird, hat das Teilchen immer noch eine Energie von

$$E=mc^2 \,!$$

Die „Masse" eines Körpers wird also als ein Maß für seinen Energieinhalt betrachtet (wie auch unser schlichtes Ventilatorrad-Beispiel gezeigt hat). Was keinesfalls bedeuten soll, dass Masse und Energie so ohne weiteres ineinander umwandelbar sind. Denn abgesehen davon, dass $E=mc^2$ nur eine fiktive Größe ist und einen eher symbolischen Charakter hat, ist eine vollständige Verwandlung von „Masse" in „Energie" nur aus der Reaktion von Materie und Antimaterie denkbar. Dass in Wahrheit Massen überhaupt nicht im Spiel sein können, haben wir ja gezeigt, als wir die Energie mit der Verwandlung der Feldoberflächen und dem dadurch veränderten Alldruck darstellten.

Einsteins Abhandlung, in welcher er 1905 diese Beziehung vorlegte, trug den Titel „Ist die Trägheit eines Körpers von seinem Energieinhalt abhängig?" In diesem 3-Seiten-Aufsatz, in dem er den Beweis von der zu beweisenden Behauptung abhängig machte (eine in den RT ohnedies gebräuchliche Beweismethode, indem durch „Messvorschriften" die Argumente determiniert werden), ist diese Formel allerdings nicht zu finden. Denn sie stammt in der korrekten Ableitung von Max Planck, und dieser hatte sich eigentlich auf Poincares Bewegungsgröße der Strahlung bezogen...

Aber das ist eine andere Geschichte![89]

Albert Einstein verlässt die Szene

34 Planetenevolution

Alles müsse einen Anfang nehmen, meinen manche Wissenschaftler und versuchen in vielen Ansätzen das Alter des Universums und der Erde zu berechnen. Aber es gibt in Wahrheit gar keine zuverlässige Methode, die es erlaubt, exakt in die Vergangenheit zu blicken. Die Urknalltheorie ist leicht zu widerlegen durch die Zusammensetzung der kosmischen Strahlen und der Hintergrundstrahlung, die eigentlich Beweise für sie hätten sein sollen.

Da nach dem Urknall die Materie vorerst gänzlich aus Wasserstoff bestehen müsste, die Zusammensetzung der kosmischen Strahlung jedoch weitgehend der chemischen Zusammensetzung des heutigen Weltalls entspricht, konnte sie bei einem Urknall gar nicht entstanden sein. Entstammten diese Strahlungen jedoch heutigen Sternprozessen, so müssten sie sich ständig verändern, was sich bislang auch nicht zeigte![90]

Ein Urknall würde auch eine ganz andere Art der Ausdehnung und Ausbreitung des Weltalls nach sich ziehen, als jene, die sich bis jetzt nachweisen ließ. Wäre schon eine absolut vollkommene gleichmäßige Ausdehnung eigentlich ein Indiz gegen den Urknall, so richten sich nun gegen diesen die neuesten Erkenntnisse als ein anderes Extrem. Denn die Ausdehnung des Weltalls ist ganz und gar nicht gleichmäßig, wie die Astrophysiker Margaret Geller und John Huchra (Universität Harvard) nach dem genauen Studium dreidimensionaler Computeranalysen des Weltraums entdeckten. Es sieht aus, als wäre das Universum aus gigantischen Blasen zusammengesetzt, auf deren Oberflächen die Galaxien „schwimmen"; diese Blasen wären aber eher durch viele Explosionen als durch einen einzigen Urknall erklärbar, meinen die Wissenschaftler - aber die wahrscheinlichste Erklärung haben wir im Kapitel „Himmelskörper" aufgezeigt (Abb.94).

Man sollte nicht übersehen, dass die Urknallhypothese besonders mit den Zahlen der Wissenschaftler zu kämpfen hat, weil sie das Dasein von Sternformationen, die älter als das Universum sein müssten, nicht erklären kann. Der angeblich 13,5 Milliarden Lichtjahre von uns entfernte Quasar APM 8279+5255 enthält dreimal so viel Eisen als im restlichen Weltall vorhanden ist. Aus der Urknallthese und nach der Hubble-Beziehung errechnet sich das

Alter des Kosmos mit rund 18 Milliarden Jahren (der immer wieder revidierte Wert liegt heute bei maximal 15 Milliarden Jahren). Diese Zeitspanne wäre aber für die Bildung derart gigantischer Eisenmengen in diesem Quasar zu kurz. Und der kugelförmige Sternhaufen M5 (NGC 5904) scheint über 20 Milliarden Jahre alt zu sein, wenn man den Astrophysikern glauben darf ...

Wir sollten solchen Angaben mit Skepsis gegenüberstehen; von Publikation zu Publikation wird das Alter des Universums ständig korrigiert - das ist ein Urknall der Ziffern und Zahlen und nichts weiter sonst...

Ist es nicht einfacher, zu sagen, das Universum besteht schon immer? Wir müssen dieses „schon immer" richtig verstehen: Wo es keine Uhren gibt, gibt es keine „Zeit". Auch wenn wir erkannten, dass Zeit ein essenzieller Baustein der Welt ist, muss uns klar sein, dass diese Zeit keine Größe hat. Es gibt keine universelle Zeiteinheit und kein Zeitquant. Es gibt auch kein universelles Längenmaß. Natürlich können wir versuchen, alles als Quanten aufzufassen, aber deshalb hat das Universum trotzdem keine Größe, solange wir nicht mit willkürlich gewählten Maßstäben messen. „Klein" oder „groß" sind menschliche Begriffe ebenso wie „Anfang" oder „Ende". Ist es angesichts dieser Überlegungen nicht unsinnig, nach dem Beginn des Universums zu forschen? Es gibt keinen Beginn. Aber das heißt nicht, dass das Universum immer gleich ausgesehen hat.

Wenn wir annehmen, dass das Universum gleich einer dissipativen Struktur sich aus einem Chaos herauskristallisierte, so waren diese Übergänge vom Chaos zum jetzigen Bild des Kosmos sicher langsam fließend und erstreckten sich über Jahrmilliarden. Ein „Knall" war es jedenfalls nicht.

Nun haben wir die Entwicklung aus dem Chaos über die Sterne bis zu den Galaxien bereits ausführlich in den vorhergehenden Kapiteln besprochen. Auch die Entstehung der Planeten sahen wir bereits in einem völlig neuen Zusammenhang. Freilich wäre es interessant zu wissen, wann das eigentlich geschehen ist, aber die Altersangaben über unsere Erde schwanken zwischen 4,6 bis 6 Milliarden Jahren - und ob sie glaubwürdig sind, ist eine andere Frage. Radioaktive Zerfallsprozesse als Uhren sind keinesfalls so zuverlässig, wie manche meinen. Zum Einen war die Radioaktivität aus kosmischen Gründen (höherer Alldruck) in vergangenen Zeiten vermutlich geringer, zum Anderen musste die kontinuierliche

Veränderung der Gravitationskräfte ihre Auswirkung auch auf andere Naturereignisse haben. Es gibt demnach mit Sicherheit keine über sehr lange Zeiträume reichende Meßmethode. Das ist weiter auch nicht tragisch. Wenn wir eine Person innerhalb eines Raumes identifizieren müssen, den sie längst verlassen hat, so nützt uns auch die Kenntnis darüber wenig, wie lange sie in dem Raum gewesen ist.

Archäologen, Astronomen und Paläontologen mussten deshalb immer wieder starke Korrekturen ihrer Zahlen vornehmen. Und sie sind damit noch nicht am Ende. Wir werden uns daher mit groben und großen Zeitepochen befassen, die sich prinzipiell leicht aus der Beschaffenheit unseres Planetensystems herauslesen lassen.

Die Urprodukte der ersten Absprengung von Sonnenmaterie unseres Muttersterns finden wir heute noch in einer Art Hülle um das ganze Planetensystem, die sich mehr ringförmig als sphärisch durch den Raum zieht. Sicher könnte man sie von anderen Sternen aus sehen, wenn sie von der Sonne illuminiert wird. Solche Ringhüllen dürfte es in jeder Galaxie Tausende geben. Allein in unserer Milchstraße sind einige Hundert sehr gut bekannt. Man nannte sie aus anderen Ursachen „Planetarische Nebel", ein prophetischer Name, denn wir hegen keinen Zweifel daran, dass diese Nebel mit der Entstehung von Planeten zusammenhängen.

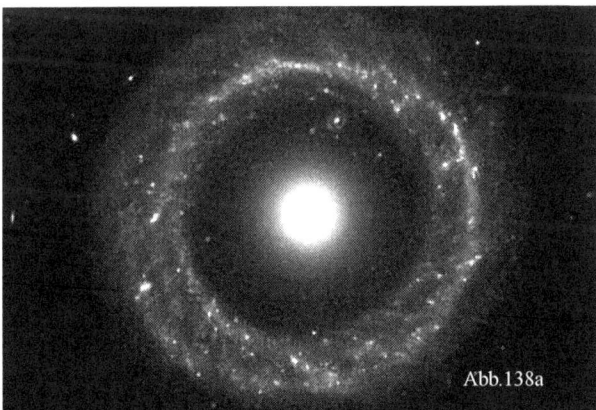

Abb.138a

Das Paradestück eines Ringnebels finden wir im Sternbild der Leier (M 57=NGC 6720). Dieser schon mit einem guten Fernstecher zu entdeckende Nebel steht wirklich da wie ein extra bestelltes Modell unserer Anschauung. Ebenso mit dem Feldstecher oder einem Amateurfernrohr können wir am nächtlichen Sternenhimmel noch andere Modelle finden: den Eulennebel in der Nähe des Großen Bären (M 97=NGC 3587), den seltsamen Dumbbell-Nebel im Sternbild des Füchsleins (M 27=NGC 6853) oder den schönen Sonnenblumen-Nebel (NGC 7293), der uns spektralanalytisch gerne seine Zusammensetzung verrät: Wasserstoff, Helium, Sauerstoff, Stickstoff und Neon...

In der Mitte dieser Ringnebel steht in allen Fällen ein Zentralstern, eine Nova, die ganz zweifelsfrei teilweise explodiert ist. Rund Zehntausend solcher Ring-Nebel innerhalb unserer Galaxie stellen den Vorgang einer Planetengeburt unter Beweis. Planetensysteme sind daher nicht gerade eine Seltenheit, wenn auch kein alltägliches Ereignis in einer Galaxie mit rund 100 Milliarden Sternen.

Alle diese sichtbaren Nebel sind Spuren eines Sonnenausbruchs, wie wir ihn uns vorstellen. Die Hüllen oder Ringe entfernen sich immer noch mit großen Geschwindigkeiten von ihren Zentralsternen. Schon der zweite Absprengvorgang unserer Sonne dürfte die Hauptmasse der Kometen gebildet haben. Sie kreisen in langgestreckten Ellipsen im Kuiper-Gürtel um die Sonne, und wir hätten nie mehr etwas von ihnen erfahren, wenn nicht einige davon durch Riesenplaneten wieder herangeholt worden wären. Sie wurden vom Alldruck in den Schatten des Planeten hineingedrückt (in der alten Ausdrucksweise: von den Planeten „angezogen") und besuchen nun in mehr oder weniger regelmäßigen zeitlichen Abständen ihre Sonne, aus der sie stammen.

Kometen sind stets spektakuläre Ereignisse für die Astronomen. Sie spiegeln in ihrer Zusammensetzung die aller erste Sonnenmaterie wider, die noch nicht reich an schweren Elementen sein konnte. In den Kometen kommen daher alle uns bekannten Urmoleküle vor, also jene Atomfelder, die Bindung untereinander nicht verhindern konnten, wie etwa zu Eis gefrorenes Wasser.

Kometen sind die Eisberge des Weltraums. Der Druck der Sonne reißt einen riesigen Schwanz von Gasen aus ihnen heraus, der immer von der Sonne wegzeigt. Er demonstriert uns deutlich das Spiel zwischen Sonne und Alldruck. Oft erleiden Kometen das Schicksal, auseinander gerissen zu werden oder sich in einen Meteoritenschwarm aufzulösen.

Der Bereich noch unbekannter Planeten liegt noch innerhalb der Sphäre der Kometen. Die Bode-Titius'sche Abstandsregel, deren Ursache wir aufzeigten, lässt uns zumindest noch einen unentdeckten

Planeten vermuten, der innerhalb ungefähr 675 Jahren die Sonne umkreisen müsste (Transpluto). Da der innere große Planet Neptun deutliche Bahnstörungen zeigt, gibt es an der Existenz dieses zehnten Planeten allgemein wenig Zweifel. Wahrscheinlich handelt es sich um .eine riesenhafte Gaskugel ähnlich dem Neptun, aus Materie der Sonnenkindheit aufgebaut. Ein Eisplanet also, der in weniger als 10 Stunden um sich selbst rotiert und mit großer Wahrscheinlichkeit einen Ring hat, welcher vorwiegend aus Eispartikeln bestehen dürfte... In der Zwischenzeit wurde außerhalb der Pluto-Bahn ein weiterer, winziger Planet („Quaoar") entdeckt, welcher – ebenso wie Pluto selbst – ein entlaufener Mond sein dürfte und mit dem vorausgesagten 10. Planeten nicht verwechselt werden darf.

Zwischen diesem hypothetischen 10. Planeten (nach Percival Lowell „Planet X" genannt) und dem Neptun tanzt ein Himmelskörper aus der Reihe, der ursprünglich nicht zur Planetenfamilie gehörte. Zumindest meinen das viele Wissenschaftler und sie glauben, es handle sich um einen entlaufenen Mond - vielleicht des Uranus - oder stamme aus dem Asteroidengürtel, in dem sich viele andere Reste eines zerstörten Planeten befinden. Dieser entflohene Mond ist mit seinem Durchmesser von rund 2400 Kilometern zwar der kleinste Planet, passt aber seiner Dichte nach tatsächlich zwischen Mars und Jupiter (besser aber zwischen Erde und Mars) hinein. Jedenfalls zieht er heute außerhalb Neptuns seine Bahn, und zwar so exzentrisch, dass er manchmal nahe an Uranus, herankommt.

Pluto heißt der eigensinnige Artgenosse, der kälteste unter seinesgleichen. Er wurde zufällig entdeckt, als man nach einem Planeten Ausschau hielt, der Neptun so sehr störte, dass dieser einmal etwas schneller und dann wieder langsamer wurde. Die Ursache dieser Störung ist nicht schwer zu verstehen (Abbildung 139):

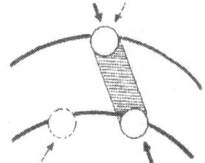

Abb.139

Zwei Planeten verschatten zueinander den Druck des Alls und ersetzen ihn durch ihren eigenen, geringeren Druck. Der Alldruck stößt sie daher zueinander. Da der innere Planet schneller läuft, wird er zuerst noch schneller und dann etwas langsamer, während der äußere sich umgekehrt verhält. So weiß man genau, ob ein Planet von innen oder von außen gestört wird. Im vorliegenden Fall war aber Pluto gar nicht der gesuchte Störenfried, sondern der unsichtbare „Planet X", der noch nicht entdeckt wurde. Pluto wird von einem Mond begleitet, der halb so groß ist wie er selbst (Charon) und man könnte fast schon von einem Doppel-Planeten-System sprechen.

Auf die geschilderte Weise wurde Neptun selbst exakt aufgefunden, nachdem dieselben Störungen auch in der Bahn des Uranus festzustellen waren. Uranus, ein Riesenplanet geringer Dichte, weist erwartungsgemäß sehr wenig schwere Elemente auf und ähnelt dem Neptun. Von Neptun kennt man 11 Monde, wahrscheinlich hat er aber mehr.[91] Uranus besitzt 21 (oder mehr) Monde und selbstverständlich einen Ring, wie alle anderen Planeten. Das Paradestück eines Ringes präsentiert uns Saturn, der nächste Planet der Reihe. Zumindest 31 Monde umkreisen diesen Riesenball, der ebenso wie Uranus und Neptun ziemlich schnell rotiert - aus uns bekannten Gründen. Unter seinen Trabanten befindet sich der größte Mond des Sonnensystems, Titan - eine erstarrte Eisriesenwelt. Ein anderer Mond trägt sogar eine Atmosphäre aus Kohlendioxyd, Methan, Wasserstoff und Helium, ebenso wie Saturn selbst, der hauptsächlich aus Wasserstoff und Helium aufgebaut ist - wie die Sonne auch. Ein anderer Mond zeigt deutlich Vulkanaktivität.

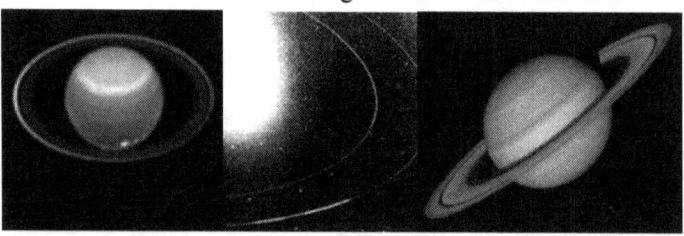

Abb.139a   Uranus   Neptun   Saturn

Es gibt alte Legenden und Berichte, welche die Entstehung des Lebens auf den Saturn („Der Erste", „Sämann") zurückführen. Kein absolut abwegiger Gedanke, denn der Saturn musste ja auch einmal den Bereich der Ökosphäre durchquert haben. Kohlenstoff ist bereits in rauen Mengen auf ihm vorhanden. Einer seiner Monde ist ein Riesendiamant aus kristallinem Kohlenstoff. Aber auch wenn es jemals so etwas wie lebende Moleküle auf dem Saturn, der seine

Monde erst später einfing, gegeben haben sollte - sie sind längst spurlos verschwunden. Minus 170 Grad Celsius weist die Saturnatmosphäre auf. Kein angenehmer Ort für Leben.

Der Ring des Saturn besteht aus mehr als 100 Einzelringen aus Staub- und Eispartikeln. Er ist äußerst dünn, nämlich nur maximal 150 Meter dick und damit ein großes Rätsel für die Astronomen. Er breitet sich über eine Fläche von 290 000 Kilometern Durchmesser aus, in deren Mitte Saturn mit einem Durchmesser von ca. 120 000 Kilometern schwebt. Der Ring verhält sich merkwürdigerweise so, als wäre er eine sich drehende Schallplatte: Innenringe und Außenringe haben dieselbe Winkelgeschwindigkeit, als wäre der Ring eine kompakte Scheibe (Abbildung 140).

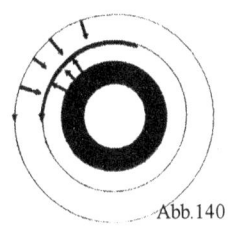
Abb.140

Das ist überraschend, weil der Ring ja aus voneinander unabhängigen Partikeln besteht, die ihre Geschwindigkeit dem Abstand vom Saturn entsprechend gewählt haben müssten. Eigentlich sollten sich die Innenringe schneller drehen. Der Ring des Saturn aber demonstriert uns freundlicherweise die Auswirkung des Abstoßungsprinzips. Das Rätsel ist nämlich schnell aufgeklärt, wenn wir bedenken, dass für die Innenringe der Alldruck von den Außenringen verschattet wird. Dagegen wirkt auf die Außenringe - durch die Schatten der inneren - der Saturndruck schwächer. Newtons Gleichungen verlieren hier ihre Gültigkeit. Denn außen obsiegt plötzlich der Alldruck - nur jene Ringe, die sich etwas schneller drehten als die Berechnungen ergeben würden, blieben bestehen. Innen dagegen überwiegt der Saturndruck, und nur jene Ringe, die sich etwas langsamer drehten als „vorgesehen", wurden von ihm nicht fortgestoßen. Wären wir immer noch der „Schwerkraft" verbunden, stünden wir freilich vor einer Denksportaufgabe.[92] Astronomen konstruierten bereits die seltsamsten Hilfshypothesen, wie etwa die Vermutung, dass die Ringe untereinander irgendwie fahrradspeichenartig verbunden wären...

Ein fahrradspeichenähnlicher Effekt sollte aber tatsächlich zu sehen sein. Denn Alldruck und Saturndruck haben Brocken beiderseits in den Ring hineingestoßen ... dies solange, bis Abstand und Geschwindigkeit der Brocken „passte". Der Ring muss also unzählige Male quer durchbrochen sein, wogegen die falsche Geschwindigkeit anderer Brocken durch einen Aufsammeleffekt wie bei der Planetenentstehung die Längslücken verursachte. Dass sich der Ring nicht zur Gänze aufgesammelt hat, liegt wohl daran, dass eine durchgehende, die ganze Fläche erfassende Abbremsung nie möglich war, weil diese Materie im Gegensatz zum Ring der Sonne „weltraumkalt" ist und etwaige elektrodynamische Prozesse ausblieben. Eine teilweise Bremsung ist aber durch Mondeinflüsse mehrmals erfolgt. Deshalb gliedert sich der Ring in vier (neuere Beobachtungen entdeckten sieben) Hauptringe. Zwischen den einzelnen Ringen herrscht nichts als gähnende Leere.

Die unerwartete Dünnheit des Ringes - in der Relation müsste man ihn geradezu als hauchdünn bezeichnen - erklärt sich unserer Hypothese nach aus den Druckverhältnissen. Er müsste überdies außen etwas breiter sein als innen, spiegelt er doch genau den geometrischen Verlauf von Saturn- und Alldruck wider. Was ihn so dünn hält, ist nichts anderes als die Krümmkraft, die sofort wirksam wird, wenn der Ring eine bestimmte Dicke überschreitet (Abbildung 141).

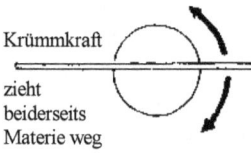

Abb.141

Die Krümmkraft hat diesen Ring verursacht, indem sie einen auf den Saturn stürzenden Himmelskörper zur Staubhülle zerbrach. Der Ring in der Ebene des Saturnäquators musste bestehen bleiben, weil die Druckverteilung um den schnell rotierenden Stern keinesfalls gleichmäßig sein konnte. Im Äquatorbereich ist die gegen den Alldruck gerichtete Kraft des Planeten erwartungsgemäß schwächer als an den Polen. Jeder Planetenring wird daher nur senkrecht zum Äquator entstehen (was nicht bedeutet, dass er dort ewig bleibt).[93] Die höhere „Abstoßung" über den Polen wird Materie verdrängen, die Krümmkraft sie bis auf den schmalen Ring auf den Saturn stürzen lassen. Ist der Ring einmal entstanden, kann sich seine Lokalisation auch dadurch verändern, dass der Planet später Polverschiebungen durchführt, allerdings nur in einem beschränkten Ausmaß.

Auch der nächste Gigant in der Reihenfolge, Jupiter, trägt einen Ring - wenngleich keinen so ausgeprägten wie Saturn. Er besteht aus feinerem Material, ist aber erwartungsgemäß etwas dicker. Da das Ringsystem sehr dunkel ist, enthält es wahrscheinlich kein Eis. Denn Jupiter als der größte unserer Planeten ist bereits fast eine eigene kleine Sonne. Er strahlt wesentlich mehr Wärme ab als er von der Sonne erhält. Schuld an dieser Wärmeentwicklung ist der Alldruck, der an der großen Kugel schon sehr viel Angriffsfläche findet.[94] Da der Abrolleffekt durch Größe und Alter des Planeten begünstigt wird, überrascht es nicht, dass Jupiter am schnellsten rotiert - in weniger als 10 Stunden. Der Gigant beheimatet den zweitgrößten Mond unseres Systems, Ganymed, und noch mindestens 59 andere Monde. Die Erde sieht im Vergleich zu Jupiter wie eine Erbse neben einer Orange aus - und die Sonne wie ein Wagenrad.

Sollte das Leben in irgendeiner Form bereits auf dem Saturn begonnen haben, so müsste es auf dem Jupiter weitergelaufen sein. Aber keinesfalls übersiedelten damals grüne Männchen im Raumschiff, viel wahrscheinlicher erfolgte die Übertragung lebender Moleküle durch Panspermie, also z.B. Bakterienflug durch den Weltraum. Das sind allerdings nur Gedanken am Rande, und bevor wir uns in verstiegenen Spekulationen verlieren, wenden wir uns lieber einem anderen spektakulären Ereignis zu, von welchem höchstwahrscheinlich der nächste Planet in der Reihe betroffen wurde.

Es muss ein sehr großer Planet gewesen sein - bereits reich an Eisen und Nickel -, der einst zwischen Jupiter und Mars seine Bahn zog. Und er wurde vermutlich von einem riesenhaften Meteor getroffen, denn er zerbarst in einige Tausend Bruchstücke und abertausend kleine Trümmer. Heute liegt auf seiner Bahn der Asteroidengürtel. Der größte bekannte Asteroid, Vesta, misst 834 Kilometer im Durchmesser, ein beachtlicher Brocken und dennoch ein Winzling unter den Himmelskörpern. Ein anderer saust wie eine Riesennadel durch das All (Eros). Aber die größten Bruchstücke flogen damals überhaupt davon - kreuz und quer nach allen Richtungen. Einige wurden von den Planeten eingefangen und sind bis heute Monde geblieben. In ihrer Unförmigkeit erinnern sie alle deutlich daran, dass sie als kalte Materie zerbarsten. Selten sind sie kugelförmig, sondern meist asymmetrische, kartoffelförmige Gebilde.

Es gibt wenig Zweifel daran, dass die Asteroiden einst einen einzigen Planeten bildeten. Ihre Bahnen kreuzen sich nämlich alle an einem Punkt, selbstverständlich an jenem, an dem die Katastrophe stattgefunden haben muss. Nur über die Ursache des Desasters wird wohl niemals völlige Klarheit zu erlangen sein. Der Zusammenprall mit einem anderen Himmelskörper ist zwar ein recht seltenes Ereignis, aber nicht ganz unwahrscheinlich. Alle Himmelskörper werden immer wieder von Meteoriten und Kometen bombardiert. Gewaltige Aufschlagskrater sprechen eine deutliche Sprache. Auch die Erde wurde unzählige Male von gigantischen Meteoren getroffen, wie ihre Narben beweisen: Riesenkrater in Australien, Arizona und Sibirien. Das aber mussten Zwerge gegen jenen Giganten gewesen sein, der einst den Asteroidenplaneten in Stücke schlug. Dabei konnte dieser nicht einmal direkt getroffen worden sein, denn zwei annähernd gleich große Himmelskörper zerbrechen einander durch die Krümmkraft, bevor sie aufeinander fallen. Sollte es auf dem zerstörten Planeten bereits Lebewesen gegeben haben, so hätten sie das Ende ihrer Welt sogar voraussehen können – vorausgesetzt, sie kannten schon die Astronomie.

Vielleicht fand daraufhin die erste absichtliche Übersiedlung des Lebens von Planet zu Planet statt... Es gibt aber noch eine andere, bessere Erklärung für den Vorfall. Nämlich, dass dieser Planet, als er seine Bahn veränderte, einfach wie eine Seifenblase zerplatzt ist. In seiner Zusammensetzung musste er ein Übergangsstadium darstellen von den Riesen-Gas-Planeten zu den dichteren und kompakteren Kugelkörpern. Vielleicht war er deshalb nicht stabil genug, um den eigenen Druck in sich zu halten, denn der Außendruck (Alldruck) wurde ja kontinuierlich schwächer - beim Aufsuchen einer neuen Bahn sogar plötzlich. Die Gasplaneten, vom gleichen Schicksal betroffen, dehnten sich einfach bis zur zehnfachen, ja zwanzigfachen Größe aus. Jener Planet besaß aber wahrscheinlich bereits eine feste Kruste, unter welcher der Druck zu sehr anwuchs. Das musste böse Folgen haben, vor allem, wenn der Planet sehr groß war. Vielleicht setzten sogar, ebenso wie in der Sonne, unter seiner Hülle nukleare Prozesse ein. Das Resultat war eine ungeheure Atombombe im All.

Das war eine kurze Besprechung der alten Planeten. Sprechen wir nun von den jüngeren, die für uns schon deshalb viel interessanter sind, weil wir einen von ihnen bewohnen.

Wie es zur Planetenentstehung kam, haben wir uns ja bereits veranschaulicht. Der jüngste aller Planeten, welcher der Sonne am nächsten war, praktisch sogar noch im Ringbereich seiner Entstehung herumflog, hieß „Vulcan". Zumindest wurde er so von dem Astronomen Dr. Lescarbault getauft, der ihn zuerst 1859 gesichtet hatte. 1878 zeigte er sich den Astronomen James C.Watson und Dr. Lewis Swift; in den Jahren 1966 und 1970 entdeckte Dr.H.C. Courten noch Reste des Planeten und daraufhin verschwand er spurlos.

Wahrscheinlich ist er in die Sonne zurückgefallen; gewissermaßen eine Totgeburt. Vielleicht war er auch nur eine Chimäre, eine Serie von Täuschungen.

Keine Zweifel jedenfalls gibt es am Vorhandensein des Merkur, der jüngste unter den noch existierenden Planeten. Zu einer Zeit entstanden, als die Sonne bereits große Mengen schwerer Elemente gebildet hatte, zeigt er sich als unglaublich schwerer Kerl und weist die höchste Dichte aller Planeten auf. Der hohe Umgebungsdruck presst ihn zu einem festen Ball zusammen, welcher kleiner ist als der Jupitermond Ganymed, er ist demnach ein Planetenzwerg, der vermutlich überwiegend aus Metallen besteht. Unerträglich heiß ist es auf ihm. Die Eigentümlichkeiten seiner Rotation haben wir ja schon beleuchtet. Ein bisschen Atmosphäre hat er schon; von Narben und Kratern zerfurcht ist er, nackt und leer, tätige Vulkane gibt es noch nicht. Jede Art von Leben ist unmöglich. Seine exzentrische Bahn und ihre Besonderheiten haben wir bereits beschrieben, als wir uns die ART anschauten.

Spekulieren wir nun ein wenig: Eines fernen Tages wird Merkur die Bahn einnehmen, auf der wir heute Venus vorfinden. Und dann wird er wie dieser Planet aussehen, sich bis zum vierfachen seiner Größe aufblähen. Seine Haut wird dünner werden und an einigen Stellen dem unter ihr liegenden Druck nicht standhalten. Riesige Vulkane werden ausbrechen, den ganzen Planeten mit Staub, Kohlendioxyd und Wasserdampf umhüllen. Einige Hundert Grad Hitze machen auf diese Weise derzeit Venus zur Hölle, in welcher schreckliche Stürme herrschen.

Geradeso hat unsere Erde auch einmal ausgesehen, als sie noch der Sonne näher, auf der Bahn der Venus war. Die Vulkane der Venus wurden übrigens erst 1984 entdeckt. Vulkane sind ungemein wichtig für die Gestaltung eines Planeten zu einem belebten

Himmelskörper. Die Ursachen des Vulkanismus sind nicht schwer zu finden. Hat sich erst mal so etwas wie eine kühle Haut, oder Kruste entwickelt, so entsteht unter dieser auf dem im Übrigen kalten Planeten ein enormer Druck, welcher die Materie in Magma verwandelt. Chemische Prozesse setzen Kohlensäure, Sauerstoff und Wasser frei, und dieses Wasser wird aus den Vulkanen gleichzeitig mit Lava und Gasen herausgepresst - in erster Linie natürlich durch den Alldruck, der den Planeten wie in einem Schraubstock hält (Abbildung 142).

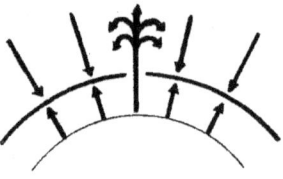

Abb.142

Nahezu alle Wassermengen auf einem Planeten stammen aus den Vulkanen. Heute noch liefern die wenigen noch tätigen Vulkane der Erde enorme Wassermassen in die Lufthülle nach, die im Übrigen selbst durch Vulkantätigkeit gebildet und aufrecht erhalten wird.

Vulkane schufen daher auch die Atmosphäre der Venus, die bis zu 100 Mal dichter ist als jene der Erde. Erst durch das Nachlassen der Vulkantätigkeit wird diese Gasschicht dünner und erdähnlicher werden. Da die Venus noch nicht schnell rotiert und daher so gut wie über kein Magnetfeld verfügt, gehen ständig Teile der Atmosphäre in den Weltraum verloren.

Außer einem geringen Gehalt an Schwefelsäure gleicht die Atmosphäre der Venus im Wesentlichen der Uratmosphäre der Erde. Es ist daher wahrscheinlich, dass die Venus am Beginn einer Entwicklung steht, die zu einem recht erdähnlichen, belebten Planeten führen wird...[95]

Bei der neuerlichen Geburt eines Planeten würde die Venus von der Sonne kahlgebrannt werden und gleichzeitig einen wahren Riesensprung durch den Äquipotentialraum des Gravitationsfeldes vollführen. Ihre Rotation wird zunehmen, die Vulkane werden eine neue Atmosphäre bilden und das Leben wird, sofern schon vorhanden, von Neuem beginnen müssen. In dem nun etwas kühleren Bereich wird der Wasserdampf der Luft über Jahrzehnte hindurch als Regen herabfallen; Sintfluten werden über den Planeten kommen, wie sie auch die Erde bereits erlebt hat. Hat doch die Erde diesen „Sprung", bei dem sich möglicherweise ihre Pole verschoben, zumindest zweimal, wahrscheinlich aber dreimal ausgeführt. Es gibt guten Grund zur Vermutung, dass den letzten dieser Sprünge sogar schon Menschen miterlebt haben.

Danach wird die neu erstrahlte Sonne ihren Meiler wieder allmählich unter die Oberfläche verlegen und dabei schwächer strahlen. Und die Venus wird nahezu vollständig einfrieren, also eine Eiszeit durchstehen. Die Spuren solcher Katastrophen sind allesamt heute noch auch auf der Erde zu finden. Man hat versucht, diese unübersehbaren Spuren von Katastrophen auf verschiedenste Ursachen, beispielsweise Kometeneinstürze zurückzuführen – was natürlich auch zusätzlich stattgefunden haben muss. Aber Hauptverursacher dieser Narben ist die Sonne selbst, und jeder Planet machte eine ähnliche Serie von Katastrophen durch.

Die Ursuppe, in der die ersten chemischen Stoffwechselvorgänge begannen, erstreckte sich auf Erden bald nahezu über den ganzen Planeten. Auch die Venus wird eines Tages geradeso aussehen. Heute schon ist sie mit Sicherheit bakteriell durch Panspermie infiziert. Die „Idee" des Lebens muss auf ihr deshalb gar nicht neu geboren werden.

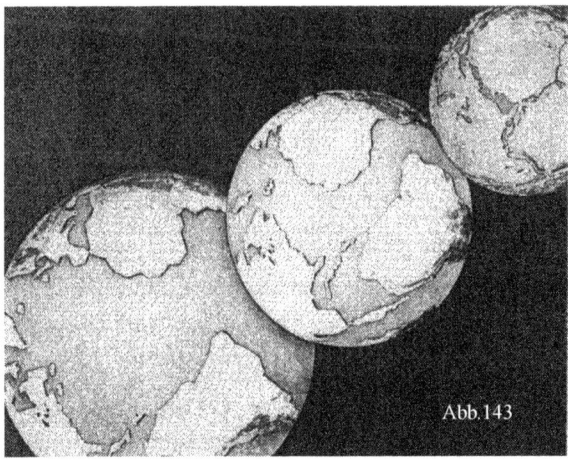

Durch die Expansion der Erde (Abbildung 143) musste sich das Wasser des Ozeans über eine größere Fläche verteilen. Land wurde sichtbar. Ein einziger großer Kontinent war es einst, der allmählich in große Stücke zerbrach, die daraufhin auf der darunter liegenden Strömungsschicht aus Magma auseinander schwammen (Kontinentalverschiebung nach Wegener). Das Leben musste das Land niemals „erobern", denn es blieb auf diesem gewissermaßen liegen, als das Wasser zurückging. Seichte Gewässer, Schlammzonen, Schelfmeere und Tümpel, halb Meer und halb Land, wurden zu den ersten Spielplätzen der Evolution. Der Urozean wurde in den Zell-Leibern konserviert, und es kam nun nur darauf an, ob sich nun jene Funktionen entwickelten, die diesen eingefangenen Ozean weiterhin bestehen ließen.

Aus verschiedensten, seinerzeit im Meer entwickelten Ideen ergab sich eine eigene Evolution; aus unzähligen Urorganismen mit verschiedenster Chromosomenzahl entwickelten sich im stetigen Zusammenspiel zueinander und miteinander die verschiedensten Arten - ein Feuerwerk des Lebens breitete sich aus.[107] Unermüdlich wurden angesammelte „Programme" ausprobiert und eingesetzt, die noch im Urmeer wahllos aufgehäuft worden waren. Wir haben das richtig zu sehen: das waren keine Entwürfe für vorherbestimmte Eigenschaften oder Funktionen, sondern es waren Programme für unzählige Möglichkeiten – nur die Regeln waren im Code enthalten, nicht das Spiel und auch nicht die Spieler. So wie die Atome in ihren Hüllenimpulsen oder Oberflächenstrukturen die Regeln für chemische Reaktionen enthalten und keinesfalls das Programm für spezielle Moleküle - und sie dennoch die Vielfalt des molekularen Universums schaffen, so trugen die genetischen Datensammlungen[96] der Urzellen nur virtuelle Möglichkeiten von Organismen in sich, die sich aufgrund endloser Reaktionsreihen und endloser Reaktionszeiten verwirklichen konnten. Und so entstand alles praktisch zugleich und nebeneinander, von vornherein aufeinander eingestellt: Pflanzen, Insekten, Tiere und nicht zuletzt jenes besondere Ur-Geschöpf, das bereits das Programm der Entwicklung zum Menschen in sich trug.

Von Anfang an musste es Symbiosen gegeben haben, die heute noch funktionieren - zwischen Tieren und Tieren, Pflanzen und Pflanzen, Tieren und Pflanzen. Wie eine riesenhafte Infektion griff das Leben um sich, und kaleidoskopartig entfalteten sich Funktionen und Verhaltensweisen, für die es immer zwei schlichte Möglichkeiten gab: Entweder sie bewährten sich und blieben bestehen, oder sie waren sinnlos und gingen unter. Auch was sich zu gut anpasste, war dem Untergang geweiht, denn es gab dann keine Aussicht mehr, sich Umweltveränderungen zu fügen. Am meisten Erfolg hatten wohl die mittelmäßigen, eher primitiven Organismen. Dennoch bestand die Evolution grundsätzlich aus dem unaufhörlichen Dahinscheiden missglückter Konstruktionen.

Vollkommen integrer Bestandteil aller biologischen Funktionen wurde sehr früh auch das Verhalten eines Organismus. Körperliche Mängel konnten dadurch besser ausgeglichen werden. Und worauf es im Weiteren besonders ankam, waren die Signale, die man einander setzte. Je deutlicher sie waren, desto eher war der Fortbestand gesichert.

Die Evolutionsforschung zeigt, dass von der rein materiellen Anpassung der organischen Funktionen erst langsam und spät auf die praktischeren, signalbedingten Verhaltensweisen übergegangen wurde. Sie setzten bereits eine bestimmte Qualität des Nervensystems voraus. Und es dauerte Jahrmillionen, bis es zur Ausbildung geeigneter Sinnesorgane kam. Aber kaum waren Augen entstanden, die Farben erkennen konnten, so blühten auch schon die Pflanzen und die Tiere wurden bunt - und sie taten es immer auffälliger, bunter und schreiender...

In der schillernden, schrillen Welt optischer und akustischer Signale setzte sich stets das stärkere, deutlichere Signal durch, denn die Verhaltensweisen waren noch primitive Instinkte, motorische Reflexe, und das Leben war noch ziemlich unbewusst...

Und gerade weil dieser Entwicklungsmechanismus so trivial, ja dürftig war, entwickelte sich unfehlbar aus dem Brauchbaren heraus jene Besonderheit der Signale, die uns heute gegenüber ihre archaisch begründete Wichtigkeit immer noch dadurch zum Ausdruck bringt, dass wir sie als „schön" empfinden. Denn auch all dies vermeintlich Schöne entstand ohne jeden Plan und war nur von der Zweckmäßigkeit bestimmt.

Deshalb ist auch in unserem Fühlen das Schöne durchaus mit dem Nützlichen verankert. Sonnenaufgänge zum Beispiel sind deshalb schön, weil der Aufgang der Sonne auch der Aufgang unseres Lebens war... Nur wer die (heute meist vergessene) Funktion des „Schönen" negiert, steht vor einem „Wunder", dem Geheimnis der Ästhetik.

Lasst uns nun noch spekulativer werden, und die Phantasie sollte ein wenig mehr Spielraum erhalten, wenn wir die Erdgeschichte zu rekapitulieren versuchen – wohl wissend, dass das abstruse Dunkel der Vergangenheit nicht vollends wird erhellt werden können...

Als die Erde bei der Geburt des Vulcan oder des Merkur ihren Platz wechselte und eine Sintflut über sie erging, wechselte auch die bereits bestehende Venus ihren Platz. Sie war für die schon existierenden Kulturen auf Erden bereits Morgen- und Abendstern und wurde aufmerksam beobachtet. Überlieferungen aus dem Reich der Ogyges berichten davon, dass der Planet Venus „Farbe, Größe und Form verändert" habe - zu finden bei Augustinus (in Civitas Dei). „Und darauf entstand auf der Erde eine Nacht von neun Monaten, während der die Vulkane des Archipels in Tätigkeit traten..."

Es waren Vorfahren der Mayas, die den Zusammenhang zwischen der Veränderung der Venus und der Katastrophe auf der Erde feststellten. Sie entwickelten daraufhin einen Venuskult, legten eigene Venuskalender an und hörten nicht mehr auf, die Venus zu beobachten - in der Annahme, dass künftige Katastrophen wieder durch den Morgenstern angekündigt würden. Was ja nicht ganz unrichtig war.

Nahezu alle globalen Katastrophen der Erde, Sintfluten oder Eiszeiten, gehen geradewegs auf die Tätigkeit der Sonne zurück, die keineswegs immer so gleichmäßig strahlte, wie wir das heute glauben. Jedem neuerlichen Ausbruch ging eine Abkühlungsperiode zuvor; und es überrascht daher nicht, dass nach neuesten Erkenntnissen die Sintflut, die in nahezu allen geschichtlichen Aufzeichnungen festgehalten wurde, mit dem Ende der letzten großen Eiszeit zusammenfällt. Die neuerlich entflammte Sonne schmolz das Eis hinweg, Hochwasserkatastrophen mussten die Folge sein.

Seit Bestehen der Erde trieb die Sonne zumindest dreimal ihr kosmisches Striptease, und die Spuren von drei großen, globalen Veränderungen finden wir deshalb auf der Erde heute noch.

Der Verlauf der Evolution über mehrere Planeten hinweg ist eine faszinierende aber unbeweisbare Perspektive. Aber wir werden unsere Spekulationen dennoch fortsetzen. Wenngleich wir heute Merkur als toten Planeten vorfinden, so wird er dies nicht immer bleiben. Denn jetzt steht die Sonne zwar - nach der letzten erfolgten Absprengung ihrer Hülle - frisch und strahlend da. Aber ihre Intensität wird sich kontinuierlich verringern, weil sich eine neue Hülle bildet, unter welche sich der Atommeiler zurückziehen wird. Damit gerät auch Merkur eines Tages in den Bereich des Lebens, und einmal werden auch auf ihm die Vulkane Atmosphäre und Ozeane verursachen. So wird das Ereignis Leben dort von Neuem beginnen. Und gerät eines Tages Merkur auf die Bahn der Erde - die dann längst weit von der Sonne entfernt ihre Bahn ziehen wird - so hat auch er vielleicht drei globale Katastrophen hinter sich gebracht - vorausgesetzt, die Sonne setzt ihr Spiel noch länger fort... Und vielleicht werden auch diese Katastrophen in den Sagen, Märchen und Schöpfungsgeschichten erhalten bleiben.

Jeder Planet hatte seine eigene Evolution und trug zur Entwicklung und Weiterführung des Lebens seinen Teil bei. In bestimmten Phasen ihrer Existenz durchliefen alle Planeten ähnliche Stadien und Bedingungen. Daher könnten wir den nächsten „Weltuntergang" bereits prophezeien, wenngleich der Zeitpunkt schwer festzulegen wäre. Irgendwann wird die Sonne wieder kälter werden, eine neue Eiszeit wird die Erde überziehen - und die Menschheit wird erkennen müssen, dass ihr Planet verloren ist. Die Arche eines zukünftigen Noah wird vielleicht ein Raumschiff sein.

Ein neuerliches Aufflammen der Sonne wird etwaiges Leben auf der Venus verbrennen, auf der Erde aber eine Sintflut verursachen. Venus und Erde und auch die anderen Planeten werden ihren „Sprung" durch das All vollziehen, einen mächtigen Sprung, der dennoch viele Wochen und Tage dauern wird - wenn es dann noch Tage gibt. Nichts wird so bleiben wie es war. Das Leben wird auf den nächsten, inneren Planeten übersiedeln, wie dies mutmaßlich schon einige Male geschehen ist.

Das gibt den Theorien Erich von Dänikens einen neuen Hintergrund, der demjenigen nicht unwillkommen sein dürfte, der mit der Glaubhaftigkeit dieser Thesen so seine Probleme hatte. Beantwortet sich doch die Frage, woher seine „Götter" wirklich gekommen sein könnten. Andere Sternsysteme sind ja mit Sicherheit viel zu weit entfernt. Wie einleuchtend diese Theorien im Detail sind, wollen wir hier aber lieber nicht erörtern.

Feuer und Wasser sind die Elemente eines Weltuntergangs; und Feuer und Wasser finden wir als Ursache in allen Überlieferungen über solche Untergänge. Auch die Veränderungen an den anderen Planeten während einer derartigen Katastrophe sind den Menschen damals schon aufgefallen. In der sumerischen Überlieferung, dem Gilgamesch-Epos wird Ischtar, die Schöpferin des Menschengeschlechts, dargestellt durch den Planeten Venus, ausdrücklich erwähnt und als Ursache der Sintflut angeführt. Es ist daher kein Wunder, dass rings um die Erde unzählige Cromlechs und Steinobservatorien aufgestellt wurden, um die Venus wie auch Sonne und Mond genau zu beobachten.

Sogar die Geschichte vom Untergang von Atlantis berichtet wortwörtlich von einer Bahnabweichung der Planeten. So lässt Platon seinen Kritias berichten: „Was auch bei euch erzählt wird, dass einst Phaeton, des Helios Sohn nachdem er des Vaters Wagen bespannt, es aber nicht vermocht hätte, auf des Vaters Wagen zu fahren -, alles auf Erden verbrannt habe und selbst durch einen Blitzstrahl getötet worden sei - dies wird zwar als etwas erzählt, was den Anschein einer Fabel hat; das Wahre davon ist aber die Bahnabweichung der um die Erde am Himmel sich bewegenden Gestirne und die nach langen Zeiträumen durch viel Feuer erfolgende Vernichtung von allem, was sich auf der Erde befindet..."

Die Fabel vom Planeten Phaeton in der griechischen Mythologie ist ein deutlicher Hinweis auf den Sonnenausbruch, welcher der Katastrophe vorausging und das vernichtende Feuer über die Erde brachte. Ähnliche Berichte finden sich rund um den Erdball, wie beispielsweise in der Völuspá, dem vorgermanischen Götterlied: „...südher die Sonne, des Mondes Gesellin, rührte mit der Rechten den Himmelsbord. Sonne kannte ihre Säle nicht. Mond kannte seine Nacht nicht. Sterne kannten ihre Stätten nicht..."

Aus der Bahnveränderung der Venus entstand überdies die biblische Legende vom Sturz Luzifers, dem schönsten und stärksten unter den Engeln, der in einer himmlischen Revolution versuchte den Gottschöpfer von seinem Thron zu stürzen; dass Luzifer einst mit dem Planeten Venus symbolisiert wurde, beweist uns eine Stelle im XIV. Kapitel des Jesaja, welcher berichtet: „Wie bist du vom Himmel gefallen, du Morgenstern, der du früh aufgingest? Wie bist du zur Erde gestürzt, der du die Völker schlugest!"

Das Popol-Vuh erzählt, wie der Schreckensgott Huracan die Erde überschwemmte und dass zur gleichen Zeit am Himmel ein großer Brand zu sehen war... Ähnliche Berichte mit deutlichem Hinweis auf die Venus finden sich im Buch Chilam Balams...

Woher kommt der Mond der Erde? Die ältesten Kalender unseres Planeten, die der Mayas beziehungsweise ihrer Vorfahren, kümmern sich merkwürdigerweise nicht um den Mond, obwohl der periodische Umlauf dieses Trabanten zur Zeitmessung direkt auffordern hätte müssen. Sie verwendeten Sonne und Venus zur Festlegung der Zeitintervalle. Gab es eine mondlose Epoche? Merkur hat keinen Mond. Die Venus ebenfalls nicht. Und als die Erde im Venus-Abstand von der Sonne war, hatte sie höchstwahrscheinlich auch noch keinen Trabanten.

So wie im freien Fall alle Planeten gleich schnell fallen würden, so haben sie auch ihre Äquipotentialräume nahezu gleichzeitig und gleich schnell überwunden. Die Impulsübermittlung im System erfolgte allerdings von innen nach außen. Die Veränderung der Planetenstellungen war daher am deutlichsten bei jenen Planeten festzustellen, die der Sonne näherstanden. Die Venus musste dabei optisch kleiner geworden sein, da der Abstand Erde-Venus ja zunehmen musste. Ebenso entfernten sich auch die äußeren Planeten, aber sie waren von vornehrein viel schwerer zu beobachten.

Es ist naheliegend, dass das Bersten des Asteroidenplaneten mit seinem Sprung, und dieser mit dem Sprung der Erde zusammenfiel. Dabei dürfte ein großes Bruchstück jene Bahn gekreuzt haben, welche die Erde gerade aufsuchte. Auch wenn die Anhänger Newton'scher Formeln dies für unwahrscheinlich halten und die Einfangtheorien bislang schwache Begründungen hatten, nehmen wir es als sehr wahrscheinlich an, dass ein derartiges Bruchstück zum Mond der Erde wurde. Seine Dichte von 3.34 (Erde 5.52) reiht den Mond genau zwischen Mars (3.95) und Jupiter (1.33) ein. Er stammt daher sicher aus diesem Bereich (in dem heute der Asteroidengürtel liegt) und muss demnach älter als die Erde sein.

Die Altersbestimmungen von Mondproben haben auch tatsächlich ein höheres Alter aufgezeigt. Außerdem ist nach unserem Abstoßungsprinzip das Einfangen eines Trabanten keinesfalls unvorstellbar. Den Vorgang einer Begegnung dieser Art zeigt uns die Abbildung 144:

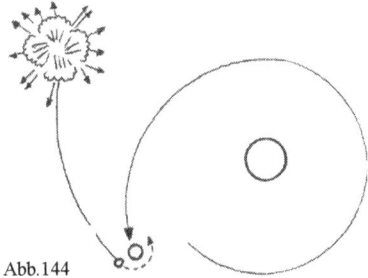

Abb.144

Mit einer Geschwindigkeit von weit über 100 km/s muss der Mondbrocken der Erde entgegengekommen sein. Eigentlich war er unterwegs zur Sonne, aber er kam der Erde zu nahe... Eine kurze Zeit flogen sie nebeneinander her, und diese Zeit genügte der Krümmkraft der Erde, die Richtung des Mondes zu verändern. Er fiel um die Erde herum ... und so fällt er heute noch mit einer Geschwindigkeit von rund 105 km/s.[97]

Ursprünglich war er der Erde viel näher. Da die Krümmkraft an beiden Körpern angreift und sie verformt, verursacht sie Gezeiten und behindert sowohl die Rotation als auch das Fallen umeinander. Das ergibt ein Überwiegen der Abstoßung ... und so entfernt sich der Mond kontinuierlich von der Erde wieder. Aus den gleichen Gründen müssen sich auch die Planeten allmählich von der Sonne entfernen.

Ebenso wie der Mond wurden auch alle anderen Monde unseres Planetensystems eingefangen. Hätte sich neben der Erde jemals so etwas wie eine Vorstufe des Mondes in Form einer losen Vereinigung von Materie befunden, so wäre sie unweigerlich zu einem Ring zerstreut worden. Erst in einem gewissen Abstand (Roche'sche Grenze) verliert die Krümmkraft ihre Gewalt. Aus dem gleichen Grund ist jede Theorie, die das Planetensystem aus einer einzigen Gaswolke entstanden wissen will, vollkommen absurd. Nur stark ionisierte Materie, also nur jene der Sonne selbst, konnte Planeten hervorbringen. Was mit nicht-ionisierter, kühler Materie geschieht, zeigt uns der Saturnring am deutlichsten...

Unser Nachbarplanet Mars trug mit großer Wahrscheinlichkeit einst üppiges Leben. Heute zeigt er das Schicksal, das der Erde bevorstehen könnte... Man erkennt am Mars zweifelsfrei, dass er einmal ungeheure Wassermengen getragen haben muss, die er inzwischen nahezu gänzlich eingebüßt hat.

Auch die Erde wird einmal ihr gesamtes Wasser verlieren - bis auf jene kläglichen Reste, wie sie heute auch noch in den Polen des Mars als Eis gebunden sind. Wenn die Vulkantätigkeit erlischt - eine Folge des sinkenden Alldrucks -, wird die Erde beträchtlich schrumpfen, weil sie ungeheure Mengen an Wasserstoff und Helium an das All abgegeben hat. Der aus der Auflösung des Wassers freiwerdende Sauerstoff wird sich der Metalle in den sich ausbreitenden Wüsten bemächtigen; der Planet wird sozusagen verrosten und ein Bild zeigen, wie es uns der Mars bereits darbietet.

Die Bevölkerung der Erde wird zuvor auch noch ihren Beitrag zur Verwüstung ihres Planeten geleistet haben. Die Grundwasser werden sinken, die Quellen versiegen, die Flüsse austrocknen... Schließlich werden sogar die Ozeane verdunsten, weil immer weniger Wasser als Regen in sie zurückfließen wird. Unerbittlich zerlegt die Sonne die restlichen Wolken zu Wasserstoff und Sauerstoff. Kohlendioxyd wird sich in der Atmosphäre anreichern (Kohlenmonoxyd oxydiert zu CO_2) - und was zu böser Letzt übrig bleibt, ist eine Stickstoff-Kohlendioxyd-Atmosphäre, genau wie sie der Mars heute trägt.

Seltsamerweise gibt es auf Erden auch Legenden, die von einer Epoche mit zwei Monden berichten. Könnte es sein, dass diese Überlieferungen gar nicht die Erde meinen? Der Mars hat zwei Monde! Stammen diese Geschichten womöglich vom Mars und wurden sie von Flüchtlingen mitgebracht, die auf die Erde übersiedeln mussten? Dieser Gedanke ist in der Tat äußerst bestechend. Wird sich diese Geschichte wiederholen und die Menschheit - zumindest ein kleiner Teil davon - auf die Venus übersiedeln, wenn die Erde unbewohnbar geworden ist?

Diese Gedanken sind keinesfalls so verstiegen, wie sie auf den ersten Moment erscheinen. Es gibt allzu viele eigenartige Hinweise, wie beispielsweise alte Steinzeichnungen mit Verbindungslinien von der Erde zur Venus - oder sind es Linien vom Mars zur Erde? Wir dürfen ja nicht übersehen, dass es den Merkur nicht schon immer gegeben hat. Waren Dänikens Götterastronauten Marsmenschen? Die Frage entlockt uns wahrscheinlich ein leises Lächeln, womöglich aber zu Unrecht. Wir müssen bedenken, dass alle diese Ereignisse von unfassbar großen Zeiträumen getrennt sind. Das Absterben der Erde wird erst stattfinden, wenn sie sich im Bahnbereich des Mars befindet. Zuvor ist aber noch ein Weltuntergang, nämlich der Sprung auf diese Bahn zu bewältigen.

Heute schon könnten wir ein Raumschiff mit Besatzung auf die Venus schicken. Wie weit wird diese Technik gediehen sein, wenn die Erde in die Region des Mars gerät? Aber vielleicht nützt das gar nichts, womöglich muss Evolution und Zivilisation von Neuem beginnen. Eines ist jedenfalls sehr merkwürdig: der Drang der Menschheit zur Raumfahrt. Es scheint so, als würden wir ahnen, dass wir diese Kenntnisse einmal wirklich benötigen würden.

Wir wollen es bei diesen Andeutungen belassen. Denn es gibt auf all diese Fragen keine echten Antworten. Die Frage, ob auf dem

Mars Leben existiert oder existiert hat, ist auch nach den Experimenten und Raumsonden der NASA nicht zu beantworten. Die auf der Erde ausgeklügelten Versuche brachten völlig überraschende Ergebnisse, so als würden die Gesetze unserer Chemie auf dem Mars nicht gelten. Nur eines weiß man seither genau: Wasser muss es auf dem Mars gegeben haben, jede Menge von Wasser... [98]

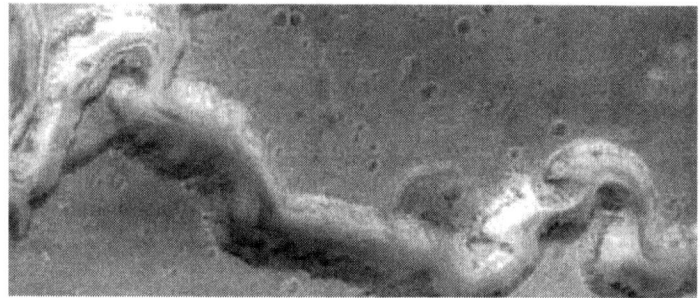

Abb.144a: Ausgetrocknetes Flussbett auf dem Mars

Der Mars ist wesentlich kleiner als die Erde. Er ist aber auch älter, kälter und zudem sozusagen ausgetrocknet. Er dürfte daher auf seine jetzige Größe zusammengeschrumpft sein, ein Effekt, der vorübergehend der endgültigen Expansion der Planeten vorausgeht. Das Fehlen von Ozeanen ergibt auf dem Mars gewaltige Höhenunterschiede, mächtige Gebirge, die man auf Erden vergleichsweise finden könnte, würde das Wasser fehlen. Es gibt keinen Sauerstoff mehr in seiner Atmosphäre. Der Himmel leuchtet daher nicht blau, sondern rot. Rötlich ist deshalb auch das reflektierte Sonnenlicht, und dieser Farbe wegen erhielt Mars seinen Namen.

In älteren Zeiten trug er den Namen Chiun. Wir finden unter anderem in der Bibel Hinweise darauf, dass das Symbol des Chiun verehrt wurde und einem Gott gleichkam. Also auch hier ein Zusammenhang, über den es sich nachzudenken lohnt.

Wir sollten die Hinweise darauf, dass die Evolution des Lebens sich nicht auf einen einzigen Planeten beschränkte, trotz all der Spekulationen nicht ganz von der Hand weisen. Der Urozean unserer Schilderungen muss ja nicht unbedingt auf der Erde gelegen haben. Wahrscheinlich aber hat Evolution nahezu auf jedem Planeten begonnen und nur eine Beeinflussung untereinander stattgefunden. Die „Idee" des Lebens, vielleicht bis zur Bakterie verwirklicht, sprang von Planet zu Planet, beginnend vom Saturn bis zum Mars.

Eines scheint jedenfalls sehr naheliegend: so wie Mars der Planet unserer Vergangenheit zu sein scheint, leuchtet uns am Morgen- und Abendhimmel der Planet unserer Zukunft: Venus!

Zeitmäßig wären diese Evolutionssprünge von Planet zu Planet schwer einzuordnen. Der Zusammenhang mit der Sonnentätigkeit bietet vielleicht die Möglichkeit, als Anhaltspunkte unsere Eiszeiten zu wählen, vorausgesetzt die Gelehrten finden einmal plausible Zahlen. Darüber hinaus muss zumindest zwei Mal, höchstwahrscheinlich aber drei Mal eine drastische Polverschiebung stattgefunden haben (vielleicht auch eine zusätzliche beim Einfangen des Mondes). Damit war selbstverständlich auch eine Veränderung des Magnetfeldes verbunden. Tatsächlich gibt es von derartigen Ereignissen deutliche Spuren.

Wir wissen natürlich überhaupt nicht, ob die Sonne nicht auch zwischendurch große Ausbrüche zeigte, die keine Planeten zur Folge hatten. Es scheint mehr als drei Eiszeiten gegeben zu haben - und Zwischeneiszeiten. Wir müssen daher mit konkreten Schlussfolgerungen sehr vorsichtig sein. Es gibt kein zuverlässiges Mittel, den Rhythmus der Sonne zu erkennen; wir müssen aber annehmen, dass diese Perioden immer kürzer werden, während sich die Intensitäten der Explosionen verringern. Was letzten Endes übrig bleibt, ist ein rhythmisch fluktuierender kleiner Stern, so etwas Ähnliches vielleicht wie ein Pulsar. Man könnte daher darüber nachdenken, ob Pulsare ihre Ausbruchsintervalle nicht nur ausschließlich durch Rotation verursachen, sondern unter dem gewaltigen Druck des Alls von einem Ausbruch in den anderen fallen, also tatsächlich pulsieren.

Eines der wesentlichsten Merkmale der Planeten (und Sterne) sind ihre charakteristischen Magnetfelder. Ursprünglich hatte man angenommen, die Erde habe einen Eisen-Nickel-Kern, welcher das Magnetfeld verursache.[99] Diese Annahme war äußerst unrealistisch, wie uns der Mars zeigt, der nur ein extrem schwaches Magnetfeld aufweist. Dagegen fand man wider Erwarten beim Jupiter ein überraschend starkes Magnetfeld vor und auch Van-Allen-Gürtel-ähnliche Erscheinungen.

Für die Entstehung von Magnetfeldern gibt es - wie wir bereits wissen eine einfache Ursache: Rotation. Entscheidend ist dabei, ob die Oberfläche eines Himmelskörpers ausreichende Polarisation, also „Ladung" verursacht. Mitbestimmend ist hierbei stets die

Atmosphäre, die - wie wir an den Gewittern unschwer bemerken - ungeheure Spannungspotentiale aufbauen kann. Planeten ohne Atmosphäre oder mit langsamer Rotation bilden niemals ein starkes Magnetfeld. Das Magnetfeld des Merkur erreicht nur ein Hundertstel der irdischen Feldstärke, weil seine Atmosphäre extrem dünn und die Rotation sehr langsam ist. Wegen der äußerst langsamen Umdrehung der Venus ist ihr Magnetfeld kaum nennenswert, obwohl alle anderen Voraussetzungen vorliegen wie z.B. dichte Atmosphäre, elektrische Polarisationen und eventuell auch Elektronen-Konvektionsströme unter der Oberfläche.

Die Magnetfelder unseres Systems stimmen mit der Beschaffenheit der Planetenoberflächen und Rotationen sehr gut überein. Dass die Pole der Magnetfelder nicht mit den Polen der Rotationsachsen zusammen fallen, ist ebenfalls aus dem direkten Zusammenhang mit der Rotation zu erwarten. Der Grund hiefür liegt in dem Zeitintervall zwischen Ursache und Wirkung. Magnetpole hinken den verursachenden Rotationspolen gewissermaßen immer ein wenig nach. Außerdem kommt es zu einem Selbstinduktionsprozess folgender Art: Die Erde als bewegter Leiter verursacht erwartungsgemäß ein gewöhnliches Magnetfeld, wie wir es in der Abbildung 19 schon zeigten, weil sich der Äquator schneller dreht. Dieses Magnetfeld gerät jedoch mit dem Magnetfeld der Sonne in Konflikt. Es wird vom Sonnendruck („Sonnenwind") ähnlich wie ein Kometenschweif weggestoßen (Abbildung 145).

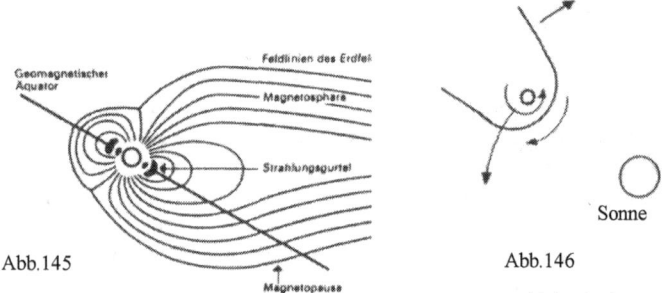

Abb.145 Abb.146

Gleichzeitig wird es in entgegengesetzte Rotation versetzt, weil es ja immer von der Sonne wegzeigt. Folglich wird die Erde selbst, besonders die ionisierte Magmaschicht unter ihrer Kruste, zum bewegten Leiter im Magnetfeld. Es induzieren sich entgegengesetzte Ströme, die im Laufe der Zeit stark genug werden, um das ursprüngliche Magnetfeld zusammenbrechen zu lassen. Übrig bleibt jedoch der bewegte Leiter, der durch seine Rotation wiederum ein Magnetfeld aufbaut, aber diesmal mit umgekehrten Polen. Dieses Spiel wiederholt sich in Abständen von einigen Jahrtausenden, als ständig sich umpolendes Magnetfeld (Abbildung 146). Auch die Sonne selbst, die mit dem Magnetfeld der Galaxis hadert, vollführt dasselbe Spiel aus denselben Gründen. Von Zeit zu Zeit, nämlich alle 22 Jahre, polt sie ihr Magnetfeld um.

Die periodischen Umpolungen des Erdmagnetfeldes wurden durch die paläomagnetischen Untersuchungen des Gesteins bereits bestätigt. Für die Geologen, welche für die Entstehung des Magnetfeldes etliche widersprüchliche Theorien parat haben, kein leicht zu lösenden Problem. Geologische, nämlich gravimetrische Untersuchungen haben einen weiteren rätselhaften Umstand zu Tage gebracht, der sich freilich mit unserem Abstoßungsprinzip sofort aufklärt. Der herkömmlichen Auffassung der Schwerkraft nach sollte man wohl erwarten, dass über großen Massen unserer Erdkruste, also den Kontinenten und Gebirgen, eine etwas höhere Gravitation herrscht, als über den Meeren. Messungen haben aber gezeigt, dass es sich meist gerade umgekehrt verhält. Geradeso muss es sich auch aus dem Abstoßungsprinzip ergeben. Denn größere Massen verursachen einen stärkeren Gegendruck zum Alldruck, über ihnen muss die Fallbeschleunigung daher geringer sein. Wenn wir beispielsweise eine Gravimetrische Karte Europas betrachten, so heben sich auf ihr massive Gebirge wie die Alpen oder die Karpaten durch deutliche Schwerkraft-Minima hervor (Abbildung 147 - schwarze Flächen). Über den Meeren jedoch, besonders über den tiefen Stellen, wo mit Sicherheit dünnere Gesteinsschichten liegen,

Maxima Minima
Abb.147

herrschen oft eindeutig Schwerkraftmaxima (lotrecht schraffierte und karierte Flächen). Man bezeichnet diese Erscheinungen als Bougueranomalien. Sie zwangen die Geologen bisher zur Annahme, dass ausgerechnet unter den Gebirgen weniger dichte Gesteinsmassen liegen als unter den Ozeanen. Das ist aber mit Sicherheit ein Trugschluss, weil es keinen vernünftigen Anhaltspunkt dafür gibt, warum sich justament und zufällig unter Faltengebirgen andere und dünnere geologische Schichten befinden sollten als nur wenige Kilometer daneben. In der gezeigten Karte ist die Schwerebeschleunigung in Galilei (gal) gemessen (1 gal = $1m/s^2$). Man hat die festgestellten Werte rechnerisch auf die gleiche Höhe gebracht, um die Höhenunterschiede der Messpunkte auszugleichen. Wenn man die Karte genau betrachtet und mit den gegebenen Erdformationen vergleicht, spricht sie in signifikanter Weise für unser Abstoßungsprinzip.[100]

Wenden wir uns noch einmal dem Thema Evolution zu - denn die Evolution der Planeten ist mit jener des Lebens eng verknüpft. Das Leben ist, wie wir darstellen konnten, keinesfalls auf Zufall aufgebaut, sondern auf den Zu-Fall, der sich auf dem Verhalten der Atome und Moleküle gründet. Gewisse Bedingungen sind dazu vonnöten, wie das Vorhandensein der richtigen Elemente und von Wasser sowie das Vorliegen eines gewissen Temperaturbereichs, den wir gar nicht sehr streng eingrenzen müssen. Bakterien überstehen Weltraumkälte und Hitze bis nahezu 200 Grad Celsius ganz gut. Die rund hundert Grad einer Sauna überstehen auch wir einige Zeit mit Vergnügen. Damit soll gesagt sein, dass die Bedingungen auf der Erde von Ort zu Ort schon äußerst verschieden sind, und dennoch das Leben auf jede Art von Umwelt eine Antwort gefunden hat, eben organische Funktionen, die den jeweiligen Verhältnissen und Bedürfnissen Rechnung tragen.

Gelehrte meinen oft, die speziellen Erdbedingungen als Voraussetzung für das Leben allgemein zu fordern, wäre übertrieben chauvinistisch. Aber verhalten sich Bienen chauvinistisch, wenn sie vermuten, andere Bienen irgendwo im Universum ernähren sich ebenfalls von Honig? Mitnichten, denn andernfalls wären es ja keine Bienen. Deshalb betreiben auch wir keinesfalls Chauvinismus, wenn wir die Kriterien, aus welchen wir hierorts das Leben definieren, auch andernorts ansetzen. Da auch die Entstehung der Planeten durchaus kein Zufall ist, sondern ein Prozess, der in vielen anderen Sonnen in ähnlicher Weise stattfinden muss, können wir schließen, dass Leben überall dort entstehen wird und stattfindet, wo auch nur annähernd dieselben Bedingungen eintreten.

Leben ist mutmaßlich eine kosmische Selbstverständlichkeit, wie dies auch für Raumverdrängung und Abstoßung der Felder gesagt werden kann. Überall wird Kohlenstoff seine dominante Rolle spielen, und überall werden die Spins des Lichtes und der Elektronenwellen den Drall der Moleküle bestimmen.

Es gibt also nicht nur mit großer Wahrscheinlichkeit Leben über die Weite des Alls, sondern überall dürfte es sogar ähnlich aussehen. Auch anderswo herrscht ja dasselbe „Prinzip" als einziges festes „Naturgesetz". Die Ähnlichkeiten betreffen sicher nicht nur das atomare oder molekulare Geschehen, sondern auch das organische.

Sogar die äußeren Erscheinungsbilder der Lebewesen als reine Folge der Funktionen müssen durchwegs gleichartig ausfallen. Stets werden Augen durch die Art des Sehens bestimmt sein, und stets wird sich der Blick dorthin richten, wohin sich das Wesen bewegt oder wohin es greift. Und immer wird dort ein Mund, ein Maul sein, wo Hände hinreichen oder Fressen leicht ermöglicht wird, wogegen Ausscheidungen, die zu nichts nütze sind, eben hinter sich gelassen werden. Ohren werden dort wachsen und sich dorthin richten, wo das Gehörte einen praktischen Sinn ergibt; Flügel, die fliegen, werden Flügel sein und Flossen, die schwimmen, eben Flossen...

Wenn wir das Leben auf dieser Erde umfassend betrachten, so entdecken wir, dass eigentlich jede denkbare Form verwirklicht ist. Zwischen den seltsamen und unheimlichen Apparaturen eines Insekts und dem Liebreiz eines Säugetierbabys liegen Welten - und dennoch gibt es dazwischen jede nur erdenkliche Zwischenform. Alles Vorstellbare wurde von der Natur erfunden, jede Art der Fortbewegung, des Sehens, des Riechens oder Hörens.

Manche Wissenschaftler meinten, die Natur habe vieles erfunden, außer dem Rad. Aber sie unterschätzten das Leben zu sehr, an den Pillendreher sollte man sie erinnern oder an die kugelrunden Früchte der Bedecktsamer ... und an eine Eidechsenart, die sich zu einem Rad formt und den Berg hinunterrollt, wenn sie es besonders eilig hat... So manches rollt in der Tier- und Pflanzenwelt, und so manches dreht sich, wie die Geißeln vieler Einzeller, die – aufgehängt in einer motorartigen Drehvorrichtung - tatsächlich rotieren!

Aufzählungen dieser Art ließen sich beliebig lange fortsetzen. Woran wir immer auch denken, was immer wir menschlichem

Erfindergeist zuschreiben - die Natur kennt es schon lange und macht davon Gebrauch.

Was sollte, was könnte auf anderen Planeten eigentlich anders sein, wenn es hier schon alles, was es geben kann, gibt?

Die Ursache der Evolution zum Lebewesen liegt primär in der Beschaffenheit der Materie. Sie wird zu Ordnungen gedrängt, förmlich von ihrem eigenen Daseinsdruck zu Kristallen und Molekülen gepresst... Und gerade aus dem Platzmachen, diesem scheinbaren Vorsatz, dem ständigen Zwang zu entkommen (Entropie), entsteht der Fluss der Energien ... dieses ständige dem Gefälle Zustreben, in dem so viele Umwege liegen.

Die Umwege müssen „hingenommen" werden, und diese Umwege heißen Leben. Das ist nur ein Wort für einen Zustand unter all den anderen Zuständen der Materie, in keiner Weise unwahrscheinlicher als der so genannte anorganische oder kristalline Zustand eines Virus zwischen Leben und Nichtleben. Letztlich ist Leben nur eine von Menschengehirnen geschaffene Definition, eingefasst durch willkürliche Werte und Kriterien ... aber eigentlich lebt das ganze Universum; nichts ist wahrhaftig tot in seinem ewig wandelbaren Geschehen.

Sicher ist der Gedanke daran, dass irgendwo in der Weite des Universums auf einem anderen Planeten ebenso Straßenbahnen klingeln und Musikboxen dröhnen, irgendwie befremdend. Schon weil man meinen sollte, dass eine Auflage unseres zivilisatorischen Irrsinns reichen sollte... Aber man mag die Erde sehen wie man will - auf keinen Fall ist sie einmalig! Denn auch anderswo wird dasselbe Spiel gespielt. Die Andromeda-Galaxie ist nahezu eine Zwillingsschwester unserer eigenen. Sollten wir glauben, dass damit die Ähnlichkeiten bereits erschöpft sind?

Was werden wir jemals voneinander erfahren, wir Verwirklichungen eines kosmischen Prinzips? Unüberbrückbare Räume und Zeiten trennen uns. Ausgetauschte Signale sind Tausende von Jahren unterwegs; und die Frage ist, ob nicht überall Lebewesen in ihren Welten größere Sorgen haben, als Tausende Jahre auf einen Telefonrückruf zu warten... Aber ganz undenkbar ist eine Kommunikation über das All hinweg deshalb nicht. Forschergeist und Erfindertalent haben schon Dinge zu Wege gebracht, die noch vor kurzem für unmöglich gehalten wurden!

35 Zweck

Es gibt Tiere, die wie Blumen aussehen. Blumen ahmen Tiergestalten nach. Pflanzen sehen aus wie Steine. Steine gibt es auch in Pflanzenform, wie zum Beispiel die Chondriten. So mancher „Baum" im Ozean ist ein „Tier". Vieles Tierhafte offenbart sich als Pflanze...

Dagegen: Unterseeboote und Fische sind gleichermaßen stromlinienförmig. Die Werkzeuge der Insekten hängen auch in unserem Werkzeugschrank. Fliegende Tiere oder Flugsamen verwenden Flügel nach dem gleichen Prinzip. Alle Augen sehen mit den Gesetzen der Optik. Alle Beine tragen etwas - einen Körper ebenso wie eine Tischplatte...

Was sich vordergründig als großer Gedanke aufdrängt, nämlich die ungeheure Vielfalt der Natur, offenbart sich bei näherem Hinsehen als eine geringe Anzahl von Ideen. Sieht man von den Erscheinungsformen ab, so reduzieren sich die Funktionen der Tier- und Pflanzenwelt auf Stoffwechsel, Fortpflanzung, Bewegung und Erkennen. Pflanzen bewegen sich gewissermaßen mittels des Flugs ihrer Samen und die Ausbreitung ihres Wachstums, Tiere bewegen ihren Keim mit sich selbst. Die Grundidee ist stets dieselbe, die Erscheinungsform verschieden. Erstaunlicherweise dient die ganze Vielfalt der Natur der Erfüllung weniger Zwecke.

Ganz dasselbe finden wir jedoch auch im anorganischen Bereich. Letztlich lässt sich alle Vielfalt der Welt auf die Einfachheit eines Prinzips zurückführen, das dem Atomaren innewohnt. Sollten wir darüber wirklich staunen? Oder haben wir die Welt bislang sozusagen von der verkehrten Seite betrachtet? Lässt sich nicht jeder Kristall in jene Bedingungen auflösen, die seine Atome einander setzen? Warum sollte die Existenz lebender Kristalle schwerer zu verstehen sein? Wo liegt der Hemmschuh unserer Erkenntnis welche Betrachtungsweise verbietet uns den selbstverständlichen Einblick in das Wesen des Lebendigen?

Der Kardinalfehler unseres Denkens liegt wohl darin, dass wir in allem, was wir beobachten, einen Sinn vermuten. So lässt sich jede Art zu leben auf den Zweck der Keimerhaltung reduzieren, und hierin liegt für uns das Unbegreifbare weil, wir nicht augenblicklich erkennen, dass hier Ursache und Wirkung zusammenfallen, weil wir einfach zu sehr dem Gedanken verhaftet sind, dass Ursache und

Wirkung einander gegenüberstehen. Aber dem ist nicht so. Fließendes Wasser gräbt sich ein Bett. Die Ursache heißt Wasser, die Wirkung Bett. Das Bett selbst ist aber wiederum Ursache für das Fließen des Wassers! Und so bildet sich ein Fluss: aus der Gemeinsamkeit von Ursache und Wirkung erhält er sich und hört nicht auf zu fließen...

Eine Planierraupe und ein Schaufelbagger benötigen einen Weg. Sie können sich diesen Weg selbst schaffen. Und sie können dazu immer das gleiche Wegstück verwenden, indem sie es hinter sich abgraben und vor sich auftragen. Es gibt einen Weg und ein Etwas, das sich bewegt, aber der Weg hat kein Ziel. Nichtsdestoweniger bleibt das System unaufhörlich in Bewegung. Geradeso verhält es sich mit dem Keim des Lebens. Er muss sich bewegen (weil schließlich davon seine Definition abhängt) und einzig allein diesem Zweck genügt er. Ebenso wie der Fluss sein Bett findet - weil es keinen anderen Weg gibt - erkennt auch der Keim scheinbar seine Bahn: eine Folge von Notwendigkeiten, die um Hindernisse herumführen wie Flussläufe um Hügel und Felsen.

Wir müssen wohl zugeben, dass wir überall dort einen geheimnisvollen Zweck vermuten, wo die Ursachen nicht erkannt sind. Niemand würde im Auftreten der Gezeiten den Zweck vermuten, Hochwasser zu erzeugen. Niemand wird glauben, dass die Gesetze des freien Falles einen bestimmten Zweck verfolgen. Sind Ursachen, wenngleich oft nur scheinbar, durch Gesetze und Formeln fassbar, akzeptiert man sofort die Zwecklosigkeit des Ereignisses.

Weshalb vermuten wir hinter den Gesetzen des Lebens einen Zweck? Blumen blühen ebenso unbeabsichtigt wie Bachkiesel dahinrollen, aber bei Letzteren wissen wir, weshalb sie rund sind. Würden wir dies jedoch nicht wissen, so würden wir keinesfalls fragen, weshalb sie rund sind, sondern wozu! Es ist tatsächlich so: haben wir einmal die Ursache erkannt, so finden wir den Zweck mit ihr! Und deshalb wissen wir jetzt endlich, weshalb zum Beispiel Blumen blühen: weil es sich eben so ergab. Und solange sich die Bedingungen innerhalb und außerhalb ihres Seins nicht ändern, werden sie weiterhin blühen. Ursache und Zweck, beides wird zu Unrecht getrennt und prompt miteinander verwechselt. Weil sich ein Weg fand, geht Leben diesen Weg, um ihn immer neu zu finden ... so wie ein Fluss seine Bahn zieht oder so selbstverständlich, wie ein Körper zu Boden fällt...

Wir haben die Bedeutsamkeit der Signale für diese Welt schon aufgezeigt. Immer wenn Signale stärker, deutlicher oder farbiger ausfielen, so erfüllten sie einen Zweck besser, der eigentlich niemals vorgesehen war. Denn es ist ja nicht so, dass Blumen womöglich erkannt hätten, dass es vorteilhafter sei, deutlicher zu blühen und es deshalb taten. Sondern jene Pflanzen, die es nicht konnten, wurden übersehen und es gibt sie heute deshalb nicht mehr. Das ist dennoch keine zufällige Selektion, ebenso wenig wie das Auftreten ausgeprägter, bunter Blüten zufällig war, denn all dies erfolgte stets aufgrund bereits bestehender Innenbedingungen: die genetischen Datensammlungen und das Repertoire latenter chemischer Reaktionen .

Dass jene Innenbedingungen sich mit den Außenbedingungen zu einem guten Weg ergänzten, war ebenfalls kein blinder Zufall, sondern Zu-Fall. Das Leben ist also gar kein Würfelspiel. Ein Fluss muss fließen, und dabei behält er nur im Rahmen eines übergeordneten Gesetzes seine Freiheit: es geht auf jeden Fall bergab mit ihm. Der Fluss der Energie ist gleichermaßen eingeengt. Er fließt in Kaskaden und Mäandern, sammelt sich zwischendurch, fließt weiter... Seine Stauseen sind Zellen, seine Ventile Moleküle, seine Schleusen Zellwände und Membranen, seine Zuläufe Photosynthese, Sauerstoff, ATP...

Sein Weg krümmt und schlängelt sich, findet viele Formen und Zwischenstufen und bildet schließlich uns selbst. Und wir betrachten diese Zwischenstadien zu Unrecht verwundert, unterschieben ihnen nicht nur Sinn und Ziele, sondern auch Charakteristiken: schön oder hässlich, gut oder schlecht...

Nun ist es gerade die Signalwirkung, die uns zu solchen Bewertungen verleitet. Signale setzen, das heißt, sich hervorheben aus dem Gleichklang der Welt und außergewöhnlich zu wirken. Wir tragen die Erinnerung an alle Signale noch immer in uns, die jemals für uns bedeutsam waren - sie lösten schon während unserer Evolution bestimmte Verhaltensmuster aus -, haben wir doch alle Stufen der Entwicklung mitgemacht und mitgelebt. Daher reagieren wir auf bunte Blüten instinktiv ebenso wie Insekten. Sie ziehen uns magisch an, aber wir wissen nicht, weshalb ... und für Gefühle solcher Art erfanden wir einen eigenen Begriff: das „Schöne".

Der ursächlichste Treibstoff des Lebens, das Licht, versieht an und für sich neutrale Dinge sofort mit dem Hauch des Schönen: Was wäre ein Diamant ohne sein Funkeln, was wäre jeder Edelstein ohne Licht, der Glanz des Goldes, das Gleißen der Wasserfälle, das Funkeln der Sterne, das Blau des Himmels oder die Morgenröte ... dies alles sind Spielplätze des Lichts - und daher „schön" für uns. Auch Farben sind Spiele des Lichts. Immer wenn wir Schönes sehen, erblicken wir Licht in irgendeiner Gestalt..

Was das Leben in uns selbst aufbaut und bestimmt und erhält, sind Ordnung und Symmetrie. Überall wo wir Ordnung und Symmetrie als Raumfunktion finden, sehen wir deshalb Schönes: Kristalle, Schneeflocken, Radiolarien, Bienenwaben...

Und unser Leben wird ausgefüllt mit dem Schaffen von Ordnungen und Symmetrien. Fast alle Wissenschaftler ordnen ihr Wissen und suchen nach versteckten Harmonien. Sogar ihre Theorien finden nur Anerkennung, wenn sie Eleganz und Symmetrie enthalten. Signalfarben sind die Verkehrsampeln unseres Lebens; wo immer Farbe auftritt, freuen sich unsere Augen. Licht, geordnete Formen, Strukturen und alle Regenbogenfarben lassen unsere Verhaltensmuster anklingen, unsere Triebe, unsere Sexualität etc., sie schaffen das Schöne, und deshalb sind es Ausdrucksmittel der Kunst und der Architektur. Werden zweckgebundene Dinge nicht von vornherein als schön empfunden, so überträgt der Mensch seine Werte bald auch auf sie - und diesen Vorgang nennen wir Ästhetik. Daher schaffen wir Kunstwerke und Bauwerke (Pyramiden, Kathedralen, Monumente) als „schöne" Dinge mit oft verloren gegangenem Zweck. Und selbst das Kunstwerk ohne jede Funktion beinhaltet immer noch den Zweck, nur schön zu sein oder Schönheit zu kontrastieren, durch Negation hervorzubringen, indem es uns in einen Mangel von Licht, Ordnung und Farbe bringt!

Genauso verfahren wir mit dem Zweck und besonders mit dem Sinn. Sinnloses provoziert uns ebenso wie Unschönes; und so wie wir das Schöne finden, wo es gar nicht existiert, weil es das Schöne objektiv gar nicht gibt, finden wir prompt einen Sinn, wo er nicht vorliegt. Und wieder findet eine Verwechslung statt: Wir vertauschen das Warum der Ursache mit dem Warum des Sinns. Aber der Sinn eines Flusses kann wohl nur sein, Wasser zu transportieren - und das ist auch seine Ursache. So liegt der Sinn des Lebens in der Tat darin, Energie zu transportieren und zu verlieren - was natürlich auch seine Ursache ist. Der Sinn des Lebens kann deshalb nur das Leben selbst sein. Und wenn wir sagen, der Sinn des

Lebens sei die Bewusstmachung des Kosmos selbst, welcher sich erst durch das Sehen und Erkennen als solcher manifestiert, so befinden wir uns nach wie vor im verfänglichen Zirkelschluss - denn auch dieser Sinn ist nur die Ursache eines Gesamtereignisses, aus dem das Leben lediglich nicht auszuklammern war.

Der Kosmos beabsichtigt von sich aus gar nichts, er existiert aus sich selbst heraus, weil er existiert! Das Ganze wird tatsächlich nur sinnvoll, wenn denkende Wesen ihm einen Sinn unterschieben, durch die Kausalitäten dazu verlockt, die sie entdeckten. Sie meinen: Ein Weg müsse schließlich irgendwohin führen. Aber wie wir am Bagger- und Raupensystem sehen, ist dies wohl ein Trugbild. Deshalb gibt es auch keine richtigen oder falschen Wege; nichts können wir in unserer Umwelt suchen und finden, was wir nicht selbst in uns tragen ... beruht doch „unsere Welt" vollkommen auf Reflexion.

Ein Fluss weicht jedem Gebirge aus. Er scheint den richtigen Weg zu erkennen, aber der Schein trügt, wie uns sofort klar ist. Auch unsere Sinnesorgane und unsere Gehirne dienen dem Erkennen des Wegs - und der Schein trügt wieder: Wir glauben an die Freiheit der Wahl[59], aber der Weg ist ebenso erzwungen wie jener des Flusses. Dennoch bleibt er unvorhersehbar, weil er nur von Augenblick zu Augenblick existiert, wie jenes kurze Wegstück des Baggersystems.

Jeder, der uns weismachen will, Zukunft liege irgendwo erkennbar auf Lager, phantasiert. Die Vorsehung umfasst lediglich die Funktionen eines Systems, also seine Innenbedingungen; aus diesen lässt sich allenfalls ein wenig auf die Zukunft schließen, aber zumeist sind Überraschungen das Ergebnis. Das ist das wahrhaft Faszinierende am Leben: dass es kein Ziel und keinen Sinn erkennen lässt. Und deshalb ist es weder mysteriös noch geheimnisvoll, denn es verbirgt vor uns ja nur, was es selbst nicht kennt.

So können wir die Zusammenhänge plötzlich viel einfacher betrachten, als es sich die Gelehrten jemals erlaubten. Postulierte Werte, wie schön oder unschön, gut und schlecht, schnitten die Welt entzwei in Ursache und Wirkung, Körper und Geist, Sender und Empfänger, Materie und Gott, Wellen und Teilchen; und die Wissenschaftler haderten auf diesen Hälften sitzend miteinander, ohne zu begreifen, dass alles zusammengehört...

36 Geist

Wo sollten wir in dem Geschehen der Welt, wie wir es aufzeigten, so etwas wie „Geist" lokalisieren? Ist es nicht so, als bräuchten wir die Hypothese Geist gar nicht mehr, um die Welt begreiflich zu machen? Haben wir nicht erkannt, dass Materie ohnedies eine Hypothese ist, weil sie als Substanz, als Urstoff gar nicht existiert?

Wir erkannten, dass das Entstehen von Trieben, Gefühlen und des Bewusstseins innerhalb der Funktionen der Materie liegt. Von einem Extrageist war keine Rede. Wir entdeckten keinen Planer, keinen Schöpfer und keinen Willen. Und so gibt es auch keine Verbindung von der einzigen Ursache zum scheinbar Geplanten, Geschaffenen, Gewollten. Was wir mit Geist verwechseln, ist die Information. Die Welt ist ein informatives Geschehen; Kausalitäten bedingen einander, sie setzen Informationen. Das Gelände eines Flussbetts enthält gleichermaßen Informationen wie die Sequenzen der DNA.

Was wir als Nächstes so gerne mit Geist vertauschen, ist Wissen. Aber auch Wissen offenbart sich als unüberlegter Begriff, denn gemeint kann damit nur eine Sammlung von Informationen sein. Es gibt kein Wissen um die Dinge - schon deshalb nicht, weil wir die Dinge nicht unmittelbar und absolut erkennen. Jede Erfahrung wird durch die Sinne selektiert und auf Informationen reduziert. Wissen und Glauben sind prinzipiell dasselbe. Auch wenn wir an einen Schöpfer nicht glauben müssen, so glauben wir an diese Welt, denn alle Beweise liegen innerhalb ihrer Grenzen.

Das quält die Philosophen, seitdem sie denken: dieses Eingeschlossensein in die Beziehungen des Bewusstseins, dieses relativierte „Erkennen", das unvermeidlich durch die Innenwelt vorgemünzt ist, dieses Fehlen absoluter Werte und Anhaltspunkte. Und es quälte sie insbesondere, weil sie stets Werte zu erklären versuchten, die total abstrakt sind, wie „Glück" zum Beispiel. Glück und Geist und viele andere Begriffe, auch Information und Wissen sind synergetische Vermischungen aus anderen Wirkungen.

Sterne am Himmel bilden Konstellationen, Vierecke, Dreiecke, Sternbilder - aber bilden sie diese Figuren wirklich? Natürlich nicht, denn die Verbindungslinien sind nur gedacht, die Sterne stehen zumeist auf verschiedenen Ebenen und haben miteinander keine Beziehung.

Dieses Sehen von Zusammenhängen, ob vorhanden oder nicht, dieses Erkennen von Ordnungen oder Gliederungen, dieser in uns ausnahmslos materiell fundierte Verknüpfungsprozess, das ist „geistiges" Geschehen. Denn wir müssen einsehen, dass es Geist als ein Substrat, das der Materie gegenüberstünde, gar nicht geben kann. Wir brauchen auch Geist nicht zwanghaft einzuquartieren, wie es der Physiker Jean E. Charon etwa tat, indem er den Geist der Welt in die Elektronen verbannte - ein wahrhaft witziges Unterfangen!

Wenn wir die Figuren auf einer Kinoleinwand betrachten, so vermuten wir keinesfalls dahinter ein geistiges Geschehen. Wieso tun wir es jedoch, wenn wir mit geschlossenen Augen eine Landschaft sehen? Wenn eine Trillerpfeife trillert, hat das nichts Geistiges für uns, weshalb sollte es geistige Hintergründe haben, wenn wir das Wort „Abrakadabra" aussprechen oder selbst ein bisschen trillern. Wenn ein Computer eine Mondbahn berechnet, erscheint uns das selbstverständlich, wir haben ihn schließlich programmiert. Wieso verwundert es uns, dass wir die Umwelt erkennen können, wo sie uns doch selbst programmiert hat?

Die einfache Funktion einer „geisterhaften" Materie erzeugt Illusionen: Schwerkraft oder Ladung ... und auch Geist selbst gehört in diese Kategorie! Viele werden das nicht wahrhaben wollen. Aber ist es wirklich so wichtig, aus all den trivialen Funktionen, die uns mit der Tier- und Pflanzenwelt gleichstellen, krampfhaft etwas herauszuschälen, was uns von ihnen unterscheiden soll? Alle Erzeugnisse unseres Geistes - einschließlich der Möglichkeit, sich zu irren - finden wir auch im Pflanzen- und Tierreich. Und die jüngsten Computergenerationen stellen uns bereits ernsthaft vor die Frage, ob zwischen ihnen und uns nicht bloß graduelle Unterschiede liegen, die eines Tages gänzlich verschwunden sein werden.

Manche werden nun sagen: Ein Computer kann nicht fühlen. Wieso wagen sie diese Behauptung? Was wissen wir von den Gefühlen eines Computers - und was weiß er von unseren? Was wissen wir denn von den Gefühlen unserer Mitmenschen außer der Vermutung, dass sie unseren vielleicht ähnlich sind? Gar nichts. Ist die Welt nicht voll von angeblich Geisteskranken, nur weil sie anders fühlen und denken als wir, so sehr anders, dass wir sie wegsperren? Was wissen wir von ihren Gefühlen? Gar nichts. Und bleibt die Frage nicht dahingestellt, welcher von beiden Seiten eigentlich als wahnsinnig zu bezeichnen ist?

Fühlen, Denken und Bewusstsein ... sie unterscheiden sich von Geschöpf zu Geschöpf, von Gattung zu Gattung, von Art zu Art. Was uns Menschen untereinander verbindet, sind Konventionen, wie die Sprache, die Schrift - also Beschlüsse und Vereinbarungen. Dennoch bleibt stets eine gewisse Schwierigkeit, den anderen zu begreifen, weil wir nie erfahren werden, ob er beispielsweise die Farbe Rot tatsächlich gleich empfindet wie wir...

All dies ist geistiges Geschehen - als Sammelbegriff gedacht und so zu verwenden. Ein Buch enthält Information, aber letztlich ist es eine Sammlung von Buchstaben. Und so besteht Geist auch aus einer Sammlung informativer Gegebenheiten.

Wir sprachen schon von der Grundlage der Ästhetik. Sie erscheint uns vordergründig als geistiger Prozess, solange wir nicht näher hinsehen. Aber auch andere geistige Ereignisse offenbaren uns, dass wir nicht das sind, was wir sein wollen. Eines dieser scheinbar unerklärlichen Gefühle ist die Sympathie (syn=gemeinsam, pathein=leiden). So wie wir die Umwelt gleichsam als Spiegelbild in uns tragen, tragen wir herausgesiebte Idealbilder als Reflexionen dieser Umwelt in unseren psychophysiologischen Reaktionsmustern. Das Schema der Verknüpfung dieser Muster ist ebenso überraschend wie bescheiden, naheliegend und von Symmetrien bestimmt: Wir mögen Menschen, die uns mögen oder die uns ähnlich sind. Wir mögen jemanden eher, wenn sich Geben und Nehmen die Waage halten oder wenn eine räumliche Nähe zu ihm besteht. Nicht zuletzt bestimmt den Grad unserer Sympathie die Assoziation mit angenehmen Dingen: Wir mögen Menschen, mit denen wir Angenehmes verbinden. Und selbstverständlich hat auch die physische Attraktivität (Ästhetik) ein Wörtchen mitzureden. Alle diese Kriterien werden durch Signale übermittelt. Die Körpersprache ist ein Hauptübermittler; man denke daran, welche unterschiedliche Sympathiegefühle nur die Arme einer Person auslösen, indem sie offen, verschränkt, ausgebreitet, ausgestreckt, entgegengestreckt, abwehrend, einladend, gebeugt, gesenkt oder gehoben sein können... Andere Signale können Farben oder Formen sein, sie lösen Verhaltensmuster aus, die Entscheidungen vortäuschen zwischen Ansehen, Typizität, Positivität, Negativität, Ambivalenz, Abneigung und Sympathie etc... Die Verhaltensmuster „Sympathie" reagieren so wie alle anderen Muster auf ihre assoziativen Auslösesignale. „Sympathische" Menschen (oder Dinge) liefern diese Signale, „unsympathische" nicht.

Es ist kein Zufall, dass Esoteriker den Menschen als einen „Resonanzkörper" in einem Ozean von Schwingungen betrachten. Sie beschränken hierbei „Körper" nicht auf ein mechanistisches Weltbild, sondern begreifen den Menschen als ein Wesen sowohl mit einem materiellen wie immateriellen, so genannten „feinstofflichen" Körper, der „Aura". Hinter diesem faszinierenden Wort verbirgt sich nichts anderes als ein energetischer, in verschiedenen Frequenzen schwingender Energiekomplex im neuronalen Netz des Gehirns. Eine Trennung in immateriell und materiell ist vollkommen überflüssig, denn beides bedeutet ebenso grundsätzlich dasselbe wie Energie und Materie.

Reden wir noch kurz von den starken Emotionen, wie Liebe und Hass. Ist nicht wenigstens die Liebe ein edles und reingeistiges Produkt? Und wie ist das mit dem Hass? Wie könnten diese starken Gemütsbewegungen nur vom Materiellen her zu erklären sein? Sollten wir nicht vor diesen Empfindungen Halt machen, dazu veranlasst, doch so etwas wie Geist oder Seele zu definieren?

Wir sollten nicht. Haben wir doch schon eine Art von Liebe entdeckt, die unzweifelhaft materieller Natur ist: die Affinität von Sauerstoff und Wasserstoff zueinander. Das ist sozusagen das Quant der Liebe. Auch alle anderen Atome „lieben" oder „hassen" sich auf ähnliche Weise. Wir kennen die Ursache dieses Verhaltens: es ist die Raumpolarisation, die entweder Harmonie oder Disharmonie erzeugt. Und ein Umstand muss uns außerdem auffallen: dass Atome zumeist Atome lieben, die nicht ihresgleichen sind - also entgegengesetzt schwingen. Ist Ähnlichkeit die Voraussetzung für Sympathie, so stoßen wir hier auf das Gegenteil. Offenbar haben wir es hier mit einer anderen Automatizität zu tun.

Die vom Sexualtrieb gelieferten Verhaltensmuster sind organisch begründet, sie werden hormonell ausgelöst und gesteuert. Mit „Liebe" sollten wir das nicht verwechseln. Jeder weiß, hinter Liebe steckt ein bisschen mehr. Aber auch dieses Mehr offenbart sich bei näherem Hinsehen nur als ein Summenprodukt verschiedener, wiederum organisch und chemisch erklärbarer Bewusstseinsprozesse.

Hässlichkeit oder Schönheit werden erst durch unser Verhalten abgegrenzt, und dieses geht wieder auf Erfahrung und Gedächtnis zurück. Hässlichkeit wird durch das existent, was uns erschreckt und auf Ablehnung stößt, wobei uns klar sein muss, dass wir dieses

Erschrecken erlernt haben. Was hässlich, schrecklich und unnütz zu sein habe, wurde uns beigebracht - wie alle anderen Werte dieser Welt. Als Säugling krabbelten wir putzmunter im Schmutz umher, die Definition „Schmutz" als hässlich, unnütz und negativ war noch nicht gegeben. Gleichermaßen unbefangen griffen wir uneingeschränkt alle Dinge an, ob schmutzig oder sauber, hässlich oder schön... Und vor allem ohne Ahnung vor irgendwelchen Rechten. Dass etwas dir oder mir gehören kann, haben wir erst zu einem späteren Zeitpunkt erfahren. Die Begriffe Haben, Eigentum oder Besitz sind erlernte Zuordnungen zu bestimmten Sinneseindrücken. Etwas haben wollen, ist der eine Aspekt dieses Wissens, etwas nicht mögen, der andere...

Während wir aufwachsen, erlernen wir primär, dass wir jemandem gehören - nämlich unseren Eltern. Wir werden durchaus wie ein Besitz gehandhabt. Daraus muss sich zweierlei entwickeln: erstens wollen wir weiterhin jemandem gehören, weil dieser Zustand uns beschirmte und recht angenehm war - und wir schaffen Götter, denen wir gehören und die uns dafür zu beschirmen haben. Darin wurzelt jeglicher Hang des Menschen zur Religiosität. Zweitens wollen wir aber auch selbst Besitzer, Beschirmer und Beschützer sein, denn offenbar ist auch dieser Zustand mit angenehmen Gefühlen behaftet - schließlich wurde er von unseren Eltern praktiziert. Dass es sich hierbei um einen Trugschluss handeln kann, werden wohl viele Menschen bestätigen. Denn gehören und gehorchen sind zweierlei Dinge; als Kind vertrauten wir unseren Besitzern und gehorchten. Damit blieb die Rangfolge gewahrt. Als Erwachsener fällt uns das Vertrauen nicht mehr so leicht und daher auch nicht das Gehorchen. Was wir aber dennoch wollen, ist das Besitzen in jeder Hinsicht und somit auch das Besitzen eines Menschen - so fatal dies klingen mag.

Die halbe Triebfeder der Liebe ist offenbar das Streben nach Besitz. Und die zweite Hälfte beschäftigt sich mit der Besitzwürdigkeit eines Menschen und den damit verknüpften Wahrnehmungsprozessen: Signale, Sympathie, Ideale, Attraktivität, Erotik und so fort. Dazu kommt ergänzend der Umstand, dass andere Menschen auch „uns" besitzen wollen - was uns aus obigen Gründen gar nicht unangenehm ist.

Es geht also immer um zumindest zwei Menschen, die einander besitzen wollen, oder bereits glauben, dies zu tun. Ausschlaggebend für diesen Wunsch ist natürlich wie bei der Sympathie das Zutreffen

(Zu-Fallen) richtiger Signale. Diese finden wir vorwiegend im sexuellen Bereich. Aber nicht nur in dieser Hinsicht signalisiert der Andere etwas, das wir selbst nicht sind. Paradoxerweise allerdings, weil wir ja nach einem zweiten Selbst suchen, nach einem Spiegelbild. Dabei finden wir etwas, das wir für eine Spiegelung halten. Wir müssen an dieses Gegenstück glauben, weil wir das Original dieses Bildes gar nicht kennen. Denn unser Leben ist gekennzeichnet vom Ringen um die eigene Identität.

Wer weiß schon wirklich, wie er wirkt, wie er aussieht oder von anderen subjektiv empfunden wird? Wir finden Identität niemals in uns, denn wir sehen aus uns heraus und entdecken unser Ich im Zentrum der Welt, das uns just verborgen bleibt. So haben wir von uns selbst bestenfalls eine Vorstellung, ein Trugbild. Und deshalb können wir uns selbst nie in dem Ausmaß begreifen, wie wir das Phänomen anderer Menschen erfassen. Dagegen können wir uns andere Menschen ganz gut vorstellen, ihre Erscheinungen beschwören, sie geistig sehen und von ihnen träumen. Ihre Gesichter und Gestalten haben in uns äquivalente Matrices geschaffen.

Liegen derartige Bedeutungsmuster ausgeprägt vor, so „besitzen" wir diese Menschen bereits im höchstmöglichen Ausmaß... Wehe aber, wir begegnen einem Menschen, dessen Identität uns geradeso verborgen bleibt wie unsere eigene. Nachdem er auf die bisherigen Muster in unserem Gehirn nicht passt (die „Alltags-Typen"), wirken sich seine Signale stärker aus. Sie heben ihn aus der Masse hervor, und wir können das geistige Bild seiner Erscheinung aus unserer Vorstellung nicht abrufen - wir „besitzen" ihn noch nicht. Darum erblicken wir an ihm wie in einem leeren Spiegel prompt all dies, was wir gerne selbst an uns fänden. Und dann kann es um uns geschehen sein. Wir verlieben uns, und die Konsequenz ist: diesen Menschen müssen wir in einer realen Form besitzen, weil er imaginär in uns nicht existiert, also durch Vorstellung nicht ersetzt werden kann.

Jeder, der es versucht hat, weiß, wie ungeheuer schwierig es ist, sich das Gesicht eines geliebten Menschen geistig vorzustellen. Und vor allem, wir träumen kaum von diesem Menschen, und träumen wir von ihm, so trägt er meist kein Gesicht. Weil es in uns nicht gespeichert wurde. Das Rätsel dieses Menschen blieb aufrecht, wir erfassen ihn deshalb nicht zur Gänze. Leider sehen wir deshalb auch zumeist viel mehr an ihm, als er wirklich bieten kann. Und stellt sich dann bei näherem Hinschauen doch heraus, dass er eine fassbare Identität besitzt wie alle anderen auch, so ist es um die Liebe oft geschehen.

Je mehr Menschenbilder in unserem Vorstellungsraum gespeichert sind, desto unwahrscheinlicher wird die „Gefahr", sich zu verlieben. Unerfahrenheit ist in gewisser Weise Vorbedingung für eine starke Liebesfähigkeit. Abgebrühte Menschen verlieben sich deshalb nicht mehr so schnell und so impulsiv. Für sie setzen nur noch wenige Menschen neue und starke Signale; alle anderen Menschen bleiben trivial und leicht einzuordnen in die Muster ihrer Vorstellungskraft. Der Liebende dagegen projiziert in den anderen das, was er selbst glaubt, zu sein, und das solange, bis das echte Wesen des anderen dieses Bild bezwingt. Plötzlich ist der Andere alles andere als man selbst, ein Umstand, der oft so schwer zu verkraften ist, wenn er ans Licht kommt. Die Andersartigkeit des Menschen, zuvor Grund für erhöhte Aufmerksamkeit und für das Kompliment: „Du bist anders als die anderen", endet in der Beurteilung: „Du bist gleich wie alle anderen", und man kann nicht mehr verstehen, wieso man zu diesem Menschen einmal sagte: „Ich will dich nie verlieren!"

Unsere Sprachen gehen unmittelbar auf die Auseinandersetzungen und Erfahrungen mit dieser Lebenswahrheit zurück. Was verraten sie uns in diesem Fall? Liebgewinnen, lieben lernen, lieb haben, gern mögen, schätzen, lieb finden... Hier wird Sprache sehr deutlich, drückt sie doch genau das aus, worin Liebe wurzelt: Besitz. Jemand nicht mögen, nicht lieb haben, jemanden nichts abgewinnen ... dies bedeutet nicht weniger aufschlussreich das Gegenteil.

Das scheinbar immaterielle Gefühl „Liebe" lässt sich also in der Tat mit erheblich trivialeren Verhaltensmustern wie Streben nach Besitz und Identität erklären. Es sind ziemlich alte Eigenschaften, und sie waren uns wohl die ganze Evolution lang von Nutzen.

Besitzgier, kombiniert mit Antipathie und fassbarer Identität begründet dagegen den Hass, ein noch deutlicheres und beständigeres Gefühl, denn der Feind ist leichter zu erkennen, seine Eigenschaften leichter zu begreifen - nimmt er uns doch meist etwas weg - , und wir wissen an ihm sicherer, woran wir sind. Aber auch Hass und Aggression sind grundsätzlich auch Produkte unserer Erfahrung, somit erlernt. Beinhaltet die menschliche Erziehung doch so viel Aggression und Unterdrückung, dass man sich wundern muss, so etwas wie Liebe in uns noch vorzufinden.

Auch andere „geistige" Eigenschaften des Menschen, Intelligenz und Vernunft beispielsweise - keinesfalls nur beim Menschen vorzufinden - sind als rein „materielle" Gehirnfunktion erklärbar und prinzipiell gut zu verstehen. Dennoch finden wir gerade auf diesem Gebiet eine anthropozentrische Überbewertung vor, während die wahre bemerkenswerte Leistung des Menschen, die Kreativität, eher von der Intuition als von der Vernunft ausgeht. Auch darüber sollten wir ein wenig sprechen, um unseren Exkurs über den Geist abzurunden.

Die Aufmerksamkeit eines Menschen, also sein gegenwärtiges Bewusstsein, ist immer mit der reflexiven Tätigkeit eines oder mehrerer seiner Sinne verkoppelt (=Vibration zwischen Gehirn und Sinnesorgan). Das heißt aber nicht, dass andere Bereiche seines Gehirns währenddessen brachliegen. Die RNA in den Neuronen kann nicht einfach gelagert werden, denn sie ist ebenso wie die DNA eine dynamische Struktur und muss deshalb immer wieder neu ab- und aufgebaut werden. Das bedeutet, während wir denken, vergessen wir auch schon; während Teile des Gehirns mit neuen Inhalten strukturiert werden, regenerieren sich andere Teile des Gehirns bereits wieder. Das verursacht ein unbewusstes Denken, ein Sortieren von Inhalten, ein Schwingen von Mustern in unzusammenhängenden Bereichen. Es wird oft behauptet, der Mensch benütze nur ein Zehntel seines Gehirns, alles andere sei ungenutzt. Das ist sicher grundfalsch. Weshalb hätte uns die Evolution mit einem so verschwenderischen Übermaß an Gehirn ausstatten sollen, wo doch Sparsamkeit und der Vollzug des Notwendigsten ihr oberstes Gebot ist? Sicherlich arbeitet immer das gesamte Gehirn als Einheit an der Verknüpfung der Wahrnehmungen.

Alle Neuronen, auch alle Nerven und Endplatten sind besonders reich an Mitochondrien. Das verrät uns einen besonders hohen ATP-Bedarf. Enzyme zerlegen dieses ATP fortwährend zu ADP, und die freiwerdende Bindungsenergie wird zu Strom, zur Elektronenwelle - aber freilich nicht ganz so direkt. Wir haben schon im Chlorophyll ein Atom entdeckt, dass auf Elektronenwellen spezialisiert ist: Magnesium. Es sollte uns daher nicht überraschen, dass wir auch in den Nervenzellen reichlich Magnesiumionen vorfinden. Sie spielen in allen Prozessen, die elektromagnetische Impulse verwerten oder erzeugen (Licht, Strom) eine zentrale Rolle. Auch das kalte Licht der Glühwürmchen und Tiefseefische entsteht nur unter Mitwirkung von

Magnesiumionen. In der Nervenzelle verwandeln sie die auftretenden Wärmeschwingungen der zerfallenden ATP- oder RNA-Moleküle in elektrischen Strom, also Elektronenimpulse. Es gibt demnach zur Lernmatrix eines Computers einen bemerkenswerten Unterschied: die Kondensatoren der Nervenschaltung enthalten auch kleine Stromerzeuger, Batterien gewissermaßen, die vor allem benötigt werden, um den großen Energieverbrauch des RNA-Aufbaus zu liefern. Sie schicken aber auch Stromimpulse in die anderen Neuronen, die je nach Menge der vorhandenen RNA diese Impulse modulieren. Unser Gehirn ist damit ein recht komplizierter Analogrechner. Niemals kommt das Spiel seiner Neuronen zur Ruhe; und natürlich besteht auch zwischen den hauptaktiven Mustern, die gerade mit Hilfe der Sinnesorgane das Bewusstsein herstellen, und den im Unbewussten arbeitenden ein verkoppelter Zusammenhang.

Das Denken läuft daher recht vielschichtig, ab, entwickelt sich auf vielen Ebenen zu gleicher Zeit ... und mit einemmal summieren sich in irgendeiner Matrix die Ströme und regen das entsprechende Sinnesorgan an. „Es denkt in uns", sollten wir sagen und tun es auch: „Es fällt uns etwas ein..." Was uns da so einfällt, ist erstens überraschend, weil unser Bewusstsein sich dort, wo die Lösung gefunden wurde, gar nicht befand, und zweitens zumeist recht brauchbar. Erwartungsgemäß laufen solche Prozesse noch besser bei abgeschalteten oder gedämpften Sinnesorganen ab, beispielsweise im Schlaf, und oft bewältigt die Intuition über Nacht das Problem, welches tagsüber ungelöst blieb...

Eine der interessantesten und ausgeprägtesten geistigen Fähigkeiten des Menschen ist der Humor, wenngleich auch Tiere davon ein bisschen abbekommen haben. Das vollkommen Überraschende, die Pointe eines Witzes ergibt sich stets aus der Diskrepanz zwischen innerer Wahrheit und äußerer Wirklichkeit. Für solche Überrumpelungen durch das Auftreten unverkoppelter Muster - das innensimulierte Geschehen wird auf eine falsche Erwartungsebene gebracht, die präsentierte Lösung liegt woanders - hat unser Gehirn keine richtige Antwort. Weil ihm nichts Geeignetes einfällt, fühlt es sich übertölpelt, in die Irre geführt und reagiert mit einem Verhaltensatavismus, der eigentlich eine Drohgebärde ist - dem Lachen. Es dient der Entladung aufgestauter Spannung. Der ganze Körper wird einbezogen, Bauch-, Rücken und Gesichtsmuskeln arbeiten, wir zeigen die Zähne ... kurz, unser

Lachen ist ein drastischer Ausdruck unserer Verlegenheit. Und das Gleiche tun wir auch, wenn unser Gehirn mit empfangenen körperlichen Eindrücken ungewohnter Art nichts Rechtes zu beginnen weiß, etwa wenn wir gekitzelt werden.

Der ursprüngliche aggressive Charakter des Lachens taucht nur noch auf, wenn wir jemanden auslachen. Lachen stellt ein Gleichgewicht wieder her und wird deshalb lustvoll empfunden. Ganz ähnlich verhält es sich mit dem Weinen.

Eine Pointe wird nur dann möglich, wenn der Hochrechnungsapparat unseres inneren Vorstellungsraums gut ausgeprägt ist und komplexe Handlungsabläufe simuliert oder fortsetzt. Humor ist deshalb ein besonderer Ausdruck unserer Intelligenz. Auch Tiere lachen auf ihre Weise, aber halbtot lachen kann sich wirklich nur der Mensch. Der Humor ist in die Arbeitsweise unseres Gehirns von vornherein integriert, weil es allzu leicht getäuscht werden kann. Dagegen sind Verhaltensmuster, wie beispielsweise Angst, vornehmlich erlernt. Angst ist sozusagen der Vor-Schmerz eines Geschehens, dessen imaginäre Fortsetzung uns verrät, dass es uns verletzen wird. Angst ist deshalb ein reines Produkt unserer Erfahrung. Selbstverständlich finden wir Angst auch bei Tieren, und das beweist uns, dass auch Tiere negative Erfahrungen sammeln können. Bei niederen Tieren ist Angst jedoch als Verhaltensform bereits vererbt oder als bedingter Reflex ausgeprägt. Im letzteren Fall ist dem entsprechenden Verhalten vielleicht gar kein Angstgefühl beigegeben.

Nun könnten wir sicher so fortfahren mit der Schilderung und Analyse des menschlichen Denkens. Wir könnten die leichte durchführbare Täuschung unseres Gesichtssinns mit den vorgewachsenen Mustern begründen, die schon in der Netzhaut unserer Augen verborgen sind. Denn unsere Sehorgane sind eigentlich keine rein optischen Instrumente wie beispielsweise Fotoapparate. Ihre Funktionen gehen über das reine Abbilden der Umwelt weit hinaus, verwandeln sie doch mittels komplizierter Nervenschaltungen das Gesehene in abstrakte Strukturen und Muster, die der späteren Verarbeitung und Speichermethode im Gehirn gerecht werden. Wir könnten auch so subtile Gefühlsereignisse wie Neid, Freude, Trauer, Staunen, Depression oder Ehrfurcht analysieren, sie zerlegen in die Komponenten Vererbung, Prägung und Lernen - aber damit gerieten wir wohl ins

Bodenlose. Wir würden in die weiten Gebiete der Verhaltensforschung und der Psychologie eindringen müssen.

Es soll uns an dieser Stelle deshalb genügen, zum Verständnis eines universellen Prinzips zu begreifen, dass Geist kein Gegenpol der Materie ist und auch nichts, womit Materie eine diffuse Art von Gemeinschaft bildet: Es gab niemals etwas zu vereinen, weil es keine Gegensätze gab. Geist ist eine materielle Äußerung; Sammelbegriff für materielle Information. Der Lautsprecher unseres Radios gibt ständig Geist dieser Art von sich, und niemals kämen wir auf die Idee, das Sinfonieorchester im Inneren des Gerätes zu vermuten. Wieso suchen wir seit Jahrtausenden in unserem Kopf nach Geist, nach Seele, nach Od ... oder nach dem Über-Ich, dem „Unterbewusstsein", dem Über-Selbst oder nach dem Feinkörper?

Alle diese Dinge gibt es in Wahrheit nicht real, und sie waren auch niemals notwendig. Auch wenn der Widerspruch jener Menschen, die sich ihres Geistes beraubt sehen, vehement sein wird, müssen wir es klar herausstellen: Unser Geist ergibt sich aus nichts anderem als aus Kombinationen einiger festgelegter Verhaltensmuster, die auf einen wenngleich sehr großen so doch beschränkten Vorrat an Lern- und Festmatrices zurückgehen. In ihnen obwaltet eine hierarchische Ordnung: Bewegungsabläufe setzen sich aus Bewegungsschemata zusammen, auch das Denken selbst ordnet sich den Regeln des Satzbaues und der Logik unter.

Das begrenzt unsere Gedankenarbeit erheblich, beinhaltet es doch niemals die Wirklichkeit selbst, sondern schafft nur vereinfachte hypothetische Wirklichkeiten, in welchen wir agieren. Auch das Geistige unterliegt einer Evolution, die mit dem Organischen einhergeht. Dies ließe sich schon deshalb nicht vermeiden, weil beim Aufbau des Neuen stets das Alte miteinbezogen werden muss. Beide Entwicklungen sind daher von einem gewissen Grad von Unangepasstheit und Unvollkommenheit gekennzeichnet; beide Evolutionen halten mit dem Lauf der Zeit nicht exakt Schritt - ein Umstand, der schon viele Lebensformen dahingerafft hat.

Aber das ist wohl, wie wir erkannten, der Preis für das Ganze. Wir bekommen dafür eine Welt, wie sie sich gar nicht ereignet. Außerhalb unseres Gehirns gibt es unser Weltbild ja nicht. Und jedes Gehirn produziert eine andere Art von Welt. Alle diese Universen sind Codierungen von Empfindungen, deren Urheber bestenfalls Wellenlängen, Impulse und Proportionen sind. So gesehen ist der

Kosmos, wie wir ihn kennen, tatsächlich ein informativer, somit ein „geistiger". Kein Wunder, wenn unser Bewusstsein sich in dieser Diskrepanz zwischen Wahrheit und Wirklichkeit verfängt und meint, dem Universum läge höheres, geistiges oder seelisches zu Grunde. Aber es hat in Wahrheit ebenso wenig Seele wie wir selbst. Wir könnten aber sagen, das Weltall ist Seele, denn schließlich ist auch „Seele" nur ein Wort für das Unstoffliche der Materie, für das wir willkürlich eben ein anderes Wort gewählt haben, nämlich T.A.O....

Damit stehen wir mit unserer Auffassung zwischen den Materialisten, die die Welt als eine Folge materieller Kausalitäten verstanden wissen wollen und den Idealisten, die demselben Geschehen einen geistigen Plan unterschieben: die Vorsehung, das Ziel, den Sinn...

Auch wir entdeckten eine Anreihung von Kausalitäten ebenso wie das Zusammenspiel von Außen- und Innenbedingungen. Aber weder das Atom noch die DNA funktionieren streng als Kausalitätsmaschinen, denn sie unterliegen einer vernetzten Kausalität und keiner linearen. Diese Verstrickung lässt uns die Ereignisse rein zufällig erscheinen, obwohl es eine Folge von echten Zu-Fällen ist: das Zusammentreffen erfolgreicher Bedingungen - wenn man die Welt als Erfolg werten will. Es ist eine Evolution der kleinen Schritte, aber schon das Wort Evolution ist falsch; nichts hat sich wirklich „höher" entwickelt, jede Stufe war als Vorbedingung der nächsten gleichwertig, ja ihre Ordnungsmenge war sogar stets höher. Denn das ist das Motto des Spiels: der fließende Übergang quantitativer Ordnungen (die der Atome, der Moleküle, der Impulse) in qualitativ Höheres („Leben", „Bewusstsein"), das aus der vorhergehenden Ordnungsmenge ihre Energie erhält.

So fügt sich Ordnung an Ordnung, und jede Stufe vermindert sich quantitativ und erhöht sich qualitativ über die Entstehung des Bewusstseins bis zu jener Ordnung, die wir Gesellschaft nennen. Diese Hypothese beweist sich selbst, wenn wir beachten, dass die Populationen der Lebewesen proportional mit der Einfachheit ihrer Strukturen zunehmen, sowohl auf die Gegenwart bezogen als auch über Jahrmillionen hinweg. Und wir erkennen aus der Naturgeschichte, dass eine neue Ordnung immer nur auf Kosten einer alten Idee gefunden wurde. Dieser Mechanismus hat nicht aufgehört, und so müssen wir heute rings um uns das Aussterben der Tierwelt beobachten und werden es nicht verhindern können.

Viele Wege benutzt das Leben; es sind Wege des Augenblicks, ziellos und ohne Beginn, denn der Weg ist zugleich mit dem Wanderer entstanden. Viele Anweisungen gestalten die Organismen, planlos allerdings und ohne Plänemacher, denn es sind Grundrisse des Augenblicks, zugleich mit dem Erbauten entstanden. Und stets werden alte Wege und alte Konstruktionen mitgeschleppt; oft sinnlos und behindernd werden Schemata beibehalten, die nur insofern von Freiheit bestimmt sind, als sie nicht wissen, was auf sie zukommt...

Damit konnten die Gelehrten lange Zeit nicht rechnen: dass der Weg der Entropie über neue Ordnungen führen muss, die als Notwendigkeiten zwischen den Zufällen stecken und systematisch neue Wege fordern weil sie einander (und das Universum sich selbst) im Wege stehen...

Alle Wege sind frei, und dennoch gibt es eine Hauptrichtung; eine Richtung nur und kein Ziel. Die Zeiten sind endlos, und dennoch gibt es ein Ende, aber es ist nur das Ende eines Bildes, das in einem neuen aufgeht!

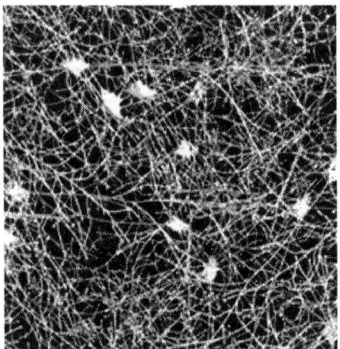 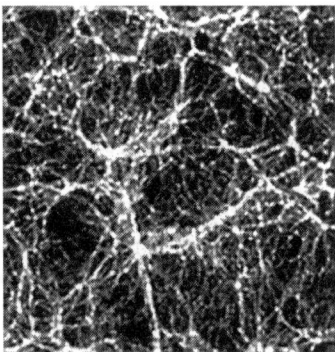

Abb. 147a: Ein Symbol für das Universum in unserem Kopf: Links die Netzstruktur von Neuronen, rechts die Cluster-Struktur der Galaxien-Anordnung des Superhaufens hinter dem Sternzeichen Jungfrau (Virgo).

37 Vollkommenheit

Ist Evolution eine Präzisionsmaschine? Können wir behaupten, die Natur sei perfekt - und wir wären ihre Krönung? Dies zu glauben demonstriere wohl wieder einmal jenen penetranten Eigendünkel der Menschheit, die jeden Einzelnen in grenzenloser Bescheidenheit für das Ebenbild eines Gottes hält. Die Wahrheit verhält sich leider ganz anders.

Für die Vervollkommnung unseres Weltbildes ist es notwendig, die falsch eingestellte Optik mancher Wundergläubigen zu korrigieren. Schon das Organ unseres optischen Empfindens, das Auge, ist eigentlich ein absurdes Ding und keinesfalls so sonnenhaft im Goeth'schen Sinne: Das Licht muss zuerst durch die Trägerschicht, die Blutgefäße und Nerven treten, um dann erst auf die Sehnerven zu treffen und selbst diese treffen sie von hinten. Niemals würden wir auf die Idee kommen, in unsere Kamera einen Film verkehrt einzulegen - die Natur tat es, weil die Entwicklung etwas vollkommen Neues nicht zuließ. Das hatte auch seine gute Seite: Reflexion und Bewusstsein konnten erst dadurch entstehen - wie wir schon ausführlich schilderten. Der Preis dafür ist ein Apparat, dessen rein optische Qualität von jedem Spielzeugfernrohr spielend übertroffen wird.

Ein ungeheurer Nervenaufwand konnte so manche physische Unvollkommenheit kompensieren; doch diese Medaille hat ihre dunkle Kehrseite: Neurosen, Psychosen, Epilepsie, Schizophrenie und so weiter. Die Fehlerquote unseres organischen Körpers ist erschreckend hoch. Klinische Wörterbücher füllten sich mit Tausenden verschiedenen Krankheitsbezeichnungen, die entweder auf genetische Programmfehler (Erbkrankheiten, Krebs) oder eben einfach auf den Umstand zurückgehen, dass vieles in uns gar nicht optimal konstruiert ist.

Jeder zehnte Mensch würde an seinem Blinddarm jämmerlich zugrunde gehen, schnitte man ihn nicht vorsorglich heraus. Schon während der Embryonalentwicklung durchläuft der wachsende Organismus einen harten Test, der nur einigermaßen gelungenes durchlässt. Rund 5 % aller Embryonen scheiden von vornherein aus, kommen tot zur Welt oder sterben kurz danach. Ein weiterer nicht zu unterschätzender Prozentsatz bekommt Missbildungen und Fehlfunktionen wie Stoffwechselstörungen mit auf den beschwerlichen Weg des Lebens. Wie viele befruchtete Eier kurz nach der Einnistung zugrunde gehen, weil ihr Programm schon nach wenigen Stunden versagt, wissen wir gar nicht, die Ausfallsquote ist jedenfalls enorm. Nur wenn sich das Programm bis zur Geburt bewährt, besteht eine allerdings geringe Aussicht, dass es einige Dekaden störungsfrei läuft.

Wer einmal durch die Krankenhäuser dieser Erde geht, kommt nicht mehr in Versuchung, das aufrecht gehende Säugetier Mensch zu glorifizieren. Da bleibt nicht mehr viel übrig vom hehren und edlen Menschenbild, wie dies Kunst und Kultur vor uns erstehen lassen. Was hier an Geschwüren, Nekrosen, Pusteln, Furunkeln, Ekzemen, Ödemen und Entstellungen zu Tage kommt, scheint eher aus des Teufels Küche zu stammen als das Produkt einer zielstrebigen Entwicklung mit dem Ebenbild Gottes am Ende zu sein.

Bandscheibenschäden, Leistenbruch, Krampfadern, Plattfüße, Hämorrhoiden und Gleichgewichtsstörungen sind der direkte Tribut für unseren besseren Überblick und den freien Gebrauch unserer Hände. Eine große Anzahl konstitutioneller Krankheiten tritt beim Menschen nur auf, weil er Mensch ist: ein Sammelsurium von Ideen, oft mangelhaft kombiniert... Speise- und Atemröhre kreuzen sich, Samen- und Harnwege sind gemeinsam, und die Geburt erfolgt ausgerechnet durch einen Knochenkanal, der nicht erweiterbar ist. Das Kind wird grausam zu einer Fruchtwalze zusammen gepresst, und wenn es endlich zur Welt kommt, ist es das hilfloseste Baby der Welt, zu allem vorerst unfähig, ein krächzendes Bündel Fleisch, das sogar als erstes zu lernen hat, dass das Saugen an der Mutterbrust mit Genuss verbunden ist.

Wenn wir von verschiedenen Automobilen das bewährteste Stück wählen, also von einem den Motor, vom anderen die Räder, wieder von einem anderen das Getriebe und so fort, ist kaum zu erwarten, dass die Neukombination dieser Teile die Summe ihrer Bewährungen sein wird. Denn sie passen nicht zueinander und werden sich eher behindern als unterstützen. Und dennoch fährt auch dieses neugeschaffene Automobil allen anderen davon, wenn es in der Dunkelheit Scheinwerfer hat - und die anderen nicht. Es erkennt damit eben den Weg besser... Und so hat das Augentier Mensch den Weg ausreichend besser erkannt, um bestehen zu bleiben, wogegen objektiv gelungenere Konstruktionen auf der Strecke blieben.

Ein typisches Beispiel für einen Irrweg der Natur demonstriert der Delphin, der - ein Bündel an Intelligenz - so viel mit einer ihm unangemessenen Umwelt zu bewältigen hat, dass trotz seines Riesengehirns die Ausbildung kultureller Bedürfnisse unterbleiben musste. Wäre es nicht besser für ihn, ein Fisch zu sein, wie er es während seiner Embryonalentwicklung sogar vorübergehend war, als sich als Säugetier unter Wasser abzustrampeln? Aber die vollkommene Anpassung blieb ihm verwehrt; es gibt kein Zurück in einer Evolution, die auch aus einer Zunahme der Fehler bestehen kann. Was hin und wieder so deutlich wird, dass wir von einer Involution sprechen, als meinten wir wirklich, die Natur habe einen Rückwärtsschritt getan. Aber gerade so ein Rückwärtsschritt wäre in Wirklichkeit ein Fortschritt, ein echter Versuch, das Experiment zu wiederholen - aber das ist bisher noch nie geschehen.

Die Formel war viel einfacher: Was misslang, ging unter. Und was gelang, blieb Versuch in einer endlosen Versuchsreihe hinweg über Jahrmillionen, ein immer währendes Versuchsstadium - und nie die Vollkommenheit selbst. Dieser gewisse Grad an Halbheit und angesichts des Fressprinzips auch an Grausamkeit ist zu erwarten in einer Welt, die nur deshalb existiert, weil ihr Gegenteil unmöglich wäre, und die deshalb gezwungenermaßen Strukturen schafft, in denen wir fast gewaltsam schöpferische Ordnungen erkennen wollen. Dies deshalb, weil wir nur im Rahmen unserer subjektiven Erfahrungen denken können oder müssen - als praktisch veranlagte Lebewesen, die selbst Ordnung schaffen, indem wir Ziegel auf Ziegel legen, um darin zu wohnen...

Das war allerdings nicht immer so, einst wurden für diesen Zweck natürlich vorhandene Höhlen akzeptiert, und vermutlich musste die Welt damals selbstverständlicher gewesen sein. Kein einziges Tier zerbricht sich über Herkunft und Hingang der Welt den Kopf. Ausschließlich unser Denken entzweite körperliches und geistiges; es zerstörte unser Einssein mit der Natur... Und bald gab es unter den unzähligen Wissenden keinen Weisen mehr.

Für die in diesem Buch aufgezeigte These, dass der Entstehung der Organismen eine einmalige Informationsanhäufung bei der Entstehung der DNA und der Chromosomen voranging, und alle nachfolgenden Erscheinungen in der allmählichen Ausnutzung dieser Programme wurzelten, gibt es zumindest zwei unübersehbare Indizien: Zum Einen die unglaubliche Sturheit dieser Programme, die heute noch zu rudimentären Organen führen, zum Anderen die Existenz unzerstörbarer Viren, welche die Sprache lebender Zellen sprechen oder sie verstehen.

Viren konnten nur zu einem Zeitpunkt entstanden sein, an dem die DNA selbst entstand. Das lässt sich chemisch eindeutig begründen: Niemals nach dem Bestehen der Ursuppe konnten noch einmal Bedingungen aufgetreten sein, die nachträglich zur Bildung der RNA- und DNA-haltigen Viren geführt hätten. Und zweifellos musste der DNA-Bildung der Energiegewinn aus der Photosynthese vorausgegangen sein, wie auch die Atmung des ATP-Kreislaufes schon vorher existiert haben muss.

Nach der Bildung der DNA gab es zwei Möglichkeiten: erstens die unveränderliche Abtastung der vorgegebenen Schrittfolge, also das undynamische Schema ohne den Ab- und Aufbau der DNA, wobei die Chromosomen auch zwischen den Teilungen erhalten bleiben, und zweitens die dynamische DNA, die sich allmählich durch Ausmerzen der Fehler auf bestimmte Funktionen spezialisieren konnte. Von beiden Möglichkeiten hat die Natur sicher Gebrauch gemacht. Erstere vermuten wir vorwiegend in der Welt der Insekten, und die starre Aneinanderreihung der Programme führt zu den Metamorphosen, zu der seltsamen Tatsache, dass ein Insekt eigentlich eine Folge ganz verschiedenartiger Lebewesen darstellt.

Die Chromosomen vieler Insekten bleiben daher auch während der Interphase sichtbar und werden nur partiell aufgezwirbelt (Puffs). Diese starre Steuerung der Insektenprogramme ist sehr leicht irrezuführen und falsch einzusetzen. Einer Heuschrecke, der ein Fühler ausgerissen wird, wächst mitunter an dieser Stelle ein sinnloses Bein nach. Da es unmöglich war, auf die DNA Erfahrungen niederzuschreiben, ergaben sich Varianten nur durch die schrittweise verlängerte Ausnutzung der Programme; deshalb durchläuft das Leben eines Insekts die bizarrsten Stadien.

Das hat auch seine Vorteile: Insekten sind nicht sehr mutationsanfällig. Sie vertragen deshalb radioaktive Strahlung wesentlich besser als jene Lebewesen, deren Steuerung durch eine dynamische DNA erfolgt, die in jeder Generation einer Art auch ihre eigene Entwicklung wiederholt. Während Insekten über Jahrmillionen nahezu unverändert blieben und das Wort Evolution auf sie nur mit Vorsicht anzuwenden ist, führten die dynamischen Strukturen unaufhörlich drastische Veränderungen durch. Der Grund hiefür konnte nur in einer flexiblen Steuerung liegen, die zum Einen während eines stets kurzen Zeitraums embryonalen Wachstums die DNA „verbesserte" und Sinnloses ausmerzte, zum Anderen durch Hinzunahme der Verwendung gewisser Sequenzen als Regulatorgene, die eine zeitlich sinnvolle Genabtastung hervorriefen und durch Entstehung der Repression (Rückwirkung überschüssiger Produkte) und Induktion (Förderung von Genwirkung durch vorhandene Signale, Nahrungsmoleküle oder Hormone). Auch die genwirksame Verwendung überschüssiger RNA-Schnipsel als eine ursprüngliche Form der Datenverarbeitung wird in heutigen Zellen noch anzutreffen sein...

Wenn die Genetiker an ihrem Dogma der starren, unantastbaren DNA festhalten, so werden sie in der Sackgasse landen. Denn sie übersehen beispielsweise, dass die Regulatorgene auf irgendeine Weise zu ihrer Funktion gekommen sein mussten und diese nicht einfach vom Himmel gefallen sein konnte.

Das Zusammenspiel aller Gene ist so vielfältig verstrickt, dass die Steuerung der Evolution durch Mutation völlig ihre Glaubwürdigkeit verlieren wird. Diese Theorie ist einfach nicht mehr zumutbar. Das nimmt jenen Gelehrten scheinbar den Wind aus den Segeln, welche hämisch auf die stets negativen Auswirkungen der Mutationen hinwiesen und (ganz richtig) meinten, so könne es einfach nicht gelaufen sein. Es müssten daher wohl die Vitalisten und Idealisten recht haben... Denn die Evolution sei in Wahrheit ohne Motor.

Wir dagegen haben diesen Motor deutlich aufgezeigt, und man sollte eben nicht den häufigen Fehler begehen, der so viele Naturwissenschaften auf der Stelle treten ließ: Dogmen festzulegen, die in keiner Weise begründet sind! Und vor allem sollte man von den Chromosomen der Taufliege nicht auf jene des Menschen schließen, denn die Unterschiede sind prinzipiell viel zu groß.

Viele Biologen meinten lange Zeit, dass jede einzelne Körperzelle den gesamten Plan des Körpers enthält. Das mag auf viele Lebewesen auch zutreffen, wie Pflanzen und viele Insektenarten. Vielleicht auch auf bestimmte niedere Tierarten, wie beispielsweise Frösche, die in ihrem Wachstum über Zwischenformen (Kaulquappen) das Befolgen einer starren DNA vermuten lassen. Für höher entwickelte Lebewesen erfolgt die Spezialisierung ihrer Körperzellen aufgrund einer dynamischen DNA, die sich tatsächlich verändert. Aus einer menschlichen Hautzelle ließe sich daher keinesfalls der gesamte Mensch klonen. Wir kennen einen hohen Grad von Spezialisierung in uns selbst, die sogar den gesamten Plan vernichtet. Es sind dies die roten Blutkörperchen, die ihren Kern zur Gänze verlieren. Sie entwickeln sich aus normalen, kernhaltigen Zellen, den Proerythroblasten über die noch kernhaltigen Makroblasten und Normoblasten zu kernlosen Normozyten; danach leben sie noch etwa 100 bis 120 Tage und nehmen während dieser Zeit ca. 175 000 Mal Sauerstoff oder Kohlendioxyd auf.

Erythrozyten zeigen uns am deutlichsten, dass infolge einer Spezialisierung eine chromosomale und genetische Veränderung stattfinden kann. Unsere DNA wird im Laufe unseres Wachstums daher mit Sicherheit manipuliert und von der unmittelbaren Umwelt beeinflusst. Das „Gesamtprogramm" findet sich nur noch in den so genannten „Stammzellen".

Wir wachsen gewissermaßen von innen heraus, jedes Stadium des Wachstums bildet die Vorbedingung für das nächste. Und in jeder Phase werden die Zellen geradezu gezwungen, ihr Programm zu ändern und sich dadurch auf eine bestimmte Funktion festzulegen, genauer gesagt aber einzuschränken. Ebenso wie das Verschwinden des Zellkerns bei den Blutkörperchen müsste uns das Auftreten eines zweiten Zellkerns in den Leberzellen zu denken geben. Hier war offenbar mit einer Einschränkung des Programms nichts zu holen, und die organische Umwelt erzwang überhaupt eine neue Zellform, die mit dem ursprünglichen Plan der Keimzelle nur sehr entfernt zu tun hat.

Es gibt also auf der DNA keinen Befehl für „Leberzellen", sondern aneinander gereiht wachsende Organe schaffen plötzlich Bedingungen, die eine Synthese der Leberzellen hervorrufen, und so hat auch hier die DNA nicht die alleinige Befehlsgewalt sondern hier spielt alles mit, was zur spezifischen Umwelt beiträgt: das Zellplasma, die Organellen und die Zellfunktion selbst, also die Produkte, die erzeugt oder verbraucht werden.

Tritt dabei ein Fehler irgendwelcher Art auf - störende chemische Substanzen, aber auch Viren können hier viel Unheil anrichten - so verliert die Zelle nicht nur ihre Spezialisierung, sondern gewinnt auch keine neue Funktion, schon gar nicht wird sie zur ursprünglichen Keimzelle, weil alle wesentlichen Programmschritte längst ausgemerzt wurden. Gäbe es jedoch noch den gesamten Bauplan, so müssten Fälle dieser Art mitunter auftreten. Dass dies nie passiert, beweist unsere Anschauung - denn die gestörte Zelle wird bestenfalls zu einem ratlosen Ding, das beginnt, urzellenartig drauflos zu wuchern. Das ist nichts anderes als Krebs, die gefürchtete Geißel der Menschheit, eine direkte Folge unserer veränderlichen DNA. Es ist kaum anzunehmen, dass eine starre DNA, welche über Jahrmillionen hinweg voll funktionstüchtig bleibt, durch ihren Reduplikationsvorgang bei der Zellteilung plötzlich so drastische krankhafte Fehler erleidet - deshalb hat man von Krebs bei Insekten auch noch nichts gehört.

Unser Unglück ist es, dass krebserregende Substanzen während des Ab- und Aufbaus der DNA eingreifen können - also im Auflösungsstadium der Chromosomen, in welchem die DNA-Menge auf ein Viertel zurückgeht. Denn in der Interphase der Zellteilung liegt der schwache Punkt: So wie die DNA Zellaufbau und Funktion verursacht, also Umwelt formt, so muss diese Umwelt wiederum auf die DNA zurückwirken, um sie identisch aufzubauen. Verändert sich diese Umwelt, ist es um den korrekten Plan geschehen...

Man muss sich endlich gewahr werden, dass die Natur offensichtlich verschiedene Wege gefunden hat, mit der DNA umzugehen und sie einzusetzen. Einen sicheren, der aber die Entwicklung begrenzte und Metamorphosen erforderte, und einen entwicklungsfreudigen, der in giftiger und unpassender Umwelt leider auch zu so betrüblichen Ergebnissen wie Krebs führen kann. So ist auch diese erschreckende Krankheit ein Tribut für unsere Höherentwicklung.

Jedenfalls haben wir hoffentlich eine Generalschwierigkeit erschüttert, die den Evolutionisten im Magen gelegen sein dürfte: die Unverlässlichkeit des Zufalls, dem die Entstehung des Lebens und seine Hochentwicklung schon aus mathematischer Sicht nicht zugeschrieben werden konnte. Zwar war der Zufall durch Bildung von Systemen und rein räumlichen Steuerungen bereits eingeschränkt, aber den Skeptikern war auch das kein besonderer Trost.

Wir fanden nun eine weitere Einschränkung des Zufalls: die Polarisation des Raumes, also die Wirkungen einer Feinstruktur, die zu elektrischen Steuerungen führt, die jene der räumlichen Beschaffenheiten ergänzen oder bei weitem übertreffen. Dazu ein Beispiel: Die Möglichkeiten zweier Würfel, mit zwei bestimmten Seiten aufeinander zu treffen, sind viel zu groß, solange alle Seiten beider Würfel vollkommen gleichwertig sind. Entdecken wir aber zusätzlich entgegengesetzte Polarisationen, so tragen diese Würfel (oder Atome und Moleküle) bereits ein Programm - und es werden sich nur jene Seiten vereinigen, die auch zueinander passen. Es gibt eben außer den stereometrischen (räumlichen) Bedingungen auch elektrostatische und magnetische Wirkungen im Molekulargeschehen, die dem Zufall kein sehr großes Repertoire übriglassen. Damit lässt sich letzten Endes doch zeigen, dass das Leben ein selbstverständlicher Vorgang ist, der keiner höheren Ursache bedarf.

Man sollte dies wohl so relativieren: Wüssten wir nichts von den Wachstumsbedingungen eines Kristalls, so entzöge sich sogar das Gestein unserer Erde jeglicher Erklärung...

Ist unser Universum vollkommen? Warum scheint es genau die Eigenschaften zu haben, die Leben ermöglichen? Natürlich ist Leben wie wir es kennen ohne die Existenz von Planeten, Sternen und Galaxien nicht denkbar. Viele Forscher glauben, die Entstehung von Sternen hinge von einer fein abgestimmten Beziehung zwischen den drei „Naturkonstanten" der Gravitation, der schwachen Kernkraft und der elektromagnetischen Kraft ab. Wäre nur eine dieser Konstanten ein wenig größer oder kleiner, dann hätten in unserem Universum keine Sterne und folglich auch kein Leben entstehen können. Man könnte daraus ableiten, dass das Universum für uns maßgeschneidert wurde. Aber dieser Blickwinkel ist der falsche.

Man könnte die ewige Verwandlung dieses Universums auch als eine Aufeinanderfolge verschiedenster Universen betrachten. Quantenkosmologen wie Andrei Linde vertreten beispielsweise die Theorie des „ewigen, sich selbst reproduzierenden Universums", in der fortwährend neue Universen entstehen. In jedem dieser Universen haben die Naturkonstanten andere, zufällig eingestellte Werte. Dass darunter auch irgend wann einmal unser Universum ist, das exakt die für die Entstehung von Leben notwendigen Werte besitzt, ist dann fast unausbleiblich.

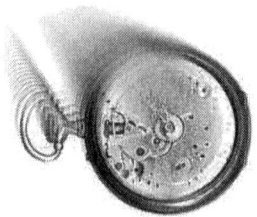

38 Ewigkeit

Für den Erfolg naturwissenschaftlicher Erkenntnisse wurden auch die Aussagen mancher Religionen oft zu unfreiwilligen Hilfen. Durch das Verhalten mancher Kirchen, die sich - wie besonders die christlich katholische - bemüßigt fühlten, beharrlich Gottes Wohnraum freizuhalten, geschah es interessanterweise in der Regel, dass gerade die von den Kirchen zögernd und widerstrebend anerkannten Hypothesen mit großer Sicherheit die falschen waren.

Das ist wohl so zu verstehen: In der Verteidigung ihrer fertigen Antworten sehen sich Kirchen immer wieder veranlasst, ihre Dogmen zu modifizieren und zu naturwissenschaftlichen Erkenntnissen Stellung zu nehmen. Seit jeher, und erst recht seit Galilei stand besonders die katholische Kirche allen „Naturgesetzen" ablehnend gegenüber, um sie nach zähem Ringen schließlich, um den eigenen Bestand nicht zu gefährden, doch anzuerkennen.

Aber diese Anerkennung war immer, wie von einer Kirche zu erwarten, nichts anderes als eine neue Form der Gläubigkeit oder ein neuer Glaubensinhalt. Schließlich richtet sich auch in diesem Bereich das Angebot nach der Nachfrage. So nahm die Kirche hin und wieder einen neuen Standpunkt ein, um sich der Zeit anzupassen, um „modern" zu sein und attraktiv zu bleiben. Und immer wenn sie das tat, wenn sie von den alten Antworten abwich, schien sie sich zu irren. Denn die alten Antworten waren besser! Sie stammten noch von Menschen, die die Natur noch nicht gespalten oder katalogisiert hatten, die noch in naiver, unbefangener Eintracht mit dem Universum lebten.

Die Genesis der Bibel lässt uns staunen: Es gibt keine „missing links" in dieser Schöpfung; Gott schuf alle Lebewesen nach ihrer Art. Bedenken wir, dass die Bibel selbst auf noch ältere Überlieferungen zurückgeht - zumindest was die Genesis bis zur Sintflut betrifft -, so war Gott in der Zeit ersten Denkens keine Persönlichkeit; er war das Anbetungswürdige schlechthin, nämlich das eine, das unerklärbar blieb, weil es nicht definiert werden konnte und auch gar nicht definiert wurde. Zu Jesus' Zeiten bedeutete das aramäische Wort für „Gott" „das aus sich selbst bestehende". Es war der kosmische Urgrund schlechthin - und genau eine derartige Ursprungslosigkeit haben auch wir in diesem Buch angenommen. Die alten Völker hatten überdies nicht den geringsten Zweifel daran, dass die Kraftquelle des Sichtbaren und Unsichtbaren ewig und keinem zeitlichen Begriff unterworfen sei - und so musste auch die Welt selbst unendlich und keinem räumlichen Maß untergeordnet sein. Diese Welt trug ihren eigenen Ursprung in sich. Erst als der philosophierende Mensch für alles und jedes einen Schuldigen suchte, war es um diese natürliche Selbstverständlichkeit geschehen.

Während die östlichen Religionen keinen Zweifel daran kannten, dass Materie und Geist dasselbe seien, schnitt zumindest mit aller erster Deutlichkeit Platon diese Welt entzwei und seitdem blieb sie geteilt und unvereinbar. Da war die Welt mit einemmal die Auswirkung einer metaphysischen Ursache. Das war ein gefundener Tummelplatz für alle Mystiker, die ihre eigene Selbstberechtigung auf dieser konstruierten Erkenntnis aufbauten und vom Verkünden einer Transzendenz profitierten, die es niemals gab. So erfanden sie beispielsweise die Sünde gegenüber einer höheren Instanz und malten uns einen Himmel aus, den sie uns oft teuer genug verkauften.

Tausende Jahre blieb unsere Welt eine gottgegebene Maschine, bis Einstein für sie eine andere scheinbare Ursache fand: die vierdimensionale Raumzeit, welcher jedoch nicht weniger Mystik anhaftete und die nicht weniger unerklärbar blieb als das mystische Wirken von Göttern. Hatten zuvor die Wissenschaftler dazu tendiert, in der Welt einen Sammelpunkt einfacher Naturgesetze zu erkennen - was zumindest unserer hypothetischen Realität entspricht -, so wurde sie mit Einstein zu einem mathematischen Modell, das auch ohne Welt auskommt und funktioniert...

Die Katholische Kirche hat sich unter Papst Pius XII. im Jahre 1951 offiziell zur Urknall-Theorie bekannt. Das ist angesichts der biblischen Antworten ein überraschender Entschluss, und der Verdacht liegt nahe, dass diese neue Ware im Katalog berufsmäßiger Wahrheitsverkäufer ebenso gefälscht sein muss wie der Begriff der Hölle, der im Alten Testament gar nicht vorkommt, denn dort ist nur vom Grab die Rede.

Gott kann weder Mathematiker noch Pyrotechniker sein! Gäbe es eine Herkunft der Welt aus einem vorangegangenen Nichts aufgrund eines göttlichen Willens, so wäre auch die Herkunft Gottes zu klären, andernfalls ist Gott ebenso wenig eine Antwort wie der Urknall. Ist Gott selbst die Herkunft, so impliziert dies eine endlose Kette von Fragen nach der Herkunft der Herkunft...

Wenn andererseits anstelle des anbetungswürdigen Göttlichen ein physikalisches Spektakel gesetzt wird, macht das prinzipiell keinen Unterschied. Zeigt nicht die Unfähigkeit der Physiker, zu erklären, was vor diesem Spektakel gewesen sein sollte, das Künstliche ihrer Theorie sofort auf?

Gelinde ausgedrückt ist die Urknall-Hypothese eine der lächerlichsten und sinnlosesten Theorien, die Gelehrtengehirne jemals ausgebrütet haben. Sie wird fast nur noch von den Schwarzen Löchern übertroffen. Spätestens seit der Entdeckung, dass die Expansionsgeschwindigkeit nicht nur mit der Entfernung zunimmt, sondern sogar eine Beschleunigung aufweist, ist das einzige Argument verloren gegangen, das für den Urknall sprach. Die großräumigen Strukturen im Weltall, Sterne die älter sind als das errechnete Alter des Kosmos, unerklärlich hohe Eisen- und Deuteriummengen, kosmische Strahlen oder hochenergetische Protonen aus weit entfernten Galaxien, die gar nicht existieren dürften ... ja sogar die neusten Messungen der Hintergrundstrahlung ... sie alle verbannen die Urknall-These ins Reich der Märchen. Auf Hilfshypothesen zur Rettung der Urknall-Saga wie Dunkle Materie oder Dunkle Energie brauchen wir überhaupt nicht näher einzugehen. Abgesehen davon, dass es sich von selbst versteht, dass nicht die gesamte Energie des Alls leuchtet und daher ein großer Teil unsichtbar bleibt, soll die dunkle Energie genau das erklären, was mit Hilfe der Schwerkraft-Hypothese nicht gelang – die abstoßenden Kräfte im Weltall, die man trotz größter Blindheit denn doch nicht mehr ignorieren konnte.

Wir haben dagegen nur die Illusion der Schwerkraft gefunden, hervorgerufen von einer einzigen selbstverständlichen Kraft, und wir haben auch keinen Beginn des Kosmos gesehen. Wir haben eine Expansion entdeckt, die gar keine ist, weil echte Bewegung[2] nirgendwo existiert. Ausnahmslos alles besteht aus Bildern, die von vibrierenden Impulsen in die T.A.O.- Matrix gezeichnet werden! Energie, Raum und Zeit als Definitionen sind erst mit dem denkenden Menschen in diese Welt gekommen. Sie ist größenlos, solange sie niemand misst; sie ist zeitlos, denn sie ist ewige Gegenwart. Weder Zukunft noch Vergangenheit existieren irgendwo.

Aber als eine Welt der Wandlungen hat das Universum nicht immer so ausgesehen wie heute. Erst die Impulse im T.A.O. gaben uns die Möglichkeit, Zeit, Raum und Strukturen zu erfassen. Auch diese Impulse haben keinen echten Beginn, weil ihr Gegenteil, die absolute Ruhe, einfach unmöglich war. Worin sollte diese Welt denn ruhen? Zwänge uns die Annahme einer Ruhe denn nicht zur Annahme eines Bezugspunktes, welcher dieser Ruhe gegenüber stünde - und täte sich damit nicht die Frage nach dem Bezugspunkt dieses Bezugspunktes auf?

Falsch gestellte Fragen ergeben falsche Antworten. T.A.O. ist ewiges Sein - dies aber nicht im stofflichen Sinne. Als einziges nichtstoffliches Etwas benötigt T.A.O. nur ein Wort, das wir frei wählen können, um es zu bezeichnen. Jeder, der unbedingt will, kann es auch Gott nennen - muss sich aber klar darüber sein, dass von diesem Gott nichts zu erwarten ist, außer dem Bestand dieser Welt selbst, die im Übrigen sich selbst überlassen bleibt.

Genau aus diesem Grund ist diese Welt letztlich doch gerecht; enthält sie doch Böses ebenso wie Gutes, je nachdem, wie wir es sehen und erleben. Denn wir haben die Freiheit, unsere Welt so zu gestalten wie wir möchten.

Eine Art von Weltbeginn und Weltende gibt es aber dennoch für uns. Es ist unser ureigenster Beginn, der Zeitpunkt, an dem wir beginnen, die Welt zu erkennen. Unsere eigene Geburt ist auch die Geburt des Universums in uns. Unser Bewusstsein kristallisierte sich allmählich zu etwas vollkommen Neuen, getragen von organischer Ordnung, die alten materiellen Ordnungen entwuchs.

Der Ausdruck Beginn ist hier wohl richtig zu verstehen. Sind die Farben auf der Palette des Künstlers der Beginn eines Bildes? Sind Eisenatome schlechthin der Beginn eines Automobils? Aus dem unvorhersehbaren Werden unseres Bewusstseins entstand die Welt selbst samt ihrem Zentrum, unserem Ich, das es zuvor niemals gegeben hatte. Und da es von nirgendwo kam, geht es auch nirgendwo hin, wenn die bewusstseinsbildende Funktion unseres Körpers aufhört. Sondern das Ende „unserer Welt" tritt unumgänglich ein... Denn wenngleich das Leben als Prinzip ewig ist, das Individuum vergeht ... als Preis für das Erhaltene, dem Sein...

Einen allmählichen Beginn hat unser Werden: langsam, Schritt für Schritt tauchten wir ein in diese Welt, die durch unser Wahrnehmen erst Bedeutung und Sinn erhielt. Und geradeso unwissend und unbewusst werden wir hinübergehen in den Bereich der Nichtwahrnehmung, in ein Sein ohne Form, ohne Farbe, ohne Schmerz und Leid. Die Probleme sind gelöst - und damit auch die Fragen.

Dieses unbezwingbare Ende wird als solches nur vom menschlichen Bewusstsein definiert, und nur für die Hinterbliebenen ist diese Erkenntnis überhaupt schmerzlich.

Unser Ich - den Umgang mit hypothetischen Wirklichkeiten gewohnt - schafft prompt neue Hypothesen, um Trost zu finden. Es entspräche nicht der Ambivalenz unseres Geistes, auch Gegen- und Nachteiliges zu erfinden: das Strafgericht, Himmel und Hölle...

Aber schon einer der Weisen dieser Welt meinte, der Himmel sei wie der Sauerteig im Brot; die Welt sei von ihm durchdrungen. Himmel und Hölle im Sinne des gut und bös erfahrenen gibt es jetzt und hier, im Wandel der Dinge um und in uns - und nirgendwo sonst. Es existiert nur dieses eine Universum, von dem wir im kurzen Aufflammen unseres Lebens einen Bruchteil erfahren. Es gibt keine Teilung in Diesseits und Jenseits; der Kosmos - wie sein Name schon sagt - umfasst alles als große und elementare Einheit, und dies ewig, aber nicht unveränderlich. Aus dem Chaos - nichts anderes als eine gewisse freie Ordnung der Energiequanten war es - entstand und entsteht unaufhörlich neue Ordnung. Das ist eine Folge von „Welten", ein Welterblühen und Vergehen ... wie es die Buddhisten bereits formulierten.

Das Bild dieser Welt ist ebenso zu-fällig wie ein Bild des Kaleidoskops, das plötzlich einen Sinn ergibt, sofern jemand da ist, der ihn erkennen will. Die einzelnen Glassteinchen des Kaleidoskops wissen aber nichts davon, in kausaler Folge haben sie sich aneinander gelegt und werden es weiterhin tun, um das vorübergehende sinnvolle Bild in neue, vielleicht wieder sinnvolle aber auch unvermeidlicherweise in sinnlose Bilder zu verwandeln.

Denn der Sinn ist dem Bild nicht immanent; stets kommt es darauf an, ob in der neutralen Wirklichkeit, die uns umgibt, auch ein subjektiver Sinn erkannt wird. Die Ursache für diese Wirklichkeit, die Welt der Impulse, der Energiequanten, der Formen und Proportionen ist sinnfrei wie das Wellenspiel auf einem See. Der Sinn unseres Lebens besteht subjektiv wohl nur darin, diese Welt zu einer zu machen, die für uns annehmbar und zweckmäßig ist. Und deshalb heißen jene Organe, die dies bewerkstelligen, schließlich auch Sinnesorgane.

Mindestens dreimal ist unsere Erde bereits untergegangen. Zwei dieser Katastrophen kennen wir genau. Eine davon ist die letzte Sintflut, die zu einer Zeit stattfand, in der Menschen bereits hohe

Kulturen begründet hatten. So blieb dieser Untergang - vielleicht eine kosmische Katastrophe aufgrund des Bahnsprungs der Erde nach einer vorausgegangenen Abkühlung der Sonne und ihrem neuerlichen Entflammen - in vielen Legenden rund um den Erdball überliefert.

Eine dieser drei Katastrophen hat vermutlich vor 66,7 Millionen Jahren stattgefunden - wenn man den Uhren der Radioaktivität glauben will. Saurier beherrschten damals die Erde, aber auch Säugetiere gab es bereits und eines davon war sicher bereits auf dem Weg zum Menschen. Und natürlich gab es nahezu alle Insekten wie wir sie heute noch antreffen. Der Weltraum, in dem sich die Erde bewegte, war zur Ökosphäre geworden. Eine üppige Vegetation schenkte den riesenhaften Sauriern ihre gewaltigen Nahrungsmengen. Aber eines Tages erstrahlte die Sonne plötzlich zu einem glühenden Riesenball, dessen Korona mit einem Feuerhauch über die Erde hinwegstrich. Die Geburtsstunde des Merkur hatte geschlagen. Die Sonne schleuderte mächtige Massen in den Weltraum; ein dichter Partikelstrom legte sich zwischen Erde und Sonne, und ein Regen aus heißer Sonnenmaterie fiel rings um den Erdball nieder.

Da die Sonne durch die abgesprengten Massen etwas kleiner wurde, machten sich alle Planeten auf ihre Reise über die Äquipotentialräume; der Planet zwischen Mars und Jupiter zerbrach; die Erde fing ein großes Bruchstück als Mond ein, und viele andere Bruchstücke schlugen auf der Erde als gigantische Meteore auf, eine Unmenge an Erd- und Staubmassen in die Atmosphäre schleudernd.

Der Himmel, gerade noch gleißend von der erneuerten Sonne, verdunkelte sich („...eine Nacht kam über die Erde..."). Er blieb wahrscheinlich jahrelang weniger strahlendurchlässig. Die Erdachse verschob sich; wo einst blühendes Leben herrschte, bildete sich bald ein Panzer aus Eis. Südafrika, Südamerika und Australien versanken unter ausgedehnten Gletschern...

Die auf die Erde niedergegangene Sonnenmaterie finden wir heute noch als hauchdünne Schicht, die einen hohen Anteil an Iridium enthält, ein auf Erden ansonsten seltenes Element. Diese Schicht wurde erst 1981 von Forschern entdeckt und an der kosmischen Herkunft des Iridiums gibt es keinen Zweifel. Der Aufschlag eines Meteors alleine hätte aber diese Iridiummenge nicht zu Wege bringen können. Sie muss daher aus der Sonne stammen, die bereits einen hohen Grad an schweren Elementen erzeugt hatte.

Die Saurier, als Reptilien keinesfalls auf so starke Temperaturschwankungen eingestellt; gingen zugrunde. Zudem starb die Vegetation zum Großteil ab. Mächtige Erdbewegungen und Kontinentaldriften kehrten das Oberste zu unterst; Erdöl und Kohle sprechen heute noch eine beredte Sprache dieser apokalyptischen Veränderungen. Da konnte nur überleben, wer klein und flink war und mit geringen Nahrungsmengen auskam. Die Stunde der Säugetiere war gekommen. Und wer vom Ganzen überhaupt nicht erschüttert wurde, das waren die Insekten mit ihrer enormen Widerstandskraft.

Katastrophal ausgewirkt haben sich aber auch die regelmäßigen Umpolungen des Erdmagnetfeldes, da mit diesen stets ein Zusammenbruch des schützenden Van-Allen-Gürtels einherging.

Wie immer wir die Geschichte der Welt betrachten, sei es die Geschichte der Natur oder die Aufeinanderfolge menschlicher Zivilisationen, immer wurde sie mit Blut geschrieben. Die ersten Naturreligionen kannten mit Recht nur böse Dämonen, und was auch immer über die Erde kam, stets war es ein Strafgericht Gottes.

Es ist ziemlich gleichgültig für den Lauf dieser „bösen" Welt, ob wir darin einen Sinn erkennen, der über die biologischen Zweckmäßigkeiten hinausgeht, die selbst weder Vorhaben noch Ziel zeigen. Aber gerade weil die Funktion der Welt uns barbarisch erscheinen muss, weil sie es tatsächlich ist, mag dem Einzelnen mitunter damit geholfen sein, sich Sinn und höhere Bedeutung für sich selbst zu schaffen und auszuwählen, wovon sein „Glück" abhängt.

Wie schwer Glück überhaupt zu definieren ist, mag so manchem aufgefallen sein. Wir erwähnten schon, dass beispielsweise Euphorie als eine Art Glücksgefühl vorwiegend darin besteht, „sich nicht zu spüren" - also von der Zwangsjacke des Lebens befreit zu sein. Mit dem Tod ist dies allerdings nicht zu verwechseln. „Sich nicht spüren" ist vollkommen gleichbedeutend mit „sich spüren", beides ist Produkt unseres Bewusstseins. Es ist daher kaum möglich, „euphorisch" zu schlafen, wohl aber können wir von Euphorie träumen. Ist Schlaf also dasselbe wie Tod? Gewissermaßen ein „kleiner Tod", wie so gerne behauptet wird? Ist eingeschränkte Sinnestätigkeit dasselbe wie keine Sinnestätigkeit? Die Frage beantwortet sich nach der Logik: es kann nicht dasselbe sein!

Gehen wir davon aus, dass es in der Welt der Wellenlängen und Proportionen so etwas wie eine absolute Wirklichkeit gibt, die wertfrei bleibt, müssen wir zugeben, dass unsere Sinne eine konstruierte Wahrheit aus dieser absoluten Wirklichkeit herausfiltern. Ihre Tätigkeit ist selektiv; sie grenzen aus dem gesamten Spektrum des Absoluten bestimmte Bereiche ein. Wir hören nur bestimmten Schall, erkennen nur bestimmte Strukturen und Farben, fühlen nur bestimmte Temperaturen und empfinden nur bestimmte Geschmacksrichtungen. Eine Verstärkung dieser Selektivität, dieser Einschränkung kennen wir als Schlaf. Das heißt, dass die Sinne während des Schlafes nicht schwächer arbeiten, sondern - wenn man ihre eingrenzende Funktion ins Auge fasst - sogar stärker. Unsere Sinne „zeigen" uns die Welt also gar nicht, sondern sie verschweigen einen Teil der Welt und gerade dieses Verschweigen gibt unserer Welt ihr charakteristisches Bild. Es ist so, als gäbe es eine Art von universellem Bewusstsein, das zuerst alles umfasst. Vergleichen wir das mit einem leeren Blatt Papier (Abb.148), und ziehen wir auf diesem Blatt symbolisch die Eingrenzungen, die uns unsere Sinnesorgane setzen, so erhalten wir ein neues Bild, dem wir jetzt einen Sinn geben können.

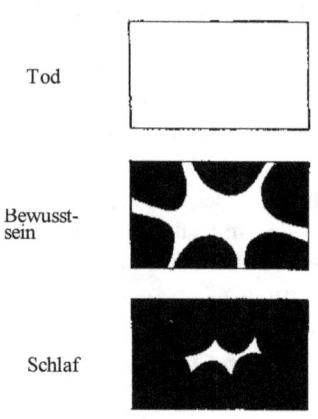

Tod

Bewusstsein

Schlaf

Abb.148

Auf dem Papierblatt entsteht ein etwa sternförmiges Gebilde; es soll den begrenzten Bereich unserer hypothetischen Wirklichkeit verdeutlichen. Es hat eine bestimmte Größe, und wir können die Grenzen verschieben, indem wir unser Bewusstsein erweitern. Der Stern wird größer durch Erfahrung und Wissen; das heißt daher auch, er definiert den Grad unseres Wachseins. Wird die Einschränkung der Wahrnehmung größer, so verkleinert sich dieser Stern: wir schlafen!

Was geschieht jedoch, wenn diese Tätigkeit der Sinne ganz aufhört? Dann gib es auch keine Grenzen mehr! Ein Bild geht auf im Ganzen. Aus Einheit des Universums ist unser Ich gekommen, in diese Einheit kehrt es im Tod zurück. Es gibt keinen besseren Ausdruck für diesen Zustand als „Nirwana". Es ist gleichbedeutend mit „Nichts", das heißt: keine Wahrnehmung, keine Wirklichkeit, kein Leid. Dieser Zustand ist wertfrei, raumlos und zeitlos. Aber dieses Nichts ist nicht die Dunkelheit des Schlafs, sondern die Helligkeit des Todes, denn dieses Nichts ist gleichbedeutend mit dem T.A.O. selbst, mit dem Sein also, das keine Gestalt hat und keine Definition zulässt außer einem Wort. Kann der Tod demnach ein Ende darstellen? Ja und nein; ein Ende für alles, was unser Ich bestimmte, gewiss und dafür gibt es keinen Trost. Kein Ende indessen für das kosmische Bewusstsein selbst. Denn das Bewusstsein aller Individuen bildet eine Einheit. Jeder von uns trägt es in sich, wenngleich nicht denselben „Stern", so doch dasselbe „Blatt Papier", dieselbe Grundlage für diesen Stern der Wirklichkeit.

Sind das esoterische Spitzfindigkeiten? Keinesfalls, denn wir erkannten auf eine recht begreifbare Weise, dass Materie substanziell gar nicht existiert und sie bereits eine Erscheinungsform eines ursächlichen Etwas ist, ebenso wie die Energie nur durch dieses Etwas getragen wird und in ihm arbeitet. Für dieses Etwas wählten wir den Ausdruck T.A.O., aber wir könnten gerade so gut dazu kosmisches Bewusstsein sagen. Es gibt nur ein T.A.O., somit nur eine materielle Welt, eine Kraft, ein Universum, ein kosmisches Bewusstsein, ja ein Bewusstsein schlechthin... Aus dieser Einheit formen sich die vielen Bilder der Sinne. Die Ursache bleibt stets dieselbe, aber die Bilder wechseln...

Was soll das heißen? Ist das nicht so, als betrachteten alle Lebewesen sozusagen ein und dasselbe Blatt Papier? Ja, natürlich! Es ereignet sich eine Welt und es ereignet sich ein Bewusstsein - ist es nicht meines, deines, unseres, eures? Ja, verhält sich dann Bewusstsein nicht geradeso wie T.A.O. selbst? Ist seine Existenz dann ungeachtet des Erscheinungsbildes zwingend? Wird ein Gegenteil des Bewusstseins damit nicht genau so unmöglich wie ein Gegenteil der Welt? So ist es!

Das momentane Bild heißt „Ich". Es wechselt und geht im Tod verloren. Das „Es" aber ist ewig. Es ereignet sich immerfort; es formt immer wieder ein völlig neues Ich, das keinen Bezug zu irgendeinem anderen hat, denn es gibt ja kein Zuvor oder Nachher. „Es" ist zeitlos - nur das Ich kennt Uhren! Wenn es sich immerfort ereignet, wird es niemals dunkel. Es leuchtet uns „das ewige Licht"!

Ist es nicht merkwürdig, wie gut das in manchen Religionen geschildert wird? Sind diese Antworten nicht tatsächlich die weisesten? Sie sind es, denn sie enthalten viel Wahrheit. Und wie wir gesehen haben, sind sie mit den Erkenntnissen unserer Anschauung gut zu vereinen. Aber was haben die Kirchen aus den Religionen gemacht! Und was die Gelehrten aus den Wissenschaften! Wir sagten schon: die Geschichte der Erde ist ein von bösen Dämonen geschriebenes Kapitel...

Nun ein wenig nüchterner Klartext. So wie das materielle Geschehen eine ununterbrochene Folge von Ereignissen darstellt, so ereignet sich auch das Geistige dieser Welt ununterbrochen. Es gibt keinen alles umfassenden Tod, so wie es kein alles umfassendes Nichts geben kann. Wenn wir uns selbst als Bewusstseinsereignis erkennen, so ist dieses unendlich und ewig. Das verhält sich so, als würden sich Personen ablösen, die voneinander nichts wissen und erfahren - aber jede steht im gleichen Zentrum der Welt, und jede findet dort sich selbst als ewiges, aber wandelbares Ich. Auch dieser Umstand wurde längst intuitiv erkannt, als man auf den Gedanken der Reinkarnation kam - ein missverstandener Gedanke allerdings, da man glaubte, das „Ich" bliebe persönlich und würde nach dem Tod einen neuen Platz einnehmen, also die Seele als Träger des Selbst würde wandern.

So gesehen ist das sicher falsch. Wohin sollte eine Seele ziehen, wenn sie bereits die Summe aller Seelen repräsentiert? Welches Licht sollte inmitten ewiger Helligkeit aufleuchten? Immer steht ein Ich im Mittelpunkt, und immer schaut jemand aus diesem Zentrum heraus, die Welt erkennend. Heute steht unser Ich an diesem Platz, nach seinem Erlöschen sofort ein anderes - genau an derselben Stelle, wieder im Zentrum lokalisiert. Wie wird dieser „andere", der ebenso unmerklich eintrat in sich selbst, wohl zu sich sagen? „Ich!" natürlich und er wird ebenso wie wir glauben, einmalig und unwiederholbar zu sein.

Diese Art von Ewigkeit spüren wir sogar in uns selbst. Wir wüssten nichts von unserer Ankunft, wenn es nicht Geburtsschein und Kalender gäbe. So allmählich und stufenlos haben wir unser Ich aufgebaut, dass wir sagen müssten, wir sind schon immer da gewesen. Denn wir erinnerten uns an keinen Beginn, wüssten wir nicht das Datum unserer Geburt.

Und da wir den Tod weder vorherbestimmen noch als solchen selbst wahrnehmen können und geradeso ohne Empfinden eines „Beginns" in diese Welt geglitten sind, ist es wohl dasselbe, als wären wir für immer da.

Das ist eine sehr einfache Antwort, würdig dieser anderen Antwort, die wir für die Frage der Materie gefunden haben. Ein einziges Prinzip schuf sie. Eine einzige Kraft existiert, und sie existiert, weil es sie geben muss, wenn es eine Welt gibt. Daher erklärt sie sich vollkommen aus sich selbst. Genau das ist das Ziel: die Welt endlich zur Gänze zu verstehen und nicht nur als Sammelsurium von Naturgesetzen aufzufassen, die nur in unserer Schulbuch-Wirklichkeit ihre Gültigkeit haben.

Die Welt als Selbstverständlichkeit zu erkennen heißt, sie lieben zu dürfen ohne Angst! Das große Spiel ist ewig, bloß seine Figuren und Schauplätze verändern sich. Nur einer von vielen unzähligen Schauplätzen des Lebens innerhalb des unendlichen Alls ist unsere Erde.

Leider erscheint auch eines unabwendbar und gewiss: Der nächste Untergang dieses kleinen Blauen Planeten gehört zu den gnadenlosen Spielregeln, die wir gefunden haben. Sehen wir von der unerfreulichen Möglichkeit der Menschheit ab, sich selbst auszurotten, wozu sie längst die Mittel hat, so ist ihren Zivilisationen dennoch kein ewiges Dasein garantiert.

Die planetare Katastrophenserie wird sich weiterhin fortsetzen. Sicher steht ein nächster Sonnenausbruch erst in einigen Jahrtausenden bevor. Er wird nicht überraschend eintreten, denn zuvor wird sich die Oberfläche der Sonne verdunkeln und eine neue Eiszeit wird von unserem Planeten Besitz ergreifen. Seit 1980 ist die Sonne um ein Tausendstel dunkler geworden. Sollte der Helligkeitsverlust noch 50 Jahre weitergehen, wird sich die Erdtemperatur um ein bis zwei Grade abkühlen. Das reicht schon für eine „kleine Eiszeit". Aber wahrscheinlich findet das Leben, findet die Menschheit jenen Ausweg, den sie schon einmal gewählt hat...

Das Leben ist unbesiegbar, und der Planet der Zukunft steht bereit: Venus. In einigen Jahrmillionen dürfte es auf ihr so richtig wohnlich sein.

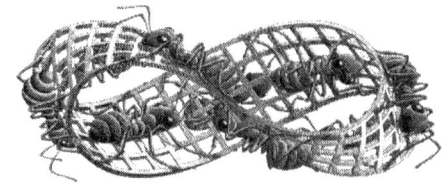

39 Zukunft

Die Evolution schreitet fort... Das hochentwickelte Säugetier Mensch wird noch lange die Geschichte der Erde und der Planeten durchwandern. Längst hat sich Evolution in die Gesellschaft verlagert, ist geistig geworden, zur Evolution der Information und des Wissens und der Soziologie. Und das erstemal muss sich eine naturbedingte Entwicklung selbst bewusst ein Ziel setzen, um weiterhin bestehen zu können: die Humanität. Nur wenn wir dieses Ziel erreichen, würden wir uns vollends vom Tier unterscheiden. Aber dieses Ziel scheint immer noch sehr weit entfernt zu sein, und es ist ungewiss, ob wir eines Tages dieses Ideal erreichen werden und nicht doch das so genannte „Böse" siegt. Das Universum träfe wohl kein schwerer Verlust. Schließlich wäre auch der Untergang der Menschheit nur der Preis für ihr Dasein über Jahrmillionen.

Was immer auch auf und mit der Erde geschieht - das Weltall bleibt davon wohl unberührt. Die Galaxien werden einander weiterhin verdrängen und kleiner werden. Sonnen und Planeten werden schließlich in die Zentren der Galaxien gestoßen. Ein gewaltiger Hyperstern wird sich bilden, welcher die Materie gasförmig wieder in das All zurückschleudert.

So erhält sich die Störung des T.A.O. selbst aufrecht. Auch dass der Hyperstern selbst Prozesse wie die Sonne durchführt und aus gigantischen Absprengringen und Hüllen neuerlich Sonnen und schließlich Galaxien bildet, ist sehr wahrscheinlich. Solche jungen Galaxien wurden im Rahmen der IRAS-Mission[101] tatsächlich nachgewiesen. Die Spiralarme vieler Galaxien beweisen außerdem anschaulich, dass sie sich noch nicht sehr lange drehen...

Ein Endzustand dieses Universums wäre das ruhige T.A.O.. Dieser Zustand als Beginn und Ende ist hypothetisch, er war nie realisiert und wird niemals erreicht werden. Das Universum expandiert; und sollten alle Galaxien einst Hypersterne geworden sein, so bilden eben diese wiederum Galaxien, denn abermals werden sich neue Impulszentren, Sterne und Planeten formen... So entsteht spontan neue Materie aus dem „Vakuum", und das ist nur deshalb möglich, weil Energie in den Feldern, mit welchen alle Materie ineinander verwoben ist, zurück transportiert werden kann (kosmische Strahlung, Hintergrundrauschen) und sich die Expansion dadurch ausgleicht. Andernfalls würde die Materiedichte stetig sinken, immer mehr Materie, Sterne und Galaxien würden sich aus dem Ereignishorizont entfernen und das All würde rund um unsere Milchstraße öd und leer werden. Es sieht nicht so aus, als würde das einmal eintreten. Es könnte allerdings auch sein, dass erloschene Sterne nicht vollends durch neugeborene ersetzt werden. Dann gehen im Weltall doch einmal die Lichter aus...

Und so wiederholt sich das Ereignis eines sich wandelnden Universums in Ewigkeit und Unendlichkeit. Es gibt keinen plausiblen Grund zur Befürchtung, die Expansion des Alls könnte einmal beendet sein. Es gibt ja keine Schwerkraft. Materie zieht einander nur scheinbar an, weil sie von der umliegenden Materie zusammengedrückt wird. Daher wird sie sich immer behindern und abstoßen, ein Vorgang, der - so einfach und selbstverständlich er erscheint - das Prinzip des Seins schlechthin bedeutet. Auch das „pulsierende" Weltall ist ein Märchen der Kosmologen. Die Abbildung 92 in diesem Buch zeigt uns die strukturelle Anordnung der Galaxien, obwohl das Bild eigentlich „Wärmekugeln" darstellt. Aber im Makrokosmos gilt dasselbe Prinzip, wie es den Verdrängungsmustern dissipativer Strukturen zu Grunde liegt. Logischerweise gibt es für die Hypothesen der dunklen Energie und Materie in dieser Kosmologie keine Notwendigkeit und wir brauchen auch keine „kosmologische Konstante" oder sonst welche Korrekturfaktoren, um zu erklären, wieso die Gravitation nicht das gesamte All längst zu einem einzigen Klumpen zusammen gezogen hat.

Das Weltall ist wegen der Verdrängungen zu einem riesigen Seifenschaum strukturiert, und deshalb mussten Geller und Huchra im Jahre 1986 ihre sensationelle Entdeckung machen - wie wir schon kurz erwähnten.[102] Weitere Messergebnisse werden in der Zukunft das Abstoßungsprinzip bestätigen. Vor kurzem erst entdeckte Ephraim Fischbach Abweichungen vom Newton'schen Gesetz, nach denen die Gravitationswirkung nicht nur von der Masse, sondern auch von der chemischen Zusammensetzung der beteiligten Körper abhängt.

Wir glauben, dass das Universum im Grund sehr einfach funktioniert. Metaphysik, Mystik und Esoterik machen zwar Spaß, aber im komplexen Ereignis „Welt" sind sie nicht vonnöten. Diesseits und Jenseits, Himmel und Hölle ... all dies sind Fiktionen, bizarre Auswüchse unserer Einbildungskraft – ebenso wie Schwarze

Löcher oder Quarks oder Superstrings.[103] Nicht ausnahmslos alles existiert, was sich der Mensch denken kann!

Das waren jetzt durchaus optimistische Betrachtungen – aber die Wahrheit ist, dass wir von der Zukunft des Kosmos nichts wissen können. Alles was bis jetzt kosmologisch einigermaßen gesichert erscheint, ist die endlose Expansion in alle Ewigkeit und der Umstand, dass das Universum „flach"[104] ist, was immer das sein soll. Jedenfalls ist es nicht gekrümmt. Das mag vielleicht so manchen beruhigen, aber für die Mehrheit wird der Blick in die nähere Zukunft sicher interessanter sein.

Da wäre die vordringliche Frage nach zukünftigen Energieformen. Die Kernspaltung wird das Problem auf die Dauer nicht lösen können. Eine Zunahme der Betriebsunfälle samt ihren schwerwiegenden Folgen wird diese Technik in Frage stellen. Außerdem wird der Sicherheitsaufwand zu teuer werden; daher ist Atom-Energie eines Tages mit Gewissheit wirtschaftlich uninteressant. Ein wenig vielversprechender mag die Kernfusion erscheinen, sollte man den Trick der „kalten Fusion" einmal wirklich entdecken. Prinzipiell ist sie nicht unmöglich.

Sehen wir von der Nutzung der Sonnenenergie und der Wiederbelebung naturnaher Methoden ab, wie Gezeiten- und Windkraftwerke und die Ausnutzung der Erdwärme selbst, so bleibt noch ein großer Hoffnungsschimmer: die Gewinnung von Energie durch totale Umwandlung der Materie. Dies wäre nur mittels Antimaterie zu erreichen, also durch Teilchenkollisionen (Protonen) mit entgegengesetztem Spin. Lassen wir ein wenig unsere Phantasie spielen: Vielleicht könnte man sich Abfallprodukte aus der Kernspaltung zunutze machen, die ja durchwegs sehr starke Gammastrahler sind.

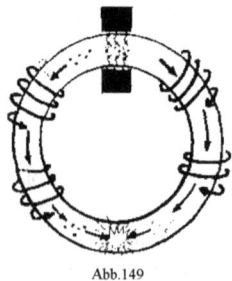

Abb.149

Zwei aufeinander gerichtete Gammastrahlen müssten analog zum Urbeginn der Materie, wie wir ihn geschildert haben, sowohl Materie als auch Antimaterie erzeugen, also sowohl „rechte" als auch „linke" Protonen oder andere verschiedenartige Teilchen mit verschiedenem Spin. Sie könnten durch Magnetfelder getrennt und wieder aufeinander geschossen werden. Ein Energiesynchrotron der Zukunft könnte prinzipiell so aussehen, wie es die Abbildung 149 zeigt. Energie müsste für die Erzeugung der Magnetfelder aufgebracht werden, welche die entgegengesetzten Protonen trennen und wieder zusammenführen. Deren gegenseitige Vernichtung könnte deshalb einen Energiegewinn bringen, weil die Gammaquanten selbst nichts kosten, denn die Gammastrahler geben sie bereitwillig her. Natürlich könnte man das mit heutiger Technik noch nicht bewerkstelligen, aber Supraleiter und Bose-Einstein-Kondensat bieten da schon einige interessante Perspektiven...

Noch naheliegender erscheint die Verwertung des Umstandes, dass Materie praktisch aus Elektrizität besteht. Direkte Energieumwandlungen, etwa von Licht und Wärme in Strom, wie sie heute schon praktiziert werden, sind in größerem Umfang gut denkbar. Die Total-Trockenbatterie liegt im Bereich des Möglichen - man wird sie sicher einmal erfinden. Auf der anderen Seite wird man den Energieeinsatz effizienter machen, technische Maschinen und Kommunikationsgeräte werden mit wenig Energie hohe Leistungen bringen.

Aber auch das Magnetfeld der Erde repräsentiert theoretisch eine bisher noch ungenutzte Energiequelle. Immerhin könnte es in zweckmäßig angeordneten Leitern auf billige Weise Ströme induzieren. Das hat man mit großen Satelliten-Antennen schon versucht. Aber die langen Drähte verhedderten sich leider. Außerdem ist das Magnetfeld momentan gerade im Zusammenbruch, was vorübergehend einige unangenehme Erscheinungen mit sich bringen wird. Aber in 1000 Jahren hat sich sicher wieder ein neues aufgebaut...

Jedenfalls, was immer man auch mit der Materie anstellt, stets kommt elektrischer Strom in Fluss. Das in den Elementen vorliegende Energiegefälle ist nutzbar, schon die gezielte Kombination bestimmter Elemente bringt Energie zum Vorschein.

Der Schwerpunkt zukünftigen Energiegewinns liegt aber in der Biochemie. Dem Leben seinen Umgang mit Energie abzuschauen, lautet die Parole. Das kalte Licht der Tiefseefische entsteht ohne jeden Energieverlust. Es beweist uns, dass nahezu hundertprozentiger Energieumsatz möglich ist, und der Mensch wird sich diese Methode zweifellos eines Tages zu eigen machen. Künstliche Photosynthese liegt innerhalb erreichbarer Grenzen, desgleichen die künstliche Herstellung von Eiweißmolekülen.

Es ist müßig, über die Entwicklung des Menschen selbst zu spekulieren. Niemand hätte das bisherige Werden der Natur jemals voraussagen können, und so wissen wir in keiner Weise, wohin ein Wegweiser angesichts zielloser Wege zeigen könnte. Wer immer auch in dieser Hinsicht Prognosen wagt, ist ein Scharlatan.

Innerhalb der Funktion dieses Universums ist nahezu alles möglich, und der Mensch kann es entdecken, falls er eines Tages die Bestie in seinem Inneren überwunden hat und Zeit und Muse erlangt, ein neues geistiges Verständnis für die Materie zu entwickeln, das über die phantastischen Theorien unseres Zeitalters hinausgeht. Denn diese haben sich bereits so verselbstständigt, dass ihre objektive Übereinstimmung mit der Realität gar nicht mehr erwartet wird - wie das in der Quantenphysik bereits der Fall ist. Aber Quantenphysik und Quantenmechanik sind dennoch gute und erfolgreiche Theorien und werden sich weiter entwickeln. Und man wird hoffentlich eines Tages begreifen, dass dieser Kosmos von einer Grundstruktur getragen wird, die nicht der Äther ist; Materie auch nicht aus dem Äther besteht und auch nicht aus dem T.A.O. - sondern sich alles ausnahmslos in diesem T.A.O. durch Impulse und Vibrationen manifestiert, sich abspielt und fortpflanzt, ohne dass sich das T.A.O. selbst bewegt oder sonst wie beteiligt.

Man kann diese Welt zur Gänze verstehen und begreifen und letztlich wissen, warum und wie sie existiert. Der Baum der Erkenntnis ist voll von ungepflückten Früchten, und die Lösungen vieler Fragen sind oft einfacher, als sie erscheinen. Hoffen wir, dass uns noch Gelegenheit bleibt, diese Fragen zu stellen und die Antworten zu erfahren...

Die Welt ist sich selbst überlassen, und wir mit ihr. Niemand beschirmt uns, und niemand nimmt Rache. Niemandem sind wir verantwortlich außer uns selbst. Das ist eine wertvolle Erkenntnis, denn sie macht uns frei und richtet unser Auge auf das Leben selbst als Sinn des Daseins. Jedes Ich ist unwiederholbar, einzigartig und wert, dass es gelebt wird. Mitspieler sein in einem Spiel, dessen Regeln man kennt und nicht sinnlos fragen, wer das Spiel erfunden hat, lautet die Aufgabe. Denn das Spiel entstand zu keiner Zeit an keinem Ort, es ist das Spiel der Ewigkeit, des unumgänglichen T.A.O.: das einzige Prinzip des Seins!

T.A.O.: Es ist der Weg und der Wanderer. Es ist die ewige Straße, die alle Wesen ziehen, aber kein Wesen hat sie gemacht, denn sie selbst ist Wesen. Es ist alles und nichts. Aus ihm kommt alles, nach ihm richtet sich alles, zu ihm kehrt alles zurück. Es ist ein Viereck ohne Ecken, ein Laut, den das Ohr nicht vernimmt, ein Bild ohne Gestalt. Es ist ein weites Netz, und obgleich die Maschen weit sind wie das Meer, lässt es doch nichts durch. Es ist die Zufluchtsstätte, die alles birgt. Es ist nirgends, doch kann man es wahrnehmen, ohne aus dem Fenster zu blicken. „Wünsche nicht zu wünschen", lautet seine Lehre, „und überlasse alles seinem Lauf. Wer sich beugt, der wird gerade werden. Misserfolg ist die Grundlage des Erfolges, und im Erfolg lauert der Misserfolg; aber wer kann sagen, wann die Wende kommt? Wer nach Zärtlichkeit strebt, kann werden wie ein kleines Kind. Sanftmut bringt Sieg dem Angreifer und Sicherheit dem Verteidiger. Mächtig ist, wer sich selbst besiegt..."

W. Somerset Maugham

(Der bunte Schleier, 1953)

40 Anmerkungen

Der Großteil dieser Anmerkungen wurde von der Internet-Gemeinde und Lesern der Erstausgabe dieses Buches durch Hinweise und Links, Zuschriften, Forums-Beiträge und Emails beigesteuert. Der Autor dankt allen für die rege Teilnahme an der Entwicklung dieser Neuauflage.

[1] Der Philosoph und Physiker Ernst Mach meinte sinngemäß: „Warum glauben wir, ein Körper höre dort auf, wo wir ihn nicht mehr spüren? Warum nicht dort, wo wir ihn nicht mehr hören oder sehen? Kurzum: Könnte es vielleicht sein, dass sich jeder Körper von sich aus ins Unendliche erstreckt, auch wenn wir diese Ausdehnung mit unseren beschränkten Sinnen nicht wahrnehmen? Sollte jeder Körper über die Schwerkraft und die vermutlich ebenso schnelle elektrische und magnetische Kraft mit allen anderen Körpern des Universum unendlich schnell verbunden sein?"

[2] Die meisten Fragen von Lesern der Erstausgabe bezogen sich auf ihre Schwierigkeit, die Definition der Bewegung im T.A.O. zu verstehen. Ein Atom ist ein pulsierendes Feld, dessen Impulse durch die Matrix bestimmt sind, sowohl was ihre Geschwindigkeit, ihren Zusammenhalt und ihre Fortpflanzung betrifft. Da das Atom deshalb kein kompaktes, ponderables (massives) Ding ist, sondern das Produkt einer lokalen Impulsschwingung, kann es sich auch nicht kompakt oder massiv durch die T.A.O.-Matrix bewegen, sondern seine Fortpflanzung nur innerhalb dieser Struktur verschieben – wodurch die „Bewegung" des Atoms zu Stande kommt. Mehrere Atome tun desgleichen, die Information, die sie durch ihre dabei beibehaltene Konstellation zueinander tragen (Molekül, Körper, Gegenstand, Ding, Organismus etc.) bleibt dabei erhalten.

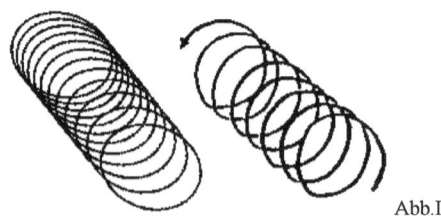

Abb.I

Die Abbildung I symbolisiert den Unterschied: der Kreis (links) bewegt sich kompakt und geschlossen, in Wahrheit kann er das im T.A.O. nicht, da er sich nur in Impulse zeitlich aufgelöst fortpflanzen aber nicht „bewegen" kann – er wird in der Matrix daher zur Spirale (rechts). Durch die hohe Geschwindigkeit (c) wird aber der Eindruck eines sich bewegenden geschlossenen Kreises entstehen.

Alle Bewegungen im Universum erfolgen nur mittels Fortpflanzung von Impulsen im T.A.O. Die vorauszusetzende Träger-Struktur kann kein fließender und strömender oder alles durchdringender Äther sein (er könnte den Zusammenhalt der Impulse nicht bewerkstelligen), sondern nur eine absolute, selbst unbewegte Struktur, die in einer Art Holografie das Schwingungsbild des Universums in sich trägt. Damit erklärt sich die Energieverwaltung des Kosmos in Quanten ebenso wie die Geometrie der Gravitation, die sich aus dem Abstoßungsprinzip ergibt.

[3] Die Natur kennt keine geraden Wege. Überall, wo etwas wächst oder sich bewegt, kommt am Ende eine Spirale heraus. Seit Galilei und Newton suggerieren uns die Physiker: Die natürlichste Form der Bewegung ist die geradlinig-gleichförmige Fortbewegung. Doch in Wahrheit weicht alles in der Natur vom geraden Weg ab und dreht sich in Form von Spiralen. Alles in der Natur dehnt sich aus oder strömt – von den anorganischen Kristallen über belebte Wesen bis hin zu Sternhaufen und Galaxien. Aber so gut wie nichts wächst oder strömt gleichmäßig. Stellen wir uns vor, etwas strebt baumartig in die Höhe – ein Pflanzenstamm, das Kalkskelett einer Muschel, das senkrecht nach oben wächst, oder ein von einem Stern ausgestoßener Gasstrom. Solange es keine Störungen gibt, wird die zusammenhängende Masse – Zellen oder Gasmoleküle – gleichförmig den Raum ausfüllen und einen Schlauch bilden. Sobald aber eine Seite schneller wächst (weil dort mehr Energie fließt) oder langsamer (durch Reibung), krümmt sich der Schlauch auf einer Seite – und zwar umso stärker, je mehr er wächst oder abgebremst wird. Aus der Krümmung entsteht eine Spirale.

[4] Der Spin ist eine Eigenschaft von Elektronen und anderen Teilchen, die im Rahmen der Schrödinger-Gleichung nicht beschrieben werden konnte. Schon im ersten Viertel des vorigen Jahrhunderts haben mehrere experimentelle Tatsachen auf die

Existenz des Spins hingewiesen, wie z.B. der Dublett-Charakter von Atomspektren, das Stern-Gerlach-Experiment (1921) oder der Einstein-de-Haas-Effekt. Dirac stellte 1928 eine Gleichung auf, mit der er die unzulängliche Schrödingergleichung durch eine Vereinigung von Quantentheorie und RT ersetzte und damit das „Einkörperproblem" Elektron lösen konnte. Dadurch wurden Spin und magnetisches Moment des Elektrons erfasst und die Sommerfeldsche Feinstrukturformel hergeleitet sowie der Zeeman-Effekt erklärt. (Der Spin in der Quantenphysik ist kein echter Eigendrehimpuls eines „Teilchens", sondern eine Eigenschaft, die nur die gleichen Auswirkungen wie ein Drehimpuls hat.)

Der Spin wurde nicht von der RT „vorhergesagt", aber die Dirac Theorie ist eine voll relativistische Quantenmechanische Theorie, formuliert in einer Lorentz-kovarianten Form. Dirac hat also nicht den Spin „entdeckt" oder erfunden, sondern eine mathematische Methode entwickelt, eben eine relativistische Ableitung von Formeln, die zuvor für die mathematische Beschreibung des Spins unzureichend waren. Von Dirac stammt auch die Fermi-Dirac-Statistik. Die Tatsache, dass gerade Teilchen mit halbzahligem Spin der Fermi-Dirac-Statistik folgen, bezeichnet man als Spin-Statistik-Theorem. Es lässt sich notdürftig aus Quantenfeldtheorien herleiten. Der Kernspin wird dagegen mit der Bose-Einstein-Statistik erfasst.

[5] Der Begriff „Scheinmasse" ist keinesfalls abwegig. In älteren Physik-Lehrbüchern wurde als „scheinbare Masse" noch die scheinbare Massenzunahme aus der kinetischen Energie bezeichnet. Wir dehnen diesen Begriff lediglich auf jede Art von Massenwirkung aus und symbolisieren mit dem Ventilatorrad, dass *jede* Massenwirkung aus Bewegungsenergie resultiert. (Der Zusammenhang von Energie und Scheinmasse wird auch gut in Spielzeugautos mit Schwungradmotor deutlich.)

[6] Kurz vor seinem Tod hinterließ Physikgenie und Nobelpreisträger Richard P. Feynman einer verwirrten Nachwelt die kryptischen Worte: „You can't say A is made out of B - or vice versa. All mass is interaction" - Man kann nicht sagen, A ist aus B gemacht oder umgekehrt - alle Masse (hier auch im Sinne von Materie) ist Interaktion.

[7] Die Heisenberg'sche Unschärferelation, ein angeblicher Grundpfeiler der Quantenphysik, nach der Ort und Impuls eines Körpers nicht gleichzeitig exakt bestimmt werden können ist pure Illusion.

Der Physiker James Paul Wesley hat durch einfache Rechnungen gezeigt, dass es keine Unschärfe gibt bei gewöhnlichem Licht in Zellen, bei Transistor-Radios oder beim Rastertunnel-Elektronenmikroskop. Der Physiker Wojciech Hubert Zurek vom Los Alamos National Laboratory in New Mexico wies nach, dass die Unschärfe beim Doppelspaltversuch, bei dem ein Lichtstrahl durch zwei Spalten geht und auf einem Schirm dahinter Überlagerungsmuster beliebiger Genauigkeit bildet, nicht zutrifft.

[8] Praktisch gibt es zwischen Protonen und Neutronen keinen Unterschied. Der Verdacht liegt nahe, dass das Neutron lediglich aus Theoriegründen (Periodensystem) postuliert wurde, um das unterschiedliche Gewicht von nach außen hin chemisch identischen Atomen zu erklären (Isotopen). Die Wissenschaftler der Florida State University in Tallahassee und der Michigan State University in East Lansing in den Vereinigten Staaten haben eindeutig festgestellt: Proton und Neutron scheinen sich nur in ihrer elektrischen Ladung zu unterscheiden und gleichen sich sonst wie ein Ei dem anderen. (Physical Review Letters, Band 88, Referenznummer 172502) Auch aus der Tatsache, dass freie Neutronen blitzartig zu Protonen und Elektronen „zerfallen" könnte man schließen, dass man es *nur mit Protonen* zu tun hat!

[9] Im Proton, das Physiker lange für ein leeres Gebilde aus drei elementaren Bausteinen (Quarks) gehalten haben, wogt in Wahrheit ein regelrechter See kleinster „Teilchen". Diese Erkenntnis verdanken wir HERA, einem der weltweit größten Teilchenbeschleuniger, mit dem seit zehn Jahren im Hamburger Forschungszentrum DESY die Struktur der Materie erkundet wird. „HERA ist eine Art großes Mikroskop für das Proton", so Forschungsdirektor Prof. Robert Klanner. Mit der „Hadron-Elektron-Ring-Anlage" können Strukturen beobachtet werden, die 2000 Mal kleiner sind als das Proton selbst. „Vor HERA herrschte die Vorstellung, dass es im Proton im Wesentlichen drei Quarks gibt", erläutert Klanner. „Mit HERA haben wir ein vollkommen neues Bild gewonnen. Tatsächlich sieht das Innere des Protons aus wie eine große Suppe, in der zahlreiche Quarks, Antiquarks und Gluonen schwimmen."

[10] Wie groß etwas ist, hängt immer davon ab, wer sich das Objekt anschaut, um seine „Masse" zu bestimmen. So sind Atomkerne der

Theorie nach angeblich winzig klein. Doch für extrem langsame „Neutronen" wirkt es, als sei der Kern mindestens so groß wie das ganze Atom. Diese Vorhersage haben Physiker nun erstmals auch experimentell bestätigt.

[11] Jeder Student der Naturwissenschaften lernt, dass die *unteilbare* Einheit der elektrischen Ladung die des Elektrons ist. Vor zwei Jahren fanden Wissenschaftler jedoch heraus, dass unter gewissen Umständen Ladung so auf „Quasiteilchen" verteilt sein kann, dass diese ein Drittel der Elementarladung tragen. Nun haben Physiker auch solche mit Fünftelladung entdeckt - ein entscheidender Fund, der nahe legt, die Unteilbarkeit der Elektronenladung endgültig aus den Physiklehrbüchern zu streichen.

[12] Das von Wolfgang Pauli vorausgesagte Neutrino gehört zu den am schwierigsten nachzuweisenden Elementarteilchen. Es reagiert nur äußerst selten mit gewöhnlicher Materie, und daher sind riesige Detektoren zu seinem Nachweis notwendig. In Europa ist ein derartiger Detektor im italienischen Gransasso-Massiv in Betrieb. Ob Neutrinos eine Masse haben oder nicht, wird vom Standardmodell der Elementarteilchenphysik nicht beantwortet. Als „Erlöser-Teilchen" für Widersprüche in Zerfallsprozessen gedacht, erweist sich aber das Neutrino als Knacknuss für die Teilchenphysik und stellt das Standardmodell immer mehr in Frage. So haben Experimente zur Wechselwirkung von Neutrinos zu Ergebnissen geführt, die sich nicht mit den Vorstellungen der Physiker erklären lassen. Das lässt einige sogar an eine neue Fundamentalkraft („extraschwache Kraft") denken. Rund ein Prozent der Neutrinos weichen leider von den Vorhersagen des Standardmodells ab (festgestellt von Sam Zeller, Northwestern Universität in Illinois und Fermilab bei Chicago). Nach der bisherigen Lehrmeinung wechselwirken Neutrinos mit den Quarks der Atomkerne über die so genannte elektroschwache Kraft, die unter anderem auch für den so genannten Betazerfall von Atomkernen verantwortlich ist. Das Experiment der Physiker der Northwestern Universität zeige nun auf, dass diese These vielleicht revidiert werden müsste, meint Jens Erler, ein theoretischer Physiker von der Universität Pennsylvania. Experimente, die von 1993 bis 1998 im Los Alamos National Laboratory in New Mexico durchgeführt wurden, deuten sogar auf die Existenz einer *vierten* Neutrinoart hin, was ebenfalls nicht in

Einklang mit dem Standardmodell steht. (David Caldwell in Physical Review D. Bd. 64, 112007). Im Standardmodell gibt es momentan drei Neutrinos. Man ging zunächst davon aus, dass die drei Neutrinos masselos sind. Dies musste revidiert werden, *um* mit der Umwandlung der Antiteilchen von Mü-Neutrinos in Anti-Elektron-Neutrinos *zu erklären*, warum auf der Erde sehr viel weniger Elektron-Neutrinos von der Sonne ankommen, als man theoretisch berechnet hatte. Aus jeder der drei Neutrino-Messungen ist die Massendifferenz zwischen den jeweils beteiligten beiden Neutrinosorten bestimmbar. Das Problem: Aus zwei Massedifferenzen kann man bereits die dritte berechnen – und diese Rechnung stimmt nicht mit dem experimentellen Ergebnis überein. Zu allem Überfluss verwandeln sich beim jetzt von den Forschern beobachteten neutrinolosen Doppelbetazerfall gleichzeitig zwei Neutronen in zwei Protonen und zwei Elektronen, ohne dabei Antineutrinos freizusetzen. Dieser Zerfall verletzt offensichtlich die Leptonenzahlerhaltung, und man müsste schließen, dass das Neutrino sein eigenes Antiteilchen ist. Schreibt man den lichtschnellen Neutrinos eine Masse zu, gerät man in Kollision mit der SRT – was den Physikern offenbar noch nicht ganz bewusst ist...

[13] Das Strömungsverhalten der Felder magnetisierten Materials wurde bereits unter der Bezeichnung „Barnett-Monstein-Effekt" entdeckt. Die Messungen geben Anlass zur Annahme, dass es sich beim Magnetismus nicht um ein statisches Magnetfeld und auch nicht um ein statisches B-Feld handelt, sondern um eine aktive Strömung aus kleinsten Teilchen (oder Impulsen) um die Längsachse eines Magneten, mit klar nachweisbarer Strömungsrichtung. Der Physiker Alois Ludwig Siegrist spricht deshalb seit 1992 von einem magnetischen „Strömungsmantel" oder von einer magnetischen „Raum-Quanten-Strömung". („Zentraler Oszillator und Raum-Quanten-Medium" erschienen im Universal Experten Verlag, CH-8640 Rapperswil/Schweiz. ISBN-Nr. 3-9520261-0-7).

[14] Schon Anfang der 1990er Jahre wurden Atome beobachtet, die weit mehr „Photonen" aufnehmen konnten, als das quantenmechanische Orbitalmodell zuließ. Ebenso wurden von diesen angeregten Atomen wiederum Photonen mit höherer Energie als eigentlich erlaubt ausgesendet. Alle rein quantenmechanischen Erklärungsversuche schlugen fehl. Dass die quantenmechanische

Erklärung der Lichtentstehung oder Absorption eine präzise Theorie darstellt, kann die Physik daher nicht glaubhaft machen.

[15] Ein Team deutscher und amerikanischer Wissenschaftler hat mit einer aufwändigen Simulation die submikroskopischen Details der Diffusion von Protonen in einer wässrigen Lösung ergründet. Sie erwiesen sich auf rätselhafte Weise schneller als alle anderen Atome und Moleküle. Es zeigte sich, dass die Protonen sich des alten Tricks bedienten, mit dessen Hilfe der Igel im Märchen den schnellen Hasen im Wettlauf besiegte. Statt sich selbst auf den weiten Weg zu machen, *wird die Information weitergegeben*, und es erscheint am Ende der Rennstrecke ein identischer Igel bzw. ein Proton. Die Entdeckung dieser strukturellen Diffusion dürfte nicht nur die Abläufe in der Chemie und Biologie verständlicher machen, sondern auch dem Begriff „Bewegung" eine neue Auslegung verleihen.

[16] Eine Forschergruppe der Universität von Rochester hat einen Lichtimpuls bei Raumtemperatur auf eine Geschwindigkeit von 57 Metern pro Sekunde abgebremst. Dazu schossen die Wissenschaftler einen kurzen Laserpuls auf einen Rubinkristall, der dadurch für einen engen Wellenlängenbereich transparent wurde. Somit ließ sich die Geschwindigkeit des Pulses auf weniger als den fünfmillionstel Teil der Vakuumlichtgeschwindigkeit herabsenken. Einem japanisch-amerikanischen Forscherteam (Yukiko Shimizu von der Universität von Tokio und seine amerikanischen Kollegen vom National Institute of Standards and Technology in Colorado) ist es sogar geglückt, einen Lichtstrahl durch die Wechselwirkung mit nur zehn Atomen abzubremsen. (Physical Review Letters, Band 90, Referenznummer 113903). Dass die Lichtgeschwindigkeit in jedem Schullabor gebrochen werden kann, bewiesen Amerikanische Forscher (Jeremy Munday und Bill Robertson) von der Middle Tennessee Staatsuniversität. Sie haben ein elektrisches Signal mit vierfacher Lichtgeschwindigkeit über eine Strecke von 120 Metern geleitet. Dazu benutzten sie nur gewöhnliche Koaxialkabel sowie zwei elektrische Wechselstromquellen, wie sie sich in den meisten gut ausgestatteten Schullabors finden. (New Scientist). Die Tatsache, dass die Lichtgeschwindigkeit nicht konstant ist, wurde längst durch Experimente bestätigt (Georges de Sagnac, 1913; Michelson & Gale, 1925; Ives & Stivell, 1938 ; Macek & Davis, 1963; Brillet & Hall, 1979; Marinov 1977 und Bilger 1995.)

[17] Physiker (Jerzy Dudek und Kollegen) von der Louis Pasteur Universität in Straßbourg behaupten, Atomkerne kommen in der Natur möglicherweise auch in pyramidenförmiger Gestalt vor. Die Kernteilchen würden sich zu winzigen Tetraedern zusammenschließen. Beim Tetraeder sind vier Dreiecke an den Ecken verbunden. Diese Form müsste bei vielen Elementen quer durch das Periodensystem der Elemente vorkommen, haben die Berechnungen ergeben. Ein guter Kandidat ist zum Beispiel das Element Zirkonium, aber auch bekanntere Elemente wie Kalzium und Uran könnten pyramidenförmige Kerne besitzen.(„New Scientist" in seiner Ausgabe vom 8. Juni 2003)

[18] Ein bereits 1920 theoretisch vorhergesagtes Sauerstoffatom mit 4 Atomen wurde inzwischen von Italienischen Forschern tatsächlich nachgewiesen. Es handelt sich um eine hantelförmige Vereinigung zweier Luftsauerstoffmoleküle (O_2).

[19] Warum im Universum so viele Dinge kugelförmig sind wird im Allgemeinen mit der Gravitation erklärt. Das führt allerdings zu einem unlogischen Zirkelschluss: die schwere Masse ist Ursache für die Schwerkraft, die auf die träge Masse wirkt. Seit Einstein gilt die Äquivalenz dieser Massen: damit wird die Wirkung zur eigenen Ursache. Weshalb kleinere Himmelskörper, etwa Asteroiden, die keine festen Körper, sondern Ansammlungen von Staub sind, nicht kugelig sind, kann auch mit Gravitation nicht erklärt werden. Nach Meinung der Astronomen sollen diese „kosmischen Schutthaufen" durch elektrostatische Kräfte zusammengehalten werden

[20] Die herkömmliche Erklärung der Oberflächenspannung geht davon aus, dass sich in einer Flüssigkeit die Moleküle gegenseitig anziehen und jedes von allen seinen Nachbarn die gleiche Kraft spürt. Bei einem Molekül an der Oberfläche fehlen auf einer Seite die Nachbarn und die Kräfte und es wird deshalb einseitig in das Flüssigkeitsinnere gezogen. Dadurch haben die Oberflächenmoleküle eine höhere Energie als jene im Inneren. Die Oberflächenspannung der Flüssigkeit definiert sich aus dieser Energiedifferenz. Ob man für die Erklärung der Oberflächenspannung die Anziehung oder eine Abstoßung der Moleküle annimmt, scheint auf den ersten Blick gleichgültig zu sein – ist es aber nicht. Eine Anziehungskraft würde die Randmoleküle nämlich tatsächlich in das Innere ziehen – es muss also eine Gegenenergie

postuliert werden, welche die Moleküle an der Oberfläche hält – sonst käme die Spannung nicht zu Stande. Die Erklärung ist daher zielgerichtet (teleologisch).

[21] Elektrophorese (Tiselius 1930); die Wanderung elektrisch geladener Teilchen in flüssigen Medien im – möglichst homogenen – elektrischen Feld. Die Wanderungsgeschwindigkeit v ist dabei proportional der Feldstärke E u. der Ionenladung Q u. umgekehrt proportional dem Teilchenradius r u. der Viskosität η der Suspension: $v = QE / 6\pi r\eta$.

[22] Teleologische Erklärung: Eine teleologische Erklärung erklärt das Eintreten eines Ereignisses dadurch, dass ihm ein Telos (ein Ziel) immanent ist: Ereignis E geschieht, damit E' der Fall ist.

[23] Der Aufbau eines Kirlian-Gerätes ist z.B. folgender: Eine Metallplatte wird an eine hochfrequente Wechselspannung von meistens über 20.000 Volt angeschlossen. Auf dieser Metallplatte befindet sich eine isolierende Platte, z.B. aus Glas. Auf diese Isolierschicht kommt das Fotopapier bzw. ein Film. Hierauf kommt dann das zu „fotografierende" Objekt, z.B. ein Blatt von einem Baum. Dieses Objekt wird mit der Masse der Apparatur verbunden. Durch die Hochspannung entsteht eine Büschelentladung bzw. Koronaentladung und belichtet den Film, der wie üblich entwickelt wird. Die Korona hat eine gewisse Ähnlichkeit damit, wie sich manche Menschen die Aura vorstellen. Sie hat aber nichts mit Aura zu tun, sondern es handelt sich um Hochspannungs-Büschelentladungen. Auch „tote" Objekte wie z.B. Münzen bilden ebenso sehr schöne Koronaentladungen während elektrische Nichtleiter (Isolatoren, z.B. Kunststoffe) keine Koronaentladung erzeugen. Die Hochspannungsentladung demonstriert auf sehr indirekte Weise das Impulsfeld um einen Körper. Gäbe es das Feld nicht, könnte der Strom nicht überspringen.

[24] Da prinzipiell alles, was uns in der Welt und im Kosmos begegnet, von Natur aus chaotisch ist, erscheint die Idee von unwandelbaren Gesetzen und Konstanten in der klassischen Physik vollkommen wirklichkeitsfern. Alfred North Whitehead sagte dazu: „Wenn wir die alte Idee fallen lassen, dass der Natur Gesetze *auferlegt* sind, und stattdessen annehmen, dass sie der Natur *immanent* sind, folgt daraus notwendigerweise, dass sie sich mit der Natur entwickeln." Das heißt, die Werte der Konstanten ändern sich zugleich mit der

Evolution des Universums. Den Theorien zufolge sollen sie jedoch unveränderlich sein. Der Widerspruch zwischen empirischer Wirklichkeit und Theorie wird meist mit der Bemerkung vom Tisch gewischt, Schwankungen seien bloß Experimentalfehler, und die neuesten Werte seien die besten. ... Aber die Natur selbst ist nicht gleichförmig. Konstanten sind nicht konstant und werden außerdem nur in unserer kleinen Region des Universums gemessen - und die meisten erst seit ein paar Jahrzehnten. Zudem schwanken die Werte von Jahr zu Jahr. Die Auffassung, dass Konstanten überall und jederzeit die gleichen sind, ist also nicht aus Daten abgeleitet. Denn sie sind alle nur durch Definition festgelegt. Im Fall der Lichtgeschwindigkeit sind sogar die Einheiten, in der sie ausgedrückt wird, vom Licht selbst her definiert. Heute legt man der *Sekunde* die Frequenz des Lichts zu Grunde, das angeregte Cäsium-133-Atome emittieren. Eine Sekunde entspricht 9 192 631 770 Schwingungsperioden dieses Lichts. Und das *Meter* ist seit 1983 anhand der Lichtgeschwindigkeit definiert, die selbst wiederum durch Definition festgelegt ist. Sollte sich die Lichtgeschwindigkeit verändern, würden wir es gar nicht bemerken! Weil solche Veränderungen praktisch verborgen bleiben, wenn die Einheiten so definiert sind, dass sie sich bei einer Änderung der Lichtgeschwindigkeit ebenfalls ändern würden und der Wert in *Kilometern pro Sekunde* demnach exakt derselbe bliebe!

[25] Das Standardmodell der Teilchenphysiker ist auch durch ein Experiment im Teilchenbeschleuniger Brookhaven in Frage gestellt, in welchem bei Myonen ein von der Theorie deutlich abweichendes Verhalten festgestellt wurde. (wissenschaft.de/wissen/news/155235)

[26] Unsere Betrachtung der Kapillarwirkung ist keineswegs so naiv, wie es auf den ersten Blick wirkt. Typische Schulbuch-Erklärungen des Effekts lauten so: „Das Wasser *will* die Grenzfläche Wasser-Glas zu Lasten der Grenzfläche Luft-Glas vergrößern. Deshalb entsteht in den Kapillaren ein Sog nach oben, entgegen der Gewichtskraft des Wassers. In großen Röhren ist die Kraft zu klein, um eine Änderung der Wasseroberfläche hervorzurufen. In kleinen Kapillaren lässt die Kraft das Wasser in Abhängigkeit des Durchmessers ansteigen..." Dass Flüssigkeiten nichts *wollen*, sondern vom umliegenden Felddruck beeinflusst werden, erscheint plausibler, da eine auch gegen die Gravitation gerichtete Kraft nicht durch das „Wollen" des

Wassers entstehen kann – aber auch nicht durch die beziehungslose Gegenüberstellung zweier Begriffe (Grenzflächen *Wasser-Glas* : *Luft-Glas* oder *Kohäsion* : *Adhäsion*).

[27] Die Abschattung des Alldrucks und die damit verbundenen Gravitationsveränderungen, die *nicht* der *Anziehungs*-These entsprechen, wurden bei Experimenten während Sonnenfinsternissen (Mond schirmt den Sonnendruck ab) bewiesen, zuletzt am 9.3.1997 durch das Institut der Geophysik, Chinesische Akademie für Wissenschaften. Viele Forscher haben inzwischen Druck-Theorien der Gravitation entwickelt. Sie alle haben das Problem, die inzwischen zweifelsfrei existenten Gravitationsfinsternisse mit Teilchenströmen zu erklären. Eindeutige Ergebnisse brachten die Untersuchungen der Umlaufbahn des LAGEOS-Satelliten. Im Erdschatten (Erde schirmt Sonne ab) ergaben sich deutliche Gravitationsänderungen, die auf einen *Druck* hinwiesen.

[28] Generell bereitet den Astronomen die Strukturbildung große Probleme, weil die postulierte absolute Homogenität und Isotropie des Universums aufgrund neuerer Beobachtungen nur näherungsweise gültig und mit der erfolgten Strukturbildung inkonsistent ist. Dies betrifft die Existenz sehr großer Strukturen ebenso wie das bisher im Rahmen des kosmologischen *Standardmodells* nicht reproduzierbare *Clustering* und dessen räumliche Verteilung. Ebenfalls nur schwer erklärbar sind die *Leerräume* und die Entdeckung sehr alter Objekte. Damit hätte die Strukturbildung in Anbetracht der beobachteten hohen Isotropie überaus schnell stattgefunden. Im Rahmen des kosmologischen Standardmodells sind keine Mechanismen denkbar, die aus einer nahezu homogenen Materieverteilung derart schnell ausgeprägte Strukturen hervorbringen könnten. Die aufgrund der relativen Häufigkeit chemischer Elemente bestimmte maximale Materiedichte steht in deutlichen Widerspruch zu den Werten, welche für eine *gravitative* Bindung von Galaxien und Galaxienhaufen minimal erforderlich sind. Darüber hinaus sucht man bis heute vergeblich nach Sternen der ersten Generation mit entsprechend niedrigem Metallgehalt; zumindest die Anteile an Bor und Beryllium sind ebenso regelmäßig überhöht wie die von Eisen (auch Deuterium kommt zu häufig vor).

[29] Für die Entstehung von heißen Gasringen um manche Sterne sind

starke Magnetfelder verantwortlich. Das fanden Myron Smith vom Space Telescope Science Institute in Baltimore und Detlef Groote von der Universität Hamburg heraus, indem sie das ultraviolette Licht von vier Sternen mit Ring analysierten. Wie die Forscher im Fachblatt Astronomy and Astrophysics berichten, sind Ringe um Sterne wahrscheinlich mindestens doppelt so häufig wie bislang gedacht. Ihre Studie ergab auch, dass Sterne von unterschiedlicher Zusammensetzung nach dem gleichen Prinzip Ringe erzeugen.

[30] Astronomen des Jet Propulsion Laboratory (JPL) der NASA haben im Orionnebel und in der Galaxie NGC 2264 junge Sterne entdeckt, die sich langsamer drehen als erwartet. Das könnte ein Hinweis darauf sein, dass sich in den Staubscheiben um diese Sterne Planeten gebildet haben. „Ein junger, schrumpfender Stern sollte sich wie eine Schlittschuhläuferin verhalten, die ihre Arme an den Körper zieht und sich deshalb schneller dreht", erklärt Luisa Rebull vom JPL. Sie und ihre Kollegen glauben, dass in den Staubscheiben dieser langsam drehenden Sterne Planeten entstanden sind, die ihrem Mutterstern Drehimpuls stehlen Eine endgültige Klärung erhoffen sich die Wissenschaftler von dem Weltraumteleskop SIM (Space Interferometry Mission), dessen Start für das Jahr 2009 geplant ist. SIM wird unter Ausnutzung optischer Interferometrie dazu in der Lage sein, Planeten bis hinab zur Größe der Erde zu entdecken. (März 2003!)

[31] Ein internationales Astronomenteam hat ein Planetensystem entdeckt, das gerade in seiner Entstehungsphase ist. Es ist das erste Mal, dass Wissenschaftler die Geburt neuer Planeten direkt beobachten können, berichtet die NASA. Der 2400 Lichtjahre entfernte Stern „KH 15D" strahlt ein Licht aus, das alle 48 Tage für den Zeitraum von 18 Tagen verblasst. Die Astronomen um William Herbst vermuten, dass eine Ansammlung kleinerer Objekte wie Staub, Felsen oder Asteroiden das Licht zeitweise abschirmen. Aus solch einer so genannten protoplanetarischen Scheibe haben sich auch die Erde und die anderen Planeten gebildet. Das Material findet sich so schnell zu Planeten zusammen, dass Forscher den Prozess innerhalb eines Zeitraums von Monaten und Jahren direkt verfolgen können. Weitere Beobachtungen von KH 15D werden auch ein neues Licht auf die Ursprünge unseres Sonnensystem werfen, hoffen die Astronomen.

Die Geologin Brigitte Zanda-Hewins vom Naturhistorischen Museum in Paris schreibt, nur etwa 20 Millionen Jahre hat es gedauert, bis sich aus einer Staubscheibe um die Ursonne die Erde geformt hat (Science, 1. März 2003, Bd.295, S. 1705). Die Geologen hatten mit neuesten Geräten fünf Milliarden Jahre alte Meteoriten untersucht. Sie stammen aus der Zeit, als sich die Erde gerade formte und vermitteln ein Bild der damaligen Epoche. Bisher waren Forscher davon ausgegangen, dass die Erde mehr als doppelt so lange für ihre Entstehung brauchte.

[32] Ein Astronomenteam der Universitäten von Berkeley, Kingston sowie des Southwest Research Instituts in Boulder in den Vereinigten Staaten um Ed Thommes postulierten aufgrund eines Computermodells, dass Uranus und Neptun wohl näher an der Sonne entstanden sein mussten. Wären Uranus und Neptun in der Entfernung ihrer heutigen Umlaufbahn von der Sonne entstanden, so könnten sie den Computersimulationen zu Folge nur ein Gewicht von etwa 10 Erdmassen besitzen. Die beiden Planeten besitzen jedoch das Gewicht von ungefähr 15 bzw. 17 Erdmassen.

[33] Albert Einstein postulierte 1905 zur Deutung des Photoeffekts die Photonen. David Blohm und andere Forscher erkannten jedoch vier Jahrzehnte später, dass der Photoeffekt auch ohne Photonen-Hypothese erklärbar ist. Licht könnte ein veränderliches elektromagnetisches Feld sein, das mit den einzelnen Atomen einer Metalloberfläche wechselwirkt, die nur bestimmte Energiemengen aufnehmen können. Strenggenommen heißt das, Einstein hat den Nobelpreis unverdienterweise erhalten.

[34] Ein Supercomputer an der Cornell University, auf dem ein außergewöhnlicher Gravitationszusammenbruch im Universum simuliert wurde, hat Astrophysiker mit Ergebnissen überrascht, die nach Einsteins ART nicht auftreten dürften. Die Wissenschaftler erklärten, das Simulationsverfahren habe möglicherweise einen Fehler in zumindest einem Teilaspekt von Einsteins Theorie über das Verhalten von Raum, Zeit, Materie und Gravitation aufgedeckt. Durch die Simulation wurde gezeigt, dass eine gigantische Materiewolke, deren Teilchen durch Gravitation in Form eines eiförmigen (amerikanischen) Fußballs zusammengehalten werden, sich bei ihrem plötzlichen internen Zusammenfallen an den beiden Enden in unendlich kleine Materieteilchen und unendlich große

Gravitationskräfte auflöst. Wissenschaftler haben diesen Vorgang bislang im Rahmen der ART als sog. „naked singularities" kalkuliert. „Naked singularities", so die bislang gültige Annahme, existieren in den bekannten „schwarzen Löchern", also Regionen im Universum, in denen die Gravitationskräfte so stark sein sollen, dass weder Materie, noch Energie, noch nicht einmal Licht aus ihnen entweichen könnte. Nach den Ergebnissen der Supercomputer-simulation ist die Natur jedoch überhaupt nicht in der Lage, diesen Vorgang zu produzieren. „Naked Singularities existieren überhaupt nicht", meint Dr. Stuart Shapiro, ein Astrophysiker an der Cornell-University, der das Simulationsverfahren entwickelt hat. „Wenn also die Simulationsergebnisse aufzeigen", so Shapiro, „dass Einsteins Theorie zu derart unbestimmbaren Größen führt, zur Freisetzung ungebundener Kräfte, so ist das ein Zeichen, dass die Theorie selbst überprüft werden muss, oder dass zumindest Zweifel hinsichtlich der Anwendbarkeit der Theorie in diesem speziellen Zusammenhang angebracht sind."

[35] Forscher des Massachusetts Institute of Technology (MIT) haben die Abhängigkeit der Gravitationskonstanten von der Orientierung im Raum experimentell nachgewiesen. Leiter der Forschungsgruppe Michael Gerschtein erklärte gegenüber United Press International, dass die Änderung von G mehr als ein halbes Promille betragen könnte, was eine völlig neue Gravitationstheorie erfordern würde. Auch viele anderen physikalischen Gesetze müssten neu geschrieben werden. Der von Michael Gerschtein gemessene Effekt ist nämlich sogar um ein Vielfaches größer als Einsteins Korrekturen am Newton'schen Gravitationsgesetz. (wissenschaft.de/ wissen/ news/ 148908)

[36] Am RHIC-Beschleuniger in Brookhaven sind Physiker bei Aus-wertung ihrer Daten auf unerwartete Probleme gestoßen. Das Ergebnis ihres Experimentes verletzte eine der wichtigsten Symmetrien der Teilchenphysik, die Lorentz-Boost-Invarianz. „Etwas scheint grundsätzlich anders zu funktionieren, als bisher gedacht", stellte Steven Manly von der Universität von Rochester fest. (Physical Review Letters Bd. 89, Nr. 22, 222301)

[37] Der Physiker J. J. Shapiro maß experimentell die Änderung der Gravitationskonstante schon in den 70er-Jahren. Veröffentlicht in Physical Revue Letters: G nimmt pro Jahr um etwa $2 * 10^{-10}$ ihres

Wertes ab (hobby Nr. 18, 1-9-1971, Seite 128). Ein ähnliches Ergebnis wurde am 1.5.2000 von Stephen Merkowitz bekannt gegeben (Kongress der American Physical Society).

[38] Kosmologen postulierten eine „dunkle Materie", die das Weltall zu mindestens 90% ausfüllen soll - aber niemand hat bisher auch nur einen Zipfel dieser ominösen Substanz entdeckt. Die brauchen wir auch nicht, meint der Astrophysiker Mordehai Milgrom, der die von Stacy S. McGaugh zuerst vorgeschlagene MOND-Theorie ausbaute. Dabei steht MOND für „Modified Newtonian Dynamics", eine simple Modifikation des Newtonschen Gravitationsgesetzes. Nach Newton ist die schwere Masse (verantwortlich für die Schwerkraft) immer gleich der trägen Masse (verantwortlich für die Fliehkraft). Kennt man die eine, kann man die andere berechnen. Diese Identität wird nun einfach für die gigantischen Massen in den äußeren Randbezirken der Galaxien bezweifelt. Dort sollen träge und schwere Masse nicht mehr äquivalent sein. Konsequenz: Die Fliehkraft wird kleiner (und die ART ist nicht mehr gültig!). Milgrom errechnete willkürlich einen „Verkleinerungsfaktor", ohne ihn zu begründen (eine in der Physik durchaus übliche Vorgangsweise!) und fand sein Gesetz an diversen Galaxien „bestätigt". Überdies glaubt man, mit der MOND-Hypothese die Trägheit aller Körper zwanglos aus den schweren Massen des gesamten Universums ableiten zukönnen (Mach'sches Prinzip).

[39] Die Idee der beschleunigten Expansion des Alls stammt von Saul Perlmutter (University of California in Berkeley) und Brian Schmidt (Mount Stromlo Observatory, Australien). Sie kamen zu der Erkenntnis, dass Supernovae um 20% zu schwach leuchten. Daraus folgerten sie, dass die Welt sich früher langsamer ausdehnte - und in Zukunft schneller expandieren wird. Doch der Astrophysiker Michael Rowan-Robinson vom Imperial College, London, will den Autoren schwere Mess-, Rechen- und Interpretationsfehler nachgewiesen haben. Kosmischer Staub dämpft bekanntlich das Licht von dahinter liegenden Sternen. Mark Phillips vom Las Campanas Observatory in Chile bestimmte einen Dämpfungsfaktor von 25% für nahe Supernovae - was von den Befürwortern der beschleunigten Expansion ignoriert worden war. Die Supernovae waren außerdem erst beobachtet worden, als sie ihre maximale Leuchtstärke bereits erreicht hatten. Also konnte ihre größte

Helligkeit gar nicht gemessen werden. Bei der Neuberechnung der Rohdaten verschwand das Phänomen der zu geringen Helligkeit. Die Beschleunigung der Expansion könnte also ein Hirngespinst sein.

[40] Die Frage, warum es nachts dunkel ist, wenn es doch nahezu unendlich viele Sterne gibt, ist ein Problem, das schon im 17. Jahrhundert diskutiert und durch Olbers 1823 populär wurde. Das Olbers'sche Paradoxon fragt, warum der Nachthimmel nicht hell erscheint, wenn das Universum unendlich groß ist und es überall ähnlich viele Sterne gibt wie in unserer Umgebung. Olbers meinte, dass es zwischen den Sternen dunkle Materie geben müsse, was aber gegenwärtig nicht die Lösung sein kann. Wir wissen mittlerweile, dass durch die Expansion des Universums das Licht entfernter Sterne rotverschoben wird, und das - je nach Entfernung - in einen nicht sichtbaren Bereich des Spektrums.

[41] Als die Physiker Wilson und Penzias die kosmischen Hintergrundstrahlen entdeckten, hatten sie genau die Wellenlänge, die sie nach Voraussagen der Theoretiker (insbesondere George Gamov) haben sollten. Sie entsprachen einem „Schwarzen Strahler", einer gleichförmigen Strahlungsquelle, von 2,7 Kelvin. Und die kosmische Hintergrundstrahlung war auch so gleichmäßig, wie die Kosmologen sie brauchten. Doch benötigt die kosmische Hintergrundstrahlung zur Erklärung gar keinen Urknall. Wie der Physiker André K.T. Assis von der Universität Campinas (Brasilien) zeigt, haben vor Penzias und Wilson schon andere Physiker die Temperatur des leeren Weltalls berechnet, und zwar mit Hilfe des Stefan-Boltzmannschen Strahlungsgesetzes allein aus der Strahlung der Sterne und Galaxien. Und sie kamen zu besseren Vorhersagen als Gamov! Hier einige Beispiele (K = Grade über dem absoluten Nullpunkt): C.E. Guillaume (1896): 5-6 K; Arthur Eddington (1926): 3,18 K; E. Regener (1933): 2,8 K; George Gamov (1952) 50 K (!). Alle Autoren, die allein vom Sternenlicht ausgingen, kamen auf ziemlich gute Werte. Allein Gamov, der vom Urknall ausging, errechnete eine völlig falsche Temperatur. Mehr noch: Als die Erkenntnis der Hintergrundstrahlung sich in der Fachwelt durchsetzte, wies Gamov in einem Brief an die Entdecker darauf hin, dass er genau die gemessene Temperatur (2,7 Kelvin) vorausgesagt hätte - dabei war sein Wert zwanzigmal höher!

[42] Nach derzeitigen Erkenntnissen soll der Radius des Universums

etwa 10^{23} km (100.000.000.000.000.000.000.000 km) betragen. Aber mit der Entfernungsbestimmung in der Astronomie ist es so eine Sache. Viele Distanzen können allenfalls relativ zu anderen bestimmt werden, andere wiederum nur unter gewissen Annahmen. Eine dieser Annahmen ist, dass Supernovae vom Typ Ia immer den gleichen Helligkeitsverlauf zeigen. Machen sie das aber nicht, *und zu dieser Vermutung besteht nach neuesten Erkenntnissen Anlass*, bricht das astronomische Kartenhaus zusammen.

[43] Die Bewegung unserer Galaxie durch das Universum ist auch an weit entfernten Radiogalaxien nachweisbar. Die Astronomen Chris Blake und Jasper Wall benutzten ein Radioteleskop des National Radio Astronomy Observatory's Very Large Array zur Untersuchung der Anzahl weit von unserer Galaxie entfernter Radiogalaxien. Die Dichte dieser Galaxien war in der Bewegungsrichtung unserer Galaxie um ein Prozent höher als in der entgegengesetzten Richtung feststellbar. Die Untersuchung stimmt auch mit Beobachtungen der Dopplerverschiebung der kosmischen Hintergrundstrahlung überein, die auch durch die Bewegung unserer Galaxie verursacht wird. (Nature, Band 416 Seite 150)

[44] Andromedanebel M 31, Objekt-Typ: Spiral-Galaxie Entfernung von der Erde: ca. 2.500.000 Lichtjahre (77.000 parsecs) Durchmesser der Galaxie: 160.000 bis 200 000 Lichtjahre. Die Große Galaxie im Sternzeichen Andromeda ist die größte Galaxie in dem Galaxienhaufen, der auch unsere Milchstraße enthält. Die Galaxie M 31 enthält mehr als 300 Milliarden Sonnen. Sie wird von dreimal so vielen Kugelsternhaufen umkreist wie die Milchstraße. M 31 ist auch das am weitesten entfernte Objekt, das mit freiem Auge sichtbar ist. Zwei Satellitengalaxien NGC 205 und M 32 können im selben Bereich gesehen werden. Durch Messungen an der Hintergrundstrahlung weiß man heute auch, dass sich unsere Milchstraße auf den Andromedanebel zu bewegt.

[45] Ein internationales Team der europäischen Weltraum-Agentur (ESA) unter Leitung von Max P. Bernstein (USA) und Guillermo M. Caro (Europa) simulierte die Bedingungen des Weltraums im Labor. Sie schufen die für interstellare Dunkelwolken verantwortlichen Staubkörner in speziellen Druckkammern, wo sie eine Temperatur von -260° C und ein fast ideales Vakuum herstellten. Auch legten sie großen Wert auf Keimfreiheit. Sie statteten die Kammern mit den

Ingredienzien interstellarer Wolken aus: Kohlenmonoxid, Kohlendioxid, Ammoniak und Zyan-Wasserstoff. Nunmehr bestrahlten die Forscher die künstlich hergestellten Staubwolken mit UV-Strahlen (wie es im Weltall durch heiße Sterne geschieht). Dabei bildeten sich von selber Aminosäuren wie Glyzin, Alanin und Serin - insgesamt 16 verschiedene Bestandteile. Weil solche Wolken Tausende von Lichtjahren groß sind und andere Wolken bzw. schon fertige Sonnensysteme durchdringen, nehmen die Forscher an, dass in Staubwolken erzeugte Aminosäuren weit vorbreitet sind - sozusagen Samen für künftiges Leben auf dafür geeigneten Welten.

[46] Zum Verständnis der genetischen Entwicklung des Lebens hat man begonnen, die Dynamik von RNA-Molekülen unter verschiedenen äußeren Bedingungen zu beobachten. Ralf Bundschuh von der Ohio State Universität hat dazu mit Kollegen von der Universität von Kalifornien in San Diego mittels Computersimulationen das Temperaturverhalten von RNA-Molekülen analysiert. Man fand heraus, dass RNA wie Wasser in verschiedenen Temperaturbereichen unterschiedliche Phasen annimmt. Die Moleküle verhalten sich bei tiefen Temperaturen wie Glas, bei höheren Temperaturen wie eine Schmelze. Die temperaturabhängigen mechanischen Eigenschaften der RNA haben wiederum große Auswirkungen auf deren dreidimensionale Raumstruktur – sie schränken die Faltungsmöglichkeiten des Moleküls ein. Der an den NEC-Laboratorien beschäftigte Wissenschaftler Ranjan Mukhopadhyay stellte mit eigenen Computersimulationen über die Faltung von RNA fest, dass die möglichen räumlichen Strukturen eines RNA-Moleküls genau dann am stabilsten sind, wenn dieses aus einer Abfolge von genau vier unterschiedlichen Basen besteht. Dies erklärt, wieso sich RNA-Moleküle mit vier Basen im Laufe der Evolution gegenüber Varianten mit mehr oder weniger Basen durchsetzen konnten.

[47] Die nunmehr deutlich erkennbare eklatante Abweichung von den gängigen Theorien der Biologie und Biochemie ist durchaus beabsichtigt. Die Funktionsweise des Ribosoms ist bislang vollkommen ungeklärt geblieben. Wir schlagen hier eine absolut neue Variante vor. Nach gängiger Theorie liest das Ribosom den genetischen Code des Erbgutstranges DNA und baut aufgrund dieser Abfolge die von der Zelle benötigten Proteine zusammen. Es stellte

sich mittlerweile als ein großes Knäuel aus mehr als 50 Proteinen und verschiedenen Ribonukleinsäuren (RNA) heraus. Die neue „Landkarte" der Proteinfabrik, entwickelt von Harry Noller und Kollegen der University of California at Santa Cruz, bildet eine Grundlage, auf der sich andere, früher entdeckte Teilstrukturen zum kompletten Bild zusammenfügen lassen werden. Beispielsweise war die Struktur der zwei Ribosom-Hälften bereits bekannt – die neue Karte zeigt jedoch die Lage beider Hälften samt einer Lücke dazwischen, wo die Protein-Produktion stattfindet.

[48] Die „Datenverarbeitung" der DNA mittels des Elektronenspins wurde von Forschern erst Ende 2002 entdeckt. US-Wissenschaftler bewiesen mit aufwändigen Computer-Simulationen, dass Erbgut-Stränge sogar das Fließen von Elektronen in Abhängigkeit von deren Polarisierung beeinflussen können. Damit könnten DNA-Moleküle einen interessanten Baustein für zukünftige molekulare Schaltkreise liefern. In ihren Modellen entdeckten Michael Zwolak und Massimiliano Di Ventra vom Virginia Polytechnic Institute, dass DNA-Moleküle Elektronen mit entgegengesetzten Spin unterschiedlich gut leiten. Das dürfte sich für die Konstruktion eines Elektronen-Ventils oder eines Spin-Schalters auf molekularer Ebene eignen. (aus Applied Physics Letters).

[49] DNA-Stränge schwimmen natürlich nicht einzeln im Zytoplasma herum. Sie binden sich aufgrund der negativ geladenen Phosphatgruppen an so genannte Histon-Proteine und bilden spezifische Einheiten (Nucleosomen, Chromatin-Fibrillen etc.). Um die Lesbarkeit des Textes zu erhalten, sind alle mikrobiologischen Prozesse extrem vereinfacht dargestellt, da es nur um ein prinzipielles, schematisches Verständnis von Vorgängen geht, deren Komplexität im Universum durch nichts übertroffen wird.

[50] Die derzeit gültige Theorie der Proteinbiosynthese an Ribosomen unterscheidet sich gering von unserer Schilderung und verläuft in 3 Schritten: 1. Initiation: Eine m-RNA bindet sich an die 40s-Untereinheit eines Ribosoms. 2. Elongation: Beginnend an Starttriplett oder Startcodon lagern sich Tranfer-Ribonucleinsäuren (t-RNAs) mit spezifisch gebundenen Aminosäuren entsprechend des kopierten genetischen Codes auf der m-RNA nacheinander an das Ribosom an. Mit Hilfe des Enzyms Peptidyl-Transferase werden die Aminosäuren, aus denen das Protein entsteht aneinander geknüpft.

Dabei lösen sich die t-RNAs wieder vom Ribosom, nachdem sie ihre Aminosäuren abgegeben haben. 3. Termination = Kettenabbruch: Sobald das Stopcodon der m-RNA erreicht ist, zerfällt das Ribosom in seine Untereinheiten unter GTP-Verbrauch und das fertige Protein löst sich von der letzten t-RNA.

[51] Auch bei dem Bakterium Mycoplasma genitalium haben Wissenschaftler diese Tatsache jetzt festgestellt: lediglich ein paar Hundert Gene wäre für ihr Leben notwendig. Mit Hilfe der so genannten Transposon-Mutagenese wurde herausgefunden, dass die Mikroorganismen auf alle ihre übrigen Gene verzichten könnten.

[52] Die Eukaryontenzellen unserer Tier- und Pflanzenwelt enthalten sehr viel mehr DNA als für die Aminosäuresequenzen der Proteine nötig ist. Auf niedrigerer Stufe stehende Lebewesen, die im Gegensatz zum Menschen weniger Gene verbraucht haben, weisen daher einen enormen Überschuss auf – so hat der Molch mehr DNA in der Zelle als der Mensch. Da Pflanzen eine immer noch generell niedrigere Stufe des Lebens darstellen, ist zu erwarten, dass sie eine relativ unverbrauchte Informationssammlung besitzen. So haben manche Pflanzen, z.B. Lilien wesentlich mehr DNA als jede tierische Zelle! In der Regel werden lediglich 1% der DNA für den Bauplan der Zelle auch benutzt, die Sammlung der restlichen 99% der Sequenzen ist also offensichtlich ungenutztes Programm. Diese ungenutzte DNA enthält aber transponierbare Elemente und es hat sich gezeigt, dass Teile davon sich wie eine Infektion ausbreiten und einen immer größeren Anteil des Genmaterials beeinflussen können.

[53] Amerikanische Forscher haben herausgefunden, dass die Unterschiede zwischen der DNA von Menschen und Schimpansen weit größer sind als ursprünglich angenommen wurde. Bisher glaubte man, der Unterschied liege bei etwa 1,5 Prozent. Tatsächlich sind es jedoch fünf Prozent, schreiben Roy J. Britten und seine Kollegen in der Fachzeitschrift „Proceedings" (Doi10.1073). Der Wissenschaftler (California Institute of Technology, Pasadena) erklärt die neuen Ergebnisse damit, dass man bisher nur die Unterschiede des Basenaustausches der DNA bestimmt habe. Man hatte sich nie damit beschäftigt, ob die Deletions- und Insertionsereignisse der menschlichen und der Schimpansen-DNA übereinstimmen oder nicht. Doch durch das Herausbrechen (Deletion) oder das Einfügen (Insertion) von Basen, entsteht ein

charakteristisches Muster für jede Spezies. Verglichen mit dem Austausch einer einzelnen Base sind Deletionen und Insertionen zwar zehnmal seltener als der Austausch einer einzelnen Base. Dafür betreffen diese Vorgänge jedoch mehrere Hundert Basen. Addiert man die Unterschiede des Basenaustausches zu den der Insertions- und Deletionsereignisse, weichen das Erbgut der Schimpansen und das menschliche Genom letztlich doch um fünf Prozent voneinander ab – was den Menschen weit mehr vom Affen trennt als gedacht.

[54] Die Evolution des Lebens verläuft möglicherweise sehr viel schneller, als bisher gedacht. Wissenschaftler aus Neuseeland haben mit einer besonders genauen Methode Erbmoleküle aus den Knochen fossiler Pinguine untersucht. Dabei entdeckten sie, dass sich die Moleküle in den letzten siebentausend Jahren doppelt bis siebenfach so schnell verändert haben, als es nach Lehrbuchmeinung sein dürfte. Über den Fund berichtete das Magazin „Science".

[55] Eine Forschergruppe hat mit Hilfe der so genannten Transposon-Mutagenese herausgefunden, dass Mikroorganismen wie z. Bsp das Bakterium Mycoplasma genitalium mit ein paar Hundert Genen ihr Auskommen hätten und auf alle ihre unzähligen übrigen Gene verzichten könnten.

[56] Neuron = Nervenzelle; Zelle des Nervengewebes. Nervenzellen sind die einzige Zellart, welche der Reizbildung und -weiterleitung dienen. Ihr Zellkörper (Perikaryon) besitzt stets nur einen Zellkern (Nucleus) mit einem oder mehreren Kernkörperchen (Nucleolen) und neben den üblichen Zellorganellen die nur in Neuronen auftretenden Nissl-Schollen (auch als Nissl Substanz, Nissl-Körperchen od. Tigroid-Substanz bezeichnet = basophiles Ergastoplasma, bestehend aus rauem Endoplasmatischen Retikulum und Polyribosomen). Nissl-Schollen (Nissl-Körperchen) finden sich außerdem in großen Mengen nur noch in den Dendriten (Zellfortsätzen). Die Differenzierung eines Neurons erkennt man besonders an der Zunahme der Nissl-Substanz. Verminderung der Nissl-Substanz bei Ermüdung, Schädigung oder Vergiftung; reversibler Verlust bei Ischämie, irreversibles Abdriften bei Alzheimer Typ II. Neuaufbau und Regeneration überwiegend während des Schlafs. Motoneurone (sie steuern Muskeln an) enthalten besonders zahlreiche und große Nissl-Schollen.

[57] Wir verwenden die Bezeichnung „Nissl-Körperchen", obwohl sie

veraltet ist, weil man die entsprechende Struktur im Neuron jetzt raues endoplasmatisches Retikulum (rER) nennt, mit Absicht, da wir die derzeit gängige Ansicht der Molerkularbiologen, alle RNA-Konglomerate in der Zelle seien Ribosomen, nicht teilen. Siehe auch vorhergehende Anmerkung!

[58] Schweizer Wissenschafter haben sich erstmals 1989 per Elektronenmikroskop von den Veränderungen an Nervenzellen im Gehirn, die für die Anlage des Langzeit-Gedächtnisses verantwortlich sind, im wahrsten Sinne des Wortes „ein Bild machen" können. Die Forscher konnten an Gehirngewebe von Ratten fotografisch belegen, dass das Langzeit-Gedächtnis auf der Bildung von zusätzlichen Bindungsstellen (Synapsen) zwischen Neuronen (Nervenzellen) beruht.

[59] Diese eingeschränkte Willensfreiheit ist allen Lebewesen eigen, deren Neuronen nach der Methode der Hemmung arbeiten. Auch beim Menschen sind neuronale Prozese für das Verhalten entscheidend. „Der freie Wille ist nur eine nützliche Illusion", sagt der Neurobiologe Gerhard Roth (Universität Bremen). Experimente des amerikanischen Neurophysiologen Benjamin Libet legen den Schluss nahe: Menschen tun nicht, was sie wollen, sondern sie wollen, was sie tun. Libet ersuchte Versuchspersonen, spontan den Entschluss zu fassen, einen Finger oder die ganze Hand zu bewegen, und hielt den Augenblick der Entscheidung mit einer Uhr fest. Protokolliert wurden dann erstens dieser Zeitpunkt, zweitens der Zeitpunkt, an dem sich erstmals ein so genanntes Bereitschaftspotenzial als Vorbereitung der Bewegung im Gehirn aufbaute, und drittens der Zeitpunkt der tatsächlichen Bewegung. Das Ergebnis war eine überraschende Reihenfolge: Der bewusste Entschluss zur Handlung trat 0,2 Sekunden vor dem Bewegungsbeginn auf, aber erst mehr als 0,3 Sekunden nach dem Beginn des Bereitschaftspotenzials.

Kann also das Wollen gar nicht die Ursache der neuronalen Aktivität sein? Für Gerhard Roth tritt der Willensakt tatsächlich erst auf, nachdem das Gehirn schon entschieden hat, welche Bewegung es ausführen wird. Für Libet selbst bedeutet sein Ergebnis, dass die Macht des Willens eingeschränkt ist. Der Wille sei kein Initiator, sondern ein Zensor. In der Diskussion ist auch in Frage gestellt worden, ob Entscheidungen momentane Akte sind. Und nicht vielmehr Prozesse, deren Ergebnis manchmal erst nach deren Abschluss bewusst wird. So halten es einige Forscher für durchaus möglich, dass die von Libet angenommene augenblickliche Entscheidung nur die letzte Stufe eines früher begonnenen Entscheidungsprozesses ist. Genauso zutreffend scheint die Feststellung der Neurobiologen zu sein, dass alle Prozesse im Gehirn deterministisch (Willensfreiheit ausschließend) sind, und dass Ursache für eine jegliche Handlung der unmittelbar vorangehende Gesamtzustand des Gehirns ist.

Der Philosophieprofessor Hans Goller (Universität Innsbruck) konstatiert, die Hirnforschung sei weit davon entfernt, die neuronale Grundlage des Erlebens der Willensfreiheit identifiziert zu haben. Goller: „Es gibt erste interessante Hinweise. Diese belegen das Faktum, dass bestimmte Hirnareale und -funktionen eine notwendige Bedingung für Willenserlebnisse sind. Sind sie auch eine hinreichende Bedingung? Die interdisziplinäre Erörterung der Willensfreiheit zeigt, dass unser Wissen über das Gehirn und deren Leistungen in einem fundamentalen Sinne unvollständig ist."

[60] Dieses Gedächtnis-Gleichnis mit einem Metallwürfel ist keineswegs eine verstiegene Idee. Versuche mit Supraleitern haben gezeigt, dass Metalle tatsächlich so eine Art Gedächtnis aufweisen: Steigende Temperaturen oder ein starkes Magnetfeld können einen metallischen Supraleiter wieder zu einem gewöhnlichen Leiter machen. Doch Experimente mit dem Element Aluminium erbrachten eine Überraschung. Bei einer bestimmten Ausrichtung des Magnetfeldes hängt die Höhe der Sprungtemperatur nämlich davon ab, ob die Probe *schon supraleitend ist oder noch werden soll* - das Aluminium „kennt" sozusagen seine *Vergangenheit*. Auch wenn kein Wissenschaftler weiß, wie diese Information gespeichert wird.

[61] Forscher konnten an Gehirngewebe von Ratten belegen, dass das Langzeit-Gedächtnis auf der Bildung von zusätzlichen Bindungsstellen (Synapsen) zwischen Neuronen (Nervenzellen) beruht. Diese Arbeiten liefen im Rahmen des internationalen Human Frontier Science Program, das 1989 von den G7-Staaten ins Leben gerufen wurde.

[62] „Die Radiowellen rufen Bewusstsein hervor, indem sie im Gehirn gespeicherten Informationen zu einem erlebbaren Gesamtbild zusammenfügen", sagt Johnjoe McFadden, Mikrobiologe von der

University of Surrey. Der menschliche Geist könnte damit ein elektromagnetisches Feld sein. „Viele ungelöste Fragen der Bewusstseinsforschung", so McFadden, ließen sich somit erklären. Beispielsweise das „Bindungsproblem": Zusammengehörende Informationen können trotzdem im Bewusstsein problemlos wieder verbunden werden. Der visuelle Eindruck im Gehirn ruft dazu elektrische Nervenaktivitäten hervor, die ein Radiofeld aufbauen. Von diesem elektromagnetischen Feld werden dann die dazu gehörenden Erinnerungen aktiviert. Auch den freien Willen erklärt der Brite mit dieser Theorie: Das elektromagnetische Feld könnte bestimmte Neuronen, also informationsverarbeitende Einheiten des Nervensystems, selektieren, in dem es sie abblockt oder fördert. Aber: Die Neuronen sind miteinander verbunden. Mit jeder Nervenaktivität wächst auch diese Verbindung. So könnte der Einfluss des Feldes im Laufe der Zeit abnehmen, weil viele Verknüpfungen später ganz automatisch vorgenommen werden.

[63] Einstein selbst hat in einer Rede - gehalten am 5. MAI 1920 an der Reichs-Universität zu Leiden – eine ähnliche Struktur wie die T.A.O.-Matrix vorgeschlagen (unbewegter Äther), indem er sagte: „Zusammenfassend können wir sagen: Nach der allgemeinen Relativitätstheorie ist der Raum mit physikalischen Qualitäten ausgestattet; es existiert also in diesem Sinne ein Äther. Gemäß der allgemeinen Relativitätstheorie ist ein Raum ohne Äther undenkbar; denn in einem solchen gäbe es nicht nur keine Lichtfortpflanzung, sondern auch keine Existenzmöglichkeit von Maßstäben und Uhren, also auch keine räumlich-zeitlichen Entfernungen im Sinne der Physik. Dieser Äther darf aber nicht mit der für ponderable Medien charakteristischen Eigenschaft ausgestattet gedacht werden, aus durch die Zeit verfolgbaren Teilen zu bestehen; *der Bewegungsbegriff darf auf ihn nicht angewendet werden.*"

[64] In der SRT kehrt bekanntlich in der Gegentransformation die Fundamentalgröße v tatsächlich ihr Vorzeichen um, obwohl die Lorentztransformationen zwischen dem gestrichenen und dem ungestrichenen System total symmetrisch sein sollten. Ein total symmetrischer Inertialvorgang enthält daher asymmetrische Transformationen. Dieser Makel wird von Relativisten seit hundert Jahren ignoriert, obwohl er die ganze Theorie in Frage stellt. Studierende an allen Universitäten weltweit beklagen sich bei den

Lehrbeauftragten über diese Unbegreiflichkeit: „Wie ist es möglich, dass die inverse Lorentztransformation trotz der totalen Symmetrie des Inertialvorgangs das Vorzeichen der Fundamentalgröße umkehrt?"

[65] Die Frequenz einer Uhr beliebiger Bauart ist, ... wie theoretisch und praktisch nachgewiesen ist, vom Gravitationspotential linear abhängig. Eine Atomuhr, die auf Meeresniveau eine bestimmte Frequenz hat und die an einen Ort höheren Niveaus transportiert wird, zum Beispiel zu dem 1650 Meter über dem Meer gelegenen US-Bureau of Standards in Boulder (Col.), geht dort um den Faktor + $1,8 \cdot 10^{-13}$ schneller. Dies ist keine Täuschung, denn bringt man die Uhr wieder auf Meeresniveau zurück, kann man an ihr ablesen, um wie viel sie auf dem höheren Niveau vorgegangen ist. (Zitat aus dem Brockhaus multimedial 2001). Die Frage, was mit der Uhr passiert, wenn sie in ein anderes Gravitationspotential kommt und ihre Frequenz entsprechend ändert, wird wohl selten gestellt. Die Uhr läuft auf einem Berg nicht deshalb schneller, weil einfach die Zeit schneller läuft. Sie geht dort schneller, weil sich ganz konkret diejenigen Bauelemente ändern, die die Frequenz bestimmen. Diese Feststellung bezeichnet eigentlich nur eine Identität: Die Änderung der frequenzbestimmten Bauteile ist mit der Aussage, die Uhr ändere ihre Frequenz, identisch. Foucault-Pendel und Uhrpendel erweisen sich als Schlüssel zum Verständnis der kosmologischen Folgerungen aus dem Mach'schen Prinzip.(Prof. Dr. Klaus Strobach, Stuttgart)

[66] Diese Höhe von 4.90 m stammt aus Berechnungen von John Archibald Wheeler (Gravitation und Raumzeit, S. 176). Andere Autoren, wie z.B. Thomas Fischbacher, Univ. München (1.20 m) kamen auf völlig andere, voneinander verschiedene Werte. Das zeigt, dass die Mathematik der ART keine einfache Sache ist.

[67] Siehe: „Das ABC der Relativitätstheorie" von Bertrand Russell, Frankfurt a. M.: Fischer Taschenbuch Verlag GmbH, 1989, Seite 95.

[68] Wilhelm von Ockham (um 1285 bis ca. 1349), in Ockham (Surrey) geborener englischer Philosoph, theologischer Schriftsteller und Franziskaner. Das Wilhelm von Ockham zugeschriebene Ökonomieprinzip der formalen Logik, demzufolge einfache Denkmodelle den komplizierten vorzuziehen seien, wird Ockhams Rasiermesser genannt.

[69] Die Vorstellung von Schwarzen Löchern ist nicht neu und kam

keinesfalls erst durch die Einstein'sche Theorie auf: Schon 1799 diskutierte Pierre Simon Laplace (1749–1827) die Frage, ob die Gravitationskraft eines Körpers so stark sein könnte, dass sie Licht am Entkommen hindern würde. Da Schwarze Löcher natürlich nicht direkt nachgewiesen werden können; sucht man in der von ins Schwarze Loch fallenden Körpern ausgesandten Strahlung Anhaltspunkte für die Existenz des Schwarzen Loches. So gilt mittlerweile als „erwiesen", dass Schwarze Löcher im Zentrum von vielen Galaxien auftreten.

[70] Das Mach'sche Prinzip: Ernst Mach (1838-1916) formulierte 1883 die Hypothese, dass die Trägheitskräfte durch die Gesamtheit der im Universum vorhandenen Materie verursacht werden. Dementsprechend sollte in einem Gedankenversuch die Trägheit eines Körpers verschwinden, wenn sämtliche übrige Materie entfernt wird. Entsprechend dem Newton'schen Eimerversuch kennzeichnet die parabolische Wölbung der Oberfläche eines mit Wasser gefüllten, rotierenden Eimers ein gegen den absoluten Raum rotierendes Bezugsystem. Da es aber nach Mach keinen absoluten Raum gibt, entsteht die Zentrifugalkraft als Ursache der Wölbung aufgrund der Rotation relativ zu den Fixsternen. Die umgekehrte Situation, nämlich die Rotation der Fixsterne um den ruhenden Eimer, ist nach Mach weder gedanklich noch experimentell vom Newton'schen Eimerversuch unterscheidbar, deshalb muss die Wasseroberfläche auch hier gewölbt sein. Das Mach'sche Prinzip war einer der Ausgangspunkte der Entwicklung der ART.

[71] Gekrümmter Lichtstrahl (Fata Morgana): Eine Küvette wird etwa 4cm hoch mit Wasser gefüllt und auf die optische Bank gestellt. Dann füllt man mit Hilfe des Rohres am Boden der Küvette die Kochsalzlösung ein, so dass sich in der Küvette zwei verschiedene Schichten bilden, oben Wasser und unten Kochsalzlösung. Man muss darauf achten, dass sich die Schichten nicht vermischen. Der Laser wird so am Tisch montiert, dass der Strahl kurz unterhalb der Schichtgrenze, leicht schräg nach oben, in die Küvette eintritt. Durch den sich kontinuierlich ändernden Brechungsindex entlang dieser Grenze verläuft der Strahl dann gekrümmt.

[72] Im GPS (Global-Positioning-System) wird tatsächlich eine Korrektur der relativistischen Effekte (die Uhren gehen aufgrund der Höhe der Satellitenbahnen schneller) vorgenommen, indem man die

Frequenz der Atomuhren in den Satelliten geringfügig herabsetzt (von 10,23 Mhz auf 10.229999995453 Mhz). Ob diese Korrektur zumindest hinsichtlich ART sinnvoll ist (die SRT-Fehler wären zu geringfügig), kann deshalb nicht überprüft werden, weil die Fehler aus anderen Ursachen wesentlich größer sind und die relativistischen verdecken. Die Fehler können folgende Ausmaße annehmen:

- Atmosphärische Effekte ± 5 Meter
- Schwankungen der Satellitenumlaufbahnen ± 2.5 Meter
- Uhrenfehler der Satelliten ± 2 Meter
- Störungen durch Reflektion der Signale ± 1 Meter
- Störungen durch die Troposphäre ± 0.5 Meter
- Rechnungs- und Rundungsfehler ± 1 Meter
- Relativistische Effekte ± 0,13 Meter

Mit 95-prozentiger Wahrscheinlichkeit weicht eine Positionsmessung mittels GPS nicht mehr als 100m für die horizontale Position und nicht mehr als 156m für die Höhe vom tatsächlichen Wert ab (Hofmann-Wellenhof & Lichtenegger 1994). Die „natürlichen" Fehler bringen den Löwenanteil an Ungenauigkeit in die Fehlerbilanz des GPS ein; sie sind bei weitem größer als jene 13 Zentimeter aus den Relativitätstheorien, so dass diese in der Praxis kaum eine Rolle spielen. Die Korrektur ist eine akademische Fleißaufgabe. Franz Embacher (Universität Wien): „Aufgrund dieser einfachen Lösung müssen sich GPS-Techniker nicht mit der Relativitätstheorie auseinandersetzen."

[73] Diese Erwartung ist eigentlich unverständlich: Das Relativitätsprinzip Galileis oder Newtons besagt, dass es nicht auf die Bewegung oder Ruhe eines Körpers ankommt, wenn wir ein physikalisches Experiment durchführen. Das heißt, dass wir zwischen ruhender und bewegter Erde gar nicht unterscheiden können. Wenn wir also Kanonenkugeln in verschiedene Richtungen abschießen, können wir aus ihren Geschwindigkeiten die Erdbewegung um die Sonne gar nicht feststellen. Wieso hat man eigentlich geglaubt, dass das Newton'sche Relativitätsprinzip durchbrochen werden könnte, wenn man statt Kanonenkugeln Lichtstrahlen nimmt? Michelson hatte bewiesen, dass es keinen Äther gibt - und was weiter? Dann gab es den Äther eben nicht.

Wieso hätte Licht dann den Bewegungszustand der Erde aufdecken sollen, wenn schon bekannt war, dass kein Experiment dies zulässt? Wieso hatte man erwartet, dass Lichtkorpuskeln sich anders wie Kanonenkugeln verhalten? Man musste ja nur das Relativitätsprinzip Newtons akzeptieren und benötigt gar keine SRT, um das Ergebnis des Michelson Versuches (und anderer) zu erklären. Mit Kanonenkugeln würden wir ganz das gleiche Ergebnis erhalten - aber niemand käme auf die Idee, dass sie vom „Äther" mitbewegt werden würden. (Posting aus dem BdW-Forum)

[74] Experimentatoren vom Lawrence Berkeley Laboratory in Kalifornien flogen in den Jahren 1976 bis 1977 in einem U2-Flugzeug hoch oben in der Erdatmosphäre. Sie fanden, dass es Unterschiede in der gemessenen Geschwindigkeit gegenüber einem durch die 3-K-Radioenergie definiertes kosmischen Bezugssystem gibt, es ergaben sich auch klare Ergebnisse für die Bewegung unserer Milchstrasse durch das Universum. Nigel Calder meint dazu in seinem Buch „Einsteins Universum": „Was falsch ist, ist nichts weniger als eine von Einsteins grundlegenden Annahmen: Für einen Astronauten, der sich mit gleichförmiger Geschwindigkeit bewegt, ist es unmöglich zu unterscheiden, ob er sich bewegt oder die Welt um ihn herum. Es stellte sich tatsächlich heraus, dass er das doch kann, und die kosmische Allgemeingültigkeit von Einsteins Theorie ist erschüttert."

[75] Warum sollte die vorgebrachte Schwimmeranalogie für das Verhalten des Lichts nicht zulässig sein? Kurz wäre dazu festzustellen, dass im Fall der Schwimmer eine Veränderung der Geschwindigkeiten erfolgt, im MICHELSON-Interferometer dagegen findet eine Veränderung der Strecken statt, und wir sollten den Versuch deshalb ganz genau durchleuchten.

Wir stellen uns des leichteren Verständnisses wegen ein gigantisches Interferometer mit Armlängen von 300000 Kilometern vor:

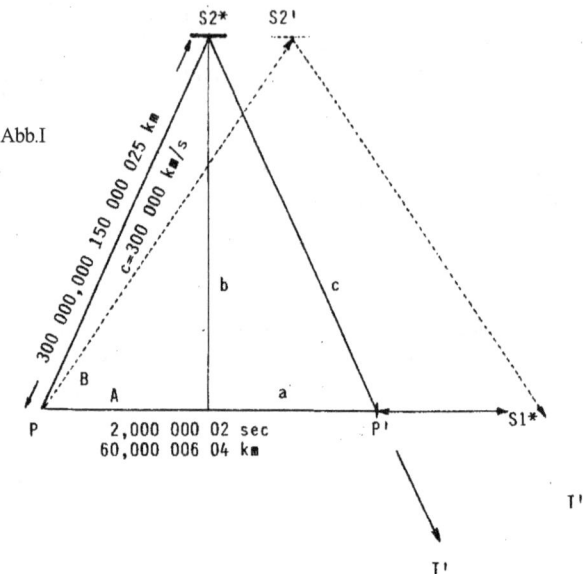

Abb.I

Die Abbildung I zeigt die Situation des senkrechten Interferometer-Armes, der sich in Bewegung befindet, für den Zeitraum auf, welcher für den waagrechten Strahl bis zur Rückkehr nach P' benötigt wird. Michelson erwartete eine Zeitdifferenz nach:

$$\Delta t = \frac{L}{c}\frac{v^2}{c^2} \qquad (1)$$

Michelson errechnete die Laufzeit des senkrechten Armes mit:

$$t = \frac{L}{(c^2 - v^2)^{\frac{1}{2}}} \qquad (2)$$

Übertragen auf unser riesenhaftes Gedankeninstrument ergibt sich so eine Zeit von

$$\frac{600000}{299999{,}999} = 2{,}000000006 \quad s$$

Die Laufzeit des in Bewegungsrichtung liegenden Armes errechnet sich mit

$$t = \frac{1}{c-v} + \frac{1}{c+v} = \frac{300000}{299970} + \frac{300000}{300030} = 2{,}00000002 \quad s \qquad (3)$$

Man erwartet daher einen Vorsprung des senkrechten Strahls von
2,000 000 02
-2,000 000 006
0,000 000 014 Sekunden

Dieser Wert ergibt sich mit Näherung auch mit Formel (1):

$$\Delta t = \frac{L}{c} \frac{v^2}{c^2} = \frac{600000}{300000} * \frac{900}{9000000000\ 0} = 0,00000001\ s \tag{1}$$

Nun sehen wir uns die Strecke des senkrechten Strahls genauer an. Unter der Bedingung des Galilei'schen Additionsverfahrens ergibt sich ein Dreieck P-P'-S2*, dessen Seiten 300 000,000 150 000 025 Kilometer und dessen Grundlinie 60,000 006 04 Kilometer betragen. Dies deshalb, weil der waagrechte Strahl nach 2,000 000 02 Sekunden nach P zurückkehrt, P jedoch währenddessen nach P' gewandert ist.

Der senkrechte Strahl benötigt für eine Länge rund 1,000 000 0005 Sekunden, kommt daher nach 2,000 000 001 Sekunden bei P' an, offenbar tatsächlich genau mit dem Vorsprung von

2,000 000 02
- 2,000 000 001
0,000 000 019 Sekunden.

Wir sehen, dass dies mit der vorhin berechneten Differenz von der Dimension her übereinstimmt, und Michelson tatsächlich von einer solchen Situation ausgegangen sein musste. Wir erkennen aber auch sofort, dass an der Sache etwas nicht geheuer ist.

Wenn die Strecke P-S2* zum Zeitpunkt der Reflexion des Strahls bereits mehr als 300 000 Kilometer betrug, Licht aber nicht schneller als 300 000 km/s sein kann, wie konnte es Spiegel S2* dann erreichen und treffen?

Angesichts des Schwimmerbeispiels müssen wir überrascht feststellen, dass es tatsächlich einen Unterschied zu machen scheint, ob sich der Fluss oder das Ufer bewegt.

Im Interferometer sieht darüber hinaus die Situation noch etwas strenger aus. Der Lichtstrahl ist an die Reflexionsgesetze gebunden; der Einfallswinkel bestimmt den Reflexionswinkel. Erwartete Michelson den Strahl auf P', so sollte die Reflexion auf S2* erfolgen das aber konnte niemals stattfinden. Denn wollte der Strahl den

Spiegel überhaupt treffen (wenn er tatsächlich die Stelle S2* erreicht, ist der Spiegel inzwischen ja weitergewandert), so musste ein zusätzlicher Winkel vorgegeben werden.

Um es zu wiederholen: Im Schwimmerbeispiel ist nur einer der Punkte imaginär - entweder Start oder Ziel. Im Interferometer lautet die Strecke: Von dort, wo P war nach dort, wo S2* sein wird - beide Punkte sind imaginär!

Michelsons Experiment eignete sich jedenfalls nicht dazu, ein „Zurückbleiben" des Lichts aufzuzeigen. Denn beim Anvisieren des Spiegels S2 wird der Winkel bereits automatisch vorgegeben, weil das Bild des Spiegels Zeit benötigt, um P zu erreichen. Gibt man nun vorsorglich den Galilei-Winkel vor, um den Spiegel zu treffen, so hat man in Wahrheit diesen Winkel - ohne es zu ahnen - zweimal eingesetzt. Und nur unter dieser Bedingung wird der Spiegel tatsächlich getroffen. Bei der Rückkehr des Strahls ergibt sich dieser Winkel aufgrund der Reflexion automatisch doppelt. Die Strahlen können daher unmöglich auf P' zusammenkommen, aber sie tun es prompt im Teleskop, denn Michelson übersah ferner, dass sich noch eine zusätzliche Korrektur einschlich: der waagrechte Strahl wurde ja in die Senkrechte gespiegelt, um das Teleskop zu treffen. Die Abbildung II zeigt die Situation (natürlich stark überhöht) drastisch auf.

Das Interferometer wird in drei Situationen dargestellt. Das gewählte Zeitintervall ist jene Zeit, die der waagrechte Strahl benötigt, um P wieder zu treffen. Nach Michelsons Erwartung und Berechnung sollte der waagrechte Strahl (A) folgendermaßen laufen: L-S1*-P'-T'.   Der senkrechte Strahl (B): L-P-S2*-P'-T'.

Schon auf der groben Skizze lässt sich das Verhältnis der Strecken herausmessen: gegenüber der Laufstrecke A von P bis T' ist die Strecke B von P bis T˙ etwas kürzer. Man sieht: B sollte früher im Teleskop ankommen (alle Strecken werden ja mit c durchflogen!). Das war Michelsons Erwartung: wie die zweite Skizze zeigt, überträgt sich diese Differenz genau von einem Arm auf den anderen, wenn man das Instrument um 90 Grad dreht. Die wahre Bahn des Lichts sieht aber anders aus: Strahl A bleibt vorerst bis P' gleich, jetzt aber zieht er nach T˙˙ ! Strahl B kann den Spiegel nur auf S2' treffen und wird von dort nach T'' gelenkt. Nun ist die Bahn B (von P bis T'') gleich lang wie die Bahn A!

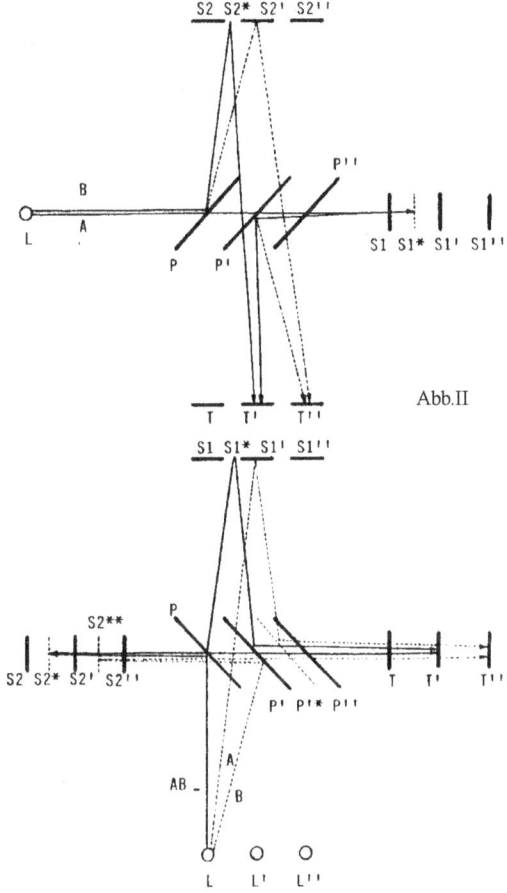

Abb. II

Da A noch eine Korrektur erfährt, lässt sich eine Differenz erwarten, die wesentlich kleiner als die von Michelson angenommene sein muss. Nach Drehung des Instruments erwartete Michelson die Bahnen wie folgt (er berücksichtigte als Start P); für B: L-P-S2*-P'-T'. Für A: L-P-S1*-P'-T' . In diesem Fall hätte nun B die längere Strecke, während sich die Strecke A etwas verkürzt. Diesen Unterschied hoffte Michelson im Teleskop zu sehen.

Diese Hoffnung war falsch, denn die Strecken verlaufen in Wahrheit für B: L-P'-S2**-T" , und für A: L-S1'-P'*-T" ! Wieder sind beide Strecken P-T'' gleich lang!

Im Teleskop konnte sich daher nicht viel verändern. Die Skizze übersteigert natürlich die Veränderungen am Spiegel P sehr. In Wahrheit sind die Winkel so winzig, dass eine derartige Veränderung (nämlich die Korrektur des Wellenzuges an P) kaum wahrzunehmen wäre. Erwähnt soll auch sein, dass Michelson den Lichtstrahl mehrmals hin und her spiegelte, um eine größere Armlänge zu erhalten, was an der Situation natürlich gar nichts ändert.

Es tritt aufgrund des „Zurückbleibens" des Lichts und seiner unbeirrbaren Bahn beides ein: Relativ zum Interferometer hat der senkrechte Strahl die Geschwindigkeit nach Galilei, die tatsächlich durchmessene Strecke beträgt aber nicht (in unserem Gedankeninstrument) 300 000 km, sondern von P nach S2' , also: $(l^2+v^2)^{1/2}$

Die Zeit des senkrechten Strahls ist daher mit guter Näherung zu errechnen mit

$$t = \frac{2(l^2+v^2)^{\frac{1}{2}}}{(c^2-v^2)^{\frac{1}{2}}} = \frac{600000,004}{299999,999} = 2,0000000200\ 0000006\ \text{sec} \qquad (4)$$

Die tatsächlich auftretende Differenz beträgt daher nur etwa

Strahl B: 2,00000002000000006 Sekunden
<u>Strahl A: -2,00000002</u>
0,00000000000000006 Sekunden

Aber auch diese Differenz wird durch die Bahn A: p'-T'[1] fast aufgehoben. Es ist daher kein Wunder, wenn Michelson die fälschlich erwartete Interferenzbanden-Verschiebung im theoretisch erwarteten Ausmaß nicht vorfinden konnte, wie immer er auch sein Instrument drehte.

Man beachte, dass auch nach der Drehung die Strahlen zeitlich in T'' ankommen, so dass die Drehung der zeitlichen Versetzung vollkommen entspricht. Da in allen Fällen die Strecken P-T'' für beide Strahlen praktisch gleiche Längen annehmen, war Michelson nicht nur der Nachweis des Äthers misslungen, sondern er hätte auch die relativ zur Erde absolute Ausbreitung des Lichts - daher die verschiedenen entgegengesetzten Lichtgeschwindigkeiten - nicht bemerken können.

Dieses von der Literatur oft als „bestverifizierter Versuch der Physik" bezeichnete Experiment erweist sich als unbrauchbar für ein Fundament der RT. Viele Kritiker der Relativitätstheorie haben das Michelson-Morley-Experiment unter die Lupe genommen. Und es gibt mehrere Erklärungen für das Missglücken des Versuchs; Paul Wesley will beispielsweise nachgewiesen haben, dass sich im Interferometer stehende Wellen bilden, die auf jeden Fall vom Labor mitgenommen werden.

Im Michelson-Interferometer bestimmte also nicht ein etwaiger tragender Äther die Lichtbahn, sondern erstens der Umstand, dass das Licht absolut fixiert bleibt, und zweitens, dass es die Reflexionsgesetze einhält, was man eigentlich erwarten sollte.

Die Situationen am halbdurchlässigen Spiegel P sind zeichnerisch nicht exakt wiederzugeben, da die Reflexionszeiten von A und B natürlich nicht übereinstimmen. Wichtig ist, dass sich die Gesamtstrecken nicht verändern und der Spiegel S1' nach Drehung des Instruments selbstverständlich nur jenen Wellenzug reflektieren kann, der ihn auch erreicht. Wen die Vorgänge an Spiegel P ein wenig irritieren, da er weiß, dass hier der Strahl aufgespaltet wird, der möge bedenken, dass es sich trotz Bündelung des Strahls um eine Wellenfront handelt, die durch die Schrägstellung des Spiegels ausreichend breit bleibt, um dem Licht so viel Streuung zu verleihen, dass die Selektion der entsprechenden Bahnen durch die Spiegel S1 und S2 möglich wird. Die auftretenden Doppler-Effekte werden durch die Spiegel, die jeweils entgegengesetzt arbeiten, sowie durch das bewegte Teleskop selbst ausgeglichen. In dieser Hinsicht ist also auch nichts zu holen.

[76] James Clerk Maxwell (1831–1879) reichte 1864 bei der Royal Society in London seine Abhandlung „A Dynamical Theory of the Electromagnetic Field" ein. Mit seinen Gleichungen lieferte er die Theorie, mit der bis heute alle elektromagnetischen Effekte erklärt werden. Die Theorie hatte jedoch einen entscheidenden Nachteil: Sie war nicht mehr Galilei-invariant. So ergaben ihre Gleichungen z. B., dass die Lichtgeschwindigkeit in allen Bezugssystemen gleich groß sei. Dies war ein Widerspruch zu Galileis Auffassung, nach der das Licht, das z. B. von einer sich mit 0,3c vom Beobachter entfernenden

Lichtquelle mit c abgestrahlt wird, nur noch mit 0,7c beim Beobachter ankommen dürfte. Dies schien jedoch den experimentellen Ergebnissen zu widersprechen. Die Maxwell'sche Theorie war nicht mehr Galilei-invariant, sondern Lorentz-invariant. Das bedeutet, dass sie bei einer eigentümlichen Transformation, der so genannten Lorentz-Transformation, invariant ist. Die Eigentümlichkeit dieser Transformation liegt darin, dass bewegte Körper verkürzt erscheinen und bewegte Uhren langsamer gehen.

[77] Die herkömmliche Lehrmeinung, dass z.B. die elektrische Ladung des Protons stets in einem kugelförmigen Gebilde verteilt ist, wurde durch das Ergebnis einer Studie der Wechselwirkungen eines hochenergetischen Elektronenstrahls mit Wasserstoffatomen widerlegt. Die unter der Leitung von Charles Perdrisat vom Jefferson Laboratorium im US-Bundesstaat Virginia durchgeführte Untersuchung hat intensive Diskussionen in der Fachwelt ausgelöst. Perdrisat führte seine Untersuchungen zusammen mit etwa achtzig Forscherkollegen an einem Elektronenbeschleuniger des Jefferson Laboratoriums durch. Die Forscher schossen in ihrem Experiment einen Elektronenstrahl in einen Behälter, der mit extrem kaltem Wasserstoff gefüllt war. Als die Elektronen die Wasserstoffatome trafen und beschleunigten, wurden sie durch Wechselwirkungen mit dessen Protonen in eine unerwartete Richtung abgelenkt. Die Forschergruppe deutet die Ergebnisse ihres Experiments darauf hin, dass die positive elektrische Ladung des Protons nicht eine Kugelgestalt, sondern vielmehr die eines Eis angenommen hat. Wie zu erwarten, sind andere Forscher allerdings nicht von dieser Interpretation überzeugt. Sie vermuten vielmehr, dass die Ergebnisse des Experiments durch relativistische Wechselwirkungen zwischen den hochenergetischen Elektronen mit den Protonen erklärt werden können.

[78] Der SRT zu Folge ergeben sich eine Reihe von Paradoxa und Argumentationsbrüchen wie z.B.: je schneller ein Auto fährt, desto langsamer müsste wegen der Zeitdehnung sein Motor laufen, oder Panzer können für den einen Beobachter einen Spalt überqueren und für den anderen Beobachter nicht, Kugeln passen durch Zwischenräume eines vorbeiziehenden Zaunes oder nicht..., man denke an das Zwillingsparadox oder das Ehrenfest-Paradox etc... Hier ein anderes: Ein U-Boot, das sich fast mit Lichtgeschwindigkeit bewegt, erscheint

für einen landansässigen Beobachter verkürzt. Daher verliert es an Auftrieb und sollte auf den Grund sinken. Vom Standpunkt der Bootsmannschaft aus ist die Situation allerdings gerade umgekehrt, und das U-Boot sollte nach oben steigen. Mit Staunen können wir im Fachblatt Physical Review D (Band 68, Artikel 027701) lesen: „Dieses Paradoxon der SRT ist nun von einem brasilianischen Forscher gelöst worden... Wenn sich ein Objekt fast mit Lichtgeschwindigkeit an einem ruhenden Beobachter vorbei bewegt, so erscheint es diesem verkürzt. Diese so genannte Lorentz-Kontraktion sollte daher ein U-Boot, das in einem ruhenden System die gleiche Dichte wie Wasser aufweist und daher auf konstanter Höhe schwimmt, zum Sinken bringen, da dessen Dichte aufgrund der Kontraktion zunimmt. Vom Bezugssystem der Bootsmannschaft allerdings ruht das Boot, und das Wasser schnellt vorbei. Daher erscheint es dichter als das Boot, und in Folge dessen sollte das Boot aufsteigen. In seiner Studie benutzt George Matsas von der Staatsuniversität Sao Paulo die Gleichungen der Allgemeinen Relativitätstheorie, um eine verallgemeinerte Auftriebskraft für Objekte zu berechnen, die sich fast mit Lichtgeschwindigkeit in einer Flüssigkeit bewegen. Da die Allgemeine Relativitätstheorie Gravitationskräfte berücksichtigt, konnte das U-Boot-Paradoxon auf diese Weise gelöst werden - das Boot sinkt auch vom Standpunkt der Bootsmannschaft aus nach unten. Grund dessen ist das an ihm vorbeischnellende Gravitationsfeld des Wassers, das den Auftrieb auch in diesem Bezugssystem herabsetzt. Matsas hat auf elegante Weise gezeigt, dass sich dieser Widerspruch durch die Berücksichtigung der Energie des Schwerefelds auflöst. Seine Ergebnisse sollten auch auf die Theorie der Hawking-Strahlung Schwarzer Löcher anwendbar sein, die einigen Forschern zu Folge Massen in der Nähe des Lochs einen Auftrieb verleihen sollte."

Kommentar: Die Widersprüche der SRT sind also mit der ART lösbar. Na bravo! Und was hat das dann noch mit der SRT zu tun?

[79] Alle so genannten „Tests der SRT" betreffen überwiegend nur „Tests der Lichtausbreitung" und können die SRT daher gar nicht bestätigen (denn auch die Theorie nach Lorentz wäre damit bestätigt). Eine Überprüfung der Konstanz der Lichtgeschwindigkeit kann schon deshalb nicht gleichzeitig die Überprüfung der SRT sein, da sie keine Voraussage der Theorie sondern eine der

Grundannahmen ist! (Zirkelschluss: MM-Versuch misst Konstanz von c, Einstein stützt darauf seine Theorie, Feststellung von Konstanz von c „bestätigt" Theorie...)

[80] Teilchen werden eigentlich nicht „entdeckt"! Wir sollten nicht vergessen, dass alle diese „Teilchen", Mesonen, Kaonen, Myonen, etc. als Kugelfelder, Kugelwellen, Impulsfelder etc... aufgrund der Begegnungsbedingungen im T.A.O. zu Stande kommen und zum Großteil in den Teilchenbeschleunigern erzeugt werden.

[81] Georg Galeczki/Peter Marquardt: „Requiem für die Spezielle Relativität", Haag + Herchen 1997.

[82] Der unterschiedliche Gang der Uhren ist leicht zu verstehen. Eine Erdumkreisung wurde nach Osten und eine nach Westen geflogen. Beide Reisen dauerten drei Tage. Das Ergebnis des Experiments:

Die nach Osten reisende Uhr verlor im Mittel 59 Nanosekunden, verglichen mit der Uhr in Washington, während die nach Westen reisende Uhr im Mittel 273 Nanosekunden dazu gewann. Da ein Flugzeug mit der Erdrotation, ein anders gegen diese fliegt und die Uhr in Washington die Erdrotation mitmacht, bewegen sich alle 3 Uhren unterschiedlich schnell durch die Matrix des T.A.O. Die Uhren reagieren durch Gangveränderungen aufgrund ihrer Trägheit gegenüber dem übergeordneten Absolutsystem der Matrix. Ein Unterschied ergibt sich aus der Flughöhe der beiden bewegten Uhren gegenüber der Uhr in Washington (schnellerer Gang) und aus der Gangverlangsamung durch die Bewegung. Die schnellste Uhr, die mit dem Flug nach Osten die Erdrotation dazubekam, verlor daher die meisten durch die Flughöhe gewonnenen Sekunden wieder durch ihre hohe Geschwindigkeit und ging daher um 59 Nanosekunden nach, wogegen die langsamere von ihrer Frequenzerhöhung durch die Flughöhe wenig einbüsste und daher 273 Sekunden vorging.

Die Werte lassen sich mit den Voraussagen der SRT und ART nur dann in Einklang bringen, wenn man sie zu einer gedachten, unbewegten Uhr relativiert (also nicht mit der Uhr in Washington vergleicht). Dass die Zeit selbst mit diesen falsch gehenden Uhren nichts zu tun hatte, beweist der Umstand, *dass sich die Erdrotation während der 3 Tage nicht verändert hat und der Lauf der Welt sich nicht weiter stören ließ...*

[83] Aberration der Gestirne: Da Licht innerhalb eines Fernrohres Zeit

zum Durchqueren braucht, erhält es im bewegten Fernrohr eine diagonale Bahn, hinter deren Verlängerung wir den Stern fälschlich lokalisieren. Der Aberrationswinkel ergibt sich einfach aus v/c; innerhalb eines Erdumlaufes ergibt sich so eine Ost-West-Verschiebung des beobachteten Sterns von *2 v/c* = $2*10^{-4}$ Grad, das sind etwa 41 Bogensekunden. Die von James Bradley erstmals bestimmte Aberration stimmt mit diesem Wert sehr gut überein. Da die Erdgeschwindigkeit zu diesem Zeitpunkt recht gut bekannt war, konnte Badley aufgrund der Aberrationswinkel den Wert von *c* wesentlich genauer messen.

Im Jahre 1871 schon hatte Sir George Airy die Idee, mit Hilfe der Aberration unmittelbar die Erdgeschwindigkeit zu bestimmen (Abb. I):

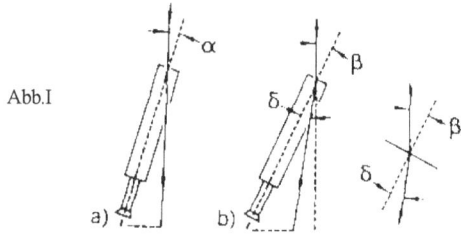

Abb.I

Der Physiker nahm an, ein Teleskop sei auf einen Stern gerichtet, dessen wahre Richtung mit der Erdbahnebene einen Winkel von 90 Grad einschließt. Der unbekannte Aberrationswinkel sei α und die ebenfalls nicht bekannte Geschwindigkeit der Erde (relativ zum „Äther", wie Airy annahm) sei *v*. Airy füllte das Teleskop nun ganz mit Wasser. Da die Lichtgeschwindigkeit im Wasser geringer ist als in Luft, wurde damit die Zeit, die das Licht benötigt, um das Rohr des Teleskops zu durchlaufen, um den Faktor *n* erhöht. Airy erwartete daher, dass er, um das Bild des Sterns im Mittelpunkt des Gesichtsfeldes zu halten, das Teleskop um den neuen Aberrationswinkel β neigen müsse, und dass er den Wert dieser Einstellungskorrektur zur Berechnung der Geschwindigkeit *v* verwenden könne.

Nun ist der Winkel β nicht einfach durch *nv/c* gegeben, denn auf der einen Seite der Objektivlinse befand sich Luft, auf der anderen Wasser und die einfallenden Lichtstrahlen wurden daher zur Achse des Instrumentes gebrochen (Abb. 153 rechts). Im Inneren des

Teleskops würden die Lichtstrahlen einen Winkel δ mit der Achse einschließen, so dass

$$n = \frac{\sin \beta}{\sin \delta} \approx \frac{\beta}{\delta} \qquad (1)$$

Da das Licht das Teleskop mit der Geschwindigkeit c/n durchmisst, und das Teleskop sich horizontal mit der Geschwindigkeit v bewegt, lautet die Bedingung für die Zentrierung des Sternbildes im Teleskop

$$\delta \approx \frac{\frac{v}{c}}{n} = \frac{nv}{c} \qquad (2)$$

Airy kannte nun nicht die wahren Werte von α, β und δ, aber er hoffte, die Änderung der Richtung des Teleskops messen zu können, um zu erhalten

$$\beta \approx n\delta \approx \frac{n^2 v}{c}; \alpha \approx \frac{v}{c} \qquad (3)$$

Daher wäre

$$\beta - \alpha \approx \left(n^2 - 1\right)\frac{v}{c} \qquad (4)$$

Da alle Größen mit Ausnahme von v direkt gemessen werden können, sollte damit v zu bestimmen sein. Sir George Airy führte daher dieses Experiment durch. Zu seinem Erstaunen ergab sich jedoch nicht die geringste Änderung der scheinbaren Lage des Gestirns.

Neigt man zur Hypothese einer zumindest teilweisen Mitführung des Lichts durch das Medium Wasser, könnte der negative Ausdruck des Experimentes vorerst folgendermaßen erklärt werden: Wir nehmen an, das Wasser - das sich ja senkrecht zum Licht bewegt - führe dieses mit einem Bruchteil f seiner eigenen Geschwindigkeit mit. Das Experiment zeigte, dass der Winkel β gleich dem ursprünglichen Aberrationswinkel α ist (α=v/c), und dass daher der Winkel δ gleich α /n ist. Die Länge des Teleskops sei l; die Zeit zum Durchlaufen des wassergefüllten Teleskops t=nl/c. In der Zeit t aber legt das Teleskop die Strecke vt zurück. Soll das Licht das Teleskop wieder durch das Zentrum des Okulars verlassen, so muss die seitliche Versetzung des Lichtes eben diesem Wert entsprechen. Die Versetzung des Lichtstrahls sei gleich der Summe aus $l\delta$, die durch die Brechung verursachte Komponente, und aus fvt, die durch die

Mitführung ' des Lichts durch das Wasser bedingte. Demnach ist

$$vt \approx l\delta + fvt \quad (5)$$

Aber

$$l = \frac{ct}{n} \text{ und } ... \delta = \frac{\alpha}{n} = \frac{v}{nc} \quad (6,7)$$

Deshalb ist

$$vt = \frac{ct}{n}\frac{v}{nc} + fvt \quad (8)$$

woraus sich ergibt

$$f = 1 - \frac{1}{n^2} \quad (9)$$

Diese Größe ist als der Fresnel'sche Mitführungskoeffizient bekannt.

Auf den ersten Blick erscheint es sonderbar, dass in der Natur tatsächlich genau dieser Mitführungskoeffizient existierte, durch den Airys Experiment und viele andere ähnliche auch - zu den gleichen Ergebnissen führten, als man sie erhielte, wenn die Erde sich relativ zum „Äther" in Ruhe befände. Gleich dem Ergebnis des Michelson-Morley-Versuches legte man in der Folge auch Airys Versuch als Beweis für die Richtigkeit der Annahmen Einsteins aus.

Analysiert man Airys Experiment aber aus unserer Sicht, so erscheint die Größe f keineswegs sonderbar, denn sie muss sich gezwungenermaßen ergeben. Was Sir George Airy nämlich nicht ins Kalkül zog (und viele andere Physiker auch nicht) ist die Möglichkeit, dass die Brechung am bewegten wassergefüllten Fernrohr nicht gleich erfolgen muss wie am unbewegten. Deutet man das Brechungsgesetz mit dem Huygen'schen Prinzip, so erkennen wir, dass die Bewegung des brechenden Mediums im Moment des Lichteintritts die Wellenfront, und somit die Brechrichtung geringfügig verändert.

Am einfachsten verdeutlichen wir dies mit unserem einfachen Bierdeckel-Modell, in welchem grundsätzlich das Huygens-Fresnelsche-Prinzip versteckt ist (Abb.II, mitte).

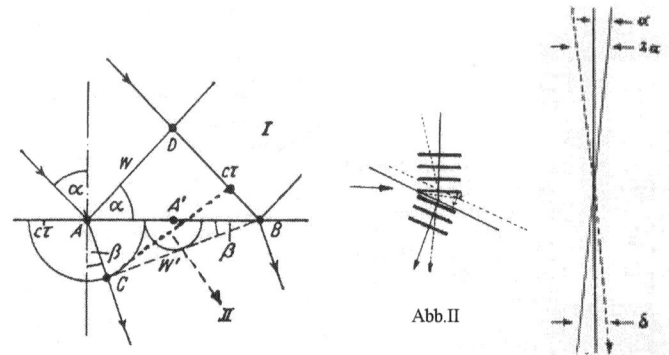

Abb. II

Deutlich erkennen wir, dass die Brechung durch den Unterschied der Geschwindigkeiten innerhalb und außerhalb des Mediums verursacht und bestimmt wird. Der entscheidende Faktor liegt in der Zeit, welche die Wellenfront (Bierdeckel) noch teilweise „im Freien" bleibt, nachdem ihr Rand in das bremsende Medium eintaucht. Ist das Medium in Bewegung, so kommt es der Wellenfront entgegen (oder läuft ihr davon) und verkürzt (oder verlängert) diese Zeit...

Die Bewegung verändert die Brechung so, als wäre der Strahl um den Winkel v/c stärker geneigt. Das heißt, eine zusätzliche Neigung des Strahls von v/c=0,0001 Grad würde im unbewegten Medium die gleiche Brechung verursachen. Im konkreten Fall des Airy-Experimentes ergibt sich durch die tatsächliche Neigung des Instrumentes von 0,0001 Grad und die Bewegungs-Korrektur im selben Ausmaß eine Brechung, als hätte der eintretende Lichtstrahl eine Neigung von 0,0002 Grad. Damit ergibt sich ein Winkel δ mit $2\alpha/n$=0,00015 Grad. Da das Instrument selbst um 0,0001 Grad geneigt ist und bleibt, erhält der Strahl durch die Bewegungs-Brechung eine Vorgabe von 0,00005 Grad; das ist genau der Winkel, den er einschließen muss, um trotz der um den Faktor n verminderten Geschwindigkeit im Zentrum des Okulars auszutreten!

Airy erwartete deshalb vergeblich eine scheinbare Änderung der Lage des Gestirns. Auch die Mitführungs-Hypothese spielt keine wesentliche Rolle. Es erfolgt keine Mitführung im eigentlichen Sinne, sondern die Bewegung verändert die Brechung und diese hebt wiederum die Messbarkeit der Bewegung auf. Deshalb hatte schon 1818 Arago bemerken müssen, dass die Brechung des Sternenlichts offensichtlich so erfolgt, als ob die Erde im „Äther" ruhe.

Was für die Brechung gilt, gilt in analoger Weise natürlich auch für die Absorption selbst. Fizeaus Messung des Mitführungskoeffizienten musste daher das gleiche Ergebnis liefern wie die Aberration. Der Physiker schickte entgegengesetzte Lichtstrahlen durch strömendes Wasser und maß die Veränderung der optischen Weglängen mit einem Interferometer. Abgesehen davon, dass in diesem Versuch ähnliche Bedingungen wie im Michelson-Instrument vorlagen, verursachte das Auf-Das-Licht-Zu-Kommen und das Dem-Licht-Davon-Laufen des Mediums Wasser Unterschiede in den optischen Weglängen. In der Strömungsrichtung des Wassers erhöhen sich die Wellenlängen, gegen die Strömung verkürzen sie sich. Das Ausmaß ist in gleicher Weise und in gleicher Relation von der Geschwindigkeit des Mediums abhängig wie bei der Brechungsveränderung. Daher ergibt sich auch in diesem Fall eine scheinbare Mitführung. Wir dürfen ja nicht übersehen, dass das bewegte Medium in gewisser Weise dasselbe darstellt wie ein „Beobachter", welcher klarerweise genau das erleben muss, was von seiner Bewegung erzeugt wird: den Dopplereffekt!

[84] Die SRT sagt z.B. auch voraus, dass ein Beobachter eine Masse *kleiner* als die Planckmasse misst, ein anderer aber misst beim gleichen Teilchen eine Masse *größer* als die Planckmasse. Das ist natürlich Unsinn.

[85] Versuche von der Art Michelsons wurden viele Male wiederholt, auch in verschiedensten Abwandlungen, 1964 erstmals mit Laserstrahlen, auch mit unterschiedlichen Armlängen und gekühlten Apparaturen (Kennedy-Thorndike-Experiment), mit Mikrowellen in Hohlraumresonatoren etc... Meist wurden die Frequenzen zweier Laserstrahlen, die senkrecht zueinander gerichtet sind, verglichen und die entstehende Differenz zwischen den Frequenzen (die Schwebungsfrequenz) aufgezeichnet. Auch hier zeigte sich (allerdings nicht ausnahmslos), dass keine Änderung der Frequenz bei Drehung der Versuchsanordnung erfolgte, was stets als neuerlicher, moderner Beweis für die SRT gefeiert wurde.

Nun gilt die absolute Ausbreitung des Lichts im T.A.O. auch für viele anderen elektromagnetischen Vorgänge. Da beim Laser eine feste Beziehung zwischen den verursachenden und ausgesandten Lichtwellen besteht, die zudem senkrecht zueinander angeordnet sind, ist schon da heraus ein Differenzausgleich zu erwarten. Denn erfährt die verursachende Welle eine Verkürzung, so verlängert sich die ausgesandte. Die Arbeitsfrequenz eines Lasers bestimmt sich aber auch durch die Entfernung der beiden Spiegel an den Enden des Lasers. Der senkrechte Laserstrahl entspricht somit durchaus dem senkrechten Arm des Michelson-Interferometers.

Da die Strecke im senkrechten Laser aus den gleichen Reflexionsgründen wie im Original Michelson-Instrument gleich lang wird wie jene des waagrechten Lasers ist auch hier kein Resultat zu erwarten. In der Theorie dieses Versuchs spielen auch Faktoren mit, die bis zur genauen Berücksichtigung des Atomverhaltens reichen. Wir dürfen ja nicht vergessen, dass sich schließlich alle Materie aus elektrischen Feldern aufbaut und deren absolute Fixierung im T.A.O. vorliegt, von der erstens das merkwürdige Phänomen der trägen Masse ausgeht und zweitens eine Lorentz-Kontraktion zu erwarten ist.

[86] Der Doppler-Effekt könnte eine gute Möglichkeit bieten, die von Einstein postulierte Zeltdilatation direkt festzustellen. Und zwar mit Hilfe der Spektren weit entfernter Milchstraßensysteme, die sich bekanntlich mit sehr hohen Geschwindigkeiten von uns entfernen. Ihr Licht wird dadurch deutlich in der Farbe verändert.

Was sich aber nicht verwandeln kann, ist jene Botschaft, die *nicht übermittelt wird*: das absorbierte Licht, dessen Absorptionslinien wir in jedem Spektrum erkennen (Frauenhofer'sche Linien). Mit den Ausdrücken Rot- oder Blauverschiebung verbindet man meist gedankenlos die Vorstellung, dass sich die Absorptionslinien im Spektrum verschieben - und diese Annahme ist falsch. Diese Linien sind nämlich genau das, was sich *nicht* verändert. Was sich verschiebt, ist das Spektrum! Deshalb können wir diese Linien mit Sicherheit bestimmten Elementen zuordnen und in jedem Spektrum identifizieren (wie die Linien H oder K des Calciums) und gleichzeitig die Verschiebung des Lichtspektrums relativ zu ihnen feststellen.

Das sollte so manchen Jünger der Relativitätstheorie aber stutzig machen. Denn würde in diesen schnell bewegten Galaxien so etwas wie eine Zeitdehnung stattfinden, so müssten sich auch diese dunklen Linien verschieben - denn in einer veränderten Zeit würde Calcium keinesfalls dieselbe Wellenlänge absorbieren wie in „unserer" Zeit!

Diese veränderte Absorption müsste sich unserem Auge eindeutig präsentieren, denn sie verursacht ja *kein Signal*, ist sozusagen ein „Loch" im Spektrum und unterliegt damit keinerlei relativistischen Effekten. Aber eine Verschiebung dieser Art, nämlich von Spektrum *und Linien zugleich* (erwartungsgemäß in verschiedenem Ausmaß), ist bislang noch nie wahrgenommen worden.

Das bedeutet, dass sich Calcium-Atome auf fernen Galaxien genau so verhalten wie hier auf unserer Erde. Offenbar bleiben alle Calcium-Atome im gesamten Weltall ihrer charakteristischen Absorptions-Frequenz treu - und das beweist, dass sie alle in ein und derselben „Zeit" existieren. Wozu noch festzuhalten wäre, dass sich die Einstein'sche Zeitdilatation aus der Relativgeschwindigkeit der Galaxie ergeben müsste, wogegen die Uhrenverlangsamung, die wir entdeckten, stets aus der Absolutbewegung resultiert, die bei den Galaxien natürlich wesentlich geringer ist.

[87] Das Paradoxon kann nur durch einen Begriff gelöst werden, der in der Relativitätstheorie eigentlich nichts zu suchen hat: Einseitigkeit. Denn sowohl der verreiste als auch der daheim gebliebene Bruder sollte aussagen, dass der verreiste weniger altert als der zurückgebliebene. Das ist auch für den Relativitätsfanatiker nicht sofort plausibel, denn gerade die Nichtunterscheidbarkeit von „Bahnhof" und „Zug" sollte schließen lassen, dass jeder Bruder vom anderen ganz dasselbe behauptet. Man hat dabei nach Unterscheidungsmerkmalen der sich voneinander entfernenden Systeme geforscht, um eine Asymmetrie des Alterns zu erhalten. Eine dieser Begründungen stützt sich auf den Umstand, dass der Reisende Beschleunigungen unterworfen wird und der Ruhende nicht. Abgesehen davon, dass Beschleunigungs- und Gravitationsfelder einander äquivalent sind (ART), kann dieses Argument von vornherein vergessen werden: Beschleunigungen kommen gewissermaßen in der SRT nicht vor. Jene Autoren, die zur Analyse des Zwillingsparadoxons die ART angewendet sehen wollen, haben damit pikanterweise recht – denn die SRT lässt sich mit der ART widerlegen. Denn man muss nämlich einräumen, dass die „Ruhe" des Daheimgebliebenen nicht zutrifft: denn das Raumschiff, welches sein System verlässt, übermittelt diesem nach dem Aktions-Reaktions-Prinzip natürlich einen Impuls, der im Übrigen erst durch die Rückkehr des Raumschiffes wieder egalisiert

wird. *Beide* Brüder unterliegen daher Beschleunigungen, wobei noch zu beachten wäre, dass der Reisende nur solche Beschleunigungen zu Stande bringt, wie sie dem mitgenommenen Treibstoff entsprechen - eine Masse, die dem ruhenden System entnommen werden muss. Die Abflugmasse bestimmt daher sowohl den Impuls des einen, wie auch des anderen Systems. Nach wie vor ist das Geschehen symmetrisch!

Bei der genauen Durchrechnung des Problems müssten darüber hinaus die Feldgrößen (Beschleunigung und Gravitation) einbezogen werden. Es ist nicht möglich, das Ereignis einseitig zu betrachten, denn aufgrund der Erhaltungssätze muss die Rechnung immer symmetrisch ausfallen - andernfalls müsste man den Erhaltungssätzen misstrauen, aber so weit wollen wir denn doch nicht gehen.

Eine andere Methode argumentiert mit dem Doppler-Effekt: Jeder der beiden Zwillinge soll nach seiner Eigenzeit durch gleiche Intervalle getrennte Impulse aussenden. Da sich A von B entfernt, wird jeder die Signale des anderen mit verringerter Frequenz empfangen... Wie lange ist dies aber der Fall? Und hier wittert man Asymmetrie: Sobald A nämlich umkehrt, empfängt er sofort die Signale von B mit erhöhter Frequenz. Für B liegt aber die Sache ganz anders, wie man meint: das letzte Signal, das A vor der Umkehr ausschickt, erreicht B erst nach einer bestimmten Zeit. B empfängt also weit länger als die halbe Gesamtreisezeit die Signale von A mit der niedrigen Frequenz; jeder der beiden Beobachter empfängt aber genau so viel Signale, wie der andere ausgesandt hat... Wie sollten ihre jeweiligen Messungen der Gesamtzeit dennoch übereinstimmen?

Der Fehler dieses Arguments liegt darin, dass man dem Doppler-Effekt des Lichts eine Symmetrie zuschreibt, die er in Wahrheit nicht haben kann. Grundsätzlich sind zwei Ursachen möglich: entweder das Licht kommt auf uns zu oder wir nähern uns dem Licht. Im ersten Fall hat der Impuls des Lichts relativ zu uns die Geschwindigkeit c; im zweiten Fall hat er dies relativ zur Quelle. Das verändert selbstverständlich jeweils die Zeitpunkte des Impulsempfanges etwas - wie man dies auch beim Schall feststellen kann, dessen Doppler-Effekt eine Unterscheidbarkeit von bewegter oder ruhender Quelle zulässt (vorausgesetzt, das tragende Medium ruht). Dass dies beim akustischen Doppler-Effekt der Fall ist, wird keinen Physiker überraschen; was aber vielleicht manchen erstaunen wird, ist der Umstand, dass die Asymmetrie des Doppler-Effekts beim Licht praktisch schon im Jahre 1938 durch H.E. Ives und G.R. Stilwell mit einem Experiment bewiesen wurde (J.Opt.Sci.Am., 28,215-226 ; 1938). Sie befassten sich bei ihren Messungen mit dem nach vorne oder hinten (relativ zur Bewegungsrichtung der Quelle) abgestrahlten Licht. Eine Wasserstoff-Entladungsröhre bildete die Quelle von H_2- und H_3-Ionen. Die emittierten Lichtquanten entsprachen den charakteristischen Linien des atomaren Wasserstoffs. Die scheinbare Wellenlänge der $H\beta$-Linie wurde mit äußerster Sorgfalt bestimmt, die durch den Doppler-Effekt verschobenen Linien für drei verschiedene Spannungen genauestens vermessen. Dabei zeigte sich eindeutig, dass sich die Linien der nach vorne bewegten Ionen nicht im gleichen Ausmaß verschoben wie die Linien der nach hinten bewegten. Dieser Versuch wurde bereits auf die verschiedenste Weise interpretiert - sowohl von den Gegnern als auch von den Anhängern der Relativitätstheorie. Die einen meinten, er beweise lediglich das reale Langsamerlaufen bewegter Uhren, die anderen sahen in ihm den Beweis für die Zeitdilatation.

Was das Experiment aber wirklich aufzeigte (analog zum Strömungsversuch Fizeaus), ist nichts anderes als die Unabhängigkeit der Lichtgeschwindigkeit von der Quelle - aber nicht vom Beobachter. Im „ruhenden" Medium ist auch die Schallgeschwindigkeit von der Quelle unabhängig; in diesem Fall macht das Medium irgendwelche Geschwindigkeit des Systems mit, wie z.B. die Atmosphäre der Erde. Ein mitgenommener „Äther" des Lichts existiert dagegen nicht - und damit begründet sich die Absolutheit der Lichtgeschwindigkeit sozusagen von allen Systemen, es ist also je nach der Bewegungssituation entweder vom Beobachter oder von der Quelle unabhängig. Nur ein System, in welchem sich das Licht wirklich nach allen Seiten gleich schnell ausbreitet, ruht absolut!

Es gibt demnach kein Zwillingsparadoxon, denn die Symmetrie des Geschehens wird durch den Doppler-Effekt nicht verletzt. Bei den vielzitierten Beispielen wird stets ignoriert, dass der Reisende ja nicht unmittelbar umkehren kann, sondern auf alle Fälle einmal zum

Stillstand kommt, ehe er umkehrt! Damit ist die gängige Behauptung, B empfange weit länger als A die niedere Frequenz, ohne jedes Gewicht, denn dafür empfängt A bei der Rückkehr länger die höhere Frequenz (als B).

[88] H. W. Thim, „Absence of the transverse Doppler shift at microwave frequencies", *Digest of the IEEE Instrumentation and Measurement Technology Conference 2002*, pp. 1345-1348, ISBN 0-7803-7218-2, ISN 1091-5281, IEEE Number 00CH 37276.

[89] Für Poincare war $E_s = m_S c^2$ nichts Geheimnisvolles. Auch andere Wissenschaftler wie Joseph Larmor, Joseph John Thomson, Oliver Heaviside und Friedrich Hasenöhrl waren mit dieser Beziehung vertraut. Hasenöhrl (1874 - 1915) war schon 1904 auf $E=4mc^2/3$ gekommen. Aber die Wurzeln von $E = mc^2$ liegen noch weiter zurück. Peter und Neal Graneau schreiben in *Newton versus Einstein, How Matter Interacts with Matter*, 1993, S. 122: „Verfasser von Lehrbüchern über Elektrodynamik haben sich als schlechte Historiker erwiesen. Sie zieren Maxwell mit dem Lorbeer, die Lichtgeschwindigkeit in der Theorie des Elektromagnetismus entdeckt zu haben. Diese Ehre gebührt Weber. Weber glänzt auch noch durch eine andere theoretische Entdeckung, die normalerweise Einstein zugeschrieben wird: die Massenzunahme mit wachsender Geschwindigkeit und $E = mc^2$. Viele Lehrbuchautoren erblicken darin eine der Entdeckungen der Speziellen Relativitätstheorie. Weber ist 50 Jahre vor Einsteins Beschäftigung damit auf diese Zusammenhänge gestoßen." Schon 1846 hatte Wilhelm Eduard Weber die in 1 mm³ Wasser gebundene potenzielle Spannung nach der Formel $E = mc^2$ berechnet. Die erste Andeutung der Formel geht sogar bis auf Lagrange zurück. Einsteins Hauptverdienst war lediglich, dass diese Beziehung später aufgrund geschickter Publicity zu einer Weltsensation wurde.

[90] Physiker berechneten vom Sternenlicht ausgehend die Temperatur des leeren Weltalls und kamen auf Werte, die den Voraussagen der Theoretiker (Schwarzer Strahler von 2,7 Grad Kelvin) ziemlich gut entsprachen. Allein Gamov, der vom Urknall ausging, errechnete eine völlig falsche Temperatur. Als die Entdeckung der Hintergrundstrahlung bekannt wurde, behauptete Gamov, dass er genau die gemessene Temperatur von 2,7 Grad Kelvin vorausgesagt hätte - dabei war sein Wert zwanzigmal höher.

[91] Die Zahl der Monde der großen Planeten dürfte zwar konstant sein, nur findet man in den letzten Jahren immer mehr von ihnen. Bei den meisten handelt es sich allerdings um winzige Felsbrocken, so dass dies eher eingefangene Asteroiden sein dürften. Momentan sieht die Statistik der „Mondjäger" so aus: Jupiter 60, Saturn 31, Uranus 21 und Neptun 11 Monde. (ds/8. Mai 2003)

[92] Eine ähnliche Abweichung von den Kepler'schen Gesetzen bzw. dem Newton'schen Gravitationsgesetz finden wir auch in der Rotationsgeschwindigkeit außenliegender Sterne von Galaxien.

[93] Zur Zeit der Dinosaurier trug Saturn wahrscheinlich noch keine Ringe, behauptet der Planetologe Jeff Cuzzi vom Ames Research Center der Nasa in Moffett Field (USA). Früher dachten Forscher, dass die Ringe zusammen mit dem Saturn selbst vor knapp fünf Milliarden Jahren entstanden sind. Doch schon bald wurde klar, dass sie jünger sein müssen: So erscheinen sie im Teleskop in leuchtenden Farben, als seien sie neu. In älteren Ringen hätte sich mehr interstellarer Staub angesammelt und die Farben abgedunkelt. Außerdem nehmen die Monde des Saturn den Ringen Bewegungsenergie, so dass sich die Ringe allmählich auflösen und in den Planeten stürzen. Möglicherweise hat ein Asteroid einen Saturnmond zerstoben, der daraufhin eine Partikelscheibe um seinen alten Heimatplaneten gebildet hat. Nimmt man alle Materie der nur wenige Meter dicken Scheibe zusammen, würde dies einen Himmelskörper von der Größe des Mondes Mimas ergeben, der heute noch um den Saturn kreist.

[94] Die Auswertung der Jupiter-Daten der Raumsonde Galileo haben ergeben, dass die Astronomen die Theorien der Planetenentstehung neu formulieren müssen. So wissen sie heute von Jupiter nicht, wie noch wo oder wann er entstanden ist. Bisher hatten sie immer angenommen, die großen Planeten, wie Jupiter, Saturn, Uranus und Neptun, seien vor 4,6 Milliarden Jahren zugleich durch Kondensation von Gasen um einen Kern aus Gestein entstanden. Aber der Zusammensetzung des Jupiters nach sieht es eher so aus, als ob sich die Entstehung so völlig anders abgespielt hat, als gehörte Jupiter gar nicht zu unserem Sonnensystem. Ähnliche Überraschungen werden auch bei den anderen Planeten „befürchtet". Die Eigenwärme des Jupiter, die stärker ist, als man aufgrund der Entfernung zur Sonne erwarten würde, könnte auch durch heftige

Ionenwinde entstehen, die mitunter sogar Überschallgeschwindigkeit erreichen und die Atmosphäre aufheizen.

[95] Die Oberflächenstruktur der viel zu heißen Venus beweist, dass es sich um einen jüngeren Planeten handelt. Stürme von 350 km/h (in Polnähe 700 km/h) hätten auf der Venus längst alle Unregelmäßigkeiten der Oberfläche mit Sand zuwehen müssen. Schwefelsäuredämpfe der nahezu 500 °C heißen Atmosphäre hätten längst jeden Stein zersetzt. Der höchste Berg mit 10.8 km hat Flanken, die mit 30° abfallen. Dies deutet darauf hin, dass die Berge schneller durch tektonische Verschiebungen wachsen, als sie durch die enorme Erosion von starken Winden und Schwefelsäureregen zusammenfallen können.

[96] Der Vergleich des Genoms von Thermotoga maritima - einem Eubakterium - mit den DNA-Sequenzen anderer Organismen brachte eine riesige Überraschung: Fast ein Viertel der Gene stammt ursprünglich von Bakterien, die als Archaen bezeichnet werden und weniger mit den Eubakterien verwandt sind als wir Menschen mit den Gänseblümchen. Anscheinend führte das Leben den *Austausch von Genen* in einem bislang unbekanntem Maße durch.

[97] Die Einfangtheorie des Mondes ist nicht unumstritten. Die Mondbahn mit seiner stabilisierende Wirkung auf die Erde widerspricht einem Einfangmanöver. Eingefangene Asteroide oder Meteoriten haben meist eine stark elliptische Bahn und eine hohe Geschwindigkeit. Der Mond weist aber eine langsame, kreisförmigen Bahn mit geringer Exzentrizität (0.05) auf. Ein Indiz für die Einfangtheorie ist dagegen, dass das Mondgestein Spuren eines Magnetfeldes aufweist, das der Mond nur als Bestandteil eines größeren Planeten gehabt haben konnte. Einer anderen Theorie nach verdankt der Mond seinen Ursprung einer riesigen Katastrophe. Vor etwa 4,5 Milliarden Jahren soll die Ur-Erde mit einem marsgroßen anderen Planeten zusammengestoßen sein. Durch die Wucht des Aufschlags wurden die Oberflächen *beider* Körper zertrümmert, verdampft und in den Weltraum geschleudert. Ein Teil davon sammelte sich in einer Erdumlaufbahn und klumpte recht schnell zu einem neuen Körper, dem Erdmond, zusammen. Diese Theorie ist noch unwahrscheinlicher. Bruchstücke in einem rotierenden Kreissystem zerreiben sich durch Zusammenprall gegenseitig und ihre Teile werden immer kleiner (siehe Staubringe der Planeten).

Nirgends kann beobachtet werden, dass sich ein Planet, Mond oder Asteroid selber aus *kalter* Materie zusammensetzt.

[98] Auswertungen von Messungen der Sonde *Mars Global Surveyor* brachten Erstaunliches an den Tag. So war der Mars in seiner frühen Geschichte der Erde vermutlich viel ähnlicher, als bisher angenommen. Forscher fanden, nach einem Bericht im amerikanischen Wissenschaftsmagazin „Science", Hinweise, dass es sogar Plattentektonik gegeben haben könnte. Die Spuren, die die Wissenschaftler mit Hilfe des Magnetometers der Sonde „Mars Global Surveyor" entdeckten, haben eine verblüffende Ähnlichkeit mit Formationen, die man auf der Erde auf dem Boden des Ozeans findet, wo Kontinentalplatten auseinanderdriften und neues Material aus dem Erdinneren nach oben strömt. Dr. Jack Connerney vom NASA Goddard Space Flight Center: „Die Entdeckung dieser Spuren auf dem Mars könnte unser Denken in Bezug auf die Entwicklungsgeschichte des roten Planeten revolutionieren..."

[99] Die Erdkugel ist von einem magnetischen Feld umgeben, dessen magnetische Flussdichte zwischen etwa 30 µT bis 60 µT liegt (1 µT = 10^{-6} Tesla). Das Feld weist in der Umgebung der magnetischen Pole eine höhere Flussdichte auf als im Bereich des Äquators; außerdem variiert das Feld örtlich. So ist z.B. in der Umgebung von Moskau das Feld sehr schwach. Man zerlegt das Feld nach derzeit gültiger Theorie in ein Hauptfeld (Anteil 95 %), das seinen Ursprung in elektrischen Stromsystemen im Erdinneren unterhalb der in 2.900 km Tiefe liegenden Kern-Mantel-Grenze haben soll und außerdem die Magnetfelder der durch äußere Einflüsse im Erdinneren induzierten elektrischen Ströme umfasst, und ein Restfeld, das zu einem größeren Teil von variablen elektrischen Strömen in der Hochatmosphäre, besonders in der Ionosphäre, sowie in der Magnetosphäre herrührt und zu einem i.a. sehr kleinen, vereinzelt jedoch bedeutenden Anteil von Gesteinen der Erdkruste (Krustenfeld) erzeugt wird.

[100] Die scheinbare Erdanziehungskraft ist dennoch über dem Himalaja-Gebirge größer als beispielsweise über im Äquatorbereich liegenden Gebieten. Über dem Indischen Ozean oder den Kleinen Antillen herrscht die z.B. die geringste Gravitation, was mit der „Fliehkraft" erklärt wird, aber mit dem größeren Erddurchmesser zusammenhängt. Berücksichtigt man alle Faktoren, ist die

„Anziehungskraft" über dem Himalaja relativ geringer als erwartet.

[101] Der Infrarot-Astronomie-Satellit (IRAS) war ein gemeinsames Projekt von England, den USA und den Niederlande. IRAS wurde im Januar 1983 gestartet und beendete seine Mission zehn Monate später. IRAS besaß ein spezielles Instrument, um den Himmel zu durchmustern und war der erste Satellit, der einen Kometen (IRAS-Araki-Alcock) entdeckte. IRAS beobachtete 20000 Galaxien, 130000 Sterne und 90000 andere Himmelsobjekte und Sternhaufen. Er fand eine Scheibe aus Staub um den Stern Wega, aus der sich vielleicht ein neues Sonnensystem bildet. Die berühmteste Entdeckung von IRAS war ein neuer Typ von Galaxien, die Starburst-Galaxien. In Starburst-Galaxien entstehen neue Sterne schneller als in anderen Galaxientypen.

[102] Einige Astronomen Teams haben eine eigentlich längst abgeschlossene Frage wieder aufgebracht: War die Materieverteilung im jungen Universum tatsächlich zufällig? Ihre Beobachtung geben Anlass zu der Vermutung, dass kleine Schwankungen, die wir heute als Sterne oder Galaxien im sonst einigermaßen homogenen Raum sehen, nicht ganz statistisch verteilt sind. Das widerspräche jedoch allen gängigen Theorien und würde daher die Forschung um astronomische Längen zurück werfen.

[103] Ein an der Universität von Colorado in Boulder von John Price durchgeführtes Experiment hat gezeigt, dass die von der Stringtheorie postulierten zusätzliche Raumdimensionen nicht existieren, weil die Gravitation bei sehr kleinen Abständen sehr viel schneller mit der Entfernung abnehmen würde als es Newtons Gravitationsgesetz behauptet. Price und seine Kollegen haben folglich nach Abweichungen von Newtons Gravitationsgesetz bei sehr kleinen Entfernungen gesucht. Ergebnis: Bis hinab zu einem Abstand von einem zehntel Millimeter gibt es keine Abweichungen von Newtons Gravitationsgesetz. (Nature, Bd. 421, S. 922)

[104] Laut einem internationalen Forscherteam wird das Universum sich jüngsten Analysen zufolge in Ewigkeit weiter ausdehnen (Nature, Bd. 404, S. 955). Sie werten ihre Messungen als Beweis für einen Kosmos, der gerade die kritische Dichte hat, bei der das Auseinandertriften nie zum Stillstand kommen kann. Kosmologen sprechen in diesem Fall von einer „flachen" Geometrie des Universums.

[105] Nicht unerwähnt soll in diesem Zusammenhang die Theorie der „Springenden Gene" der Nobelpreisträgerin Barbara McClintock (1902-1992) sein, die entdeckt hatte, dass bestimmte Gene offenbar zwischen den einzelnen Chromosomen herumspringen können. McClintocks springende Gene wurden von den Wissenschaftlern jahrzehntelang ignoriert und die Forscherin für verrückt erklärt. Ähnlich erging es Oswald Avery (1877-1955), der die DNA als Träger der genetischen Information identifizierte und auf vollkommenes Unverständnis stieß. Nobelpreisträger James Watson, Entdecker der Doppelhelix, schilderte das Verhalten der Wissenschaftler in seinem Buch (1968) folgendermaßen: „Viele von ihnen waren rechthaberische Narren, die mit unfehlbarer Sicherheit stets auf das falsche Pferd setzten. Überhaupt konnte man nicht erfolgreich Wissenschaft treiben, ohne sich darüber klar zu sein, dass die Wissenschaftler – im Gegensatz zu der allgemeinen Auffassung (...) – zu einem beträchtlichen Teil nicht nur engstirnig und langweilig, sondern auch einfach dumm sind."

[106] Nach Meinung des Nobelpreisträgers Hannes Alfvén werden Galaxien durch elektrische und magnetische Kräfte im intergalaktischen Plasma gebildet, nicht durch die Schwerkraft.

[107] Nachdem die Erde fast drei Milliarden Jahre lang nur von Einzellern bevölkert worden war, entfaltete sich das Leben vor etwa 540 Millionen Jahren plötzlich in ungeahnter Fülle. Der Grund für diese „kambrische Explosion" des Lebens ist nach wie vor unklar. Kathleen Grey vom Geological Survey of Western Australia und Kollegen berichteten im Fachblatt Geology (Bd. 31 S. 459), dass ein gewaltiger Meteoriteneinschlag die Ursache gewesen sein könnte.

[108] Ludwig Boltzmann: „Der allgemeine Lebenskampf der Lebewesen ist nicht ein Kampf um die Grundstoffe,... auch nicht um Energie, welche... in jedem Körper reichlich vorhanden ist, sondern ein Kampf um die Entropie."

[109] Die Addition von Sonne- und Mondschwerkraft ließe das Gegenteil erwarten. Pendelversuche von Erwin J. Saxl u. Mildred Allen zeigten während der Sonnenfinsternis am 7.3.1970 eine Vergrößerung der Schwingungsdauer, somit eine überraschende und unerklärliche Verstärkung des Erdgravitationsfeldes an („Physical Review", 1971). Nicht die „Schwerkraft", sondern der Druck (Schub!) von Sonne und Mond hatten sich addiert!

Zum Buch

Die erste Niederschrift des Prinzip des Seins erfolgte bereits im Jahre 1975. Über 10 Jahre lang überprüfte der Autor seine Idee und forschte in den Experimentierdaten der Wissenschaftler nach Widersprüchen oder Beweisen. Tatsächlich schienen aber gerade die neuesten Entdeckungen der Forscher sein „Prinzip" immer mehr zu bestätigen. Als einige der schon 1975 geschriebenen Voraussagen (Vulkane auf der Venus, Planetenringe, ungleichmäßige Expansion des Alls, Abhängigkeit der Gravitation von der Zusammensetzung der Materie, abstoßende Kräfte in der Teilchenphysik und in der Astronomie, Superclusters und Schaumstruktur des Universums, Informationsüberschuss auf der DNA etc.) sich im Laufe der Zeit tatsächlich bewahrheiteten, wurde 1987 das Buch herausgebracht. Fast 16 Jahre später, im März 2003 musste der Autor feststellen, dass Leser das Buch gescannt und in das Internet gestellt hatten. Das hat er dann nach flüchtigen Korrekturen selbst wiederholt, mit überraschendem Erfolg. Aus Hunderten von Emails und Forum-Beiträgen, in welchen Leser Themen aus seinem Buch diskutierten, hat er wertvolle Hinweise auf Unklarheiten, Irrtümer und Fehler im Text entnehmen können. Es blieb ihm nichts anderes übrig, als das Buch zu überarbeiten und mit aktualisierten Daten und Fakten und einigen komplett neu verfassten Kapiteln und zusätzlichen Abbildungen neu aufzulegen.

Zum Autor

Harald Maurer, Jahrgang 1944, gelernter Elektrotechniker, erregte 1963 Aufsehen als jüngster Schriftsteller Europas; er verfasste mehrere Jugendbücher, Romane und Drehbücher, veröffentlichte Artikel wissenschaftlichen Inhalts und legte mit dem Prinzip des Seins sein erstes Sachbuch vor. Er lebt als freier Schriftsteller und Maler in Graz, Österreich.

Kontakt

Korrekturen, Kritiken und Anregungen bitte an EDITION MAHAG, Lindweg 9, A-8010 GRAZ

Diskussionsforum und Gästebuch auf www.mahag.com !

www.ingramcontent.com/pod-product-compliance
Lightning Source LLC
Chambersburg PA
CBHW052046290426
44111CB00011B/1633